문화 간 소통

14th Edition

Intercultural Communication A READER

Larry A. Samovar | Richard E. Porter | Edwin R. McDaniel | Carolyn Sexton Roy 지음

부향숙 | 김경혜 | 심미경 옮김

CENGAGE 박영story

CENGAGE

Intercultural Communication
: A Reader,
14th Edition

Larry A. Samovar
Richard E. Porter
Edwin R. McDaniel
Carolyn Sexton Roy

ISBN-13: 979-11-85754-46-8

Cengage Learning Korea Ltd.
14F YTN Newsquare 76 Sangamsan-ro
Mapo-gu Seoul 03926 Korea
Tel: (82) 2 330 7000
Fax: (82) 2 330 7001

Cengage Learning is a leading provider of customized learning solutions with office locations around the globe, including Singapore, the United Kingdom, Australia, Mexico, Brazil, and Japan.
Locate your local office at: **www.cengage.com**

Cengage Learning products are represented in Canada by Nelson Education, Ltd.

To learn more about Cengage Learning Solutions, visit **www.cengageasia.com**

Printed in Korea
Print Number: 01 Print Year: 2020

문화간 소통

14th Edition

Intercultural Communication A READER

Larry A. Samovar | Richard E. Porter | Edwin R. McDaniel | Carolyn Sexton Roy 지음

부향숙 | 김경혜 | 심미경 옮김

CENGAGE 박영story

Andover • Melbourne • Mexico City • Stamford, CT • Toronto • Hong Kong • New Delhi • Seoul • Singapore • Tokyo

서문

이번 14판이 나오기까지 도움을 준 학생들과 교수님들께 먼저 감사의 말을 전한다. 우리는 『문화 간 소통』의 40주년 특별판을 소개하는 데 자부심과 감동을 느낀다. 이 감정은 두 가지 원천에서 비롯된다. 첫째는 지난 40년간 이 책을 통해 수만 명의 독자가 우리가 논의한 가치를 알게 되었다는 점이다. 둘째는 이 책은 문화 간 소통 분야의 "기초가 되는" 과거 논문을 모을 수 있는 기회를 제공했다는 점이다. 『문화 간 소통』이 1972년에 최초로 출간한 이래로 약 600여 편의 논문을 제공해왔다. 이 중 많은 결과물이 문화 간 소통의 분야를 소개하고 규정하도록 도왔다.

처음 몇 번의 출판에서는 대부분의 자료를 다양한 학문분야에서 찾아보았다. 그때까지는 문화 간 소통에 관한 연구가 초기 단계에 있었기 때문에 초판본에서는 그 시기에 적용되는 기본적인 핵심 원리를 탐구하는 절충적 내용을 담았다. 이 책의 초기 판본은 간학문적인 성격이 강해서 독자로 하여금 문화 간 소통 분야의 역사적이고, 철학적이고, 이론적 진화를 관찰하면서 이 분야에 대한 다양한 접근법을 이해하도록 하였다. 이는 개정판에서도 최우선으로 고려했던 사항이다. 현재 이 책에는 지난 40년간의 문화 간 소통 분야를 대표하는 핵심논문들이 실려 있다. 그리고 그 논문들은 이 분야에서 문화 간 소통의 기술이 어떻게 변화되고 발전되어 왔는지를 보여준다.

지적한 바대로, 초판 발행 이래로 문화 간 소통 연구는 대부분의 학문분야에서처럼 발전되고 진화되어 왔다. 우리는 개정판을 통해 독자에게 최신의 이론과 접근법을 제공해왔다. 논문을 선정할 시에 그 분야의 변화에 적응할 필요성을 반영하면서 일부는 새로운 것을 취하고 나머지는 기존의 것을 유지하였다. 그래서 그 시점의 여러 논문을 새로 개편된 편저에 포함시키기 위해 이미 실린 논문의 비중을 할 수 없이 축소하였다. 초기 논문 중 일부는 새로운 자료에 의해 교체되었다. 이 책의 출판 이후 이 텍스트를 사용한 많은 독자와 교수는 특정 논문이 재생되어 재편집되어야 한다는 의견을 주기도 하였다. 의견을 받은 대부분의 논문은 고려할 필요가 있는 기초적인 것이었다. 또한 우리는 초판에 실린 논문들을 자신의 강의에 사용할 수 있도록 허가해 달라는, 자신의 강의실에서 출판물에 들어 있는 구체적인 논문의 내용을 활용하고자 허락을 얻으려는 교수들의 요청을 자주 받곤 하였다. 새로운 14판에는 이 요청 중 비공식적으로 가장 빈번했던 기록을 반영하여 그 논문 중 많은 부분을 포함시켰다.

관점

이 특별판에서 우리는 40년 역사를 가진 이 책의 중심 임무에 충실하기 위해 노력하였다. 우리는 전통적으로 두 가지 목적을 이루고자 하였다. 우선, 우리는 민족, 국가 문화, 협력 문화집단에 초점을 둔 문화 간 소통에 대한 문화구체적인 접근을 취하고자 했다. 둘째 우리는 이런 개인의 문화를 검토하면서 폭넓은 이론적 개념을 소개하였다. 이 이중적인 접근은 미국 내에서 변하고 있는 인구학적 변인과 세계화 시대에 특히 적합하다. 이제 개인이 살고 있고 일하고 있는 장소가 더 간문화적인 사회환경이 되어가는 과정에 있기에 세계화와 다양성은 그만큼 이 책에서 중요한 주제이다. 이 단어는 더 이상 국제적 경제활동에서만 적용되는 것이 아니라 모든 맥락을 넘어 세계의 사람과 국가 가운데 상호의존성과 상호작용하게 되는 상태에 시사되는 점이 크다. 세계화는 개발도상국과 선진국 모두의 발전을 자극해왔으며 소위 '새로 나타난 시장'으로 일컫는 국가의 경제, 정치, 그리고 많은 경우에 군사적인 개입까지도 상당히 증가시켰다. 브라질, 러시아, 인도, 중국은 전문가에 의해 문화 간 소통이 필요하다고 언급되는 나라다. 이 신흥 국가는 이제 세계의 재정체계가 어떻게 관리되어야 하는지, 어떤 상품과 서비스를 활용하면 좋은지, 사람이 세계 보편적으로 어떻게 대화를 하는지에 영향을 미친다. 종교적 이데올로기의 영향력은 중동, 중앙아시아 혹은 미국에서 글로벌 안정성이라는 측면에서 중요한 고려사항이다. 약간 진부할 수 있는 생각이긴 해도 세계의 한 지역에서 일어나는 일은 전 세계에 영향을 미칠 수 있는 잠재력이 있는 것이 사실이다.

세계화에 의해 초래된 변화와 도전은 그 적용 범위가 국제영역으로 제한되지 않는다. 미국 내에서 다양한 문화권으로부터 온 많은 사람은 우연적이거나 계획적으로 변화를 가져오는 중이다. 이 만남은 여러 지역, 현장, 교실, 병원, 여행 경험 등 다양한 장소에서 발생한다. 대부분의 접촉은 긍정적이며 생산적인 관계에 이르지만 전혀 그렇지 않은 경우도 있다. 그것이 이주민, 인종, 성별, 성징, 종교 혹은 정치적 이데올로기의 현안이건 아니건, 때때로 부정적이기도 하며 파괴적이기까지 한 상호작용에서 일어난다. 우리는 실패가 부분적으로는 효과적인 문화적 소통이 부족한 데서 비롯된다고 느낀다. 간문화적인 자각이 일어나고 이해하고 변혁하는 것이 이 책의 중심 과제로 남아 있다. 다문화적이고 글로벌화된 세계의 구성원으로서, 당신이 문화 간 소통에 성공적으로 참여하는 능력은 지금까지 이루어 온 개발 능력 중 가장 중요하다. 당신은 앞으로 서로 다른 문화적 배경을 가진 광범위한 지역에서 온 사람과 지금까지보다, 아니 이전보다 더 많이 상호작용하게 될 것이다. 당신은 이제 더 이상 지방, 지역 혹은 국가 수준으로 경쟁하지 않는다. 오늘날의 경쟁은 세계 전역에서 일어나게 된다.

효과적인 문화 간 소통기술을 개발하는 것은 당신의 인식, 사고와 상호작용 방식을 개선하도록 요구할 수 있다. 이것은 쉽지 않을 것이다. 그 이유는 첫째, 당신 관점의 세계는 자기문화의 시각에 의해 형성되었기 때문이다. 이것은 다른 사람, 집단, 국가로부터 비롯된 많은 행위를 평가하고 이해하는 것을 종종 어렵게 만든다. 당신의 문화적 지각은 고도로 선택된 렌즈를 통해 사람과 사건을 보도록 조건화한다. 둘째, 성공적인 문화 간 소통자가 되려면, 다른 소통에 개방적이어야 하며, 다른 문화권에 대해 공감하며, 보편적이고 현실적인 세계관을 개발해서 자신과 다른 행동의 의견을 관용하도록 배워야 한다. 이 소통특징은 말은 쉽지만 행동으로 옮기기는 매우 어렵다. 문화 간 소통을 훈련하는 것은 당신에게 이 기술을 활용하여 일할 수 있는 기회를 제공한다. 요약하면 소통습관과 행동을 조정할 수 있는 변화능력은 당신에게 성공적이고 효과적인 간문화적 접촉을 할 수 있는 잠재력을 향상시킬 것이다.

우리의 접근

이제껏 우리의 접근은 많은 측면에서 조금씩 제시하는 방법이었다. 이제 우리의 방향을 더 구체적으로 만들어 보고자 한다. 이 책의 에너지가 되는 기본적인 동기는 똑같아서 우리는 40년 이상 문화 간 소통이라는 주제에 관심을 가져 왔다. 타 문화 및 공동문화권의 사람과 효과적으로 소통하려는 능력은 우리 각자에게 가치가 있다고 믿는다. 효과적인 소통은 우리가 이 행성에서 함께 사는 수십만의 사람과 관심을 나눌 수 있는 잠재력을 지닌다. 우리는 다른 문화권의 사람과 성공적으로 상호작용하는 데 도움이 되는 문화 간 소통 윤리의 자료를 선정해 왔다. 우리의 접근은 소통이 사회적 활동이라는 확신을 근본으로 한다. 소통은 함께 하고 또 서로에게 하는 것이다. 활동은 아이디어 혹은 느낌으로 시작할 수도 있으나 언어적이든 비언어적이든 우리 행동 속에서 표현된다. 암묵적이거나 외현적인 방식 모두에서 이 책에 포함된 정보와 조언은 유용하게 사용할 수 있다.

새로운 양상

이번 개정판의 가장 중요하고 새로운 특징은 이전 판본에 제시한 논문 중 '기초적인' 논문을 뽑아 8개의 장으로 제시한다는 사실이다. 또한 문화 간 소통은 지속적으로 진화하는 역동적인 분야이기 때문에, 향후 10년 동안 새로운 방향을 반영한다고 보는 5개의 초기 논문을 1개 장으로 제시하였다.

이번 개정판의 또 다른 특징은 Carolyn Sexton Roy를 새로운 편집자로 초대했다는 점이다. SanDiego State Universty의 역사과 소속인 Ms. Roy는 로스앤젤레스에 위치한 California대학에서 '라틴 아메리카의 식민지 역사'라는 주제로 철학 박사학위를 취득했다. 그는 Fullbright 기금으로 Parral, Chihuahua, Mecixo에서 연구를 해왔다 멕시코에서 살아왔고 라틴 아메리카를 줄기차게 여행했기에, 그는 스페인어와 포르투칼어를 유창하게 구사한다. 그의 주요 연구와 교수적인 관심은 일관되게 라틴 아메리카와 미국의 사회 및 문화역사에 있다.

선정과정

우리는 이미 선정과정에 필요한 간접적인 기준을 만들었다. 그러한 절차는 많은 것을 보증하기에 충분히 중요하다. 600개 이상의 논문 리스트로부터 이 특별판에 포함하기에 가장 중요한 논문을 선정하는 것은 어려운 과제였다. 우리는 몇 달 동안 어떤 논문을 포함하고 배제해야 하는지 논의하면서 보냈다. 우리는 우리의 기준이 일관성이 없거나 변덕스럽기를 원치 않는다. 따라서 선정을 위한 숙고에서 다음의 선발기준을 정했다. 첫째, 거의 모든 사례에서 무엇보다 선도적인 학자가 쓴 최초의 논문을 선정하였다. 이 조건에 따라 이전 판본에 실렸던 몇 논문이 14판에서는 제외되었다. 그렇게 선정된 많은 논문이 '고전'으로 여겨지기 때문에 우리는 여러분이 다른 출처로 논문을 볼 수 있게 했다. 이런 예는 Edward T. Hall, Geert, Hofsted, Dean C. Barnland, Julia T. Wood Marshal R, Singer, Anne B. Pedersen, Harry C. Triandis, Richard Brislin, Peter S. Adler, Shirley N. Weber, La Ray Barma, Edward Stewart, Thomas Sowell, Kathy Jankowski 등과 같은 학자의 논문들로서, 이 논문들은 그 시대의 새로운 획을 그은 것들이다.

둘째, 우리가 최종 수집에 들어간 많은 논문을 이 책에 포함시켰는데, 그 이유는 이 논문들이 대중에게 지속적으로 인지도가 있었기 때문이다. 이 선정에 대한 긍정적인 결정은 두 가지 형태로 이루어졌다. 첫째, 모든 출판을 하기에 앞서 출판사는 이 책에 선정되어 왔던 교수진에 대한 구체적인 조사와 검토를 했다. 그 자료조사는 우리에게 명편저를 볼 사람에게 어떤 선정이 가장 유익할 것인지를 분리하는 데 도움이 되었다. 또한 실린 논문은 많은 경우 업데이트되어 새롭게 나온 출판물에 포함해 왔다. 그중 많은 것은 이제 이 특별판에도 실려 있다.

셋째, 마지막 선정 시 우리는 문화 간 소통분야를 확장함에 있어서 도구적인 것으로 입증되어 왔던 논문을 포함했다. 이 논문들은 새로운 것이거나 혹은 창의적인 것이다. 각 논문에서 사용하는 용어가 약간씩 다를 수 있는데, 그것은 독자가 이 책을 통해 문화와 소통의 분야에서 새로운 영역을 모니터링할 수 있도록 다양한 저자를 선정했기 때문이다. 이런 의미로 명편저는 학생이 전통적인 학술지와는 다르게 포럼에서 원초적인 아이디어를 공유할 수 있는 장이 되었다. 이러한 철학을 이 책의 발행초기부터 반영함으로써, Peter Anderson, Brian H. Sitzberg, Young Yun Kim, Stella Ting－Toomey, Edith Folb, Judith N. Martin, Mary Jane Collier, Mary Fong, Miike Yoshitake, Bernard Saint－Jacques, and Mira Bergelson 등과 같은 학자는 자신의 선구적인 아이디어를 표출할 수 있는 장을 발견할 수 있었다. 우리는 이 논문 중에 많은 부분을 특별판을 위해 선정하였다.

넷째, 현재 시점에서 허락을 구할 수 없는 논문을 제외시켰다. 빠진 논문의 대부분의 경우 저자가 이미 고인이 되어 현재 허락을 받을 수 없기 때문에 논문 선정에서 빼야 했다. 그 외에도 현재 지적 재산권이 있는 분과 논문의 재출판을 허락하기 위한 소유권계약을 하지 못했던 경우도 있었다. 몇 경우는 구체적인 노력을 했음에도 불구하고 그 권한을 가진 사람을 찾아낼 수 없었다.

마지막으로 과거까지 포함한 모든 논문 제공자에게 이 책에서 그분들의 논문을 강제로 누락시킨 부분들이 있다면 사과의 뜻을 전하면서 마치려 한다. 아마도 그 논문들을 50주년 기념 출판 때에는 포함시킬 수 있을 것이라 본다.

이 책의 활용 방법

과거처럼 우리는 이 책을 문화 간 소통에 관한 학습에 관심이 있는 일반인을 위해 계획했다. 그러므로 우리는 대학생과 대학원생 양쪽을 위해 통합적이고 적절한 토대가 되는 자료들을 광범위하게 선정해왔다. 어려운 정도가 논문 간에 차이가 있을 수 있다 해도, 우리는 대학과 전문대학 학생을 대상으로 하는 대부분의 교재에 실려 있는 수준을 목표로 하여 논문을 선정하고자 하였다.

『문화 간 소통』은 세 가지의 구체적인 요구에 맞출 수 있도록 만들어졌다. 첫째는 인간과 사회가 생존하기 위해 가장 중요한 문제는 성공적인 문화 간 소통이라는 것을 지지하는 근본원리로부터 시작하였다. 과거 40년 동안의 사건은 우리를 점차 다수의 방식과 연결되는 세계로 만들어왔다. 오염으로부터 경제와 의료에 이르기까지, 세계기아와 테러에 이르기까지, 한 문화에서 잠재적으로 일어나는 것은 다른 모든 문화에서 발생된다. 이 책은 인간적인 상호작용과 연관된 현안에 관심을 가진 과정에 기여하기 위한 기본적인 명편저로 만들어졌다. 우리의 의도는 이론적인 동시에 실천적으로 만들어져서 무엇보다 문화 간 소통에 관련된 현안을 이해하고 실천할 수 있도록 하였다. 둘째, 이 책은 현존하는 서비스와 기본적인 소통과 대인 간 소통과정의 보충자료로 사용되어도 좋다. 셋째, 이 텍스트는 소통이론에서의 과정인 소집단 소통, 조직과 비즈니스 소통, 대중소통에 대한 것과 함께 인류학, 사회복지, 사회정책, 비즈니스, 국제관계의 과정에 대한 자료를 제공한다. 활용 가능한 긴 주제 리스트는 '지구촌'이라 특징지어지는 간문화적 상호작용의 증가를 강조한다.

조직

이 책은 아홉 개의 세밀하게 연관된 장으로 구성된다. 1장인 <문화 간 소통에 대한 접근>에서 우리의 목적은 두 가지이다. 먼저 이 주제에 대한 당신의 관심과 호기심을 불러일으켜서 문화 간 소통의 기본개념과 친숙해지도록 하는 것이다. 여기서의 논문은 이론과 철학에 관한 것이다. 그리고 이 논문들은 문화 간 소통이 무엇인지, 왜 중요한지, 그리고 어떻게 작동하는지를 설명한다.

2장 <문화정체성 : 소속 현안>은 다른 문화 및 민족 정체성이 역할기대, 지각, 간문화적 상호작용에 어떻게 영향을 미치는지를 제시하는 논문이다. 다양한 선정은 당신에게 한 개인의 문화정체성이 어떻게 그의 세계관을 형성하게 돕는지에 대해 인식하게 만들 것이다.

3장인 <국제 문화 : 다양성의 이해>는 남아시아인 인도, 러시아, 중동, 아프리카의 소통유형을 설명한다. 이 장의 여러 부분에서 우리는 건강관리, 비즈니스, 교육환경에서 국제문화를 고려하여 검토한다.

4장은 <공동문화 : 다문화세계에서 살아가기>에서는 초점을 국제 분야에서 미국 내의 공동문화로 이동한다. 이 책을 읽는 많은 사람에게 논의된 집단은 일상적으로 상호작용하는 집단일 수 있다. 페이지의 제약으로 모든 공동문화의 사례를 소개하지는 못했지만 아프리카계 미국인, 여성, 장애인, 성 소수자 등의 대표적인 공동문화 집단을 선정하여 이 집단에서 발견되는 문화다양성 요소를 소개한다.

5장 <문화 간 메시지 : 언어 혹은 비언어적 상호작용>에서 우리는 언어 혹은 비언어적 상징이 어떻게 간문화적 상호작용에서 사용되는지를 연구한다. 우리는 당신에게 간문화적 파트너가 다른 언어 혹은 비언어적 코딩 체계를 사용할 때 부딪히는 어려움 중 일부를 소개한다. 또한 언어적 특이성과 차별성이 어떻게 문제해결, 말하기, 인식과 이해에 영향을 미치는지를 알아본다. 이 장 역시 비언어적 상징에 관심이 있으며 움직이고 있는 문화적 차이점 중 일부를 설명한다.

6장인 <문화적 맥락: 환경의 영향>에서는 문화가 어떻게 상호작용을 수정하는지 알아본다. 이때 상호작용은 구체적인 맥락과 환경 내에서 검토된다. 여기서 가정은 특정 문화의 구성원이 특정 상황에서 어떻게 행동하는지에 영향을 미치는 규칙은 문화마다 변할 수 있다는 것이다. 이 중요한 현안을 명백히 하기 위해서 우리는 다른 문화권의 사람이 상호작용하는 규칙이 미국에서 다른 상황으로 마주칠 가능성이 가장 많은 '현장'를 선정해 왔다. 더 구체적으로 우리는 비즈니스, 집단, 교섭, 건강관리, 교육과 연관된 환경을 살펴본다.

7장 <문화 간 소통하기: 자신감 있게 대응하기>에서는 당신이 더 유능한 문화 간 소통자가 되도록 돕기 위한 방법을 소개한다. 이 장은 갈등을 다루는 데 있어서 문화적 차이로부터 대인 간 예절 중 차이를 보이는 범위에 이르기까지 내재된 몇 가지 문화 간 소통문제에 주안점을 둔다. 게다가 그 해결은 당신이 '이방인'과 소통할 때 마주칠 수 있는 이런저런 어려움에 대응하기 위한 제안과 지식을 제공하기 위해서 제기된다.

8장 <윤리적 고려사항: 행동변화>은 윤리적인 도덕적 현안과 함께 미래방향과 도전을 다루는 논문을 제시한다.

9장 <새로운 관점: 미래 전망>에는 모든 학파가 그렇듯이 문화 간 소통은 진화한다는 단순한 전제에 근거한, 다섯 가지의 새롭게 선정된 논문을 제시하였다. 변화는 미래를 포함한다는 본질 때문에 계산하기 어렵다. 그래서 우리는 그 분야의 미래 변동에 대한 식견을 가지도록 몇 명의 선도적인 문화 간 소통 학자의 논문을 소개한다.

마지막으로 당신이 문화 간 소통 연구를 특정 과정의 완성 혹은 책 한 권 읽기로 마치지 않기를 바란다. 문화 간 소통의 연구는 평생에 걸친 노력이 되어야 한다고 믿는다. 여러분은 다른 문화권의 사람과 생각 혹은 감정을 공유할 때마다, 새롭고 즐거운 학습경험과 마주하게 될 것이다.

지원

과거처럼 많은 사람이 우리가 이 특별판을 다시 생각하여 구성하도록 도와주었다. 우리는 내용개발자인 Larry Goldberg에게 감사의 말을 전한다. Larry는 원고가 초고에서 출판으로 이어질 때까지 문제 없이 진행될 수 있도록 했다. 또한 우리는 Alexandra Ricciardi에게도 감사하다. 그는 이 특별판 논문의 선정을 위해 허락을 구하는 모든 절차를 해주었다. 허락받은 일부는 40년 전으로 돌아가서 출판 양도서를 되짚어야 가능했기 때문에, 그의 업무는 단순한 것이 아니었다. 우리는 각 출판에서 그런 것처럼 초판본의 편집자인 Rebecca Hayden의 노고를 기억한다. Beckey는 40년 전에 문화 간 소통을 학문영역으로 자리 잡고자, 즉 자리 잡아야 한다고 결정할 만큼 통찰력과 용기를 충분히 가졌다. 또한 우리는 질 좋은 책을 계속 출판하고 판매하기 위해 귀를 기울여 왔던 Cengage Learning 출판사의 기여를 인정한다.

40년 동안 꾸준히 이 책을 채택해 준 많은 교수에게 특별히 감사의 마음을 전한다. 이 책 내용이 유용한 교재로 활용할 만하다고 우리의 능력을 믿어준 그들의 지속적인 신뢰에 감사하다. 우리는 또한 도움이 되는 의견과 제안을 준 La Salle University의 Katie Dunleavy, Normandale Community College의 Vicki Karri Pearson, Chaffey College의 Kipp Preble, Indian University East의 Katalie Rybas, Rock Valley College의 Miki Thiesses와 Geneva College/Ref Pres, Theological Seminary의 Jonathan Watt을 포함하는 많은 검토자에게 감사하다. 마지막으로 우리에게 자신의 연구를 많은 독자와 공유하도록 허락한 수백 명의 학자에게 감사를 전하면서 마친다.

"여러분 모두의 논문이 없었다면 이 편저는 결코 40년 동안 유지되지 못했을 것입니다. 여러분이 누구인지 여러분 자신은 알고 있습니다. 감사합니다."

역자 서문

『Intercultural Communication: a Reader』를 번역을 통해 소개하게 되어 매우 기쁩니다. 현재도 진행 중인 코로나 사태는 모든 영역에서 한국 사회가 세계와 얼마나 긴밀히 연결되어 움직이고 있는지 적나라하게 볼 수 있는 기회였습니다. 특정 국가에서 일어나고 있는 일이 한국 사회나 전 세계의 모든 지역에 미치는 영향은 막연한 이론적인 설명이 아니라 현실 자체입니다. 이제 우리는 지구촌의 일원으로 살고 있다는 표현에 그 누구도 거부감을 가지지 않을 듯합니다.

한국에서는 세계화 현상에 발맞추어 1990년대 말부터 다문화라는 표현으로 이주현상을 거론되기 시작해서, 2000년대에 들어서 새로운 현상에 대응하기 위한 다양한 정책과 제도를 확립하여 왔습니다. 이주현상을 처음 겪었던 한국 사회는 외국의 모형들을 참고하여 적용하며 나타나는 시행착오를 겪으면서, 한국만의 대응 모형을 모색하고 만들어 가고 있는 것 같습니다. 이런 노력 덕분에 우리는 한국 사회가 글로벌 시대의 적합한 다문화사회의 모습으로 이행되고 있다는 데 공감할 듯합니다.

이렇듯 한국 사회가 정책이나 제도적으로 변화해 온 것과는 달리, 사회적 변화에 적응하면서 함께 살아가느라 생기는 현안들을 어떻게 풀어가야 하는지에 대한 고민은 여전히 풀지 못한 숙제로 남겨져 있습니다. 그동안 우리의 관심이 이주현상을 어떻게 받아들이고 어떻게 수용해야 할 것인가에 대한 관심에 집중되어 왔다면, 남은 과제는 공존하여 살아가기 위해 다른 문화에 대한 이해와 조율에 대한 관심, 즉 문화 간 소통의 문제에 쏟아질 수밖에 없으리라 봅니다.

1972년에 처음 출간된 『Intercultural Communication: a Reader』이라는 이 책은 다양한 인종과 민족이 공존하여 살고 있는 다문화 국가들을 중심으로 우리는 현재 겪고 있는 문화 간 소통의 문제를 어떤 시각, 어떤 기술, 어떤 태도, 어떤 맥락, 어떤 윤리로 이해해야 되는지를 두고 고민한 내용을 담고 있습니다. 이 내용은 이미 오랜 기간에 걸쳐 씨름하여 탐구한 결과물들이라 할 수 있습니다. 조금씩 달라지는 시대적 상황에 맞추어 하위의 내용을 수정하고 새로운 주제를 삽입하면서 14번째 수정 본을 출간한 만큼, 문화 간 소통이라는 이 주제를 그 어떤 책보다 더 넓고, 더 깊고, 예리하게 관찰한 내용입니다. 문화 간 소통이라는 주제에 대해 이 만큼 폭넓은 범위로 깊이 있게 점검하고 있는 책은 보기 드물 것이라 확신합니다.

문화 간 소통이라는 주제를 담은 이 책은 여덟 가지의 하위 영역을 포함하고 있습니다. 첫 번째 영역은 <문화 간 소통에 대한 접근>, 두 번째 <문화정체성: 소속 현안>, 세 번째 <국제 문화: 다양성의 이해>, 네 번째 <공존문화: 다문화세계에서 살아가기>, 다섯 번째인 <문화 간 메시지: 언어적 혹은 비언어적 상호작용>, 여섯 번째로 <문화 간 소통하기: 자신감 있게 대응하기>, 일곱 번째의 <문화적 맥락: 환경의 영향>, 여덟 번째는 <윤리적 고려상황: 행동변화>로서 각 영역 안에는 관련된 핵심적인 내용들을 담고 있습니다. 이런 굵직한 영역의 내용들을 통합한다면 글로벌 사회에 살고 있는 모든 사람이 일상적으로 부딪힐 수 있는 현안들을 총체적으로 조망할 수 있는 내용이 되리라 봅니다.

이 책은 부향숙, 김경혜, 심미경이 함께 한 작업이었습니다. 세 명은 모두 한양대학교 다문화교육연구센터를 중심으로 인연을 맺어, 다문화, 글로벌, 세계시민이라는 주제에 관심을 가지고 교류하던 동행자였으며, 함께 이런 종류의 책이 필요하다는 공통된 생각으로 마음을 모아 시작하였습니다. 번역의 어려움으로 시간이 지체되기도 하여 생각보다 오랜 시간이 걸려 완성되었습니다. 완성 후 전체를 보니, 처음 충만한 자신감으로 기울여 온 노력과는 달리 미흡함만이 눈에 띄여 출판되는 것이 부끄럽습니다.

이 책을 번역한 것은 저희에게 과분한 작업이었습니다. 그럼에도 이 번역서는 미흡하나마 이런 주제에 관심을 가진 사람들에게 총체적인 조망을 통해 자신이 가진 관심의 위치가 어디에 있는지를 파악할 수 있도록 할 것이라 봅니다. 따라서 향후 독자의 관심이 더 진전되어 탐색해 갈 수 있는 길잡이가 될 수 있는 책이라 보아 감히 번역해 보았습니다.

번역에서 나온 모든 오류는 해당된 각 번역자가 책임져야 하는 몫이나 전체의 내용을 종합적으로 점검한 부향숙에게 더 많은 책임이 있음을 밝힙니다. 부족하지만 이 번역서가 관심 있는 많은 분들에게 도움이 되었으면 하는 바람입니다.

마지막으로 이 책이 나오기까지 포기하지 않고 저희를 지지하여 결과물이 나오도록 도와주신 피와이메이트의 노현대표님께 감사한 마음을 전하여, 그동안 상호작용하면서 마지막까지 내용을 점검해 준 강민정 선생님에게도 감사의 마음을 전합니다. 감사합니다.

2020년 10월 30일
부향숙 드림

차례

1. 문화 간 소통에 대한 접근

2. 문화정체성: 소속 현안

3. 국제 문화: 다양성의 이해

4. 공존문화: 다문화세계에서 살아가기

5. 문화 간 메시지: 언어적 혹은 비언어적 상호작용

6. 문화적 맥락: 환경의 영향

7. 문화 간 소통하기: 자신감 있게 대응하기

8. 윤리적 고려사항: 행동변화

9. 새로운 관점: 미래전망

01

문화 간 소통에 대한 접근

01

문화 간 소통에 대한 접근

『문화 간 소통』의 14번째 판은 일부 방식에서 문화 간 소통의 성장과 진화에 대한 역사적인 시각을 담았다. 그러므로 그 성장 뒤에 있는 몇 가지의 사회·관습적 역동과 어떻게 그것이 과거의 발행 본에 반영되어왔는지를 고려하는 것이 적절하다. 1972년 초판이 출간되었을 때 세계는 한쪽은 미국, 다른 쪽은 소련the Union of Soviet Socialist Republics(USSR)에 의해 주도되면서 두 경쟁적인 이데올로기를 다루는 냉전에 묶여 폐쇄적이었다.

양 국가는 세계를 완전히 파괴할 수 있는 핵무기를 소유하였다. 그에 대한 자각은 다양한 세계관을 가진 사람 사이에 이해와 소통이 증가할 필요성을 자극했다. 국내 상황으로는 1960년대 시민권운동이 소수자로 하여금 목소리를 내게 했고, 이런 목소리를 이해하는 것은 비지배적인 소통유형에 대한 지식을 요구했다.

사회 이동이 더 활발해지는 것에 대한 인식은 초판에서도 강조하고 있었다. 이 이동성은 기술적인 향상에 의해 교통과 소통이 촉진되고 국제적 기업이 크게 늘어나면서 생겨났다. 역사적으로 교차경계의 상호작용을 제약해 온 시간과 거리라는 장벽이 급격히 허물어지고 있다. 1980년대 중반에 출간한 『문화 간 소통』은 고국의 전쟁과 정치적 압박에서 도망치기 위해 미국으로 들어온 난민의 숫자가 증가하는 것의 중요성을 반영했다. 소수민족에 대한 논의에 덧붙여서, 1980년대와 1990년대의 개정판은 여성, 성 소수자, 장애인 같이 미국 사회적 소수자의 변화된 소통 유형에 관한 논문을 포함시키기 시작했다.

교통과 소통기술의 향상은 20세기 후반 동안 미국 청중들이 거의 실시간대에 천안문 광장시위와 베를린 장벽의 붕괴와 같은 역사적인 국제적 사건들을 경험할 수 있게 하였다. 소련장벽의 붕괴 역시 동유럽과 중앙아시아의 많은 문화가 국제적인 단계로 활성화되는 데 기여했다. 경제의 지속적인 국제화는 미국에 해외 상공회 대표단의 설립을 확장하게 하여 이주 근로자의 증가를 촉진시켰다.

이제까지 선정된 Reader에서의 논문은 21세기 초기에 문화 간 소통역량의 중요성이 얼마나 증가하였는지 보여 주었다. 선정된 많은 논문이 보여 주듯이 세계화의 영향력은 하나의 중요한 주제가 되었다. 추가적으로 이 책에서는 의료 환경에서 문화의 영향력, 국제결혼의 증가, 인종 문제를 다루었다. 또한 문화 간 소통역량의 중요성과 글로벌화 된 사회의 윤리적 고려사항을 논의하는 논문을 제시하였다. 『문화 간 소통』 14판은 초판본에서 다루었던 문화 간 소통의 중요한 역량 있는 사례를 되돌아보고 오늘날의 글로벌 사회에서 문화 간 소통의 중요성을 상기시키는 데 초점을 맞추어 기술하였다.

문화 간 소통의 탐구는 다음의 달라진 네 가지 논문으로 시작한다.

(1) 더 많은 학문적 연구를 위한 기초를 제공한다.
(2) 세계화가 문화 간 소통에 미친 영향을 검토한다.
(3) 인식에서 비서구적 세계관과 그것의 역할을 소개한다.
(4) 이론과 연구의 역할을 설명한다.

이전 13판과 마찬가지로 14판의 1장은 다음 두 가지를 목표로 기술하였다. 첫째는 문화 간 소통을 연구하도록 동기를 부여하는 것이고, 둘째는 그 연구를 수행하는 데 필요한 기본적인 구조를 제공하는 것이다.

이런 마음으로, 논문 <글로벌 사회에서 문화 간 소통의 이해와 적용 : 기초>는 2부로 나뉘져 있다. 1부는 문화 간 소통이 광범위한 수준의 사회적 발전에서 주요한 역할을 제공한 몇 가지의 역사적 시대들을 선정하여 개관을 제공한다. 2부는 당신에게 문화 간 소통 개념의 토대가 되는 철학적 인식을 제공하고 소통, 문화, 문화 간 소통의 기본적인 구성요소를 기술한다. 우리는 소통목표를 논의한 후에 그 특징을 규정하고 사전 검토한다. 다음으로 문화가 무엇이며 어떻게 우리의 행동을 인도하는지를 포함하여 문화를 개관한다.

또한 문화 간 소통에 일부 문화적 특성을 설명하였다. 당신이 다양한 문화적 배경을 가진 사람 사이에서 상호소통을 하는 동안 과정에서 어떠한 변화가 일어나는지 이해하도록 돕기 위해서, 몇 가지의 주요 변인, 즉 인식적인 요소, 인지적 유형, 언어 및 비언어적 행동 그리고 사회적 맥락을 검토한다. 논문들은 문화 간 소통연구가 필요로 하는 것이 무엇인지에 대한 통찰력을 제공하며 이어서 나오는 논문들을 이해하기 위한 기초를 확립한다.

오늘날 세계화는 지리정치학, 국제비즈니즈 혹은 거의 모든 현대적 주제의 논의에서 빈번히 언급되고 있다. 이제 여러분이 자각한 것처럼, 세계화의 요소는 교차문화적인 자각과 문화 간 소통 역량이 일상적으로 필요한 환경을 만들어왔다. 이것은 우리가 출판한 다음의 논문들이 존재하는 이유이다.

Bernard Saint-Jacques는 문화와 글로벌화가 문화 및 문화 간 소통 연구에 미치는 영향력을 검토하고 있다. 우선, 그는 세계화 이전 시대의 문화에 대한 이론적인 개념을 비평하고 새로운 접근을 제안한다. Sanit Jacques은 과거 몇십 년 동안의 사건을 보면서 세계화가 각 문화권의 사람과 문화의 융합을 만들어왔기 때문에 문화에서 고려해야 하는 방식이 변화되어 왔다고 주장한다. Saint-Jacques는 글로벌화된 사회 질서에서 문화에 대한 모든 이론은 다음 '세 가지의 기본적인 사실'을 이야기해야 한다고 주장한다.

(1) 문화예정론
(2) 개인적 가치
(3) 일단의 세대와 변혁의 역동적인 과정

이 세 가지의 구성은 문화에 대해 그가 제안한 이론적 접근의 토대를 형성하기 위해 통합된다. Saint-Jacques는 글로벌 사회의 지속된 성장에 의해 문화가 어떻게 변화되고 있는지를 보여 주기 위해 일본을 사례로 제시하였다.

정체성에 대한 세계화의 효과 역시 논문에서 논의되었다. Saint-Jacques는 근대사회 사람을 "한편으로는 특정 문화 환경 내에서와 다른 한편으로는 다수의 정체성을 초래하는 다른 문화적 환경 사이에서 동시에 살아가는 존재"로 보았다. 논문의 두 번째 부분에서, 그는 글로벌화된 사회에서 문화 간 소통을 가르치는 것에 대한 접근을 제안한다. 그의 방법은 문화를 "사고방식, 믿음, 가치"로 보고 언어교수에 더 많이 통합하기를 제안한다.

이 논문은 문화를 보는 다수의 방식이 있다는 것을 보여 주기 때문에 중요하다. 그러나 이런 방식들은 고정적이지 않아야 한다. 문화와 소통은 사회 관습적인 변화에 의해 영향을 받는다. 그래서 이런 변화들이 이론적인 개발, 실제적 적용과 교실교수에 반영되어야 한다.

<획일성 없는 조화 : 아시아중심의 세계관과 그 소통에서의 함의>는 다른 문화적 시각, 특별히 세계무대에서 커져가는 아시아인의 존재에 적합한 문화적 시각을 소개하고 검토한다. Yoshitaka Miike는 문화적 차이 자체 때문이 아니라 그 차이를 자각하지 못하기 때문에 갈등이 일어난다고 본다. 글로벌 시민으로서, 우리는 문화적 다양성을 인식만 하는 것이 아니라 그 다양성으로부터 학습도 해야 한다. Mike에 따르면 문화적 차이는 자신이 가진 세계관의 렌즈를 통해 세상을 보게 하므로 서로 다른 문화로부터 배울 필요가 있다. "우리는 문화의 세계관과 그 문화가 지닌 소통적 기능과 형태에 대한 효과를 이해해야 한다".

이 논문은 문화 간 소통분야의 많은 연구가 유럽인의 세계관으로 진행되었다고 주장하며, '통찰력과 영감'을 얻기 위해 계획된 조사 대신에 비판적인 검토부터 해왔다고 밝힌다. Mike는 단지 다른 문화에 관해서보다 오히려 그로부터 학습하는 과정을 논의하기 위해서 (1) 자신의 세계관을 이해한다. (2) 다른 문화의 세계관을 이해한다. 그리고 (3) 자신의 문화가 어떻게 다른 문화를 인식하는지를 이해해야 한다는 점을 제안한다. 마지막의 조언은 글로벌화된 사회에서 특히 관계적인 성공과 연관 있다.

논문의 종반부는 <획일성 없는 조화 : 아시아중심의 세계관과 그 소통에서의 함의>를 제시한다. Mike는 아시아적 세계관의 해석을 반영하는 다섯 가지의 아시아중심의 소통가정들을 제안하고 있다. 이것들은 (1) 순환성, (2) 조화, (3) 다른 지향성, (4) 호혜성, (5) 관계성이다. 이런 가정의 이해와 자각은 아시아 문화에 대한 더 많은 통찰을 제공하며 유럽 중심의 세계관에 대안을 제공한다. 그 논문은 세계화의 과정이 다른 문화에 관하여 배우는 것만이 아니라 간문화적 학습을 촉진하고 조장하는 방식을 발견하기 위한 요구를 중요하게 강조해왔다는 점을 가정한다.

약 20년 전에 쓴 1장 마지막 논문인 <문화 간 소통이론과 연구의 적절성 및 적용>에서, Felipe Korzenny는 문화 간 소통의 세 가지 중요한 측면들에 주안점을 두었는데 그 모두는 오늘날에도 적절한 것이다. 그는 문화와 소통상의 시너지 관계에 대한 논의로 시작하여 각각이 어떻게 다른 쪽을 구성하고 지원할 필요가 있는지를 설명한다. 다음으로 Korzenny는 이론과 연구가 문화 간 소통의 실제적인 관습을 형태화하는 데 해왔던 역할의 중요성을 강조한다. 마지막 부문은 문화 간 소통의 연구와 실천에서 참여하는 아홉 가지의 중요한 이유를 기술하는데, 그 모든 것은 20여 년 전처럼 오늘날에도 적절한 것으로 남아 있다. 이런 장점들은 자기이해의 증가에서부터 전쟁예방에 이르기까지 망라하여 가능하다. 특별히 이런 장점 가운데 선견지명은 다른 문화권의 사람이 어떻게 동일한 정보를 다르게 해석할 수도 있는지에 대한 Korzenny의 논의에 있다. 이것은 글로벌로 확산된 미디어의 현대적 출처라는 견지로 특별히 중요한 고려사항이다.

글로벌 사회에서 문화 간 소통의 이해와 적용: 기초

Edwin R. McDaniel, Larry A. Samovar

당신은 이미 "세계화", "지구촌", "문화", "소통", "문화다양성" 같이 오늘날 공통적으로 등장하는 용어에 친숙해져 있을 것이다. 당신은 아마도 "문화 간 소통"에 관한 것을 읽거나 들었을 가능성은 있지만, 그것이 무엇인지, 어떻게 작동하는지, 왜 중요한지에 대하여 심층검토하지는 못했을 것이다. 이런 질문에 답하는 것이 이 장의 목적이다.

우리의 탐구는 문화 간 소통이 세계역사에서 주목할 만한 시대에 했던 몇 가지 역할 상에 대한 간략한 개관으로부터 시작하고자 한다. 그래서 우리는 문화 간 소통이 과거 70년 넘게 어떻게 학파로 발전되어 왔는지 요약할 것이다. 이런 역사적인 검토는 우리에게 문화 간 소통이 새로운 현상이 아니라 오히려 인간의 상호작용이 오랜 기간에 걸쳐 통합적인 부분이 되어왔던 과정이라는 것을 깨닫도록 도울 것이다. 두 역사적인 개요를 따르면서, 이 장은 무엇이 문화 간 소통의 기초로 간주되는 지를 검토한다. 이런 기본개념을 이해하는 것은 당신의 연구에 활력을 줄 것이며 문화 간 소통이 현대사회에서 얼마나 필요하고 중요한지를 느끼게 할 것이다.

역사적 시각에서 문화 간 소통

시작

간문화적 상호작용의 역사는 인간의 역사만큼이나 오래되었다. 사람의 이주는 새로운 조국을 찾아 나서든지, 교역을 하든지, 물리적이거나 이데올로기적인 정복에 열중하든지 간에 다른 문화권의 사람과 접촉하게 만들었다. 이 상호작용은 유익한 것으로 입증되어 왔으나 때때로 재난이 되기도 하였다. 여기서 문화 간 소통이 어떻게 광범위한 글로벌적인 변화를 형성하는 도구가 되었는지 몇 가지 예를 보자.

세계의 위대한 종교 두 가지가 어떻게 중동에서 생겨나서 전 세계적으로 확산되었는지를 생각해 보자. 기독교왕국은 오늘날의 이스라엘과 팔레스타인이 사는 작은 지역에서 시작해서 몇 대륙을 건너 전 세계로 펴져 나감으로써 세계의 가장 큰 종교가 되었다. 기독교왕국의 출현 후 몇백 년 후에 이슬람교는 현재 사우디아라비아의 사막에서 발단되어 궁극적으로 중동아시아, 북아프리카, 중앙아시아 그리고 남아시아로 퍼져 나갔다. 이슬람교는 이제 세계에서 두 번째로 큰 종교이다. 7세기에 불교는 현재의 인도 북동부에서 시작되어 다음의 몇백 년을 걸쳐서 남동아시아, 중국, 한국과 일본 전역으로 전파되었다. 오늘날 그 종교는 세계에서 세 번째로 큰 종교이다. 이렇듯 문화의 다양성과 언어에 상관없이, 믿음과 각각의 종교적인 철학을 보급하고 확립하기 위해서는 문화 간 소통능력이 필요했다.

무역은 쉽게 문화 간 소통이 가진 역사적이고 지속적인 효과를 입증하는 데 적절한 또 다른 맥락이다. 페니키아인과 실크로드 사례를 생각해보자. 페니키아인은 지금의 레바논과 시리아의 해안지역에 위치한 고대의 무역문명이다. BCE(비기독교인들이 사용하는 B.C.에 대한 기호) 800년대 후반쯤, 페니키아인은 지중해 남부 연안을 따라 만든 교역 루트, 전초지, 식민지를 확립해 왔다. 그리고 스페인과 서아프리카의 주변을 따라 대서양으로의 모험을 감행했다. 페니키아인은 다른 문화와 언어에 대한 예리한 인식이 필요했던 영토 정복보다 오히려 해양 교역에 초점을 맞추었던 것이 분명하다.

"실크로드"에 대한 언급은 종종 중국과 서구 사이에 있는 중앙아시아를 가로질러 이국적인 상품들을 수입했던 대형마차의 낭만적인 이미지를 토대로 한 Hollywood를 떠올리게 한다. 실제 중국과 서구를 연결하는 수많은 루트가 있었는데 BCE의 100년대 초반에 시작해서 A.D 15세기까지 지속되었다. 이런 궤도는 남아시아를 거쳐 아랍반도의 연안을 따라 오늘날의 중앙아시아를 통해 지나갔다. 이 루트는 교역하는 사람과 더불어 탐험가, 종교성직자, 철학자, 전사, 밀사에 의해 이용되었다. 새로운 생산품, 예술적인 춤, 기술, 혁신. 철학적 개념 역시 서양과 동양에 있는 고객과 마찬가지로 양측 사이를 오가는 사람에게 이용되었다. 이 육로는 여러 문화의 많은 영토를 거쳐 갔다. 성공적인 횡단은 대조적인 세계관, 다양한 문화적 가치, 다수의 언어를 말하는 사람과 효과적으로 상호작용하는 지식과 능력을 요구했다. 먼 과거의 사례에서 찾은 이 몇 가지 예는 두 가지의 중요한 요인을 입증한다. 우선, 세계화는 새로운 것이 아니다. 여러 지역과 다양한 문화권의 사람은 시대를 막론하고 상호작용하고 있었다는 것이다. 새로운 기술의 도래는 단순히 그 과정을 가속화하여 왔을 뿐이다. 둘째, 이 역사적 비네트[1]는 문화 간 소통이 오늘날의 글로벌 사회질서에 도구적인 역할을 해왔음을 입증된다. 이제 우리는 학파로서의 문화 간 소통이 이룬 발전을 볼 것이다.

학파로서의 문화 간 소통

긴 역사적 유산에도 불구하고, 학파로서의 문화 간 소통은 비교적 최신에 이루어진 것으로, 70년 전에 처음으로 조사를 시작했을 뿐이다. 문화와 소통에 초점을 맞춘 검토는 2차 세계대전 동안 동맹을 이해하고 그 전쟁으로 인해 파괴된 많은 국가의 전후 재건을 더 수월하게 수행하려는 필요에서 생겨났다. 1970년대와 1980년대 국제적 교역의 지속적인 증가는 다른 문화권의 사람과 어떻게 효과적으로 상호작용하고 관리할지를 이해할 필요를 만들어왔다. 결과적으로 학자들이 흥미를 가지게 되자 연구 프로젝트를 착수하고 여러 맥락을 다루는 수업을 제공하기 시작했다. 운송과 소통에서 기술적인 향상이 이루어짐에 따라 냉전 말인 1990

1) vignettes 윤곽을 흐리게 하는 그림.

년대 초에는 간문화적 역량이 필요하게 되었다. 갑자기 다른 국가, 민족, 종교적 배경에서 온 사람 가운데 예기치 않은 수준의 상호작용이 이루어졌다. 기업 및 사회적 조직은 국제 및 국내 수준 모두의 문화를 망라하여 소통하는 것의 중요성을 인식했다. 이것은 학자적인 탐구와 그 주체의 구체적인 분야에 대한 요구를 높였다. 새로운 시대에 대한 소통의 필요성은 조금도 누그러지지 않고 계속되었다. 9.11사건 이후 이라크와 아프카니스탄에서의 전쟁은 미국군대 내에서도 문화적 자각 훈련이 필요함을 인정하는 계기가 되었다.

오늘날 급속도로 글로벌화되는 사회질서는 문화 간 소통의 연구와 실천이 국제 및 국내 분야 모두에서 성공하기 위한 필수조건이 되도록 하였다. 이제 거의 모든 시도에서 성공하려면 문화적 차이점에 대한 인식이 필요하다. 이 책의 논문은 문화 간 소통에서 기량을 더 겸비한 자가 되기 위한 자각과 지원을 얻을 수 있도록 돕기 위해 계획되었다. 각 장은 간문화적 역량을 습득하고 개선하는 데 결정적으로 중요한 것으로 간주되는 주제를 소개한다.

문화와 소통에 대한 연구로 본격적으로 이동하기 이전에, 문화 간 소통에 대한 우리의 접근을 구체화하는 것과 여러 사람이 꽤 여러 시각으로 탐구하고 있다는 점을 알 필요가 있다. 예를 들면, 매스미디어를 검토하는 일부 학자는 국제 대중매체, 즉 세계적인 표현의 자유, 미디어 정보의 서구적 지배라는 전제와 전 세계적인 소통을 위한 즉시적인 기술에 관심을 가지고 있다. 다른 부류의 학자는 국가정보, 외교, 경제관계, 재난지원, 정치적 선전 가운데 일어나는 상호작용에 대한 관심으로 국제적인 소통을 연구한다. 여전히 또 다른 부류의 학자는 글로벌 토대에서 비즈니스를 하는 데 필요한 소통에 흥미를 가지고 있다. 그들의 관심은 교차문화적인 마케팅, 협상유형, 관리, 갈등해결과 함께, 국내, 다민족국가, 초국가조직과의 일상적인 소통 같은 현안을 포함한다. 또한 비판적 이론을 적용하는 학자는 어떻게 소통이 지배의 수단으로 사용될 수 있는지를 입증하고자 한다.

여기서 우리의 초점은 소통의 개인적인 측면과 관련 있다. 다른 문화권의 사람과 면대면으로 상호작용할 때 무엇이 일어나는가? 그래서 우리의 접근은 모든 맥락을 망라하여 문화 간 소통의 대인간 차원을 탐구한다. 우리가 편저를 위해 선정해왔던 논문은 문화 간 소통접촉에 영향을 미칠 가능성이 가장 많은 문화와 소통의 변인에 초점을 맞춘다. 이 논문의 영향력은 자신과는 다른 문화권의 사람을 대상으로 정보, 개념, 느낌을 교환하고자 할 때 일어날 수 있다.

이런 마음으로, 우리는 다음의 규정을 고수한다. 즉 문화 간 소통은 한 문화권의 사람이 다른 문화권의 사람에게 전달하고자 메시지를 보낼 때마다 발생한다. 이것은 비록 어느 정도 단순하게 보일지라도, 두 주요한 요소인 소통과 문화의 철저한 이해를 요구한다. 그러므로 다음의 부문에서 우리는 문화를 설명한 후에 소통과 그것의 구성요소를 검토한다. 마지막으로 우리는 이 두 가지 개념이 어떻게 문화 간 소통의 구성요소에 녹아 있는지를 탐구한다.

소통의 이해

소통은 피할 수 없다. 소통은 우리가 해야 하는 것이며 즐겨 하는 것이다. 디지털시대에 우리는 많은 소통을 한다. 일상사에서 소통하는 여러 방식에 관해 생각해보라. 우리는 TV를 보고, 음악을 듣고, 친구와 이야기하고, 수업을 듣고(적어도 그런 척한다), 낮잠을 자고, 이메일, 페이스북, 트위터로 메시지를 주고받으며, 유튜브에서 새로운 것을 찾거나 인터뷰에 참여하기 위해 정장을 입는다.

이것은 당신의 일상이라는 토대 위에 이루어지는 몇 가지 소통활동이다. 정보가 풍부한 오늘날의 사회에서 어떤 사람이 기능하고자 한다면 소통을 피할 수 없다. 타인과 연결하고 싶은 내적인 욕구를 가지는 듯하다. 그래서 소통을 해서 다른 사람과 연결하고자 한다. 모든 상호작용의 동기는 세 가지의 광범위한 분류 중 하나의 범주에 들어갈 수 있다. 사람이 소통할 때는 맥락 혹은 상황과 상관없이 (1) 설득하거나, (2) 정보를 제공하거나, (3) 즐겁게 할 때이다. 다른 말로 하면 당신은 소통을 할 때 이 가운데 한 가지가 목적이다.

소통이란

현대의 일상생활에서 소통이 기본이라는 것은 직관적으로 분명한 듯하다. 그러나 소통은 정확히 무엇인가? 우리가 소통할 때 무엇이 일어나는가? 질문에 대답하는 데 있어서 우리는 먼저 그 현상을 규정하고 설명할 것이다.

소통은 다양하게 규정되어 왔으며 각 규정은 통상 그 저자의 목적 혹은 구체적인 맥락을 반영한다. 규정은 종종 길며 다소 추상적이다. 왜냐하면 저자는 가능한 소통의 많은 측면을 통합하고자 하기 때문이다. 일부 예에서 규정은 협소하지만 정확한데, 소통의 사례 혹은 구체적인 유형을 설명하기 위해 고안된 것이다. 문화와 소통의 조합을 연구할 때 모든 연구자가 가진 최고의 관심은 쉽게 이해할 수 있는 간결한 규정을 만드는 데 있다. 그래서 소통은 의미를 만드는 데 목표 가 있는 메시지의 관리이다 (Griffin, 2005). 이 규정도 다소 광범위하다. 그럼에도 규정은 모든 소통에 관한 에피소드에서 발생되는 것을 구체화하는 데 바람직하다. 그렇다고 소통이 성공적이거나 성공적이지 않은 구성요소가 무엇인지를 확립하자는 것은 아니다. 성공은 실제 소통하는 사람에 의해 결정되고 사람에 따라 다를 수 있으며, 종종 시나리오에 의존한다. 우리가 소통에서 인정하는 유일한 자격성은 의도성과 상호작용이다. 즉 소통이 설득하고, 정보를 제공하고, 즐겁게 하는 의도를 가지고 이루어진다고 한다면, 우리는 의도를 가지고 소통을 하며 누군가와 상호작용함으로 자신의 목표를 이룬다.

소통의 틀

위에서 규정한 소통의 정의를 사용하기 위해 이제 의미를 만들고 메시지를 관리하는 데 사용되는 여덟 가지의 주요한 구성요소를 검토하고자 한다. 가장 분명한 첫 번째는 **발신자**sender로서 메시지가 시작되는 사람 혹은 집단이다. 발신자는 요구 혹은 바람을 가진 누군가이다. 이때 메시지는 타인과 소통하기 위한 사회적인 것이며, 일 혹은 공공서비스에 대한 것이다. 이런 바람을 완성하는 데 있어서 발신자는 수신자라는 통로에 의해 메시지를 전달하고 표현한다.

메시지는 발신자가 이해하고자 한 바람을 가진 정보, 즉 의미를 만들기 위해 사용되는 정보로 구성된다. 메시지는 언어적 혹은 비언어적일 수 있는데 수신자에게 **통로**channel에 의해 전달되고 부호화된다. 통로는 메시지가 발신자에게서 수신자에게 움직이기 위해 제공되는 모든 수단이다. 예를 들면, 구술 메시지는 앞에 있는 수신자에게 직접 보내거나 전화기, 화상전화 혹은 유튜브, 비디오에 의해 중재되어 보낼 수 있다. 가상 혹은 비가상 메시지는 즐거움을 선사해서 웃게 하거나, 사진 혹은 텍스트를 통해 중재되는 것 같이 직접적이거나 간접적으로 전달될 수 있다. 오늘날 유튜브, 페이스북, 마이스페이스와 같은 웹사이트는 매개된 메시지를 통해 수백만의 수신자에게 도달하는 수단과 통로를 발신자에게 제공한다.

수신자receiver는 메시지와 의미가 만들어지는 장소의 의도된 수령인recipient이다. 수신자는 메시지를 해석하고 의미를 부여하기 때문에 의도되었을 수도 혹은 되지 않았을 수도 있지만, 소통은 자주 수신자 중심으로 특징지어진다. 당신은 한 친구에게 문자 메시지를 보낼 수도 있으나 비언어적이거나 불충분한 맥락 부족 등 다양한 이유로 수신자는 메시지를 잘못 해석할 수도 있고 불쾌감을 느낄 수도 있다.

메시지를 해석하고 의미를 부여한 후에 수신자는 **반응**response을 준비할 수 있다. 이것은 수신자가 메시지에 부여하는 의미의 결과로 취하는 어떤 조처이다. 반응은 단순히 도발적인 언급을 무시하는 친절한 것부터 다른 극단인 신체적인 폭력처럼 공격적인 것일 수 있다. 소통의 **피드백**feedback 구성요소는 반응과 관련되어 있거나 혹은 분리되어 있다. 피드백은 우리에게 메시지의 효과를 평가하도록 돕는다. 수신자는 아마도 메시지를 해독한 후 웃거나 눈살을 찌푸리게 된다. 피드백은 수신자에게는 메시지에 부여하는 의미에 관한 실마리를 제공하며 발신자에게는 발전된 상황에 적응하도록 돕는다. 피드백에 의존하여 우리는 더 큰 명료성을 제공하기 위해 자신의 메시지를 보충하거나 고쳐 말할 수도 있고 그 메시지를 이해하는지 혹은 아까 했던 말을 하지 않았어야 하는지를 물을 수도 있다.

상호 간 이루어지는 모든 소통은 물리적이고 맥락적인 **환경**environment 내에서 발생한다. 물리적 환경은 교실, 커피숍, 사무실, 기내처럼 소통이 발생할 수 있는 장소를 말한다. 맥락적 혹은 사회적 환경은 더 추상적인데, 사용되는 소통유형에 영향력을 크게 행사한다. 인터뷰를 할 때 당신이 사용하는 소통의 여러 유형에 대해 생각해보라. 학생이 융자를 받을 때, 이방인에게 방향을 물어볼 때, 교수 연구실이나 친구를 만나는데 늦어서 사과할 때 등에서 소통유형이 다르다는 점을 상기해 볼 수 있다.

소음noise은 소통의 마지막 요소로서 모든 소통 상황을 방해하거나 주의산만하게 하는 개입에 관한 것이다. 물리적 소음은 소통하는 사람을 몰입하지 못하게 하는 것으로서, 두 사람이 교실 뒤에서 수업 중에 소곤거리는 소리나 전철에서 크게 떠드는 소리, 아파트 창을 통해 들어오는 교통 소음 혹은 핸드폰에서 나오는 잡음 같이 많은 형태가 있을 수 있다.

소통 에피소드에 참여하는 사람의 내면적인 소음은 다양한 형태가 있다. 금요일 오후 수업에 몰입하지 못하는 것은 아마 당신이 여행을 위한 계획에 빠져 있다거나, 비싼 비용을 들여 자동차의 브레이크를 수리할 필요가 있다는 것을 알게 되어 걱정을 하고 있다거나, 혹은 다음 주로 연기된 기말 과제에 관해 걱정하는 경우를 상상해 볼 수 있다. 이런 경우는 심리적 소음으로 교실 수업에서의 소통에 대한 이해를 감소시킬 수 있다. 심리적 소음은 소통활동에 참여하는 사람의 물리적인 안녕과 연결된다. 잠을 거의 자지 않고 교실에 오는 것, 코감기에 걸린 것, 교실이 지나치게 덥거나 춥다고 느끼는 것은 학습활동에 완전히 몰입하지 못하도록 방해할 수 있다.

소음의 마지막 유형은 종종 소통과정 동안 발생한다. 그만큼 오해가 생기기 쉽다. 문화 간 소통에서 효과적인 소통이란 참여자가 공동으로 사용되는 언어로 응답하는 것이라, 통상 한 명 이상의 개인은 모국어를 활용할 수 없다는 의미이다. 제2외국어에서, 특히 비언어적 행동까지 고려하게 되면 본토인만큼의 유창성을 얻기는 상당히 불리하다. 다른 언어를 쓰는 사람은 종종 강세, 단어, 문장을 잘못 사용할 수도 있다. 따라서 메시지 수신자의 이해에 영향을 미칠 수도 있다. 이런 유형의 주의산만은 종종 의미론적 소음으로 속어나 특별한 전문적 용어를 사용하는 것 등을 포함한다(West & Turner, 2004).

이 여덟 가지의 구성요소는 소통조우를 용이하게 하거나 방해할 수 있다. 문화는 우리가 언제, 어떻게, 무엇을, 왜 소통하는지 각각 일련의 과정을 관장하는 기준을 제공한다. 그러나 우선 우리는 문화라는 개념 자체가 어떻게 소통에 영향을 주는지 평가하기 위해 문화를 이해해야 한다.

문화란 무엇인가?

문화는 현대사회에서 극히 대중적으로서, 점점 과도하게 사용되고 있는 용어이다. 문화차이, 문화다양성, 다문화주의, 기업문화, 교차문화 등 여러 변량이 있는 동일한 표현은 대중매체에서 계속 나타난다. 문화는 기업관리, 건강관리, 심리학, 교육, 인간관계, 경영과 광고와 같은 분야와 연결되어 있다. 우리는 종종 아프가니스탄에서 지역문화에 대한 이해와 지식 없이 움직였던 미국의 강권력에 관하여 듣는다. 문화라는 용어의 만연한 사용은 일상에서 문화의 역할이 증가되었음을 입증한다. 그러나 우리는 문화를 구성하는 것이 무엇인지, 정확히 문화가 하는 일이 무엇인지에 대해 결코 규정하지 않는다. 이 장은 그에 대한 해답을 제공한다.

문화란

소통에 관한 한 문화라는 용어는 수많은 의미가 있으며 복잡하고 추상적으로 규정된 주제이다. 초기에 표현되어 가장 쉽게 이해할 수 있었고 오늘날에도 여전히 사용되는 것은 Sir Edward. Burnett Tylor라는 영국인류학자에 의해 1871년에 만들어진 규정이다. 그에 따르면 문화는 사회구성원으로서 획득한 지식, 믿음, 예술, 도덕, 법, 관습, 모든 다양한 역량, 습관을 포함하는 복합적인 전체이다(“Sir Edward”, 2012, para1).

문화에 관하여 응용해서 더 단순하게 설명해 보자. 축구라는 단어에 관해 몇 분 동안 생각해 보라. 머릿속에 무슨 그림이 그려지는가? 대부분의 미국인은 11명의 남성으로 구성된 두 팀이 각각 헬멧을 쓰고 패드를 착용하고 움직이는 필드를 상상할 수 있다. 그러나 캐나다 몬트리얼의 누군가는 팀 당 12명을 상상한다. 호주 시드니의 거주인은 18명으로 구성된 두 팀의 선수가 저지와 운동팬츠를 입고 나란히 서서 선수들 사이에서 타원형의 공을 차며 경쟁한다고 생각한다. 반면 브라질 상파울로의 젊은 여성은 아마도 두 팀에서 경쟁하는 팀 당 11명의 남자 혹은 여자가 둥그런 공을 네트 안으로 넣으려고 노력하는 그림을 그리게 된다. 각 나라에서는 이 운동을 "축구"라고 말하고는 있으나 운동하는 필드, 장비, 게임의 규칙은 다소 다르다.

Ruth Benedict는 "실제 인간을 속박하는 것은 그의 문화이다. 즉 사람이 공동으로 가진 아이디어들과 기준들이다"(1959, p.16)라는 더 간결한 규정을 했다. Clifford Geertz은 더 복합적으로 설명하였는데, 그는 문화를 "상징으로 표현되어 역사적으로 전달되는 유형이며, 인간이 그의 삶에 대한 태도와 지식을 개발하고 영속하며 소통함으로써 상징적인 유형으로 표현하여 계승하는 개념체계"라 보았다(1973, p.89). 현대의 문화규정은 가치, 태도, 신념, 행동, 규범, 물질적인 대상, 상징적인 자원을 공통적으로 언급한다(예를 들면, Gardner & Kosmitizki, 2008; Jandt, 2009; Klyukanow, 2005; Lustig & Koester, 2009; Martin & Nakayama, 2010; Neuliep, 2011; Samovar et al., 2012). 사실, 많은 변화된 규정은 문화라 일컫는 그 사회적 개념의 복잡성을 드러낸다.

또 다른 예로, 직업 인터뷰를 성공적으로 하기 위해서 다음의 상황에 어떻게 반응하는지에 대해 생각해보자. 중국계 대기업과 비지니스를 하는 당신은 만찬에 초대를 받는다. 당신은 레스토랑에서 다른 사람과 함께 원 모양의 회전테이블에 앉는다. 접시들이 계속 회전테이블 중앙에 놓인다. 사람들은 회전테이블을 돌리면서 여러 접시로부터 음식을 가져와서 대화하던 중 당신에게 한 번도 먹어본 적이 없어 친숙하지 않은 종류의 음식을 먹어보라고 강요한다. 당신은 어떻게 느껴지는가? 얼마 안 돼서, 친한 친구 중 한 명이 부모가 인도 뭄바이에서 이민 온 사람인데 당신을 그의 집에 처음으로 초대했다고 하자. 거기서 당신은 친구의 조부모님을 소개받았는데 그때 그들은 가슴에 손바닥을 모아 기도하는 것처럼 인사하며 "나마스떼" 라고 말한다고 하자. 당신은 무엇을 하겠는가? 이 상황에서 당신이 무엇을 말해야 하는지에 대해 불확실하게 느끼겠지만 중국과 인도에서는 이런 행동이 일상적이다.

이 상황들은 우리가 응용된 문화 규정을 말하는 사례라 할 수 있다. 단순히 진술한바 대로 한다면 문화는 인간이 사회에서 기능하고 살기 위한 규칙이다. 다른 말로 하면 문화는 삶의 게임을 운영할 수 있는 규칙을 제공한다(GudyKunst, 2004; Yamada, 1997). 규칙은 문화마다 다르기 때문에 특정 문화에서 효과적으로 기능하기 위하여 당신은 "규칙에 의해 움직이는" 방법을 아는 것이 필요하다. 우리는 태어나서 자신의 문화적 규칙으로 시작해서 삶을 통해 당연시되는 것으로 계속 학습하게 된다. 결과적으로 자신의 문화 규칙은 하위의식으로 뿌리내려 익숙한 상황에서 생각지 않고 반응할 수 있게 된다. 다른 규칙을 가진 다른 문화에 들어갔을 때 비로소 문제가 나타나게 된다.

문화의 역할

우리가 문화란 사회 관습적인 규칙이라는 생각을 인정한다면 그 목적은 자명해진다. 문화적 규칙은 사건, 대상, 사람에게 의미를 주는 틀을 제공한다. 규칙은 사회적 환경에 관한 불확실성을 감소시키고 둘러싼 환경을 이해할 수 있게 한다. 누군가에게 잘 보여야 하는 첫 만남에 소개받는 때를 상상해보자. 당신은 아마도 긍정적인 인상을 주고 싶기 때문에 일정수준의 긴장감을 느낄 것이다. 당신은 상호작용을 하는 동안 해야 할 것과 하지 않아야 할 것에 관한 몇 가지 생각을 할 수 있다. 당신은 전반적으로 무엇을 이야기할지, 일반적으로 어떻게 행동할지에 관하여 몇 가지 생각을 가졌을 수도 있다. 이것은 당신이 타인을 관찰하고 귀를 기울이면서 적절히 행동하는 것에 대한 문화규칙을 배워왔기 때문이다.

요르단, 케냐 등 다른 나라에서 온 학생을 소개받는 상황을 상상해보자. 당신은 무엇을 말하고 어떻게 행동해야 하는지를 알기 원하는가? 어린 시절을 기억해보면, 우리는 새로운 사회상황에서 적절하게 대처할 수 있도록 문화규칙을 학습해 왔던 것은 아닌가?

문화는 우리에게 자신의 정체성과 자존감을 제공한다. 어린 시절부터 우리는 다양한 집단, 가족, 지역사회, 교회, 스포츠팀, 학교, 민족에 속한다는 생각을 배운다. 이런 소속의식은 우리에게 여러 다른 정체성을 형성하게 한다. 우리의 문화정체성은 중국인, 멕시코계 미국인, 아프리카계 미국인, 그리스인, 이집트인, 유대인 혹은 하나 이상의 많은 여러 소속도 가능한데, 특정 문화 혹은 민족 집단에 대한 소속감으로부터 유래된다(Lustig & Koester, 2006, p.3). 우리는 자라면서 우리의 구체적인 문화집단, 즉 베트남계 미국인, 이탈리아계 미국인, 러시아계 미국인 등과 같이 다문화가정 집단에서 적절한 사회적 행동규칙을 배운다.

문화정체성은, 특히 다른 가치과 신념, 다른 일련의 사회적 상호작용을 위한 규칙을 가진 파키스탄의 이슬람교도, 인도계 힌두교도 같은 여러 문화집단의 사람과 상호작용할 때 두드러질 수 있다. 그래서 문화정체성은 문화 간 소통의 실천에서 중요한 요인이 될 수 있다.

문화의 구성요소

문화가 무엇이며 무엇을 하는지에 대한 많은 설명이 있는 한편, 주요한 특징을 구성하는 것에 대한 일반적인 논의들도 있다. 이 특징에 대한 검토는 추상적이고 다면화된 개념에 대한 이해를 높일 것이며, 또한 어떻게 문화에 의해 영향을 받는지에 대한 통찰력을 제공해 줄 것이다.

- 문화는 학습된다

태어났을 때, 우리는 자신의 문화에서 효과적으로 기능하는 데 필요한 많은 사회 관습적 규칙을 모른다. 그래서 필요한 정보를 신속히 내면화하기 시작한다. 상호작용, 관찰과 모방을 통해서 적당한 방식의 사고, 감정, 행동을 학습한다. 포크나, 젓가락 한 쌍, 손가락을 이용하여 식사하는 법을 배우는 것은 문화적 행동을 배우는 것이다. 일요일에 성당에 참석하거나 토요일 유대공회에서 예배를 드리는 것은 문화적 행동과 가치를 배우는 것이다. 크리스마스, 콴자 kwanzaa[2], 라다만Ramadaan[3], 혹은 얌키퍼 Yom Kippur[4]를 환영하는 것은 문화적 전통을 배우는 것이다. 문화는 또한 예술, 속담, 민속, 역사, 종교와 같은 여러 출처의 다양성으로부터도 학습될 수 있다. 적응으로 언급되는 이 학습은 의식적이거나 무의식적 모두에서 이루어지며, 구체적인 문화적 환경 내에서 적절히 기능하는 방법을 가르치는 목표를 가진다.

---

2) 콴자 : 12월 26일부터 1월 1일까지 열리는 아프리카 흑인의 수확제.
3) 라마단 : 회교력의 제9월로 일출에서 일몰까지 단식함.
4) 속죄의 날(Day of Atonement) : 유대교의 대축제일. 일을 쉬고 단식을 함.

- 문화는 세대 간 전수된다

스페인 철학자George Santayana는 이렇게 썼다. "과거를 기억할 수 없는 사람은 그것을 반복하게 되어 지탄받는다." 그는 여기서 사람에 의해 기억되고 반복되어야 존재할 수 있는 문화에 대해 설명한 것은 분명히 아니다. 우리는 자신의 문화를 가족 구성원, 교사, 동료, 책, 개인의 관찰이나 많은 매체로부터 학습해 왔다. 우리는 행동하는 적절한 방법, 말하는 것, 가치관 등 많은 것을 이 모든 출처를 통해 동시대의 구성원과 소통하게 된다. 또한 우리는 종종 이런 문화적 기대를 아래 세대에게 전달하는 매개자라는 점에서 변화가 거의 없다. 문화는 우리를 과거와 연결시키며 미래 세대를 통해 미래의 희망과 연결시킨다. 이 공식에서 결정적으로 중요한 요인은 소통이다.

- 문화는 상징적이다

단어, 제스처, 이미지는 단지 의미를 전달하는 데 익숙한 상징이다. 이런 상징을 사용하는 우리의 능력은 문화를 전달하고 구성하는 데 익숙한 많은 형태의 사회과정에 참여가 가능하도록 한다. 우리의 상징 형성 능력은 세대 간, 집단 간, 사람 간 의미 전수를 할 수 있는 학습을 용이하게 한다. 상징의 간단함은 문화를 중요하게 간주하고 유지하여 역사를 보존토록 하는 정보를 축적할 수 있게 한다. 문화 보존은 각 새로운 세대에게 알려지지 않는 상황과 접촉할 때 자문해줄 수 있는 준거인 도서관에 있는 안내 지도서로 만들어져 새로운 세대에게 전달된다. 세대 간에 전승되는 것은 확립된 행동 혹은 가치를 수정한 것일 수도 있고 새로운 것을 구성할 수도 있으나 우리가 문화로 아는 것은 과거 전통의 누적이다.

- 문화는 역동적이다

역사적이라는 본질에도 불구하고, 문화는 결코 정적이지 않다. 다른 문화와 접하게 되면 변화를 만들어 문화 내에서 새로운 아이디어나 창의물을 만들게 된다. ㄷ자꼴 쇠붙이, 화력, 해상 콤파스 등과 같은 혁신과 새로운 아이디어가 문화적으로 영향을 받기 쉬웠던 사례이다. 최근에 소수집단, 여성운동, 게이권리에 의해 만들어진 진보는 현대 미국 사회구조에 의미심장한 변화를 만들어왔다. 컴퓨터칩과 인터넷의 발명은 미국문화만이 아니라 세계의 나머지 부분에도 결과적으로 풍부한 변화를 만들어냈다.

문화적 확산 혹은 차용 역시 변화의 출처이다. 지금 미국에는 피자(이태리), 스시(일본), 타코(멕시코)와 탄도리치킨과 난빵(인도)이 얼마나 흔한지 생각해보라. 인터넷은 쉽게 접근할 수 있는 새로운 지식과 통찰력을 만들어서 문화적 확산을 가속화해왔다. 이주민은 자신의 문화적 관습, 전통, 가공품을 새롭게 가져오며 그중 일부는 그들이 이주해온 지역 문화와 융합된다. 예를 들어, 미국의 베트남 국수집, 영국의 인도식당, 브라질의 일본음식 등이 있다.

전쟁, 정치적 변동, 대규모 자연재앙과 같은 문화적 재난은 변화를 초래할 수 있다. 미국의 아프카니스탄에 대한 개입은 그 나라의 여성에게 더 많은 평등을 가져오고 있다. 이라크의 침략은 더 나아졌든 혹은 나빠졌든 간에 시아파와 쿠르드족의 문화적 관습에 대한 영향력을 키웠으며 수니파 관습의 적용을 줄어들게 했다. 하와이 지진 때문에 들어온 국제 긴급구호요원은 그 상황에 대처하면서 자신의 문화적 관습을 가져왔다. 그중 일부는 하와이 본토인의 문화관습과 서로 섞이게 되었다.

이주는 문화적 확산의 주요한 원천이다. 미국의 많은 대도시 중심부에는 비공식적으로 혹은 공식적으로 소이탈리아, 소사이공, 소도쿄, 코리안타운, 차이나타운, 소인도 등이 있다. 이런 지역에는 보통 민족 집단에 구체적으로 맞춘 음식점, 마켓, 상점이 존재한다. 이런 것 또한 여러 문화관습의 여러 부분을 지역에 소개하는 데 기여한다.

문화에 영향을 미치는 변화 중 대부분은 특히 쉽게 보이는 변화인데 드레스, 식단, 운송방식, 혹은 집 같은 기본적인 항목에 관한 것이다. 가치, 윤리, 도덕, 종교의 중요성 혹은 성별, 연령과 성적 취향에 대한 태도는 문화의 심층구조에 속하기 때문에 중요한 변화에는 더 저항하며 세대 간 꽤 오래 계속되는 경향이 있다.

- 문화는 민족중심적이다

문화에 의해 형성된 집단정체감 혹은 소속감은 다른 문화보다 자신의 문화를 우월한 것으로 바라보려는 경향을 지닌 민족중심주의로 이끌 수 있다. 민족중심주의는 자신의 문화적응으로부터 일어날 수 있다. 이 관점에서 본다면, 자신은 이 세상에 가장 위대한 나라에서 살고 있다거나, 자기 국가는 "예외적"이라고 말하거나 자기 국가의 삶의 방식은 다른 국가의 것보다 더 낫다거나, 당신의 가치에 대해 문화우월감을 가질 수 있어서 다른 민족 집단의 것보다 더 우월하다고 본다. 특히 아동 간에 나타나는 민족중심주의는 다른 문화와의 접촉 부족으로부터 일어날 수 있다. 당신이 미국문화에만 노출되었다면, 자신의 나라가 세상의 중심이라는 생각을 발전시킬 가능성이 있다. 또한 당신은 미국문화라는 관점에서 세계의 나머지를 보고자 할 가능성이 있다.

다른 방식과 관습을 인정하지 못하거나 이해하지 못하는 것은 민족중심주의를 느끼게 할 수 있다. 자신과 비슷한 사람에 대해 편하게 느끼는 것은 꽤 자연스러운 일이라 동일한 사회적 기준과 프로토콜을 고집할 수밖에 없다. 우리는 상대가 무엇을 기대하는지 알면 소통하기 쉽다. 마찬가지로 우리는 새롭고 다른 사회적 가치, 믿음, 행동을 접하게 되면 불편함을 느끼는 것이 정상이다. 반면 상대가 기대하는 것이 무엇인지 알지 못한다면 아마도 소통은 어려울 것이다. 단순히 상대가 당신의 기대와 다르다는 점 때문에 다르다는 차이를 부정적으로 보거나 평가하는 것은 민족중심주의의 산물이다. 민족중심적 성향은 효과적으로 문화 간 소통을 하는 데 해로운 요인이다.

소통과 문화의 통합

지금쯤 우리는 문화란 아마 삶의 모든 측면에 만연하여 영향을 미치는 극도로 복잡하며 추상적인 개념이라는 점을 깨닫게 되었을 것이다. 많은 문화관련 구성요소는 문화 간 소통연구에서 중요하다. 여기에는 (1) 지각, (2) 인지적 유형, (3) 언어적 행동, (4) 비언어적 행동, (5) 맥락의 영향력을 포함한다. 본 책에서 이 구성요소 각각에 대해 독립적으로 논의한다 해도, 간문화적 환경에서 이 모든 것은 동시에 통합해서 기능하게 될 것이다.

지각

우리는 매일 인지적으로 접근하여 의미를 부여하게 되는 놀랄 만한 양의 다양한 자극과 마주치게 된다. 자극을 선정하고 조직하고 평가하는 과정을 지각이라고 한다. 환경에서 오는 자극의 양은 우리가 흥미가 있거나 적절하다고 고려하는 것만 주의를 기울이기 때문에 꽤나 많다. 우리는 참여할 것이 무엇인지 결정한 후에 평가하기 위해, 다음 단계에서 선정된 자극을 조직한다. 이 책에서, 대학 도서관에서, 미디어뉴스 출구에서 혹은 웹사이트에서 정보를 해석하기 이전에 구조가 주어져야 한다. 그래서 지각의 세 번째 단계는 자극에 의미를 부여하고 평가하는 것을 포함한다. 사람은 세상에 대한 지각 방식에 따라 행동한다. 이런 지각은 문화에 의해 강한 영향을 받는다. 다른 말로 해서 우리는 문화가 우리의 지각에 놓아온 준거를 통해 세상을 맡고, 맛보고, 느끼고, 듣고, 본다. 그래서 세상의 아름다움, 노인에 대한 태도, 타인들과 관련한 자기개념은－좋거나 혹은 나쁜 것을 맛보는 지각에서조차－문화적으로 영향받아 사회적 집단 가운에 변화를 초래할 수 있다. 야채즙으로 만든 페이스트는 호주의 "국민음식"으로서 토스트와 샌드위치 위에 바르는 이스트 추출 스트레드[5]이다. 그러나 호주나 뉴질랜드에서 온 소수의 사람과는 달리 다른 문화권의 사람 중에 이런 짜고 갈색의 페이스트 냄새와 맛을 좋아하는 사람은 거의 없다.

당신이 예측한 것처럼, 지각은 문화 간 소통에서 중요한 측면이다. 왜냐하면 유사하지 않은 문화로부터 온 사람은 자주 세상을 다르게 인식한다. 그래서 우리가 자극에 부여하는 의미에 직접적으로 중요한 영향을 미치는 관련 사회문화적 요소를 자각하는 것이 중요하다. 이 요소는 우리의 믿음, 가치, 태도체계와 세계관으로 표현된다.

- 믿음, 가치, 태도

믿음은 개인적으로 목표 혹은 사건의 본질에 관하여 주관적으로 유지되는 개념이라 규정할 수 있다. 이 주관적인 개념은 대부분 문화의 소산물이며 직접적으로 우리의 행동들에 영향을 준다. 투우는 대부분의 미국사람에 의해 광폭하고 비인간적인 것으로 생각되나 스포츠를 사랑하는 스페인과 멕시코의 많은 사람에게는 그렇지 않은 것이 확실하다. 유대교 혹은 이슬람교를 견고하게 신봉하는 자들은 아마도 햄 샌드위치를 먹는 데 혐오감을 가질 것이다. 많은 사람은 하나의 신만이 있다고 믿으나 어떤 사람은 다수의 신에게 존경을 표한다.

가치는 도덕심, 윤리와 미학같이 사람이 중요하게 생각하는 것으로 표현된다. 우리는 바람직하고 바람직하지 않은 것을 구별하기 위해서 가치를 사용한다. 모든 사람은 일련의 독특한 개인적인 가치와 공유된 문화적 가치를 가진다. 후자는 한 문화가 불확실성을 감소시키기 위해 확립해온 규칙의 반영이며 갈등의 가능성을 감소시키고 의사결정을 도우며 사회조직과 상호작용에 구조를 제공한다. 문화적 가치는 우리의 행동 후면에서 동기유발을 하는 요소이다. 일본같이 조화로운 사회적 관계에 높은 가치를 두는 문화권에서 온 사람은 간접적인 의사소통유형을 선호할 가능성이 있다. 대조적으로 미국에서는 더 직접적인 화법유형을 사용한다고 예측할 수 있다. 왜냐하면 미국에서는 솔직함, 정직함, 개방성이 가치화되어 있기 때문이다.

우리의 믿음과 가치는 특정한 태도를 고수하도록 구속하는데, 사건, 대상, 사람 혹은 지향

5) 빵에 바르는 버터.

에 대한 구체적인 방식에 반응하거나 행동하는 경향성을 학습하게 한다. 문화적으로 주입된 믿음과 가치는 우리 태도에 강한 영향력을 행사한다. 소를 신성한 것으로 생각하는 문화권의 사람은 점심 때 Arby의 소고기로스트 샌드위치를 먹자는 제안에 대해 부정적인 태도를 보일 것이 확실하다.

- 세계관

세계관이란 개념은 꽤 추상적이긴 해도 문화 간 소통에 영향을 미치는 지속적인 속성 중에서 가장 중요하게 취급되는 요소이다. 즉, 세계관은 신, 우주, 자연과 비슷한 철학적 개념과 같이 사람의 지향을 형성한다. 통상적으로, 세계관은 정신에 깊이 뿌리내려 무의식적인 수준에서 작동되는데 이런 것은 세계관이 갈등하는 간문화적 상황에서 문제의식을 일으킬 수 있다. 한 예로서, 많은 아시아 본토나 북미 문화에서 자라난 사람은 자연과 조화롭고 공생하고자 하는 세계관을 가질 수 있다. 대조적으로 유럽계 미국인은 사람이 개인적인 욕구와 바람에 순응하기 위해 자연을 주형하고 정복해야 한다는 개념이 주입되어 있다. 이 대조적인 세계관을 가진 국가에서 온 개인이 국제적인 환경보호계획을 개발하는 일을 함께 하게 되면 어려움에 마주칠 수 있다. 모든 사람이 정부에 평등한 목소리를 가진다는 민주주의 개념은 미국적 세계관에서 통합된 부분이다. 아프카니스탄과 아프리카는 미국과는 대조되는데, 그 지역의 세계관은 자신의 부족을 중앙정부보다 우위에 두고 지키는 것이다.

인지적 유형

문화 간 소통에서 다른 고려사항은 논리를 포함하여 문제해결에 접근하는 인지적인 사고유형에 미치는 문화의 영향력이다. 문화는 여러 방식으로 아는 것과 하는 것을 생산하곤 한다. Nisbett(2003)의 연구에 따르면 북동아시아(중국, 일본, 한국) 사람은 전체적 사고유형을 사용하는 데 반하여, 서구인은 논리와 합리성에 상당한 가치를 두는 선형적인 원인과 효과모형을 사용한다. 그래서 문제를 각 구성요소로 나누어 체계적으로 심층 분석해서, 단순한 것부터 더 어려운 것으로 과정처리를 함으로써 해결할 수 있다. 그러나 북동아시아인은 문제를 더 복잡하고 상호연관된 것이어서 더 많은 이해가 필요한 것으로 보며, 개인적인 부분에 초점을 두기보다 오히려 집단에 주안점을 둔다.

문화와 사고유형에서 공통적인 점은 개인이 상호작용하고 소통하는 방식에 영향을 미친다는 점이다. 한 문화에서 공통적인 것은 다른 문화에서 문제가 될 수 있다. 그 문제가 가지는 잠재력의 예를 들어보면 일본-미국 비즈니스 협상에서 일본인은 미국 측이 해결되었다고 간주했는데도 이전에 논의된 현안을 재개하는 경향이 있다. 협상을 한 미국인은 좌절하여 협상 재개는 시간소모라고 간주하게 되는데 그 이유는 미국문화에서는 일단 동의를 했다면 그것이 완결되었다고 믿는 관습이 있기 때문이다. 그러나 일본의 관점에서 보면 새로운 주제가 생기면 이전에 논의되었던 점은 다시 재고하는 데 영향을 줄 수 있다(McDaniel, 2000). 예를 들어본 것은 여러 유형의 인지가 존재하며 문화 간 소통 조우에서는 그런 것에 적응하는 방법을 배울 필요가 있기 때문이다.

비언어적 행동

문화 간 소통에서 결정적인 다른 요인은 표현, 얼굴 표현, 눈맞춤 및 응시, 태도 및 움직임, 만짐, 옷, 침묵, 시공의 사용, 대상 및 가공물, 주변언어[6]를 포함하는 비언어적 행동이다. 이 비언어적 행동은 종종 절묘하게 언어적 행동과 짜여서 말해진 단어보다 훨씬 더 많은 의미를 지니며 소통을 수행한다. 언어처럼 문화 역시 직접적으로 비언어적 행동에 부여된 의미와 의미의 활용에 영향을 미친다. 문화 간 소통에서 부적절한 혹은 잘못 사용된 비언어적 행동은 쉽게 오해로 이어질 수 있으며, 결과적으로 모욕이 되는 경우도 있다. 모든 비언어적 행동에 대한 종합적인 검토는 이 장의 범위를 넘어가는 것이고 우리는 문화 간 소통교환에서 비언어적 행동의 중요성을 보여 주는 몇몇 예에 근거해서 소개할 것이다.

비언어적으로 인사하는 행동들은 모든 문화에서 주목할 만한 차이가 있다. 미국에서 이루어지는 사람 사이의 악수는 일부 중동문화를 제외하고 확고한 예의규범이다. 멕시코에서 이웃은 종종 손을 잡고 흔든 후에 서로를 껴안는다. 러시아 남자 친구는 장시간 심하게 껴안고 양 볼에 서로 키스한다. 일본과 인도사람은 전통적으로 인사하기 위해 서로 허리를 굽힌다. 일본사람은 자신의 손을 몸의 양쪽에 놓고 허리를 굽혀 인사하는데, 낮은 서열의 사람이 높은 서열의 사람보다 더 먼저 더 깊숙이 허리를 숙인다. 인도사람은 "라마스떼"라고 말하면서 머리와 어깨를 약간 숙이고 수도자 같은 양식으로 함께 손을 끌어 가슴 중앙에 모아 붙인다.

눈맞춤은 문화적으로 중요하게 영향을 미치는 또 다른 비언어적 소통행동이다. 미국인에게 직접적인 눈맞춤은 면담 동안 좋은 인상을 만드는 중요한 부분이다. 그러나 일부 문화에서 직접적인 눈맞춤은 무례하고 위협적으로 간주된다. 일부 미국원주민 가운데 아동은 눈맞춤을 피함으로써 윗사람에게 존경을 나타내라고 배운다. 일본에서 프리젠테이션을 할 때 아래로 내리 깔아 초점을 피한 눈으로 청중을 보는 것이 일반적이다. 이유는 이것이 경청을 용이하게 한다고 생각하기 때문이다.

사람이 옷을 입는 방법 역시 비언어적 메시지를 강하게 보낸다. 당신이 히잡을 입는 노인여성, 작은 빵떡모자를 쓴 유대인아동, 혹은 다시키[7]를 입은 젊은 흑인남성을 볼 때 어떤 생각을 하는가?

언어와 마찬가지로 비언어적 얼굴이나 몸 표현은 의미를 표현하고 구성하기 위한 부호체계를 형성하며, 이런 표현도 문화에 포함된다. 문화를 통해 우리는 비언어적 행동이 여러 사회적 상호작용을 위해 적절하다는 것을 배운다. 그러나 한 문화에서 적절하고 공손한 행동이 다른 문화에서는 경의를 표하는 것도 아니고 모욕을 주기까지 한다. 그러므로 문화 간 소통을 하는 사람은 지속적으로 몸 행동이 상호작용에 영향을 미칠 수 있는 방법을 자각하기 위해 노력해야 한다.

맥락적인 영향력

우리는 문화를 사회적 상호작용을 하기 위해 한 집단의 사람에 의해 사용되고 확립된 규칙으로 규정해오고 있다. 이 규칙은 물리적이고 사회적인 맥락에서 언어와 비언어적 요소를 포함한 정확한 소통행동으로서 보는 것이 무엇인

6) 주변[파라] 언어: 몸짓·어조 등.

7) 서아프리카의 민속의상.

지를 결정한다. 예를 들면, 우리가 상식을 가졌다면 테니스 셔츠와 운동화를 신고 장례식을 참석한다거나 장례를 치루는 동안 전화 통화를 하지 않는다. 문화는 이 행동이 맥락적으로 부적절하다고 가르쳐왔다(예를 들어, 경의를 표현하지 않기).

맥락은 구체적인 상황에 대한 규칙이 변하는 문화 간 소통과 상호작용에서 중요한 고려사항이다. 한 문화에서 적절한 것이 다른 문화에서 필요한지는 정확하지 않다. 예컨대 대부분의 백인미국인 가운데서 교회봉사란 비교적 믿음이 진지한 경우에 하지만 아프리카계 미국인 집회 가운데 교회봉사는 누구나 공공연히 참여하는 활성화된 모임이다. 독일 레스토랑의 분위기는 항상 조용히 대화하는 손님들로 인해 어느 정도 가라앉은 분위기이다. 그러나 스페인에서의 대화는 더 요란스럽고 생동감이 있다. 미국대학의 학생은 교수가 학생과 상호작용하며 수업을 하기를 기대하고 있으나 일본에서 학생은 교수가 강의만 할 것이라 상호작용이 없거나 거의 상호작용하지 않는다고 생각하고 수업을 듣는다.

이런 예에서 우리는 문화 간 소통에서 교환의 맥락을 관장하는 문화규칙을 인식하는 것이 중요하다는 것을 알게 된다. 상호교환에서 문화가 소통 맥락적인 측면에 어떻게 영향을 미치는지에 민감하지 않으면, 효과적인 상호작용도 일어날 수 있고 어려움도 발생할 수 있음이 분명하다.

결론

우리는 문화 간 소통이 어떻게 역사를 통해 인간의 상호작용에 지속적인 요인이 되어 왔는지에 대한 논의로 이 글을 시작했다. 우리는 이 새롭게 글로벌화된, 상호의존적인 세계질서에 의해 생성된 문화적 차이점에 대해 더 많이 관용해야 할 필요성과 절박함에 대한 성찰로 이 글을 마친다.

세계 및 미국 내의 인구통계는 우리 사회가 다문화사회를 향해 계속 움직이고 있다는 것을 보여 준다. 이 움직임 뒤에 있는 사회적 요소는 쉽게 혹은 곧 가라앉지 않을 것이다. 결과적으로 나타나는 문화적 혼재는 우리가 개인적이거나 사회적으로 다른 문화권에서 온 사람의 다양한 믿음, 세계관, 가치와 행동을 더 관용적이게 만든다. 수용 혹은 관용은 모든 상황에서 적

미국 내 시각 차이를 보이는 대표적인 주제

- 줄기세포 연구
- 성 소수자 권리
- 차별 철폐 조처
- 삶에 대한 권리 대 선택의 자유
- 학교 예배
- 마약 합법화
- 사형제도
- 안락사
- 동성결혼
- 비합법적 이주
- 보건 혹은 건강보험에 대한 참여
- 학교 바우처 프로그램
- 성교육
- 총기 통제
- 환경 현안

절하지 않을 수도 있는 것이고 보편적인 것도 아니라서, 모든 차이를 옹호하기 위해서는 묵인이 있어야 한다. 우리는 더 광범위한 범위에서 기꺼이 '공생하고 공존해야만' 한다. 아직 충분히 준비되지 못했거나 할 수 없다는 것은 계속되는 국내·외적인 싸움으로 입증된다.

세계사회는 이념적, 문화적, 민족적 차이로부터 일어나는 편협적인 폭력으로 둘러싸여 있다. 우리가 이 장을 쓰는 동안에도, 이라크의 종교분파 사이의 분쟁은 되살아나는 중인 듯하다. 사람은 문화 및 인종적 차이의 결과로 자신의 집에서 떠나야 하거나 끊임없이 죽임을 당한다. 오랜 세월 지속된 이스라엘과 팔레스타인의 싸움은 해결되지 않고 남아 있다. 이 상황은 가까운 미래에 해결될 가능성이 거의 없다. 인도와 파키스탄 사이의 분쟁은 히말라야산맥의 잠뮤와 카시미르 분쟁지역에서 통제되지 못한 채 계속된다. 일본은 본토가 아닌 두 섬 문제로 중국 및 한국과 갈등 중이다. 티벳의 원주민은 중국 정부의 강제적인 지배에 대해 저항하기 시작했다. 이란은 핵 문제로 대부분의 서구세계와 마찰 중이다. 이념적이고 문화적인 다양한 시각의 산물인 테러에 대처하는 글로벌 전쟁이 끝날 가능성은 거의 없다. 인권에 관한 내용이 무엇이어야 하는지에 대한 불일치는 많은 국가, 특히 미국, 중국, 러시아 간 긴장의 원천으로 남아 있다.

차이에 대한 비관용 역시 미국 내에 지속되는 현안으로서, 문화적 토대가 되는 다수의 현안은 보수와 자유 이데올로기처럼 대립된 양상이다. 다수의 사회에서 제도화된 다양한 관습, 가치, 관점, 행동에 대처하려는 요구는 개인적으로는 좌절, 사회적으로는 스트레스와 폭력을 양산하고 있다.

이민자와 난민의 유입이 미국과 다른 선진국에 이루어지기 시작함에 따라, 우리는 문화적 다양성이 증가되는 것을 확인할 수 있다. 우리가 문화적 다양성이 가치 있는 바람직한 자산asset이라는 생각과 지구촌이라는 개념을 받아들여야 한다고 주장한다면, 결국 급속도록 증가하는 차이에 대해 수용하고 견뎌야 한다. 이 책에 선정된 여러 논문의 저자는 이 문제에 대한 해결책을 제시한다는 것은 아니다. 그러나 지구촌 사회에서 더 나은 삶을 준비하는 수단으로서 우리가 다른 세계를 경험하는 사람과의 빈번한 상호작용에서 필요하게 된 것은 다문화주의의 어려움, 장점, 효과적인 문화 간 소통의 요구에 관한 논의를 활발히 하는 것이다.

개념 이해와 질문

1. 당신은 대부분 사람이 문화 간 소통을 할 준비가 되어 있다고 믿는가?
2. 당신은 문화 간 소통에서 소통역량이 필요한 상황에 얼마나 자주 마주하는가? 예를 들어 말해보라.
3. 소통의 기본 원리에 대한 지식은 일상적인 삶에 얼마나 유용한가?
4. 이 논문의 저자는 문화를 어떻게 규정하는가? 당신은 자신이 문화 간 소통을 더 잘 이해하도록 도울 수 있는 문화의 다른 정의를 생각할 수 있는가?
5. 문화의 목적은 무엇인가?
6. 저자가 말한 "문화는 학습된다"라는 말은 무엇을 의미하는가?
7. 당신의 삶에서 문화가 어떻게 학습되는지를 제시하는 사례는 무엇이 있는가?
8. 문화적 가치란 무엇인가? 그것은 개인의 가치와 어떻게 연관되는가?
9. 구술행동이 문화 간 다를 수도 있는 몇 가지 방식을 구별하라.
10. 맥락은 소통에서 어떠한 역할을 하는가? 맥락은 문화 간 소통에 어떤 영향을 미치는가?
11. 문화와 소통 행동의 이해가 필요한 상황 5개를 생각해 보라.

Edwin R. McDaniel is a Member-at-Large of the Japan-US Communication Association (JUSCA); Larry A. Samovar is Professor Emeritus in the School of Communication at San Diego State University.

획일성 없는 조화 : 아시아중심의 세계관과 그 소통에서의 함의

Yoshitaka Mike

인간 역사의 여러 문명이 일부는 사라지고 일부는 남아 있다. 인간의 문명은 같은 지구, 물, 공기, 창의력에 의해 영양을 공급받은 풍성한 가지, 꽃, 과실이 달린 큰 나무로 볼 수 있다. 다양성에는 분명한 통합이 있다.

Majid Tehranian(2007, p.46)

세계는 문명충돌에 의해 나누어졌다는 Samuel Huntington의 가정에 대해, Tu Weining (2006)은 "문명은 충돌하지 않는다. 오직 무지할 뿐이다"(p.12)라고 진술하였다. 사실 문화다양성의 무지는 문화다양성 자체만이 아니라 지구촌에서 갈등과 부조화의 원천이다. 확실히 하기 위해 Chesebro(1996)의 말로 정리하면, "다문화주의는 우리가 어떻게 자신을 이해하고, 어떻게 우리의 유산을 이해하는지, 그리고 앞으로의 미래가 어떻게 될지를 이해하는지에 관한 질문이고 상징적인 현안이다"(p.13). 그것은 종종 기본적인 의미의 정체성, 지역사회, 인간성에 급진적으로 도전하는 것이다. 그래서 우리는 다양성이 인간의 생존과 풍성함에 결정적으로 중요하기 때문에 모든 문화적 전통을 인간성에 대한 가치 있는 자원으로 인식하는 것을 배워야 한다(Tu, 2001a). 문화 간 조우의 시대에 차이를 "진보"에 대한 장애로 보는 것은 비생산적이다. 글로벌 시민으로서 우리의 과업은 "원시적"이고 "비문명화된" 전통에서 온 타 문화의 사람을 "해방"시키는 것이 아니라, 각각의 전통을 지닌 다른 사람에게서 인간성과 소통의 대안적인 비전을 배우는 것이다.

이 논문에서 나는 상호 간 이해와 대화에 도달하기 위해 어떻게 문화학습을 하는지 또 무엇을 하는지에 관해 우리의 생각를 공유할 것이다. 또한 대안적인 사례로 아시아인과 비아시아인이 한결같게 소통할 수 있기 위해 아시아중심의 세계관과 그 함의로부터 어떤 점을 배울 수 있는지 자유롭게 논의할 것이다. 나는 글로벌 맥락에서(예를 들면, 많은 문화들을 비롯하여 공존) "위계가 없는 다문화주의"라는 Molefi Kete Asante(1993)의 아이디어를 재해석할 것이다. 그리고 현대 세계에 "획일성 없는 조화"라는 유교적 이상을 적용할 것이다. 지혜는 인간성을 위한 귀중한 선물이다(Miike, 2004). 모든 대륙, 모든 지역사회, 모든 문화는 토착민의 지혜를 축적해 왔으며, 그것으로부터 우리는 우주에서 서로와 자연과 영혼과의 관계를 어떻게 맺어야 하는지에 관해 많은 것을 학습할 수 있게 되었다(Miike, 2004). 그러므로 계속되는 논의에서의 주장은 우리가 풍요롭고 평화로운 세계를 위한 희망 가운데 머물고자 한다면, 그리고 글로벌 사회에서 다양성 안의 통일을 실현하고자 한다면, 우리는 다른 문화권의 여러 지역의 지식으로부터 소통방식과 인간성에 대한 질문에 해답을 열심히 구하는 데 집중해야 할 것이다.

위계문화와 함께문화

Asante(2003b)는 차이만이 문제를 만드는 것이 아니라 차이에 대해 위계적 가치를 부여하는 것이 문제를 만든다고 주장하고 있다. "위계 없는 다문화주의"라는 그의 아이디어는 문화가 어떻게 다양성이라는 맥락에서 서로 연관되어야 하는지를 정확히 지적하였다. 그가 다문화주의를 많은 문화의 공존으로 규정할 때, 문화 공존에는 (1) 위계문화 (2) 함께문화라는 두 가지 방식이 있다고 보았다.

위계문화란 한 문화를 다른 문화보다 우위에 두고 있는 문화공존상태로서 한 문화의 준거 틀을 배우고 그 문화의 관점을 통해 타인을 보는 것이다. 함께문화란 모든 문화를 평등하다고 보는 문화적 공존형태이다. Asante(1993)는 두 가지 형태의 문화공존을 위계적인 것과 헤게모니가 없는 다수주의로보고 설명하고 있다. 그는 우리가 모든 문화권의 지역적 지식을 함께 가져왔을 때 이 세계 사람을 위한 진정한 글로벌 지식을 가질 것이며, 인간성, 다양성과 소통의 진정한 초월적 이해를 향해 움직일 것이라고 보았다. 이 장은 이 부분에서 SatoshiIshii(1997)의 문화개념화를 활용하여 "위계 없는 다문화주의"를 개발하는 문화학습의 이상을 품을 것이다. 여기에서 우리의 전제는 모든 문화를 인식하기 위해 문화의 세계관 및 소통의 기능 및 형태에 대한 효과를 이해해야 한다는 데 두고 있다.

문화 정신 층으로서의 세계관

Ishii(1997)은 문화의 삼층구조모형three-layer-structure을 제안한다(그림 1-1). 그에 따르면, 문화는 세 가지 층으로 구성된다. 정신 층, 행동 층, 물질 층이다. 가장 외면으로 드러나 보이는 층은 물질 층인데 행동 층에 의해 생산되고 운영되고 통제되는 다양한 가공물(예를 들어, 음식과 의복)을 보여 준다. 문화의 준외면 층은 언어와 비언어의 행동들을 상징(예를 들어, 단어와 제스처)으로 구성하여 정신 층을 반영하는 행동 층이다. 문화의 가장 내적이고, 비밀스러운, 보이지 않는 층은 정신 층으로서 가치, 믿음, 태도의 형태로 작동한다. Ishii(1997)은 정신 층을 이해하는 것이 문화 간 소통 상황에서 가장 중요하다고 보았는데, 그 이유는 정신 층이 두 가지 외적인 행동과 물질적인 층을 통제하고 운영하는 문화의 핵심이라 보기 때문이다(p.321). 문화의 정신 층은 인간, 자연, 초자연

그림 1-1 SatoshiIshii의 문화모형

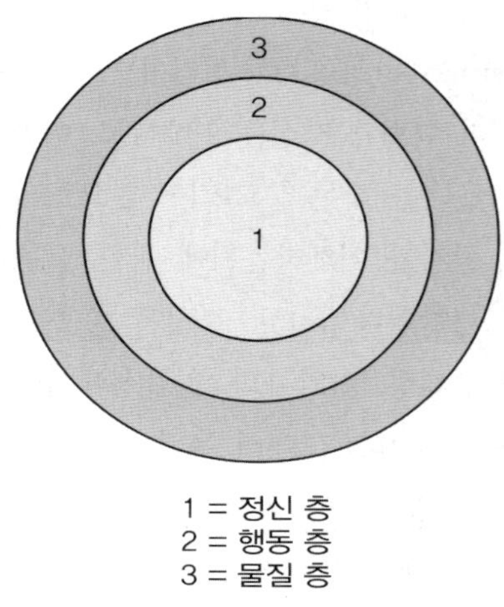

1 = 정신 층
2 = 행동 층
3 = 물질 층

(Ishii, 2001)과 그것들의 관계(예컨대, 우리는 누구인가? 우리는 태어나기 전에 어디에 있다가 왔는가? 우리는 무엇을 위해 사는가? 우리는 이 세속적인 세계에서 무엇을 하는가? 우리는 다른 인간, 자연, 영혼과 어떤 관계를 맺어야 하는가?)인 인간성과 우주에 관한 궁극적인 질문에 답하는 문화적인 세계관이 호두껍질 속에 들어 있다.

Samovar, Porter, McDaniel(2010)은 세계관을 "신, 인간성, 자연, 우주, 삶, 죽음, 질병과 존재에 관한 여러 철학적인 현안에 대한 문화적 지향"(p.150)으로 규정하고 있다. 세계관은 완전히 정적으로 간주되는 것도 아니고 완전히 유동적으로 간주되는 것도 아니다. 항상 진화되며 변화되어 문화의 윤곽을 유지한다. 세계관의 여러 부분은 문화의 여러 구성원의 마음에 주입된다. 소통의 심층구조란 것이 주어지면, 우리는 소통의 표면구조에 대한 심층구조의 풍부한 효과를 의식할 수도 있고 하지 못할 수도 있다(예컨대, 행동 층과 물질 층). 문화의 정신 층은 가장 내적이고 보이지 않기 때문에 우리는 오직 언어, 종교, 철학, 역사의 층을 광범위하게 해석해서 무엇과 같은지를 추측할 뿐이다. Ishii, Klopf, Cooke(2009)은 "세계관은 함축적이고 상징적으로 내포되나 외적으로 표현되지 않는다. 그러므로 그것이 어떻게 형성되는가는 추측의 중요한 부분이다"라고 하였다(p.30).

문화에 관하여 그리고 문화로부터 배우기

문화에 관한 학습이 한 부분이라면 문화로부터의 학습은 다른 부분이다. 한편, 우리는 매우 오만하고 자민족중심주의적일 수 있으나 그럼에도 다른 문화에 관하여 배우고자 한다. 다른 한편, 문화로부터의 학습은 우리가 다른 문화를 이해하고 인식할 수 있도록 겸손하기를 요구한다(Mike, 2008a). 전자의 접근은 다른 문화를 그 문화로부터 유래되지 않는 세계관으로 기술하고, 해석하고 인식하려는 노력이다. 즉, 우리는 자신이 가진 문화의 정신 층을 활용하여 여러 문화의 물질 층, 행동 층, 정신 층을 분석한다. 이런 접근에서, 문화적 학습보다 문화적 비평이 발생되는 경향이 있는데 그 이유는 다른 문화를 비판을 위한 텍스트로 그리고 그 구성원을 분석을 위한 대상으로 다루려고 하기 때문이다. 여기서 그런 접근을 "중심주의"적 접근이라 부르겠다. 예를 들면, 우리가 아프리카계 문화를 유럽중심주의에서 이해하기 위해 유럽문화의 정신 층을 사용한다면, 유럽중심주의(유럽중심성이 아니라)라는 외부자의 관점으로부터 아프리카계 세계의 문화적 현실을 왜곡할 가능성이 있다(그림 1-2 참고). 우리가 의식적이건 무의식적이건 아프리카 세계관에 대한 준거 없이 독립성, 개인주의, 자유가 상호의존성, 공동체주의, 의무보다 더 낫다는 가정을 가질 때, 우리는 위계적으로 아프리카 문화와 유럽 문화를 보게 되며, 아프리카의 맥락에서는 우분트 ubuntu[8] 기반의 인간성을 인식하는 데 실패한

그림 1-2 유럽중심주의

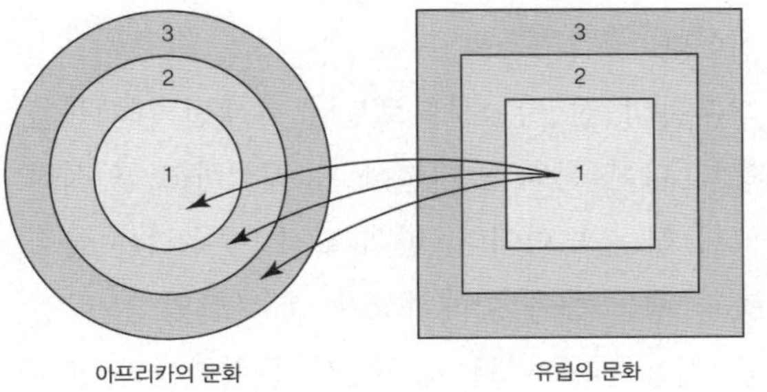

8) 우분트(ubuntu)는 사람 간의 관계와 헌신에 중점을 둔 아프리카의 전통 사상이며 평화운동의 사상적

다(Kamwangamalu, 2008). 이때 우리는 아프리카 문화를 위계적인 방식으로만 이해하는 것이 사실이다.

후자의 접근은 문화로부터 유래된 세계관을 통해 다른 문화를 기술하고, 해석하고, 인식하고자 하는 노력이다. 바꿔 말하면, 우리는 물질 층과 행동 층을 이해하고자 그 문화의 정신 층을 사용한다. 이런 접근에서 문화학습과 교차문화의 자기성찰이 발생할 가능성이 있다. 왜냐하면 우리는 통찰력과 영감을 얻기 위한 자원으로서 다른 문화를 보며, 구성원을 의지 있는 주체로서 보고자 하기 때문이다. 여기서 그런 접근을 "중심성적" 접근이라 부를 것이다. 예를 들면, 우리가 아프리카문화와 아시아문화의 정신 층을 아프리카문화와 아시아문화의 물질 층과 행동 층을 이해하기 위해 사용한다면, 아프리카중심성과 아시아중심성(아프리카중심주의나 아시아중심주의가 아니라)은 아프리카세계와 아시아세계의 문화적 실재를 내부자의 관점으로 더 정확하게 포착할 수 있다(그림 1-참고). 우리가 문화구체적인 사고와 행위의 이해를 폭넓고 깊게 하기를 소망한다면, 문화적 맥락에서 문화성을 생각하고자 한다면, 우리는 어렵겠지만 비판적으로 문화로부터 학습하는 데 참여하는 것이 중요하다. 이 이상적인 형태의 문화학습은 의심의 여지가 없이 우리를 위계 없는 다문화주의에 이르게 하여, 문명 간 대화를 이루도록 돕는다(Mike, 2008a).

그림 1-3 아프리카중심성과 아시아중심성

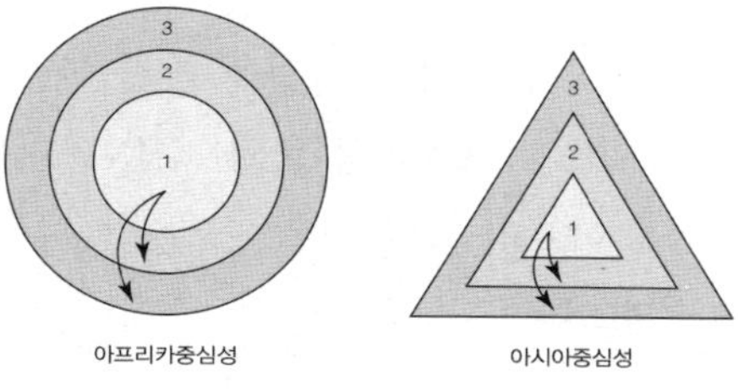

유럽중심주의 표현으로서의 인간성

많은 간문화적 연구에서 유럽문화의 정신 층을 비유럽문화의 행동 층과 물질 층을 분석하기 위해 사용하곤 하는 것에 문제의식을 가진다. 그런 경우 비유럽문화의 정신 층, 행동 층, 물질 층을 그 맥락에서 분리하게 만들고, 그 때문에 비유럽문화의 정신 층, 행동 층과 물질 층의 결합을 이해하지 못하게 된다(Mike, 2003a, 2010b). 왜냐하면 이 상징적 행동과 물질적인 가공물이 왜 무한한 가치를 지녔는지를 설명하는 것은 문화의 정신 층이기 때문이다. 그런 분석은 비유럽문화의 행동 층과 정신 층을 더 잘 이해하고 더 깊이 있게 인식할 수 없도록 한다. 결과적으로 이런 기술, 해석과 인식은 비유럽문화를 이국적, 비합리적, 소극적으로 평가한다. 그래서 궁극적으로는 "타인"의 이미지를 만든다. 다른 말로 해서, 그런 방식은 여러 해석의 인간성에 대해 유럽중심주의의 비전을 제시한다. 우리는 비서구적 행동을 이해하는 데 있어서, 또한 인간성과 소통을 다시 개념화하고 규정하는 데 있어서, 비서구적 세계관의 역할을 다시 생각해 보는 것으로부터 시작할 필요가 있다. 우리는 모든 문화를 인간적인 통찰력과 직관에 대한 핵심자원으로 보아야할 필요가 있다.

인간성의 본질과 이상은 자주 유럽중심주의의 세계관에 의해 범위가 정해져 왔다. 근대 서구의 계몽주의 정신은 의심의 여지없이 유럽중심적인 세계관을 지배하는 가장 유력한 이데올

뿌리이다.

로기이다. 그것의 핵심 가치는 도구적 이성, 개인의 자유, 계산된 자기 이익, 물질적인 진보와 권리의식(Tu, 2002, 2007)이다. 비록 공격적인 개인주의, 과도한 과학주의, 자기 파괴적인 인류중심주의는 결과적으로 인간의 자기소외, 파편화된 사회, 과도하게 개발 착취된 지구를 만들었다 할지라도, 이 가치는 비서구적 해석과 인간성의 비전을 판단하고 세밀히 조사하고자 할 때 유럽중심적인 준거로 사용되어 왔다. 그 결과는 문명화되었거나 원시적인 것, 근대와 전통, 진보와 후퇴, 개발된 것과 개발 중인 것, 인간적인 것과 비인간적인 것과 같이 잘못된 이분법을 만들어왔다.

문명과 개발 재고

Tehranian(2007)은 문명을 근대화로 규정하는 것이 아니라 "평화로운 수단으로 이루어지는 평화 추구"로 규정한다면 그것은 "끝나지 않는 여행"이라곤 주장한다. "모든 국가와 지역은 일부 방식에서는 문명화되어 있고 다른 측면에서는 문명화되어 있지 않다." Tehranian(1990, 1999)은 우리가 삶의 기준(예를 들어, 경제성장)이라는 견지가 아니라 삶의 질(예를 들어, 사람의 따뜻함)이라는 견지로 발전을 다시 생각해본다면, 모든 사회와 지역사회는 개발되어 있는 것도 있고 개발되지 않은 것도 있는 양자 다가 있다고 주장했다. 그의 "공동 사회주의의 지지자"의 눈으로 보면 각 나라와 모든 문화는 개인의 자유, 사회평등, 시민질서, 호혜적인 지역사회, 글로벌리즘, 지역주의, 국가주의. 지방주의, 영성주의라는 갈등을 불러오는 물결에서 성스러운 본질 추구라는 모순된 주제 가운데 지속가능한 균형을 취하기 위하여 투쟁하고 있다(Tehranian, 1993). 이런 주제는 지역사회와 글로벌사회 양자에서 직면하고 있는 영구적인 현안이다.

예를 들면, 스리랑카 원주민의 Sarvodaya[9] 운동은 개발에 대한 전체적인 철학과 관습에 근거하여 이루어진다(Dissanayake, 1984, 1991). Tu에 따르면 오늘날 중국의 주요 도전은 전 국가가 시장사회로 전환되지 않고서도 시장 경제를 포용하는 데 있다. 학문적 제도, 대중매체, 도시조직과 가족조차 총체적으로 시장화된다면 그것은 재앙이다(p.12). 물질적으로 과도하게 발전된 환경에서 사는 시민이 가지고 있는 많은 고통스러운 깨달음은 근대화란 우리를 물질적인 가난으로부터 벗어나게 하지만 그것 역시 우리를 영적 빈곤의 노예로 만들 수 있다는 점이다. 지역사회와 동료의식이라는 속박이 없다면, 우리는 쉽게 심리적인 소외, 직위불안, 사회적 질투, 가혹한 직위획득, 과소비 등의 세계로 빠질 수 있다(Tehranian, 1990, 1993).

앞서 언급하였듯이 타당하지 않은 이원 대립에 대한 비판에도 불구하고, 유럽중심의 인간성에 대한 구인은 다른 비서구적 관점의 인간성에 대해 유럽중심적인 비평을 이끌어왔다. 또한 그런 구인은 인간문명에 대해 과거 잠재적 기여를 한 비유럽문화도 감지하지 못하게 만들었다. 그러므로 Rogers(1976)가 경고한 바대로, 우리가 인도, 중국, 페르시아, 이집트가 오랫동안 문명의 중심지였다는 사실을 매우 쉽게 잊게 만든다. 그들의 풍부한 문화는 사실 현대 서구 문화의 기초를 제공해 왔다(p.216). Rogers(1978)가 생각하기에 그들의 가족생활이 더 따뜻한 친밀감을 표현하고 그들의 예술적인 승리가 더 위대하다 할지라도, 그것이 발전이라고 평가받지 못한다. 그것은 달러로 잴 수 없

9) 사회 경제의 개선 및 발전.

는 것이다(p.65). 그럼에도 불구하고 유럽중심적으로 비서구세계를 비판의 눈으로 보고 서구를 비판적이지 않은 눈으로만 보는 것은 인간성이나 문명과 소통의 최고 잠재력을 평가하고 모방하는 데 있어서 심각한 문제점을 낳는다. 이것은 서구의 계몽주의에 의해 강하게 영향을 받은 인간성에 대한 유럽중심적인 비전이 인간의 조건을 손상시키는 중일 때 특히 그렇다(Tu, 2002).

교사되기와 학생되기

Asante(1998)는 "모든 아프리카 문화의 해석은 일단 모든 것 안에서 유럽은 교사이며 아프리카는 학생이라는 생각을 전제로 시작하는 것이 분명하다"(p.71)고 말했다. 문화와 소통의 연구에서 학생의 시각으로 유럽문화에 접근하고 교사의 시각으로 비유럽문화에 접근하는 경향이 계속하여 영향을 미치고 있다.

이미 논의한 바대로, 많은 교차문화와 간문화적 연구는 비유럽문화를 통찰과 직관을 위한 자원으로가 아닌 분석과 비평을 과녁으로 하여 이루어진다. 그러므로 비유럽문화에 대해서 교사로서의 시각을 조장하여 비유럽사람을 소외시킨다. 기억해야 하는 것은 우리가 문화를 분석하고 비평할 때 그것을 감상하지는 않는다는 점이다. 우리는 우리가 타문화로부터 배우고자 할 때 그것을 감상하게 된다. 우리가 서구시각의 교사가 되고자 하는 역할을 포기해야 비서구적인 학습에서 근면한 학생이 될 것이 분명하다(Mike, 2006). 예컨대 Tu(2008)는 뚝심 있게 아프리카문화를 학생의 관점에서 보아야 한다고 주장한다.

우리가 윤리, 문화, 언어, 종교에서의 다양성을 글로벌 자산으로 생각한다면, 아프리카를 HIV 재앙, 빈곤, 실업, 사회적 붕괴라는 것으로만 특징지어서는 안 된다. 대신 아프리카를 연장자의 지혜와 인간영성을 위한 풍부한 자원으로 인정해야 한다. Capetown 근처(캐나다의 광범위한 지역에서의 풍요로움과 비교할 만한 것으로 말하는)작은 지역의 다양한 지리와 생물로 상징화된 아프리카계 르네상스는 글로벌 협력투자로 보고 사회적 발전에 초점을 맞추는, 전환된 사고방식을 위한 직관의 자원이어야 한다(p.331).

교차문화적 대화의 3단계

"아마도 타인의 눈으로 사물을 보고 타인의 지식을 개인적인 목록에 덧붙이는 글로벌 사고방식"(Chen & Starosta, 2000)을 가지기 위해서, 우리는 교차문화적 대화로 가는 3단계를 거칠 수 있다. 첫 번째 단계는 우리 문화의 정신 층, 행동 층, 물질 층에 대한 효과를 이해하는 것이다. 두 번째 단계는 타 문화의 정신 층, 행동 층, 물질 층에 미치는 효과를 이해하는 것이다. 세 번째 단계는 글로벌 맥락과 현지의 맥락 사이에 인간성이 어떤 의미이며, 인간이 어떻게 서로 간, 인간, 영성에 관련짓는지를 성찰하고자, 타인의 관점으로 우리의 문화에 귀를 기울이고 우리의 시각을 다른 문화와 나누는 것이다. 이 단계에서 우리는 Asante(2006)가 말하는 상호존중과 학습으로 문화 간 소통에 참여해야 한다. "우리는, 자신이 사는 사회의 창조자로서 자신의 가치를 적용하고 검토해야 하는 경험을 강요하는 것이 아니라, 공유와 대화의 정신으로 함께하는 가치를 가지는 경험을 한다. 이것이 간문화적 상호작용의 실제적 의미이다"(p.154).

Tu(2008)는 "상대주의의 치명적인 덫에 걸려들지 않고 문화적 다양성을 환영하는 것은 글로벌 책무를 왕성하게 질 때 의미 있다"(p.331) 고 말함으로써 Asante의 입장을 지지하고 있다. 교차문화적 대화의 첫 번째 단계에서 중심성은 문화 간 소통에서 이루어져야 하는 평등과 호혜성의 시작이자 기초이다(Mike, 2008a). 그것은 우리가 타 국가나 타문화권의 사람과 상호작용할 때 단지 주입－모방의 조우가 되는 것을 막는다. 이 중심성 접근은 서구권 사람과 평등을 기반으로 문화 간 협력과 협조에 관해 심각하고 진지한 대화를 하기를 소망하는 비서구권 사람이 특히 많이 취한다. Asante(2009)가 밝혔듯이, 중심성은 맹목적으로 타인을 추종하는 모방자가 아니라 완전한 인간성의 광대한 흐름에 기여하는 방식으로 자신의 정체성, 문화와 역사를 탐색하도록 우리를 자극한다. 역설적으로 이 과정의 영혼soul 을 조사하는 과정에, 우리는 자신의 문화적 발전이 사실상 타문화로부터 은혜를 입었던 것을 알게 되고, 인간문명의 본질은 진실로 다문화적이며 협력적이라는 점을 알게 된다. 어떤 경우에 모방이란 간문화적인 것이 아니다(Mike, 2008a).

아시아중심의 세계관과 소통

이 부분에서 우리는 아시아중심성의 원리를 토대로 하여 쓴 이전의 글(Mike, 2003a, 2004, 2007)과 아시아중심의 세계관 그리고 그것의 글로벌 및 현지의 맥락에서 이루어지는 소통의 함축성에 대한 윤곽을 그려 보고자 한다. 세부적으로, 우리는 아시아중심의 인간소통에 대한 다섯 가지 가정에 관해 논할 것이다. 그 가정은 보이지 않는 정신 층에 대한 우리의 해석을 담고 있는 주장이라 진리는 아니다. 즉 아시아중심의 사람과의 소통에 대한 이해와 문명 사이의 대화로 아시아적 문화지혜로 접근하는 의도는 아시아문화의 보이지 않는 정신 층에 대한 해석을 지지한다는 의미이지 진리는 아니다. 그래서 그것은 아시아적 소통자의 전체 프로필을 말하는 것이 아니며, 아시아적 소통의 전체 그림도 아니다(Rogers, 1990, p.261). 아시아중심주의의 현 조사는 이 점을 분명히 한다. 여기서의 논의는 현 심리학과 아시아문화와 소통의 실천에서 현존하는 분야로부터 확인되어 왔던 아시아중심 세계관의 다섯 가지 요소인 (1) 순환성, (2) 조화, (3) 다른 방향성, (4) 호혜성, (5) 관계성에 근거한다(예를 들면, Chen & Mike, 2004; Dissanayake, 1988; Kincaid, 1987, Mike, 2009a, 2009b, Mike & Chen, 2006, 2007, Mordstrom, 1983). 이 반복되는 주제는 합해져서 인간성과 소통에 대한 아시아중심의 그림을 그리게 해준다.

분리되지 않게 만드는 소통

아시아중심의 다섯 가지 가정에서 소통은 자신을 우주의 상호의존성과 상호연관성으로 상기하는 과정이다. 이 가정은 소통이란 우리의 상호의존성을 보여 주고 개인성을 표현한다는 가정으로서 서구지배적인 사고에서 칭찬받을 수 있다. 이 두 가지 관계성과 순환성의 주제는 우주에서 모든 사람과 모든 것의 공간 및 시간을 초월해서 상호연관된 위대한 전체라는 존재론적 믿음과 관계가 많다. 우주의 그 어떤 사람이나 그 어떤 것도 소외되어 존재하지 않는다(chen, 2006; Jung, 2009; Miike, 2003a). 아시아 종교와 철학은 자기, 가족, 지역사회, 사회, 국가, 세계, 우주의 상호연관된 본질을 부각시키고 있다.

유교(551－479, BCE)는 우리가 자신을 확립하

고자 한다면 우리는 먼저 타인이 자신을 확립하도록 도와야 한다고 본다. 이와 똑같이 논어 Analects(6: 30)에서도 당신이 자신을 확립하고자 한다면 타인이 자신을 확립하도록 도와야 한다고 주장한다. "당신이 자신을 완성하고자 한다면 타인이 자신을 완성하도록 도와야 할 것이다. 타인을 도와야, 나는 내 자신을 구원할 수 있다. 내 구원과 타인의 구원은 밀접하게 연루되어 함께 연결되는데, 우리는 결코 자신을 자신만으로 구원할 수 없다. 우리는 항상 함께 구원받아야 한다(p.19)." 더 흥미로운 것은 힌두의 비라 푸루샤Virat Purusha[10)]라는 생각(우주의 사람)인데 각 개인을 우주자체의 표현인 것으로 본다. 우주는 각 요소는 모두를 위해 살아있고 모두는 하나를 위해 살아있는 한 몸이다. 한 개인이 기쁠 때나 슬플 때 서로에게 영향을 미친다(Saral, 1983, p. 54). 힌두교의 교훈은 구분되고 분리된 대상과 과정이 분리되지 않고 조건화되지 않은 더 근본적인 실재의 표현이라 말한다(Jain, 1991, p. 80).

아시아의 세계관은 우리가 지속적으로 특정한 시각에 있는 특정한 장소에 독립한 개인이라는 환상으로부터 탈피하기 위해 이웃, 자연, 영성의 세계로 소통할 것을 요구한다(Mike, 2007). 인간은 현재의 지향과 생활세계 중심의 사고방식에 참여하려는 경향이 있다. 아시아 유형의 소집단과 조직소통은 특별히 집단 혹은 조직의 통일성, 충성심과 조화를 강화할 목적으로 비분리성을 중시하는 인간상인데, 이런 비분리성을 중시하는 인간상은 특히 이상적인 소통과 아시아 유형에 합당하다.

10) 푸루샤는 인도 신화에 등장하는 거인으로서 최초의 인류를 뜻한다.

인도네시아 musyanwatah－mufakat 연주와 일본 nemawashi 실습을 예로 들면, 이러한 활동은 집단구성원들에게 아이디어를 교환하게 할 뿐만 아니라 상호의존성과 상호연결성이라는 의미를 증가 시킨다(Saito, 1982). 아시아의 세계관에서 소통은 계속 팽창하는 공간과 시간을 초월하는 관계망 안에서 우리 자신을 위치시키고 재위치시키는 끝없는 과정으로서, 매우 중요하다고 규정한다. 이런 고대의 급진적인 동양사고와의 소통은 지구촌이 결코 부, 권력, 기술, 세계사의 영향력에 의해 이루어져 온 것은 아니라는 점을 진지하게 받아들이게 한다. 인간은 우리가 숨 쉬는 공기와 먹는 물을 오염시켜 우리의 삶을 위험에 빠뜨릴 정도다(Tu, 1998, 2002). 사회의 비통합 문제 역시 근대사회에서 세계보편적인 현상이 되어가는 중이다. Asante(2005)이 관찰한 대로, 관계성의 부족은 타인에게 민감하지 못함, 거침, 무례함, 오만함을 만든다(p.135). Yum(2000)은 비록 개인주의가 가치로서 장점이 있다 해도 궁극적으로 큰 실체에 헌신할 때 일치될 수 없는 개인주의는 사람에게 삶 자체를 무의미하게 하는 소외상태로 만든다고 하였다. 우리의 소통은 우리의 안녕, 인간사회의 여러 구성원, 자연, 초자연까지도 절묘하여 얽혀 피할 수 없게 짜져 작동한다.

자아감소와 자기고양으로서의 소통

두 번째 아시아중심의 가정에서 소통은 이기심과 자아중심주의를 감소하는 과정이다. 동양의 관점은 소통이 자존감을 행사하고 자신의 이익을 보호하려는 과정이라는 서구의 주장과는 대조를 이룬다(Yin, 2009, Yin & Mike, 2008). Dogen(1200－1253)은 일본의 Soto Zen school의 창시자가 13세기 책 『Shologenzo(진실한 눈의 보물)』의 바로 첫 부분에서 쓰길, “방법을 연구하는 것은 자기를 연구하는 것이다. 자기를 연구하는 것은 자기를 잊어버리는 것이다. 자기를 잊어버리는 것은 만 가지 것을 설명한다”라 하였다. 그가 의미했던 것은 자기와 타인에 대한 모든 분리와 구별을 제거하는 것은 모든 것이 궁극적인 통일로 갈 수 있게 한다는 것이다. Dogen에 따르면, 우리가 이기심과 자아중심주의를 감소하는 인간 내면의 소통은 궁극적으로 전 우주와의 소통으로 이끌 수 있다(Salto, 1970). 비슷한 관점에서 인간이 되게 하는 유교식 학습방식은 자기를 수많은 관계의 중앙에 둠으로써 창조적인 자기변혁과 쉼이 없는 자기고양에 참여하는 것이다. 진정한 정체성의 탐구에서 출발 지점은 역설적으로 이기심과 자기중심주의를 극복하는 것이다(Tu, 2002). 불교와 유교적인 인식론을 통해 호기심을 유발시키는 부분은 우리가 소통을 통해 이기심과 자기중심주의를 감소시켜서 자기훈련과 자기고양의 결과로 더 나은 소통자가 되는데 필요한 것이다.

그러나 아시아 전통의 사고가 자율성의 가치와 주체성의 가치를 하락시킨다고 잘못 이해되어서는 곤란하다. 유교적인 사고는, 예를 들면 중앙으로서의 자기와 타자를 위한 자기 간의 호혜적인 상호작용이 자신을 관계의 중앙에 오도록 할 수 있다. 중심에 선 개인의 존귀함은 결코 주변화되는 것이 아니다. 관계에서의 중요한 요인인 영혼은 결코 억압되지 않는다(Tu, 2001b. p.26). 그들은 집단성에서 개체성의 중요성과 상호의존성 중에서 상호의존의 중요성을 인정하는 반면, 아시아 종교철학자, 특히 붓다의 추종자는 인간이 본성상 자기중심적이고 자아중심적이라는 것을 비판적으로 인식하고 있다. 그러므로 그들의 가르침은 인간으로 하여금 자신을 훈련하고 개발하도록 만들어서 우주의 하나됨을 경험할 수 있고 조화롭게 동료 인간, 자연, 영혼의 세계에 공존할 수 있게 한다. 아시아의 세계관에서 소통은 자기규제, 자기개발, 자기발전, 자기실현 과정의 중심으로서 개념화된다. 그런 유형의 사고에서 아시아적인 앎의 방식은 정신적인 고통과 영속적인 장벽의 초기 자원으로서, 공격적이고 지나친 자아를 없애는 것에 근거하고 있다(Ishii, 2004).

아시아인의 일상적인 경험은 협력하여 다른 인간, 자연, 영혼과 상호작용하는 것은 우리 자신을 고양하고 훈련하는 과정을 용이하게 한다는 점을 보여 주는 것 같다. 아시아인은 진실로 자신의 삶에서 역경을 겪게 하는 사람이나 혹은 도야의 시기를 통해 얻게 된 정교한 기량을 소유한 개인을 단순하게 관찰하거나 귀를 기울일 때 더 진정성 있게 감지되어, 더 열심히 훈련하고 일하기 위한 높은 수준의 동기유발이 될 수 있다. 게다가 이기심과 자아중심주의가 감소되는 것은 대인 간의 수준만이 아니라 다른 수준에서 연결과 협력이 증가하는 것을 의미한다. 불교의 선이라는 시각에서 “‘하나됨의 자각’은 자신을 비워서 타인을 수용한다”(Saito, 1970, p.17). 우리가 이기심과 자아중심주의를 줄이는 방식으로 동료 인간, 자연, 영혼과 조우한다면 자아중심주의와 마찬가지로 족벌주의, 가부장제, 민족중심주의, 인간중심주의를 한결 극복할 수 있다.

그런 의미에서, 이 두 번째 소통 가정은 합리성과 순환성이라는 두 가지의 아시아적 주제와 일치한다. 자아추동이 증가하는 세계에서, 자아축소와 탈자기중심의 실천으로 대인 간 소통의 역할에 주의를 돌리는 것이 옳다. Chen(2005)이 이해하는 것처럼, 우리가 타 문화와의 조우에서 우리의 잠재력을 지구, 하늘, 전체 우주의 협력적 창조주로서 온전하게 펼치기 위해 우리 자신은 "쉬지 않고 의식을 고양하고 계속 자유로워져야 하며 계속 정화되어야 한다"(p.7).

감지하기와 느끼기로서의 소통

세 번째 아시아중심의 가정에서 소통은 우리가 모든 정서를 가진 존재로서의 즐거움과 고통을 느끼는 과정이다. 이런 가정은 특별히 타인중심주의의 아시아적 주제와 연결되어 있다. 중국의 rinqing의 개념, 일본의 ninjo 개념, 한국의 jung(정)이라는 개념은 도구적인 합리성이 아니라 정서적 민감성을 함축하며 아시아의 세계관에서 인간으로 존재하여 완벽한 인간이 되어가는 중심 장소에 있다. 합리성을 통해 분석하기보다 오히려 민감성을 통해 느끼는 것은 아시아 소통에서 "마음의 습관" 중 하나이다(Chen and Starosta, 2003).

그 양상은 범아시아의 전제와 의사소통 관습을 표현한다. 필리핀의 pathiwatig-pakiktramdam 역동성(Maggay, 1999; mansukhani, 2005; Mataragnon, 1988), 일본의 enryo-sasshi 유형(Ishii & Bruneau, 1994; Miike, 2003, 2010c) 그리고 한국의 saryo-nunchi 기대(Choi, & Choi, 1992; Robinson, 2003) 등이 있다. 예컨대 이웃을 존대하는 즐거움과 고난에 소통적인 민감성의 중요성을 강조한다. 이렇듯 인지 대신에 정서에 대한 우세는 아시아인이 이성적이 아니라는 것을 의미하는 것이 아니라 이성에 의존하지 않는다는 것이다(chen, 2006). 반면 정서나 기분은 이성과 동등하거나 혹은 그 이상이기까지 하는데 인간성과 소통의 아시아적 해석에서 본질적인 특질로 가치화된다.

아시아의 종교와 철학 역시 이런 소통의 가정을 지지한다. 유교는 공감과 감정이입이라는 견지로 ren(인간-한마음)의 기본적인 개념 범위를 정한다. 마찬가지로 불교는 "함께라는 느낌"을 의미하는 연민을 강조한다. Tu(2001a)는 인간성에 대한 불교적 해석과 유교적 해석에서 정서민감성의 중심에 대해 설명하고 있다.

유교와 불교 모두 공감, 감정이입, 연민을 중요하게 여기는데 이것은 인간적인 방식의 최대 실현이자 최소 요구이다. 유교와 불교의 사고에 따르면, 인간은 정서적인 존재이다. 합리성보다 민감성이 인간성을 구별하는 특징이다. 우리는 느낀다. 그러므로 우리는 철저히 정서적이다. 우리는 자신의 존재와 다른 인간의 존재, 더 나아가 새, 동물, 식물, 모든 숨 쉬는 우주의 것과 공존함을 알게 된다. 이 상호연결성은 단지 사적인 정서가 아니라 상호주관적으로 확인할 수 있는 동료의식이다. 그것은 공통적으로 공유할 수 있는 가치이다(pp.83-83).

아시아 세계관은 개인이 자신의 정서를 명확하게 밝히는 화자중심의 정서적인 소통을 좋아하지 않는다는 점을 상기하는 것이 중요하다. 아시아의 경험에 따르면, 개인은 함께 묶고 구속하는 관계적인 정서를 사적이고 나르시스적 정서가 아니라고 간주하기 때문에, 소통에서 정서적 일치는 타인 지향적인 경청으로 화자의 정서적 역동성을 읽고 의미를 파악하고자 노력할 때 일어날 수 있다. 그래서 아시아의 소통에서 능동적이 되는 것은 동료 인간, 자연, 영혼과 함께 느끼면서 내면적이고, 수용적이고, 인식적이 되는 것이다. Gordon(2009)은 아시아의 소통자를 "정 있는 소통자"로 생각하였다. 민감성연구는 그들이 누구인지를 느끼는 것, 그들이 어디에 있었는지, 그들이 무엇을 믿고 무엇에 가치를 두는지, 그리고 그들의 유형이 무엇인지, 그들의 리듬이 무엇인지, 즉 타자에 대한 민감성을 개발하고 '잘 맞추는' 소통자를 연구하는 것이다(p.13).

불교이론에서 연민의 개발은 상호의존적인 상호연결성과 자아 없는 이타주의의 자각이 증가된 정도와 평행한다고 가정한다. 첫 번째와 두 번째 아시아중심의 가정이 제시하는 것처럼, 소통이란 이타주의의 자각과 자아 없음으로 설명할 수 있는데 우리에게 상호의존성을 느끼게 하고 소통을 위한 공감적인 민감성을 개발하도록 돕는다. 글로벌 사회에서 정서적이고 이타적인 측면의 인간성을 장려하기 위해 이런 아시아의 소통 청사진이 동원될 수도 있다.

호혜적인 의무와 책임으로서의 소통

네 번째 아사아중심의 가정에서 소통은 모든 정서를 가진 사람이 부채를 받고 돌려주는 과정이다. 많은 아시아 종교철학적 교훈과 함께 일상의 실천은 우리의 존재가 다른 존재에 의존한다는 사실을 강조한다. praitya samuila(의존적인 협력- 발생)의 불교 교리가 좋은 예이다(chang & Holt, 1991; Dissanayake, 1983, Ishii, 1998). 우주에서 살아 있는 모든 존재는 오직 불교의 engi 혹은 모든 다른 존재와 함께 예정된 공동협력과 공동생성에 의해서만 만들어질 수 있다(Ishii, 2001, p. 7). 이 아시아 세계관의 함의는 우리가 우리의 동료 인간, 자연환경, 조상신에게 축복을 감사하고 그들에게 무언가를 돌려줄 것에 대한 윤리적 의무를 가진다는 데 있다. 우리는 조상, 부모, 자매, 이웃, 교사, 친구, 동물, 바다, 강, 산과 식물에게 고마움의 빚이 있다. 유교와 힌두교는 유사하게 긴 기간 충성의 관계를 발전시키는 지원적이고 협력적인 상호의존성을 구체화하는 데 있어서 의무가 지닌 호혜성의 탁월함(제1위)을 강조한다(chen & chang, 2000; Saral, 1983; Yum, 2000). 호혜성에 대한 아시아중심의 주제는 이 점에 영향을 준다.

서구에서 불교의 선을 재생시킨 학자 Daisertsu Suzuki(1870－1966)는 인간성에 대해 shu－jo－no－on(우리가 존재에 대해 우주에 빚진 것을 감사해야 할 채무)의 중요성을 일단 옹호했다. 전통적인 일본 문화에서, 사람은 자신의 생활과정에서 모든 계약으로부터 받아왔던 감사의 채무에 대해 기억하고 다시 지불할 의무감을 느낀다. 그는 특별히, 네 가지 유형의 은(恩)을 강조한다. 삶을 준 자로서의 부모에 대한 은, 교사와 멘토에 대한 은, 영주에 대한 은, 그리고 불교도의 관점에서의 shujo－no－on은 우리가 지구 위에서 살아가고 있는 우주적 지원을 인식하고 자각하는 데 근거하는 상호의존성에 대한 궁극적인 은이다. 자기를 좌절시키는 인간성과 위험에 빠진 지구에 대한 생태존경(ecopiety)으로 나타나고 진화된 철학과 비슷한 오래된 지혜이다(Jung, 2000). Sato(1959)는 Suzuki를 다음과 같이 설명하고 있다

> 비가 오면 땅이 젖는다. 비의 은이 있다. 비의 미덕이 있다. 지구는 비를 빨아들여 나무, 풀이 뿌리를 내려 싹이 트게 한다. 이것은 위대한 지구의 은이다. 지구와 비는 서로를 돕고 서로를 사랑한다. 그것도 은이다. 나는 타인으로부터 은을 받는다. 동시에 나는 타인에게 은을 퍼트린다. 서로에 대해 은인 것 같이 우리가 느끼는 것은 사랑이고 사랑의 행위이다.

shujo－no－on을 이해하는 것은 권력－지배 세계를 제거하여 서로를 사랑하는 공간에 들어가서 서로를 돕는 것을 의미한다. “Okage－sama”은 문자 그대로 “나무 그늘의 보호와 감사”를 의미한다. 이것의 함축적인 의미는 태양계에서 지구에 대한 우리의 존재로 확장할 수 있다. 실제 인간존재의 진정한 의미는 이 관계를 깨닫는 데 있다(p.244).

필리핀의 Utang na loob라는 개념과 타이의 bhunkun 개념 같은 아시아의 개념 역시 사랑과 친절함을 호혜적으로 하는 과정에서 이루어지는 소통을 암시한다. 이런 문화적 관습은 깊은 애정과 사려 깊음으로 타인을 이상적으로 배려하는 것을 함양한다. 감사함을 느낄 부채를 받고 돌려주는 소통과정은 여기와 지금에서의 호혜성을 넘어 작용한다. Ho(1993)가 입증하였듯이, 아시아의 세계관은 우리에게 감사의 빚을 갚을 필요성에 대해 시간과 공간에 대한 순환적이고 확장된 시각을 강조한다. 즉 우리가 현재의 삶에서 지불할 수 없다면, 미래의 다음 세대로 빚이 내려갈 수 있다. 혹은 우리의 다음 삶에서 빚을 갚아야 할 수 있다. Yum(2000)이 쓰길, 한 사람은 “어떤 의미에서” 영원히 타인에게 은혜를 입었으며 그 사람 역시 타인에게 은혜를 입고 있어서 돌고 돈다(p.66). 권리를 주장하는 것이 아니라 책임을 감수하는 것 같은 아시아의 소통 시각은 개인의 자유에 대한 도전으로 인식될 수 있다. 그것은 글로벌 활용의 시대에 의무중심의 특성세우기와 윤리적 지성을 도모할 수 있게 한다(Yin, 2009; Yin & Mike, 2008).

도덕과 조화로서의 소통

아시아의 다섯 번째 가정으로 *소통은 우리가 우주를 도덕적으로 만들고 조화롭게 하는 과정*이다. 이 가정은 그 자체로 사회질서나 궁극적으로 우주의 질서에 대해 아시아의 가치를 강조하는 것에 관심이 있다. 이것 역시 소통행위를 인식하는 아시아적 준거에 적절하다. 일반적으로 아시아 문화에서 소통은 그것이 우주의 도덕적 균형과 조화를 실현하고자 할 때 긍정적으로 평가되는 반면 자기관심을 추구하려는 목적을 가질 때 부정적으로 평가된다. 아프리카 세계관처럼 “인간적이란 것은 사람이 서로 간, 자연과의 관계에서 얼마나 조화롭게 잘 사는지로 특징짓는다. 당신이 인간적이지 않다는 것은 이웃과 자연에 대한 관계를 나쁘게 하고 사는 것이다(Asante, 2005, p. 135). 그래서 윤리와 도덕성은 대인관계 내 수준에서 우주론적 수준으로 조화를 찾고 해결하는 데 있다. 아시아 세계관에서, 조화는 소통의 수단이기보다 오히려 목적이다”(Chen, 2004, 2005). Chen과 Starosta(2003)가 명료화한 것처럼, “아시아의 소통에서 조화는 소통자의 전략적인 단어에 의해서가 아니라 타인과 전심의 관계인 성실한 표현에 의해, 다른 집단과 협력하려는 의무를 주입할 수 있는 일종의 윤리적인 호소력이있다”(p.6).

말하기를 중시하지 않는 아시아인은, 전통적으로 말하는 것에 가치를 전혀 두지 않는다는 인상을 줄 정도로, 문화와 소통분야에서 말에 대한 과장된 고정관념이 있다. 그러나 아시아인의 전통사고에서도 자기이익이 아니라 타자의 이익을 대변하는 것을 대단히 좋게 본다. Dissanayake(2003)을 예로 들면, 그는 인간의 소통에서 올바른 말 samma vaca로 도덕적인 시사점을 준 붓다의 가르침을 탐구한 결과, 네 가지의 올바른 말하기에 대한 지침서를 제시하였다. (1) 올바른 말하기는 많은 종류의 오류와 연결을 끊어야 한다. (2) 올바른 말하기는 사람을 적대감과 불화로 이끄는 중상과 모략으로 이끌지 말아야 한다. (3) 올바른 말하기는 거친 언어를 삼가고 침묵을 전제 한다. (4) 올바른 말하기는 목적이 있고 생산적인 말하기를 포용하기 위해 천박하고 우둔한 수다를 중단하도록 화자를 격려한다.

"겸손한 말과 도덕적 행위"의 유교적인 가르침(chang, 2008을 보라)으로부터, 또한 "소통 전략과 유형을 조화롭고 도덕적으로 하는" 샤티아그라아Satyagraha[11](Pandikattu, 2001; Starosta & Shi, 2007)와 간디의 비폭력적인 철학의 가르침으로부터 많은 배움이 있다(chang, 2008을 보라).

"본보기가 되는 사람은 조화를 찾았던 사람이지 획일성을 구했던 사람이 아니다"라는 말은『논어』에서 나온 공자의 생각(13:23)이다. 획일성 없는 조화라는 이상ideal은 아시아 사회뿐만 아니라 전 세계 사회의 궁극적인 소통 목적이 될 수 있다. 공자의 정신에서 글로벌 시민은 조화를 위한 토대로 다양성을 완벽하게 인지할 수 있으며 그 가운데 최선이 되기 위해 도덕적 책임감을 취할 수 있는 사람이다. 그 시민에게 문화 간 소통은 동질성을 만드는 것이 아니라 차이를 통합하는 수단이다. UNESCO(2006)는 조화와 다양성 사이의 비판적인 관계를 세분화하였다.

조화는 다양성과 차이점을 토대로 예측한다. 조화의 반대는 같음이다. 위대한 통합은 동질적인 통합과는 비대칭적으로 이루어진다. 통합의 위대함은 그것이 다른 색깔, 소리, 맛, 경험의 집중, 합류, 통합하는 데 있다. 조화는 차이를 받아들인다. 차이 없는 조화는 불가능하다. 양념이 섞이지 않는다면, 우리는 맛있는 국을 만들 수 없다. 여러 소리가 없이는 음악이 없다. 여러 색채가 없이는 그림을 그리지 못한다. 토양의 다양성과 생명의 다양성은 인간 생존을 위한 전제조건이며 언어와 문화다양성은 인간의 번성과 함께 간다.

아시아중심 소통윤리와 역량

아시아는 다양하고 역동적이다. 비록 특정 지리적 위치에 있고 서구 제국주의와 식민주의에 대항하여 공동으로 역사적이고 정치적인 투쟁을 했었다 해도, 공유된 종교철학적인 토대와 문화적 유산을 내포한다 해도, 아시아는 문화적으로 복잡성, 지속성, 변화를 지닌 지역이다. 아시아 국가는 언어, 종교, 카스트, 민족이 함께 섞인 정치 형태하에 살아가고 있는 민족을 토대로 하여, 다수의 소수집단을 가지고 있다(Goodnasekera, 2003, p.368). Chen과 Starosta(2003)는 아시아를 특이할 만한 다양성과 생명력을 가진 장소로 생생하게 묘사하고 있다.

대체로 인도네시아는 이슬람교이지만 발리에는 대규모 힌두교 지역도 있다. 인도네시아인 역시 일부 말레이네시아에서 이주해 왔다. 그리고 인도에서 출발했던 불교는 이제 인도에서 거의 발견할 수 없다. 불교는 중국, 스리랑카 등에 뿌리를 내려오고 있다. 아시아는 대규모 도시로 이루어졌으나 일부 아시아 국가 중에는 80%가 시골지역인 나라도 있다. 인도와 중국은 800개의 다양한 언어나 방언을 사용한다(p.1).

그러므로 아시아의 소통이라고 위에 언급한 다섯 가지 주장이 다 들어맞지는 않는다. 이 주장은 아시아인이 실생활에서 소통하는 방식을

11) Satyagraha : 인도에서의 진리파악운동 혹은 무저항운동으로서 간디가 시작한 비복종저항정책.

충분히 반영하지 못한다. 그럼에도 그것은 인간성에 대한 아시아의 해석을 보고 아시아인의 사고 및 행동을 보는 데 필요한 이론적 렌즈로서 가치가 있다. 그것은, 대안적인 좋은 위치에서 아시아와 아시아를 넘어간 인간소통의 본질과 이상을 다시 생각해 봄에 있어서, 생각해 볼 수 있는 많은 단서를 제공하기 위해 고안되었다.

예를 들면, 지구촌의 도래와 인간조건의 위기는 문화 간 맥락에서 소통윤리와 역량에 대해 심사숙고할 수밖에 없도록 했다(Chen, 2005; Mike, 2009b, Tehranian, 2007). 이 주요 개념에 대한 구성요소와 규정에 있어서, 유럽중심의 편견에 대한 광범위한 논의가 있어 왔다(예를 들면, Chen & Starosta, 2008; Ishii, 2009; Shuter, 2003; Xiao & Chen, 2009). 우리는 아시아중심의 다섯 가지 주장으로부터 소통윤리와 역량의 현 개념화를 다시 검토해 볼 수 있다. 다섯 가지 주장은 윤리적 소통자가 (1) 소통을 통해 타인과 상호의존적이 되고 상호연결성을 상기한다. (2) 소통을 통해 자기중심적인 것이 없도록 훈련하고 개발한다. (3) 타인의 고난에 이타적인 민감성을 개발한다. (4) 그동안 받아왔던 채무를 기억하며, 그것을 돌려주기 위해 노력할 의무감을 느낀다. (5) 더 큰 조화와 도덕성을 강하여 옹호한다.

서구의 보수적인 지성인에 의해 자주 오해받았던 아시아의 가치에 대한 많은 주장처럼(Mahbubani, 2002), 이 아시아중심의 인간소통에 대한 관점이 유럽중심의 관점보다 더 탁월하다고 주장하는 것은 아니다. 그러나 그 관점이 유럽중심의 관점보다 열등하지도 않다. 말하자면 아프리카 세계관은 Tu(2006, 2007)가 "변증법적 예정" 혹은 Sitaram(1998)이 "더 높은 인간성"이라 말한 아시아 세계관에 뿌리내리고 있고 뿌리내려진 것과 공유할 만한 것일 수 있다. 진실한 인간의 문명은 어떤 문화의 확장이 아니다. 오히려 그것은 전체 인간성에 대한 문화의 본질이고자 한다(p.13). 이 관점을 취할 때 아시아의 기여만큼이나 아프리카중심과 다른 비서구중심의 기여를 인정할 여지가 있다. 그 관점이 Asante(1993)의 생각대로 우리에게 보편적으로 확산되지 않는다면, 다문화적 업적은 유럽중심주의 관점으로만 평가된다. 유럽중심주의 관점이 사라지기를 원하는 사람은 아무도 없다. 그 방식은 강요하지 않아도 현실에 대한 타당한 관점으로 이미 익숙하다(p.188).

새로운 것을 알기 위해 오래된 것을 좋아함

이 논문의 의도는 자기성찰에 대한 문화와 그것에 관한, 그것으로부터의 학습은 교차문화적 대화를 위해 아시아인과 비아시아인이 어떻게 아시아중심의 시사점을 얻을 수 있는지를 제시하는 데 있었다. Tu(2001a)는 두 가지의 세계화에 대한 주장을 제안했다. 첫째, 세계화는 문화민감성과 다양성이 없이 헤게모니적 동질화일 수 있다. 그러나 세계화는 대화를 통해 순수한 의미의 글로벌 사회를 이끌 수 있다. 두 번째, 정체성에 대한 탐구는 극단적인 민족중심주의와 배제로 왜곡될 수 있다. 대화를 통해서만 문화 간 소통이 진정한 방식으로 이루어질 수 있으며 다양성을 위한 실질적인 존중으로 이끌어낼 수 있다. 우리는 타인에 대한 인간성에 민족중심적인 해석을 부여했지만, 그 구명선이 더 위험스럽게 될 것인가는 우리에게 달린 것이다. 우리는 무지의 충돌로 세계가 분리될 수 있고, 아니면 획일성 없는 조화를 지향하는 위계 없는 다문화주의의 원리로 상호 간 대화가 이루어질 수도 있다. 양자의 경우에 간디가 말한 "이 세계는 우리 모두를 위해 충분하지만 한 사람의 탐욕을 위해서는 충분하지 않다"(Tehranian, 1999, p. 191)는 진술이 이전보다 더 진지해진다.

Asante(2003a)는 혁신과 전통이 세계를 인간화하는 열쇠라고 보았다. 그는 "새로운 세대, 새로운 것은 기본적으로 문화적 아이디어의 도래지만 전통의 보존이기도 하다"(p. 78)라고 단언한다. 그의 내용은 "새로운 것을 알기위해 오래된 것을 소중히 여긴다(Anadects, 2: 11)"는 유교의 정신에 완벽히 공명한다. 사실 우리는 오랜 지혜를 적용하고 연구해야 하지만 현지화나 글로벌화라는 변화에 대한 고려를 할 수 밖에 없는 데 그것은 새로운 세계적 상황에 대응하기 위해서이다(Mike, 2004). Tu(1998)는 글로벌 윤리와 인본주의적 가치들을 탐구하는 입장을 기술하고자 하였다.

인간 생명에 대한 문제의식은 그것이 진화과정에서 이제껏 목격되어 왔던 가장 공격적이고 자기파괴적인 동물로 우리 자신을 변화시켜왔기에, 우리는 이제 위험에 처해 있는 종의 리스트에 우리 자신을 덧붙인다. 이것은 오늘날 인간이 가진 딜레마의 크기이다. 여기에는 급진적으로 변화하는 세계관과 태도에서 예측한 새로운 양식의 사고, 새로운 형태의 생활을 인식하는 새로운 방식에 대한 시급한 요구가 있다. 역설적으로 군국주의, 물질주의, 공격, 갈등과 파괴에서 벗어나려고 결단하는 우리의 노력은 새로운 발견일 수 있으나, 그 노력은 인간이 수세기 동안 번성하고 살아남는 토대를 제공해왔던 정신적인 뿌리로 돌아가는 것일 수 있다. 이런 의미에서 우리의 인간성은 교차로에 있다(p.3).

개념 이해와 질문

1. 이 장은 세계관을 어떻게 기술하는가? 이것이 이전의 논문과 어떤 방식에서 유사하거나 혹은 다른가?
2. 다른 문화에 관해 학습하는 것과 다른 문화로부터 배우는 것 간의 차이를 구별하라.
3. 위계적인 문화가 의미하는 것은 무엇인가? 이 대답을 부정적인 시각 혹은 긍정적인 시각으로 간주하는가? 왜 그렇게 생각하는가? 문화를 보는 더 나은 방식이 있는가?
4. 유럽중심적인 세계관이 중요시하는 핵심가치의 예를 들어보라.
5. 엄격하게 기술적인 관점으로부터 다른 문화를 조사하는 것에는 어떤 위험이 있는가? 단순히 다른 문화를 비평하고 분석하는 것은 간문화적 이해와 소통을 돕는가? 막는가?
6. 교차문화적 대화를 세 단계로 기술하고 논의하라.
7. 아시아중심의 다섯 가지 소통 전제를 요약하라.
8. 논문에 따르면, 아시아의 세계관은 공간과 시간에 대해 확장·순환하는 시각을 강조한다. 이전의 논문에서 논했던 세계관 구조와는 어떻게 다르며 어떻게 유사한가?
9. 문화적 세계관이 소통유형에 영향을 미치는 일부 방식은 무엇인가? 이것이 문화 간 소통을 하는 동안 어떤 어려움을 만들 수 있는가?
10. 당신은 서구사람이 아시아중심의 세계관으로부터 어떤 장점을 얻을 수 있다고 생각하는가? 없다면 왜 그런가? 있다면 무엇인가?

Yoshitaka Miike is Associate Professor in the Department of Communication at the University of Hawai' i at Hilo, Hawaii.

문화 간 소통이론과 연구의 적절성 및 적용

Felipe Korzenny

문화와 소통에서 이론과 연구는 자기이해, 관계발전, 비즈니스 행동, 종족보존과 서식환경 보존을 위해 매우 중요한 것이다. 첫째, 이 장은 우선 소통과 문화의 관계를 검토할 것이다. 둘째, 독자는 문화 간 소통 관련 이론과 실천에 관한 연구의 영향력을 발견할 것이다. 셋째, 결론에서 소통과 문화연구가 중요한 몇 가지 이유를 설명할 것이다.

문화와 소통

일반적이고 추상적인 흐름에서, 문화연구는 소통연구라 할 수 있다. 소통은 사회의 접착제라고 말할 수 있다. 세속적인 은유로 소통은 어떤 관계에서 서로가 위성을 유지하고 있는 인력이다. 문화는 평행의 흐름에서 인간의 세계를 이해할 수 있도록 하는 기제이다. 문화는 인간이 질서와 생존추구를 위해 기능하고 노력하도록 하는 유형, 즉 인간 가운데 관계와 행동에 대한 외면적, 잠재적 유형의 혼합이다. 문화는 사회적 산물이며 상호작용에 근거하는 결과, 즉 소통과정의 결과이다. 모든 문화적 표현은 그 자체로 소통표현이 아니지만 문화적 표현으로 이끄는 요인에는 소통과정이 있어야 한다.

인간소통의 관습에서 우리는 문화를 창조하고, 변하게 하고, 강화한다. 저널리스트, 방송인, 예술가, 작가, 프로듀서, 감독, 교사 등 다른 사람과 상호작용하는 우리 모두는 문화의 영향을 받는다. 비록 이유와 정도는 다르지만, 문화를 수정한다는 것은 비교적 천천히 이루어지는 과정임이 분명하다. 문화변화는 통상 천천히 이루어지는데 일반적으로 일이 돌아가는데 당연한 방식으로 정착되기 때문이다. 일단 문화유형은 광범위하게 소통되고 채택되지만 비교적 안정적이다. 인간은 옷을 입는 것처럼 문화에 매이는 경향이 있다. 즉 벌거벗는 것을 두려워한다. 문화는 안정성이라는 담요와 같다. 즉 우리가 익숙하고 안락한 것을 가지는 것과 같다. 문화는 공감하도록 어린 시절 이래 주입되어 왔다. 각 사람에게 문화란 가장 논리적이고, 일관적이고, 호소력 있는 삶의 방식이다. 문화는 하루하루를 살아가게 할 수 있는 중요한 연장으로 구성되며, 우리에게 그렇게 하는 것이 진보라고 말할 수 있는 것, 즉 다시 바꾸는 것에 대한 요구가 없어지도록 확고한 가정과 익숙해진 일상을 제공한다. 그러나 문화는 배경으로 작동하며 결코 그 자체로 명료하게 드러나지 않는다. 따라서 문화 간 소통의 실천은 문화를 명백하게 만들고 더 적응적인 삶을 살기 위해 문화수정이 일어나게 할 수 있다. 그래서 개인은 특별한 맥락에서 타자와 자신을 더 잘 이해할 수 있다.

이론과 연구가 실천에 주는 영향

소통은 문화의 필수적인 부분이며 문화를 위한 특정 조건이다. 문화 간 소통은 문화와 소통 연구에 대한 매우 폭넓은 상위 주제로서 과거 20년간 대단히 발전을 해왔다. 문화 간 소통 분야의 적절성은 그 오래된 내용에 관한 것이다. 문화 간 소통이론과 연구의 기여는 가장 중요한 의제agenda를 상정하는 역할에 있다. 현재 다른 문화와 상호작용하는 것이 필요한 사람을 위해 간문화적 훈련을 대변하는 것은 인정할 만하고 이해할 만하다. 교사들은 간문화적 학생의 몸body을 교육하는 가장 도전적인 과업에서 성공하려면 의문의 여지없이 간문화적 기량을 가질 것을 요구한다. 저널리스트는 오늘날 문화적으로 다양한 모든 소통을 망라해서 보고하는 데 있어서 문화민감성과 존중이라는 생각을 수용한 듯이 보인다. 광고와 마케팅 전문가는 문화적으로 다른 시장에 큰 예산을 배정하고 관심을 가지며 몰입한다. 외교적 노력은 체면, 불확실성 감소, 고·대·저 맥락의 소통과 같은 문화 간 소통 구인을 탐색하고 활용하기 시작하고 있다. 미국에서 우리는 차별화하지 않는 멜팅 포트melting pot라는 생각을 포함하여 전통적인 공동의 과정을 오랫동안 가정해 왔다. 이 가정은 다문화사회의 이미지로 대체되어 왔다. 이 후자의 이미지는 무시하기 보다 초점을 맞추는 것이 필요하다. 그리고 문화 간 실천은 필수적이다. 과거 20년 동안 많은 문헌의 기여와 마찬가지로 문화 간 소통부문, 이익집단, 조합의 출현은 문화 간 소통을 보편적 필요로 만드는 데 기여해 왔다.

학문적인 관심과 추구는 현장에 대한 요구를 일깨우는 데 있어서 중요한 역할을 했다. 그렇다고 쉽게 이렇게 되어 온 것은 아니다. 다른 분야의 노력과 비교해서, 문화 간 소통의 실천은 수많은 인간이 만든 장벽에 다음과 같이 부딪히고 있다.

1. 자연스럽게 만연한 민족중심주의

자연스럽게 만연한 민족중심주의라는 표현 아래 문화 간 실천의 중요성은 부정되어 왔다. 이 민족중심주의는 "나는 이미 내가 인종차별주의가 아니라는 것을 안다! 나는 그 사람을 다루는 방법을 안다"는 진술을 할 때 명백해진다. 우리 대부분은 외집단보다 내집단을 선호하는 것이 자연스럽다는 사실을 인정하는 게 매우 어렵다. 그러나 인간 본연의 경향은 자신에게 더 가까운 사람에게 비중을 배가하여 헌신하는 데 있다. 민족배경, 가치, 믿음, 관습, 관계유형과 같이 다수에 차원에 따른 유사성 인식은 타인을 평가하기 위한 기초이다. 우리 대부분은 긍정적인 특성에 대해서 우리와 비슷한 사람에게 귀인할 가능성이 많다. 그러나 역설적으로 그렇게 인정하고 말하는 것은 사회관습적인 터부이기 때문에 부인한다. 민족중심주의의 '부인denial'은 직면, 분류, 수용을 막기 때문에 문화 간 소통에 있어서 결정적인 장애 중 하나일 수 있다. 민족중심주의를 자연스럽게 만연하는 것이라고 인정하는 것은 시간과 공간이 극적으로 축소되는 이 시기에 생존을 위해 극복해야 하는 첫 과제이다.

2. 가정된 유사성

문화는 물고기가 노는 물과 같다. 우리가 그 안에 있는 일부분일 때는 그것을 보지 못한다. 큰 유혹은 타인도 바로 우리와 같다는 가정을 한다는 데 있다. 타인이 다르다면 그것은 그들이 발전되어 오지 못했기 때문이거나 불완전하기 때문이라고 생각한다(혹은 그 경우가 무엇이든지 간에 우월하다는 종류의 이유).

문화의 외적인 재현인 음식, 건축, 의복은 너무나 분명해서 무시할 수 없다. 암묵적이거나 주관적인 문화는 보이지 않을 수 있으나 그것은 인간의 상호작용에 영향을 줄 가능성이 가장 큰 문화차이이다. 타 문화권에서 소중하게 지키는 가치, 믿음, 태도, 행동유형, 역할관계는 소외된 사람과 마찬가지로 각 문화구성원에 의해 간파되는 것이 어렵다. 그러므로 문화를 명료하게 만드는 것이 타인과 대조하여 우리 자신을 이해하도록 도울 수 있다. 문화를 명료하게 만드는 전문가는 쉽게 나타나지 않는다. 그것은 문화 간 소통전문가를 가정할 수 있는 역할이다.

3. 즉각적인 보상부족

혁신확산의 분야에서 예방적 혁신은 결정적으로 중요한 어려움이 있다고 알려져 있다. 그것은 분명한 결과가 없다는 것이다. 예를 들면, 문화 간 소통 워크숍의 효과를 감지하는 데는 오랜 시간이 걸린다. 문화 간 소통기술과 민감성은 물질적인 소득만큼이나 더 나은 이해나 결과적인 선의를 통해 오랜 기간으로 보상받게 될 가능성이 있다. 이와 달리, "특별한 경우 bizarre"의 보고서는 관심과 돈으로 쉽게 보상을 받는다. 예를 들어, 사방에 흩어져 있는 이해당사자에게 단기간에 효과를 보여 주면 그럴듯한 성취로 비춰지게 된다. 그래서 현재 경제체계에서 우리는 극단적인 근시안shortsightedness의 비즈니스를 보게 된다. 무분별한 기업인수takeover가 장기간 비즈니스 전략의 양성보다 더 중요하게 여겨지고 있다. 대조적으로 문화 간 소통훈련과 연구는 경제적 생산성의 순환에서 장기간 전략으로 보상받을 가능성이 있다.

4. 기대를 넘어선 비용과 노력

문화 간 소통기술과 실천은 우연히 마주치기 쉽다고 가정하는 것이 상식이다. "빠르고 쉬운" 기술을 제공하는 책과 문화적 "캡슐 capsules"이 존재한다. 그러나 문화 간 소통이 꼭 그렇게 쉬운 것은 아니다. 우선 문화 간 소통의 다양하고 복잡한 특성은 효과적이고 쉬운 해결책을 찾기 어렵게 만든다.

물리학 분야의 연구 개발에 몇백만 달러 수준의 투자를 받는 것은 일반적이다. 그러나 사회과학분야, 특히 소통분야에서는 십만 달러 수준의 투자받기 어렵다. 그 때문에 인간의 문제보다 전자요소electronic components가 더 복잡하고 중요하다는 생각할 수 있다. 이때 우리는 비지니즈를 진행할 수 있도록 재빨리 "인간문제"를 제거하자는 유혹이 생긴다. 그러나 인간행동은 매우 복잡하며, 우리가 사회체계의 생산적인 순환에서 그 중요성을 인정해야만 현실적인 지원을 기대할 수 있다.

문화와 소통연구의 중요성

문화와 소통연구로부터 유래된 몇 가지 장점이 있다. 다음의 일반화와 가정은 현장가를 위한 문화 간 소통에 주안점을 둔다. *문화 간 소통은 정보절차processors 내용에 부과하는 문화적 필터에 대한 처방전을 제공한다.* 이 역할을 하는 문화는 선택적인 노출, 관심, 지각과 상기recall라는 점에서 미디어의 제한된 효과만을 예측할 수 있기 때문에 중요하다. 분명히 이 현상의 많은 부분은 문화적으로 중재된다. "다수plural"의 시각 내의 미디어 연구에서 주요한 결과물 중 하나는 미디어 효과가 수신자의 배경과 사회적 맥락에서 매우 중요하며 진술된 정보절차에 의존한다는 것이다. 이 사실은 상징적인 상호작용주의, 수단의 조정관리, 다른 수단을 통해 소통에서의 미국식 실용주의pragma-tism를 부활시키는 현재의 노력에서 나타난다. 다양한 문화집단이 정보를 해석하는 방식은 직접적이지 않다. 예를 들면, 시청자(관객)가 마약 관련 현안에 대하여 더 관대한 듯이 보이는 이유는, 연구에서 나타난 것처럼, 미디어에서 관찰한 묘사가 보여 주는 정보절차가 흑인이라는 맥락에 올가미를 씌우는 것일 수도 있다. 즉, 사람은 즉각적인 삶의 환경에 따라 정보를 해석할 가능성이 있다. 이 논문에 제시된 국제뉴스 효과에 대한 연구는 획일적이라 자유를 허용하지 않는 경우, 미디어 효과는 없었지만 해석의 다양성이 있다는 점을 분명히 한다. 이런 균등성homogeneity의 부족은 미국의 미디어가 균등하며 결과적으로 청중에게 균등하게 보고한다고 전통적으로 역설해왔던 대중지향적인 학자의 주장과 모순된다. 소통절차라는 개념화와 대중이 아닌 개인으로 이루어진 다양성으로 청중을 인정하는 것은 미래의 실용주의적인 시도에서 유용하다는 것이 입증된다.

문화이해는 초기 소통개발 연구의 함정을 피한다. 초기 소통개발 노력은 다른 문화의 유용성과 가치를 무시했다. 오직 서구의 생활스타일이 "현대적"이거나 "생산적"이라는 기준을 가정한다. 그 편견을 가진 치료는 고정관념화되어 적용해야 한다는 강박관념으로 이루어진다. 결과적으로 대부분 실패였다. "더 현대적이고 합리적으로 만드는 방법이 좌우명motto인 듯 보인다." 다만 최근에는 사회적 정보절차 유형과 정보요구의 이해가 결과적으로 사회적 문제를 해결하는 데 적합한 노력으로 이루어지고 있다. 예를 들면, 네덜란드 라디오와 에투아도르 시골의 저널리즘 프로그램의 저널리스트들은 자신의 지역사회에 기여하기 위해 농업연구 관련 훈련을 받았다. 문화구성원을 위한 문화특성의 기능을 이해할 수 있을 때, 그 사람은 문화특성을 인식할 수 있게 된다. 서구가치가 모든 사람에 의해 고수된다는 생각은 이제 현장가나 학자에 의해 의문이 제기되고 있다.

문화연구는 우리가 자신을 이해하도록 돕는다. 우리가 대조적으로 배우는 가정을 수용한다면 문화 간 소통연구와 이론은 인간의 상호작용 맥락에서 우리를 설정하고 유쾌하거나 불쾌할 수 있는 이미지를 투사하는 거울을 제공한다. 우리는 이제 우리의 세상에 스며드는 다양성과 다른 사회적 존재의 맥락에서 자신을 이해할 뿐이라는 것을 "알 수 있다". 우리는 비교할 지점이 없이 행위 혹은 믿음을 어떻게 평가할 수 있는가? 소통과 문화를 다루는 문학이 대체로 사례가 되어 왔다. 현재, 연구가 더 유용해질수록, 국가주의와 다른 민족적 집단의 대립은 입증되거나 혹은 부정되어 왔다. 영국계 미국인, 히스패닉, 아시안, 흑인의 교차문화적 비교에 대한 연구는 이런 일화적인 담화의

많은 부분을 입증하거나 입증하지 못했다. 이런 유형의 비교연구는 우리가 타자와 비교하면서 자신을 발견할 수 있는 거울처럼 기여한다고 본다. 타인과의 차이를 이해하는 것은 우리에게 타인을 인식하도록 허용하며, 결과적으로 이해를 진작하기 위한 전략을 제공하고 우리의 메시지를 명료하게 전달할 수 있게 한다. 우리의 차이가 분명해짐에 따라, 우리 "자신"을 더 많이 알게 되며 편견은 그만큼 줄어든다.

미디어에서 편견은 책임 있는 사람이 가진 믿음의 표현이다. 문화 간 소통이론과 연구는 개인이 자신의 편견에 대한 자각을 허용하도록 지원한다. 그러나 편견을 보이는 미디어는 현 상태를 강화할 수 있다. 편견의 실현은 그것을 제거하지 않고 개인에게 민족중심주의를 관리하기 위한 출발점을 제공한다. 사실 편견은 인정과 수용에 대한 가장 효과적인 사회관리의 출발점일 수 있다. 이전에 논의한 바대로, 문화적 경험의 분류를 위한 더 광범위한 범주는 문화적으로 다양한 개인들 가운데 협력의 촉진을 지원할 수 있다. 이 민감성 노력은 문화 간 소통이론과 연구로 자신을 훈련하는 모든 소통 전문가에 의해 최선으로 성취될 수 있다. 미디어는 적절히 관리하면 메시지 확산이라는 충분한 힘으로 청중으로 하여금 편견에 의문을 제기하도록 돕는다.

소통 규칙은 명료하지 않다. 그것은 드러나지 않음이 분명하다. 물속의 고기가 물을 의식하지 않는 것처럼, 우리는 상호작용의 유형을 좌우하는 문화규칙을 의식하지 못한다. 그래서 교차문화적인 이해는 문화적 타인과 우리 자신의 규칙을 명료하게 만들기를 요구한다. Edward T. Hall은 "문화를 초월"하는 것은 문화적으로 다양한 소통 가운데 필요하지만, "문화를 초월"하기 위해서는 그것을 먼저 아는 것이 필요하다고 주장하였다. 문화를 초월할 수만 있다면 우리는 이해에 도달하는 데 집중적으로 노력할 수 있는 위치에 서게 된다. 마치 개방된 접촉이 문화적으로 다양한 가운데 조화를 위한 전제조건으로 기능하는 것과 같다. 그러나 지향을 대면하는 것은 협력에 도달할 의도로 계획되는 것이 분명하다.

간문화적 관계를 확립하는 것은 문화의 미묘한 측면에 대한 관심을 요구한다. 광고, 마케팅, 상담, 교수, 공공서비스와 뉴스 취재가 이루어지려면 실제로 이중문화/다문화적 개인만이 습득할 수 있는 문화민감성이 필요하다. 그래서 이해보다 실천을 더 많이 하기 위해서는 해당문화에서 살아보는 것이 필요하다. 말하기는 행동하는 것보다 더 쉽다. 다양한 문화집단의 요구와 취향에 맞추기 위해 사람은 그 문화에 몰입하는 것이 필요하다. 즉 문화정보원의 협력을 얻고 만나는 개인의 요구에 몰입하고자 진실로 노력해야 한다. 입에 발린 말과 형식상의 연구는 성공할 수 있는 장기 대안이 아니다. 문화적으로 다른 사람에 대한 서비스와 그 결과물의 규정은 그 문화의 현실에 초점을 맞춘 용어로 생산품과 서비스의 소통위치화가 필요하다. 예를 들면, 친구나 가족과 함께 지내는 것을 문화적으로 더 선호하는 사람에게 비싼 호텔방을 파는 것은 우스꽝스러울 뿐이다. 이중문화와 다문화적인 개인은 가교적인 역할을 하기에 최고의 위치에 있지만 간문화적 사람은 발견하기 어려워서 이런 기술에 대한 훈련은 쉽지 않다. 문화 간 소통의 이해는 문화해석자가 요구하는 기술을 생산하기 위한 수단을 제

공한다.

특정 문화에 대한 지식은 이해를 위한 인지적인 틀을 제공한다 해도, 특정 문화 안에서 살아가는 행위acting를 하는 것만이 적절한 감정과 역동적인 반응의 도구를 제공할 수 있다. 다른 문화권의 환경에 있는 동안, 우리는 왜곡된 심리적 공간에서 움직이고 있는데도 그것을 알지 못한다. 새로운 문화장벽에 계속 대항하는 충돌은 가장 효과적인 학습과정 중에 하나인 듯하다. 책과 극장을 통해 어떤 문화를 공부하는 것은 충분하지 않을 수도 있다. 왜냐하면 행동동력을 구성하는 것은 언어적 행동과는 상관없이 발생하기 때문이다. 한 책에서 나는 “다른” 사람이 개인주의에 가치를 두는 것을 배울 수 있고 내가 그런 가치를 설명할 수도 있다는 것을 배울 수 있다. 그러나 나는 특정 맥락에서 내 행동의 레퍼토리로 그것을 통합할 때, 즉 내가 특정 상황에서 개인주의로 얻는 보상을 경험하고서야 개인주의에서 편안함을 느낄 것이다. 한 사람이 한 문화권 내에서 기능할 수 있기 위해서는 그 안에서 실험해야 한다. 기본적으로 그 사람은 실패를 인정하는 방법을 배울 필요가 있고 문화적 쇼크를 활용함으로써 낙관적인 태도를 유지해서 문화학습에 접근하는 것이 필요하다. 그 사람이 사전에 이런 준비를 해서 문화 간 소통의 과업이 어렵다는 것을 아는 것이 더 나을 것이다. 왜냐하면 그래야 현실에서 조우할 시 예상하지 못한 어려움이 닥칠 때 덜 혹독하게 겪을 것이기 때문이다.

문화와 소통 연구는 더 중요해질 수 있으나 분석된 개인적 문화의 본질과 문제는 다를 수 있다. 고객요구에 맞춘 문화는 개인이 다수의 극단적인 채널선택과 전통적인 사람접촉으로부터 점차 소외되는 것으로 진화할 것이다. 유용한 미디어채널의 선택은 과거 문화와 유사하지 않은, 즉 전자문화를 그 예로 들 수 있는데, 한 문화 혹은 문화영역을 서로 공유하는 개인의 부분집합일 수 있다. 사람은 점차 미디어 채널을 더 많이 선택하게 됨에 따라, 문화적 투입을 통제할 수 있는 능력이 더 커질 수 있다. 물리적으로는 결코 서로 함께 존재할 수 없는 개인을 포함하는 새로운 문화가 나타날 수도 있다. 다른, 더 오래된 문화는 기록된 미디어에 대한 다수 문화표현의 유용성을 통해 강화될 수 있다. 대인 간 접촉이 줄어들면서 이해될 필요가 있는 새로운 다양성이 나타날 수 있다. 게다가 그것은 비록 비교적 먼 미래이지만 지식 내비게이터가 인간적인 상호작용을 다시 하게 할 것이며 개인은 Marshall McLuhan이 품은 이상적인 지구촌으로 돌아갈 것이다.

소통과 문화의 연구는 전쟁을 막는다. 행위에 대한 적절한 해석은 긴장을 감소시킬 수 있는 게 분명하다. 한편, 실수에 대한 의도적인 귀인은 국가나 문화집단을 망라하고 파편과 스트레스의 지배적인 원인일 수 있다. 다른 문화권에서 온 개인은 교섭에서 불확실성을 어떻게 감소시킬 것인가? 모든 문화권에서 공통된 체면 구하기 전략은 무엇인가? 다양한 문화에서 특징짓는 갈등유형은 무엇인가? 숙고와 이해를 위한 구조framework를 제공할 수 있는 보편적인 인간원리는 있는가? 간문화적 개인은 어떻게 국제적인 협상가가 될 수 있는가? 문화 간 소통연구를 통해 대답될 수 있는 이 질문과 덧붙인 다른 질문은, 아마도 이 분야에서 만들 수 있는 가장 의욕적이고 실제적인 기여일 것이다.

개념 이해와 질문

1. Korzenny가 말하는 "사회적 산물"로서의 문화가 의미하는 것은 무엇인가?
2. Korzenny에 따르면, 문화는 "안정성의 담요"와 같다. 문화가 어떻게 안정감을 제공하는지의 예를 들어 보라. 특정 문화가 불안정해지는 상황 혹은 맥락은 무엇인가?
3. 문화와 소통의 관계를 설명하라.
4. 자연스럽게 만연한 민족중심주의가 문화 간 소통에 장벽이라는 말은 무엇을 의미하는가?
5. 당신은 문화 간 소통이 더 나은 자기이해로 이끌 수 있다고 생각하는가?
6. Korzenny는 문화적으로 유능하려면 학문적인 문화비평만으로 불충분하다는 점을 지적한다. 당신은 실제 문화를 경험하는 것이 필요하다. 한 문화권에 살면서 어떻게 그 문화권을 더 많이 이해할 수 있는가?
7. 미국은 다수주의, 다문화사회로 간주된다. 다문화사회에서 사는 다섯 가지 장점과 다섯 가지 어려움은 무엇인가?
8. Korzenny의 논문은 나온 지 20년이 더 되었다. 그의 논문은 현재도 여전히 적용될 수 있다고 보는가?

Felipe Korzenny Professor of Advertising and Integrated Marketing Communication and Director of the Center for Hispanic Marketing Communication at Florida State University.

02

문화정체성 : 소속 현안

02

문화정체성 : 소속 현안

우리는 특별판에 정체성에 관한 장을 추가하기로 결정하였다. 우리는 극적인 사회개혁 시대를 살아가고 있는 것이 분명하다. 이런 개혁 중 하나가 정체성이다. 세계화의 요소와 새로운 이주유형은 국민과 국가라는 지정학적 질서에 막대한 압력을 가하고 있다. 새로운 제도인 전자노동, 자본과 매체 내용이 국가라는 경계를 넘어서 거의 끊이지 않고 흘러가는 환경을 만들어내고 있다. 또한 국경 내 사람 간에는 더 큰 기회를 찾으려고 조국을 떠나 여러 나라의 지역으로 떠나가려는 물결이 일고 있다. 국제연맹이나 무역협정이라는 형태의 정치와 경제통합은 공동의 관행이 되어가고 있다. 이 조건들은 집단적으로 사회변화의 유력 개혁주체이며 자기 정체성이나 문화 정체성 형성 및 유지에 영향을 미치는 역동적인 환경을 만든다. 이 현대적 사회 조건의 진화결과로서 정체성의 역할을 이해하고, 어떻게 문화가 정체성을 형성하고 유지하는지에 관하여 이해하는 것이 중요해졌다. 우리의 관심은 이주민만이 아니라 다양한 공동문화의 구성원에 대한 것이다. 이 개인들은 그들의 공동문화 정체성을 습득하기 위해 노력하는 동안 지배문화의 구성원이 된다. 이주민과 공동문화의 구성원이라는 두 집단은 12년 전 우리 책에서 처음으로 주요하게 소개되었다.

아마도 정체성의 가장 중심적인 기능은 자기규정의 원천으로서 각 개인을 위해 의미를 제공하는 것이다. 이런 조건은 집단적으로 자기정체성과 문화정체성의 형성과 유지에 영향을 미치는 역동적인 환경을 만들면서 사회변화의 유력한 주체를 등장시킨다.

즉 우리는 자신의 정체성 주위에 의미를 조직한다(Castells, 1997). 정체성은 지리, 역사, 판타지, 종교, 그리고 더 많은 것들을 포함한 다양한 영향력으로부터 비롯된 출처 때문에 부분적으로 의미에 대한 기초로 기여한다. 정체성은 다양한 시간, 시나리오 의존적인 형태에서 나온다. 사람들은 종종 국민, 국가, 지역, 종교, 민족집단, 성별과 전문지식으로 그들 자신을 정렬한다. 개인에게 동기유발되는 정체성과 상관없이 한 가지는 분명하다. 한 사람의 정체성은 사람이 세상을 어떻게 보고 그 세상에서 어떻게 행동하는지를 결정하도록 돕는다.

정체성 형성과 유지에 영향을 미치는 공통적인 특징은 문화이다. 정체성은 소통 매체를 사용하며 문화적 렌즈를 통해 사회적으로 구성된다. 우리는 우리의 최초 문화의 내집단을 문화적응의 기능과 동일시한다. 그리고 후에 상호작용의 소산물로서 사회적 제도 혹은 다른 문화집단으로 확장한다(Castells, 1997). 이렇게 해서 문화적으로 속박된 개념인 특정 유형의 정체성이 사회적으로 적절하게 만들어진다. 예를 들면, 자기결정, 독립심, 개인의 성취를 강조하는 개인주의적인 미국문화에서 선발된 군대는 "하나의 군대"가 되어야 한다고 강조한다. 이런 강조는 집단문화와 대조되는 특징으로 정체성이 내집단의 소속감에 의존하고 강하게 연결되어 있음을 의미한다.

이전에 언급한 것처럼, 다문화적 상호작용이 피할 수 없게 증가되는 세계에서, 일시체류자들 역시 다른 문화 내에서 거주하는 시기 동안 살고, 일하고, 영향을 주고받는 장소에서 정체성은 만들어간다. 이런 이유로 우리는 다른 측면의 문화와 정체성을 다루는 여섯 가지 논문을 살펴보고자 한다. 첫 번째 논문은 문화적 정체성을 문화 간 소통과 직접적으로 연결하는 초기 논문 중 하나로서 사람이 어떻게 자신을 여러 다양하고 일반적이며 구체적인 문화소속 집단과 동일시하게 되는지에 초점을 맞춘다. <문화정체성과 문화 간 소통>에서 Mary Jane Collier는 상징과 의미, 문화적 규범, 문화적 역사, 국가 및 민족적 고려사항에 근거한 문화유형과 성별, 전문 직업, 지리적 위치, 성적지향, 장애유무를 고려함으로써 문화와 정체성 사이의 연결을 검토한다. Collier는 개관에서 정체성과 문화 간 소통에 관한 다음의 네 가지 질문에 답하고자 한다. (1) 문화정체성은 무엇인가? (2) 다수의 문화정체성은 타인과 협상하여 어떻게 만들어지는가? (3) 문화정체성의 접근은 당신이 자신과는 다른 정체성을 지닌 사람을 대할 때 어떻게 더 유능해지도록 돕는가? (4) 연구, 훈련, 실천에 관한 문화 간 소통과 같은 접근의 장점은 무엇인가?

우리는 단일 공동문화에 적용하여 정체성 개념을 조사하기 위해 두 이론적인 논문을 선정하였다. Stever B. Pratt, Merry C. Pratt와 Lynda D. Dixon은 미국의 원주민을 검토한다. 구체적으로 저자들은 미국의 인디언에게 관심이 있다. 그들은 다음 세 가지 주제에 초점을 둔다. (1) 미국인디언의 규정, (2) 미국인디언 현안을 연구할 때의 문제, (3) 인디언의 삶에서 정체성의 역할이 무엇인지를 설명하기 위해, 미국인디언의 현대 정체성 현안을 거론한다.

이 주제는 우선 미국의 인디언이 각자 자신의 민족적 유산을 '증명'해야 한다는 사실로 관심을 끌었다. 실은 대부분 미국인 집단은 한 가지 혹은 두 가지 방식으로 그들의 문화정체성을 진술하는 것이 필요하다. 이 책의 저자들은 정체성의 표현이 다수 문화의 구성원에 대한 명백한 필요조건은 아니라고 설명한다. 게다가 미국에서 인디언은 자신이 인디언인 것을 증명하기 위해 연방에서 연방정부발행의 인디언 혈통증명서Cenrtificate of Degree on Indian Blood가 필요하다. 다른 민족적 집단 역시 통상 그들의 문화적 소속을 표명하는 것이 필요하다.

또한 논문은 미국의 인디언 부족에 대한 전통적인 연결이 어떻게 근대성에 의해 무너져가는지를 설명한다. 근대성은 부족성을 약화시키고 인디언성이 증가하도록 했다. 저자들은 대부분 사람이 미국인디언에게 갖고 있는 이미지의 형성과 전달에 영향을 주는 미디어의 영향력을 검토하였다. 또한 이 이미지는 자주 고정관념과 같은 잘못된 정보를 근거로 한다는 점을 지적했으며 모든 인디언을 하나의 동질집단으로 모으고자 하였다.

저자들은 비록 미국인디언이 많은 학파를 넘어선 연구의 주제였다 해도, 인디언의 소통관습에 기여한 연구는 거의 없었다는 점을 지적했다. 논문 역시 모든 미국인디언을 망라한 문화적 특성을 일반화한다는 것은 힘들어 문화적 역량 구성을 식별하는 현안에 관련된 주제는 조사에 어려움이 따른다고 설명한다. Pratt와 그의 동료들은 유럽계 미국인의 시각에서 만들어진 이론과 접근을 탈피하여 인디언의 소통을 연구하고자 하였다.

정체성이란 다양한 형태들을 취할 수 있다는 초기 생각은 많은 경험들로부터 유래된 것으로서, 그 대표적인 예가 성별과 민족성이다. 따라서 이 장에서 다음 두 가지 논문의 주제이다. Judith Martin의 <미국에서 백인성 이해하기>는 미국에서 백인이 무엇을 의미하는지에 대한 질문을 들여다본다. 우리는 이 특별판에서 Martin의 논문을 포함했는데 그 이유는 민족집단으로서의 백인성이라는 주제는 자주 간과되기 때문이다. 초기 논문에서 그는 유럽계 백인의 민족적 정체성이 어떻게 (1) 협상되고, (2) 공동 창조되고, (3) 강화되고, (4) 소통을 통해 도전받는지에 대한 통찰력을 제공한다. Martin은 민족정체성의 독특성과 아이디어 를 이해하기 위해서 백인 민족정체성의 현저함을 드러내고 있다. 아마도 우리는 다음의 논문으로 "특정 이름 안에 무엇이 있는가" 혹은 "왜 그렇게 많은 이름이 있는가" 를 조사할 수 있다. 35년 이전에 처음 이 논문이 발간된 이래로 학자와 일반인은 라틴 아메리카의 다른 지역과 멕시코에 여전히 뿌리를 둔, 미국에서 거주하는 민족집단을 말할 때 사용되는 단어나 표현에 동의할 수 없었다. 그러나 치카노/니, 히스패닉, 라티노, 멕시코계 미국인 같은 표현은 여러 해 동안 사용되어 왔다. 관련된 문제 중 하나는 이 민족성에 대한 외부자의 혼란만이 나라 그 집단 내부 구성원도 어떤 라벨을 사용하는지에 대해서는 일치된 생각이 없다는 점이다. 저자는 "대부분의 연구자는 치카노/니 민족성의 본질적인 기제를 완전히 잘못 알고 있다는 결론을 내리게 되었다"라고 기술하고 있다. 일부 오해의 여지가 있는 것에 대한 설명을 돕고자 Sauceda는 치카노/니 내용조사를 위한 개념으로 논란이 되는 많은 용어를 검토하고 해결책을 제안한다. Sauceda가 한 분석과 용어조차도 비록 오늘날의 분류에서는 진부하게 보일지 모르지만 그는 이 논쟁을 흥미 있는 역사적 맥락에 놓았다. 그의 논문은 오늘날 논의에서조차 입장을 구조화하는 데 유용하다.

논의를 시작하기 위해, 저자는 우리가 이전에 언급했던 단어와 표현의 일부를 검토한다. 그는 이 용어들의 전통적인 규정이 공동문화의 잘못된 인식에 어떻게 기여해 왔고 자기정체성을 향한 진보를 어떻게 방해해 왔는지에 대한 논의로 움직인다. 첫째, Sauceda는 "치카노/니 민족성이 모든 유전적이고, 사회경제적이며, 역사적 혹은 인구통계학적인 양상에 따른 것이 아니라 동일시와 수용의 심리적인 구인에 의존한다"고 보았다 당신은 소속감과 정체성에 관련된 Sauceda의 태도를 공유하지 않을 수도 있으나 그의 두 번째 논쟁인 귀에 거슬리는 언어는 당신에게 1970년대의 간문화적 관계를 엿보는 창문을 제공한다. Sauceda는 이 공동문화에서 성원의식은 "주류 미국사회에 의해 부과된 인종차별주의자 편견과 고정관념적 분류에 의해 만들어졌다." Sauceda의 논문을 읽는 것은 1970년대 적어도 이런 편견과 고정관념이 어떻게 그들의 민족성을 강화하기 위해 이 공동문화의 구성원에게 영향을 미쳤는지를 이해하도록 돕는다.

우리는 다음의 질문으로 이 장을 마치고자 한다. 일시체류자들은 거주기간이 자주 연장됨에도 한 문화에서 다른 문화로 여행하면서 어떻게 자신의 정체성들을 유지할 수 있는가? 이 질문은 두 가지 점에서 중요하다. 첫째, 이 책의 주요한 주제 중 하나로서 점차 더 많은 사람들이 국가와 문화 사이를 교류할 것이라는 점이다. 둘째, 이 책 전체를 통해 말하고자 하는 것은 유능한 문화 간 소통자는 문화적 다양성에 적응할 수 있다는 점이다. 당신은 외국을 여행할 때 문화가 달라 혼란스럽고 당황스러운 경험을 할 수도 있다. 그러나 적응의 문제는 당신이 다른 문화에 있을 때 일어나는 것이 아니라 마치고 돌아와서 '고국문화'에 어떻게 재적응할 수 있는지가 더 중요할 수 있다. 풍부한 여행 기회가 있는 이 시대에 비즈니스 실무자, 학생, 교사, 선교사, 정부관료 및 군인은 자신의 고국문화와 동떨어진 장소에서 일시 체류하는 기회가 증가하고 있다. '방문'의 길이나 이동과 여행 뒤의 동기와는 무관하게, 거의 모든 예에서 일시체류자는 결국 '고국'으로 돌아온다. 이 현상은 새로운 단계로서, 문화적 이동성은 이런 이동을 하는 사람을 기술하기 위해 만들어졌다. 이 '이동성'에 의해 일어나는 정체성의 문제는 Chuke Onwumechili, Peter O. Nowsu, 그리고 Ronald L. Jackson II.가 쓴 <문화 경계에 걸침 : 다수의 재사회화 정체성 탐구>라는 장에서 소개되는 마지막 논문의 주제이다.

1950년대 초기는 사람들이 새로운 "이주국가문화host culture"에 들어가는 것과 연관된 문제에 어떻게 적응하는지, 그들이 "본국"에 돌아왔을 때 무엇이 일어나는지의 문제에 관심을 가졌다. 대부분 결과물은 적응유형이 행복의 시기로 시작해서 문화쇼크를 거쳐, 결국 적응의 단계로 향상되는 것을 보여 준다. 문화이동성에 대한 연구를 업데이트하기 위해 Onwumechili Nwosu, Jackson은 생활 계획이 다수의 문화를 가교하는 사람이 직면하는 도전들에 대한 일부 새로운 주요 변인을 추가해 왔다. 문화동화와 재동화 상황은 모두 같다고 믿는다. 그들은 네 가지 유형으로 일시체류자 유형을 구분한다. (1) 단기 사회경제적/ 정치적 일시체류자, (2) 장기 사회경제적/ 정치적 일시체류자, (3) 단기 서비스/ 취업 일시체류자, (4) 장기서비스/ 취업 일시체류자.

각 예에서 저자들은 일시체류자의 문화정체성에 대한 문화적 효과에 관심이 있다. 일시체류자의 정체성에 이동하던 두 가지 이상의 문화가 연루된 과정을 혼합하는 것은 이주국가문화에서 시간의 양과 무관하게 일시체류자가 개인적으로 편안하게 접촉했던 유형으로 결정된다. 저자들은 경험된 일시체류자에 의해 유용한 가장 공통적인 전략 중 세 가지를 설명한다. 첫 번째는 사인할 준비 접근을 말한다. 이 예에서 일시체류자는 자신의 문화정체성을 가지고도 편안하며 그래서 개인적인 인식을 이주국가에 적응할 필요를 거의 경험하지 않는다. 둘째, 준완성된 접촉방식이라 하며, 자주 "중간 토대"라 말한다. 여기서 일시체류자는 양쪽 문화 정체성의 부분을 합병하는 데 열려 있다. 세 번째 유형의 문화적응인 공동창조된 접촉은 그 안에 "문화정체성은 협상에 충분히 열려 있다." 이 마지막 논문의 중요성은 접촉 방법 각각에 연루된 구체적 사항에 있는 것이 아니라 오히려 당신이 한 문화에서 다른 문화로 이동할 때 일시체류자 경험의 부분으로서 자신의 정체성을 다시 접근해야 한다는 사실에 주의를 기울여야 하는 현실에 있다.

문화정체성과 문화 간 소통

Mary. Jane Collier

이 논문은 당신이 문화 간 소통에서 조우의 질을 개선하고 이해하는 데 도움이 될 수 있도록 몇 가지 유용한 접근법을 제시한다. 상대가 왜 특별한 방식으로 행동하는지를 이해하려면, 소통의 효과성과 적절성을 증진하는 것을 배우려면, 당신이 선택할 할 수 있는 접근은 소통을 문화정체성의 '상연enactment'이라는 시각으로 보는 것이다..

이 논문은 어떻게 개인이 하나 이상의 많은 문화정체성을 가지고 상연하는지에 초점을 맞춘, 특정 문화접근을 제시하고자 한다. 여기는 다음의 질문을 포함한다.

(1) 문화정체성은 무엇인가?
(2) 어떻게 다수의 문화정체성이 타자와 만들어지고 협상되는가?
(3) 당신이 다른 정체성을 띠고 있는 사람과 조우할 때, 문화정체성의 접근은 어떻게 당신이 더 유능해지도록 도울 수 있는가?
(4) 문화 간 소통연구, 훈련과 실천과 같은 접근의 장점은 무엇인가?

문화

우리는 여기서 매우 구체적인 방식으로 '문화'에 접근하고자 한다. 우리는 **문화를** 역사적으로 계승된 상징, 규범, 의미체계로 규정한다 (Collier & Thomas, 1988; Geertz, 1983; Schneider, 1976). 규정에서 문화는 소통과정을 강조하며, 체계적이며 상호의존적이고 관련성 있는 복잡한 구성요소를 포함한다는 점에 주목한다. 문화는 침투할 수 있는 일종의 경계를 형성한다.

상징과 의미

체계의 구성요소는 언어적 메시지, 비언어적 실마리, 엠블렘과 아이콘 같이 유형화된 상징이다. 문화는 집단 구성원이 말하고, 행하고, 생각하고 느끼는 것이다. 문화는 사람이 아니라 사람을 연결하는 소통이다. 문화는 언어를 말하고 상징을 사용하는 것만이 아니라 지속적으로 그 상징을 해석하는 것이다. 예를 들면, 남아프리카에서는 신호등을 "Robots" 라고 하고 영국에서는 "lifts"라 한다. 도시지역에서 갱단원은 갱의 소속감을 정기적으로 표현하고자,

입는 옷 종류를 바꿔서 구성원만이 누가 "안"이고 누가 "밖"인지를 알게 한다.

규범

문화체계의 다른 주요한 구성요소는 규범적인 행위이다. 여기서 **규범**은 소통하는 데 적절한 방식유형이다. 알고 있는 상징으로 말하며 드레스 유형과 비언어적 제스처를 사용해서 상징의 실마리를 계속 이해한다는 것은 중요할 뿐만 아니라, 용인되는 시간에 적절한 사람과 함께 적당한 강도로 상징을 활용하는 것도 중요하다. 일본계 미국인은 자녀를 일본어학교에 보내며 집에서도 일본어를 말하게 할 수 있지만, 직장에서는 영어를 말하며 비즈니스나 교육현장에서 공식적인 형태를 쓸 수도 있다. 말레이시아 여성은 전통적인 무슬림 드레스를 입을 수 있으며, 가족의 연장자에게는 침묵으로 존경을 보여줄 수도 있다. 그러나 여성끼리 있는 환경에서는 더 큰 소리를 내면서 자기주장을 할 수 있다.

역사

소통의 문화체계는 역사적으로 전수되어 집단의 새 구성원에게 계승된다. 역사가 있는 집단에는 기업, 지원집단, 국가집단 혹은 시민단체도 들어있다. 역사는 들어오는 사람에게 전수하는 방식으로 이어진다. 익명의 알코올 중독자Alchoholics Anonymous과 같은 집단에서도 새로 들어온 사람에게는 "규칙"을 설명한다. 혹은 학교는 미국 아동에게 지배적인 믿음, 민주주의의 가치를 가르친다. 우리는 과거 집단의 구성원, 영웅, 중요한 교훈, 의식, 가치와 행위에 대한 기대를 배움으로써 집단구성원이 되는 것을 배운다. 우리는 어떻게 그 집단의 규범을 따르는지를 배우며, 그런 방식으로 문화체계에 침투한다. 어떤 사람이 특정 분야의 학위를 받고 대학교수가 된다고 할 때, 속하는 제도의 임무, 과거 학문적 경력, 학회지에 "실리거나 사라지거나"의 중요성, 효과적인 교수의 중요성, 제도에서 교양이나 스포츠의 역할, 다문화주의에 헌신 등에 관하여 배우게 된다. 상징과 규범은 그 체계의 생활로 전환되지만, 한 체제와 다른 구성원을 구별하며 체계 사이의 경계를 규정할 수 있도록 전수되어 온 것은 계속 이어진다.

문화유형

많은 집단(비록 모두는 아니라 해도)은 문화체계를 형성한다. 많은 유형의 집단 사례들이 이미 연구로 포함되었다. 공유된 역사 혹은 지리는 소통의 문화체계를 일정 부분 강화하게 만드는 공통의 세계관과 생활 유형에 반영된다.

문화를 창조하려면, 집단은 우선 특정 집단으로서의 자신에 대해 규정해야 한다. 이 규정은 사람 사이에서 국가성, 민족성, 성별, 전문지식, 지리, 조직, 신체적인 정상 혹은 불구, 지역사회 혹은 관계유형을 토대로 만들어질 수 있다. 일단 그 자체를 한 단위로 규정하면 문화체계는 발전될 수 있다. 예를 들면, 미국인은 공유된 코드로서 영어사용을 토대로 한 집단으로 규정한다. 정치적 논의를 통해 민주주의를 강화하며, 행위하는 개인의 권리 및 표현, 출판, 종교, 집회의 자유는 인권법으로 명료하게 기술되어 법정 등에서 시행된다. 변호사, 판매원, 전업주부는 일상적인 활동에서의 유사성과 삶의 표준에 의해 연결될 수 있다. '친구'집단은 같은 활동을 좋아하고 서로를 지원하는 사람을 포함한다.

- 국가와 민족문화

여러 유형의 많은 문화를 더 잘 이해하기 위해서, 우리는 문화의 범주를 일반적이고 공통적인 것에서 좀 더 구체적인 것으로 살펴볼 수 있다. 국가와 민족문화는 꽤 일반적인 것이다. 이런 종류의 집단은 몇 세대 가운데 전해오는 역사와 유산을 토대로 소속감이 만들어진다. 그 역사는 전통, 의식, 언어코드와 규범에 근거한다. 같은 국가성을 공유하는 사람은 특정 나라에서 태어나 그 나라 안에서 의미 있는 숫자의 연도를 거쳐 사회화를 한 사람이다. 그런 사회화는 특정 가치, 믿음과 규범을 강화하고 촉진해 왔다. 많은 사람이 국가문화가 가지는 상징, 의미와 규범을 만드는 데 기여해 왔기 때문에 "국가문화"는 꽤 추상적이다. 그래서 우리는 특정 국가에 속한 사람의 언어사용을 예측할 수 있고 상징의 의미를 일반화할 수 있다. 일본 국가의 문화를 예로 들면 집단주의이며, 고맥락의 권력거리가 먼 문화라고 묘사한다(Gudykunsst & Ting-Toomey, 1988). 그러나 모든 일본인이 모든 상황에서 이런 규범을 따르지는 않는다. 다만 일본인과 독일인을 비교하면 단일적인 집단에 속한 일본인은 통합된 집단에 속한 독일인보다 직위위계를 더 강조하며 더 집단 지향적이다.

- 민족성

민족성은 약간 다르다. 민족집단은 유산이라는 의미와 역사를 공유하지만 현 지역 외부에 기원이 있거나 현재 거주하고 있는 국가의 출현보다 앞서 형성되어 있는 경우도 있다(Banks, 1984). 민족집단은 모든 경우는 아니지만 대부분의 경우, 차별받은 경험이 많은 사람이 구체적인 역사와 함께 인종적인 특징을 공유한다. 미국에서 민족집단 구성원의 몇 사례를 보면 아프리카계 미국인, 아시아계 미국인(일본계 미국인, 중국계 미국인, 베트남계 미국인, 한국계 미국인 등). 멕시코계 미국인, 폴란드계 미국인, 이란계 미국인, 원주민 인디언계 미국인, 유대계 미국인을 거론할 수 있다.

국가문화와 민족문화는 동일한 국가성 혹은 민족성을 공유하는 사람들에 의해 만들어지는 소통체계이다. 문화는 지각되는 공통성과 지역공동체성을 사고와 행위에서 만드는 과정이다. 문화는 공동의 역사와 기원의 결과로서, 사람이 말하고, 생각하고, 느끼는 것에 근거한다.

- 성별

성별문화는 많은 하위범주를 포함한다. 집단은 여성 혹은 남성으로 해석되는 것을 강화하고 가르친다. 또한 집단은 좋은 남편, 아내, 여성주의자, 광신적 애국주의, 이성애, 게이 혹은 레즈비언, 어머니와 아버지, 종교적 리더, 교사, 미디어 모두가 성별문화의 특정 구성원이 되는 방법에 관한 정보를 제공한다.

- 전문직종

정치가, 의사, 현장가. 판매공, 수리공, 은행원, 상담원은 그 직종의 구성원이 되는 방법에 대한 규범을 학습하여 타자와 소통하고 돈을 벌고 시간을 보내는 공통의 방식을 공유하고 있다. 보건전문의는 아마도 건강에 대한 기여를 공유하여 다른 사람을 도와 삶의 질을 개선한다. 또한 그들은 이 전문직종의 실천기준, 보건에 대한 지식, 교육적인 배경을 공유한다.

- 지리적 지역

지리적 지역은 때때로 어떤 경계로 작동해서 문화집단을 형성하는 데 기여한다. 케이프타운을 둘러싸고 있는 남아프리카 지역에서는 그 지역만의 방식으로 아프리카언어를 말하는 흑인혼종Coloreds의 숫자가 많다. 이런 점 때문에 케이프타운은 많은 사람에게 남아프리카에서 가장 코스모폴리탄 지역으로 비추어진다. 미국의 남부에는 그 자체의 전통과 역사적 지향을 가지며 남부 특유의 느릿느릿한 언어로 말하는 사람들이 있다. 시골의 지역사회는 때때로 도시지역과는 다른 정치적 관점, 가치, 생활유형, 규범이 있다.

- 조직

IBM, NIKE 혹은 Xerox 같은 큰 기업은 공통유형의 조직문화를 만든다. 이 문화구성원은 기업, 상징, 전설, 영웅, 신화, 구성원이 된다는 것이 무엇을 의미하는지 등을 배운다. 또한 적절한 명령체계, 절차, 정책, 일정도 배운다. 마지막으로, 그들은 기업에서 규범을 배우기 위해 특정 순간에 무엇에 관하여 누구에게 말해야 하는지를 배운다. 일부 기업은 "팀 역할수행자"에 가치를 두는 반면 어떤 기업은 "개인의 독창성"에 가치를 둔다. 일부 기업은 "과제가 할당되었을 때 결코 NO라고 말하지 마라" 혹은 "필요한 것이 있다면 크게 말하는 것을 두려워하지 말라"와 같은 모토를 가진다.

지원집단은 그들만의 견해가 있는 조직문화를 갖는다. 알콜중독자 자조치료모임, 오바이트 자조치료모임, 치료 및 지원집단, 사람 가운데 그들 자신만의 상징, 해석, 규범을 만들고 있다. "가서 신에게 시키자"는 자조치료집단에서 중요한 요건이다. 자신의 통제를 더 높은 권위에 맡기지 않는 것이 그 사람의 중독을 관리하는 도구이다. 사회적 삶의 집단은 여성친목모임과 남성친목모임, 다양한 문화권 사람의 기숙사처럼 자주 그 자신만의 문화를 만든다.

- 신체적인 정상 혹은 불구

어떤 집단은 신체적인 정상 혹은 비정상을 토대로 하여 문화를 형성한다. 체육전문 팀은 구성원으로 인정받기 위해서 무엇을 하고 어떻게 행동하는지를 새 선수에게 가르친다. 신체적 불구를 가진 사람으로 구성된 집단은 장애때문에 무시당한 생활경험을 공유하고 있다. 따라서 이 장애를 어떻게 극복해야 인정받는지와 함께 장애를 가지지 않은 사람과 더 효과적으로 소통하는 방법을 가르친다.

과정으로서의 문화동일시

각 개인은 그가 지속적으로 변하는 환경에 속하는 문화적 범위를 가진다. 모든 사람은 동시에 혹은 즉각적으로 몇 가지 다른 문화체계에 매일, 매주, 매년 참여할 수도 있다. 만들어진 모든 문화는 많은 사회적, 심리적, 환경적인 요인과 함께 제도와 맥락에 의해 영향을 받는다.

아프리카계 미국인을 생각해보자. 지난 40년간 아프리카계 미국인이라는 것이 무엇을 의미하는지에 영향을 미쳐온 수많은 요인은 다음을 같다. 시민권운동시위, Martin Luther King, Jr. 와 같은 리더들, 차별철폐조처, 인종차별주의, Ku Klux Klan의 부활, 텔레비전에 방송되었던 Roots나 Cosby Spike Lee의 영화, Clarence Thomas에 대한 대법원 심문에서 Anita Hill의 증언, 로스앤젤레스 남중앙 지역 아프리카계 미국인과 히스패닉 폭동에 대한 Rodney King 심판 등.

문화는 변화하는 사회·경제적과 환경조건에 의해 영향을 받을 뿐만 아니라 다른 문화에 의해서도 영향을 받는다. 지역사회에서 싱글 맘 지원단체의 회원인 어떤 사람은 여성주의자, 보수적 종교집단, 1992년 대통령 캠페인에서 가족가치와 양부모 가족을 중요한 현안으로 만든 공화당구성원 같이, 여러 문화집단에 의해 영향을 받는다.

다음은 문화정체성 접근으로 이루어진 중요한 질문일 수 있다. "유럽계 미국인이자 카톨릭 신자이며, 일을 하지 않고 있고, 대도시에 살고 있으며, 싱글 맘인 것이 의미하는 것은 무엇인가? 그 정체성은 어떻게 되어가며 타인과 어떻게 소통하게 되는가? 그 정체성은 여러 맥락과 관계를 망라해서 어떻게 변하게 되는가?"

문화정체성

다양한 집단은 사용하고 있는 상징, 상징에 부과하는 의미, 적절하고 비적절한지 고려하는 아이디어의 문화체계를 만들 수 있다. 또한 집단역사를 가지고 있어서 새로운 구성원에게 상징과 규범을 전달하기 시작할 때, 그 집단은 문화정체성을 가지게 된다. **문화정체성**은 특별한 상황에서 나타나는 집단 소통체계의 특징이다.

소통시각

문화정체성은 소통에 의해 교섭되고, 재창조되고 강화되고 도전받는다. 그러므로 우리는 정체성을 소통의 시각으로 접근한다. 우리는 *사회심리 시각*에서 정체성을 개인과 개인성의 특징으로 보며, 자아는 사회적 역할과 사회관습의 중심이라 간주한다. 소통시각에서 정체성은 메시지가 사람 사이에서 교환될 때 나타나는 것으로 본다. 그래서 정체성은 문화 간 소통의 실행으로 규정한다(Hecht, Collier, & Ribeau, 1993).

정체성은 드러나는 것이다. 그것은 소통하는 맥락에서 존재하게 된다. 소통시각을 강조하게 되면, 연구하고 설명하고 기술하는 것도 서로 접촉하는 사람 사이에서 발생하는 정체성 유형이다. 우리가 미디어, 문학, 예술과 같은 요인이 정체성에 영향을 미친다고 지적했지만, 여기서는 사람 사이의 상호작용에 중점을 두고자 한다. 정체성은 타자와의 관계에서 상호 간 만들어진다. 우리가 누구인지 그리고 어떻게 존재하는지는 타자와 우리에게 중요한 문화정체성, 대화의 주제, 해석, 귀인 등과 우리가 누구와 함께 하는지에 따라 다르게 나타난다.

문화정체성의 속성

문화 간 소통 분야의 학생과 연구자로서, 우리는 타인의 행위에 대한 이해를 개선하고 설명하기 위해 문화정체성이 어떻게 활용되고 개발되는지에 대한 우리의 지식을 적용할 수 있다. 우리는 문화정체성의 속성 혹은 특징의 윤곽을 그려서 여러 문화집단을 넘나들며 속성들을 비교한다. 이 비교는 우리가 궁극적으로 문화 및 문화 간 정체성 소통의 이론을 확립하도록 돕는다.

우리가 윤곽을 그리는 첫 속성은 자기인식이다. 이것은 개인과 타인에 의한 귀인 양쪽에 초점을 맞춘다. 둘째 우리는 정체성을 표현하는 방식을 거론한다. 정체성은 핵심 상징, 라벨 그리고 규범을 통해 표현된다. 셋 번째 속성은 정체성이 어떤 개인, 관계 혹은 지역적인 형태를 취하든지 간에 정체성의 범위에 초점을 맞춘다. 네 번째 속성은 문화정체성의 질 즉 지속적이거나 역동적인 점을 검토한다. 다섯째는 정체성의 정서, 인지, 행동구성요소가 우리에게 집단이 생각하고 느끼고 말하고 행동하는 것을 대조할 수 있는 수단을 제공한다. 여섯째, 우리는 문화정체성을 드러내는 메시지에서 해석의 내용과 관계수준을 기술한다. 내용과 관계의 해석은 우리에게 권력과 통제 현안이 갈등에 기여하게 만들거나 혹은 우정과 신뢰가 개발될 때를 이해하게 만든다. 일곱째, 특이성과 변형의 정도는 새롭거나 일상적이지 않는 환경에서 유용한 정체성으로 특징짓는다. 반면 동질의 집단에서 두드러지는 하나됨은 우리가 정체성을 주장하는 강도를 의식하고 바꾸게 하는 원인이 될 수도 있다.

- 공언과 귀인과정

각 개인은 하루의 과정이나 생애과정에 관한 다양한 문화정체성을 규정할 수도 있다. 정체성은 공언과 귀인과정을 통해 대인 간 맥락에서 규정된다. **공언**은 개인이 자신을 드러내는 것에 관한 것으로서 그가 타자에게 보여주는 체면 혹은 이미지와 유사하다. 공언은 개인이 "나는 이런 사람이요"라고 말하는 것이다.

귀인은 개인의 정체성이 타인 덕분에 이루어지는 과정이다. 정체성은 어느 정도 타인이 우리와 소통하는 관점에 의해 형성된다. 예를 들면, 남아프리카 흑인 줄루 여성의 문화정체성은 줄루 여성이 되는 것이 무엇을 의미하는지에 대한 자기규정과 이미지에 의해 형성될 뿐만이 아니라 윗 상사인 네덜란드계 백인에 의해 만들어진다.

이것에 관해 생각하는 다른 방식은 주관적인 것과 귀인적인 의미 양쪽에 있다. 일본에서는 아메Amae로 알려진 철학과 실천이 보편적으로 이루어지고 있다. 아메는 타인 지향 혹은 그 집단에 대한 의무라는 의미로 집단지향을 나타낸다. 한 개인은 자신의 욕구를 희생하고 타인에게 주기를 기대한다. 타인과 호혜적이 되기를 기대하며, 그럼으로 해서 집단의 조화와 화합을 유지한다(Doi, 1989; Goldman, 1992).

아메는 관계에서 주관적이고 상호의존적으로 귀인하는 의미를 나타낸다. 그 의미는 모든 문화집단이 공유하지 못할 수도 있다. 그러나 많은 일본인에게 내집단 구성원으로서 가진 복잡하고 장기간의 의무적인 관계는 관계유지에 기능적이지만 역으로 반대가 되기도 하는 체계이다. 미국인은 그런 규칙과 타인에 대한 의무는 불필요하게 보여서 개체성과 선택을 위협할 수도 있기 때문에 수용할 수 없다.

공언과 귀인에 관한 정보는 자신의 문화정체성 개발에서 하는 역할을 이해하는 데 유용하다. 특정 집단이 낮은 자존감 혹은 높은 지위 욕구를 가지고 있다면 정체성의 이 측면은 다른 집단이 가지고 있는 고정관념 혹은 개념에 의해 영향을 받을 수 있다.

- 표현 양식 : 핵심 상징, 라벨, 규범

문화정체성은 핵심적인 상징, 라벨, 규범으로 표현된다. **핵심 상징**은 세계에 관한 규정, 전제, 가정을 말해 주며, 문화집단 구성원이 가지고 있는 세계관과 그 세계관을 가진 인간의 입장에 대해 우리에게 말해 준다. 문화정체성은 자연과 기술의 관리, 결혼, 교육과 정치 같은 제도의 관리에 관한 문화적 믿음의 표현이다. 그 상징은 우리에게 그 문화집단에서 소속의식으로 특징짓는 일상적인 행동, 중심 아이디어, 개념을 가리킨다.

이 핵심적인 상징은 일단의 기본적인 믿음으로 요약될 수 있다. 때때로 특정 양식의 드레스, 제스처 혹은 말에서 문화정체성의 본질이 포착된다. Carbaugh(1989)는 유명한 텔레비전 대담 쇼인 "Donahue"의 각본을 분석했다. 청중에 의해 만들어진 특정 멘트의 내용분석을 통해, 그는 자기표현을 주요 미국정체성의 핵심적인 상징으로 제시했다. 핵심적인 상징을 도출하기 위해 아프리카계 미국인에게 대화를 개선하기 위해 사용하는 전략을 기술하도록 하였으며, 이어서 유럽계 미국인과 아프리카계 미국인에게 대화에 만족하거나 불만족하다는 기술을 하도록 요청했다. 아프리카계 미국인은 진정성있고 정직하고 현실적인 사람이 될 필요성에 관하여 말했다. 또한 무력감에 대해 부정적인 영향으로 말하고, 행위에서 표현적이 되어야 할 필요성을 밝혔다.

라벨은 핵심 상징의 범주이다. 같은 라벨이라도 그 해석은 광범위하게 변할 수 있다. 미국인이란 용어는 미국의 많은 거주자에게 상식적이고 수용적인 것으로 인식되며, 미국중앙과 캐나다 거주인에게는 민족중심적이며 자기중심적인 것으로서 보이며, 산업화되지 않은 일부 나라에게는 특권화되고, 돈이 많고 권력있는 집단과 관련있어 보인다(Marin & Marin, 1991, p.23). 많은 사회과학자는 히스패닉을 "푸에르토리코인, 쿠바인, 중앙 혹은 남아메리카인, 혹은 여러 스페인 문화를 포함하여 인종과 관계없이 멕시코 사람"으로 묘사한다(Martin & Martin, 1991, p.23). 사람들은 자신의 민족성을 멕시코계 미국인, 멕시코계 미국여성(치카노) 혹은 멕시코계 미국남성(치카니)과 같이 더 구체적으로 라벨화한다. 멕시코계 미국남성과 미국여성은 그 문화의 성원이 되는 것이 무엇을 의미하는지 자신의 생각을 가지고 있을 수 있다. 집단 구성원에 의해 만들어졌거나 혹은 다른 집단 구성원에 의해 만들어졌건 간에, 라벨은 다른 집단 구성원에게 무엇을 의미하는지와 어떻게 그것이 해석되는지에 관한 유용한 정보를 제공해 준다.

문화집단은 문화를 수행하기 위해 기준 들을 적절하고 효과적으로 만들고 강화한다. 행위에 대한 **규범**은 핵심 상징에 근거하고 그것이 어떻게 해석되는지에 근거한다. 당신이 누구인지를 규정하는 것은 당신이 무엇을 하고 있는지를 말해준다. 적절하고 수용할 만한 행동의 규범, 도덕적 기준, 행위에 대한 기대, 다른 사람이 유력한 방식으로 행동하고 있는 정도를 결정하는 준거는 문화정체성의 평가적이고 처방적인 측면을 형성한다. 개인은 어떤 사람이 그 집단의 유력한 구성원이라고 인정할 때 정체성을 규정하는 데 성공적이다. 이주민의 예를 들면, 우리는 영어를 말할 때와 적절한 인사를 할 때, 그리고 이웃의 프라이버시를 지켜주어 이웃의 권리를 존중한다는 것을 보여 줄 때, 미국문화의 구성원에 의해 인정받아 유능한 것으로 평가받는다.

공유된 규범의 속성에 대한 관심은 우리에게 집단 구성원의 관점에서 적절한 것이 무엇인지를 결정하는 능력을 준다. 행위의 규범을 모든 집단과 비교하고 규범을 문화 간 소통과 일치시키는 것은 소통자로서 개인의 효과성을 개선하는 방식을 그려 가는 데 도움이 된다. 마지막으로 이 방식에서 규범의 확인은 그 자신의 훈련 프로그램을 개발함으로써 트레이너, 교사, 현장가를 위한 타당한 정보를 제공한다.

- 개인적, 관계적, 공동체적 속성의 정체성

정체성은 개인, 관계, 공동체적 속성을 가진다. 문화연구자로서 우리는 문화를 개인의 관점에서 연구할 수 있다. 각 사람은 미국인, 호주인, 인도인이 되는 것이 무엇을 의미하는지에 대해 개인적인 해석을 가진다. 각 사람은 자신의 문화정체성을 조금씩 다르게 규정한다. 우리는 한 개인에게 왜 그런 방식으로 행동하는지 이해하기를 원한다면 그에게 자신의 문화정체성과 집단구성원으로서의 경험에 관해 물어볼 수 있다.

우리가 문화를 관계적인 측면에서 연구할 때 자신을 같은 혹은 다른 집단의 구성원들과 동일시하는 사람, 친구, 동료, 가족 구성원을 관찰한다. 그때 우리는 대화에서 신뢰 혹은 권력과 같은 주제를 확인할 수 있다.

Collier(1989)은 멕시코계 미국인 친구들이 관계의 중요성을 말하는데, 그 경우 자주 만나 시간을 많이 할애한다는 점을 강조했다. 또한 그들은 우정의 중요한 특징으로 관계의 헌신, 친밀성, 신뢰와 지원을 거론했다. 대조적으로 멕시코계 미국인과 영국계 미국인이 우정에 관해 말할 때 공동의 활동, 공동의 목적, 가족에 대한 존중을 묘사했다.

우리는 문화를 공동의 자산이라는 견지로 연구할 때, 문화정체성을 확립한 지역사회와 이웃에서 공공의 소통 맥락과 활동을 관찰하였다. 의식, 통과의례, 공휴일은 사람이 지역사회를 확립하기 위해 어떻게 문화소속감을 활용하는지에 대한 또 다른 정보를 주는 출처였다.

- 정체성의 계속 변하는 속성

문화정체성은 계속 변하는 속성을 가진다. 이미 언급한 바대로 문화는 시간이 지나 새로운 구성원에게 전수되는 역사를 가진다. 문화정체성은 다른 문화정체성의 영향을 언급할 필요도 없이, 경제, 정치, 사회, 심리, 맥락의 요인 때문에 변한다. 2000년대 게이가 되거나 레즈비언이 되는 문화정체성을 규정하는 것은 1980년대와 1990년대 게이가 되는 것과 공통적인 것들을 가진다. 과거라는 벽장에서 나온 사람이라 할지라도 현재 역시 이전 시대의 것과 유사한 고정관념과 속성을 마주치게 된다. 그러나 참정권으로 게이의 권리를 제약하도록 제안하거나 가학피학성 성욕자 같은 집단을 가진 게이의 연대를 허용하는 국가 일부지역에서 나타나는 정치적 풍토는 그 집단의 문화정체성에 영향을 미친다. 때때로 한 개인이 정체성을 어떻게 표현하는지 그리고 한 개인이 얼마나 강렬하게 정체성을 공언하는지의 맥락은 변한다. 당신이 생명권과 관련하여 반낙태연합 혹은 친낙태지원연합의 회원으로 가입하는데 자부심을 가지는 것은, 그 맥락에서 당신이 생명권회의Right to Life meeting에 참석하여 정체성을 공언하는 것과는 다르다.

- 정체성의 정서, 인지, 행동 구성요소

정체성은 정서적, 인지적, 행동적 구성요소들을 가진다. 사람은 정체성에 연결된 감정과 느낌을 가진다. 그런 감정은 상황에 따라 변한다. 특별히 폭력적이거나 강력한 정체성 공언은 그것이 위협적으로 인식되는 정도만큼 그 중요성을 표시하는 신호이다. 아마도 이 지식은 우리에게 왜 Rodney King 같은 폭동이 로스앤젤레스 남중앙 지역에서 발생했는지를 해석하도록 도울 수 있다. 사람은 자신이 속하는 모든 문화집단에 관하여 믿음의 범위를 갖고 있다. 그러나 특정 믿음에 대한 유사성은 사람이 미국인, 태국인, 동아시아의 구성원이 된다는 것이 무엇을 의미하는지에 관하여 이야기를 나누도록 요청할 때 자명한 듯하다. Earth First 회원은 고대 숲의 가치에 대한 믿음을 공유하기 때문에, 벌목회사를 경영하는 실무진이나 토목 산목을 지원하는 정치인에 대해 불신을 보인다. 또한 그는 벌목장비에 대못을 박고 사보타지를 보이며 항의하는 행동도 필요하다. 그런 믿음은 핵심 상징으로 요약될 수 있다. 조직의 이름을 "우주가 우선Earth First"이라 하고 문화정체성의 행동적 구성요소는 집단구성원에 의해 취해진 언어 및 비언어적 행동에 초점을 맞춘다. 우리는 서로의 행동을 통해 특정집단의 구성원이 되며 서로의 반응을 본다. 이 언어 및 비언어적 행위는 연구될 수 있고 묘사될 수 있는 유형이다. 집단주의와 개인주의 같은 Hofstede(1980)에 의해 기술된 문화변화가능성의 차원은 특정 문화정체성이 실행될 때 보이는 소통적인 행위의 유형임이 분명하다. 집단들이 말하고자 하는 것이 무엇이며 우리에게 허용한 것은 무엇인지를 비교하는 것은 연구자가 일부 집단이 왜 빈번한 오해나 갈등을 겪게 되는지를 이해하기 시작함으로써 가능해진다.

- 내용과 관계

정체성은 내용과 관계수준의 해석 모두를 포함한다. 사람이 서로 대화할 때 메시지는 정보로 날라 오고 그만큼 통제하는 사람에 대한 함축성을 가져온다. 대화를 하는 상대는 서로에 대해 얼마나 적대적인지, 얼마나 많이 서로를 신뢰하는지, 통합과 배제의 정도를 느낀다.

때때로 사람은 외집단과의 거리를 확보하고 내집단의 직위를 강화하기 위해 내집단의 언어를 사용한다(Giles, Coupland, & Coupland, 1991). 그는 외집단의 언어를 외집단과 동맹하여 적응하는 경우에만 활용할 수 있다. 이주한 멕시코계 미국인은 미국인으로서의 소속감을 굳건히 하지만 사회적 뿌리들을 유지하기 위해서 이주 지역사회에서 스페인어를 사용할 수도 있다. 그 사람은 집에서나 일터에서 영어를 말할 수도 있는데 상관과 회사 실무자가 그것을 요구하기 때문이다.

- 특이성과 중요성

정체성의 특이성은 특정 맥락에 따라 다르다. 그리고 정체성은 여러 시기에 여러 강도로 드러난다. 강도는 강한 참여의 특징 표시이다. 흑인 다수 가운데 백인 소수인 것을 가장 잘 자각할 수 있는 시기를 겪고 있는 남아프리카를 방문하는 백인 미국인여성교수인 내가 어느 정도 부정적인 고정 관념이 있는 미국인이자 대학교수라는 것을 자각할 때는 남아프리카에서 여성 근로자가 출산휴가를 받지 못하며 남성보다 주택공제를 더 낮게 받는다는 사실을 알게 될 때이다. 나는 여성학자로서의 정체성이 더 강하게 되는데, 이 때문에 강한 목소리 톤을 내게 된다. 그래서 내가 기업의 남성 실무진과 이야기할 때 같은 일을 하면 같은 봉급을 받아야 한다는 내 관점을 더 직접적인 방식으로 주장하게 만든다.

문화정체성과 소통역량

문화정체성을 하나의 접근으로 활용하는 것은 우리에게 타인의 행위를 분석하도록 도울 수 있으며, 서로 간 유능해지려면 어떻게 하는지를 결정할 수 있게 한다. Spitzberg Cupach (1984)에 따르면 소통역량은 동기와 지식만큼이나 적절하고 효과적인 행동이 무엇인지를 제시하는 기술을 요구한다.

문화역량은 상호적으로 적절하고 효과적인 방식에서 문화정체성을 규정하는 입증된 능력이다. 문화 간 역량은 약간 더 복잡해진다. 문화 간 역량은 특정 상황에서 두드러진, 문화적으로 다른 정체성의 강화이다. 문화 간 역량은 공언된 정체성이 귀인된 정체성과 일치할 때 발생한다. 예를 들면, 당신이 미국인으로서의 정체성을 공언한다면 미국에 있는 당신의 대화 파트너는 베트남인으로 보이는 당신을 존중하지만 베트남인은 아니라고 공언한다. 그 때 당신은 대화중인 파트너 각각에게 상응하는 정체성으로 귀인하는 것이 바람직하다. 당신은 특정관계가 상호적으로 만족할 수 있는 것이 무엇인지를 연합적으로 협상해야 한다. 보통 어느 정도의 조정과 적응이 필요하다.

문화 간 소통에서 공통적인 문제는 같은 국가성, 민족성으로 묘사하는 사람 사이에서도 상호작용의 규범이나 자신의 정체성을 규정하는 방법에 관해서도 생각이 같지 않다. 미국에서 치카노(멕시코계 미국인)들이 스페인어를 말할 필요성에 관하여 두 세대 혹은 세 세대 째에는 생각이 다를 수 있다. 그럼에도 불구하고 공언하고 귀인하는 정체성을 이해하고 공언하는 강도를 설명하는 것은 우리에게 특정 문화정체성이 특정 상황에서 왜 특이하게 나타나는지, 사회적 혹은 심리적 맥락의 요인이 그 상황에서 작동하고 있다는 것이 무엇인지를 이해할 수 있게 한다.

문화 간 소통 상황에서 일부 문화정체성 접근의 장점은 다음의 것을 포함한다. 우리는 모든 개인이 특정 상황에서 나타날 수 있는 많은 잠재적 문화정체성을 가지는 것으로 인정할 수 있다. 정체성이 상황마다 변한다는 것을 기억하는 것은 특정 집단의 고정관념의 표현으로 타인을 다루는 경향성을 극복하는 데 도움이 될 수 있다. 그의 문화정체성에 적절한 것이 무엇인지에 관한 정보를 물어보는 것은 간문화적으로 유능하게 되는 데 효과적인 도구이다. 당신의 문화정체성 규범이 무엇이며 왜 당신이 특정 방식에서 행동했는지를 설명하는 것은 다른 사람의 이해를 넓히는 유능한 방법일 수 있으며 관계적인 신뢰를 개발하도록 도울 수 있다.

연구자, 훈련가, 현장가는 행동, 해석 혹은 규범에서 유사성과 차이점을 확인하기 위해서 문화정체성의 접근을 활용할 수 있다. 집단구성원은 같거나 다른 집단의 타인이 왜 지금 그렇게 느끼고 행동하는지를 설명하는 것이 가능하도록 한다. 훈련가와 교사는 집단상징, 해석, 규범을 비교하는 것과 함께 개개의 상황에서 활용하기 위한 분석기술을 개발하도록 다른 사람들을 가르칠 수 있다. 문화와 문화 간 소통의 연구접근으로서 문화정체성은 여러 접근 중 하나일 뿐이다. 계속되는 연구, 비평과 적용은 그 접근의 장점을 검증할 수 있다. 우리는 그 접근이 생애시기를 통해 계속해야 하는 대화를 시작할 수 있게 하기를 희망할 뿐이다.

개념 이해와 질문

1. 당신이 문화정체성의 시각으로 문화 간 소통을 본다면, 소통역량을 어떻게 함양할 수 있는가?
2. 문화적 규범에 대한 고착이 즉각적인 문화정체성에 따라 변하는 것은 어떤 방식에서인가?
3. Collier는 문화유형을 제시한다. 그의 설명을 토대로 활용하여 당신이 확인하는 다양한 집단의 이름을 적어 보라. 이 정체성 중 어떤 것 간에 갈등이 있다고 보는가?
4. 문화정체성은 어떻게 형성되는가?
5. 귀인은 문화정체성의 형성에 어떤 기여를 하는가?
6. 핵심 상징은 무엇인가? 이것이 문화정체성의 형성에 어떤 기여를 하는가?
7. 문화정체성에 연관된 몇 가지 핵심 상징의 리스트를 적어보라.
8. Collier가 문화정체성은 계속적인 것과 변하는 것 모두를 주장할 때 이는 무엇을 의미하는가?
9. 문화정체성과 소통역량은 어떤 연관이 있는가?
10. 문화 간 소통 상황에서 문화정체성의 접근을 활용하는 장점 중 일부는 무엇인가?

Mary Jane Collier is Professor in the Department of Communication and Journalism at the University of New Mexico.

미국인디언의 정체성 : 인디안성 소통하기

Steven B. Pratt, Merry C. Pratt, Lynda D. Dixon

Stever Pratt와 그의 동료들은 논문에서 세 가지 주제에 초점을 맞추면서 미국인디언 인구 가운데 정체성 개념을 조사하였다.

(1) 미국인디언이 어떻게 규정되는가
(2) 미국인디언 현안에 관련된 문제
(3) 미국인디언 정체성 현안

미국의 여타 집단은 자신의 문화정체성만을 진술하면 되는 데 비하여 인디언의 대부분은 무엇보다 자신의 유산을 이런저런 방식으로 "증명"하기를 요구받곤 한다. 저자는 정체성의 표현이 주류문화 구성원이 되기 위한 명백한 필요조건은 아니라고 주장한다. 정체성은 미국인디언의 일상생활 가운데도 중요한 부분이다. 미국인디언은 자신이 인디언인 것을 증명하려면 연방정부의 현안이 된 혈통 정도에 대한 인증서가 필요하다. 그 외에는 보통 자신의 문화적 동맹에 대한 목소리를 낼 때만 필요하다.

이 논문 역시 미국인디언의 여러 부족이 지니는 전통이 어떻게 근대성에 의해 파괴되어 가는지를 논의하고자 한다. 이것은 인디언성을 강조하는 반면 부족성을 완화하는 방향을 이끌었다. 저자들은 대부분의 미국인이 인디언에게 가지고 있는 이미지를 전수받는데 있어서, 정보에 나타났던 미디어의 영향에 대해 논의한다.

비록 미국인디언이 많은 학문분야에서 연구의 주체가 되었다 해도 저자들은 인디언의 소통관습에 관련된 연구는 없다고 보았다. 또한 이 논문에서 저자는 문화적 역량을 구성하는 것에 대한 연구와 모든 미국인디언에게 해당되는 문화특성을 일반화할 수 없음을 식별할 수 있는 현안을 토대로, 이 주제를 연구하는 것과 관련된 어려움을 설명하고 있다. Pratt와 그의 동료들은 인디언의 소통행동을 연구하는 데 있어서 유럽계 미국인 사이의 소통을 검토하는 데 익숙한 접근과 이론에서 벗어난 접근을 옹호하고 있다. 본인이 조사연구의 지원 행정을 맡고 있을 때 미국인디언 학생은 나에게 놀랄 만한 질문을 하였다. "제가 이 질문지를 받을 대상을 전통적인 인디언에게만 하기를 원하십니까? 혹은 '애플'도 마찬가지로 대상으로 하기를 원하십니까?" 그 인디언 학생은 다시 말했다. "알다시피 당신은 우리에게 그냥 인디언 말만 사용하는 사람을 원하는 것입니까 아니면 인디언의 자격이 있는 사람을 원하는 것입니까?" 인디언 학생과 나 사이에 있었던 그 대화는 일상생활의 맥락에서 발생하는 미국인디언에 대한 질문에서 피할 수 없는 성격을 보여 주며, 그런 질문이 재발될 수밖에 없는 중요성을 제시해준다. 정확하게 진짜 인디언을 대표하는 것은 무엇인가? 그 질문에 대해 대답은 어떻게 진짜 인디언이 다른 진짜 인디언을 알 수 있으며, 어떻게 진짜 인디언에게 자신이 진짜 인디언인 줄 알게 만들 수 있느냐에 있다(Pratt, 1985, p.29).

미국의 인디언 정체성: 인디언성 소통하기

이 논문은 몇 가지 분야에서 Pratt(1985)가 인디언이 무엇인지, 인디언을 연구하는 문제의식은 무엇인지, 미국인디언 정체성의 일부 현대적 현안은 무엇인지와 같은 것을 인디언성으로 구분한 것이다. 우리는 인디언을 문화집단으로 연구할 때, 논의를 위해 일부 만연하고 있는 질문을 명확히 하고자 한다. 비록 인디언이 연구대상이 된다 해도, 인디언성을 이해하고 연구하고 구분하는 데 관한 오해는 여전히 많다. 우리의 목적은 그 관심을 일부 조명하여 미국인디언의 소통적인 행동을 연구하는 데 있어서 구체적인 일부 현안을 더 잘 이해하도록 제공하는 데 있다. 미국인디언은 인디언이 누구인지에 관해서 여전히 잘못된 표현을 하고 있다. 다른 말로 해서 다른 문화집단은 일반적으로 인디언임을 증명하는 것과 같은 질문을 받지 않는다. "어느 정도 인디언 혈통입니까? 혹은 당신이 진짜 인디언입니까?" 등. 다른 집단의 사람은 인종적 특징에 대한 질문은 드물거나, 문화 진정성의 정도에 관하여 자신이 평가받거나 질문 받지 않는다. 이런 비일관성 때문에 우리는 "인디언성"이 무엇을 의미하는지에 관해 일부 질문에 답하고 이런 변칙 중 일부에 초점을 맞추는 방식으로 이 보고서를 제시할 것이다. "McDaniel, Samovar, Porter(2009)에 따르면 소통과 문화는 얽혀져 짜여있으며 삶의 모든 측면에 퍼져서 영향을 미친다(p.13). 그래서 미국의 인디언성을 논의함에 있어서 우리는 소통행위와 미국인디언의 경험에 대한 구체적인 맥락을 강조한다.

인디언성 규정하기

문화정체성과 관련해서 당신은 얼마나 자주 자신이 누구인지를 증명하라는 질문을 받는가? 그럴 가능성은 있지만 대부분 그렇게 자주는 아닐 것이다. 이란계 미국인을 생각해보자. 이란계 미국인이 '이란성'에 대한 질문을 받는 경우가 자주 있는 것이 아니며, 이란계 미국인이 지속적으로 그가 옛날의 나라로 복귀한다거나 선조 중 이란계 왕자가 있는지를 물어보는 사람은 많지 않다. 인디언은 이 질문을 반복적으로 받게 된다. 인디언의 경우에 비록 한 사람이 구체적인 혈통정도를 가질 수 있다 해도, 이것은 이 사람이 실제 인디언으로 확정되는 필요조건은 아니다. 인디언이 되는 것은 바로 특정양의 인디어 혈통을 포함하는 그 이상의 것이 있어야 한다. 어떤 사람이 단순히 인디언으로 보이기 때문에, 그가 진짜 인디언인 것은 아니다. 즉 다른 인디언이 그를 문화적으로 충분히 유능한 진짜 인디언으로 간주하는 것은 아니다. 인디언이 되는 것은 인디언성을 이루는 소통행동을 적절하게 실행하는 것을 포함한다. 다른 말로 해서, 인디언은 그 자신이 인디언으로서 적절한 행동, 즉 진정한 인디언인 방식으로 소통하는 것 등을 보여 주어야 한다. 그렇다고 이 적절한 소통행동이 인정받을 수 있는 것만은 아니다. 문화점검 리스트를 사용한다고 해서 배울 수 없는 것처럼, 어떤 사람이 피부색, 얼굴 형상, 머리색과 머릿결 같은 분명한 증거를 사용한다 해도 진짜 인디언이라는 것을 정확히 보여줄 수 없다.

대부분 유럽계 미국인은 전통적인 환경에 있는 전형적인 미국인디언 가족과 어울려 사회화하는 시간을 가질 기회가 없었다. 그들은 어떻게 인디언 가족이 일상생활을 유지하는지, 어떻게 인디언이 독특한 유머로 서로를 사랑하는지, 그들 가족 및 부족의 역사가 혈통에 있는지를 어떻게 인지할 수 있는지, 혹은 본래 부족의 의례를 어떻게 "진행하고"(예컨대 계획하기와 준비하기)참여하는지 등을 관찰할 기회가 없었을 것이다. 전형적인 유럽계 미국인이라면 아마도 실제 미국인디언이 하는 현대생활의 일부분이 되어 실제 관찰할 기회로 삼기위해, 우선적으로 선택한 인디언 사회나 보호구역에 가서 부족의 예식(예컨대, 계획하기와 준비하기)에 참여하는 등의 특권을 가진 적은 없을 것이다.

문화적으로 유능한 인디언 혹은 그들의 정체성을 소통유형을 통해 표현하는 인디언은 그들의 일상적인 상호작용 안에서 자신을 얼마나 재치 있게 규정하는지 입증할 수 있다. 그들은 만나고 있는 사람이 누구이든지 간에 항상 친척처럼 인사 받는다는 것을 알 수 있다.

모든 사람은 어떻게 해야 모두가 아는 것 같이 자신이 보일 수 있는지를 수용한다. 그들은 질문하기에 적절할 때를 식별할 수 있다. 그들은 개입할 때를 알 뿐만이 아니라 종종 말하지 않고 앉아서 오케이라고 할 때도 안다. 그들은 화자를 보지 않는 것이 적절할 때를 이해한다. 그들은 누군가 너무 오래 기도하거나 연설할 때 불편함을 보여 주지 않아야 한다는 것을 안다.

이 논문의 목적은 미국인디언성에 대해 초점을 맞추는 것이다. 그것이 의미하는 것은 문제를 세분화하고 공식화하는 것이다. 정체성을 규정하는 것과 그 보다 더 중요한 것은 인디언의 정체성 형성에 대한 논의를 시작하는 것이다. 우리는 정체성이 사회적으로 형성된다(Berger & Luckman)는 것을 안다. 그리고 그것은 소통을 통해 표현된다. 그러므로 우리의 정체성은 바로 우리가 누구인지의 본질이 소통행위를 통해 규정되고 제한되는 과정이다. 이제 정체성에 대한 문제의식의 본질을 개관하고 정의를 내리면서 시작하고자 한다.

우리는 이 여행을 인디언의 생활로 시작해서 주요 쐐기돌로서 인디언성을 가지며, 미국의 인디언성을 정체성 협상이라는 견지와 현대 미국사회에서 인디언이 무엇을 의미하는 것에 초점을 맞출 것이다. 비록 미국인디언 부족은 다양하다 해도(예, 지리적으로, 언어적으로) 소통에 있어서 공통사항의 확인과 중복은 인디언성으로 통일하는 원주민의 세계관을 만든다.

당신은 순수 혈통이 아니지?

아마도 많은 사람에게 가장 당황스러운 현안은 부족 혹은 인디언성의 본질을 이해하는 것일 것이다. 백인 중 누구도 이런 질문을 받은 적은 없다. "너는 얼마나 많이 백인이냐?" 혹은 "당신은 얼마나 많은 백인 혈통을 가지고 있는가?" 이 질문은 주목하지 않았던 우리의 삶에서 자신을 돌아보고 많은 함축적인 것에 대해 의문을 가질 때야 비로소 답할 수 있다. 예컨대 백인은 자신이 어떻게 유럽계 미국인 집단의 일부분이 되는지를 검증하거나 자신의 백인성을 설명할 필요는 없다. 그러므로 다수의 문화에서 많은 사람이 정체성을 확립하고 표현하고 유지하는 것은 분명한 부분이나, 많은 미국인디언처럼 대화의 주제가 되거나 직접적인 질문의 대상이 되는 것은 아니다.

이것은 인디언에게만 일어나는 진실이다. 특히 인디언은 계속해서 서로 가운데서 인디언성이란 용어가 무엇인지를 확립하고 확인하고 증명하는 끝없는 과정을 겪는다(Pratt, 1995). 정체성의 질문은 종교적 동맹에 상관없이 인디언에게 묻게 되는 질문이다. 이런 질문은 "당신은 어떤 부족인가", "당신은 큰 북에 맞추어 노래를 부르나요?", "당신은 사냥의식을 하고 있나요" 등으로서 다른 인디언에 의해 사회적 맥락에서 제기되든지 혹은 "얼마나 인디언 피가 흐르는가?", "당신은 순수 혈통이 아닌가" 등의 질문으로 인디언이 아닌 사람에 의해 제기되든지, 혹은 "인디언 혈통 인증서(CDIB; Certificate of Degree of Indian Blood)를 가지고 있는가?" 혹은 단순히 "당신은 진짜 인디언인가? 당신은 인디언처럼 보이지 않는다"처럼 대부분 인디언이 연방과 부족에 의해 일상에서 받고 있는 정체성에 관한 질문이다. 인디언에게 정체성에 대한 질문은 부족 혹은 연방의 사회서비스를 받을 때 확인하기 위해서 만이 아니라, 문화역량 혹은 미국인디언으로 규정받는 사람의 인디언성을 결정하는 데 목적이 있다.

대부분 미국인의 인종, 문화, 성별 정체성은 수량화할 수 있는 것도 아니고 연방에서 서류로 정리한 관심사도 아니다. 한 사람이 인종, 문화 혹은 성별집단의 구성원이 되는 것을 선택한다면, 그 속해 있는 모든 사람처럼 문화적으로 유능한 방식에서 자신을 처신하는 것, 내부집단의 다른 문화구성원에 의해 확인받거나 외부집단 구성원에 의해 특정집단의 구성으로서 확인받아야 한다.

그러나 미국인디언에게는 본토 원주민에 대한 정부의 혈통서류가 소속감을 위해 필요한 조건이며 부수적으로 연방확인을 위해 필요하다. 미국인디언 구성원은 이 서류를 미국인디언을 제외하고 모든 시민에게 인정받아 법적으로 보호받는 권리를 누리기 위해 제공해야 한다. 문화적으로 수용되는 방식에서 숭배할 권리와 같은 헌법적 특권, 즉 건강보험에 접근, 부족선출투표, 사적 자본관리, 주택선택, 고용기회는 정부가 주는 인증서 보유여하에 달려있다.

인디언의 현대경험 규정

인디언의 규정 혹은 누가 인디언인지의 규정은 융통성을 가지는 질문이다. 인디언에 대한 규정은, 예컨대 혈통 혹은 사회·언어적 유형과 같이 다양한 방식이 있다. 흥미롭게도 그 방식은 대체로 말하는 사람이 인디언성과 부족성사이의 차이점을 자각하지 못하는 상태로 이루어진다(Pratt, 1998). 이 두 가지 용어는 자주 상호 얽혀져 있으며 뜻이 같게 사용되나 매우 다른 의미이다. 문화의 몰락이나 많은 인디언 부족의 개혁은 언어의 손실, 국제결혼, 연장자의 죽음, 이민 같은 요인에 영향을 미치기도 하고, 반면 거기에서 기인되기도 한다. 이런 요인은 문화유능감의 기본 본질과는 동떨어져 부족에게 기여해왔다. 그들은 믿을 수 없도록 변하고 있는 생각과 시간을 거슬려 움직이고 있다. 수

세기 동안 인디언은 궁극적으로 인디언성을 가장 인정받는 사회정체성 모형으로 삼는 것을 포기하고 부족성을 중심으로 자신의 삶을 맞추어 왔다. 그러므로 우리는 소통의 관습을 설명하고 인디언 연구를 설명할 때 일반적으로 그들의 인디언성에 반대되는 부족성에 더 초점을 맞추게 된다.

중요하게 언급해야 할 것은, 비록 부족 구성원이 전통적인 생활유형을 고수하고자 한다 해도, 부족의 삶의 방식은 변화되기 시작했다는 것이다. 변화는 피할 수 없는 것이다. 강요된 동화정책은 사실 보호구역을 떠나서 돌아가지 않는 부족 구성원이 생기는 것으로 효력을 나타내기 시작했다. 또한 부족은 문화행동을 가르치는 데 전적으로 책임을 졌던 연장자의 부재와 부족 언어의 손실을 겪기 시작했다. 부족 구성원의 도시지역 혹은 비보호지역으로의 이동과 문화적으로 유능한 구성원의 부재로 인하여 부족정체성 혹은 "부족성"이라는 개념은 점차 일반적인 인디언으로 혹은 인디언성으로 대체되고 있다. 그래서 인디언성은 "부족성"을 생활유형 혹은 사회정체성 형태로 대체하고 있다.

인디언성과 부족정체성

인디언이라는 것을 입증하는 형태인 유머사용에 대한 Pratt(1996)의 논의를 보면, 인디안성은 부족정체성과 같지 않다. 비록 한 부족에 속하는 것은 인디언이 되는 구성요인이라 해도, 부족정체성은 일반화된 생활유형보다 오히려 독특함을 수용하고 고수하는 것에서 유래된다. 모든 부족은 다른 언어와 관습을 가지고 있으며 인디언이 되는 루브릭하에서 인디언성은 다양한 부족 생활방식을 조합한 것의 일반화이다. 그래서 인디안성을 만드는 일반화가 가능할 수 있다(Pratt, 1995, p.239).

인디언성으로 해석할 수 있는 많은 방식이 있다. 예를 들면, 비인디언은 부족 혹은 인디언 방식을 인지하고 전통적인 인디언 환경에서 사회화되어 가는 인디언으로 묘사되는 누군가가 아닌 사람일 수도 있다. 그러나 신체적인 외양은 인디언에게 인디언성에 대한 문화적 역량을 나타내는 유일한 지표가 아니다. 인디언성은 하나의 루브릭하에 다양한 부족집단을 통합하는데 기여하는 인디언의 절충주의적 생활유형을 지지하는 개념이다(Pratt, 1995, p. 239).

부족주의와 연관해서 인디언성의 역할을 고려해 볼 수 있다. 예를 들면, 인디언이고 오세이지부족이 되는 것은 가능하다. 즉 오세지에서 사회화되어온 사람은 집단 내의 다른 오세지부족에게 오세지부족으로 인증받게 된다. 그래서 부족의 다른 구성원과 정체성을 유지하게 된다. 그는 다른 인디언에 의해 수용될 수 있는 적절한 소통행동을 하게 한다. 그러나 어떤 사람이 인디언일 수는 있으나 오세지부족은 아닐 수 있다. 이 사람은 도시라 해도 인디언 환경에서 사회화되어 와서 인디언으로 인정받을 수는 있으나, 오세지부족으로 성장하지 못했기 때문에 오세지부족의 다른 사람에게서 인정받지 못한다. 결국 인디언이 되는 것은 가능하나 오세지부족이 되지는 못한다. 이 인디언은 자신의 환경에서 오세지부족의 문화로 사회화되어 왔지만 다른 부족 구성원과의 접촉은 제한되어 있었다. 그래도 그는 무엇보다 오세지부족 생활방식에 의해 만들어진 문화모형으로 세계를 보고 있다.

미국인디언성 교섭

늑대와 함께 춤을, 제로니모Geronimo, 상처받은 무릎에 내 마음을 묻어라Bury My Heart at Wonded Knee, 포카혼타스 Pacahotas, 모히칸의 최후last of the Mohicans 라는 영화의 대중성은 이 나라 원주민 인디언에 대해 새로워진 관심을 만들어냈다. 어느 정도 역사적이고 1800년대 이후의 인디언 인물에 대해 생생하게 살아있는 해석을 한 결과로 인해, 대부분 사람은 미국인디언의 역사와 생활양식에 대해 이미 예상된 생각을 가지고 있다. 일반적으로 이런 생각은 학교, 사적 경험, 타인의 경험 그리고 미디어와 같은 출처로부터 모아진 정보에 기초한다. 많은 사람에 대해 현대 인디언에 대한 이런 인식의 이미지는 "오래된 서구old west"라는 영화와 이미 묘사한 영화의 그것과 유사하다. "미국의 원주민"은 지역적 차이나 부족의 특징이 부족한 헐리우드식으로 만들어진 이미지이다(Bataille & Silet, 1980, p. XXXIII).

이 "오래된 서구"라는 이미지는 모든 인디언이 평원의 인디언 문화를 보여 주며 동일한 문화특징을 가지고 있어서, 영화 '늑대와 함께 춤'을에서 나오는 것처럼 삶을 해석하고 지적인 소통에 초점을 맞춘다는 생각을 가지게 한다. 우리는 항상 미국인디언에 대해 이 과도하게 일반화되어 고정관념화된 이미지를 그리게 된다. 인디언은 자신이 자연과 조화롭게 같이 사는 로맨틱하고 목가적인 생활유형으로서 묘사되고 순진하며 고통은 잘 잊어버리며 난잡할뿐더러 기꺼이 자신을 고문하는 의식에 참여하는 이미지를 가진다. 고정관념에 따르면, 인디언은 바람, 물, 태양, 빛, 천중과 불같은 자연적인 요소를 숭배하는 사람이며 자주 많은 신 혹은 정령을 믿는다고 생각한다. "위대한 영성Great Spirit"에 대한 언급을 포함하는 것이 전형적이며, Ganje(2003)은 인디언에게 형성된 고정관념은 잘못된 이미지의 인디언 영성을 인도하는 혹은 고귀한 야만인처럼 과장되어 선전되었다고 주장한다.

인디언이 아닌 대부분의 사람이 "샤만"과 "swart lodge[12)]"를 인디언 종교와 동일한 것으로 인정한다 해도, 그 사람은 그것이 의미하는 것 혹은 인디언이 실제 그것을 어떻게 사용하는 지에 대해서는 거의 모르고 있다(Lustig & Koester, 2006). 그 주장을 입증할 증거는 거의 없고 부족 집단 사이에 특징을 만든다는 증거도 없다. 모든 인디언의 의식은 바위 혹은 천둥 같은 무생물대상도 아니거니와 대부분은 원주민의 세계관에 기원이 있는 환경적 요소에 대한 존중이다. 많은 인디언은 기독교인이며 다수의 신과 정령을 믿지 않는다. 그리고 그들은 인디언이 아닌 사람보다 고통을 더 잘 견딜 수 있다. 게다가 "샤만"과 "swart lodge"는 서구평지에 있는 오직 몇 부족에 의해서만 유용하며 모든 평지 인디언문화가 가지는 부분이 아니다. 게다가 모든 인디언은 Tipi[13)] 혹은 hogan[14)]에 살아가지 않으며 그들은 dream catchers[15)]를 사용하지도 않는다. 즉 이 문화요소는 모든 부족문화가 가진 표준화된 요소가 아니다. 인디언 문화행동의 특징으로 구분하는 것에 대해서는 실제로는 아무런 자료출처가 없는 것이다.

12) 아메리카 인디언의 천막집.
13) 원뿔형 천막집.
14) 북미 Navaho 인디언의 진흙이나 떼 등으로 덮은 집.
15) 아메리카 원주민의 전통 주술품으로 창문 등 잠자리 근처에 걸어 놓으면 악몽을 잡아준다는 물건(주로 그물, 깃털, 구슬 등으로 장식.

어느 경우에는 준거의 출처로 소설을 예로 들고 있다.

인디언연구의 현안

미국인디언성에 대한 이 논문 중앙에는 미국인디언의 소통을 연구영역으로 삼은 연구자들이 가장 쉽게 확인할 수 있는 문제를 놓았다. 출발점으로 유능한 인디언 혹은 진짜 인디언이 누구인지를 결정하는 사람은 누구이냐? CDIB라는 인디언 혈통정도를 보여 주는 인증서의 존재가 인디언성의 증거인가? 어떤 사람이 단순히 인디언처럼 보인다면 자동적으로 그에게 연구대상으로서의 자격을 주는가? 개인이 단지 인디언으로 자기를 규정한다면 혹은 특정 부족의 구성원으로 주장한다면 어떻게 하는가? 연구자는 문화역량의 증거를 요구해야 하는가?(예를 들면 CDIB 카드 보기를 요청한다든지) 이 방식에서 당신은 미국인디언을 연구하는 연구자로서 시작부터 정체성 현안에 마주치게 되는 것을 알 수 있다. 모든 다른 문화집단과는 다르게, 미국인디언성은 인디언이 그 자신을 연구할 필요가 있을 때조차 의문이 일게 된다.

미국계 인디언들은 인종적인 혹은 부족집단이든지 간에, 인류학, 사회학, 언어학 의미론학과 사회언어학 같은 학문의 연구에서 초점이 되어 왔다. 다양한 측면의 인디언 문화가 연구되어왔다 – 인디언이 어떻게 종교적인 관습에 인디언 시간을 적용하는지 – 그러나 공공 기도실, 유머, 듣기, 노래하기, 웅변술 사용과 같은 인디언의 소통행동을 설명하거나 확인하는 데 기여하는 것은 거의 없다. 원주민 인디언 가운데 이런 연구를 하기 위해 가장 중요한 것이 문화적 역량이라고 거의 생각하지 않기에 일상적인 문화방식의 수행과 지식이 고려되어야 한다는 것이다. 특히 미국인디언이라는 소수민족과 함께 연구하게 되면, 연구자는 인디언으로 확인되거나 자기를 그렇게 규정하는 누군가에게 완전한 문화역량을 요구하는 경향이 있다. 미국계 인디언을 대상으로 하는 연구자는 문화적으로 유능한 인디언으로서 확인되는 사람만을 고려한다. 그러나 많은 부족 구성원은 부족 배경에 대한 부족한 지식을 가진 채 비인디언의 환경 혹은 도시 환경에서 사회화되고 있다. 자료의 수집과 연구의 발견에서 이런 것에 대한 시사점을 생각해 보라.

연구를 할 때 누가 문화적으로 유능한 구성원인지 그리고 그들이 보여 주는 것은 어떤 유형의 인디언성인지의 문제는 쉽게 초점에서 벗어난다. 대신, 특별히 연구자의 문화적 전문성이 질적 연구를 행함에 있어서 필수적이다. 실제 사회과학자는 인디언 혹은 부족의 의사소통 행동을 검증하고 확인하고 있는지에 관심을 가져야 한다. 또한 그들은 인디언 혹은 부족 행동이 무엇인지를 확인하고 묘사하는 데에도 관심을 가져야 한다.

흥미롭게도, 미국인디언의 의사소통행동은 처음에는 선험적 시각으로부터 연구되어 왔다. 현대적 연구는 구체적인 문화말하기 행동을 구분하기보다(예를 들면 순응, 획득, 경청) 유럽계 미국인의 행동에서 관찰할 수 있는 문화소통행위로 범주화했거나 얼버무리고 넘어갔다.

이런 어려움을 가중시키는 것은 인디언성이 하나의 공통 유형이 있는 것도 아니고 모든 인디언에게 일반화될 수 있는 표준화된 일단의 행동이 있는 것도 아니라는 점이다 현대의 인디언은 부족배경의 지식을 거의 가지지 않을 수도 있거나 부족의 신념과 활동에 상당히 정통할 수도 있다. 그들은 전통적인 환경에서 사회화되어오지 않았을 수도 있어서 그들이 보여주는 행동은 유럽계 미국인의 그것과 비슷할 수도 있거나, 부족 문화를 반영하는 행동을 나타내고 전통적인 환경에서 사회화되어 왔을 수도 있다. 진짜 인디언은 전통적인 환경에서 부족언어로 말하고 부족행위의 중요성을 완전히 이해하는 일상적인 토대 위에 있는 사람이다. 그래서 최근의 민속학적 연구는 인디언의 말하기행위와 소통행동을 설명하고 구분하기 시작하였다(Carbaugh, 2005; Modaff, 2004; Modaff, Modaff, Pratt, & Buchman, 2008; Pratt & Buchanan, 2004; Pratt, Pratt & Miller, 신문에서).

문화역량 혹은 인디언성

개인정체성과 사회정체성은 단순히 자기공표나 적절한 틀을 점검하는 것 이상이다. Wieder와 Pratt(1990)은 인디언이 되는 것이나 문화적으로 유능한 부족구성원이 되는 것은 우리가 단순히 그렇게 존재하거나 할 수 있는 것이 아니라 진짜 인디언이 되거나 존재하기 위해 행해야 되는 것이다(p.50). 그들은 "하는 것, 존재하는 것, 유능한 구성원이 되는 것은 문화적으로 유능한 여러 구성원의 참여를 요구한다"고 주장한다. Wieder와 Pratt은 한 사람이 문화적으로 유능한 구성원이며 그렇게 되어가기 위해 하는 방법을 알아야만 할 뿐 아니라, 아는 것을 실천하고 인디언으로서 자신을 계속 처신해야 하기 때문이라고 말했다.

미국인디언성의 현안

꽤 여러 유형처럼의 정체성은 의문이 제기되기 전까지는 관심의 대상이 아니다. 작가, 학자, 연구자는 아프리카계 미국인의 정체성, 아시아계 미국인의 정체성, 히스패닉계 미국인의 정체성에 대한 풍부한 연구에 초점을 맞추고 있다. 그러나 현재 미국인디언의 경험에 대한 것으로 연구의 관심을 갖고 살펴보면 정체성 연구는 거의 없다는 것을 알 수 있다.

결론

"인디언이라는" 것이 무엇을 의미하는가? 인디언성은 함축적이다. 인디언성은 정보를 얻은 관찰자에게 확인될 수 있는 것이다. 인디언성은 피부색깔이 아니다. 인디언성은 미묘한 특권이다. 진실 혹은 "진짜 인디언"은 서로 정확하게 구분할 수 있다. 인디언성은 인디언이 되고자 하는 사람인지 혹은 현재 그렇다고 주장하는 사람인지를 구별할 수 있게 한다. 진짜 인디언은 인디언이 되는 것이 무엇을 의미하는지를 설명할 수 있다. 그들이 그렇게 할 필요가 자주는 없다고 해도 그 안에는 미국인디언의 정체성 연구와 정체성 협상의 역설이 놓여있다. 진짜 인디언은 진짜 인디언이 되는 것을 의미하는 리스트를 맞추기 위한 압력으로 힘들다. 진짜 인디언은 인디언이라면 무엇을 하는지에 관심을 갖지 않는다. 그들은 단지 인디언인 것을 실천한다. 이 논문은 미국인디언성을 이해하는 소통적인 접근을 강조하고 있다. 이 시각은 어떻게 인디언이 타인에게 말하는 방식으로 만들어지는지 그리고 어떻게 타인이 그들에게 말하는지를 보여 주는 사례를 우리에게 제공한다. 소통은 정체성이 표현되는 매개이다. 우리의 초점은 오직 미국인디언성만이 아니라 진짜 인디언이 되는 것이 의미하는 것에 대한 개방된 논의를 하는데 있다. 구체적으로 우리는 어떻게 인디언이 자신의 인디언성과 소통하는지에 관심이 있다. 문화, 정체성, 내집단 소속의식은 해석의 실타래와 사회적 담론으로 섞여서 짜여 있다.

특별히 미국인디언의 소통연구는 유럽계 미국인의 소통연구에 대한 문화제약적인 연구로부터 자유롭도록 노력해야 한다. Kim(2002)은 앵글로 중심형태의 인간소통연구로부터 탈피해야 할 것을 요구하면서 "대안적인 문화적 시각은 어떻게 문화적 틀이 일상과 과학적인 이해에서 유력하게 구조화되는지를 보여줄 것이다"고 제시한다(pp.4-5). 이 논문에서 우리는 정체성, 인디언성, 현대적 소통과의 상호교차를 포함하는 질문을 시작하는 것이 미국인디언정체성의 연구를 하는 첫 출발이라는 점을 믿는다.

개념 이해와 질문

1. 논문에서 정체성은 소통을 통해 사회적으로 형성되며 표현된다고 진술하고 있다. 이 진술을 설명하고 사례를 제시해보라
2. 저자들이 말하는 인디안성이라는 용어는 무엇을 의미하는가?
3. CDIB 인디언 혈통인증서의 목적은 무엇인가?
4. 미국인디언 가운데 문화역량을 쇠퇴로 이끄는 일부 요인은 무엇인가?
5. 이 논문에서 말하는 부족정체성과 인디언정체성을 논의하면서 비교하라. 왜 한 사람은 다른 사람보다 더 우월하게 되는가?
6. 비인디언이 자신의 이미지를 구성하기 위해 가장 많이 끌어오는 원천은 무엇인가?
7. 이 원천은 타당한 표현을 제시하는 것인가? 왜 그런가?
8. 학자들이 미국인디언을 연구할 때 마주치는 어려움 중 일부는 무엇인가?
9. 한 사람이 어떻게 문화적으로 유능한 부족구성원이 되는가?
10. 정체성은 교섭된다는 구절이 의미하는 것 은 무엇인가?

Steven B. Pratt is Professor in the Department of Communication at the University of Central Oklahoma. He was born and reared on the Osage Indian reservation.
Merry C. Pratt is Associate Professor of Interpersonal Communication at the University of Central Oklahoma.
Lynda D. Dixon is Professor in the Department of Interpersonal Communication, School of Communication Studies at Bowling Green State University.

미국에서 백인성 이해하기

Judith N. Martin

미국에서 백인이 의미하는 바는 무엇인가? 백인성 같은 것이 있는가? 민족정체성과는 다른가? 백인의 느낌은 독일계 미국인과 혹은 이탈리아계 미국인의 느낌과는 다른가? 백인인 것은 소통하는 방식에 어떤 영향을 미치는가? 소통에서 백인성은 어떻게 표현되는가?

이 질문은 현재 미국의 많은 백인이 가지고 있는 인종과 민족정체성에 관한 혼란과 불안의 정도를 보여 주는 듯하다. 일부 사람은 백인이라는 것에 관하여 전혀 생각해 본 적이 없다. 일부는 인종적 프라이드를 느끼는 것을 좋아하지만 백인이라는 프라이드는 가지고 있지 않는 듯하다. 일부 사람은 그들이 인종차별조처와 "역차별"과 같은 현안 때문에 백인이 되는 것을 강요받는다고 느낀다. 이 논문은 백인성이라는 생각에 존재하는 모순과 긴장을 조사하고 이 현안 중 일부를 가려내어 논의하고자 한다. 우리 역시 미국에서 백인이 되는 것이 어떻게 소통에 영향을 미치는지, 특히 이 정체성이 우리 자신을 설명하기 위해 사용된 단어와 라벨에 어떻게 반영되는지, 라는 견지에서 영향력을 검토한다.

정체성에 대한 소통시각

정체성에 대한 소통의 시각으로 논의를 시작하자. 즉 우리 모두는 자기개념을 만들어어떻게 자신을 보는지를 형성하는 다수의 정체성(성별, 종교, 민족, 인종 등)을 가진다. 우리의 정체성은 전문적이고 종교적인 연맹 같은 자발적인 것과 연령이나 가족집단 같이 일부 비자발적인 집단과의 연결로부터 생겨나서 타인과의 소통을 통해 발전한다.

소통학자인 Michael Hecht, Mary Jane Collier, Sydney Ribearu(1993)가 지적해왔던 것처럼, 문화정체성은 정체성을 통해 협상되고 공동 창조되고, 강화되고 도전 받는다. 예를 들면, 백인 보다 여성이 되는 것을 협상하고 이해하기가 더 쉬워 보이지 않는가? 오늘날의 세상에서 백인은 소통을 통해 어떻게 협상되고 있고 도전받고 있는가?

게다가 Collier가 이 장 앞부분에서 더 쉽게 설명하듯이, 우리의 정체성은 규범과 라벨, 즉 집단 관련 정체성을 우선하고 핵심적인 상징을 반영하는 소통적인 행동과 용어들을 통해 표현된다.

이 책에서 많은 논문은 일본, 아프리카계 미국인, 그리고 원주민 인디언처럼 다양한 집단의 규범과 핵심 상징을 확인하고 있다. 미국에서 백인이 되는 것과 연관되는 유사한 규범, 라벨, 핵심 상징이 있는가?

우리가 정체성에 관하여 마지막으로 명심해야 할 것은 그것이 역동적이며 맥락과 관계가 있다는 것이다. 나는 백인인 독일계 미국인, 교수, 여성일 뿐만 아니라 이 모든 것을 포함한다. 그리고 특정 사람의 정체성은 그의 상황에 의존하여 억압되거나 강조될 수 있다. 예컨대, 나의 경우 내 백인성은 대화에서 백인인 것을 자각할 때나 혹은 인종의 현안을 논의할 때와 같이 오직 일부 상황에서만 강조된다. 어떤 대화에서는 내 교수 정체성을 더 강조할 수 있다. 우리의 정체성은 소통을 통해 협상하고 개발하고 재형성하여 향상하거나 하락하는 과정에 있다. 세 가지 현안은 우리가 백인성을 이해하려고 소통시각을 적용함으로써 초점을 맞출 필요가 있는 주제다. 백인의 인종 및 민족정체성간의 차이, 백인성의 특징, 백인이 어떻게 백인됨을 발달시키는지 라는 세 주제가 있다.

백인의 인종 및 민족정체성

인종 VS. 민족

인종과 민족정체성 사이의 차이점은 무엇인가? 많은 사람은 인종이 공유된 문화, 믿음체계, 뿌리라는 의미와 관련이 있다고 믿는다. 그러나 대부분 학자는 이제 인종이해에 대한 더 사회적인 접근을 위하여 생물적인 논쟁을 거부한다. 즉 인종범주에 대한 일부 생리적인 토대가 있을 수 있지만, 그것은 이 범주가 구성되는 방식이며, 소통으로 풍부한 영향력을 발휘하여 어떻게 정체성을 교섭 하는지라는 인종범주에 부여된 의미이다. 생리적인 규정에 대항하는 논쟁은 무엇인가?

우선, 인종적 범주들은 세계의 여러 부분에서 광범위하게 변한다. 대조해 보면 미국과 남미에서 나타난다. 미국에는 두 가지의 주요 인종적 구별(흑인과 백인)이 있다 그리고 이런 규범은 꽤 견고하다. 사람은 누가 백인이고 누가 그렇지 않은지(예를 들면, “당신은 흑인처럼 보이지 않는다”) 라는 의미를 가지고 있는 듯하다. 또한 그들은 인종 출생을 범주화할 수 없는 혼종일 때를 불편해 한다(예를 들면, “당신은 백인인가 혹은 흑인인가?”). 대조적으로 브라질과 남미에 있는 사람은 중간의 인종범주라는 다양성을 인정한다.

인종범주가 사회적으로 어떻게 구성되는지의 두 번째 예는 인종범주가 미국의 이주민 역사를 통해 변해왔으며 일부 집단은 인종범주로 볼 때 역사의 특정 시점에 다른 인종으로 전환되어 왔다는 것이다. 영국계 이주민은 그들의 권위적인 토대를 보존하고자 미국에 진입하는 다른 유럽인을 막기까지 했다. 19세기에 더 많은 남부유럽인이 이주해옴에 따라 아일랜드계 미국인과 유대교 유럽인을 비백인으로 구분하려는 시도가 있었다. 대신에 인종적인 선은 유럽인을 중심으로 그어졌으며, 그 밖에 있는(중국인, 일본인같이) 사람은 그때 비백인으로 지정되었다(Omi & Winant, 1992). 그래서 인종에 대한 개념은 일부 생물학적인 토대를 가진다 해도 고정되고 구체적이고 객관적인 것보다 오히려 소통을 통해 해석되는 사회적 의미를 복합적으로 고려한 가운데 인종을 생각하고 인종형성에 관하여 이야기하는 것이 이해하기 더 쉬울 수 있다.

사회적으로 구성된 것으로서 이 범주는 관계적이고 서로의 관계 속에서 존재한다는 점 또한 주목해야 한다. 흑인이라는 범주가 없는 백인이 존재할 수 있는가? 미국에서 백인과 흑인이라는 양극의 범주로 인종을 보고자 하는 것은 무엇을 뜻하는가? 사람이 이 범주에 들어가기를 원하지 않든 혹은 들어가지 못하든 간에, 그들은 어떻게 자신의 정체성을 협상할 수 있는가?

경계가 있는 정체성 VS. 지배적/규범적 정체성

백인인 인종과 민족정체성 사이의 관계는 경계가 있는 정체성과 지배적인 정체성 사이로 구별해서 분류할 수 있다(Frankenburg, 1993; Trinth, 1986/87). 경계가 있는 문화는 우리가 속하는 구체적인 것이며, 지배적이거나 규범적인 것은 아니다(종교, 성별, 민족에 의해 규정되는 집단 같이). 대부분의 백인, 즉 이 집단에 대한 연결은 이야기하기 쉽고 명료하다. 아일랜드계 미국인이 되는 것은 성 패트릭 날을 축하한다는 의미이다. 아만파 사람이 되는 것은 우리가 "ordrung"(지역사회 규칙)을 따른다는 의미이다. 독일계 미국인으로 자라는 것은 단지 말로만 표현하는 것이 아니라 일을 목적으로 열심히 일한다는 것을 의미한다. 이런 문화적 행동을 인지하고 확인하는 것은 쉽다.

그러나 지배적이거나 혹은 규범적인 백인 문화에 속하는 것이 의미하는 것은 실제보다 더욱 더 "접근하기 힘든" 구조이며 규정하기는 더 어려운 것이다. 예를 들면, 우리는 통상 백인계 미국인의 휴일로 추수감사절을 생각지 않는다. 이 정체성의 "접근하기 힘든" 부분은 백인이라는 지배적이고 규범적인 측면과 연관된다.

정체성과 권력

때때로 정체성의 측면이 더 유력하면 할수록 그만큼 자각이 이루어지지 않는다. 그리고 권위는 자발적이거나 귀인되는 정체성 측면과 더 강하게 연결된다. 예를 들면, 정체성에 관하여 의문을 가질 때 남성이라면 성별을 언급하지는 않을 것이다. 남성은 성별에 관하여 생각지 않으나, 여성은 어떻게 성별이 정체성의 일부분이 되는지를 자각할 가능성이 있다. 소통학자인 Tom Nakyama와 Robert Krizek (1995)은 백인 가운데 이 의식부족은 백인임과 연관된 권위 때문에만 가능하다고 주장한다. 백인의 소통유형과 경험은 타인을 평가하거나 특징짓는 규범으로서 취해진다. 예컨대, 뉴스 미디어는 "흑인 리더"라는 언급을 하나 결코 "백인 리더"라는 말을 하지 않는다. 흑인 폭력에 "흑인"이 있다. 유럽인의 갈등에서 폭력이라는 언급에 "백인"은 없다. "백인"이라는 범주는 결코 언급되지 않는다는 것이 무엇을 의미하며, 백인이 백인임의 의미에 관하여 거의 이야기 하지 않는 것은 무엇을 의미 하는가? Krizek이 말하길,

> 나는 라벨에 관하여 결코 의식적으로 생각하지 않는 삶을 경험해왔다. 나는 우리가 비록 그 누구도 그렇게 말하지 않았다 해도 라벨화하지 않는 사람 중 하나로 우리 자신을 규정했다고 생각한다. 우리는 바로 백인이지 흑인이나 황인종은 아니다. 그리고 나는 그것이 실제 의미하는 것이 무엇인지를 모른다. 누구도 그것에 관하여 의문을 제기하지 않는다 (Nakayma & Krizek, 1995, p. 292).

한편, Nakayma(1993)은 4세대 일본계 미국인으로, 남부에서 자라오면서 겪은 자신의 이야기를 글로 써왔다. 그는 영어로 말하면 사람들에게 어디서 왔냐는 질문을 자주 받았는데, 이러한 질문은 미국인으로서 그의 정체성에 혼란을 주었다.

Nakayma와 Krizek은 백인의 "보이지 않음"을 "백인의 수사"로 분석함으로써 어떻게 권력과 연결되는지 혹은 백인이 질문을 받을 때 백인이라는 것에 관하여 어떻게 말하는지를 제시하였다. 연구자들은 백인이 얼마나 자주 자신이 백인이라는 것을 느끼는지, 또는 백인이 종종 백인이라는 정체성의 범주가 아닌 아프리카계 미국인 혹은 치카노에 대해 보이지 않는 권력을 행사함을 인정하지 않는다는 것을 알았다. 두 번째 수사적 전략은 백인이 그 밖의 다른 색(흑색, 갈색, 황색 혹은 빨간색)이 아니라서, 백인이 '아니다'라는 '부정'에 근거해서 말하지 않는 방법이다. 그것은 백인인 것에 관하여 이야기하는 중립적 방식처럼 보인다. 그러나 그들은 이 전략에서 백인을 다시 다른 색깔로 특징짓지 못하게 하여 백인성을 국민성으로 혼돈하게 만든다. 백인성은 백인의 미국으로 혼돈하게 만든다. 그들의 반응 중 하나는 다음과 같다. "사람들이 미국인을 생각하는 많은 시간에 나는 그들이 백인인 것을 생각해보라고 말한다(p.301)." 그 말은 백인이 아닌 사람에게 무엇을 의미하는가?

우리는 사람이 백인성의 의미를 강요하는 것이 얼마나 어려운지 볼 수 있다. 그러나 아마도 우리는 다른 문화집단에게 적용하는 백인성에 똑같은 검열을 적용한다면 문화 간 소통을 더 잘 이해할 것이다. 백인의 편에서 이런 자각부족은 우리가 후에 논의할 예정인데 변하는 중일 수 있다. 인종의 현안은 미국(O.J. Simpson 재판의 예를 들면)에서 더욱더 빈번하게 논의됨으로써 백인은 이전보다 백인임에 관하여 더 많이 생각하는 중이며, 아마도 백인성의 규범과 핵심 상징을 확인하는 것도 더 쉬울 것이다.

4장에서 Edith Folb는 다양한 정체성과 연관되어 권력이 더 큰 집단(백인, 남성, 프로테스탄트, 이성애, 중상층, 고학력)부터 권력이 더 작은 집단(소수인종, 여성, 프로테스탄트와는 다른 종교, 게이, 노동계급, 저학력)까지 포함하여 미국에는 권력의 상대적인 연속성이 있다는 점을 논의한다. 우리는 모든 특정 맥락 각각에서 강조된 것에 의존하여, 다수의 권력을 가진 정체성이라는 측면을 가질 수 있다. 비자발적이거나 신체적으로 더 많은 특징이 있는 정체성은 교섭하기에 더 어렵고 문제가 많다.

우리의 정체성이 도전받을 때 무엇이 일어나는가? 내가 암만파나 메노파의 젊은 여성으로서 자라왔다면, 독특한 옷과 신체적인 외양에 의해 신체적으로 특징을 보이기 때문에 많은 사회적 맥락에서 주변화된다고 느낄 것이다. 경계 지어진(암만파) 정체성보다 다른 정체성이 협상하는 데 더 어렵다. 예를 들면 아시아계 미국인이 "당신은 실제 어느 나라에서 왔나요" 혹은 "영어를 말할 줄 아나요"라는 질문을 받을 때 소통의 결과는 무엇인가? 일부의 정체성은 자극을 자주 받고 다른 정체성은 자극을 거의 받지 않을 때 사람 사이에서 일어나는 소통에 어떤 영향을 미치는가?

백인성 차원

흥미로운 질문은 대부분의 백인이 공유하고

있는 일단의 문화적 규범과 상징이 있는가라는 점이다. 많은 학자는 독특한 백인 문화유형이 있긴 하나 식별하기는 어렵다고 본다. 사회학자 Ruth Frankenburg는 백인성을 이해하는 방식을 단순히 인종 혹은 민족범주로서가 아니라 오히려 권력이 주요한 성분인, 세 가지의 연결된 차원이라고 간주한다. 이 차원은 정체성의 소통적인 측면을 강조하기 위해 수정하였으며, 구조적인 장점의 위치, 우리 자신과 타인을 보는 관점, 일단의 문화관습(핵심 상징, 라벨, 규범)이라는 세 측면으로 정리하였다.

백인성은 구조적 특권층이다

일부 학자는 미국 내에서 백인성이 인종특권의 구조적 장점과 연결되어 있으나 두 가지 점에서는 그렇지 못하다고 주장한다. 모든 백인이 권력을 가진 것이 아니며 권력에 동등하게 접근하는 것도 아니다. 예를 들면, 어떤 사람은 백인 문화집단 중 일부는 미국역사에서 특권화되지 않았을 때를 지적할 수 있다. 20세기 초반 아일랜드계 미국인을, 2차 세계대전 동안 독일계 미국인들은 분리하거나 다른 부류로 간주하는 시기가 있었다. 학자들은 이 예에서 주변화된 집단은 주변화된 집단으로 오래간 지속되어왔다는 점을 지적한다. 20세기의 후반부가 되어서야 유럽의 이주 집단은 동화되어 "진짜 미국인"이 되었다. 미국인이라는 정체성과 백인성 간의 경계는 유색인보다 "백인민족" 집단에 대해 더 순조롭게 이루어졌다.

이런 백인성의 차원은 백인의 일상적인 삶에서나 그와 타인의 소통에서 전면적으로 어떻게 반영되는가? Peggy McIntosh(1995)은 백인의 특권이 그의 일상적인 상호작용에 영향을 미치는 방식을 확인하고자 하였다. 여러분도 여러 방식을 목록화할 수 있다면 해 보라.

원한다면, 나는 대부분의 시간에 내 인종의 사람들과 함께 하기를 계획할 것이다.

나는 확신컨대 내 인종의 유일한 구성원인 특정 집단에 내 목소리를 듣게 할 수 있다.

내 입에 음식을 꽉차게 넣고 이야기할 수 있으며, 사람들이 이것을 내 인종 탓으로 돌리지 않게 할 수 있다.

나는 내 인종에게 돈을 빌려 줄 상황이라면 신용을 요구하지 않고도 빌려 줄 수 있다.

나는 내 인종집단의 모든 사람을 다른 집단과 구별하도록 요구받을 일이 결코 없다.

나는 자기 관심 혹은 자기 탐색으로 여기지 않고 인종차별주의에 관해 걱정할 수 있다.

내 문화는 내가 다른 인종인 사람의 권력과 시각을 무시한다고 해도 거의 위협을 받지 않는다.

여기서 질문은 이런 측면의 백인성이 어떻게 다른 사람과 소통하는 데 영향을 미치는 가에 있다. 아마도 내가 좋은 사람이라면 대부분 사람은 나를 좋게 대할 것이라는 신뢰를 가지고 상호작용하여 접근한다는 의미일 수 있다. 사람들은 나를 "믿을 수 없는" 혹은 "다른" 혹은 "화난" 것이라는 편견을 가지고 싶어 하지 않는다. 혹은 내가 백인인 다른 사람과 앉아 있는 것을 본다면, 그들은 내가 백인이 아닌 사람과 소통하기 싫어한다고 생각지 않는다. 그들은 개인적으로 나와 소통하고 나를 판단할 것이다.

몇 가지의 연구에서 사실 백인과 아프리카계 미국인이 다른 방식으로 인종 간의 대화에 접근한다는 것을 발견하였다. 백인은 인종 간 소통을 논의할 때 권력문제에 관하여 거의 이야기하지 않는 반면 아프리카계 미국인에게는 더 중심 현안이 된다(Marinc, Hecht, & Larkey, 1994). 그래서 대화에서 권력문제를 고려하지 않는다는 사실 하나만 보더라도 자신이 백인이라는 것을 알 수 있다. 이처럼 백인의 소통에 반영될 수 있는 여러 특권을 생각해볼 수 있다.

미국에서 백인은 때때로 특권을 의미할 수도 있다고 보는 시각이 존재하는 반면, 백인은 "보이지 않는 특권"을 의미하지 않는다는 인식도 증가하는 듯이 보인다. 대도시 도심 캠퍼스의 전문대학 학생을 인터뷰한 Caharles A. Gallagher은 백인학생이 백인에 관하여 생각을 많이 한다면 그 때의 백인성은 특권으로서가 아니라 책임으로 본다는 것을 발견하였다. 그들은 종종 소수 인종학생이 더 많은 특권과 휴식을 얻는다고 느꼈다. 그들은 또한 유색인종 학생이 자신을 백인이기 때문에 인종차별주의자인 것처럼 편견을 가지고 본다는 점을 느꼈다.

일부 백인은 백인임은(Wonder Bread처럼) 재미없는 것을 표현한다고 보고 백인인 것에 그다지 긍정적이지 않으며, 다른 문화집단의 문화적 "풍부함"과 비교하면 흥미로운 것이 없다고 생각했다. 이것은 때때로 백인이 자신의 민족적 유산과 정체성(이탈리안계 미국인, 아일랜드계 미국인 등)을 회복하도록 이끌었다. 미국백인에게 민족성은 거의 자유자재로 입고 벗을 수 있는 것과 같을 수 있다.

아마도 정체성에서 이런 변화, 즉 백인성에 대한 커져가는 자각은 미국에서 변화되는 실태를 보여 주는 인구통계가 백인도 소수민족 사이에서 자신을 인식하기 시작하기 때문에 나타나는 중이다. Gallagher(1994)도 학생들에게 캠퍼스 내 백인과 흑인의 비율이 몇 퍼센트라고 생각하는지 설문조사하였다. 많은 학생이 백인은 30%이고 흑인이 70%라고 생각한다고 보고했다. 그러나 실제적인 비율은 70%가 백인이고 30%가 흑인이었다.

이 말을 하는 요점은 부정확한 지각을 거론하려는 데 있는 것이 아니며, 백인 혹은 소수민족이 더 특권을 받는다는 말을 하려는 것도 아니다. 이 인식이 어떻게 문화 간 소통에 영향을 미치는지 말하고자 하는 것이다. 우리가 인종주의자 혹은 특권을 받는 자로서 특권을 받고 있다고 느낀다면 타인과 어떻게 소통하고 있는가? 이런 정체성은 우리의 문화적 상호작용에서 어떻게 협상되고 확증되거나 도전받는가?

백인은 '관점'이다

백인성의 두 번째 차원은, Frankenburg에 따르면, 백인이 자신, 타인, 사회를 바라보는 기준점이 된다는 것이다. 백인이 공유하는 인식은 무엇인가? 그리고 이런 인식은 다른 문화집단 사람과 어떻게 다른가?

대표적인 예로, 아프리카계 미국인 명사 O.J. Simpson의 재판이 있었다. 그는 전부인인 Nicole Brown Simpson과 그의 친구 Ron Goldman의 살인피의자로 기소되었다. 판결이 나기 전에 이루어진 ABC 뉴스 여론조사에서 백인과 흑인 간에는 큰 인식차가 있었다. 백인의 77%는 Simpson은 유죄라고 생각했으며 흑인의 72%는 그가 무죄라고 믿었다(Arizona, Republic, October 1. 1995, p.A2).

백인과 흑인 모두 똑같이 방송된 재판, 증거,

논쟁을 시청했으나 서로 다른 "관점"에서 보아 다른 결론에 도달했다. 어떻게 이럴 수 있는가? 전문가들은 두 관점을 분석했고 재판과정이 진행되는 기간 일어난 대조적인 인식 차를 이해하려 했다.

대부분 전문가는 Fuhman(멋대로 수집한 증거와 인종차별주의에 책임이 있는 경찰)이 정상적이지 못한 예외적인 행위를 했다고 생각했다. 그러나 대부분 흑인은, 특히 L.A.에 있는 사람은 그 경찰이 특별히 상궤를 벗어난 것이 없으며 경찰은 그가 한 것처럼 흑인을 취급해 왔다고 보았다(Wilson, 1995, p.2). 여러 U.S. 집단에 속한 사람과 백인의 인식이 어떻게 대조되는지에 대해 수많은 사례가 있으며 이것은 아마도 덜 극단적인 사례 일 것이다. 또 다른 예로, Arizona Republic에서 보고된 CBS 뉴스 여론조사에 따르면, 백인의 38%, 흑인의 27%가 미국에서 인종관계는 일반적으로 좋다고 생각했다(1994년 10월 4일). 그렇게 백인이라는 것은 Kakayama와 Krizek의 연구에서 보고된 것처럼, 우리가 세계를 어떻게 보며 궁극적으로 어떻게 타인과 소통하는지에 영향을 미친다.

"나는 백인이라는 것이 무엇을 의미하는지 정확히 모른다. 그러나 우리 모두는 자신이 정말로 모르고 있다고 할 수 있을까? 그것에 관하여 결코 이야기하지 않았다 할지라도, 나는 우리가 일부 수준에서 이미 이해하고 있다고 생각한다. 흑인 소년이 엘리베이터를 탈 때, 혹은 당신이 백인 혹은 흑인 옆에 앉거나 서 있는 선택을 할 수 있을 때, 당신은 백인 쪽을 선택하여 서로를 본다. 그 백인과 당신 역시 더 나은 선택을 했다는 것을 안다. 아무 말을 하지 않아도 안다. 상황은 보이는 그대로다(p.298)."

당연히, 모든 백인이 모든 상황을 같은 방식으로 인식하지 않는다. 정체성은 역동적이고 협상되고 맥락 의존적이라는 것을 기억하라. 아마도 심슨의 재판 혹은 로드니킹 사건과 이어진 백인경관에 대한 재판같이 극단적인 상황에서 공유된 인식을 보는 것이 더 쉬울 수 있다. 그러나 그 때조차, 여전히 인식이 어떻게 인종과 연관되는지를 이해하는 것은 어렵다.

다시 이 변화는 인식, 정체성 표현이 우리의 소통에 어떻게 영향을 미치는지에 대한 질문으로 돌아간다. 이 변화는 지식을 교섭하는 방식인가? 심슨O.J. Simpson 공판에 따르는 논의는 문화 간 소통과 일부 공동의 토대를 발견하기 위한 기회를 제시해왔다. 흑인이 Mark Fuhrman을 만장일치로 질책하는 것처럼 백인은 Simpson이 배우자에게 했던 학대형태에 관해 흑인의 질책과 같은 말을 했다(Arizona Republic, 1995. 10.1, p.A22).

백인은 핵심 상징, 규범, 라벨이다.

핵심 상징은 집단을 기술하기 위해 사용되는 라벨과 행동의 규범에 반영되는 문화적 집단의 우선적인 가치이다(Hecht, Collier, & Ribeau, 1993). 규범은 표시가 없는 경우도 있다. 그것들은 명백하게 만들어지지 않는다. 그리고 규범이 백인에 의해 독특하게 공유되는 것은 드러내기 어렵다. 논의한 바대로, 이 어려움은 일부 백인이라는 규범적이고 지배적인 측면으로부터 온다. 딜레마는 백인이 모든 것이자 아무것도 아니라는 바로 그 점이지만 당황스럽기까지 하여 말하기는 어렵다.

이 문화관습은 때때로 백인이 아니고 배제된 사람에게 가장 분명하게 나타난다. Janet

Helms(1990)과 여러 학자(M. Asante, 1973 같은)는 백인에 의해 우선적으로 공유된 가치의 윤곽을 그리고자 해왔다. 예를 들면, 그들은 개인주의에 대한 믿음과 선형적인 사고에 대한 강조를 백인성과 가장 강하게 연관시키면서, 이 두 유형이 미국의 여러 백인 문화집단에 의해 보편적으로 공유된다고 보았다.

우리가 자신과 타인에게 민족성 혹은 인종이라고 특징지어 부착한 라벨은 핵심 상징의 범주로 볼 수 있으며 정체성이 표현되는 다른 방식이다. 라벨은 의미를 가지며 중립적이지 않다.

라벨과 정체성에 대한 탐구는 오랫동안 주변집단에 대한 것으로 집중해 왔다. 현안은 타인에게 이름을 붙일 권리를 가진 사람 주위에서 맴돈다. 누가 라벨을 사용할 권리를 가지는가? 지배집단은 타인에게 이름을 붙이는 힘을 행사할 수 있기 때문에 다시 권력이 작동된다. 또한 권력을 덜 가진 집단은 자신의 라벨을 통제하는 것이 어렵다. 본토 원주민 미국인은 스포츠 집단(Redskins), 차(Jeep Cherokee), 그리고 다른 상업상품에 대해 이름을 붙이는 부족용어의 사용에 대해 반대해왔다. 일부 아프리카계 미국인은 Aunt Jemima pancake mix와 Uncle Ben's rice에 대해 반대하고 있다. 퀘이커 교도는 Quaker Oats(시리얼 상표)의 사용을 필사적으로 반대해왔다. 우리는 자신의 집단을 "Fighting Honkey"라고 일컬을 때 좋아하겠는가? 주변집단에 대한 특정 반응은 경멸적인 라벨을 취하여 게이와 레즈비언에게 "qeer"이라는 라벨을 사용했던 것처럼 그것을 자신을 대표하는 것으로 만든다.

Dolores Tanno(1994)은 그의 다수 정체성이 어떻게 다양한 라벨에 반영되는지를 기술한다(그는 스페인계, 멕시코계, 라티나, 치카나의 미국인이다). 스페인의 라벨은 그가 가족에 의해 부여된 것으로 같은 스페인 선조를 가진다. 멕시코계 미국인이라는 라벨은 그의 정체성을 구성하는 두 가지 중요한 문화를 반영한다. 라티노는 스페인 혈통의 여러 사람과 문화적 및 역사적 연결성을 반영한다(남미인과 푸에르토리코인 같은). 그리고 치카노라는 라벨은 정체성을 표현하는 데 있어서 정치적이고 문화적인 주장을 강조한다. 그는 자신이 모든 것을 가지고 있으며 각각은 상징적, 역사적, 문화적 및 정치적인 것과 비슷하게 일부 다른 정체성이라는 점을 강조한다. 아프리카계 미국인의 라벨과 의미는 수 년 동안 진화해 왔다. Hecht, Collier와 Ribeau(1993)은 스스로 선호하는 라벨로 흑인에서 아프리카계 미국인으로 바꾼 전환이유는 자기결정, 장점, 진보와 통제라는 문제에 있다고 보았다.

백인은 무엇이라 일컫기를 원하는가? 우리는 백인 전문대학생에게 어떤 라벨을 자신에게나 타자에게 사용하고 싶은가 물어보았다. 많은 학생이 "가장 규범적인"이라는 라벨과 "가장 덜 구체적인" 라벨을 선택했다(Martin, Kri zek, Na kayama, & Bradford, 1996). 그들이 백인이나 백인미국인으로 불리기를 원할 수도 있으나 앵글로색슨이나 프로테스탄트인 백인으로 불리기를 원하는 것은 아니었다. 백인이 지리적(앵글로) 혹은 역사적(WASP)이라는 구체적인 "위치"로 지정되기를 거부한다면 그것이 의미하는 바는 무엇인가? 그것은 타인을 범주화하고 이름을 붙이지만 자신은 범주화되지 않는 규범적인 집단이라는 권리를 표현하는가?

그러나 이런 것은 우리의 "백인성"이 현대

미국사회에서 규정되고 재교섭되는 것으로 변하는 것일 수 있다. 이 라벨의 현안은 백인에 의해 더 많이 논의될 수 있다. 우리는 다양한 라벨의 의미를 조사할 수 있다－아프리카계 미국인, 백인, 유럽계 미국인. 혹은 우리는 우리가 불리기를 원하는 것을 타인에게 부르거나 협상하는 것을 배울 수 있다. Mary Jane Collier이 제안한 것처럼 우리는 협상하여 자신이 원하는 대로 불리거나 자신이 중요하다고 생각하는 정체성을 확언하는 것을 배울 수 있다.

백인성 개발

우리는 어떻게 백인의 의미를 개발하는가? 이 의미(성별의 의미처럼)는 시간이 지나면서 타인과의 소통을 통해 개발된다. 정체성 개발은 유한한 시작과 끝이 아니지만 그럼에도 불구하고 우리가 누구인지를 이해하는 여러 위치를 표시하는 몇 가지 단계가 있다. 미국에서 소수자 집단구성원은 다수 집단구성원 보다 더 초기에 인종과 민족정체성이라는 의미를 개발해 왔다. 심리학자 Rita Hardiman(1994)은 그것을 다음과 같이 기술한다.

> 인종과 문화에 대한 내 강의에 등록한 백인학생은 내 강의에서 유색인종 문제에 관하여 배울 것이라고 기대하곤 한다. 그런데 이 수업 내내 우리가 백인성을 논의할 것이라 하면 놀라워한다. 일부 학생은 백인이 아닌 여성이라거나 노동자, 가톨릭신자, 유대교라는 그들의 다른 특징을 말한다. 백인성에 대한 질문을 받을 때, 그들은 당황스러워 하며 백인이라는 점이 자신에게 무엇을 의미하는지에 관하여 처음 생각해 본다고 말한다(p. 125).

1단계 : 사회의식의 부재

Hardman의 모형에서, 정체성개발의 첫 단계는 백인과 소수집단 모두가 동일하다.

이 단계에서 아동은 신체적 차이나 일부 문화적 차이를 자각하지만 두렵거나 적대적인 것을 느끼지는 못하며 특정 인종을 탁월하게 느끼지 않는다. 그러나 궁극적으로 그들은 인종집단에 관한 사회적 환경(가족과 사회)으로부터 받는 메시지에 열중한다.

2단계 : 수용

두 번째 단계인 수용은 인종집단 소속감에 관한 메시지의 내면화와 백인의 "정상임"에 대한 믿음의 획득을 표현한다. 이것에는 수동적인 수용 혹은 지배적인 사회화의 적극적인 수용이 있을 수 있다. 여기서 중요한 점은 이 단계에 있는 개인은 인종에 관한 특정 세계관을 수용하기 위해 프로그래밍되어왔다는 것을 자각하지 않는다는 점이다. 단순히 의심을 하지 않고도 일이 이루어지는 방식이다.

- 수동적인 수용

수동적인 수용 단계에서는 백인임에 대한 의식적인 공감이 없다. 이 단계에서 백인은 다음의 미묘한 인종차별주의 관점을 고수할 수 있지만 그들 자신을 인종차별주의자라고 보지는 않는다. 오히려, 인종차별주의는 Klu Klux Klan (kkk단) 추종자 같이 극단적인 태도를 고수하는 사람이라 본다.

1. 소수집단은 자신의 문화를 해체하고 동화되기 위해 도움이 필요하다.

2. 차별조처금지법은 역차별이다. 왜냐하면 유색인종에게는 백인이 결코 가져보지 못한 기회가 주어지기 때문이다

3. 백인의 문화, 음악, 예술과 문학은 "고전"이다. 유색인종에 의한 예술 작품은 원시적인 예술 혹은 "공예"이다.

4. 유색인종이 "문화적으로 다르다"는 것은 그만큼 개인으로 볼 때 백인이 집단정체성, 문화를 가지지 않았거나 인종적인 특권을 공유한 경험이 없다는 의미이다.

이 단계에서 사람은 보통 민족적 현안이나 유색인종과의 상호작용과 관련해서 두 가지 수동적인 태도 중 하나를 취한다. 그들은 도와주는 입장을 취하거나 혹은 피한다. 즉 그들은 인종적인 현안을 피할 수 있으며 유색인종에 가까이 가는 것을 피하거나 그들이 있을 때 공손한 자세를 취할 수 있다. 혹은 그들은 도와준다는 입장을 취할 수도 있으며 행복하지 못한 사람을 돕기 위해 매우 걱정하거나 노력할 수도 있다. 더 이익을 누린다고 인식되는 소수자를 향해서 분노가 있을 수도 있다. "왜 모든 흑인 학생이 학생 광장에서 함께 앉았는가?" 일부 백인은 결코 이 단계로 움직이지 않는다. 그들이 그렇게 한다면, 많은 사건이 축적된 결과이다. Hardiman은 적극적인 수용단계에서 다음 단계로 간 학생 중 한 명의 변화를 기술하였다.

고등학교에서 아프리카계 미국인 작가에 대한 수업을 들었다. 그 학생은 작가의 경험이 오래 전의 일이며 그 때 존재했던 불공평함이 현재 시정되었다고 생각했다. 후에 대학에 들어가고 아시아계 미국인 학생과 아프리카계 미국인 학생과 친한 관계로 발전한 후에, 그는 공평하다는 가정을 반박하는 다른 경험을 하기 시작했다. 그는 자신의 거주지에서 많은 흑인 남학생이 경찰에 의해 무차별적으로 폭행을 당하고 학생들이 이에 저항하는 것을 목격한다. 이 사건은 그 학생에게 특별한 영향을 미쳤는데, 이 사건 후에 "현실에 따라 불공평함이 존재한다"고 설명했다 (p.127).

3단계 : 저항

저항 단계는 그들의 조건에 대해 희생자를 책망하는 위치에서 인종문제의 출처로 백인 자신의 지배집단을 질책하는 주요한 태도적 전환을 보여 준다. 이런 저항은 수동적인 저항의 형태를 취할 수 있으며, 행동변화가 거의 없거나 적극적인 저항－인종차별주의의 지배권－이다. 개인은 자신의 많은 행동이 인종차별주의라는 것을 인정함으로써 당황할 수도 있다. 일부는 그들 자신을 다른 백인에게서 거리를 두고 싶을 수 있으며 유색인종 지역사회에 참여하고자 할 수도 있다.

적극적인 저항 단계에서, 백인이 백인사회를 변화시키는 것은 백인의 책임이다. 그들은 선한 "자유로운" 지원자에서 변화의 적극적인 주체자가 되는 것으로 전환된다. 그러나 그들은 다음 단계로 전환을 하면서, 유색사회를 인식할 수도 있으며 자신이 속한 문화에서 벗어나서 백인을 재규정할 필요성을 느낀다.

4단계 : 재규정

이 단계에서, 에너지는 비인종차별주의 용어에서 백인을 재규정하는 데 초점을 맞추거나 방향을 설정한다. 백인은 그 사회에서 그들에 대해 놓은 규정을 인정해서는 안 된다는 것을 알게 된다. 그들은 유럽계 미국인이라는 긍정적인 측면으로 보기 위해 인종차별주의의 네크워크를 극복해서 움직일 수 있으며 이로 인해 백인임에 더 편안함을 느낄 수 있다. 여기서 어려운 도전은 백인문화가 무엇인지를 확인하는 것이다. 때때로 이것은 유색인종과 상호작용하고 접촉할 때 이루어질 수 있다. 자신의 백인성을 재규정하기 위해 움직이기 이전에, 두 번째 과업은 인종차별주의가 유색인종에게만 많은 영향을 미친다는 생각을 극복하고 백인에게도 유해하다는 방식을 확인하는 것이다

5단계 : 내면화

이 단계에서, 백인은 마지막으로 자신이가진 정체성의 모든 양상을 백인으로 통합할 수 있다. 그리고 이것은 다른 측면의 사회 및 개인적인 정체성—성역할, 종교적 역할 등에 영향을 미친다. 이 단계는 정체성에 관해 덜 의식하며 자발적인 행동으로 모든 측면에 내면화되어 명료해진다.

요약

이 논문은 우리가 21세기에 들어섬에 따라 미국에서 백인이 무엇을 의미하는지에 관한 대화를 하고자 시작했다. 이 세대에는 백인 성에 포함되어 있는 생각이 경쟁적인 양 측면으로 드러나는 듯 보인다. 즉 보이지 않거나 보이는 양자로서 바로 특권과 책임으로 나타나는 것이다. 그것은 부정과 긍정 양쪽으로 보인다. 그리고 이 차원 모두는 다른 것과의 소통으로 다 소모된다. 우리의 정체성은 동시에 소통에 의하여 형태화되어왔고 형태화되는 중이다. 이제 몇 가지 질문으로 성찰과 논의를 마치도록 하겠다.

1. 당신이 자신의 인종정체성을 자각했던 첫 시기는 언제인가? 성장해감에 따라 친구들과 가족과 어떻게 이야기하였는가?

2. 당신의 가족은 민족성에 관하여 어떻게 말하는가?

3. 당신이 백인이라면, 어떤 맥락에서 당 신이 백인이라는 것에 관하여 생각하는가? 당신은 백인만 있을 때 백인이라는 것을 느끼는가?

4. 백과 흑이라는 범주에 있어서 인종에 관하여 생각하는 소통적인 결과는 무엇인 가? 당신은 백 혹은 흑으로써 누군가를 쉽 게 범주화할 수 없을 때 무엇을 느끼는가?

개념 이해와 질문

1. Martin에 따르면 자신의 민족정체성을 규정하는 데 있어서 소통의 역할은 무엇인가?
2. 백인의 민족정체성의 차원은 미국사회에서 공동문화 중 다른 민족정체성과 어떻게 다른가?
3. 백인의 민족정체성의 개발단계는 무엇인가? 이 단계는 유의미한 방식에서 볼 때 다른 문화 혹은 공동문화에서의 민족정체성 개발과는 다른가?
4. Martin이 "문화정체성은 소통을 통해 협상하고 공동창조하고 실행하고 도전한다"고 할 때 주장하는 것을 설명하라.
5. Martin에 따르면 "인종과 민족정체성 사이의 차이점은 무엇인가?"
6. Martin은 "경계가 있는 정체성"을 어떻게 규정하는가? 그는 "지배적인 정체성"을 어떻게 규정하는가?
7. 당신은 대부분의 백인에 의해 공유된 일단의 문화적 규범과 상징이 있다고 믿는가? 있다면 이런 규범과 상징은 무엇인가?
8. Martin가 말한 관점이라는 단어는 무엇을 의미하는가?
9. 당신은 백인의 일부 "핵심 상징"을 목록화할 수 있는가?
10. 당신은 "우리가 어떻게 백인의 의미를 개발하는가" 라는 Martin의 질문에 대하여 어떻게 생각하는가?

Judith N. Martin is Professor in the Hugh Downs School of Human Communication, Arizona State University, Tempe, Arizona.

치카노/니 민족성: 내용에서 찾은 개념

James Steven Sauceda

멕시코인을 선조로 둔 미국 시민으로 로스앤젤레스에서 전 생애를 살아가고 있고, 거리에서나 대학환경에서 치카노/니 민족성을 처음 연구했던 사람으로서, 또한 캘리포니아 심리전문학교와 남캘리포니아 대학과 같은 제도 안에서 치카노 언어수업을 개발하고 가르치는 사람으로서, 나는 대부분의 연구자가 치카노/니 민족성의 본질적인 기제를 완전히 잘못 이해하고 있다는 결론에 이르렀다.

사회학, 인류학, 심리학 혹은 민족연구를 활동범위로 하면서 자격을 갖춘 시민으로 살고 있는 것과 상관없이, 나는 치카노/니 민족성은 주어진 것으로 본다. 치카노/니에 대한 연구기록은 사실 잘못된 정보가 많아 잘못 인도되고 있는 것이 분명하므로, 이 집단에 대한 지식을 구하는 사람에게 가치 있는 정보를 거의 주지 못한다. 역사적으로 다양한 탐구분야는 학자적으로 지루한 학명, 치카노/니 가족 구조에 대해 잘못 정리된 일반화, 검토되지 않은 우스꽝스러운 인격과 문화에 대한 가정을 재생산해왔고 팔아왔다.

내가 쓴 바대로, 객관적인 과학이라는 역설적인 목표 하에 안타깝게도 더 부정확한 치카노/니의 초상화를 그려왔다. 이 글은 실제 치카노/니 민족성이 작동하는 구성요소에 대해 바로잡는 탐색으로서 내가 아는 것을 공적으로 진술하는 첫 시도이다. 일반적인 미국 집단과는 다르게 치카노/니라는 특수한 집단에 대해 더 세부적이고 새로운 조사를 하도록 관심 있는 자들에게 격려하고자 한다.

나는 이 주제에 관한 내 관점이 자주 상식에서 벗어나고 모순되며, 현재 있는 어떤 규칙에는 맞지 않다는 점을 인정한다. 그러나 나는 모든 내 관찰을 미국이라는 경계 내에서 멕시코 유산을 지닌 사람과 계속 교류하면서 나온 실제 경험으로 확증한 것이라고 주장한다.

멕시코계 미국인 및 치카노/니라는 용어 이해하기

1848년 과달루페 이달고 조약[16]에 서명함으로써, 미국의 정치적 용어에 새로운 라벨이 덧붙여졌다; 멕시코계 미국인. 이 라벨은 이전에 멕시코인 혹은 멕시카노스로서 알려져 있었는데 매우 이질적인 집단에게 붙여졌다. 이 조약 이전 수 세기 동안 멕시코인들은 두 가지의 풍부한 유산을 한 문화로 합병하여 충분히 발전

16) Guadaulupe Hidaalgo: 멕시코 전쟁 종식을 위해 미국과 멕시코 사이에 맺은 조약.

시켜왔다.

유럽계 스페인어를 하는 원주민 인디언은 공식적으로 "제3의 문화를 지닌 미국인"이라는 범주로 구분했는데, 여기에 문화적으로 이질적인 멕시코인을 포함시켰다. 미국문화에 멕시코인 문화가 공식적으로 유입된 것은 에이브러햄 링컨과 헨리 클레이가 멕시코와 벌였던 계산적이고 위헌적인 전쟁의 결과였다. 그래서 과달루페 이달고 조약으로 이루어진 미국의 영토 경계의 확장은 멕시코계 미국인이라는 실체를 처음 만들었다. 많은 미국인은 궁극적으로 멕시코 땅의 반이 이 시점에 미국의 침입으로 미국 영토로 속하게 되었다는 것을 잊었거나 혹은 결코 알지 못하고 있다.

오늘날 멕시코계 미국인이란 용어는 3세대 사람보다 2세대 사람을 구분하는 라벨이 될 가능성이 있다. Penalosa는 스스로를 멕시코계 미국인이라 부르는 사람을 민족성이라는 연속성의 거의 중간 지점쯤이라고 말한다. 게다가 그는 "멕시코계 미국인은 멕시코계 조상이란 존재를 지속적으로 의식되고 있어서, 자기개념의 일부분으로 중요하게 취급한다. 멕시코 혈통은 그들에 대해 긍정적인 가치, 부정적인 가치 혹은 더 일반적으로는 두 가지의 모호한 합성으로 이루어질 수 있다"고 말한다.

남서부 전역에서 꽤 자주 사용하며 내 마음이 가장 선호하는 용어는 치카노/니이다. 치카노/니라는 용어의 최초 그리고 현재의 의미에 관해서는 많은 불확실성이 있다. 그 용어는 1947년 출판된 『El Hoyo』라고 이름붙인 허구적인 촌극에 기록된 것에서 추적할 수 있다.

이 용어는 논쟁의 여지가 있다 해도, 민족성이라는 주제를 논의할 때 멕시코계 미국인이라는 라벨보다 더 많이 사용된다. 나 역시 이 용어를 더 선호하는데 그 이유는 치카노/니는 일반적으로 자가생성된 용어로 생각하기 때문이다. 즉 어떤 사람이 치카노/니를 "Mexicano"의 Nahurtl 발음을 "Me－shi－ca－noh"로 하는 원주민 인디언으로부터 출발되었다고 추적했든지 혹은 "Chicane(장애물)"의 축약형인지는 그 집단에 대한 진실로 남아 있다.

내가 라벨보다 치카노/아를 사용하는 두 번째 이유는 그것이 더 자기 의식적으로 민족적이라는 것이다. Meier과 Rivera는 「*the Chicano: A History of Mexican Americans*」에서 진술하는 것처럼 "치카노"는 민족적 국가주의라는 부수적 의미를 지닌다. Penalosa는 치카노/니라는 용어를 연속성의 다른 맨 끝에 놓는 것에 동의한다. 즉 치카노/니는 대단히 많이 민족적 공감을 드러내는 지점으로, 멕시코 정체성과 혈통을 정확하게 자각하지 않으나, 국민으로서의 발전을 위해 적극적으로 일하고 헌신한다.

민족적 조사에 연관된 용어로서 어떤 용어가 더 적합한지에 관해 이 간략한 멕시코계 미국인 대 치카노/니의 논의는 단순하게 치카노/니를 확립하는 쪽으로 이루어져 왔다. 치카노/니 단어를 독단적으로 주장할 수 있는 입장은 아니지만, 이 집단의 민족적인 연구를 위해 더 정확한 단어를 확립하고자 하는 것이 내 개인적인 시도이다.

민족성에 연루된 규정

Isajiw는 민족성의 올바른 규정을 찾으려는 탐구 중에 최근 65개의 사회적 및 인류학적 연구를 검토했다. 그가 발견한 것은 이 연구 중 52개가 명확한 규정이 전혀 없다는 놀라운 사실이었다. 이것은 연구자들이 일반적으로 민족성은 한 용어 혹은 개념으로 전혀 해명이 되지 않는다는 가정을 암시한다. Gleason은 대부분의 연구자가 민족성을 규정하는 방식에 관하여 좌절한다는 말을 표현해왔다. "내 불만은 현실이 복잡해서 알기 어렵다는 것이 아니고 멜팅포트, 복수주의, 민족성 같은 용어가 모호하다는 것도 아닙니다. 내 불만은 오히려 연구자가 이런 모호한 용어들을 하나도 모호하지 않은 의미를 가진 것처럼 다루는 데 있습니다. 특별히 치카노/니를 연구하는 Casavantes는 그런 논의가 '민족집단의 구성원이 되는 것이 무엇인지에 관해 혼란스러운 상태기 때문에 문제가 있다는 사실을 인정'하면서 그의 분석을 시작합니다."

Isajiw은 민족성의 표준화된 규정을 모색함에 있어서, 뚜렷하게 민족적이라 믿는 속성의 명부를 수집하는 데 성공하였다. Jsajiw의 리스트는 가장 자주 되풀이 되는 다섯 가지 속성을 27개 규정으로 축소함으로써 만들어졌다. 그래서 의견의 일반적인 합의에 따라서, 민족적 소속감은 공동문화, 공동종교, 공동언어, 공동인종, 그리고 공동의 조상혈통 등의 조건을 요구한다.

얼핏 보면 이 명부는 민족적 소속감을 확립하는 합법적이고, 쉽기조차 한 방식을 제공하고 있는 것처럼 보일 수 있다. 외관상, 한 민족집단에게 요구하는 모든 것은 그 집단 모든 인구가 이 다섯 가지 필요조건을 만족시키는지를 입증하는 것이다. 그래서 그들이 그렇다고 한다면 공식적으로 민족집단으로 지정된다.

안타깝게도, 나는 이것과 연관하여, 그리고 모든 유사한 리스트도 마찬가지인데, 두 가지의 주요 문제가 있다는 점을 지적한다. 우선 나는 이 다섯 가지 속성 중 특이하게 취하든지 혹은 조화롭게 취하든지, 혹은 실제로 미국 하위문화에서 민족성의 소재가 있다고 확신하든지 간에, 실제로는 우리에게 알려주는 게 없다는 점을 지적한다. 둘째, 이 속성이 민족적 소속의식을 확립했다 해도, 나는 치카노/니는 다섯 가지 필요조건을 만족시키지 못한다고 주장한다.

독자들은 내 두 가지 주장에 놀랄 것이다. Isajiw에 의해 제시된 민족적 명부는 신뢰를 보장하는 상식적인 유형이 있음이 확실하다. 물론 나도 이 명부를 민족성에 대한 가장 잘 "동의된" 준거를 제시한다는 점에 대해서 반대하지 않는다. 내 논쟁은 더 기본적인 부분이다. 나는 명부가 실제 미국에서 민족을 확인하는 본질적인 기제를 무시한다고 믿는다. 나는 내가 치카노/니 경험이 Isajiw의 리스트 중 어떤 것은 만족시키지 못한다는 것을 체계적으로 입증하고 나서야, Jsajiw의 리스트 중에 남겨진 결정적인 양상을 제시할 것이다.

치카노에 관한 가장 기본적인 민족적 가정은 그는 공동의 문화를 공유한다는 것이다. 특이한 용어 문화는 치카노/니에 대해 다수의 영향력을 지닌다. 미국인의 문화는 공유되는 것이 분명하고 모든 시민들이 국가문화나 주류문화를 공유한다는 것은 당연하다. 그래서 이것은 민족의 필요조건으로 간주할 수 없다.

전형적으로 치카노/니는 전통적인 멕시코의 문화(penalosa가 초기에 결정적이나 점차 약화된다고 믿는)를 공유한다고 가정한다. Jsajiw의 공동문화에 대한 자신의 규정은 "한 사람이 특정 문화특성을 공유하는 특정집단에서 태어나며 그 속에서 사회화 된다"는 점을 말한다.

이 점에서 묻게 되는 공정하고 논리적인 질문은 다음과 같다. 치카노/아가 가진 멕시코적 문화특성은 구체적으로 무엇인가? 시간이 지나자 연구자들은 실제 그런 특성의 꽤 일관적인 리스트를 수집해왔다. 이것은 Casavantes의 『자존감과 편견 : 멕시코계 미국인의 딜레마』로 요약할 수 있다. 대가족의 존재와 그에 대한 의존, 즉, 어떤 봉사단체도 참여하지 않는 비협조적인 태도, 전통가치의 보존(변화에 대한 높은 저항), 충실한 반지성주의, 남성콤플렉스에서 나오는 행동, 불가능한 미래지향적 가치, 숙명론적인 태도(문화적 수동성) 등이 그것이다.

이 특성은 구체적인 문화적 속성으로 확립된 것 같다. 그래서 치카노/아가 가진 공동문화배경의 진실한 일반화로 활용하기에 적절한 듯이 보인다. 게다가 차카노에 대한 사회학적 및 인류학적 분야는 이 리스트에 호응하고 있다. 예를 들면, Octavio Romano의 검토 논문, 「멕시코계 미국인의 인류학과 사회학」에서 William madsen, Ruth Tuck, Lyle Saunders, Muro S. Edmonson, Florence R. Klluckholn, Fred Strodbeck, Celia Heller, Julian Samora, 그리고 Richard A. Lamanna 같은 연구자 가운데 어떤 합의된 의견이 있는지 자세히 말한다.

그러나 Casacantes와 함께 Romano와 그의 동료연구자들은 이런 문화적 특성 중 모든 것이 빈곤층 사람의 일반화된 기술일 뿐이라는 점을 확인했던 것은 중요하다. 그래서 연구자들이 전형적으로 해왔던 연구는 구체적인 문화적 속성으로 경제적 조건으로 결정된 것을 확인하는 잘못을 범했다. 그 결과로 치카노는 반지성적인 사람이라든지 혹은 비협조자라는 등의 오해가 계속 있어 왔다.

Garcia－Bahne은 Casavantes의 생각에 동의하며 "인종과 문화는 사는 조건의 현실과 혼합되어 있어서 그것이 가족의 질을 정적이고 내면적인 것처럼 보이게 했다. 그래서 차카노가 되는 것은 자동적이고 단순하게 치카노들이 자신을 발견한 조건을 설명하고 책임지는 일단의 고정관념적인 가치를 가지는 것과 같은 뜻으로 취급된다"고 진술한다.

치카노/니에 대한 많은 연구는 비정형의 표본에 근거한다. 즉 비전형적인 시골 국경지역 마을의 인구가 자주 표본으로 선정되었다는 것을 기억하는 것 또한 중요하다. 1973년까지 Alvarez는 적어도 치카노 인구의 83%가 도심에 살고 있다는 보고를 했다. 1980년도에 이 통계치는 유의미하게 더 높아졌음이 확실하다. 연구자에 의해 만들어진 시골 치카노에 대한 일반화는 잘못되었다는 의심을 가지는 것 이상이다. 그 연구들은 도심의 맥락에 적용할 수 없는 것이 확실하다. 치카노는 도심에서 거주하는 인구이다.

요약하면 치카노/니에 귀인된 보통의 특성(멕시코 문화로부터 유래된 존재로서)은 사실 전혀 민족적이지 않으며 경제적이다. 그래서 가난의 문화가 기술되고 있으며 치카노/니의 문화가 아니다. 이제 위에 기술된 사람들과는 다른 특성이 문화적인 것으로 제시되어 왔던 것이 확실하다. 예컨대, Murillo에 따르면 멕시코계 미국인과 앵글로 (지배적이거나 주류인구) 사이의 문화적 차이는 정신적인 세트, 지향 유형이나 행동, '당연한 것'에서의 차이라는 견지에 있을 수 있다. 이 매우 모호한 차별화는 일부 종류의 남미적인 틀의 정신 혹은 남미적인 특질의 행동과 연관이 있다. Murillo는 "멕시코계 미국인에게는 과거 성취와 부의 축적을 통해 간접적이라기 보다 오히려 정서적인 경험이나 지적인 자각을 통해 직접적으로 일을 경험하는 것이 더 가치 있다" 라고 말함으로써 더 모호함을 주기조차 한다. 여기서 Murillo는 그의 초기생각과 같지는 않지만 치카노/니의 "영성"적 특질을 거론하고 있지만 그것은 모호하고 본능적인 가정 외에는 아무것도 설명할 것이 없다. Murillo는 모든 치카노의 문화적 특질에 대한 설명이 무엇이든 간에 심리적인 자료 혹은 증거를 제공하지 않는다.

이제 독자는 치카노/ 니에 명확한 "공동문화"가 존재한다는 생각이 철저히 훼손되는 것을 목도했다고 말하는 것이 안전하다. Isajiw의 명부에 대한 다음의 민족적 필요조건은 공동의 종교이다. 이것이 가진 문제는 통계상으로 가톨릭교에 우세한 소속감을 보여 준다 해도, 그 숫자가 공동종교라 언급하는 정도는 아니다. 왜냐하면 매우 놓은 수준의 합의가 되어 있어서 관습화된 나는 고도로 동의되어 관습화된 종교적 철학을 언급하기 위해 공동종교를 선택했다. 미국 민족성에 대한 어떤 특정 종교의 영향력은 확실하게 추적하기 무척 어렵다. 그러나 여기서 결정적인 것이 무엇인가하면, 치카노/니가 어느 정도 자신의 민족성을 잃지 않고도 신교도나 무신론자가 될 수 있다는 것을 중요하다고 제시하는 것은 우스꽝스러운 일이다. 더 직접적으로 설명하면 치카노/아의 가톨릭교 출석은 다양하기 짝이 없다. Catolocos por La Raza가 제시했던 Los Angeles 사례를 보면, 교회의 정통적인 태도는 주요한 변화가 이루어져야 한다고 단언했던 1960년대 후반의 신앙심 깊은 집단을 목격해 보자. 더 최근에 치카노 소설가 (Ron Arias, Thomas Rivera, 그리고 Rudolfo Anaya)와 함께 시인, 작가, 벽화 예술가는 공동의 종교라는 생각을 해체시키는 반가톨릭 정서를 결정적으로 반영하여 왔다. Casavantes 역시 가톨릭교도라는 점을 결정적이거나 본질적인 민족적 필수조건이라고 취급하지 않음으로써 무시한다.

Isajiw의 민족리스트에 대한 세 번째 조건은 공동언어이다. 이 분야는 앞선 두 가지보다 무시하기가 더 쉽다. Alvarez는 이 문제를 보는데 있어서, 많은 경우에 치카노/니는 전혀 스페인어로 말하지 않는다고 주장한다. 이 사실은 내 자신의 경험과 수년의 관찰을 통해 확인된 것이다. 로스앤젤레스 동부의 스페인어를 말하는 사람의 거주 지역인 Barros에서조차 치카노 연극을 하게 되면 스페인어로 작품을 상연하지 않는다. 그래서 언어는 민족적 필요조건으로 간주할 수 없다는 사실을 강조한다. 나는 스페인어가 진실로 치카노 민족성에 대한 준거라고 확실히 한다면 엄격하게 볼 때, 적어도 치카노/아 인구의 1/3이 없어져야 한다고 평가할 것이다.

공동의 인종은 치카노/아 민족성을 논의할 때 끝없는 논의가 이어지는 조건이다. 우선 같은 인종이라도 엄격한 해석으로 하면 치카노와 지배적인 코카시안 문화 양쪽에 포함된다. 둘째, 인종은 일단 신체적으로 독특하거나 시각적으로 관찰할 수 있는 특징을 기준으로 삼는다 할지라도, 치카노/아는 인상학에 따라 평가하지 못한다. Penalosa가 그 문제를 간결하게 요약하는데 "높은 비율의 치카노는 미국인구 다수와 신체적으로 다르지 않다. 여기서 한 집단 전체를 인종이라는 견지에서 특성화할 수 없다."

Jsajiw 명부의 마지막 준거는 공동의 조상이다. 나는 대부분의 치카노/니는 유전적으로나 역사적으로 유사한 조상을 공유한다는 점에 동의하는 반면 여전히 그런 조상은 민족성의 표시는 아니라는 주장을 유지한다. 다른 방식으로 말한다면, 어떤 사람이 치카노 민족성의 진정한 구성원이 되기 위해서 공동의 조상을 가질 필요는 없다. 공동의 선조를 가진 내 위치를 설명하기 위해 나는 치카노/아 민족 성원의식으로 실제 무엇을 구성해야 한다고 믿는지에 대해 이제 자세히 말하고자 한다.

치카노/니 민족성의 상호작용 기제

민족적 소속감에 대한 현 상태의 모든 기준을 거부하면서 이제 치카노/아 민족성의 더 진정성 있는 규정을 제시하고자 한다.

치카노/니라는 민족소속감을 위해 가장 기본적인 필요조건은 한 사람의 심리적인 동일시, 수용이라는 주관적인 믿음, 집단에 소속되었다고 가정하는 정체성이다. 요약하면, 치카노/니 민족성의 규정은 모든 유전적, 사회적, 역사적 혹은 인구 통계적 양상을 기준으로 하는 것이 아니라 동일시와 수용이라는 심리적인 구성에 따른다.

이 규정은 Mrax Weber의 초기 주장을 토대로 한다. 그는 민족성의 소재는 바로 심리적인 것이라는 것을 정확하게 가정했던 사람이다. 나는 Weber 규정의 재형식화는 그가 "민족집단은 신체적 유형이나 관습 때문에, 혹은 양자 때문에, 혹은 식민화의 기억 때문에, 공동의 혈통이라는 자신의 주관적인 믿음을 가진다고 말했던 것에서 출발한다. 이것은 일반적으로 치카노/니 경험과 부합하는 것이 확실하지만, 조작적으로는 그 규정에 해당하지 않는다. 왜냐하면 한 사람은 민족집단의 구성원이기 위해 공동의 혈통을 공유해야 한다는 점을 믿을 필요가 없다. 비록 Weber는 "객관적인 혈통관계가 존재하든지 아니든 상관없다"는 것을 정확하게 인식했다 해도, 여전히 민족집단의 모든 구성원들이 공동의 혈통이라는 주관적인 믿음을 제공하는 것이 필요하다고 느꼈던 것이 분명하다. Weber은 내가 내린 규정에 포함되는 또 다른 주요한 개념도 건드렸다.

민족적 소속감은 후자처럼 올바른 사회적 행위를 하는 집단이 아니라 가정된 정체성에 의해 이루어진다고 본다는 점에서 정확하게 친족집단과는 다르다. 여기서의 관점으로 보면, 민족소속감으로 집단을 이루는 것이 아니다. 다만 그것은 특정 종류, 특별히 정치적인 영역에서, 집단 형성을 용이하게 할 뿐이다. 정치적인 사회는 얼마나 인위적으로 조직되었든 상관없이 우선적으로 공동의 민족성에 대한 믿음을 고취시킨다.

안타깝게도, Weber의 민족성에 대한 명백하고 주관적인 해석은 쉽게 오해를 받을 수 있다. 나는 민족성이라는 개념이 현실의 사회집단과 민족, 정치·진보적 행동주의를 무시하기 위해 만들어진 구인으로 생각한다. Weber의 생각을 명확하게 하려면, *민족성은 무엇보다 핵심에서 소외되는 두려움과 존재론적 불안으로부터 비롯된 콤플렉스 행동유형이다라는* 내 믿음을 표현해야 한다.

요약하면 민족성은 기본적으로 지역사회라는 의미를 창조해서 개인의 소외를 감소하는 기제이다. 공동의 혈통은 자주 편리한 공동체요건을 제공하나, 나는 이런 요건이 민족성을 확립하거나 추진해 나아가게 하지 않는다는 점을 고수한다. 민족성의 출처는 존재론적인 절망이며, 이 조건에서 민족집단은 심리적인 동일시가 이루어진다(한 사람이 암묵적으로 가정하거나, 외양상 본래 그 속에 속한 사람이라는 말을 듣는다). 그러나 공동체(집단이 제공하는 사회적 타당성에 기인한다고 생각되는)의 결과적인 의미는 종종 유사한 유산과 역사라는 점으로 인해 혼란스럽다. 민족집단이란 전형적으로 존재론적 불안에 대한 진정성 있는 완충 역할을 제공한다. 또한 자존감을 일으키는 데 초점화된 방식을 제공한다. 부정하지 않는 것은, 여기서 나는 민족성을 단순히 실제적인 기제로 놓고자 하지만 그렇다고 그것의 중요성 혹은 잠재적으로 긍정적인 영향력을 축소하려는 것이 아니다.

Weber가 주장하는 것은 민족성이 믿음체계이지 물리적인 실재가 아니며(추적할 수 있는 객관적인 준거에 기인된), 오히려 철학적인 관점이라는 것이다. 그래서 정치적인 사회가 민족집단의 관찰할 만한 윤곽을 가장 잘 확립한다는 결론에 도달한다. 그렇다고 이것이 필히 모든 민족의식이 사람을 정치적인 행동으로 움직이게 하는데 만 목적을 둔 전문가에 의해 거짓으로 꾸며대는 것이라는 의미는 아니다(비록 이것이 발생한다 해도).

일반적으로 정치적인 민감성을 가진 특정 집단사람은 종종 공동의 조상문화에 대한 기여(지적이면서도 예술적인)로 다소간의 상호 자존감을 찾고자 한다는 의미이다. 그 결과는 더 인간적일 수 있으며 사회적 조처를 위한 통찰력 있는 추진력이 될 수 있다.

중심점으로 돌아가서, 치카노/아의 민족성은 기본적으로 형이상학적인 실재이며, 물리적인 환상이다. 사람이 어떤 "집단"을 찾고자 한다면, 조사해도 효과가 없을 것이다. 치카노/니의 특성과 행동을 수량화하기 소망하는 사람들은 오직 끝없는 다양성을 발견할 수 있을 뿐이지 동질적인 개성을 찾을 수는 없다. 진술된 모든 공동문화, 종교 등의 민족적 속성은 민족성 그 자체가 아니라 다만 민족성의 증상 혹은 증표이다. 그런 공통성은 공동체감을 조장(자주 민족성이라 불리우는)할 수 있으나, 심리적인 동일시나 그 집단으로 가정하는 정체성으로의 수용에 대한 믿음은 없다. 한 사람이 그 집단의 가정된 정체성으로 수용의 믿음과 동일시를 한다면, 그 사람은 공동의 조상, 종교 등을 가질 필요가 없다.

나는 Luis Valdez의 탁월한 연극인 Zoot Suit를 민족성의 주관적인 규정을 지지할 목적으로 소개한다. 1965년부터 현재까지 Valdez는 그의 독특한 형태의 극장을 통해 치카노/니 민족성의 범위를 표현하기 위해 작업을 해왔다. Los Angeles의 Mark Taper Forum에서 개발되었고 초연을 했던 Zoot Suit는 치카노 공동체 사회 내에서 성공적인 결과를 낳았다.

치카노/니 민족성에 관한 특정 가정이 검증되는 연극인 연구의 대상이 1940년대 초기에 있었다 할지라도, 이에 대한 질문은 지금도 적용된다. '잠자는 늪'에서 심문을 받고 있는 난폭하고 힘이 센 멕시코계 젊은이 중 하나는, Valdez에 의해 극화된 것처럼 독특하다. 비록 그 청년은 로스앤젤레스 동부에 있는 스페인어를 하는 사람들의 거주 지역인 barrio에서 "동향인"이 보여 주는 모든 특징적인 행동을 하고 있다 해도(드레스, 말씨, 걸음걸이 등등), 그는 여전히 이 난폭하고 힘이 센 멕시코계 젊은이를

"앵글로" 혹은 "백인"이며 멕시코계 조상은 전혀 아니라고 주장한다.

Valdez는 "앵글로"라는 말이 치카노인 것에 부적절하다는 것을 믿을 때나 조소거리의 대상으로 표현할 때 사용하는 특징이 있다고 본다. 그는 "실제" 치카노로서 집단은 유사한 유산 때문이 아니라 그 집단에서 충분히 확인되어왔다고 가정하는 정체성을 믿고 수용할 때 성립된다고 보았다.

치카노/니의 민족성에 대한 심리적인 생각을 확인하는 다른 예는 최근 로스앤젤레스 타임지 Los Angels Times에서 발견된다. Gerald Haslam에 의해 쓰인 논문에서, Amado Muro의 경력이 조사되었다. 1971년에 죽은 Muro는 많은 사람에 의해서 현대 치카노 작가 중 "가장 웃기고, 총명하고, 유연하고 다작한" 사람으로 간주된다. 놀랍게도, Haslam의 논문에서 지적하길 "Muro는 없다. 결코 존재한 적이 없었다." 청소년기의 젊은 치카노인 Chester Seltzer가 존재했었다는 쪽으로 밝혀지게 되었다. Chester Seltzer는 아호로써 아내의 처녀 적 이름 'Amada Muro'를 가명으로 사용해왔던 중년의 영국계 저널리스트 이다. Haslam은 그래서 Seltzer를 명예 치카노라고 부른다. 그는 Valdez가 정한 특성 내규에 따르면 그야말로 진정한 치카노이다.

치카노/아 민족의 성원의식은 주로 미국인의 사회에 의해 부과된 인종주의의 편협성과 고정관념을 가진 분류로 만들어졌다. 비치카노/아 인구가 자주 치카노가 어떤 사람이어야 하는지를 규정한다는 것은 역설적인 것 같다. 그러나 그렇게 한다. 사실 개인의 행동을 사회적으로 민족이라는 라벨을 부치며 모방한다면, 그 개인은 본의 아니게 민족적으로 만들어지며, 그렇게 해서 지배적인 사회의 인종차별주의 전형화가 계속된다.

로스앤젤레스에서 1940년대의 멕시코계 미국인은 민족적으로 소속감을 가지기 위해 주트복[17]Zoot suit을 입는 것처럼 해야 했다. 오늘날조차 정부는 스페인식의 성사용에 대한 차별금지조처법에 대해 성을 쓰는 사람이 자격이 있는지를 확인한다(그런 성은 소수집단 배경을 암시하기 위해 꼭 필요한 것은 아니다). 미국에서 132년 차별의 결과는 차별이 잘못되었다는 것과 마찬가지로 치카노 민족성은 피할 수 없는 것이라는 생각을 생산해왔다. 예컨대, Los Angeles 사람은 전형적으로 빳빳한 카키색 바지, 격자무늬 셔츠와 밴대나 Bandena[18]를 매달고 있는 사람을 본다면 그를 멕시코인이 아니라 단지 범죄자로 보며, 범죄자일 뿐만이 아니라 범죄 중에도 나이프를 들고 위협하는 더러운 갱단원 유형 등으로 보는 것이 분명하다.

불행하게도 많은 치카노/니는 공격자와 무심코 동일시된다. 그러나 범죄행동은 여전히 지배적인 권력구조에 의해 만들어진(그들에 대해 반복적으로 만들어진) 범죄 조건의 결과이다.

그런 인종차별주의의 다른 영향은 적대적 형태의 민족 동일시로 나타나서 멕시코 유산을 가진 사람에 대해 양극단이다. 이제 "지역공동체"는 인종차별주의를 대변하면서 집단 분노와 소외를 전달한다(대체로 사회의 자기 방어감이 정점에 이른다). 『민족심리분석』이란 제목의 책에서 Pevereux는 민족의 역기능적인 측면을 분명히

17) 아래 자락을 잡아맨 헐렁한 바지와 긴 상의로 이루어진 남성복.

18) 빨간[파란] 바탕에 흰[노란] 염색을 한 큰 손수건[스카프].

설명해왔다. 나는 많은 치카노/니가 민족이 과도하게 감정적으로 포장되어 있다는 점을 알고 있다고 믿는다.

현대에 와서 이 장면은 잠재적으로 의미있는 계급 정체성을 다 박탈당한 사람의 예들로 가득 차 있으나, X는 실제 혹은 가짜 민족의 명칭인 X를 제외한 모든 것이 되는 것을 멈춘다. 한 사람의 민족정체성이 한 사람의 잠재적인 전체 목록 중 제한된 부분만으로 구조화될 때 이 과정은 이제까지보다 더 위축된다. 여기서 A가 오직 과시하듯이 존재를 고집하는 순간 이미 민족 정체성과 상관이 없으며, 하루 24시간 동안 그 행동의 큰 부분을 조직하고 안정화하는 모든 '골격'이 제거된다.

여기서 "Viva La Raza" 혹은 "yo soy 치카노/아"의 탄트라라는 비정상적으로 심적 에너지를 제공한다면, 실제 긍정적으로 시위하거나 혹은 "자유에 대한 "외침"의 진정성 있는 표현이 아니라 영양부족이라는 자기감의 신호이다.

Devereux 역시 많은 민족정체성 표시는 "적대적인 문화변용"과 "고의적인 일탈"의 유형으로부터 나타난다고 지적한다. 나는 특정 치카노/아 행동들－예컨대, 의복유행, 차 그리고 걷는 유형들조차－은 주류사회에 대항한 부정적인 유의성 혹은 적대심을 가져올 수도 있다고 생각한다(한 사람의 민족적 정체성을 더 원래 그대로 유지하거나 방어하는 방식으로). 그런 적대주의와 일탈은 민족집단에 대한 자기 개선의 건강한 의미로 발전할 수 있다(왜냐하면 그것은 한 집단을 자극하고 지배적인 사회를 극복하게 한다).

안타깝게도, 나는 치카노/니 민족성의 많은 트렌드가 역기능적이라 보는데 그 이유는 그것이 평등에 대한 저항의무로 동기유발되어 과도하게 심적 에너지를 공급받기 때문이다. 분노와 열망이 한 사람의 여러 계급 정체성들을 삼켜 민족 정체성만을 고집하는 정당한 이유가 되었다. 정당한 이유가 되풀이하여 누적되면 진정성있는 정체성의 토대가 된다. 나는 이런 해석을 부정하지 않는다. 그것을 인정하는 것은 한 사람에게 치카노/니의 미국사회 기여라는 특정 사실을 더 낫게 이해하기 위한 새로운 연장을 주기 때문이다.

예컨대, 그것은 Luis Valdez가 상업적으로 관습적인 극장을 활용할 수 있기까지는 거의 한 세기 반이 걸렸던 이유이며 그의 작품 주트복 또한 브로드웨이에서 서지 못했던 이유이다. 실패는 히스패닉이 아니거나 치카노/니가 아닌 모든 관중 구성원들에 대항하여 히스패닉에 대해 맹목적으로 이루어진, 불공평한 진술 때문이었다. 요약해서, 치카노/니 예술가는 통합적인 것이 아니라 역사적으로 반사회적 행동을 선동하고, 내성적인 미적 충동으로 움직여 왔다. 지배적인 사회에 대한 그것의 결정적인 경멸은 의미 있게 주류의 측면을 창의적으로 도입해 융합하는 치카노/니의 능력을 가치절하에게 만들었다. "앵글로"와 직접적인 거래를 통해 발전하고자 노력한 모든 치카노/니는 민족을 팔아치우는 사람으로 공격받았던 것이 사실이다.

그러나 치카노/니 민족성에서 이런 종류의 폐쇄된 체계접근은 "앵글로"의 경우로 국한된 것은 아니다. 최근에 나는 로스앤젤레스에서 밴드 음악 "치카노"라는 제목으로 재녹음했던 한 밴드의 리더와 함께 있었다. 나는 그에게 왜 "치카노"라는 이름을 붙였는지를 물었는데 그의 대답은 "외국"이라는 출처에 전혀 영향을 받지 않았다는 것이다(그는 jazz를 "흑인" 인 것으로 Rock을 백인들의 것으로 생각한다). 유사한 폐쇄적인 체계는 치카노/니의 극단이다(일반적으로 주류 관중 앞에서 상연하지 않는다).

외부로부터 격리된 예술 뒤에서 꾸는 꿈은 일부 "순수한" 민족 비전을 유지하고 재규정하는 데 있다. 현실은 발전에 저해 된다. 그런 예술은 더 충분한 맥락의 적절한 예술로 통합될 때까지 영양실조 상태로 남을 것이다.

결론 : 지금 우린 시작할 수 있다.

독자는 생각건대 내가 치카노/니 민족성을 진정성 있게 나타내는 두 가지의 상호작용적인 기제들을 제공해온 것에 대해 실망할 수도 있을 것이다. 그러난 나는 Isajiw가 "이상적으로 바람직한 규정의 목적은 연구되는 현상의 속성들이 다 포함되는 가운데, 다양성이라는 규칙을 적용하는 최소한 숫자의 속성으로 구분하기 위한 것이다. 또한 속성 중 포함되지 않아야 하는 것에 대해서는 분명하게 지적할 수 있어야 한다" 고 규정적인 토대를 제공하면서 원칙으로 지킨다.

나는 내가 제시한 두 가지 기제가 치카노/니의 민족적 정체성의 범위에 대한 정확한 설명을 제시한다고 믿는다. 게다가 나는 특정 속성이 치카노/니 민족성을 규정할 때 포함되지 않아야 한다는 점을 표현해 왔다. 이 보고서의 서두에 진술한 것처럼, 나는 치카노/니 민족성의 개념에 대한 진정성 있는 내용을 바로잡고 확립하도록 돕기 위한 첫 번째 공식적인 진술로 이 모든 생각을 제시해왔다. 나는 많은 사람이 내 입장에 대해 동의하지 않을 수 있다는 점을 알고 있다(특별 경우가 아니라 여러 치카노/니를 포함하여). 그러나 나는 내 모든 생각을 독단적으로 주장하지 않겠다. 단지 그 생각을 책임을 져야할 해석으로 간주할 뿐이다.

개념 이해와 질문

1. Sauceda는 왜 과달루페 이달고 조약의 서명이 “멕시코계 미국인”이라는 표현을 만들었다고 믿는가?
2. Sauceda는 “멕시코계 미국인”과 “치카노/니”라는 표현사이에 어떤 구별을 만드는가?
3. Sauceda는 왜 “민족성”이라는 단어를 둘러싼 혼란이 있다는 주장을 하는가? 그는 어떻게 이 단어를 규정해야 한다고 믿는가?
4. 당신은 “치카노/니 경험이 모든 Isajiw의 리스트를 채우지 못한다는 Sauceda의 생각에 동의 하는가?
5. Sauceda는 치카노/니 소속감에 대한 가장 기본적인 필요조건이라는 믿는 것은 무엇인가? 그의 필요조건은 모든 민족 집단에 적용되는가? “그렇다”면 “왜”인가? “아니다”라면 “왜”인가?
6. 당신은 치카노/니 민족 소속감은 “인종차별주의의 편견과 주류미국사회에 의해 부과된 고정관념적인 분류에 의해 만들어진다”라는 거의 53년 전에 만든 Sauceda의 주장에 동의하는가?
7. 당신은 Sauceda가 35년 전에 언급한 편견과 고정관념이 그가 주장했던 시기와 마찬가지로 오늘날에도 유지된다고 보는가?
8. Sauceda이 주장한 민족성에 대한 “폐쇄적인 체계” 접근이라는 표현은 무엇을 뜻하는가?

James Steven Sauceda is Professor in the Department of Communication Studies and the Founding Director of the Multicultural Center at California State University, Long Beach, California.

문화 경계에 걸침 : 다수의 재사회화 정체성 탐구

Chuka Onwumechili Peter O. Nwosu, Ronald L. Jackson II

서론

재사회화에 관한 연구는 간문화적 적응분야에서는 매우 드물다. Sussman(2005)은 "본국으로 재이주re-migrating하는 미국인이나 서구인의 숫자는 무시할 만한 정도여서 이 현상을 조사한 연구는 없었다. 그러나 서구도 해외체류를 했다가 귀국하는 사람return sojourn은 많으며(기업 임원, 학생, 교사, 선교사, 공무원, 군인), 이들을 대상으로 하는 연구는 많이 이루어졌다"고 말했다(p.30). 본질상, 간문화적 적응연구는 서구 연구자에 의해 행해졌기 때문에, 대부분의 연구는 서구인에게 공통적으로 인지된 사건에 관한 관심으로 초점을 맞추어 왔다. 이 왜곡된 연구 방향으로 인해 문화를 넘나들며 움직이는 사람의 삶에 대한 연구는 거의 이루어지지 않았다. 그나마 드물게 연구된 개인은 문화적 일시체류자transient로 더 잘 알려져 있다.

Onwumechili, Nwosu, Jakson, James-Hughes(2003), Kim(2001), Berry(1999)는 정확한 글로벌 자료 부족이 일시체류자의 흐름을 추적하기 어렵게 해왔다는 점을 지적하였다. 그러나 일시체류자의 숫자는 비교적 저렴한 국제 교통수단과 국가 간 경제적 격차 등과 같은 요인 때문에 상당할 것으로 보인다. 이 요인은 예를 들어 국제 경계선을 넘어 노동이동의 증가를 촉진해 왔다. 홍콩에서 Taai Hung Yahn 혹은 "우주비행사astronauts"라고 불리는 이 현상은 가족이 서구에 이민해와 거주하면서 자신의 고국인 홍콩에서 새로운 비즈니스를 하면서 두 국가 사이를 왕래한다는 의미이다. 다른 예로는 미국에서 일하지만 해마다 중요한 기간에는 아프리카의 고국으로 돌아가는 아프리카인, 국경을 넘어서 왕래하는 미국의 멕시코사람이 있다. Sussman(2005) 역시 여러 일시체류집단의 증가를 지적하고 있다. "새로 들어온 홍콩이민자 출신 관리자는 한 번에 한 주 혹은 한 달 동안 Shenzhen, Dongguan, Shanghai를 왔다갔다 출장을 가야 한다. 그동안 그의 가족은 홍콩에 남아 있다(pp. 33-34)" 그러므로 국경을 넘어들 수 있는 교통수단으로 인하여 일시체류 현상이 존재할 뿐만이 아니라, Onwumechili, Nwousu, Jackson, James-Hughes의 사례처럼 일시체류자의 직위에 대한 조사가 늘어나고 있다.

이 보고서가 일시체류자가 한 문화에서 다

른 문화로 움직임으로 해서 문화정체성의 교섭에 관해 이론화하는 것에 주안점을 두고자 한다. 이유는 일시체류자가 주요 현안이 되어 가는 데 반하여 그들의 삶에 대한 연구는 부족하기 때문이다. 따라서 이 장은 간문화적 일시체류자의 유형에 관하여 세부적인 사항을 제공하는 데 목적이 있다. 또한 이 글의 마지막 부분에서 문화정체성 이론 중 특별히 문화계약이론에 초점을 두고 일시체류자의 정체성 협상을 다루고자 한다.

문화변용 연구

문화변용 연구는 거의 한 시대 동안 이루어져 왔다. Persons(1987)은 그 분야의 초기 연구자 중 한 명으로 Park을 꼽는다. Park은 1914년 들어온 많은 이주자의 이주국가 문화와의 접촉연구를 수행하면서, 이주자는 접촉부터 시작해서 순응을 경험하고 동화를 최고점으로 하는 진보적이고 선형적인 과정을 따른다고 결론지었다. 그러나 소통학자는 문화 간 소통 분야에서 사회화에 대한 선구적인 연구로 1950년대 연구를 종종 언급한다. 1950년대 초기 연구 중의 하나는 미국에서 풀브라이트 기금을 받아 문화적응유형을 조사했던 노르웨이인인 Sven Lysgaard(1955)의 연구로서, 많은 문화권에서 들어온 외국인이 가지고 있는 문화적응 모형을 제공했기에 역사적으로 남는다. 그 모형은 문화변용모형처럼 도취감의 시기로부터 시작해서 문화쇼크, 회복, 마지막에 적응으로 발전되는 U 커브를 가정했던 모형이다. U 커브의 가정은 U 커브 유형을 경험해왔던 사람이 귀국했을 때 유사한 유형을 경험할 가능성 있다는 가설을 한 Gullahorn and Gullahorn (1963)의 W 커브로 발전했다. 오늘날 U 커브와 W 커브 모두는 타당한 문화적응모형으로 더 이상 거론되지 않는다(Onwumechili & Okereke-Arungwa, 2001). 이렇게 해석하게 되는 중요한 이유는 두 가설 중 어떤 것이든 간에 연구하려는 학자도 지원을 받지 못하기 때문이다(Sussman, 2001; Berry, 1999; Ward, Kennedy, Okura, & Kojima, 1998; Anderson, 1994; and Brislin, 1981). Berry(1999)는, 외국문화를 접촉하게 된 개인에게 나올 수 있는 결과가 하나 이상 존재한다는 점을 지적했다. U와 W 커브는 모든 사람이 이주국가문화에 틀림없이 적응해야 한다고 이론화했지만 이와 다른 개인에게 나타날 수 있는 결과의 가능성을 수용하지 못했다. Berry 연구와 함께 Navas 외(2007 & 2005), Bourhis 외(1997)는 이주국가 문화에 항상 성공적으로 적응하지는 못한다는 것을 보여 주고 있다. 대신 그들은 문화쇼크에 대한 반응에 대처하기 위한 선택이나 이상과 현실 사이의 관계에 따라 이주국가 문화에 동화 혹은 일탈될 수 있다고 설명한다. Padilla와 Perez(2003)는 이주국가 문화에 동화, 적응, 분리하든지는 별도로, 피부색깔, 말의 억양, 종교적인 의상, 성별을 포함하는 수많은 요인이 사람의 선택에 영향을 미친다고 설명한다. 게다가 또 다른 연구는 외국문화에 머문 후에 본국으로 귀국하는 사람의 재사회화는 단지 U 커브의 확장이 아니라는 점을 보여 주었다. 대신에 재입국자returning sojourner는 여러 요인 가운데 (Berry, 2005; Cox, 2004; Sussman, 1986; 그리고 Uehara, 1986를 참고하라), 자신과 타자의 변화를 자각하지 못한다는 점과 재입국하는 경우 생기는 문제를 예상치 못한다는 점을 포함

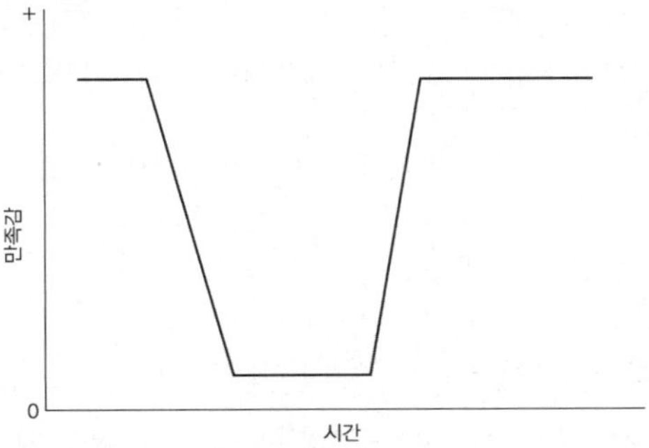

그림 1. 회복과 적응 이전에 입국, 쇼크, 우울의 과정을 나타내는 U 커브

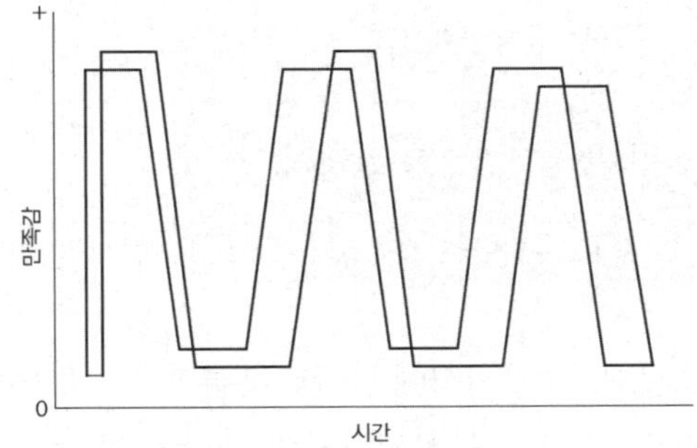

그림 3. W 커브를 발전시켜 일시체류자의 입국과 재입국에서 몇 가지 조우를 경험하는 과정을 설명한 순환 커브

하는 매우 다른 문제를 가지고 있다.

U와 W 커브는 외국문화에 결국은 적응하는 사람에 대한 사회화의 유형을 설명하는 실증적인 사례로서 중요하다(Onwumechili, Nwousu, Jackson, & James−Hughes, 2003). 그림 1과 2는 두 커브 가설을 그래픽 기술로 만들어 제공한 것이다.

문화변용과 재변용연구는 여기에 검토된 연구를 포함하여 그 분야의 초기 40년 동안 몇 가지 중요한 개념에 기여해왔다.

이런 것은 타인 가운데 문화쇼크의 이해, 적응유형, 소통역량을 포함하고 있다.

그 분야는 지난 15년 동안 외국문화를 접촉하게 된 개인의 문화정체성에 대한 효과를 밝혀내는 쪽으로 연구의 초점이 새롭게 전환되어 왔다(Sussman, 2000; Kin, 2001). 이 새로운 초점은, 예를 들어 제3의 문화세우기 분야의 연구이다(Chen & Starosta, 1998; Casmir, 1993). 또한 다문화주의(Adler, 1982)분야의 연구도 포함되어 있다.

50년 넘게 그 분야의 연구가 있었음에도 불구하고, 점차 늘어나고 있는 일시체류자에 초점을 맞춘 연구는 대체로 무시되고 있었다는 것은 놀라운 일이 아니다. Onwumechili, Nwosu, Jackson, James−Hughes(2003)은 일시체류자가 보이는 순환적인 커브의 적응유형을 그래픽 기술로 표현하여 제시하고 있다(그림 3). 물론 이 그림은 문화를 넘나드는 일시체류자의 적응과정에 대한 사례를 성공적으로 제시하나, 모든 일시체류자의 경과를 반영하고 있지는 못한다.

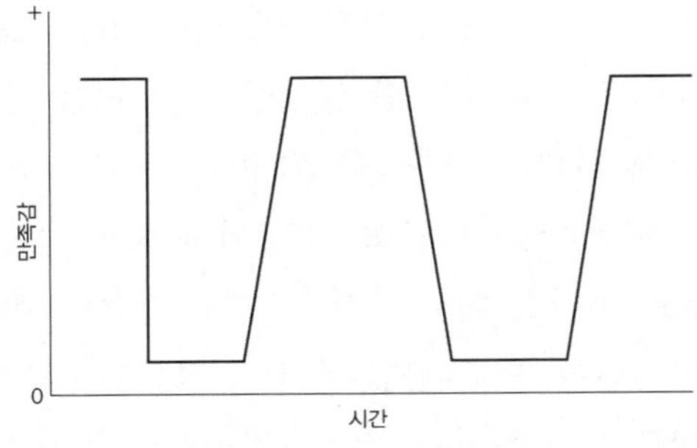

그림 2. U 커브의 가설을 해외체류자의 재입국으로 발전시킨 W 커브

문화적 일시체류자의 유형

Onwumechili, Nwosu, Jackson, James−Hughes(2003)은 문화적 일시체류자의 범주를 기술하기 위해 두 가지 주요한 요인을 활용해

표 1 일시체류 유형

일시체류활동의 기능	체류기간	
	단기(6개월 이하의 다수 지역 체류)	장기(한 지역에서 6개월 이상 체류)
사회경제적/정치적 일시체류자	단기체류의 "우주비행사" 나이지리아 일시체류자	장기체류의 "우주비행사"
서비스-취업 일시체류자	일시적 농업 노동자	파견된 군인

서 문화적 일시성에 대한 분류법을 제시하였다. 두 변인은 일시체류자의 기능적 활동과 한 문화에서 거주하는 기간으로서, 이를 통해 (a) 단기 사회경제적/정치적 일시체류자, (b)장기 사회경제적/정치적 일시체류자, (c)단기 서비스/ 취업 일시체류자, (d) 장기 서비스/ 취업 일시체류자로 나눈다.

사회경제적/정치적인 일시체류자는 본국과의 연결을 유지하고자 하는 이유를 사회 혹은 비즈니스 상황으로 범주화한다. 사회경제적 일시체류자와 서비스/취업 일시체류자 사이의 중요한 차이점 중 하나는 전자가 양쪽 문화의 시민이거나 적어도 영주권을 가지고 있는 사람이라는 것이다. 사회경제적 일시체류자와 서비스/취업차원 사이의 또 다른 중요한 차이점은 전자의 경우 문화적 역량이 취업의 결정요소는 아니라는 것이다. 이 경우 사회경제적 차원에 대해, 채용의 장소는 본국이다. 본국에서 해외파견의 형태로 큰 조직에 소속되어 오기 때문에 현지에서 구인할 필요가 없는 일자리이다. 게다가, 채용에 관련된 결정은 고국과의 밀접한 관계에 의해 사회문화적으로 영향을 받는다.

서비스/취업 범주는 외국으로 취업을 해서 이동하지만 그의 주요한 주거는 태어난 나라라는 특징이 있다. 서비스/취업 범주 아래에서 분류된 일시체류자는 자주 주기적인 형태로 일하기 위한 문화 중 하나에 들어간다.

이 일시체류자는 양 문화의 위치에서 일하는 것을 유지할 수도 있다. 이들이 본국에 나가서 구한 일자리는 본래 일시적이거나 계절적이다. 이때 모국이 아닌 문화와의 접촉은 사회적 이유와 연관된 것은 거의 없고 일자리와 더 많은 상관이 있다. 아래 상세하게 범주 각각을 설명하며, 표 1에서 각 유형을 제시한다.

단기 사회경제적/정치적 일시체류자

이 일시체류자가 반복적으로 두 개 이상의 문화로 이동하는 이유는 사회경제적 혹은 정치적인 이유 때문이다. 단기 일시체류자는 한 문화에서 6개월 내의 시간을 보내고 다음 문화로 이동하여 비슷하게 시간을 보내는 사람이다. 이 유형의 일시체류자는 19세기부터 존재했다. Rossler(1995)은 독일의 숙련공과 장인은 특정 지리적 지역에서 그 기술에 대한 필요를 공급하기 위해 전 유럽을 돌아다니며 여행자를 위한 지도라는 형태를 그렸다.

시간의 길이는 문화적으로 다른 외국 혹은 장소를 방문하면서 한 달 내로 머무르는 통상적인 피서객과 여행자를 일시체류자와 구분하는 데 결정적으로 중요하다. 이 유형의 일시체류자는 6개월 이하의 짧은 거주 때문에 종종 비자기간이 만료되면 자신의 직업을 떠나서 무한대로 반복되는 저임금의 다른 직업으로 다시 일자리를 잡게 된다. 이런 유형으로 문화 간 여행을 하는 나이지리아은 병원, 교통(예, 운수사업), 세무서(대체로 세금낼 때), 저임금 직종에서 일한다.

홍콩 "우주비행사"는 최근에 광범위하게 보고된 일시체류자 집단이다. 일부 우주비행사는 사회경제적 범주에서 단기 일시체류자로 분류한다. Chen(1990)은 홍콩의 "우주비행사"인 Stanley Tam는 30개월 동안 수차례 홍콩에 있는 직장과 토론토에 있는 가정 사이를 왕복한다고 했다.

Chen에 따르면 이 "우주비행사"가 미국에서 벌 수 있는 수입은 때때로 홍콩에서 보다 3배를 넘는다. 그들은 미국과 캐나다에만 사는 사람보다 더 안정적인데, 그 이유는 토론토에 거주하는 것이 사회생활과 학교교육에 좋고 중국에서 홍콩에 요구할 수 있는 공산주의의 생활과 정책에 대한 두려움이 없기 때문이다. Chen은 이런 이주민의 30%와 60% 정도는 다시 홍콩으로 귀국하여(1984년 홍콩이 중국에 이양되자 해외로 이주한 이주민) 숙련된 전문가집단이 이민가면서 비워있던 요직을 채워가는 중이다.

해외에 일하던 일시체류자가 나이지리아로 귀국하는 상황도 이와 유사하다. 1980년대 초반 대부분 나이지리아인은 일시적인 체류를 계획으로 서구에서 일한 후 고국으로 돌아왔다. 그러나 1980년대 초반, 군이 국가를 장악하여 부주의한 통치를 수십 년을 한 결과 나이지리아 경제가 무너지자, 귀국할 예정이었던 일시체류자는 나이지리아로 영구 귀국하려던 것을 재고하게 되었다. 재고를 했던 사람 중 많은 숫자는 외국에서 영주하기를 결정하고 이주지역의 시민권을 받아들였다. 귀국하기를 선택한 사람도 영구귀국을 원하지 않았다. 대신 그들은 고국에 일시체류하기를 선택했다(Onwumechili, Nwosu, Jackson & James-Hughes의 보고서, 2003, pp. 47-48).

장기 사회경제적/정치적 일시체류자

장기 일시체류자는 이 범주의 단기 일시체류자와 유사한 특징을 가진다. 그러나 우리는 그들을 장기로 기술하는데 그 이유는 접촉하는 문화 중 하나에서 더 오랜 기간을 보내기 때문이다. 이 사람은 본래 한 문화에서 몇 년을 보내고 다른 나라에서 체류하는 과정을 반복할 수도 있다. 그러나 그들은 단기 일시체류자가 한 것처럼 한 문화에서 다른 문화로 짧게 머물다가 이동하지 않는다. 일본이나 홍콩의 "우주비행사" 역시 이런 범주에 적용된다. Chen(1990)은 미국에서 4년 동안 체류한 후 홍콩에 돌아왔던 "우주비행사" 중 한명을 기술했다. "나는 홍콩에서 $2000이상 받을 수 없지만 미국에서는 한 달에 약 $6,400을 번다."

Chen은 홍콩 귀국자의 경우를 볼 때, 언어장벽, 문화적 차이, 새로운 생활적응 같은 도전 요인이 해외체류자가 되기 위한 결정에 주된 역할을 한다고 하였다. 같은 보고서에서 Chen은 호주로 재입국하려고 홍콩에서 떠나기 전에 거주기간 요건 때문에 2년간 머물렀던 다른 "우주비행사"를 설명했다. Chen이 보고한 1990년에, 일시체류자는 홍콩에서 다시 호주에 돌아가려는 1995년까지 돈을 모으기 위해 홍콩에 머무를 것을 계획했다. Andres Bermudez의 경우처럼 해외농장 노동자로 일해서 일 년에 $300,000 넘게 벌어들이는 캘리포니아의 대규모 농장주(도급업체)로 성공한 사례도 있다(Bakker & Smith, 연도미상; Mena, 2001). Bermudez는 최소 3년에 한 번씩 미국과 멕시코를 오가며 고민한 끝에 멕시코 Jerez의 시장 선거에 출마하기로 하였다.

Onwumechili, Nwosu, Jackson, James-Hughes(2003)은 이주법이 일시체류자가 장기 혹은 단기를 결정하는 데 중요하다고 보았다. 시민권은 체류자가 특정 국가를 입국하여 머물다가 오랜 기간을 떠난 후에 재입국하는 경우라도 장기 일시체류자로 살 수 있는 기회를 제공한다. 에쿠아도르를 포함한 몇 나라는 이중 시민권을 합법화해 달라는 체류자의 요구를 인정해주고 있다.

단기 서비스/취업 일시체류자

단기 서비스/취업 일시체류자는 사회적 고려사항 때문이 아니라 일을 위해서 문화적 경계를 넘어간 사람이다. 그들은 양 문화에서 일할 수도 있고 일시적 혹은 단기적으로 국제노동력을 고용하는 대기업에 취업하곤 한다. 그들은 단기 일시체류자인데 그 이유는 6개월 이내의 시간을 이쪽저쪽 문화권에서 보내기 때문이다. 주기적으로 이주하는 노동집단은 이 단기 일시체류자의 범주에 들어간다. 미국은 수 년 동안 이런 형태의 노동인력을 활용해왔다. 미국 농장의 멕시코인 인력 프로그램인 Bracero를 예로 들면, 그것은 1942년에서 1964년까지 시행되었으며 미국 농장에서 일하기 위해 멕시코로부터 들여온 농업노동자를 고용하기 위해 만들어졌다(Martin & Martin, 1994). Martin과 Martin은 이 노동자 중 일부는 매년 돌아갔다고 덧붙였다(p.877). 이 귀국자는 자신의 고국에서 일하면서 주기적으로 미국에 와서 일했다. 400만 명이 넘는 멕시코인 노동자가 한 프로그램이 끝나면 다른 프로그램으로 다시 미국으로 일자리를 찾아 들어간다. 독일, 아랍에미레이트, 카타르, 쿠웨이트, 룩셈부르그 역시 원정 노동자를 활용한다(Castles, 2006; Jones, 1996; Rudolph, 1996). 독일에서 Gastarbeiter로 알려진 방문노동체계 역시 2차 세계대전이 끝난 직후 산업노동자를 구하는데 활용되었다. 그 프로그램은 노동자를 터키, 이탈리아. 그리스, 포르투칼 등 여러 국가에서 유입하여 활용하였다. 이 노동자 중 몇몇은 자신의 본국으로 영구적으로는 돌아가지 않았으며, 두 나라를 넘나든다. 독일의 Gastarbeiter는 숙련정도가 낮은 노동인력의 부족에 맞추기 위해 터키시민이 국경을 넘어 들어오는 형태로서 오늘날에도 여전히 남아 있다(Castles, 2006; Rudolph, 1996).

장기 서비스/취업 일시체류자

이 범주의 일시체류자는 단기 일시체류자와 비슷하다. 그들은 단기 일시체류자가 되기를 고려하는데 이유는 조우한 문화 중 하나에 더 오랜 시간을 거주하기 때문이다. 이런 사람들은 2년 동안 특정 문화에서 일하면서 이 나라에 체류하는 과정에 대해 만족할 수도 있다. Onwumechili, Nwosu, Jackson, James-Hughes(2003)은 이 범주의 사례로 병역생활을 해외에서 하는 해외근무 군인과 선원의 경우를 들고 있다. 해외근무인 군인의 중요한 점은 외국문화를 빈번하게 조우한다는 것이다. 일반 시민으로 사는 동료와 다르게 해외에서 거주하는 군인은 종종 익숙한 군인공동체와 친구의 네트워크 가운데 살면서 기본활동을 하고 있어서 거주하는 문화로부터는 동떨어져서 군 기지에 둘러싸여 기지중심 활동으로 대부분의 시간을 보낼 수 있다. 그러나 그들이 얼마나 동떨어져서 살고 있는지 상관없이, 군속으로 일하는 현지인과 접촉하거나 군대 병영 밖에서 모험을 하는 정도로 잠깐이라도 거주하는 문화와 조우할 수 있다.

해외파견 군인만이 장기 체류자 범주의 구성원과 구분되는 유일한 경우는 아니다. 예컨대, 모국에서 떨어져 장기간 계약된 외국인 근로자도 이 범주에 들어간다. 미국, 캐나다, 독일을 포함하는 몇 나라는 고용분야에서 노동력 부족을 채우기 위해 외국인 노동자를 도입하는 프로그램이 있다. 미국은 몇 가지 고용분야에서 외국에서 근로자를 모집하는 HI-B를 도입했다. 그것은 영주권이나 시민권을 제공하지 않으며, 고용주가 계속 고용하는 한 그 나라에 머무를 수 있다. 이런 일시체류자는 미국에서 취업기간 동안 미국과 고국사이의 이곳저곳으로 여행할 수 있다. 2000년, 독일은 필요한 정보기술자를 모집하기 위해 계획된 5년 비자를 도입했다. 독일의 비자는 비교적 성공적으로 운영되고 있으나 미국처럼 영주권, 시민권을 제공하지 않았다. 다만 미국처럼 이들이 모국과 독일의 국경을 넘나드는 문화적 체류자가 되는 비자를 허용한다.

문화정체성 전환

문화적 일시체류자는 한 문화에서 다른 문화로 움직이면서 자신의 정체성에 대한 도전을 계속 받는다. 몇 가지 문화정체성 이론은 우리에게 일시체류자의 정체성에 대한 문화적 효과성을 분석할 수 있도록 틀을 제공한다. 이런 이론은 복합정체성 전환, 다문화적 인사(간문화적 사람), 나-타자 변증법(예, 이방인-본토인), 네트워크 이론, 지역사회건설자, 문화이동의 문화정체성 모형(CIM)을 포함한다. Jackson(1999)의 문화계약이론도 이런 이론 중 일부이다.

여기서 우리는 Sussmans(2005)가 "우주비행사"를 포함하는 홍콩 귀국자의 문화정체성을 설명하기 위해 사용한 모형의 적용가능성을 검토함으로써 논의를 시작할 수 있다. 우리는 Jackson의 문화계약이론을 검토할 수 있는데 일시체류자의 문화정체성 투쟁을 설명하기에 적절한 이론이다.

우리가 초기에 논의한 문화적 일시체류자 유형은 일시체류자의 정체성 협상에서 특이한 경우일 수 있다. 그러나 유형이 너무 많기 때문에 정체성의 일시적인 협상에 영향을 미칠 수 있는 모든 변인을 논의하는 것은 어렵다. 어떤 일시체류자의 예를 들면, 한 문화적 환경에서 보내는 이유가 단순하기 때문에 이중문화정체성을 구하려는 동기가 없을 수 있다. 반면 문화적 환경에 있는 장기 일시체류자에게는 적용할 수 있다. Padilla의 연구를 보면, 문화적 일시체류자의 사회변용 목적은 차별의 여러 유형, 언어차별화, 낙인찍기를 포함하는 현지 반응에 의해 좌절될 수 있다. 이런 반응은 체류자가 문화적 정체성의 목적을 강제로 재평가하게 만들었다. 게다가 체류자의 문화적 가치차원(예를 들어, 집단주의 혹은 개인주의)은 협상하기를 선호할 수 있는 정체성 유형과 방법에 영향을 미칠 수 있다. 본래, 문화정체성의 협상은 복잡하고 문화정체성을 교섭하는 과정이 수많은 변인과 특징에 의해 영향을 받기 때문에 정확하게 범주화하는 것은 어렵다. 그래서 일시체류자 유형과 무관하게 일시체류자의 문화적 정체성을 묘사하는 것이 더 효과적이다. 그럼으로써 우리는 문화정체성 효과의 일부를 부수적으로 간략하게 논의할 수 있다.

문화정체성 모형 (Cultural identity Model, CIM)

Sussman(2005)은 CIM을 해외체류자의 귀국 결과를 이해하기 위해 활용한다. 그는 홍콩에서의 재이주를 조사하기 위해 이 모형을 활용하였다. Sussman(2005)은 개인의 문화정체성은 문화 간 조우 동안 변할 수 있다는 점을 지적하였다(p.5). 귀국 후에 문화 간 조우는 문화정체성을 전환하는 데 기여한다. 이 전환은 감퇴substraction로 이름 붙였다. 감퇴라는 문화정체성의 결과를 경험하는 사람은 본국과의 낮은 문화정체성으로 본국을 떠나왔던 사람이다.

제2의 문화정체성의 성과를 경험하는(귀국해서 고국문화가 불편한)사람은 고국에서 적절한 문화정체성을 가지고 떠났으나 높은 수준의 문화적 유연성을 가지게 되어 해외 체류문화에 높게 적응을 한 경우이다. 긍정적인 문화정체성의 성과를 경험하는 사람은(귀국해서 고국문화가 편안한) 본국에 대한 높은 문화정체성을 가지고 떠났으나 낮은 문화적 유연성을 가지고 있어서 해외 체류문화에는 적응을 잘 못한 경우이다. 간문화적 정체성의 성과를 긍정적으로 경험하는 사람은 본국에 대한 문화정체성을 가졌으나 해외 체류문화에도 높은 적응력을 가진다. 이 후자의 집단은 간문화적 정체성으로 이곳저곳 이동하면서 몇 가지 문화를 적응할 수 있도록 매우 높은 문화정체성을 가졌기 때문에 일시체류자의 삶에서 더 안정적일 수 있는 사람으로 기술한다. Sussman(2005) 연구에서는 홍콩 귀국자의 소수만이 이 범주에 속한다고 보고하고 있다.

정체성 전환의 다른 효과

문화정체성 전환의 몇 가지 다른 이론은 이 점에서 논의가 필요하다. 예를 들면, Langer(1989)의 논의는 유념성mindfulness과 정체성 전환의 논의는 새로운 범주의 창조, 새로운 정보의 개방, 하나 이상의 문화적 시각 자각을 포함하는 세 가지 명확한 준거를 토대로 한다. Langer는 사람은 새로운 문화적 환경에 접촉하면 문화적 정체성을 교섭하고자 적극적이거나 유념적이라는 입장이다. 이와 반대되는 입장의 사람은 자기주위의 문화적 사건을 망각하고 대체로 "협조하지 않는", 마음이 없는 소통에 참여한다. 새로운 문화정체성 범주 창안에 대한 Langer의 논의는 Chen and Straosta(1998)과 Casmir(1993, 1999)에 의한 제3의 문화세우기Third Culture Building (TCB)의 논의와 일치한다. 여기서 Casmir는 사람은 대인관계, 매스미디어, 사회화하는 소망을 활용함으로써 제3의 문화정체성을 세운다고 말한다. 그래서 그 사람은 이주 환경에서 유익하고 협력적인 문화를 개발하게 된다.

덧붙여, Langer의 첫 준거는 Sussman의 CIM과 대체로 일치한다. 그러나 다문화적 인간성multicultural personhood은 미묘한 방식에서 제3의 문화세우기와 다르다. 제3의 문화세우기에 따르면 개인은 본국문화의 측면에 개인의 문화적인 측면을 조형하는 제3의 문화를 세우기 위해 본국과 상호작용한다고 말한다. "간문화적"(Sussman, 2001 & 2005; Kim, 2001)과 "초문화적"(Milhouse, Asante, & Mwosu, 2001) 모두에서 언급되어 왔던 다문화적 인간성은 둘 이상의 문화 간 접촉으로부터 단지 제3의 문화를 세우는 것 이상이다. 즉 Sussman(2005)은 개인은 "다수의 문화정체성을 동시에 유지하며 필요에 따라서 요구되는 정체성을 취하는 것"이 가능하다고 기술한다.

이 정체성 전환 패러다임은 본국과 이주국가의 문화가치(혼종)를 통합하는 것도 아니고 사회화의 경험으로부터 나오는 이중문화적 전략도 아니다. 본국귀국자가 자신을 세계시민으로 규정하면서, 많은 나라에서 효과적이고 적절하게 상호작용할 수 있는 정체성을 지닌다. Milhouse, Asante, Nwosu에 따르면 초문화적이 되는 것은 사람이 문화적 강박관념에서 자유로워져서 다수의 시각으로부터 자신을 보고 그런 방식으로 실행하는 것이 필요하다.

재입국 네트워크

네트워크 분석은 일시체류자와 타인의 관계를 이해하는데 결정적으로 중요하다. 문화 간 소통 학자 내에서도 문화정체성에 대한 논의는 드물게 이루어졌다. 논의는 일단의 대상과 대상 가운데 혹은 대싱 간의 관계기술을 포함하고 있다(Kachin undated; Weimann, 1989; Boissevainh, 1974). 네트워크 분석은 일시체류자의 문화정체성 교섭에서 중요하다. 그 이유는 정체성이 따로 창조되는 것이 아니라 오직 타인과의 관계와 상호작용 과정에서 이해되고, 개발되고, 변하거나, 수정되기 때문이다.

두 가지의 주요한 네트워크 원리는 일시체류자가 조우하면 문화정체성이 시간이 지남에 따라 어떻게 변하는지를 예측하는 데 있어서 중요하다. 이 원리 중 하나는 근접성이다. 근접성은 네트워크 관계의 지리적인 근접성에 의해 강화된다. 다른 원리는 공통적으로 네트워크를 공유하는 구성원이 더 많을수록 관계가 더 강화되는 것을 예측하는 역사적 상동의 그것이다. Abdelhady(2006), McCarthy(2005), Jenkins(2005) 모두는 네트워크를 경제, 문화, 종교, 정치 분야에서 위치가 바뀌지면서 생기는 불안한 감정을 완화하게 만들어 결국 문화적 여행자가 되는 것을 지원하는 것으로 말한다. 해외체류자에 대해, 그러나 그의 네트워크와의 관계는 시간이 지남에 따라 병리적 증상으로 진전될 수도 있는데 그 이유는 해외체류자가 자주 지리적인 근접성을 분리하고 "다른" 문화로 여행하기 때문에 의미 있는 시간의 양만큼 그의 친구, 사건, 행위를 공유하지 못하기 때문이다. 여행으로 많은 시간을 함께 지내지 못함으로써 "부재자"를 배제하고 수정된 관계의 네트워크가 이미 형성되고 결국 자체적으로 복구할 수 있는 네트워크는 없어지게 된다.

이런 유형의 네트워크 병리학은 어떻게 해외체류자가 문화적 정체성을 만드는지를 결정함에 있어서 중요하다. 더 세부적인 논의는 Weimann(1989)가 말한 우정관계의 장점과 네트워크 이론, Boissevain(1974)이 행한 사적인 네트워크와 사회적 환경의 관계분석에서도 발견될 수 있다.

일시체류자와 문화적 계약

Jackson(1999, 2002)의 문화계약의 개념은 관계를 조정함에 있어서 문화적 상호작용을 하는 사람 사이에서 이루어지는 묵시적이거나 유념적인 동의에 대해 설명한다. Onwumechih, Nwousu, Jackson, James Hughes(2003)이 말하길 이론은 명명백백한데 그 이유는 "친구, 친지, 가족과 이방인 가운데 문화 내적 교섭가능

표 2 문화정체성과 일시체류자들

	사인준비 계약	준완성된 계약	공동창조 계약
기술	문화정체성은 미리 정해져 있다. 다수의 국가이동 동안에도 교섭의 여지가 없다.	문화정체성은 미리 정해진 정체상과 다수의 국가이동 동안에 일부 교섭이 이루어진 결과의 혼합이다.	문화정체성은 다수의 국가이동 동안 충분히 열려 있다.
목적	여러 번 적응할 때 생기는 스트레스를 피한다.	미리 정해진 목적에 도달하기 위해 조절할 때 주의 깊은 선택을 한다.	이주국가에서 충분한 인정을 구한다. 일시체류자는 충분한 역량을 갖추어 간다.
단점	문화쇼크. 적어도 한 문화의 정착에서 역량개발이 부족할 수 있다.	각 문화체계 내에서 문화적 주변화가 있을 수 있다.	스트레스를 느낀다. 이주국가에서는 이들이 이주국가 문화에 적응하기를 원하지 공동창조된 문화를 원하는 것이 아니기 때문에 이들과의 관계가 불편하다.

성을 인지할 수 있게 한다"(p.55)는 점 때문이다. 그들이 초기에 논의한 대부분의 이론은 문화정체성을 교섭하는 몇 가지 측면을 이해하는 데 유용한 반면, 문화적 계약이론은 어떻게 일시체류자가 그들의 문화정체성을 전환할 수 있는지를 예측하기에 적절한 이론이라고 강조한다.

Jackson(1999 & 2002)은 문화적 계약이론이 특별히 중요하며 "협상되는 것이 무엇인가"라는 질문에 대답하는 데 매우 중요하다. 이 중요한 질문에 대한 답은 정체성 협상이론에서 "계약"의 은유적 사용으로 표면화된다. Jackson의 이론은 이를 밝히는 대답을 제공할 뿐만이 아니라 용어를 처음 이해하고자 할 때 간문화적 협상과 정체성의 개념을 단순하게 정리할 수 있게 한다.

이론에 따르면 모든 사람은 전 생애를 통해 적어도 한 번쯤은 문화적 계약을 협상해 보았으며 각 계약은 그 사람의 정체성에 대한 효과를 협상한 것이다. 이 이론은 "비문화적"이거나 문화적으로 일반적인 계약은 존재할 수 없다고 본다. 그래서 모든 계약은 "문화적"이다. 이 말은 일시체류자의 정체성협상을 이해하는 데 시사점이 있다. 즉 본래 일시체류자가 Sussman의 CIM 이론에 의해 규정된 것처럼 "간문화적"일 수 있는 것에 관해 의문을 가지게 한다. 일시체류자가 유럽과 동아프리카의 몇 나라로 여행을 하면서 문화적 역량을 키워왔다고 해서, 세네갈로 처음 들어갔을 때, 그의 주장처럼 간문화적/글로벌 정체성을 발달해왔다고 주장할 수 있는가?

문화적 계약이론은 "아니오"라 말하고 있다.

그는 비록 이 다양한 방문에서 몇 가지 문화적 계약에 개인적인 사인을 했다 해도, 그 계약이 "포괄적"이라거나 세네갈에 적용가능하다고 주장할 수 없다. 필경 어떤 사람이 가정된 "포괄적" 문화로 소통한다면 문화적 계약이론은 그런 소통을 이전의 협상계약을 그대로 사용하려는 의도라고 설명한다.

이 말은 우리에게 협상될 수 있는 문화적 계약유형의 논의와 그것을 어떻게 일시체류자에게 적용하는지의 논의를 이끈다. 그 논의는 사인준비 계약, 준완성 계약, 공동창조계약이다. 각 유형의 계약은 다음의 특이한 전제가 있는데, 정체성은 확언을 요구한다. 정체성은 유동적이며, 오직 상호작용적만으로 이해되며, 의심할 여지가 없이 계약적이다.

사인준비ready to sign 계약은 일시체류자가 문화적정체성을 결정해왔던 상황을 묘사할 때 그 결정을 조정할 필요성은 거의 느끼지 못한다. 이것은 이전에 논의해왔던 Senegal의 사례에서도 찾아볼 수 있다. 본질상 일시체류자는 반복적으로 나왔다 다시 들어가는 문화에 노출되어 계속 조정하는 데 있어서 아무런 관심이 없이 자신과 교섭해왔다. Onwumechili, Nwousu, Jackson, James－Hughes(2003)은 시간이 지나 재사회화하는 일시체류자가 공통적으로 같은 위치로 일상적인 체류여행을 하고 귀국하는 데 있어서 국가 간 미묘한 차이점을 덜 유념하게 된다는 점을 지적했다.

그들은 연구과정 중에 매우 작은 변화를 보여 주었다(p.56). 그들은 다수의 문화변용의 수단은 소모적일 수 있으며, 그런 스트레스를 약화하는 하나의 수단은 행동, 태도, 시각에 대한 주요 조절을 회피하는 것이라는 Sussman(2001)과 Kin(2001)의 연구를 계속 언급하고 있다. 그런 상황에서 사인준비 계약은 문화적 정체성을 개발함에 있어서 일시체류자가 사용하는 적절한 선택인 듯 보인다. 그러나 문화변용 분야에서 사인준비에 근거한 문화적 정체성에 대해서는 경고할 것은 상당히 많다(1995). 문화란 항상 유동적(정적이 아닌)이고 그래서 정체성은 정적이어서는 안 되기 때문에 쇼크와 스트레스가 일어날 수 있다고 경고한다. 게다가 계속되는 문화적 역량을 보장하기 위해서 일시체류자는 Ting－Toomey(1999)에 의해 어느 정도로 조언 받은 것처럼 계속 개방적이어야 한다.

준완성된quasi－completed 계약은 방식에서 고정되지 않거나 문화체계에 공동창조하는데 완벽하게 헌신하지도 않는 일시체류자가 선호하는 방식이다. 일시체류자는 "문화적 교도소"에 있거나 완벽한 재사회화는 수용할 만한 선택이 아니라는 어중간한 토대에 있다. 어떤 의미에서, 이런 유형의 문화적 계약은 어느 정도 사전 협상된 것이고 동시에 부분적인 계약에 대해 열려있다. 이 문화적 계약을 선택하는 일시체류자는 Onwumechili, Nwousu, Jackson, James－Huges(2003)가 예측한 것처럼 고국에 돌아갈 것에 목적을 둔 것일 수 있다. 예를 들어, 이주했던 초기 미국에서 체류로 영향을 받고 새로운 문화정체성을 가정해왔던 나이지리아인 일시체류자는 나이지리아로 귀국할 때 준완성된 문화적 계약을 선택할 수도 있다. 일시체류자는 자신이 변했으며 어느 정도 문화적 거리가 생겨 이제 과거와 지금 사이의 누구로 존재한다는 것을 알고 있다. 이 간격에 다리를 놓기 위해서 일시체류자는 그가 나이지리아 지역의 문화와 역량을 입증하는 상황을 의식적으로 구할 수 있다. 이런 예에서 일시체류자는 대체로 다수 해외체류에 의해 영향을 받은 문화적 정체성으로 변했기에 나이지리아 문화에 완벽히 몰입하지 못한다. 대신에 일시체류자는 나이지리아 문화의 "적응"을 기꺼이 협상하고자 한다. 그 말은 공동창조에 개방적이지도 않으나 반복해서 재입국하면서 나이지리아 문화를 완벽하게 거부하려는 의도도 없다는 것이다.

세 번째 유형의 문화적 계약은 공동창조된 co-created 계약이다. 여기서 문화정체성은 교섭에 개방적이다. 거의 제약을 받지 않는다. 공동으로 충족된 계약은 일시체류자가 체류국가 문화의 구성원이며 협력적으로 교섭해서 제3의 문화를 만들어간다. 몇 학자는 이런 유형의 문화적 계약을 바람직한 것으로 설명한다(Ting-Toomey,1999; Langer,1989). 그러나 일시체류자의 이런 계약에 대한 선택은 친구, 가족, 그 자신의 지역문화나 지역사회에 의해 수용되어야 하므로 현실적으로 항상 가능한 것은 아니다(Onwumechili, Nwousu, Jackson, & James-Hughes, 2003). 이주 지역민은 다른 문화를 공통 창조하려는 일시체류자의 노력에 아마 십중팔구는 인상을 쓰게 된다. 다만 가족, 친구, 지역문화, 지역사회에 익숙한 것과는 다른 정체성이나 다른 문화를 재창조하려는 일시체류자의 노력에 대해서는 노려보지 않고 긍정적으로 볼 가능성이 있다.

문화적 계약은 우리에게 일시체류자가 어떻게 문화정체성을 협상하는지를 더 잘 이해하도록 돕는 은유적 이론이다. 그러나 그것은 우리에게 국제 이주민이 문화와 협상이론 사이에 걸쳐져 있는 것과 연관된 분명한 스트레스에 어떻게 대처하는지에 대한 정보를 제공해주지는 않는다. 일시체류자가 대처하기 위해 무엇을 하는지에 관하여 배우려면 Cross와 Strauss(1998)의 연구가 도움이 된다. 두 연구자는 정체성을 교섭하는 스트레스를 개선하기 위해 완충하기, 결속하기, 코드 전환하기의 활용을 언급한다. 처음 쓰는 전략인 완충하기는 스트레스를 부드럽게 하거나 없애기 위해 사용된 방어 전략이다. 본질상, 일시체류자는 이주국가 문화의 영향력을 저항하거나 자신과 유사한 정체성을 가진 다른 사람을 찾을 수 있다. 다음의 세 가지 전략은 새로운 정체성을 적응하는 데 지원하는 방식을 찾아 이주국가 문화에 도달하려는 전략이다. 예를 들면, 일시체류자는 사회적 네트워크(결속하기), 문화의식을 이해하는 언어적 일례(연결하기), 특정 맥락에서 이주국가의 문화적 행동으로 전환하기(상징 전환하기)로 소속의식을 찾고자 모색할 수 있다.

결론

우리는 이 논문에서 이미 이전 2003년 출판된 학회지에서 거론되었던 몇 가지 현안을 다시 거론하고자 했다(Onwumechili, Nwosu, Jackson, & James-Hughes). 또한 우리는 일부 일시체류자가 경험했던 순환적인 커브에서 일어나는 다수의 재사회화를 더 잘 이해하기 위한 시도로, 최근에 나온 적절한 정보를 덧붙였다. 또한 우리는 이 글의 많은 부분을 일시체류자가 체류기간 동안 문화정체성들을 개발하기 위해 문화계약을 교섭하는 과정인, 일시체류자생활의 중요한 측면에 초점을 맞추었다.

우리는 일시체류자가 자신의 정체성이 어

떻게 교섭하는지 이해하려는 적절한 틀로문화적 계약이론을 도입하고자 한다면 이론적 틀이 중요하다는 점을 부정하지 않는 것이 중요하다. 더구나 문화적 정체성을 규정하는 다른 이론적 틀을 구함으로써 우리에게 일시체류자에 대한 통찰력을 제공할 수도 있다. 앞으로도 학자들이 이 해외체류자 집단을 이해하고자 하는 많은 노력이 여전히 필요하다.

개념 이해와 질문

1. 사람이 국경을 넘어 이동하는 이유를 설명하는 이론의 예는 무엇인가?
2. U 커브의 가설은 무엇인가? 그 단계는 무엇인가? Onwumechili, Nwosu, Jackson은 왜 그것이 문화적 쇼크를 분석하는 데 정확한 도구가 될 수 없다고 믿었는가?
3. 문화정체성은 재입국과정에 어떤 영향을 주는가?
4. 일시체류자 활동을 매개할 수 있는 주요한 변인은 무엇인가?
5. 교섭할 수 있는 문화적 계약의 세 가지 유형은 무엇인가? 체류자에게 어떻게 적용하는가?
6. 당신이 문화적 체류자라는 역할에 있다면 이 세 가지 계약 중 어느 것이 가장 유용하다고 믿는가?

Chuka Onwumechili is Professor in the Department of Communication at Bowie State University, Bowie, Maryland.
Peter O. Nwosu is in the Department of Communications and Associate Vice President for Academic Affairs at Tennessee State University.
Ronald L. Jackson II is Professor and Head of the Department of African American Studies at the University of Illinois. He is also Professor of Media & Cinema Studies in the College of Media.

03

국제 문화: 다양성의 이해

03

국제 문화: 다양성의 이해

인간의 소통과 관련해서 가장 자명한 지론은 바로 인간의 과거경험이 소통을 포함한 어떤 특정 행동에 직접적이든 간접적이든 영향을 미친다는 사실이다. 이 원리는 너무도 명백해서 사람은 종종 사회적 인식과 상호작용에 미치는 그 영향력을 간과하기 쉽다. 독자 여러분도 여러분과 여러분의 친구가 같은 경험을 공유했다고 생각했는데 이후에 그 경험에 대해 의견을 나누게 되었을 때 여러분이 생각했던 '같이 공유한 경험'에 대한 서로의 인식에 차이가 있음을 발견했던 상황이 있었을 것이다. 예를 들어, 만약 독자 여러분과 여러분의 지인이 하이킹을 하고 있었는데 커다란 개가 여러분을 향해 뛰어 왔다고 치자. 사실 그 상황 자체도 그 상황에 처한 여러분이 개와 관련해 겪었던 과거 경험에 따라 꽤 다르게 받아들여질 수 있을 것이다. 여러분 중에는 아마 어렸을 때 개를 키웠던 사람이 있을 수도 있는데 그 경우에는 개를 친근하게 인지할 것이다. 그런 경우 아마 여러분은 하이킹 중 만난 개를 어루만져 주기 위해 심지어 무릎을 꿇었을 수도 있다. 하지만 여러분의 지인은 어렸을 때 개에 물린 경험이 있어 그 개로부터 멀리 떨어지거나 공포감을 드러내는 등 매우 다른 반응을 할 수도 있을 것이다. 이런 예는 일상적인 것으로 비춰질 수도 있다. 그럼에도 불구하고 여러분이 환경으로부터 자극을 받았다는 사실과 여러분의 친구가 환경으로부터 자극을 받았다는 사실 자체는 같다. 다만 여러분 각자가 독특한 개인적 역사를 가지고 있기 때문에 각자 특별한 감정과 느낌, 반응을 경험하는 것이다. 다시 말해, 우리 모두는 우리가 세상을 보는 방식을 결정짓는 우리만의 개인적인 역사를 가지고 있다.

앞의 예는 복잡하지 않고 단순한 예로 보이지만 문화적 비교요인을 내포하고 있다. 사람의 인식에 관한 어떤 담론에도 문화라는 요인이 더해지면 해석적 요소가 더 중요할 수밖에 없다. 여러분은 단지 개인적 경험의 산물뿐 아니라 문화적 경험에 의해서도 영향을 받는다. 제1장에서 언급되었듯이 문화는 한 무리의 사람에 의해 습득되고 공유되며 한 세대에서 다음 세대로 전달되는 지식, 믿음, 관점, 가치, 그리고 행동의 축적물을 말한다. 이런 의미에서 문화는 여러분에게 의식적으로도 무의식적으로도 영향을 미친다. 문화는 우리가 어떻게 그리고 무엇을 생각할지 가르쳐줄 뿐 아니라 무엇이 선하고 악한지, 무엇이 바르고 바르지 않은지, 어떤 것이 얻으려고 노력할 가치가 있는지 아닌지 그 가치를 결정하는 데 도움을 준다. 다시 말해서, 문화는 우리가 나름의 독특한 사회적 인지 방식을 발달시키도록 도와주고 세상을 어떻게 보고 어떻게 해석할지 알려준다. 더 나아가서 문화는 낯선 사람들에게 얼마나 가까이 다가설지 어떻게 친구들에게 인사를 할지, 언제 이야기하고, 언제 조용히 있을지, 심지어는 어떻게 화난 감정을 표현할지까지 가르쳐준다. 우리가 타인과 상호작용을 할 때 타인의 행동에 대해 언짢아질 경우, 우리는 울 수도 있고 신체적으로 난폭해질 수도 있고 고함을 칠 수도 있으며 침묵을 지킬 수도 있을 것이다. 이렇게 우리가 표현하는 행동은 우리가 배운 것이 드러나는 표시이며 우리가 속한 문화에 의해 강하게 영향을 받는 결과이다.

우리가 앞에서 계속 이야기해온 문화의 영향은 사람이 인식하는 방식, 행동하는 방식에 영향을 끼친다. 문화의 영향은 우리 안에 내재된 사회적 경험과 가치를 포함하는 것이다. 결국 우리의 행동은 문화의 영향이 낳은 결과물인 셈인데 문화마다 매우 다양할 수 있다는 사실을 잊기 쉬운 위험이 있다. 예를 들어, 일본사람들은 타인의 행동에 방해를 받아도 침묵하는 반면 이스라엘 사람이나 이탈리아 사람은 언짢음을 좀 더 강하게 표현할 가능성이 높다. 문화적 이해는 우리의 문화적 경험이 우리가 관심 있어 하는 대상의 문화와 비슷할 때 쉽게 다가온다. 그와는 반대로 특히 소통에 있어서 이질적인 문화적 배경이 더해지면 소통과 감정을 나누는 것이 더 어려워진다. 여기 3장에서 우리는 다양한 국제적 문화 사례에서 발견되는 다양한 경험, 가치, 인식배경을 살펴봄으로써 이런 어려움에 대해 논의해보고자 한다.

문화 간 소통에 있어 국제적 이해의 필요성은 중요하다. 우리는 다양한 문화권의 사람이 서로 끊임없이 상호작용하는 세상에 살고 있다. 저녁 뉴스조차도 국제 사회라는 공동체 안에서 모든 문화는 연결되어 있다는 것을 명백하게 보여 준다. 설령 우리가 그 공동체의 일원이 되지 않고 싶어 한다 할지라도 우리는 이미 그 일원임을 부인할 수 없다. 세상의 한쪽에서 일어나는 사건이 세상 전체에 영향을 미칠 수 있고 실제로도 영향을 미친다. 그 문제가 국제경제에 관한 걱정이든, 식량, 물, 그리고 에너지에 관한 문제이든, 지구온난화 문제이든, 종교 전통사이의 갈등이든, 아니면 사회정치적 철학에 있어 중대한 차이이든 그 어떤 문화도 나머지 세상에서 고립되어 존재하지 못하여 영향을 받지 않을 수 없다.

우리가 다양한 국제적 문화권의 사람들을 효율적으로 이해하고 공감하려면 두 가지 중요한 원칙을 기억할 필요가 있다. (1) 다른 문화권 사람의 다양성에 대한 지식을 반드시 가지고 있어야 한다. (2) 그들의 다름을 존중해야만 한다. 이번 장은 이 두 원칙에 관한 이해를 돕기 위한 에세이들로 꾸며져 있다.

이 에세이들을 통해 독자 여러분들은 다양한 국제 문화에서 발견되는 풍부한 다양성을 이해할 수 있게 될 것이다. 본 장에 소개된 문화들도 전 세계에 걸쳐 발견되는 수많은 문화와 비교했을 때 작은 부분을 상징할 뿐이겠지만 여러분은 다른 문화권 사람이 어떻게 세상을 인지하고 바라보는지 어떻게 세계관을 발달시키는지 이해하는 데는 도움이 될 것이 분명하다. 거시적 관점에서 문화적 세계관은 그 문화의 구성원이 어떻게 자기 스스로를 인지하는지, 서로를 인지하는지, 또 세상에서의 자신들의 존재를 인지하는지를 결정하며, 그 문화 내 상호작용을 결정짓는 바탕 구성요소로서의 역할을 한다. 그런 문화적 세계관의 중요성 때문에 우리는 이 장에서 세 개의 세계관, 즉 유교, 힌두교, 이슬람교에서 발견되는 다양성을 짧게나마 살펴보는 것으로 시작하고자 한다. 따라서 이 장의 목적은 어떻게 이 세 가지 세계관의 관점이 사람들이 세상을 인지하고 그 안에서 행동하도록 영향을 미치는지 보여 주고자 함에 있다고 할 수 있다.

한 아프리카 격언에 의하면 "종교와 삶의 그 나머지 사이에는 어떤 구분도 없다. 모든 인생이 종교이다." 이 격언이 살짝 과장된 말일수도 있음에도 불구하고 종교는 어떤 형식을 취하든 간에 수많은 사람에게 삶의 중요한 부분을 차지함은 분명한 사실이다. 그리고 오늘날 그 어느 때보다 종교가 폭력의 동기와 잘못된 정당화의 수단으로 쓰이는 때에 문화적 종교는 그 경계를 넘어서는 결과를 초래할 수도 있다. 이는 단지 세상의 너무 많은 부분을 오염시키는 종교적 충돌만을 의미하는 것이 아니라 의사소통 스타일과 그런 전통을 나누는 구성원의 인식에 영향을 미치는 종교적 전통의 움직임까지도 함께 포함하는 의미이다.

의사소통과 종교가 어떻게 연결되어 있는지에 대한 생생한 예가 이 장의 첫 번째 주제인 유교 부분에서 잘 드러나 있다. 이 글의 저자는 <동아시아인의 상호관계와 의사소통 양식에 미친 유교의 영향>이라는 제목으로 유교가 어떻게 사람이 세상을 바라보고 다른 사람과 상호작용하는 방식에 영향을 미치는지를 흥미롭게 묘사하고 있다. 이 글이 출판된 이래 동서양 간의 교류는 이미 질적으로나 양적으로나 엄청나게 증가했다. 따라서 부분적이나마 여러 다양한 방면에서 아시아와 서구사회의 상호작용을 비교해 볼 수 있을 것으로 사료된다. 이 글의 저자는 유교적 철학의 다양한 구성요소를 찾아내어 추적하고 이런 아이디어들이 어떻게 아시아 사람의 상호방식 양식으로 나타나는지 설명해주고 있다. 예를 들어 공자의 가르침 내에서는 공감, 위계질서와 역할 관계, 의례와 규약, 직접적 화법보다는 간접적 화법의 사용을 강조한다. 저자는 이런 특성과 대조되는 서구인의 상호작용 양식과의 빈번한 비교를 통해 우리가 두 문화 사이의 차이를 이해하고 사람이 직접 소통하는 상황에 처했을 때 어떻게 반응할 것인지에 대한 시사점을 제시해 준다.

다음으로, 우리는 10억이 넘는 인구를 가진 나라인 인도로 넘어간다. 현재 성장 추세를 보면 인도는 15년 내에 중국을 능가하는 세계에서 가장 인구가 많은 나라가 될 것이라 예상된다. 인도가 세계에 영향력을 크게 미치는 나라가 되기 전부터 우리는 인도에 관한 글을 우리 책에 포함시키기 시작했다. 30년 전의 우리의 그런 결정은 인도가 지금 세계화 시대에 떠오르는 주요국가인 점을 감안하면 현명한 결정이었다. 미국 산업체들이 인도에 제조와 서비스 부분을 수주함에 따라 인도와의 국제협상은 아주 흔한 일이 되었다. 그동안 사업가들이 배운 것들 중 가장 중요한 부분은 앞서 글의 동아시아 사례에서처럼 인도 사람과의 소통은 그 나라의 종교적 전통에 대한 부분을 이해해야 한다는 것이다. <인도의 기본 문화유형>이라는 글에서 저자는 어떻게 천년이나 된 힌두 전통이 여전히 인도 문화의 일부분을 차지하는지 보여 준다. 특히 저자는 환생에 대한 힌두교의 믿음, 카마와 달마 개념, 삶의 목표, 구원의 길, 캐스트 제도의 잔재, 인내정신 등이 어떻게 일상생활에 반영되는지를 잘 설명하고 있다. 이는 인도에서 통용되는 것을 이해하는 지식의 기반이 될 것이며, 힌두가 되는 것이 어떤 것인지에 대한 이해의 기반이 될 것이다.

이어서, 이집트는 최근의 뉴스에도 많이 등장할 뿐 아니라 아주 오랫동안 뉴스에 등장해 온 나라이다. 이집트는 적어도 기원전 3000년까지 거슬러 올라가는 세계의 가장 오래된 문명의 하나이다. 국토면적은 상대적으로 작음에도 불구하고 83만 명이 넘는 것으로 추정되는 이집트 인구의 중요성을 간과할 수 없다. 이집트의 오랜 역사를 통해 이집트가 세계에 미친 지적인 문화영향은 이집트의 지리적 위치와 함께 중동지역에서뿐만 아니라 세계전체를 아울러 중요한 역할을 해왔다. 이런 점은 이집트의 이웃 근접 나라뿐만이 아니라 미국같이 지리적으로 먼 나라도 흥미와 우려의 시선으로 이집트의 영향력을 주시하고 있는 이유이다.

이 글의 저자는 우리가 이집트인의 인식과 문화유형을 이해하기 위해 고려해야 하는 몇 가지 문화적 요소를 잘 설명하고 있다. 첫 번째로 저자는 이집트인의 세계관과 종교에 대해 설명한다. 이집트인의 세계관은 다양한 아프리카 문명과 신앙의 조합으로 구성되어 있다. 이런 세계관의 일부는 몇천 년 전으로 거슬러 올라가 고대의 것으로 구분된다. 그리고 신과 우주, 사회관계, 그리고 위계구조에 대한 또 다른 믿음은 이슬람에서 기인한다. 두 번째로 저자는 연령, 성별, 그리고 경험에 따른 위계가 이집트인에게 얼마나 중요한지를 설명하고 있다. 아랍어 역시 중요한 문화적 요소이다. 대부분의 아랍권 문화에서의 사례처럼 이집트인도 아랍어를 알라가 아랍권 사람에게 그의 메시지를 전달하기 위해 선택한 중요한 언어라고 본다. 언어는 국가적 정체성을 설립하고 재확인하도록 돕는다. 종교, 위계구조, 언어라는 이 세 가지 문화 요소들을 통해 저자는 어떻게 이 요소들이 이집트인들과 이집트인이 아닌 사람 사이의 상호작용에 작용하는지 수많은 예를 제공한다.

마지막으로 이 장의 마지막 글에서 저자는 아프리카 대륙에서 발견되는 매우 독특한 문화를 설명하고 있다. 거의 삼십 년 전 <마사이의 문화 양식>이라는 글에서 저자들은 몇 세기 동안 특별한 삶의 방식과 독특한 의사소통 유형을 유지해 온 마사이 문화에 대해 소개했다. 수많은 관광객이 마사이 마을을 방문함에도 불구하고 마사이는 서구의 영향을 막아냈고, 서구적 형식의 정부, 가치, 옷, 언어, 음악, 종교를 거부해왔다. 저자들은 마사이족의 의사소통 유형을 그 문화의 역사, 가치, 세계관, 음성적 비음성적 요인에 적용시켜 설명함으로써 우리가 마사이 문화를 이해하는 것을 돕는다. 저자들은 또한 이 다섯 가지 의사소통 요소들이 어떻게 한 문화의 구성원이 다른 문화의 구성원와 상호작용하는지를 결정짓는 하나의 방법으로 다른 문화에도 적용될 수 있을지를 제시하고 있다.

동아시아인의 상호관계와 의사소통 양식에 미친 유교의 영향

June Ock Yum

서론

새로운 소통기술의 발달은 동서양 사이의 소통을 방해하는 많은 물리적 방해 요소를 제거하는 데 기여했지만 아직도 이해하기 어려운 철학적, 문화적 방해물은 잔재한다. 서로 다른 문화권 사이의 상호작용 기회의 증대는 특히 서구 학자에게 소통에 대한 동양적 관점을 연구할 필요성을 일깨워주었다.

대부분의 의사소통에 대한 비교문화연구들은 차이의 원인을 규명할 때 정작 내면 깊은 곳은 내버려둔 채 단지 비교대상국의 의사소통 양식을 간단히 묘사하고 서구의 그것과 대조하는 경우가 많다. 이 글에서는 이런 한계점을 넘어 서구의 의사소통양식과 대조하기 전에 동아시아 국가의 의사소통의 철학적 기원을 파헤치고자 한다. 이 글은 의사소통은 그 사회의 철학적 근원과 가치체계에 의해 영향을 받는 사회적 과정이라는 가정을 전제로 연구한 것이다.

어떤 특정한 문화적 양식을 커다란 지형학적, 지역적인 것으로 일반화시키는 것은 위험한 일이다. 우리는 자주 동양적이라든지 아시아적 관점이라 언급하지만 아시아 지역에는 때로는 상반적이기도 한 많은 양식이 존재한다. 예를 들어 아시아인은 서양인보다 좀 더 정신을 중시한다고 널리 통용되는 인식은 어떤 아시아 국가에는 적용되지만 다른 국가에는 적용되지 않을 수도 있다. Nakamura(1964)에 의하면 중국인과 일본인은 서구인보다 훨씬 더 형이상학적이다. 이 글은 유교적 철학원리에 가장 영향을 받은 중국, 한국, 일본에 제한을 두고자 한다. 물론 유교에 영향을 받은 다른 나라도 비슷한 특성을 가진 것으로 기대할 수 있다. 예를 들어, 동남아시아 국가 중 인도보다 중국의 영향을 더 받은 유일한 나라인 베트남은 유교 교리의 핵심인 사회적 관계와 위계적 가족관계를 위한 헌신을 강하게 강조한다.

사회관계 VS. 개인주의

만약 의사소통에 있어 동아시아인과 북미인 관점 사이의 중요한 차이점을 하나 선택해야만 한다면 그것은 개인주의를 강조하는 북미인에 대조되는 동아시아인의 사회적 관계에 대한 강조일 것이다. Hofstede(1980)에 의하면 개인주의와 집단주의는 문화를 구별 짓는 중요한 차원의 하나이다. 그는 개인주의를 집단, 단체, 또는 단합체로부터의 감정적 독립이라고 정의했다. Parsons, Shils, Olds(1951)는 개인지향과 집단지향은 인간의 행동을 결정짓는 기본 양식인 변인 중의 하나라고 했다. 여기서 개인지향은 행동을 할 때 집단의 가치와 흥미를 중시하는 것과 대조적으로 "관심사에에 대한 영향이나 주어진 집단의 가치관과는 독립적으로 자신의 흥미를 더 우선 할 때 발생한다(Parsons, Shils, & Olds, 1951, p.81)."

그러나 개인주의 대 집단주의 이분법은 동양인의 '사회관계 중요성'과 북미인의 '개인주의 중요성' 사이의 차이점과 똑같은 것은 아니다. 동아시아에서 강조하는 것은 일반적인 집단에 대한 추상적인 종속이라기보다는 올바른 사회적 관계와 그것의 유지에 있다. 어떻게 보면 그것은 사회적 관계망 내에서의 집단주의이다. 예를 들어 중국인의 가치관에 대한 최근 연구에 의하면 호혜성과 올바른 관계에 대한 유교적 가치는 Hofstede의 단순한 개인주의와 집단주의 차원의 상관관계인 것은 아니라고 밝혀졌다(Chinese Culture Connection, 1987). Hui와 Triandis (1986)는 집단주의는 두 가지 다른 방식으로 이해되어야 한다고 한다. 그 첫 번째는 특정한 사람들의 부분적인 공동체로서의 집단주의이고, 두 번째는 일반화된 집단으로서의 집단주의이다.

1830년대에 프랑스 사회철학자인 Alexis Tocqueville는 개인주의를 미국인의 특징으로 묘사했다. Bellah, Madsen, Sullivan, Swidler, Tipton(1985, pp.vii, 142)은 "개인주의는 우리의 역사를 통해 꾸준히 이어져왔고 우리는 개인의 존엄성을 믿는다. 우리 스스로를 생각하고 우리를 판단하고 우리 스스로 결정을 내리며 우리가 원하는 대로 우리 삶을 살 수 있는 권리에 반하는 것은 단지 도덕적으로 틀린 것일 뿐만 아니라 신성을 더럽히는 일이다"라고 주장하며 개인주의가 미국 문화의 중심에 놓여있다는 데 동의한다. Varenne(1977)에 의하면 미국에서 대인관계를 조절하는 원칙은 오직 하나이며 그것은 바로 개인주의이다.

아무리 많은 미국인이 사회에 참여해야만 한다고 느끼더라도, 그들은 과거로부터 자유롭고 싶어 하고 스스로 자신을 규정하고 나타내고 싶은 열망을 포함하는 개인주의도 헌신적으로 지지한다. 그래서 미국인이 사회에 관여하는 주된 방식은 스스로의 의지에 의해 자발적으로 참여하거나 빠질 수 있는 단체를 선택하는 것이다. Varenne(1977, p.53)은 미국인은 사회구조를 "공생관계에 있는 여러 집단으로 구성되어 있는 구조로 인식하지 않고 오히려 무엇인가를 이루기 위해 함께 모이는 여러 개인"으로 인식한다고 본다.

이런 문화적 뿌리를 고려해 보건대, 소통의 주된 패러다임이 개인주의적이라는 것은 놀라운 사실이 아니다. 각각의 소통자는 각자 자기목적을 극대화하기 위해 다양한 소통활동에 참여하는 분리된 개인으로 인지된다.

반대로, 동아시아에서 가장 눈에 띄는 특징은 사회관계에 대한 강조이다. Happ과 Beardsley(1965)는 동아시아 국가에 비교하면 북미는 사회관계에 관해서는 석기시대에 있는 것과 마찬가지라고 주장했다. 이런 동아시아인의 사회관계에 대한 집착은 유교적 교리에서 기인한다고 볼 수 있다.

유교

동아시아 역사에서 유교는 천년 이상을 기본

적, 사회적 그리고 정서적 가치체계로 건재해왔다. 유교가 그토록 깊은 영향을 끼친 이유 중 한 가지는 한국의 경우에는 500여 년간의 이씨 왕조 동안, 일본에서는 250여 년간의 오큐가와 막부시대 동안, 중국에서도 수많은 왕조를 거치면서 국가의 공식적인 철학의 근간으로 채택되었기 때문이다.

유교는 교육시스템의 공식교육과정을 통해서나 정부 관리의 선정과정을 통해서 제도화되고 전파되었다. 유교 고전은 현대적 교육과정이 시행되기 훨씬 이전에 한국, 일본, 중국의 역사에서 학교의 교재로 사용되었다. 정부 관료도 유교철학에 대한 지식과 이해도를 평가하는 국가시험을 통해 선발되곤 하였다.

유교가 동아시아에서 불교나 도교 같은 종교적, 철학적 시스템보다 그토록 강한 영향력을 행사했던 이유는 유교가 실용적이고 현재에 충실한 철학이기 때문이었다. Tzu-lu라는 제자가 공자에게 정신의 섬김에 대해 질문했을 때 공자는 "사람을 섬길 수 없는 자가 어찌 정신을 섬길 수 있겠는가?"라고 이야기했고 죽음에 관한 질문에는 "만약에 삶에 대해 이해하지 못한다면 어찌 죽음을 이해하겠는가?"라고 응답했다(Mcnaughton, 1974, p.145). Max Weber는 "유교는 형이상학의 그 어떤 형태에도 전무하고 어떤 종교적 흔적도 거의 없다는 점에서 극히 이성적이다. 동시에 실용적이지 않은 모든 방법을 배제하는 면에서 다른 어떤 것보다 현실적이다"라고 평했다(Nakamura, 1964, p.16).

유교는 올바른 인간관계를 사회의 기본으로 고려하는 인간성의 철학이라 할 수 있다. 인간의 본성과 동기를 연구함에 있어 유교는 Jen(인), I(충), li(예)에 원칙을 둔다.

우선 기본원리인 인은 유교의 핵심을 통합하는 개념이기에 완벽한 번역은 거의 불가능하다. 근본적으로 인은 사람 사이의 따뜻한 인간적 느낌을 의미한다. 인은 이상적인 사람을 구성하는 모든 자질을 깨우는 씨앗과도 같다. 이에 더하여 인은 이런 모든 자질을 좀 더 높은 경지로 끌어올리는 것과도 관련이 있다. 우리의 일상생활에서 인의 실제적 실행은 호혜성의 개념과 밀접한 관련이 있다. 공자는 인의 실행은 우리 자신이 원하지 않는 것을 다른 사람에게 원하지 않는 것이라고 했다. 공자의 직접적인 말을 빌리자면 "당신의 오른쪽에 있는 사람에게 당신이 좋아하지 않는 무엇인가가 있다면 그것을 당신의 왼쪽에 있는 사람에게 전달하지 말라. 만약 당신의 왼쪽에 있는 사람에게 당신이 좋아하지 않는 무엇인가가 있다면 오른쪽 사람에게 전달하지 말라"(Mcnaughton, 1974, p.29)는 것이다.

공자 스스로도 호혜성을 그의 사상의 핵심으로 꼽았다고도 알려져 있다. 공자는 "그 아무리 많은 것을 갖춘 사람이라고 해도 호혜성을 이해하지 못하는 사람이 다른 사람과 소통하는 사례는 결코 없다"(Mcnaughton, 1974, p.28)고 말했다. 그러므로 인을 수행함은 결국 다른 사람에게 어떻게 느껴질지 알고 좋은 마음가짐을 가지며 다른 사람과 공감할 수 있는 것을 의미하는 호혜성을 뜻한다고 할 수 있다.

유교의 두 번째 원리인 충은 충성심 또는 정

표 1 상호관계양식에 있어서의 북미와 동아시아 국가 간의 차이 비교

동아시아	북미
1. 특정적, 배타주의적 관계와 상황에 따라 특정한 규칙과 상호작용 양식이 적용됨 2. 장기간, 비대칭적 호혜성 3. 내집단과 외집단 구성원 사이의 명확한 구분 4. 비공식적 중재, 개인적으로 알려진 중재, 다양한 관계를 위해 빈번히 이용 5. 개인적인 관계와 공적인 관계가 자주 겹침	1. 보편적, 일반적이고 객관적 규칙이 다양한 관계와 상황에 걸 쳐 적용됨 2. 단기적이고 대칭적 호혜성 또는 계약상의 호혜성 3. 내집단과 외집단 구별이 아주 분명하진 않음 4. 계약적 중재, 전문적 중재, 특별한 목적을 위해서만 이용 5. 개인적 관계와 공적 관계가 자주 분리됨

의를 의미한다. 그 정의가 의미하듯 이 원리 역시 개인적인 흥미와 이익을 대비해 이해하고자 하면 이해가 더 쉬울 것이다. 충은 우리가 사적이고 직접적인 이익을 넘어서 보게 하고 우리를 다른 사람에게 연결시키는 인간 본성의 근본적인 좋은 점에 대해 우리 스스로 평가할 수 있게 해주는 인간성의 일부이다(Yum, 1987). 충의 원리에 따르면 인간관계는 개인적 이익에 기반을 둔 것이 아니라 공공선의 향상에 기반을 둔다.

만약 인과 충이 유교의 윤리체계의 내용물이라면 예는 외형물이라고 할 수 있다. 사회적 예절의 객관적 기준인 예는 인간 행동의 기본적, 규제적 에티켓으로 인식된다. 맹자는 예를 다른 이에 대한 존중과 자신에 대한 유보에서 기원한다고 했으며, 공자는 예를 다른 사람을 배려하는 차원에서 인을 따르는 것이라 했다. 사람은 자신을 극복할 때, 비로소 예로 돌아가서 인간됨에 도달할 수 있게 된다는 것이다.

상호관계양식에의 유교의 영향

앞에서 소개한 유교의 원칙은 사회관계와 직접적인 연관이 있다. 동아시아 국가들은 그들의 상호관계양식을 북미의 개인주의적 양식과는 꽤 다르게 발전시켜왔다. 표 1은 다섯 가지의 차이점을 설명하고 있다.

특정적 VS. 보편적 관계

유교에서의 인간관계는 보편적이지 않고 특정적이다. 앞에서 언급했듯이 인의 따뜻한 인간적 감정은 한 사람의 다른 사람과의 관계에 따라 나타난다. 그러므로 유교사상에서의 윤리는 절대적이고 추상적인 선보다는 관계와 상황에 따른다. 상호작용하는 모든 사람에게 같은 규칙을 적용하는 대신 동아시아인은 친밀감의 정도와 관련된 사람의 지위, 특정 상황에 따라 다르게 관계를 평가하고 정립한다. 동아시아 국가들은 사회적 지위와, 자신과의 관계가 알려진 사람을 위한 정교한 사회적 상호작용 양식을 발달시켜왔다.

서구의 관점에서 사람과 상황에 따라 다른 사람들에게 다른 규칙을 적용한다는 것은 개인

주의적 가치관을 따르는 공평성과 평등성의 원칙에 위배되는 것으로 보일 수 있다. 서구의 인간관계는 특정화되거나 배타적이지 않다. 오히려 각 개인을 중요한 개인으로 간주하고 일반적이고 객관적인 규칙을 적용한다. 예를 들어, 미국에서 사람들이 아침 산책에서 마주치는 어떤 사람에게라도 "안녕하세요"라든지 "좋은 아침이에요"라고 인사하거나 줄을 서서 기다리는 중에 다른 사람과 대화를 시도하는 것은 매우 흔한 일이다. 만약 당신이 한국에서 낯선 이에게 "안녕하세요" 또는 "좋은 아침입니다"라고 말한다면 당신은 오히려 이상한 사람으로 보일 수도 있을 것이다.

동아시아적 접근은 삶의 행위와 행동을 어느 선에서는 비인격적이기까지 한 보편적 규칙에 따라 평가하기보다는 특정 맥락과 그 행위와 행동을 이해하는 데 관련된 사람을 고려하는 것이 좀 더 인도주의적이라고 간주한다.

장기 비대칭적 호혜성 VS. 단기 대칭적 또는 계약적 호혜성

개인주의가 서구문화의 핵심개념인 것처럼 인의 전형으로서 호혜성은 유교의 핵심개념이다.

서구권에서 사람은 특별한 목적을 위해 자율적으로 모이는 가운데 각 개인은 동등하고 독립성을 유지한다. 이리하여 사람은 어떤 심각한 집단적 제재 없이 모둠에 가입하거나 탈퇴한다. 헌신과 희생같은 개념은 자주 한 사람의 자율성 또는 행동의 자유에 대한 위협으로 인지된다. 관계는 대칭적이고 계약적이다(Condon & Yousef, 1975).

대조적으로 유교의 철학은 관계를 상호보완적이거나 비대칭적이고 호혜적이며 의무적인 것으로 본다. 어떤 면에서 사람은 다른 사람에게 영원히 빚을 진다. 사람이 사람에게 의지하는 것은 인간관계에서 필요한 부분이라고 받아들여진다. 이런 호혜성의 시스템에서 개인은 그가 받고 주는 것을 계산하지 않는다. 계산한다는 것은 즉각적인 개인적 수익을 생각한다는 것인데 이는 상호적 충의 원칙에 반대되는 것이다. 예를 들어 한국에서 친구나 동료 또는 상사와 부하직원이 식사나 술자리에 갔을 때 계산서 금액을 나누어 같이 내는 것이 다소 특이한 일로 여겨져 왔다. 오히려 한 사람씩 순서를 정해 전체를 위해 계산을 하는 경우가 많았다. 미국에서 사람은 일반적으로 자기 몫은 자기가 계산하는 것이 원칙이다. 무상적인 의무관계에 기초하는 것은 따뜻하고 지속적인 인간관계를 만든다. 하지만 그런 관계에 따르는 의무를 받아들여야 하는 부담감도 있다.

내집단과 외집단 구별

서구 문화는 내집단 구성원과 외집단 구성원을 동아시아 국가들이 하듯 강하게 구별 짓지는 않는다. 집단에 대한 충성과 집단 내 유동성은 순전히 자발적이다. 그리하여 특정 그룹에 대한 소속감과 충성도의 지속성은 한계가 있다.

그러나 유교원리인 충에 새겨진 상호신뢰는 상대적으로 작고 긴밀하게 조직된 집단의 구성원이 장시간 동안 소속되는 것이 필요하다. 이런 장기간의 관계는 각 소속 구성원이 다른 구성원이 화답할 것을 기대하는데, 이는 그 또한 다른 구성원에게 의지할 순간이 곧 올 것이라는 것을 믿기 때문에 가능하다. 이런 종류의 네트워크에 속한 사람은 내집단과 외집단 구성원 사이에 분명한 구별을 짓는다. 예를 들어 내집단 구성원을 위한 언어적 부호도 외집단 구성원에 대한 그것과 다르다.

비공식적 중재 VS. 계약적 중재

동아시아에서는 내집단과 외집단 구성원 사이의 구별이 심하기 때문에 외부인이 새로운 관계를 시작하도록 돕는 중재인이 반드시 필요한 존재이다. 예에 대한 유교의 강조 또한 사람은 새 관계를 성립하는 데 적절한 의식절차를 따라야만 한다고 가르치고 중재인이 그런 의식의 일부라고 말한다. 여기서 중재인은 양 집단과 모두 내집단 관계에 있고 그렇기에 그들을 연결할 수 있다.

예를 들어 "여러분은 모두 XX대학을 졸업했습니다." 또는 "여러분은 두 분 다 XX지역 출신입니다" 그렇지 않으면 중재인은 간접적으로나마 같은 그룹이라고 느끼게 하기위해 어떤 사람을 "내 고등학교 후배"라고 설명하거나 "내가 일하는 같은 부서에서 일한다"는 식으로 설명하며 그 자신과 관련된 부분을 강조하여 활용한다.

서구의 중재인은 변호사, 전문중재인, 결혼상담가와 같이 주로 전문가이거나 계약적이다. 이때 중재인은 직접적으로 취급하는 문제에 관련된 것 이상으로는 양쪽의 특성에 대해 지식이 없는 객관적인 제 삼자이다. 또한 중재인은 각 집단을 분리된 독립적인 개인으로 취급한다. 미국에서도 원하는 목적성취를 위해 개인적 연결망을 사용하는 일이 발생하지만 그런 일은 족벌주의로 여겨지고 자기 스스로의 개인적 자유를 포기하는 것으로 여겨진다.

개인적 관계 VS. 공적 관계

충의 유교적 관념은 계산적이고 계약적으로 행해지는 온전한 비즈니스적인 거래를 꺼린다. 따라서 동아시아 국가에서는 개인적 관계를 공적 관계와 섞는 경향이 있다. 설령 비즈니스 만남의 명백한 목적이 사업을 위한 것이라고 해도 양쪽 집단은 거래가 좀 더 사적이고 인간적인 단계에서 행해지는 것을 선호한다. 동아시아의 사회적 호혜성의 원칙에 의하면 만약 한국에서 효과적인 비지니스 관계를 진전시키고 싶다면 몇 단계 거쳐야 할 것이 있다(Lee, 1983). (1) 장기간 동안 상대적으로 빈번한 접촉을 하라. (2) 사적이고 인간적인 관계를 형성하라. (3) 가능하면 스포츠, 음주, 여행 같이 함께 하는 경험을 한다. (4) 개성, 개인적 상황 등에 상호 간 이해를 증진하라. (5) 신뢰와 호의적인 태도를 개발하라. 이때 목표는 사적관계와 공적관계 사이의 분명한 경계를 없애는 것이다. 만약 따뜻한 개인적 관계를 발전시키면 그 관계가 신뢰와 호혜성에 기초하므로 좋은 공적관계도 따른다는 것이다. 그런 관계는 한 번의 사업 거래로 제한되기보다 더 오래 지속될 것이라 기대된다.

반면 미국에서는 사적인 인생과 공적 인생 사이에 분명한 이분법이 존재한다. 개인의 우선적인 과제는 자율적인 자기 독립을 성취하는 것이므로 가능한 한 두 삶을 구분 지으려는 노력을 한다. '집단적 성향의 사람'이라는 개념은 '자기 주도적 개인'에 대조되므로 단집단적 성향을 가진 사람이 되는 데 대한 불안감이 있다(Bellah et al, 1985). 어떤 사람은 사적인 삶을 공적인 삶의 압력으로부터의 해방으로, 그래서 반드시 보호되어야 하는 것으로 인식하기도 한다.

표 2 소통양식 대조

동아시아	북미
1. 과정 중심 소통: 소통을 무한한 해석의 과정으로 인지 2. 차별화된 언어적 코드: 관련된 사람과 상황에 따라 사용됨 3. 간접적 소통 강조: 간접적 소통의 사용이 흔하고 표준으로 받아들여짐 4. 소통대상자 중심: 의미는 청자가 해석, 강조되는 점은 청취, 민감성, 편견의 제거	1. 결과 중심 소통: 소통이 메시지의 전이로 인식됨 2. 덜 차별화된 언어적 코드: 언어적 코드는 동아시아처럼 광범위하게 차별화되지 않음 3. 직접 소통 강조: 간접소통의 많은 사용에도 불구하고 직접소통이 표준 4. 소통시도자 중심: 의미는 화자에 의해 창조, 강조 되는 점은 어떻게 최고의 메시지를 형성할지, 어떻게 근원 신뢰도를 향상시킬지, 어떻게 전달기술을 향상시킬지에 있음

소통양식에의 유교의 영향

사회적 관계에 있어 유교의 중요성은 동아시아에서의 소통양식에 강한 영향을 미쳤다. 일반적으로 인간관계를 정립하고 유지하는 것을 강화시켰다고 할 수 있다. 표 2는 소통양식에서의 동아시아와 미국의 경우를 대조하고 있다.

과정 VS. 결과 중심 소통

유교의 철학에서 소통의 주요기능은 사회적 관계를 시작하고 발전시키고 유지하는 데 있으므로 관계를 진흥시키는 종류의 소통을 많이 강조한다. 예를 들어 동아시아에서는 비즈니스를 시작하기 전에 사소한 이야기들을 하면서 개인적 정보를 소통하는 것이 매우 중요하다. 소통은 화자, 메시지, 채널, 그리고 청자같은 각 파트에 따라 구분되어질 수만은 없는 무한한 해석과정으로 인식된다(Cheng, 1987). 이는 각 파트가 계속 진행 중인 과정에 있으며 관계가 유동적 흐름에 있음을 추정한다.

차별화된 언어적 코드 VS. 덜 차별화된 언어적 코드

동아시아 언어들은 사회적 지위, 친밀감 정도, 나이, 성, 격식의 정도에 따라 매우 복잡하고 차별화되어 있다. 이 언어들에는 또한 광범위하고 정성을 들인 공손한 언어체계도 존재한다(Brown & Levinson, 1978; Ogino et al, 1985).

이런 차이점은 동사, 대명사, 그리고 명사에도 분명하게 명시되어 있다. 이들은 적절한 인간관계, 충과 예를 최고의 가치로 여기는 유교적 윤리법칙의 산물이다. McBrian(1978)은 언어는 사회적 계층화 시스템의 필수불가결한 부분을 형성하기도 하는데 과거 위계적인 유교사회였던 한국의 경우가 계층화된 언어코드를 가진 대표적 예라고 했다.

Martin(1964)은 영어, 일본어, 한국어 사이의 주요 차이점은 말하기 단계에 있다고 했다. 한국어와 일본어의 경우 두 가지 구별된 중심축이 있다. 명명의 중심축과 참조의 중심축이 그것인데 명명의 중심축은 일반, 예, 공손으로 나누며 참조의 중심축은 낮춤과 중립으로 나눈다

(Martin, 1964). 존칭인 형태존경어는 소통 상대자의 행동에 관련되어 사용된다. 겸양어는 말하는 이의 행동과 관련해 사용된다.

영어 역시 화자와 청자 사이의 친밀감과 지위에 따라 다른 코드를 사용한다. 그러나 일반적으로 영어의 명명형태는 하나의 이진법적 대조로 설명될 수 있다. 이름과 호칭을 더한 성의 사용이 그것이다(Brown & Ford, 1964). 프랑스어 같은 특정 유럽 언어 역시 사적인 형태와 공식 형태의 대조를 보이기도 한다. 이름만 부르거나 호칭과 성을 더하는 사용방식은 상호적이거나(소통에 임하는 양쪽 모두 같은 방식을 사용할 때) 상호적이 아닐 수도 있다(한쪽은 이름을 부르고 한쪽은 호칭과 성을 더해 부를 때). 지위와 친밀함의 정도 역시 인사방식에 중요한 역할을 한다. 예를 들어 "안녕"은 친밀한 사이나 아랫사람에게 좀 더 일반적이고, "좋은 아침입니다"는 조금 거리가 있는 지인과 윗사람에게 사용한다(Brown & Ford, 1964). 반대로 Ogino, Misono, Fukushima(1985)는 일본에서 20개의 다른 카테고리로 나눌 수 있는 여덟 가지 명명 상황을 통해 210가지의 다른 단어 형태를 알아냈다. 게다가 현대 미국영어식 표현에서는 이름을 부르거나 호칭과 성을 함께 부르는 표현 사이의 거리는 매우 짧은, 친밀감 증가 정도를 나타내는 것뿐임이 드러났다. 동아시아에서는 극존칭언어와 비형식적 언어 사이의 거리가 꽤 있으며 오랜 기간의 교류 후에도 잘 바뀌지 않는다.

영어에서 말하기 단계는 주로 명명형식으로 정의하는 반면 한국이나 일본에서는 대명사, 동사 명사 모두 다른 단계를 가지고 있다. 이리하여 영어에서 "To eat"은 어떤 사람을 명명하든 "To eat"이다. 하지만 한국어에서는 "To eat"을 말하는 데 세 가지 다른 방법이 있다. 먹다(기본), 드신다(예의), 잡수신다(존칭)가 그것이다. 명사의 사용 역시 동사의 여러 사용방식에 맞추게 된다. 쌀의 경우 밥(기본), 식사(예의), 또는 진지(존칭)를 달리 쓰는 것이 그 예이다.

영어에서 대명사 "You"는 연장자나 어린 사람이나, 나라의 대통령이나 이웃집 아이에게나 똑같이 사용된다. 동아시아에서는 예의의 정도와 관계에 따라 "You"를 가리키는 다른 말이 있다. 교수, 이모, 학생 등 실제적 역할 용어는 소통자 사이의 관계를 분명하게 강조해주기 때문에. 두 사람의 소통관계에서는 대명사 "You" 대신 사용된다. 유교는 사람을 사회적 지위에 따른 자산으로 관찰해야 한다고 가르치기 때문에 일반화된 "You"는 동아시아의 대부분 소통 상황에서 적절하지 못하다.

이처럼 유교사회에서 사회적 관계의 중요성은 차별화된 관계에 적용되는 언어적 코드의 차별화를 향상시켰다.

간접적 소통 강조 VS. 직접적 소통 강조

대부분의 문화권이 직접적 소통과 간접적 소통 체계를 가지고 있다. 은유, 암시, 비유, 힌트, 역설은 대부분의 언어 사회에서의 간접적 소통의 예이다. Searke(1969)에 의하면 간접적 말하기 행위는 화자가 청자와 소통할 때 공통적으로 나누는 배경지식정보를 언급하고 청자의 이성과 추론에 의지함으로써 일어나는 소통 행위라고 한다. Brown과 Levinson(1978)은 간접적 말하기 행위는 세계적인 현상인데, 이는 기본적인 예의이기 때문이다.

그러나 간접적 소통방식이 세계적인 현상임에

도 불구하고 그 정교화의 정도는 문화마다 다양하다. 예를 들어 마다가스카르 Malagasy 언어권은 간접화법 유형에 더 가치를 두는(Keenan, 1974) 반면에 이스라엘 태생의 유대인은 직접화법을 선호한다(Katriel, 1986). Rosaldo(1973)는 유럽계 미국인들의 과학적이고 민주적 태도의 직접적 대화방식이 다른 문화 상황에서는 똑같이 작용하지 않을 것이라고 했다. 예를 들어 필리핀의 Ilongot 지역에서 직접화법은 권위적이고 배제적인 것으로 인식되는 반면 간접화법은 적합한 것으로 인식된다.

Brown과 Levinson(1978)은 언어에서의 예의 현상은 "face" 관념, 즉 사람들의 공적 이미지에 대한 염려에서 기인된다고 했다. Katriel(1986)에 의하면 간접스피치는 다른 사람의 체면에 대한 염려의 결과이다. 다른 사람을 배려하고 적절한 인간관계를 고려하는 유교적 유산은 서로의 체면을 살리는 소통 방식의 발달을 이끌었다. 간접소통은 거절에 대한 당황스러움 또는 동업자들 사이의 불협화음을 막는 것을 돕고 관계를 유지하고 각자의 체면이 흠 없이 온전할 수 있도록 돕는다. Lebra(1976)는 체면을 지킨다는 것이 일본인들의 행동에 영향을 미치는 주요 요인 중 하나라고 설명한다. 그는 체면유지를 위한 명확한 체계에는 매개적 소통, 간접적 소통 등 소통의 간접 형태가 있다고 했다.

동아시아에서 간접적 소통방식의 사용은 만연하며 종종 고의적으로 사용된다. 일본과 미국 단체를 비교해 보았을 때 미국 노동자는 서로 분명하고 정확한 태도로 소통하고 일본인은 자주 의도적으로 모호하고 간접적인 방식으로 소통함을 알 수 있었다 (Hirokawa, 1987; Pascale & Athos, 1981). 일본인이 'No'라고 말하는 것을 피하기 위해 사용하는 16가지 회피적 "책략maneuvers"이 있다는 사실은 간접소통의 광범위한 특성의 한 예시이다(Imai, 1981).

서구인과 동아시아인 소통 방식 사이에 간접성의 수준에도 큰 차이가 있는 것으로 알려졌다. 미국인은 문을 닫아줄 것을 요청하는 간접적 방법으로 아마도 "문이 열려 있어"라고 말할 것이다. 반면 일본에서는 "문이 열려 있어"라고 말하는 대신 "오늘은 좀 춥네"라고 말할 것이다. 이는 어떤 단어도 문을 가리키지 않기 때문에 더 간접적이라 할 수 있다.

협동적 대화를 위한 Grice(1975)의 원칙 중 하나가 "매너"인데 이는 화자는 표현의 모호성을 피해야 한다는 말이다. 직접적 소통 방식이야말로 북미의 표준 방식이라 할 수 있다. 그러나 Grice의 원칙은 동아시아에서는 표준으로 받아들여지지 않을 것이다. Okabe(1987)는 '요구하지 않고 거절하지 않고 자기주장을 하지 않고 청자를 직접적으로 비난하지 않도록' 하는 소통의 전통적 규칙을 가진 일본의 경우 Grice의 "협동적 대화를 위한 매너"의 원칙보다 더 우세함을 보여 주었다.

Reischauer(1977, p.136)는 "일본인은 '빗대어 말하기'나 '말이 아닌 수단'에 의해 소통되는 덜 분명한 소통법과 비교해 피상적인 면을 보여 주는 경향이 있다고 생각하여 말하기 기법에 대한 불신이 있다"고 한다. 그리하여 북미인과 동아시아인 모두 간접소통을 사용하긴 하지만 그 사용이 북미보다는 동아시아에서 더 널리 퍼져있고 표준으로 받아들여진다.

청자 VS. 화자 중심

서구의 소통 방식은 자주 화자 중심이고 최근까지도 화자로부터 청자로 전달되는 일방통행 방식이 소통의 흔한 모델이었다. 어떻게 화자가 더 나은 메시지를 형성하고, 정보 근원의 신뢰도를 향상시키고, 전달기술을 빛낼 수 있는가 등에 많은 강조점을 두었다. 반대로 동아시아에서는 듣기와 해석을 강조한다. Cheng(1987)은 중국인 소통의 주요 원칙의 하나를 끝없는 해석이라고 했다. 그 과정에는 화자나 말 만들기가 아닌 청자와듣기에 강조점이 있다고 한다. Lebra(1976)에 의하면 일본에서는 화자가 자신이 원하는 것을 특정하게 꼭 짚어서 말하거나 요청하는 대신 상대방이 추측하고 화자의 요구를 맞춰주기를 원하며 만일 말로 표현된 요청이 실행될 수 없을 경우에는 당황스러움을 덜기 위해 "예상소통" 형식의 소통을 흔히 사용한다. 그런 경우 소통의 책임은 메시지를 보내는 사람이 아니라 받는 사람에게 있다고 할 수 있다. 따라서 "하나를 듣고 열을 이해하는" 사람은 현명한 소통자로 간주된다. 상대방의 지위가 분명히 드러나기 전에 상대의 지위를 재빨리 알아내고 적용하는 것도 중요한 소통의 기술로 간주된다. 동아시아에서 온 외국인 유학생이 말하는 공통된 궁금증 중 하나는 그들이 미국가정을 방문할 때 왜 그들이 무엇을 원하는지 자주 질문을 받는가 하는 것이다. 그들의 고국에서는 초대한 사람이 무엇이 필요한지 미리 예측하고 그에 따라 접대한다. 북미에서는 선택에 있어 개인적 자유를 부여하는 것을 중요시하고 동아시아에서는 "예상소통"과 그에 따라 적절히 응대하는 것을 중요시하기 때문에 이런 차이가 발생하는 것이다.

간접소통을 강조하는 분위기에서는 청자의 민감성과 표면 아래의 의미를 간파하고 내재된 의미를 이해하는 능력이 중요하다. 북미에서는 토론이나 공공연설 같은 공식적 훈련을 통해 화자의 소통 효율성을 향상시키려는 노력이 있어 왔다. 반면에 동아시아에서는 청자의 민감성을 향상시키기 위한 노력이 있어 왔다.

최근에는 미국에서도 듣기에 관심이 증가되고 있다. 소통 연구 학자들과 전문가들은 듣기가 단지 이해를 위한 소통의 기능적 면에서만 필요한 것이 아니라, 상대가 들어준다는 것에 만족을 느끼는 정서적인 면으로서도 중요한 요소임을 인정한다.

논의

이 글에서는 사회관계를 강조하는 동아시아와 개인주의를 강조하는 서구에서의 소통방식을 대조해보았다. 어떤 점을 강조하는가에 따라 상호 대인관계와 소통에 있어 매우 다른 유형을 도출한다. 그러나 이 글에서 도출된 결론이 절대적이라고 할 수는 없다. 각 문화는 양쪽 요소를 모두 포함한다. 동아시아인은 단지 북미인보다 더 자주 간접적 소통 같은 특정한 소통유형을 드러낼 가능성이 크다는 것이다. 그 반대의 경우도 마찬가지이다.

서구의 개인주의와 그에 관련된 평등, 공평성, 그리고 정의 같은 개념들의 강조와 이것이 사회전체에 광범위하게 미치는 영향력은 매우 잘 기록되어 있다. 반대로 동아시아 국가들의 사회관계의 중요성은 최근에야 인식되기 시작했다. 예를 들어 일본의 경영스타일에 관한 연구들은 일본과 미국 경영관리의 근본적인 차이 중 하나는 일본에서는 미국과 다르게 근로자와 관리인 사이의 관계가 사적이고 상호 의지하는 관계인 것을 알아냈다. 이런 인간관계는 충성심이나 높은 생산성과도 연관되어 있다. 그런 관계에 대해 평생 고용 같은 집단적 관행의 결과로 흔하게 설명한다. 하지만 표면 아래를 살펴보면 우리는 그것이 천년의 유교적 유산에서 기원된 것이며 큰 조직뿐 아니라 그 외 경우에서도 비슷한 인간관계 양식이 발견됨을 깨닫게 된다. 따라서 이런 관리 방식을 개인주의와 밀접한 철학적, 문화적 근원을 가진 서구에 이식하려는 시도는 만족스러운 결과를 가져올 수 없다. 문화자체가 먼저 변화되어야 하는 것이다.

지역사회, 시민단체, 여러 기관 같은 큰 공동체에의 헌신을 희생해서 이루어진 개인주의 추구에 대한 우려는 서구에서 이미 증가되어 왔다. 현대의 개인주의는 대부분의 서구인이 개인주의적 언어에 갇혀 자신의 요구를 주장하는 능력을 잃는 정도로 진행되었다(Bellah외, 1985). 개인주의가 가치로서 가지는 강점이 있음에도 불구하고, 더 큰 전체에 대한 헌신이 이루어지지 않고서는 결국 인간의 삶 자체가 무의미해지는 고립상태로 몰릴 수 있다.

만약 인간이 근본적으로 사회적 동물이라면 개인주의에 대한 믿음과 다른 사람과 함께하는 필요성 사이의 균형이 필요하다. 미국인은 산업화된 세계 어느 나라의 국민보다 더 많이 봉사단체와 시민단체에 참여해왔다. 사실 단체나 사회를 희생하고서라도 단지 개인의 이득을 쫓는 “me” 세대나 젊은 “증권 중개인” 층 같은 최근의 현상은 극에 달한 개인주의의 병리학적 증상으로 인식된다. Bell과 그의 동료들은(1985) “사회생태는 전쟁, 집단학살, 정치적 탄압에 의해서만 해를 입은 것이 아니다. 사회생태는 사람을 겁에 질리게 하고 홀로 남게 만들도록 서로를 잇는 감지하기 힘든 끈을 파괴하는 데서도 해를 입는다”고 말했다(p.284). 이들은 사람에게 복잡하게 서로 연결되어 있다는 사실과 상호의존을 깨닫게 함으로써 사회생태를 복원할 필요성을 강하게 주장한다.

유교의 사회적 관계에 대한 강조는 협동, 따뜻하고 편안한 인간관계, 다른 사람에 대한 배려, 그리고 그룹의 조화의 전도성으로 나타난다. 하지만 이 역시 치러야 하는 대가가 있다. 어떤 개인은 자신의 개인성이 억압되고 있는 것처럼 느낀다. 내집단과 외집단의 분명한 구분 때문에 파벌주의가 불가피하기도 하다. 잘 정의된 사회관계 내에서 사람은 발달된 순종의식을 가지고 있는 반면 인간미 없는 사회적 독립체에 대해서는 약한 의무감을 가진다.

모순적이게도 서구인의 과도한 개인주의 문제와 동아시아의 과도한 집단중심 문제 모두를 위한 해결법은 같다. 바로 다른 이들을 수용하는 것인데, 서구인에게 이 의미는 자기의존도의 한계를 받아들이고 집단에 헌신하기 시작하며 사적인 요구에 앞서 전체 선을 우선순위에 두는 것이다. 동아시아인에게 이 의미는 그들끼리라는 집단의 경계를 좀 더 유연하게 만들고 외부인을 받아들이며 전체 선에 헌신하는 것이다.

2차 세계대전 이후 동아시아에서는 큰 변화가 있었다. 바로 서양가치의 엄청난 유입이 그것이었다. 수입된 영화와 TV프로그램이 아주 흔하게 되었다. 하지만 몇백 년의 유교전통을 변화시키는 것은 쉬운 일이 아니다. 예를 들어 일본에서는 나이든 세대보다 오히려 젊은 세대의 높은 비율이 상사가 효율적인 보스이기보다 인간성과 동정의 가치를 가진 보스이기를 선호하는 것으로 나타났다(Dore, 1973). 한국에서도 비슷한 보고가 나왔다. 산업공단에서 직업을 바꾸는 이유를 근로자에게 물었을 때 "좀 더 나은 인간관계와 좀 더 인간적인 대우"를 위해서라고 대답한 사람이 "더 나은 임금"이라고 대답한 근로자보다 많았다(Kim, 1984).

그러나 사회가 산업화를 향해 나아가고 많은 이동이 진행됨에 따라 동아시아국가에서도 전통적으로 묶여 있는 관계를 중시하지 않는 사람이 증가하게 될 것이다. 미래를 위한 과업은 결국 사람이 소속된 내집단의 보호 없이도 삶에 적응할 방법을 찾고 개인적 자유와 자기의 존을 표현하는 데 있어서 만족을 찾을 수 있도록 하는 것일 것이다.

개념 이해와 질문

1. 사회적 관계 지향 소통행동과 개인주의 지향 소통행동을 비교해보라.
2. 유교의 네 가지 행동강령은 무엇인가? 이들 행동강령은 어떻게 소통행동에 기여하는가?
3. 동아시아인의 "집단 내"와 "집단 밖" 개념은 미국인의 그것과 어떻게 다른가? 이런 차이들은 어떻게 문화 간 소통에 영향을 미치는가?
4. 동양과 서양 문화권에서 개인 간 관계 형성 방식의 주요 차이점은 무엇인가?
5. 평등에 대한 동양의 가치는 서구의 가치와 어떻게 다른가?
6. 자기를 드러내는 정도는 동양 문화와 서양문화에서 어떻게 다른가?
7. 저자는 유교는 인간 본성의 철학이라고 말하는데 그 의미는 무엇인가?

June Ock Yum is Professor Emerita, Department of Mass Communication and Communication Studies, Towson State University, Towson, Maryland.

인도의 기본 문화유형

Nemi C. Jain

인도의 기본 문화유형을 왜 연구하는가? 많은 사람에게 인도라는 단어는 타지마할을 배경으로 뱀 부리는 사람, 수염이 길고 터번을 쓴 거인, 갠지스강에서 목욕을 하는 사람, 도티 천을 두른 농부, 느릿느릿 움직이는 코끼리가 행진 하는 동화의 나라를 떠올리게 한다(Fersh, 1965). 하지만 만약 이것이 인도의 전부라면 왜 미국이 인도가 영국의 지배로부터 1947년 독립한 이래 100억 이상의 차관, 보조금, 농산물을 제공해 왔을까? 왜 의회와 언론과 유엔 등에서 인도가 "성공할까"라는 걱정이 난무할까? 짧게 말해서 왜 거리상으로뿐 아니라 문화, 언어, 관념과 삶의 습관까지도 다른, 멀리 떨어진 나라와 사람에 대해 집요하리만큼 불안, 우려, 관심을 가질까?(Fersh, 1965)

이 질문들에 대한 대답을 찾기 위한 열망과 그 질문들 자체가 이전 세대로부터 지금 세대를 구별 짓는 특성이라 할 수 있다. 인도처럼 미국과 멀리 떨어져 있지만 미국에 중요한 국가는 없다. "사람은 섬이 아니다. 사람은 고립되어 존재할 수 없다"는 사실은 점차 분명해지고 있고 지구상의 한 부분에서 일어나는 일이 세계 무수한 여러 나라에 영향을 끼치는 것도 분명한 사실이다. 인도는 아시아에서 중국과 견줄 특별함을 가지고 있고, 제3세계 국가 사이에서 인도의 리더십 발휘는 국제문제에서의 중요성을 가리키고 있기 때문에, 연구자가 관심을 가지기에 가장 적합한 문화라고도 할 수 있다. 더욱 중요한 것은 인도의 문화적 전통은 서구의 문화유형에 유익한 비교점을 제공한다는 점이다(Fersh, 1965).

인도 문화는 5천 년 이상의 긴 역사를 가지고 있다. 아주 일찍부터 인도는 독특한 문화와 종교를 발달시켜왔다. 정신적으로 인도는 힌두교의 토착적 교리와 사상의 핵심을 보존해 왔다. 인도 문화의 이런 특성 때문에 인도는 수많은 우여곡절 속에서 그것을 견뎌내고 삶을 계속 이어갈 수 있었던 것이다(Murthy & Kamath, 1973).

다른 어떤 문화와 마찬가지로 인도의 문화는 복합적이고 수많은 밀접한 관계에 얽혀있는 믿음, 가치, 표준, 사회구조 등의 요소로 구성되어 있다. 현대의 인도사회는 다인종적이고 다언어적이며 엄청난 다중적 특성을 가졌음에도 불구하고 6억5천만이 넘는 인구 중 80퍼센트를 이루는 힌두인 사이에서 널리 공유되는 기본 문화 양식으로 통합되고 있다. 이 글의 주요 목적은 인도의 유구한 역사에 걸쳐 계속 이어져오고 사회 기관의 많은 영역에 영향을 미치며 인도 뿐 아니라 해외의 힌두교인의 소통양식과 사고방식에도 영향을 끼치는 이 기본 문화유형에 대한 개요를 소개하는 데 있다. 구체적으로 말하자면 이 글은 다음의 인도의 기본 문화유형인 세계관, 환생, 달마Dhamm, 신분계급제, 관용에 대해 설명할 것이다.

이 각각의 카테고리는 서로 밀접한 관계에 있는 문화적 믿음, 가치 그리고 표준을 포함한다. 그리고 이 각각의 문화유형은 연속체이면서도 같은 문화 안에서도 다양하게 나타난다. 내부적인 다양성과 모순에도 불구하고 인도 힌두 문화에 전반적으로 통합되어 있는 것이다. 이런 다양한 문화유형을 하나씩 분석하고 하나씩 차분히 살펴봄으로써 우리는 각각의 문화유형을 간단명료하게 이해할 수 있을 것이다.

세계관

인도 문화의 독특한 특징 중 하나는 성직자 계급 브라만Brahman과 아트만Aatman이라는 힌두교 개념을 포함하는 세계관이다. 힌두교에서 최고의 절대존재는 철학적 절대자 또는 고요하게 더없이 행복한 상태로, 그것이 윤리적이든 형이상학적이든 철학적이든 모든 한계를 넘어선 상태인 브라만을 뜻한다. 이런 기본적 힌두의 신관은 영원한 존재, 영원한 행복을 포함한다. 신은 존재이며, 깨달음이며 행복이다(Smith, 1958). 힌두교에서의 우주의 개념은 근본적으로 순환적이다. 힌두교는 절대적 시작이나 끝을 믿지 않고 창조, 존재, 파괴는 계속되는 끝없는 과정이라 믿는다. 이런 믿음이 특정 우주의 창조나 끝에 대한 믿음을 가지지 못하도록 하는 것은 아니다. 예를 들어 현 세계는 시작이 있었고 끝도 있을 것이다. 하지만 그것은 단지 현세 이전과 앞으로 어어질 우주의 끝없는 연결의 하나일 뿐이다. 이 세상은 브라만에 의해 창조되었고 정해진 시간 이후 끝날 것이며 비슷한 운명을 겪게 될 또 다른 세상에 의해 대체될 것이다(Thomas, 1956).

힌두교에 의하면 브라만은 어떤 면에서는 세상 그 자체이다. 힌두 교리는 살아 있는 것과 살아 있지 않은 우주의 부분사이의 관계를 인정한다. 힌두 교리는 신이 창조한 인간과 다른 삶의 존재 그리고 산, 강, 우주의 형태를 이루는 생명 없는 존재 간의 관계의 본질을 이해할 필요성을 강조한다. 또한 힌두교는 동물, 새 그리고 나무를 포함하는 모든 창조물의 가치를 매우 강조한다. 힌두교의 신들이 동물과 연관되어 있는 것을 보면 흥미롭다. 황소Nandi를 그의 보호물vahana로 가진 시바신Shiva은 동물의 신으로 간주된다. 마찬가지로 비슈누신Vishnu은 뱀과 금신조, 브라마신Brahma은 백조, 인드라신Indra은 코끼리, 태양신 수리야신Surya은 말, 두르가신Durga은 사자, 가네샤신Gansha은 쥐, 그리고 무루가신Muruga은 공작을 상징으로 한다. 힌두인의 믿음에 따르면 부처님의 전생 역시 동물의 형태였다. 힌두교를 믿는 인도 사람은 동물에 신성함을 부여한다. 이런 신과 동물세계의 연결은 자연에 대한 경건

한 태도를 직설적으로 드러낸다. 이런 자연에 대한 태도는 산, 강, 나무에도 마찬가지로 연결되어 이들 역시 신성시한다. 짧게 말해 인도 문화는 모든 자연을 경건히 여기는 것이다. 힌두교는 인간, 다른 생명체, 세상의 형태적 창조물 간 조화의 중요성을 강조한다(Murthy & Kamath, 1973).

힌두교에서 브라만은 우주 최고의 영혼으로도 여겨진다. 모든 살아 있는 영혼은 브라만의 일부이다. 이런 브라만의 특정 징후인 각각의 영혼은 세대에서 세대로 변화되는 것처럼 보인다. 하지만 사실상 단지 중요하지 않은 겉모습의 세부사항, 즉 삶에 있어서 몸, 얼굴, 이름, 그리고 지위 같은 것만 바뀌는 것이다. 세부적인 "실체" 뒤의 베일에 가려진 브라만은 연속적이고 불멸이다. 이런 숨겨진 자아, 아트만Atman은 결코 죽지 않는 저장소이며 소모되지 않으며 그 깨달음과 행복에는 한계가 없다. 즉 아트만은 모든 생명의 무한한 중심이며 몸, 인성, 그리고 아트만이 함께 인간을 구성하는 것이다(Smith, 1958).

힌두 교리를 믿는 자들은 그들 모두 브라만의 상징이므로 모든 이 사이의 강한 연대감을 믿지 않고서는 브라만을 믿는다고 할 수 없다. 힌두교는 각 개인은 전 우주, 즉 브라만의 작은 일부분일 뿐임을 주장하므로 힌두인은 어떤 개인을 별개이며 분리되었다고 믿지 않는다(Katz, 1969).

그리고 영원한 아트만Atman은 헤아릴 수 없는 방해요소, 거짓된 생각, 개인의 표면을 구성하는 자존감의 충동 아래에 보통 묻혀 있다고 한다. 인간의 삶의 목표는 삶의 영원한 목적지인 영원한 경지를 향해 도달하는 과정에서 이를 방해하는 요소들과 찌꺼기를 깨끗이 하는 데 있다(Smith, 1958).

어떤 종류의 세계가 있는가? 하는 물음에 힌두교는 다음과 같이 대답한다. (1) 무수한 은하수를 수평적으로, 무수한 층을 수직적으로, 무수한 순환을 일시적으로 담는 다중세계, (2) 업보Karma의 법칙이 절대 약해지지 않는 도덕적 세계, (3) 그 자체로 최고신을 결코 대체하지 않는 중간 세계, (4) 다중성, 물질주의, 이중성이 궁극적인 것처럼 나타나는 현혹적이고 교묘한 세계, (5) 인간을 최고의 경지를 향해 나아갈 수 있도록 훈련시키는 세계, (6) 지칠 줄 모르고 끝이 나지 않으며 불가항력적이긴 하지만 궁극적으로는 영원한 활력과 함께 신성함이 펼쳐지는 우주창조의 세계.

환생

환생에 대한 힌두교의 믿음은 신의 힘에 의해 세상에 들어온 개인의 영혼이 삶의 순환을 통해 계속 전달된다는 것이다. 인간 이하의 단계에서는 인간 단계를 획득하기까지 지속적인 형태 변화의 시리즈를 통과해야 한다. 인간의 단계까지 영혼의 성장은 사실상 자동적이다. 영혼이 마침내 인간 몸에 들어가면서 이 자동적 영혼 성장의 과정은 종착점에 다다른다. 영혼이 최상의 거주지에 도달하는 과제는 영혼이 자기양심에 도달했다는 증거이며 이 단계에는 자유, 책임, 노력이 따른다. 인간으로서 개인의 영혼은 인과관계의 도덕적 법칙인 '업보'를 통해 행동에 완전한 책임을 진다. 각 개인 삶의 현재 상황은 전생의 결과이며 현재 행위, 생각, 결정은 미래를 결정짓는다(Smith, 1958).

업보라는 개념과 이가 암시하는 완전히 도덕적인 세상은 두 가지 중요한 심리적으로 필연적 결과를 가져온다. 첫째 이를 이해하는 힌두교인이 개인적 책임감을 달성하도록 만든다. 각 개인은 자신의 현재 상황에 전적으로 책임이 있고 지금 하는 일이 곧 미래를 만들 것이다. 역으로 도덕적 우주 사상은 우연이나 사고로 보이는 것에 대해 믿지 않는다. 이 세상에는 우연이나 사고는 없다는 것이다. 업보는 모든 결정이 반드시 그렇게 결정한 결과로 인한 영향을 가짐을 뜻한다. 하지만 결정 그 자체는 자유의지에 따른다. 마치 카드게임을 하는 사람이 특정 손으로 게임을 하지만 그 손으로 어떤 방식의 게임을 하는가는 자유인 것과 마찬가지인 셈이다(Smith, 1958).

힌두교에서 영혼의 중심축은 절대자아는 아트만Atman이다. 인간의 느낌, 감정, 그리고 환상의 소용돌이 아래에 신 자체의 스스로 빛나는 변치 않는 면이 있다. 알아차리기에는 어려운 영혼의 너무 깊은 곳에 묻혀 있더라도 그것은 인간의 존재와 깨달음의 유일한 터전이다. 신이야말로 표면적인 자아에 생기를 불어넣는다. 결국 영혼의 두꺼운 벽을 녹여내는 것도 신의 빛이다. 이런 순결한 단계에 도달했을 때 개인적 영혼은 신과 일체가 된다(Smith, 1958). 이 영혼의 단계를 해탈Moksha 또는 열반Nirvana이라고 하는데 영혼이 환생이나 윤회의 과정에서 자유로워지고 결국 애초에 기원이 시작된 브라만과 일체화될 때를 말한다고 할 수 있다.

힌두교에 따르면 삶의 목적은 스스로에 내재하는 영원한 인간존재의 점차적인 드러냄에 있다. 힌두교는 정의를 심판함에 있어 각각의 경우를 분리해서 그 무게를 두고 그 우열에 따라 결정하는 신을 믿지 않는다. 신은 그의 의지에 따라 벌을 강화하거나 면제함이 없이 정의를 실현한다. 신은 각 개인 내에 있고 업보의 법칙 역시 인간의 본성에서 나온 것이다. 각 개인이 시험에 처하는 모든 순간과 그 순간의 정직한 노력이 그의 영원 추구에 좋은 영향을 미칠 것이다. 각 개인이 만들어 가는 특성은 그가 신과 일체임을 깨달을 때까지 계속될 것이다.

달마, 법륜

달마의 개념은 힌두교와 인도 문화의 또 다른 독특한 개념이다. 달마는 개인으로서나 사회 구성원으로서 살아가는 사람의 생을 인도해 주는 일종의 행동강령을 말한다. 달마는 사람의 특성을 만드는 이상과 목적, 영향, 기관 모두를 포함한다. 달마는 바른 삶의 법칙, 행복과 구원의 이중 목적을 확실히 하기 위한 의식 준수라 볼 수 있다. 힌두교인의 삶은 달마의 법칙에 의해 매우 세밀하게 묘사된 방법으로 통제된다. 즉 개인적 습관, 사회적, 가족적 연결, 힌두교에서의 단식과 연회까지 모두 조건화되어 있다(Radhakrishnan, 1979).

달마는 인도 사회의 역사를 아울러 모든 사회 시스템에서도 결합을 설명하는 법칙이기도 하다. 달마, 법륜에서 "조화와 하모니"는 모든 사람이 자신의 달마를 "따를 때" 달성된다. 달마는 사람의 일반적 양심에 의해 지지되는 행동강령이다. 달마는 개인의 양심이 그것을 시행한다고 해서 주관적이라 할 수만은 없는데 그렇다고 달마의 법칙이 달마를 강요한다는 점에서 외부적인 것이라고 할 수만도 없다. 달마는 사람들의 일반적 의견 또는 정신이 지지하는 행동 체계이기도 하다. 달마는 사람을 선으로 강요하지 않더라도 선을 위해 훈련시킨다. 달마는 기계적 규칙의 고정된 강령이 아니라 사회의 발달에 대한 반응으로 자라고 움직이는 살아있는 정신이다(Radhakrishnan, 1979).

달마는 상호의존적인 양면을 가지고 있는데 개인적인 것과 사회적인 것이 그것이다. 개인의 양심은 "안내자"를 필요로 하며 사람은 자신의 목적을 깨닫고 정신을 중시하며 사는 방법을 배워야만 한다. 사회적 단계에서의 달마는 조화로운 순서로 모든 생명 존재를 함께 어우른다. 선은 사회적 복지에 공헌하는 행동이며 악은 그 반대이다. 가장 높은 경지의 선은 자신이 받듯 남에게 행하는 것이다. 개인적인 선과 사회적인 선 모두 힌두교에서는 의무적 임무nitya karma, 깨끗함saucam; 좋은 행동acharam, 사회봉사panchamahyajnas, 기도sandhyavandanam를 중요시한다(Radhakrishnan, 1979).

개인단계에서의 달마 법륜은 각 개인의 삶에 있어 4단계가 있다고 한다. 첫 단계인 "학생brabmacharya" 단계에서 절제, 금주, 순결, 사회봉사는 힌두 젊은이의 마인드에 강하게 각인되어 있다. 카스트계급, 계층, 부, 또는 가난에 상관없이 모두 이 훈육 단계는 거쳐야 하는 단계이다.

두 번째 단계인 "세대주Grahastha" 단계에서 개인은 사회의 구성원이 되고 그 권리와 의무를 받아들이며 가족을 이끄는 삶의 의무를 따른다. 자기발전, 절약, 그리고 접대 정신이 이 단계에서 행해진다. 카스트 규칙은 단지 이 단계에만 연관이 있다. 이 단계에서 개인의 에너지와 흥미는 자연스럽게 바깥 세계로 향한다. 이 단계에서 인간을 만족시키는 세 가지는 각자의 가족, 직업, 그리고 자기가 속한 커뮤니티이다. 따라서 이 단계는 바로 인간이 원하는 세 가지인 가족 우선을 통해 얻는 즐거움, 직업을 통한 성공 그리고 시민으로서의 책임을 통한 의무를 만족하는 시기이다(Smith, 1958).

세 번째 단계인 "은퇴Vanaprastha" 단계에서 개인은 소유에 대한 집착을 되돌아보고 두 번째 단계에서 일어났던 일들, 탄생이나 번영, 개인적 재능, 행운에 대한 자부심 같은 것들을 통해 생긴 모든 자만심을 누르고 정신을 장려할 때이다. 이 단계는 철학을 자신에게 적용할 때이고 현실속의 자아를 찾는 감성을 초월하는 때이다. "은퇴" 너머 목적이 사실상 달성되는 마지막 단계는 "고행자sannyas" 단계로 정신의 힘에서 마침내 평화를 찾는 바로 인간성의 속세에 무관한 상태이다. "고행자" 단계야 말로 영원과 완벽한 조화에 도달한 단계이며 인간정신의 교육이 끝나는 단계이다.

카스트제도

카스트제도는 인도 문화의 독특한 특징이다. 카스트제도는 힌두교에 있어 개인의 사회적 기능에 관련되어 있는 제도이다(Radhakrishnan, 1979). 인도 사회는 위계적으로 가장 높은 지위부터 낮은 지위까지 네 가지 분류로 나누어진다. (1) 브라만Brahmins : 가르침을 주거나 설교를 하거나 의식을 돕거나 자선을 베풀거나 하는 책임을 지는 승려 또는 관장자, (2) 크샤트리아Kashtriyas : 행정 또는 지배계급과 일치되는 생과 보물의 수호자, (3) 바이샤Vaisyas : 농작물 재배자, 무역상인, 사업가, 목동 등, (4) 수드라Sudras : 목수, 대장장이 같은 장인 전문가. 이 외에도 삶의 윤회에서 계급이 굉장히 낮아 카스트 제도의 바깥 하위계급으로 간주되는 다섯 번째 집단도 있다. 이 다섯 번째 "카스트 밖"의 집단 구성원은 "만질 수 없는 사람", "버림받은 사람", "예정된 카스트" 또는 간디가 명명한 "하리잔Hari-jans", "신의 자녀" 같이 다양하게 불리어져 왔다. 이 집단에 속한 사람은 인도에서 가장 원하지 않는 일, 동물살육, 가죽공정, 거리 청소 같은 일을 한다(Chopra, 1977).

카스트제도는 원래 인도 사회의 간단한 기능적 분류로 시작했음에도 불구하고 이후 성직자들에 의해 영원하고 불변한 것으로 잘못 해석되었다. 그에 따라 카스트 제도는 "불변하고 선천적"인 개인의 특질로 "전생의 행동"으로 바꿀 수 없는 결과로서 수정할 수 없는 힌두 종교의 기본으로 정당화되고 말았다(Chopra, 1977).

인도에서 개인의 카스트는 탄생부터 결정된다. 각 카스트는 그에 해당하는 적절한 지위, 권리, 의무가 있다. 다른 카스트에 속한 사람 사이의 소통과 접촉에 대한 세부적인 규칙도 있다. 카스트는 각 계급에 속한 구성원의 삶의 방식에 엄청난 영향력을 가지므로 삶에서의 가장 중요한 관계 맺기, 특히 결혼도 카스트 내에서 행해진다. 카스트를 깬다는 것은 자신이 속한 집단 즉 가족, 친구, 같은 방식으로 사는 사람 모두에게서 떨어져 나간다는 것을 의미한다. 그렇게 자신을 자신의 집단에서 잘라내는 사람이 다른 집단에 수용될 가능성은 없다. 그런 사람은 자신의 원래 집단에서 따돌림 당할 뿐 아니라 심지어 더 낮은 카스트에 의해서도 받아들여지지 않는다(Fershi, 1965). 이리하여 카스트는 인도 문화에 주요한 "보호자"같은 영향력을 가지며 특히 작은 마을에서는 백만이 넘는 힌두인의 일상생활에 계속 영향을 미치고 있다.

관용의 정신

힌두교의 영향 때문에 인도 문화는 세계적 관용을 믿고 모든 종교를 진리처럼 받아들이는 경향이 있다. 인도 문화는 교리, 색깔, 성에 상관없이 모두의 필요성에 부합하고, 전체적인 인도 문화는 세계를 아우르는 매력을 가지고 모두를 위하는 면이 있다는 것이다. 이런 사상은 인도의 자이나교의 한쪽에 치우치지 않는 '부정주의Syadvada' 이론 또는 'may be' 이론에서 발달되었다. 이 이론에 의하면 절대적인 단언이나 부정은 없다. 모든 지식은 개연성이 있고 상관적이므로 다른 사람의 관점은 자신의 것만큼 진실하다. 다시 말해 사람은 판단을 함에 있어 자제를 보여야만 한다는 것을 의미한다. 사람은 자신의 판단이 단지 부분적으로만 진실하며, 절대적 진실로 간주될 수 없다는 것을 알아야만 한다. 이런 이해와 관용의 정신은 인도 문화의 발전에 가장 큰 공헌을 했다고 볼 수 있다. 이런 자세가 다양한 언어와 종교적 추구를 공통적 문화아래 함께 공존하도록 만들었던 것이다(Multhy & kamath, 1973).

이 글은 인도 문화의 간단한 해설에 불과하지만 인도의 다양하고 역동적인 면을 보여줄 수 있었기를 바란다. 환생, 달마, 카스트제도, 관용의 정신 같은 세계관을 살펴봄으로써 인도 문화는 "통합samanvaya", "진실추구atyajijnasa", "비폭력abimsa", 또한 그 무엇보다 중요한 관용의 자세 같은 기본 가치를 상징하고 있다고 볼 수 있다. 이런 인도 문화의 관점은 인도 문화에 깊은 영향을 미친 힌두사상의 역할과 영향력을 설명하고 이 두 가지는 결코 분리할 수 없는 것임을 보여 주었다. 인도에 필요한 것은 인도의 정신적 유산을 성인이나 학자에 의해 이미 고귀하게 선별된 것에만 의존하지 말고, 확장해서 계속 발전시켜나가야 함을 스스로 깨닫는 것이다.

개념 이해와 질문

1. "힌두교는 믿음, 철학, 숭배의식, 행동강령의 형태 없는 실체"라는 말은 무엇을 의미하는가?
2. 한 문화의 세계관에 대해 아는 것이 그 문화권 사람과 효율적으로 소통하는 데 중요한 이유는 무엇인가?
3. 힌두교의 세계관의 중심은 다음과 같다. "힌두교는 지식습득의 일상적 수단이 심오하고 나뉠 수 없는 궁극적 단계의 실재를 꿰뚫을 수 없다고 믿는다." 이런 관점은 실재를 정의하는 데 어떤 영향을 미치는가?
4. 달마와 윤리의 관계를 어떻게 생각하는가?
5. 힌두 전통에서 인내의 정신은 무엇을 의미하는가?
6. 저자는 "인도 사람 세계관의 이해와 소통행동에 있어 이런 문화유형의 영향이 인도 사람과 다른 문화권 사람 사이의 문화 간 소통의 질을 향상시킬 것이다"라고 주장한다. 동의하는가? 만약 동의한다면 그 이유는 무엇인가?

Nemi C. Jain is Professor Emeritus, Hugh Downs School of Human Communication, Arizona State University.

이집트인과의 소통

Polly A. Begley

파라오의 고대 땅 위로 해가 떠오르면서 기도 시간을 알리는 사제Muezzin는 도시의 커다란 스피커를 통해 충성스러운 무슬림들의 기도 시간을 알린다. 사천 년이 넘는 역사를 자랑하는 이집트는 "극치"의 나라이다. 고대 학문과 미스터리의 중심, 거대한 건축물, 압도적인 가난, 모래폭풍과 안개가 섞인 강렬한 햇빛, 사막에 둘러싸인 비옥한 나일강 계곡이 바로 그 극치의 예이다. 6,671km나 되는 나일강은 이집트 문명의 생명의 피나 마찬가지이다. 나일강은 "소중한 선물이자 아주 위험한 주인님"으로 알려져 있다 (Crawford, 1996, p.39). 예상할 수 없는 이 강은 주기적으로 운하, 집, 전체 마을까지 파괴하기도 하지만 물을 공급함으로써 이집트인의 삶의 원천이 된다.

사람들은 신비한 피라미드, 바위 절벽으로부터 깎아낸 신성한 사원, 불가사의한 상형문자, 몇 세기를 걸친 전통 같은 이집트 문화에 오랫동안 매료되어왔다. 기원전 484년에 태어난 그리스 역사학자 Herodotus는 이집트의 경이로움을 세계에 극찬한 학자였다. 현대 건축, 철학, 수학, 문학, 과학은 모두 이집트에서 영향을 받았다. 소크라테스, 아리스토텔레스, 그리고 피타고라스까지 이집트인으로부터 많은 것을 배웠다. 심지어 알파벳도 고대 문자로부터 진화했을 가능성이 크다(Crawford, 1996). 현대 이집트 학자들은 여전히 3천 년에서 4천 년 된 돌과 사원에 새겨진 글씨의 완벽함에 가까운 보존에 경이로워한다. 오늘날 나일강을 따라 이루어진 마을들에서 소작농들은 파라오시대 도구와 농업 방식을 그대로 적용해 사용하고 있다. 이런 곳에 신기술 보급을 위해 보내진 정부 전문가들은 "몇천 년 동안 이 방식으로 해왔다"는, 그렇기 때문에 현대 용수로는 불필요하다는 이야기를 듣는다. 분명한 것은 이집트 문화의 풍부한 경이로움을 인정하기 전에 이집트의 역사, 관습, 전통에 대해 알고 있어야만 한다는 것이다.

이 짧은 글이 몇천 년의 역사와 전통을 완전히 다룰 수 있다고 단정할 수는 없다. 문화를 연구하는 학자들은 배움이 연속적인 과정이라는 것을 알고 있다. 그러나 심지어 평생의 연구와 경험도 이집트 문명의 비밀을 밝히기에는 충분하지 않을 것이다. 따라서 이 글의 목적은 이집트인과 이집트인이 아닌 사람의 상대적 문화특성을 살펴봄으로써 그들 사이의 상호작용의 이해의 실마리를 찾는 데 두고자 한다. 특히 강조할 점은 상호 문화적 소통에 영향을 미치는 문화적 양상에 있다. 우리는 이 글에서 세 가지 중요한 이집트의 문화 양상을 살펴볼 것인데 (1) 세계관과 종교, (2) 가치, (3) 언어가 바로 그것들이다.

이집트 세계관과 종교

세계관은 문화집단 구성원 사이의 일반적 인식을 말한다. Samovar와 Porter(2000)는 세계관을 "신, 자연, 삶, 죽음, 우주, 그리고 삶의 의미와 존재에 관련된 철학적 이슈들 같은 것들을 향한 문화적 지침"(p.11)이라고 정의한다.

이집트 세계관은 다양한 아프리카 문명과 신앙들의 축적으로부터 시작한다. 이집트라는 이름은 Aegyptos라는 그리스 이름으로부터 유래되었는데 그전에는 토착민에게 Kemet, 즉 '검은 땅'으로 불렸다(Crawford, 1996). 사하라가 메마른 사막이 되었을 때 몇몇 아프리카 부족은 나일계곡으로 이주했다. 나일강 근처의 혹독한 기근과 홍수는 사람들을 조직적이고 조심성 있게 만들었다. 이런 체계가 잡힌 곳에서 종교는 중요한 부분이었다. 과학, 예술, 종교적 철학 사이의 구별이 없는 것은 일상의 각각 행동 자체가 신성한 행위의 상징이라는 믿음에 반영되어 있다.

검은 땅Kemet은 신성한 지도력과 지형학적 위치 때문에 위대한 문명으로 발전했다. 파라오는 우주만물의 신, Horus의 화신이었다. 그들은 초기 검은 땅Kemet 시대에 절대적이고 신성한 힘으로 나라를 지배했다. 첫 번째 왕조 Menes는 상류와 하류의 검은 땅 Kemet을 통일시킨 기원전 3150년 경에 그의 왕조를 건립했다. 초기 왕조시대 이집트는 침략자들로부터 국민들을 보호하는 광대한 불변의 사막으로 인해 지리학적 유리함을 가지고 있었다(Berega, 1998). Heredotus는 2500년 전에 사막에 묻혀버린 5만 명의 군사들에 대한 이야기를 쓴 적도 있다. 고고학자들은 최근에 이 잃어버린 군대 이야기를 증명할 수 있는 잔해를 사막 깊은 곳에서 발견하기도 했다(Stowe, 2000). 근본적으로 고대 Kemet 사람은 외부공격으로부터 살아남을 수 있었기 때문에 국가건설, 예술, 과학, 그리고 철학에 집중할 수 있었다.

오늘날 파라오 시대의 믿음은 박물관과 관광 지유적에 한정되어 있지만 Kemet의 흔적은 나일강과 사막 그리고 이 고대 땅의 사람에게서 결코 완전히 지워질 수는 없다. 서기 619년 유목생활을 하는 아랍인들이 이집트에 쳐들어왔고 결국 이슬람을 종교적 믿음으로 대체했다. 고대 이집트 역사는 반 이슬람으로 간주되었고 이집트 학교에서 역사는 이슬람 역사로 대체되었다(Gershoni & Jankowski, 1995). 기독교는 유일한 소수 종교이고 그마저도 인구의 13퍼센트보다 적은 숫자로 줄어들었다. 기독교인들의 작은 거주 집단이 아직도 이집트 중부에 남아 있지만 무슬림 이웃과 그들의 관계는 좋지 않다. 이집트 무슬림은 이슬람의 종교적 믿음에서 위안을 찾고 이슬람의 성서인 코란의 신성한 메시지를 통해 존재에 대한 질문에 답한다. 여러분은 정치에 내재되어 있는 이슬람 역사, 원칙, 그리고 종교적 믿음을 살펴봄으로써 그 지지자들의 행동과 소통패턴을 알 수 있을 것이다.

이슬람 역사

이집트 무슬림인에게 종교는 일상생활의 모든 면에 영향을 미치고 있기 때문에 이슬람의 역사적 기원에 대한 지식은 문화상대적 소통에 중요한 요소이다. 이슬람은 모하메드로 시작했다. 신은 서기 610년 경 천사 가브리엘을 통해 모하메드에게 계시를 내렸고 그 메시지는 코란에 기록되었다. 이슬람의 성전 코란은 모하메드에 의해 주장된 유일한 기적이며 신의 정확한 계시라고 여겨진다. 이 신성한 책은 114장으로 구성되어 있고 이슬람교를 따르는 신도를 위한 신의 의지를 기록한다(Wains, 1995).

역사적으로 중동지역은 격동의 지역이었다. 거대한 땅, 험난한 사막, 전투적인 부족, 인간의 생에 부여한 불안정하고 기약할 수 없는 가치가 종교에 있어서의 혼란에 기여했다. 수많은 리더가 통합된 왕국을 건설하고자 시도했음에도 불구하고 결국 모하메드와 그의 추종자들이 그들의 지배하에 아라비아 전체를 통일시킬 수 있었다. 이슬람이 이집트인에게 처음으로 소개되었을 때 이집트에는 이미 몇천 년이나 이어져온 고대 신앙이 존재하고 있었다. 이들은 셀 수도 없는 신과 복잡한 예식을 포함하고 있었다. 반면 이슬람 교리는 일반인이 이해하고 따르기 쉬웠다.

이슬람교는 출생부터 죽음, 그리고 사후까지 모든 순간을 지배한다. 이집트 인구의 거의 85퍼센트에서 90퍼센트가, 그리고 전 세계적으로 10억 이상의 사람들이 이슬람 추종자이다. 무슬림은 이슬람교를 통해 "신에게 모든 것을 의지하고 내려놓을 때 얻게 되는 평화"를 찾기를 갈구한다(Smith, 1991, p.222). 이런 세계관은 이슬람이 전 세계에서 가장 젊고 빠르게 성장하는 주요 종교 중 하나임을 반영한다. 이 종교가 다수의 사람에게 선호 받는 이유 중의 몇 가지는 이슬람교의 교리와 종교적 의식 같은 이슬람교의 원칙을 살펴봄으로써 이해할 수 있다.

이슬람교의 원칙

이슬람교의 중심에는 네 가지 교리가 있다. (1) 단일신 종교이다. (2) 신이 우주를 창조하셨다. (3) 인간은 신의 창조물이며 근원적 죄가 없기 때문에 근본적으로 출생 시부터 선하다. 무슬림은 인간의 내재된 선을 믿지만 현대사회는 이런 그들의 성스러운 기원을 잊고 있다. (4) 무슬림 개개인은 천국으로 갈지 지옥으로 떨어질지 신이 결정할 심판의 날이 온다(Smith, 1991). 이슬람교는 무슬림을 위한 다섯 가지 종교의식을 표명한다. 첫째, 샤하다shahada는 신앙고백을 말한다. "La ilaha illa llah"라는 신앙고백은 "알라가 유일신이며 모하메드가 그의 예언자이다"라고 번역될 수 있다(Smith, 1991, p.244). 둘째, 살라트salat는 일상생활의 중요한 부분이다. 무슬림들은 하루에 다섯 번 이슬람교의 성지인 메카쪽을 향해 기도를 하도록 되어있다. Murphy(1993)는 이집트 카이로에서 이슬람 신도의 예배하는 모습을 다음과 같이 묘사했다. "'신은 위대하다'라며 기도시간을 알리는 이가 주창한다. 그의 외침이 마치 락 콘서트 음향처럼 맹렬하게 울려 퍼져 도시의 좁은 길로 퍼져나간다"(p.1). 세 번째 자카트zakat는 가난한 사람들에게 구호

금을 내는 것이다. 네 번째는 단식이다. 이슬람교도는 라마단 기간 동안 단식이 요구된다. 단식은 무슬림들에게 단련과 절제력을 유도하며 그들 사회 내에서 배고픈 자와 가난한 자에게 더 자애롭게 되기를 가르친다. 마지막 종교의식은 이슬람교의 성지인 메카로 성지순례를 하는 것이다(Nigosian, 1987). 이슬람은 이집트인을 매료시킬 수 있는 매력을 가지고 있다. 이 매력은 첫째, 이슬람교는 명상에 지나지 않는 종교가 아니라 실천의 종교라는 것이다. 둘째, 그 어떤 문화적, 인종적 집단에 속한 무슬림이라도 종교 내에서 동등한 구성원이다. 따라서 신도들은 이슬람교의 국제적 공동체내에서 뭉쳐져 있다. 이에 대한 모하메드의 메시지도 분명하다. "무슬림은 무슬림의 형제이다. 무슬림은 다른 무슬림 형제를 압박하지도 실망시키지도 않는다. 형제에게 거짓말을 하지도 경멸하지도 않는다"(Lippman, 1995, p.185). 세 번째, 이슬람은 복잡한 의식이나 희생을 요구하지 않는다. 만약 어떤 사람이 알라가 유일신이라는 신앙고백을 반복한다면 그는 무슬림이다. 성실한 무슬림은 다섯 가지 이슬람의 종교의식을 따른다. 이런 이슬람교 수용의 심플함이 이집트 사람들을 단합시키고 강하게 한다.

이슬람교와 정치

이집트 정부는 일반 대중 사이의 이슬람의 영향력을 오랫동안 인지해왔다. 각 정당은 공개적으로 종교법을 지지하고 학교에서 종교적 원리를 가르쳐야함을 옹호하며 각 가족이 이슬람 교리를 중요시하는 것을 허용한다. 법률 역시 이슬람을 국교로 인정한다. 하지만 이슬람의 종교법과 나라의 산업 현대화를 이루려는 노력 사이의 균형을 유지하고자 하면서 이집트인의 딜레마도 지속적으로 깊어지고 있다. 새로운 기술의 유입과 서구의 영향은 전통적 종교적 표준에 자주 위배되는 속법을 양산시키고 있기 때문이다.

증가하는 속법, 기술발전, 외부의 영향, 인구증가, 증가하는 실업률은 종교적 기초의 균열을 가져왔다. 어떤 이집트인은 이집트의 문제는 사회, 특히 정부가 이슬람교의 원칙을 무시하는 결과라고 믿는다. 종교적 신념이 동요와 변화의 시기에 안정과 질서의 희망을 제공하는 것이라고 주장한다. 이런 이슬람교의 강한 뿌리는 더 많은 이집트인이 이슬람 종교원리를 따르고 이슬람법으로 귀속하게 한다(Sisk, 1992). 더 많은 여성이 공공장소에서 베일을 쓰고 산발적인 외국인 반대 시위가 이집트 도시 곳곳에 일어나기도 한다.

이집트 체류자는 이집트에서 사업을 하거나 여행을 할 때 이슬람의 종교적 믿음에 대해 이해하고 있어야 한다. 코란은 모든 사람, 특히 여성은 스스로를 가리고 다닐 것을 권유한다. 이집트인은 노출이 적은 옷을 입고 보수적인 옷차림을 한 이들과 소통 시 좀 더 편하게 생각한다. 이집트인은 또한 도움이 필요한 다른 사람을 돕는 것이 자신의 책임이라고 생각하는 경향이 있다. 사막으로부터 피난처를 제공해 주기 위해 누구든 자신의 텐트로 데려가는 오랜 전통이 있다. 이집트에 있는 동안 도움을 받는 이집트 체류인들은 이집트인의 친절에 대해 "그것은 신의 뜻"이란 말을 듣는다. 이슬람교에 대한 지식이나 존중을 가진 여행자나 사업가는 이집트에서 친분을 쌓거나 이익이 되는 사업관계를 유지하기가 좀 더 유리하다. 다음 장에서 우리는 문화 간 소통과 관련되어 있는 이집트인의 문화적 가치에 대해 알아보고자 한다.

이집트 가치

문화적 가치는 문화소통 학자에게 핵심적인 연구 분야이다. Samovar과 Porter(2000)는 다음과 같이 이야기했다.

> 문화가치는 무엇이 죽을 만큼 가치 있고, 무엇이 보호할 가치가 있으며, 어떤 것이 사람을 겁먹게 만들고, 어떤 것이 공부하고 비판하기 적절한 주제인지, 그리고 어떤 유형의 이벤트가 그룹 결속을 생성시키는지를 정의한다. 가장 중요한 것은 문화적 가치는 사람의 인지와 행동 모두를 안내하는 지침서 역할을 한다는 것이다(p.11).

만약 우리가 왜 사람이 특정한 방식으로 행동하는지 그들의 공포, 그리고 열정을 발견할 수 있다면, 다양한 문화권 사람 사이에서 소통을 어떻게 향상시킬 수 있는지도 이해할 수 있다. 이집트 문화의 세 가지 기초적 가치는 바로 전통, 관계, 그리고 위계적 헌신이다.

전통

세계 역사는 풍부한 전통을 가진 집단이 오랫동안 지속되었다는 사실을 증명해준다. Weick(1995)은 "전통"이나 "잘 발달된 민속 문화"로 특징지어지는 문화가 그렇지 않은 문화보다 오래 생존한다는 사실을 지적한다(p. 126). 이런 전통은 다음 세대에 전문성과 경험을 전달하는 기능을 한다. 이집트 격언 중에 과거 지식의 가치를 표현하는 말이 있다. 길을 잃어버렸다거나 손실이 났다거나 하는 "Lost"의 뜻은 자신의 과거를 잊은 사람을 말한다. 이집트 문화는 4000년에서 5000년이나 거슬러 올라간다. 따라서 전통이 중요한 가치인 사실은 놀라운 일이 아니다.

이집트인 사이의 이런 전통의 중요성은 몇 가지 삶의 방식에 반영되어 있다. 이집트는 농업국가의 전통을 가지고 있다. 나일강 유역의 농부는 그들의 농업 유산을 자랑스러워하고 변화하기를 망설인다. 이집트인은 셀 수 없을 만큼 많은 전염병, 홍수, 가뭄, 외부침략에도 불구하고 생존을 유지해왔다. 이집트인은 "삶이 마치 나일강처럼 자연의 순리대로 흐르도록 받아들이는 일세기도 넘은 신념을 가지고 있으며 현 세대는 마치 그들의 조상으로부터 '다 안다는 듯한 그런 태도'를 물려받은 것만 같다"(Wayne & Simons, 1994, p.33). 전통을 중시하면서 기쁠 때나 슬플 때나 그 안에서 단합하는 것은 몇천 년 동안의 이집트 문명의 지속에 막대한 공헌을 했다.

앞에서 언급했듯 종교적 전통은 이집트인의 삶에서 중요한 부분이다. 고대 이집트인은 "모든 행위는 그것이 비록 일상적인 것에 불과하더라도 종교적 행위의 일부이다. 농사에서의 땅 갈아엎기, 파종, 수확, 양조 등 모두를 신성한 행위의 상징으로 간주한다"(West, 1995, p.46)고 믿었다. 현대 이집트인 또한 그들의 종교적 믿음이 가족, 정치, 사업, 그리고 교육에 결정적인 역할을 한다는 사실을 믿고 있다.

이집트인은 손님이 오면 손님의 출신국가의 전통과 조상에 대해 예의를 다한 관심을 표현한다. 그리고 사오백 년 전의 자신의 조상에 대해 자세히 이야기할 수 있는 손님에게는 깊은 존경을 표시한다. 이렇게 전통에 부여된 강한 가치의식은 지식을 후세대에 전달하는 기능을 하지만 한편으로는 빠른 변화를 억제한다. 이집트를 방문하는 사람들은 이집트인과 관계를 맺거나 새로운 계약을 하거나 새로운 기술혁신에 대해 소개하는 데 있어 시간이 걸릴 것이라는 것을 간과해서는 안 된다.

관계

이집트인들은 외로움을 두려워하고 친척과 친구들에게 항상 둘러싸여 있기를 원한다(Hopwood, 1982). 그들은 인간관계에 굉장한 가치를 둠으로써 외로움을 물리치고자 한다. 관계적 조화의 중요성은 기원전 3150년에 kemet의 북부와 남부가 통합되면서 발달하게 되었다. 나일강 유역에 살던 사람은 제한된 자원으로 다양한 그룹의 사람이 평화롭게 살 수 있는 가장 효율적인 방법은 집단주의임을 발견했다.

이집트 집단주의에서 가족, 사회, 사업은 매우 진지하게 고려되며 이집트인에게 굉장한 즐거움을 주는 근원이다. 인간 생애의 결정적인 사건은 출생, 결혼, 그리고 죽음이다. 삶의 주요한 일상은 개인과 가족의 연결을 강조한다. 개인은 사회적 집단성을 대표하고 자신이 속한 집단의 이익을 위해 개인의 이익을 희생하기도 한다.

가족관계로부터 얻는 안심과 따뜻함은 다른 인간관계에도 복제된다고 할 수 있다. 연대감은 사람 사이의 긍정적인 연결을 강화시키도록 다양한 상황에서 작용한다. 예를 들어 "이집트 정치인은 대통령에서부터 하위 공무원까지 '아버지'로서의 그들의 위치를 대중에게 강조한다"(Inhorn, 1996, p.159). 가족은 사회의 기본 단위이며 사회 전체 상호작용의 모델이 된다.

이집트인이 대화에서 상대방에게 묻는 첫 질문은 소속집단에 관한 것이다. "당신의 가족은 어디 있나요?", "아버지는 어디 계신가요?" "당신의 학우나 동료는 어디에 있나요?" 또한 이집트인은 집단 여행이나 집단 활동을 선호한다.

현지인은 길을 물었을 때 말로 가르쳐주기보다는 그 목적지가 아무리 멀어도 그곳까지 함께 가주려고 한다. 그 정도로 관계를 중시하는 풍조는 사회적, 사업적 상호작용 사이의 흐릿한 경계에도 반영되어있다. 공무원은 "open door policies" 즉 개방정책을 유지하고 몇 사람과 동시에 친화적인 분위기에서 대화를 한다. 좋은 인간관계를 쌓고 유지하는 것은 사회에서 그 어떤 활동보다 우선을 차지한다. 이집트인은 사업 사안을 언급하지 않고도 장시간의 비즈니스 미팅을 갖는다. 이집트 방문자는 비자를 받기 위해 다섯 시간 가까이 이집트 대사관에서 기다린 후에야 이집트에서의 인간관계의 힘을 깨달을 것이다. 사실상 그렇게 기다리고도 비자획득에 필요한 서류작업이 그날 퇴근 시간 전에 처리될 것이라는 보장은 없다. 반면에 만약 대사관에 어떤 인맥이 있다면 한 통의 전화만으로 비자는 30분 내에 호텔 문 앞으로 배달될 것이다. 인간관계는 즐거움의 원천이자 엄격하게 구조화된 사회에서 일처리를 하는 하나의 방식이기도 하다.

위계적 구조

연령, 성별, 경험에 따른 위계는 이집트 사회에서 중요한 요소이다. 고대 전통은 사회에서 각 개인의 적절한 위치와 행동을 그려놓고 있다. 대인관계는 "우주 위계질서의 존재를 알리는 세계관, 다시 말해 만물의 질서는 지배자와 피지배자의 구조라는 세계관"라고 정의한다(Yadlin, 1995, p.157). 우주질서는 이집트의 주요 종교들로부터 시작된다. 파라오는 대중을 위해 신이 내린 지배자로 여겨졌다. 고대 파라오는 모계 쪽 혈연을 통해 왕관을 승계해 왔으므로 나일문명은 아마 최초의 모계중심의 문명 중의 하나일 것이다(Crawford, 1996). 남자와 여자 신은 천국으로부터 정해진 것이었고 남녀 모두 가족의 공동적 안전을 위한 책임이 있다.

이슬람교에서도 마찬가지로 인간은 어떤 문제에서든 신의 의지에 따른다. 신은 궁극적 창조자이며 권위자인 동시에 모든 사람을 심판한다. 방문객이 이집트에 도착하면서 제일 먼저 듣는 말은 "Inshaallah"인데 번역하자면 "만약 그것이 신의 뜻이라면" 쯤으로 해석할 수 있다. "신이 결정하신다" 또는 "신이 원하실 때" 같은 설명은 삶의 순리를 받아들인 태도를 반영한다. 무슬림은 신만이 그들의 운명을 알고 있기에 그들의 운명에 대해 의문을 가지지 않는다. 이집트인에게 운명은 사회의 전반적인 사회구조 내에서 그들의 역할을 완수하는 것이다.

무슬림 가족에게 있어서는 가족의 가장 연장자 남성이 권위와 힘을 행사한다. 가장은 가족 구성원의 안전과 행복에 대한 책임이 있다. 아들과 딸은 자신들의 행동이 그들의 가족에 어떤 영향을 미칠지 조심스럽게 고려한다. 어떤 가정에서 장남이 국제적인 사업을 하거나 거래를 한다고 하자. 하지만 설령 사업을 장남인 아들이 한다고 해도 사업에서의 마지막 결정은 그의 아버지가 내린다. 무슬림은 이런 역할과 실행을 삶의 자연스러운 부분이라고 간주하고 남녀 모두 이런 전통적인 위계질서의 충실한 옹호자이며 지지자이다. 위계는 가족과 사회적 소통 언어를 통해서도 생산되고 강화된다.

이집트 언어와 문화

언어는 위대한 도구이다. 우리가 말하는 방식이나 유형은 타인의 행동에 지대한 영향을 미친다. 우리가 선택하는 단어는 우리가 세상을 보고 타인을 인지하는 방식을 반영한다. 몇 세기 동안 아랍인은 언어의 힘을 인지해왔고 그들의 단합과 세계관, 예술적 교감을 전달하고자 아랍어를 써왔다. 아랍어는 세계에서 가장 오래 존재해온 언어 중 하나로 이집트인과 중동지역의 사람에 의해 사용되는 아름답고 화려하고 이색적인 언어이다.

만약에 당신이 이집트 도시들을 방문한다면 일상의 기도시간에 울려 퍼지는 리듬감 있는 아랍어를 듣게 될 것이다. 이집트 회교사원의 벽은 그림이나 풍경이 그려져 있지 않다. 대신 장식적인 아랍어 글씨체로 덮여 있다. 아랍어의 단어를 배워 쓰는 방문객들은 이집트에서 친구들을 빨리 얻게 된다. 이집트인은 아랍어에 대한 지식을 다른 이들과 나누려고 한다. 많은 경우에 "Mish muskmlla"(괜찮아요) "Insha allah"(신의 뜻이 그러시다면) 같은 시기적절한 응답은 이집트인의 인정을 얻고 관계 향상을 가져오게 할 것이다.

아랍어와 단합

우리가 무엇을 말하는지, 어떻게 말하는지, 왜 말하는지는 모두 우리의 문화와 관련이 있다. 이집트인은 아랍어가 7세기 경 그 지역에서 가장 많이 쓰이는 의사소통 수단이 되기까지는 스스로를 아랍인으로 간주하지는 않았다(Lippman, 1995). 오늘날 이집트 어린이는 아랍어만 배우고 코란의 긴 구절을 암기하도록 배워 자랑스럽게 구사한다. 중동 지역은 다양한 나라, 문화, 인종집단으로 구성되어 있지만 이집트인은 "하지만 우리는 모두 아랍인이다"라고 주장한다.

아랍어는 지역 간의 단결력을 증진시키는 것을 돕는다. 예를 들어 이집트에서 물건 값 흥정은 시간 때우기 용도나 인간관계 형성을 하는데 즐거운 하나의 수단으로 여겨진다. 이스라엘의 경우 "무역은 즐거운 시간 보내기 용이 아닌 척박한 자연환경에서 생존을 위한 투쟁의 일부분"인 반면 이집트인은 역사적으로 흥정을 좋아해 왔다. 이리하여 흥정이 아랍인에게 긍정적인 의미로 받아들여진 반면 이스라엘 인에게는 부정적인 의미로 받아들여진다(Cohen, 1990, p.139). 그러다보니 이스라엘과 이집트는 1948년부터 중재를 해왔음에도 두 나라 간의 언어 유형의 차이가 교착상태에 이른 적이 한 번에 그친 것이 아닐 정도이다.

아랍어와 세계관

아랍어는 이슬람의 세계관을 전달하곤 한다. 아랍어는 코란의 언어이므로 "고전적 아랍어는 신성하다"(Hall, 1977, p.31). 이슬람 사회에서 코란의 중요성은 언어의 온전성을 보존하게 만들었다. 다른 주요 언어는 다양한 방언으로 나뉘어졌거나 더 이상 쓰이지 않기도 하지만 고전 아랍어는 아랍 전역 무슬림 사이에서 널리 사용된다. 중동지역 아랍인이 아닌 경우에조차 공식 기도와 전 세계적 의식은 아랍어로 진행된다.

이슬람 지하드jihad는 코란에서 유래된 단어이지만 "holy war"로 종종 잘못 해석된다. 이슬람 지하드는 서구에서 학살에 대한 종교적 광신도로 묘사되어왔고 이슬람 근본주의자들에게는 테러리스트라는 꼬리표가 자동적으로 붙여졌다(Hopfe, 1976). "지하드는 비신도과의 무력을 포함한 갈등이건 아니건 이슬람의 전파와 방어를 위한 '극도의 노력'을 뜻한다"(Lippman, 1995, p.113). 폭력적인 이슬람 근본주의자의 집단이 있지만 이런 파벌이 이슬람 전체 신도를 대표할 수는 없다.

코란 번역서의 서구 독자는 성전이 반복적이고 혼란스러우며 설득력 있는 요소들이 부족하다고 보고한다(Nigosian, 1987). 하지만 무슬림은 이런 해석이 원래 아랍어 구절들의 놀라운 아름다움과 리듬감을 반영하지 못하기 때문이라고 주장한다.

예술로서의 쓰기

고대 상형문자는 쓰기와 예술 모두에서 같은 단어를 사용했다. 고대이집트 문서는 "의학, 과학, 종교, 사회적, 우주적 단체, 그리고 삶의 윤회"에 집중한다(Crawford, 1996, p.9). 현재 이집트에서 아랍어는 예술의 형식으로 여겨진다. 모든 이집트 도시에서 가장 중요한 볼거리는 아랍어 서체로 천장부터 바닥까지 내부가 장식된 사원이다. 이집트인의 집은 정교한 서체로 신의 99가지 이름을 묘사하는 무늬로 장식한다. 고전 아랍어의 말하기와 쓰기를 익혔다는 것은 교육과 지위의 상징이다. 아랍어는 사람의 눈과 귀 그리고 영혼을 즐겁게 하는 언어로 여겨진다. 아랍어를 배우거나 다른 언어의 묘사적이고 우아한 유형을 사용하는 방문객은 이집트에 있는 동안 높은 신뢰를 얻는다.

결론

이 글에서는 이집트인과의 소통에 영향을 미치는 이슬람 세계관, 문화적 가치, 그리고 언어 부분을 살펴보았다. 이집트 방문자는 이집트의 세부적 문화적 특성에 대해 알아보는 시간을 투자하면 여행이나 사업을 하는 데 있어 좀 더 유리한 경험을 하게 될 것이다. 이집트의 5천 년 역사와 전통이 이집트인들에게 풍부한 문화유산과 지혜를 제공하는 만큼 다른 문화도 세계에서 가장 오래된 문명의 하나로부터 뭔가를 배울 수 있을 것이다.

개념 이해와 질문

1. 이슬람 역사의 어떤 면이 이집트 문화에 통찰력을 제공하는가? 독자 여러분 문화의 어떤 면이 여러분의 문화를 배우기를 원하는 사람에게 도움이 될 수 있겠는가?
2. 왜 저자는 "이슬람 믿음은 출생부터 죽음 그리고 그 이후까지 모든 순간을 지배한다"고 주장하는가?
3. 저자는 이슬람을 이해하는 데 중요한 네 가지 교리를 알려주고 있다. 그 네 가지는 무엇인가? 여러분의 세계관은 그것과 비슷한 교리나 비슷하지 않은 교리를 가지고 있는가?
4. 저자는 "이슬람교는 명상이 아닌 행동하는 종교이다"라고 하는데 무슨 뜻인가? 여러분의 종교는 실천하는 종교인가 명상의 종교인가?
5. 아랍 언어가 이집트인에게 그렇게 중요한 이유는 무엇인가? 그들 언어의 어떤 면이 그 언어를 독특하게 만드는가?
6. 이집트 문화권 사람과 소통 시 여러분의 문화 내 어떤 소통유형이 문제를 야기할 수도 있다고 생각되는가?

Polly Begley teaches at Fresno City College, Fresno, California.

마사이의 문화 양식

Lisa Skow & Larry A. Samovar

문화 간 소통을 연구해온 학계에서도 이 분야 연구가 오랫동안 몇몇 특정 문화권에만 집중을 하고 나머지는 소홀히 해왔다는 비판이 있어왔다. 예를 들어 일본이나 멕시코에 관한 자료는 많지만 인도나 아프리카 문화를 이해하려고 관련 자료를 찾으면 매우 적음을 알 수 있다. 하지만 경제와 정치가 국제적 상호의존을 거스를 수 없게 되면서 이제까지는 조사에서 배제되었던 문화를 연구할 필요가 있게 되었다.

그런 분석의 필요성에 대한 요구는 다양한 형태를 취할 수 있다. 저개발 국가에서는 매일 4만 명의 아기가 굶어죽는다는 것을 배우면서 그에 관해 더 많은 정보를 얻고자 하는 우리의 욕구는 이타적인 것일 수도 있다. 또는 좀 더 실용적인 이유로 다른 문화에 대해 알아볼 수도 있다. 아프리카 국가와의 강한 유대는 궁극에는 지구촌 양쪽 나라 개인에게 이득이 돌아가는 경제적, 교육적, 기술적 교환으로 이어질 수 있다. 이 글은 그런 문화들 중 하나로, 특별히 동아프리카의 마사이 문화에 대해 알아보고자 한다.

만약 우리가 대부분의 고고학자가 가지고 있는 문화에 대한 관점을 취하면 어떤 집단도 진정으로 아는 것은 불가능하다. 만약 Hall(1976)이 말한 대로 "인간 삶의 그 어느 것에도 문화의 영향을 받지 않는 것은 없다"(p.14)는 말이 맞다면 어떻게 우리는 문화에 있어서 어떤 면이 중요한지 어떤 면은 중요하지 않은지를 알 수 있을까? 문화 분석에 있어 어떤 것을 포함시키고 어떤 것을 배제시킬지에 대한 결정은 보통 연구자의 배경에 근거한다. 예를 들어 음악에 대해 관심 있는 사람은 음악에 관련된 문화 부분을 볼 것이다.

상호문화소통에 관심 있는 연구자는 한 사람의 전체 경험에서 무엇을 선택해야 하는지 문제에 당면한다. 짧게 말해서 만약 우리의 목적이 다른 문화의 행동을 이해하는 것이라면 우리는 무엇을 알고 있어야 하는가? 이 질문에 대한 대답은 Samovar와 Porter(1997)의 연구에서 찾을 수 있다. 그들은 상호문화소통에 관한 모든 분야에 있어 그 부분에 적용되는 문화의 부분을 잘 선택할 수 있는 가이드로 사용할 수 있는 모형을 제시했다. 이 장에서는 그 모형의 세 가지 중요한 부분을 다룰 것이며 그 세 가지는 인지, 언어과정, 비언어화 과정이다.

배경

동아프리카 국가인 케냐와 탄자니아는 서구문화에 대해 잘 알고 있다. 그들은 불행하게도 서구 정부, 언어, 문화로부터 압력을 받고 살아왔다. 심지어 각 국가가 독립한 지 몇십 년이 지난 오늘날에도 서구 문화는 케냐와 탄자니아 사람에게 깊은 영향을 미친다. 그러나 두 나라에는 너무 많은 다른 민족이 있기 때문에 각 집단에 같은 정도의 영향을 미치지는 못했다. 케냐의 kikuyu부족은 무엇이 "적절한" kikuyu전통과 관습이며 무엇이 서구 영향인지 모호할 정도로 적극적으로 서구 문화를 받아들였다. 그 반대로 케냐 남부와 탄자니아 북부의 마사이족은 서구 문화의 대부분을 거부해왔다. 마사이족은 서구 정부의 형태, 의복, 언어, 음악, 종교, 원조조차 대부분 거절해왔다. 마사이족은 그들이 매우 자랑스러워하는 그런 "순수함" 때문에 종종 "진정한 아프리카인"으로 불린다.

아프리카는 극히 빠른 속도로 변화하고 있으나 마사이족은 그들 자체의 삶의 방식을 유지하는 데 만족한 집단으로 보인다. 이 장에서는 그런 마사이족의 삶의 방식에 대한 정보를 제공하고자 한다.

인식

상호문화소통의 기본 격언 중 하나이자 Samovar와 Porter(1997)의 상호문화 모형의 한 부분이기도 한 것이 바로 "문화와 인식은 나란히 작용한다."는 것이다. 다시 말해서 우리의 문화경험은 크게는 우리의 세계관을 결정한다는 것이다. 가장 중요한 경험들은 세대에서 세대로 전달되는데 이는 문화가 현 시대의 사람의 삶을 넘어 계속 생존할 것을 확실시 하는 수단이다. 그러므로 어떤 문화를 이해하기 위해서는 각 세대에 전달될 만큼 의미가 충분한 경험을 살펴보는 것이 필요하다. 그런 경험을 알아볼 한 방법은 문화의 역사를 통하는 것이다. 어떤 문화든 문화의 역사는 그 문화권 사람의 행동에 대한 식견을 갖게 해줄 뿐 아니라 그 행동 이면의 원인도 설명해준다. 지금부터는 마사이족의 현재 인식을 과거에 연결시키는 역사의 단면을 살펴봄으로써 마사이족에 대한 분석을 해보고자 한다.

역사

어떤 문화건 문화의 역사는 수많은 경험으로 구성되어 있고 그 문화가 가진 세상을 보는 관점을 설명할 수 있는 기능을 하는 몇몇 특별한 사건이 있다. 마사이의 경우 그들 자신과 외부인 그리고 사건을 보는 인식에 매우 큰 영향을 미친 세 가지 역사적 에피소드가 있었다. 이 역사적 사건들은 그들의 시작, 용맹함, 현대화에 대한 반응에 초점을 맞춘다.

마사이의 역사는 구전을 중심으로 하는 사람의 역사이다. 구전을 중심으로 하는 다른 문화처럼 마사이에 전해져 내려오는 전통과 관습은 이야기, 시, 노래에서 찾을 수 있다. 외부인에게는 이런 이야기나 시, 노래가 모호해 보이고 사실에 근거했다고 보기에는 어렵게 보일 수도 있다. 마사이의 원로의 도움으로 몇몇 역사학자들은 마사이족에 전해 내려오는 이야기들을 마사이족의 가치관의 많은 부분을 설명할 수 있는 그들의 과거에 대한 정보와 연결시키는 시도를 하였다.

독특한 문화로서의 마사이의 기원에 대한 근거는 그들이 극심한 가뭄기에 남쪽으로 이주하던 큰 집단의 일부였다는 믿음에서 시작된다(Kiputy, 1983). 이 집단은 깊은 계곡에 갇히게 되자 계곡 밖으로 나가기 위해 다리를 건설했다. 전해오는 민속 이야기는 모든 사람이 계곡을 빠져나가기 전에 어떻게 그 다리가 무너졌는지 설명해주고 있다. 그렇게 다리가 무너져 뒤에 남은 사람은 Somali, Borana, Rendile 사람들로 추정되는데 그때 그 마른 계곡을 탈출해 나온 사람들이 마어를 사용하는 마사이족의 근원이었다.

위에서 언급한 초기 마사이 역사는 마사이 근원에 관한 질문에 대답하기에 아주 정확하지는 않더라도 어떻게 역사와 인식이 연결되는지 알려주는 매우 중요한 양상을 나타내고 있다. 이 이야기는 어떻게 마사이족이 다른 부족과 대조해 자신들을 인식하는지 설명할 수 있도록 도와준다. 그리고 마사이 문화에 대한 강한 자부심을 외부인이 이해하도록 돕는다. 마사이족에게 그들의 근원에 대한 이야기는 그것이 추측이라 할지라도 북부에서 남쪽으로 이주하지 못한 동아프리카의 다른 부족이나 다리를 건너 탈출하지 못했던 부족보다 자신들이 우월하다는 것을 이야기하고 있다.

마사이족의 전쟁이나 갈등의 역사는 그들 자신과 마사이족이 아닌 다른 부족에 대한 인식에 대한 또 다른 자료가 된다. 19세기 식민지시대 이전에 Kikuyu, Akamba, Kalenjin같은 케냐의 다른 부족은 마사이족에게 자주 공격을 받았다. 마사이족의 공격은 맹렬했고 보통 상대 부족은 마사이족에 의해 자신의 땅에서 쫓겨나는 결말을 맞았다. 아직도 원로들을 포함한 일부 마사이족 사람은 자신을 다른 부족의 정복자로 보고 심지어 오늘날에도 마사이족은 여전히 호전적이라는 명성을 얻고 있다. 마사이족이 아닌 케냐인은 케냐를 방문하는 사람에게 마사이족의 "잔혹함"과 폭력성을 경고하기도 한다. 저자의 동료도 자신이 Kikuyu족이라는 이유만으로 마사이족이 자신을 해칠 것이라고 믿으며 마사이족에 대한 불신을 표현하기도 했다. 그는 마사이족의 사나움과 마사이족이 서구 의복을 입는 다른 부족을 싫어한다는 이야기를 들었다고 했다. 이런 정보가 완전히 정확하든 아니든 이런 호전적이라는 인식은 마사이족의 행동양식과 그들을 방문하는 사람의 행동양식에 영향을 미친다.

마사이족의 인식을 형성한 세 번째 역사적 시기는 케냐의 독립 이전기이다. 마사이족은 케냐의 방대한 지역을 점령하고 있었기 때문에 영국인은 마사이족이 차지하고 있던 가치 있는 땅을 획득하고자 예의주시하고 있었다. 수많은 조약을 통해 땅의 많은 부분이 식민지 개척자에게 넘어갔다. 마사이족은 조약 때문에 그들이 떠나온 땅보다 좋지 않은 새로운 지역에 정착하게 되었고 곧 그들이 주요한 지역의 땅을 포기해야만 했다는 것뿐 아니라 식민지 개척자의 많은 약속이 지켜지지 않는다는 것을 깨닫게 되었다. 그 결과 마사이족은 모든 서구적 혁신과 "현대화"에 대한 유혹에 대해 반발하는 태도를 가지게 되었다. 케냐의 다른 대부분의 문화가 교육과 기술을 통해 변화된 반면 마사이족은 변화를 거부했다(Sankan, 1971).

마사이족의 문화 변화에 대한 거부는 마사이족과 그들 주변 사람에게 엄청난 결과를 가져왔다. 한편으로는 정부와 다른 부족이 마사이족을 완고할 정도로 전통적이고, 퇴보되고, 무지하며, 고립된 것으로 인지하는 원인이 되었다. 하지만 마사이족에게는 변화에 대한 저항이야말로 그들의 강함과 힘을 보여 주는 긴 역사의 표상이다. Kikuyu같은 다른 좀 더 서구화된 부족은 마사이족이 퇴보되었으며 변화하는 케냐와 맞지 않는다고 느낀다. 묘하게도 Kikuyu족은 마사이족과 애증관계에 놓여있는 것으로 보인다. 현대화에 대한 저항에 대한 경멸감도 있지만 한편으론 마사이족의 전통적 관습 보존에 대한 존경이 있기 때문이다.

가치관

문화가 무엇에 가치를 두고 가치를 두지 않는지에 관한 요소도 그 문화가 세계를 어떻게 인지하는지 결정하는 것을 돕는다. 그러므로 마사이족이 무엇을 선하고 무엇을 나쁘다고 여기는지, 무엇이 옳고 무엇이 나쁜지, 무엇이 적절하고 무엇이 부적절하다고 간주하는지 이해하는 것이 그들 문화 소통 행동을 설명하는 데 도움을 줄 수 있다.

- 어린이

마사이족 남자나 여자에게 아이가 없다는 것은 매우 큰 불행이다. 마사이족은 어린이가 가족을 보존한다고 강하게 믿기 때문에 어린이에 부여된 가치가 매우 높다. 마사이족은 사람은 그의 이름을 유지해가고 부를 즐기며 명성을 떨쳐줄 아들이 있으면 심지어 죽은 후에도 "살아가는" 것이라고 생각한다. 이에 더하여 어린이는 어른에게 계속적인 노동력을 제공하는 가치도 높다. 이러한 이유를 표현하는 관용구도 있는데 "손이 많으면 작업이 쉬워진다"가 바로 그 예이다. 어린이가 일손을 제공한다는 것이다. 불행하게도 이 가치는 케냐의 지나친 인구 성장을 막고자 하는 케냐정부의 가족계획 프로그램에 위배된다. 중앙정부가 인구조절의 필요성을 강조하고자 노력하는 반면에 마사이족 사이에서는 물질적으로 가난하더라도 아이를 제일 많이 낳은 사람이 가장 부자이고 행복한 사람으로 여겨진다.

- 소

마사이 문화는 마사이족이 음식, 옷, 집, 연료, 무역, 약, 그리고 의식을 위해 의존하는 소를 중요시 한다. 소는 마사이족에게 전통적으로 유목생활이 가능하도록 해주었다. 소를 더 많이 가질수록 더 존중받는다. 소는 결혼이나 할례의식 또는 특별한 손님이 방문할 경우에만 도축되었다. 마사이족은 모든 소는 신에 의해 주어진 것으로 믿는다. 마사이족이 소와 함께 지상으로 내려왔다는 전설도 있을 정도이다. 이런 믿음은 그것이 법을 어기는 일이라 하더라도 다른 부족으로부터 소를 빼앗아오는 것을 정당화시키기도 한다.

- 집단

가족과 생애주기별 소속 집단은 마사이족

지역사회의 핵심 가치이다. 어린이의 존재가치가 매우 높으므로 가족은 그들 삶의 중심에 있어야만 한다. 마사이 어린이의 교육에 있어 매우 큰 부분이 학교가 아닌 가정에서 문화를 전수하는 조부모에 의해 이루어지고 있다.

생애주기별 소속 집단은 모든 마사이족 사람 특히 남자의 삶과 관련해 매우 세부적으로 정의된다. 전통적으로 모든 마사이족 남성은 삶의 네 단계를 거쳐야만 하는데 이 네 가지 단계는 아동기, 청소년기, 전사기, 원로기이다. 여성은 아동기, 할례, 결혼을 거쳐야만 한다. 각 단계는 소속 집단에 강한 강조를 둔다. 공식적 교육현장에서 마사이족 학생에게 개인적으로 손을 들게 하거나 적극적으로 참여하게 하는 노력은 보통 헛되기 쉽다. 마사이족에 있어 부족과 생애주기별 소속 집단은 개인보다 훨씬 더 가치 있는 것으로 여겨지기 때문에 사람이 많은 곳에서 개인적 주목을 끄는 것은 허용되지 않는다 (Johnstone, 1988).

- 원로 : 남성과 여성

마사이족 어린이는 자신보다 나이가 많은 사람에게는 그가 형제자매이건 공동체의 나이든 연장자이건 존중을 표해야만 한다. 겸손의 표현으로 반드시 머리를 숙여 인사해야만 한다. 심지어 할례를 받은 젊은 남성과 여성도(15세 – 25세) 남성 원로에게 머리를 숙여 인사를 해야 하는데, 특히 그 원로가 지역 내에서 높이 존경받는 사람이면 더 그렇다.

마사이족은 나이가 들수록 현명해지고 현명한 사람은 당연히 존경받을 자격이 있다고 믿는다. 마사이족은 그들의 역사를 매우 높이 사기 때문에 부족의 원로야말로 역사의 가장 많은 부분을 알고 있는 사람으로서 존중받는 것은 어쩌면 당연한 것인지도 모른다. 젊은 사람은 그들이 삶의 각 단계 과정을 거치지 전까지 "진실"을 알 수 없다고 여긴다.

마사이족의 젊은이에게 나이를 먹는다는 것은 사회적 지위 변화를 의미한다. 마사이족 학생이 휴일을 보내고 학교에 왔을 때 머리를 깎고 왔다면 그것은 그 학생이 할례를 받고 다른 삶의 단계로 들어섰음을 말한다. 이제 그는 남자가 되었고 다른 학생에 의해 즉시 다른 사람, 심지어 더 연장자인 것처럼, 그리고 가장 존경받을 자격이 있는 것으로 인식된다.

- 자존심

마사이족에게 자존심은 순종, 정직함, 지혜, 공평성의 미덕을 가지는 것을 의미한다. 원로라 할지라도 만약 그가 이런 특성을 가지지 않았다면 공동체 내에서 존경받을 수도 없고 단지 이름만 원로일 뿐이다. 여성의 자존심은 주로 얼마나 그가 가정을 잘 꾸리는지, 순종적인 아내인지, 얼마나 많은 아이를 낳았는지에 의해 결정된다. 흑인이든 백인이든, 외부인은 마사이족의 고고함과 자존심을 오만함으로 간주한다. 마사이족 스스로도 자신들은 전통적으로 목축민이므로 Kikuyu족 같은 농업에 종사하는 부족을 여전히 낮추어보기도 한다. 마사이족의 강한 자존심은 그들 자신을 전사로 보는 관점에 의해 더 커졌다고도 볼 수 있다. 앞에서 언급되었듯이 그들은 항상 다른 부족과 식민지 개척자에게 두려움을 받았었다. 그들의 전설은 그들의 원시적 무기가 적들의 현대 무기인 총알을 대적해야 했을 때조차 용맹스럽게 싸운 이야기로 가득하다. 마사이족에게 전투는 "진정한 아프리카인"의 삶의 방식을 유지하고 그들의 소를 보호하기 위한 것으로 간주된다.

- 아름다움

아름다움은 마사이족에게 중요한 또 다른 가치이다. 남자와 여자 모두 정교한 구슬과 바디페인트, 그리고 다른 보석 장신구로 자신을 치장한다. 마사이 아이, 특히 여자아이는 태어나는 순간부터 보석 장신구로 장식을 시작한다. 여성의 주된 임무 중 하나는 남편, 아이, 친구, 자신을 위한 목걸이, 팔찌, 허리띠, 귀걸이 등을 만드는 것이다. 장식과 치장은 여성이 남편을 매혹시키는 방법이기도 하며 마사이 여성은 특별한 기념일을 위해 장신구를 선택함에 있어 매우 세심하다. 마사이 전사는 여전히 하루의 많은 시간을 붉은색 안료로 자신을 칠하는 데 보내며 전사기의 상징으로 길게 기른 자신의 머리카락을 땋는다.

아름다움과 몸 장식은 마사이 문화에서 매우 가치 있어 마사이족은 각각의 특정한 생애단계 동안 하는 독특한 보석 장신구와 옷이 있다. 예를 들어 만약 어떤 소년이 새뼈로 만든 관을 쓰고 있으면 그 소년이 막 할례를 받았다는 것을 알 수 있다. 따라서 마시이족에게 아름다움은 추상적인 것을 넘어서는 것이라고 결론지을 수 있다. 마사이족에게 아름다움은 삶의 방향을 이끌어주는 매우 중요한 가치의 반영인 것이다.

세계관

어떤 문화의 세계관이라는 것은 그 문화권의 인식에 많은 영향을 미치는 또 다른 요소이다. Samovar와 Porter(1988) 모형에서 세계관은 신, 인간성, 우주, 죽음, 자연, 존재론과 관련한 철학적 문제 같은 것에 관한 문화의 지침을 일컫는 것으로 풀이된다. 짧게 말해서 세계관은 한 개인이 우주에서의 자신의 위치를 깨닫도록 도와주는 세계에 관한 인식을 말한다. 세계관은 개인이 행하는 거의 모든 행위에 영향을 미친다. 마사이족의 세계관은 그들의 삶에 방대한 영향을 미치는 세 가지 내용으로 이야기할 수 있다. 자연, 종교, 죽음과의 상생이 바로 그것이다.

- 자연

마사이족은 자연을 최우선에 놓는다. 마사이족은 그들의 존재 자체가 순전히 자연의 자비심에 의존한다고 믿는다. 그들 삶의 유형 자체가 자연의 요소들과 상호작용하는 것이다. 비가 없이는 그들의 소는 생존하지 못할 것이고 앞에서 언급했듯이 소는 마사이족에게 필요한 기본적인 것을 충족해주는 존재이므로 결국 비 없이는 마사이족 역시 생존하지 못한다는 뜻이다.

마사이족은 또한 자연의 힘은 너무나 위대하여 절대 변화시킬 수 없다고 믿는다. 자연은 스스로 변화하며 마사이족이 해야 하는 것은 자연이 변동을 거듭하는 대로 그 변동에 따라 변화하는 것이다. 자연에 순응하는 것은 기지를 두고 계절에 따라 이동하는 반유목민 생활유형에 명백하게 잘 드러난다.

마사이 족은 심각한 가뭄 같은 위기가 있기 전에는 야생동물을 죽이거나 먹지도 않는 등 자연과의 공생을 추구한다. 마사이족에게 경작재배와 사냥은 자연을 훼손하는 것으로 비춰진다. 경작은 인간이 직접 자연을 상대하게 만들어 자연을 인간의 특별한 요구와 필요에 따라 변화시키고 바꾸는 것이며 사냥은 자연을 변화시킬 뿐 아니라 파괴시키는 것이므로 경작보다 더 나쁜 짓이다 (Rigby, 1985).

- 종교

마사이족에 있어 종교는 그들의 자연에 대한 인식과 밀접한 관계가 있다. 마사이족은 "Engai"라 불리는 신이 있지만 이 신은 매우 독특한 개성을 가지고 있어 두 가지 목적을 수행한다. "Engai Narok"(검은 신)은 자애롭고 너그러우며 비와 천둥을 통해 자신을 드러낸다. "Engai Nanyolie"(붉은 신)는 번개를 통해 나타난다. 마사이족에게 신은 자연의 모든 것을 아울러 친근하기도 하지만 파괴적이기도 하다(Saitoti & Beckwith, 1980). 사실상 "Engai"란 단어 자체가 "하늘"을 의미한다. 전설에 따르면 소가 마사이 조상과 함께 하늘에서 지상으로 왔는데 소는 인간과 신 그리고 인간과 자연의 중재인으로 여겨진다. 따라서 목축은 신의 뜻이기도 하기에 전통적으로 유일하게 허용되는 생계수단이다. 목축을 하지 않는 것은 Engai신을 존중하지 않는 것일 뿐 아니라 마사이족에게도 모욕적인 것이다(Salvadon & Fedders, 1973).

마사이족의 격언 중에는 "신에게 선택된 사람은 사람에게 선택된 사람이 아니다"라는 말이 있다(Rigby, 1985, p.92). 따라서 마사이족에 목사나 성직자가 없는 것은 놀라운 일이 아니다. 신을 대표할 수 있는 사람은 없다. 마사이족에게 원로들 중 가장 현명한 사람으로 여겨지는 사람인 "laiboni"가 저주를 하거나 축복을 내리기는 하지만 신을 대표하거나 설교를 전하지는 않는다. 마사이족에게는 종교적 기록도 없으며 단지 구언으로 전해지는 전설만 있어 마사이족 사람들의 종교적 삶에 원로들은 중요한 역할을 한다.

가장 중요한 사실은 신은 자연에 있다는 것이다. 어떤 마사이족 가족들은 새벽에 일어나 신의 징표인 태양에 기도한다. 신은 자연의 여러 다양한 형태에 존재한다. 비, 풀, 그리고 심지어 아름다운 돌이 그것이다. 신은 자연이라 십자가나 건물에 인공적으로 상징화될 수 없다. 자연이 신인 관계로 사람은 신과의 조화 속에 살아야만 하고 마사이족은 함께 일해야만 한다. 이런 종교관은 신은 인간으로부터 분리되고 심지어 다른 세계에 있다는 기독교의 그것과는 다른 관점이다.

- 죽음

마사이 세계관의 세 번째는 어떻게 마사이족이 죽음을 인식하는가이다. 대부분의 문화에서 죽음은 죽은 자의 뒤에 남겨진 자에게 슬픔을 가져온다. 하지만 사람의 죽음에 어떻게 반응하는지는 문화마다 다르다. 마사이족의 반응은 인간과 자연과의 상생에 대한 그들의 믿음과 같이한다. 그러므로 부족에서 가장 현명한 원로인 "laiboni"를 제외하고는 모든 시신은 하이에나나 사체를 먹는 동물들이 먹어치우도록 내버려둔다. 이런 행동 뒤의 숨은 뜻은 적어도 마사이족에게는 분명하다. 자연 덕에 평생을 살고 즐긴 후 그들의

표 1 마사이족에 의해 사용되는 은유법의 종류와 예

마사이 단어	기본 의미	은유적 의미
Olmotonyi	큰 새	독수리 어깨 망토
Enker	양	조심성 없는 멍청한 사람
Sotua	탯줄	친한 친구
Olpiron	불쏘시개, 부젓가락	동년배

뼈가 땅으로 돌아가 미래의 삶을 위한 땅을 만드는 데 사용되어지는 이치라는 것이다. 마사이족에게 자연과 인간 사이에는 순환적이고 상호적인 이해관계가 있는 것이다.

언어

기본적으로 언어는 지역적이나 문화적인 공동체 내에서 인간의 경험을 표현하는 데 사용되는 조직적이고 학습되는 상징적 시스템이다. 각 문화는 각 단어들이 어떻게 쓰이며 무슨 의미인지 개별적 각인을 부여한다.

언어는 문화가 그 믿음, 가치, 표준을 전하는 주요 수단이다. 언어는 의사소통기제로서 그리고 사회적 현실로의 가이드로서 사람에게 그 문화 구성원과 상호작용하는 수단과 생각의 수단을 제공한다. 다른 문화를 공부하는 데 관심이 있는 사람은 그 문화가 언어를 사용하는 방식을 살펴보아야만 하고 그 문화권 사람의 환경을 경험해야만 한다. 마사이 문화에 대한 연구는 마사이족에 대해 알려줄 수 있는 두 가지 언어에 관련된 변수를 알려주는데 그 두 가지는 마사이족의 은유법의 사용과 격언, 금언proverbs에의 의존이다.

은유

마사이 문화에서 지혜는 연령과 사려분별뿐 아니라 언어 사용에 의해서 나타난다. 원로는 부족회의에서 다양한 집단 구성원에 의해 발표되는 연설에 기초해 중요한 결정을 내린다. 가장 성공적인 연사는 웅변이 미려하고 화려하다. 은유법은 재능 있는 연사가 그의 단어 섭렵 능력을 나타내는 도구로 사용된다. Heone과 Claudi(1986)는 마사이족에 있어 은유법의 중요성을 다음과 같이 설명한다.

> 마사이족은 그들의 언어에서 특히 비유적 언어 사용 형식이 풍부하다고 주장한다. 은유의 사용은 사실상 어릴 때부터 장려되고 정치적 리더의 성공은 창의적인 은유법의 사용에 많이 달려 있다(p.17).

은유법에 부여된 가치 때문에 Johnstone(1988)에 의하면 “중요한 문제를 결정하기 위한 대규모 회의가 있을 때마다 남자는 항상 격언, 은유, 그리고 다른 비유적 언어를 사용한다.” 그들의 메시지는 공을 들인 상징이나 비유로 가득하고 직설적이고 간단한 단어는 드물게 사용된다.

Heine과 Claudi(1986)의 표 1의 정보는 마사이족에 의해 사용되는 은유법의 종류를 정리한 것이다. 이 몇몇 예들은 마사이족의 은

유의 사용이 그들 문화에서 중요한 것이 무엇인지를 반영하고 있음을 보여 준다. 예를 들어 매우 친한 친구를 칭하는 umbilical cord는 출생에 부여된 가치와 같은 동년배 그룹 사이의 강한 연대를 표시한다. 동년배 세대는 할례를 받는 날 원로들이 불을 피울 때 공식적으로 형성된다(Heine & Claudi, 1986). 이런 동년배 그룹은 마사이 사회에서 독특한 사회적 위계를 형성한다.

격언

은유처럼 격언은 마사이 언어의 중요한 부분이다. Massek과 Sidai(1974)는 "마사이족은 적어도 하나의 격언 없이는 열 구절을 말하기 힘들다(p.6)"라고 표현했다. 이런 격언은 마사이족의 가치 시스템에 직접적으로 연관된 공통적 요소와 주제를 가지고 있다.

격언은 중요한 주제를 다루기 때문에 마사이 문화 구성원에게 중요한 메시지를 전달한다. 그러므로 격언을 살펴보면 행간의 의미 추측이 쉽다. 격언의 의미를 발견하면 그것을 사용한 사람에게 무엇이 중요한가를 이해하게 될 것이다. 마사이족의 격언에는 존경, 부모, 어린이, 지혜, 그리고 예절을 강조하는 것이 많다. 마사이 문화의 이해를 좀 더 돕기 위한 방법으로 격언 몇 가지를 살펴보자.

"Meeta enkerai olopeny"(어린이는 소유주가 없다). 마사이 어린이는 단지 가족 내 어른 뿐 아니라 모든 어른을 존경하도록 교육받는다. 어린이들이 나이든 남자를 "아버지"로 나이든 여성을 "어머니"로 지칭하는 것은 매우 일상적이다.

"Memorataa olayoni oataa menye"(아버지가 살아 있는 동안에는 결코 남자가 아니다). 심지어 장년층에 들어서도 마사이 남성은 그들 아버지가 가장으로 있는 본가를 떠나지 않는다. 보통 아내와 아이와 자신의 가정을 만들어 장년층을 넘어선 완전한 지위를 가졌을 때에야 가능하다. 더하여 남자 어린이의 이름은 성과 이름 사이에 "ole"란 단어가 표시되는데 그 뜻은 "son of", 즉 "누구의 아들"이다. 마사이 남자는 보통 그의 아버지의 이름과 명성에 의해 자주 특정지어진다.

"Eder olayioni o menye, neder entito o notanye"(소녀가 그의 어머니와 대화하는 동안 소년은 그의 아버지와 대화한다). 이 격언은 가족 내 엄격한 성 구별과 마사이 문화에서 발견되는 엄격한 노동의 구별을 나타낸다. 어린 소녀는 어린 나이에 집안일 하는 것을 배우고 남자 아이는 일곱 살이 되었을 때 가족의 가축을 관리하는 책임을 진다.

"Menye marrmali, menye maata"(자녀 없는 아버지가 문제 있는 아버지이다). 마사이 문화에는 많은 자녀를 가진 아버지보다 자녀가 없는 남자가 더 많은 문제를 가졌다고 본다. 심지어 많은 소떼를 거느린 자도 많은 자녀를 가지지 않은 이상 결코 부유하다고 할 수 없다고 믿는다. 이 격언은 간단히 그런 사실을 뒷받침하는 말이다.

"Ideenya taa anaa osurai oota oikati"(그을린 지방 없는 살코기처럼 뽐낸다). 자부심은 마사이족의 잘 알려진 특성이다. 너무 자부심이 강해서 다른 아프리카 부족에 의해 자주 비판받을 정도였다. 현실과 자부심에 대한 인식을 유지하기 위해 마사이족은 항상 자신의 성취를 높여야 한다. 용감한 행동과 가족 규모는 자부심 강한 사람의 이미지를 나타내는 두 가지 공통적 상징이다. 하지만 어리석은 자만심은 교만의 상징으로 경멸받는다.

"Medany olkimojino obo elashei"(손가락 하나로는 이를 죽일 수 없다). 마사이 문화에서는 협동의 필요성이 중요하며 이 격언은 그 믿음을 강조한다. 앞서 언급되었듯이 마사이 공동체는 잘 구조화되어 있고 집단 조화와 결정이 기초하는 매우 공동체적인 사회이다. 가족 단위는, 특히 협동과 조화에 의존한다. 대부분의 경우 아내들은 서로의 어린이들을 돌봐준다. 소 역시 마찬가지로 소유권 문제는 나중 일이다.

격언에 대한 이 부분에서 문화가 무엇을 이야기 하는가와 문화가 무엇을 인식하는가 사이에 관련이 있음은 사실임을 알 수 있다. 이런 단어와 행동 사이의 연결은 언어적 상징이 문화가 유지하고 보존하려는 도구를 대표한다는 믿음을 지지한다.

비언어적 시스템

비언어적 시스템은 문화를 이해하는 또 다른 코딩 시스템이라 할 수 있다. 언어적 상징처럼 비언어적 상징은 사회화 과정의 일원으로 학습된다. 문화는 그 문화의 구성원에게 상징과 상징의 의미를 가르치는 것이다. 마사이족의 경우 몇 가지 경우의 비언어적 메시지가 있는데 이를 이해할 경우 외부인들이 마사이 문화를 이해하기 수월하다.

움직임과 자세

마사이족은 그들의 자부심을 자세와 태도로 보여 준다. 마사이족은 크고 날씬하며 강함과 용맹성이 나타나는 자세를 가지고 있다. 첫눈에 그들은 권위적 분위기가 있고 때때로 떠다니듯이 보이기도 한다. "특히 전사는 매우 직립적이고 상대적으로 천천히 걷는다. 그것은 마치 자신의 환경을 지배하고 있어 절대적으로 평온한 상태임을 나타내는 듯하다"(Johnstone, 1988). 마사이 여성의 자세와 움직임 역시 자부심의 태도와 자기 확실성을 반영하고 있다. 그들 역시 매우 키가 크고 날씬하며 느리고 자기 확신에 찬 걸음걸이를 가지고 있다. 그들은 머리 역시 자신감과 다른 부족을 넘어서는 우월감을 강조하기 위해 높이 드는 방식을 취한다.

준언어

마사이족은 특별한 의미를 가진 몇 가지 소리를 활용한다. 가장 잘 알려진 것은 "eh" 소리로, 마사이 언어는 화려하고 은유적임에도 불구하고 이 소리도 굉장히 많이 사용된다. 이 소리는 여러 가지 다른 해석 방식을 가진다. "예"를 의미할 수도 있고 "이해해요" 또는 "계속 하세요"를 의미할 수도 있다. 영어의 "uh huh"라든지 "hmmm"과 비슷함에도 불구하고 "eh"는 더 자주 사용되고 마사이 사람 사이의 짧은 일상 대화를 점령한 듯이 보인다.

접촉

마사이족 사이에서 남녀 간의 공공 신체적 접촉은 보통 가벼운 악수로 한정되어 있지만 같은 성끼리의 신체 접촉은 대중적이다. 같은 성끼리의 간단한 인사는 손바닥을 매우 가볍게 닿는 것인데 굉장히 가벼운 터치이다 보니 손이 거의 닿지 않은 것처럼 보인다. 여성의 경우에도 만약 두 사람이 친한 친구 사이라면 입술에 가벼운 키스를 함으로써 인사를 하기도 한다. 만약 두 사람이 최근에 보지 못했다면 껴안고 서로의 팔 윗부분을 움켜잡을 것이다. 남자들은 대화를 나누면서 자주 팔로 서로를 감쌀 것이다. 어린이가 연장자에게 인사할 때 존중과 좋아함의 표시로 어른이 어린 사람의 머리에 손을 올릴 수 있도록 머리를 숙인다. 마사이족 사이에는 상당한 애정을 느낄 수 있으며 신체적 터치는 그 애정을 표현하는 한 방법이다.

시간

문화가 시간에 부여하는 의미는 삶과 다른 사람을 향한 관점을 드러낸다. 마사이족은 시간 관리가 독특하다. 서구인과 달리 마사이족에게는 항상 시간이 있다. 그들의 삶은 시계에 의해 지배되지 않는다. 그들은 결코 서두르지 않는다. 이런 태도는 자기 주도적이고 조용하고 인내심 있는 사람을 만들어냈다.

마사이 어린이는 매우 일찍부터 서두를 필요가 없다는 것을 배운다. 어린이에게 부여된 가족의 소를 돌보는 중요한 임무는 주의를 기울이고 소의 안전에 주의하는 것이지만 8시간에서 10시간의 인내하는 고독을 요구한다.

마사이족이 보여 주는 이 끝없는 인내의 향연은 시간에 얽매인 미국인과 직접적 대조를 이룬다. 예를 들어 케냐의 대중교통수단은 확실한 스케줄대로 움직이지 않는다. 버스와 “matatus”(픽업트럭)는 승객이 가득 찼을 때 목적지로 향한다. 대부분의 케냐인이 그렇듯 마사이족도 이를 이해한다. 차가 언제 출발하느냐는 미국인의 질문에는 “곧”이라는 말로 대답이 돌아올 것이다 하지만 “곧”이라는 말은 5분에서 한 시간까지도 의미할 수 있다.

현재를 충분히 즐긴다고는 해도 마사이 문화는 매우 과거 지향적이다. 이들의 과거에 대한 강한 유대는 “지혜는 현재나 미래가 아닌 과거에서 발견된다”는 관점에서 비롯된다. 미래는 젊은 세대의 새로운 발견에 의해서가 아니라 연장자의 지식에 의해 지배된다. 미래의 무의미함은 마사이족이 어떻게 죽음을 인식하는지에 명백하게 나타난다. 사람이 “laibon”(현자)이 아닌 이상 죽음 이후엔 아무것도 없다.

공간

땅과 방목지에 관련된 공간 개념은 공영적 개념이다. 전통적으로 목축민인 마사이족은 어떤 땅도 그들이 소유한 땅으로 간주하기보다는 오히려 모든 땅은 사용할 수 있는 땅으로 인식했다. Rigby(1985)는 마사이족은 “땅을 어떤 집단이나 카테고리나 공동체나 개인에 의해 ‘소유된다’고 생각하지는 않는다”(p.124)고 설명한다. 하지만 그는 오늘날 대부분의 마사이족은 미묘하지만 영역구분을 한다고 덧붙인다. 오늘날 각 부족은 자신의 구역을 가지고 있고 대부분의 지역에서 부족의 경계를 볼 수 있다. 하지만 “부동산 권리”와 “무단침입” 같은 개념은 여전히 서구적 관념으로 여겨진다.

마사이족의 사적 공간에 대한 인식은 서구와 매우 다르다. 마사이족은 공공장소에 있는 동안 많은 사적 공간을 필요로 하지도 않고 요구하지도 않는다. 체계적 순서로 줄을 선다거나 차례대로 한다거나 하는 것은 마사이족 생활의 일부가 아니다. 그러므로 공공기물 사용에도 질서가 없는 것으로 외부인에게는 보일 수 있다. 열다섯 명을 태우도록 디자인된 차에 서른 명이 탄 것을 보는 것이 드문

일이 아니며 그런 상황에 대해 아무도 불평하지도 않는다. 마사이족의 공간 개념은 시간 개념과 같다. 시간이든 공간이든 항상 충분하다.

결론

이 글의 의도는 마사이족 문화에 대한 몇 가지 관찰을 제공하고자 한 것이었다. 어떤 문화의 인식과 언어체계에 대해 알아가면서 우리는 그 문화를 좀 더 잘 이해하게 된다. 이런 증가된 이해는 우리 스스로와 다른 사람에게 소통에 도움을 주는 지식의 근원을 제공한다. 우리와 꽤 다른 것처럼 보이는 사람으로부터 우리가 받는 메시지 뒤에 숨은 의미를 해석하는 데도 도움을 준다.

개념 이해와 질문

1. 마사이 문화의 어떤 역사적 선행사건이 그들의 세계관에 기여하게 되었는가?
2. 어린이에 대한 마사이의 성향은 어떻게 그들의 세계관에 영향을 미치는가?
3. 어떤 방식으로 마사이의 세계관이 문화 간 소통에 영향을 미치겠는가?
4. 저자들은 "인간 생의 그 어떤 면도 문화에 의해 영향받지 않은 것은 없다"는 Edward Hall의 인용구를 사용했다. Hall의 생각에 동의하는가? 만약 그렇다면 이유는 무엇인가?
5. 문화의 역사에 대해 배우는 것이 왜 중요한가? 문화의 역사에서 어떤 면을 여러분은 중요하다고 간주하는가? 그 이유는 무엇인가?
6. 여러분은 마사이 문화의 가치와 여러분 문화의 가치를 어떻게 비교하겠는가? 이런 가치들의 충돌이 여러분이 마사이 사람과 소통할 때 어떤 문제를 일으키는가?

Lisa Skow is Clinical Professor in the Department of Health Services, School of Public Health at the University of Washington.
Larry A. Samovar is Professor Emeritus, School of Communication, San Diego State University.

04

공존문화 :
다문화세계에서 살아가기

04

공존문화 : 다문화세계에서 살아가기

1960년대 후반에 들어 미국인들은 문화 간 소통 학문 분야에 있어 국제 문화가 중요한 요소인 한편 미국 전역에 걸쳐 흩어져 공존하는 미국 내 여러 문화도 중요한 요소임을 깨닫기 시작했다. 이 장에서 우리는 한 사회 내에서 주류와 함께 공존하는 여러 문화를 살펴보고 그 가치, 믿음, 소통 유형을 살펴본다. 미국뿐 아니라 세계 전반적으로 다문화주의는 현재의 역사와 미래에 영향을 미치는 중요한 요인으로 인식되고 있다. 이 장에서 우리는 한 나라에 살고 있는 사람의 다양한 공존하는 문화를 살펴봄으로써 다문화의 역동성을 볼 수 있을 것이다.

한 사회에 공존하는 여러 문화도 어떤 문화에서든 발견되는 특수한 언어체계, 공유된 가치, 세계관, 소통 유형, 역사 같은 많은 특정 요소를 가지고 있다. 이런 문화의 구성원은 보통 종교, 경제적 지위, 민족배경, 연령, 성별, 또는 성적 선호도 같은 부분에서 비슷한 특성을 공유하기도 한다. 미국사회의 경우 두 가지 또는 더 다양한 문화적 그룹에 동시에 속한 사람의 수가 점차 증가하고 있는 상황이다. 동성애자인 아프리카계 흑인 미국 남성은 두 가지 문화 집단의 구성원이다. 미국에 이민을 와서 인도에서 이민 온 남성과 결혼한 러시아 여성은 더 다양한 문화그룹에 속한 구성원이다.

이렇게 다양한 문화에 속한 사람은 그들 고유의 경험과 상호작용의 방식으로 상호 문화적 소통에 참여한다. 그들의 고유한 소통방식이 타인들에게는 당황스러울 수도 있을 것이다. 이런 다양성은 집단적 성향 문화의 아시아계 미국인이 개인적 성향의 유럽계 미국인의 주류문화와 상호작용을 해야 할 때 두드러지게 나타날 수 있다. 예를 들어 대가족 간 유대관계가 강한 베트남계 미국인은 삼촌의 생일 축하연 준비를 돕기 위해 직장에서 일하는 시간을 좀 뺄 수 있도록 요청하는 것을 중요한 일이라 생각할 수도 있다. 하지만 핵가족 중심의 유럽계 미국인은 그런 요청을 단순히 휴무를 하기 위한 부적절한 변명으로만 치부할 수도 있다.

미국의 경우 전체 인구의 3분의 1 이상이 소수민족으로 이루어진 다원적 다문화 사회이다(Census, 2010). 이 사실은 주류문화와 수많은 공존문화 사이의 소통뿐 아니라 공존문화 사이의 소통 역시 반드시 필요함을 보여 준다. 이런 공존문화에 대한 불충분한 정보는 고정관념과 편견을 만들어낼 수 있다. 그리고 이런 고정관념과 편견은 그 문화권의 사람에 대한 불이익을 초래할 수 있다. 이들 공존문화 구성원의 독특한 경험에 대한 존중은 많은 소통 문제를 극복하는 데 도움이 될 것이다.

한 사회의 풍부한 문화적 다양성과 복합성은 공존하는 다양한 문화 구성원들로부터 비롯된다. 그러나 이 장에서도 우리는 한정적인 수의 문화만 살펴볼 수 있을 뿐이다. 이 장에서 다룰 문화를 선택함에 있어 우리는 세 가지 고려를 할 수 밖에 없었는데, 먼저 한정된 공간의 제한을 가지고 있음을 간과할 수 없었고 무엇보다 주류문화와 자주 부딪히는 사회집단을 포함시키고 싶었으며 또한 다른 문화들의 다름의 범위도 강조하고자 하였다. 따라서 우리는 이 장에서 주류문화와 비주류문화를 통틀어 이런 점을 고려해 최대한 대표성을 띠는 주제를 선택하였다. 독자 여러분은 이어지는 다른 장에서 특정 그룹에 대한 글을 읽어가면서 더 많은 문화에 대해 알아갈 수 있을 것이다.

이 장의 첫 번째 논문 <상호문화 소통에서의 지배와 피지배>는 Edith A.Folb에 의해 쓰였다. 그는 주류문화 구성원이 그 사회에 공존하는 다른 문화와 상호작용할 때 야기될 수 있는 많은 문제에 대해 연구한 선두그룹 학자 중 한 사람이다. Folb는 이런 형태의 소통을 "Intra communication"이라 불렀다. 그는 두 그룹이 가치와 신념의 많은 부분을 공유함에도 불구하고 서로 상호작용할 때 소통에 영향을 미치는 특정 요소를 가지는 소속된 문화가 있다는 것을 강조하기 위해 접두어 "intra"를 썼다.

Folb는 약간 다른 가치관을 가지는 같은 주류문화 구성원들 사이의 소통인 문화 간 소통의 주요 특성은 권력, 지배 그리고 비지배의 상호관계라고 믿는다. 그는 이 세 가지 변인이 "흑인, 아메리카 인디언, 멕시코인, 여성, 노인, 신체 장애인과 그 외 소외계층"으로 낙인찍힌 집단 사람에게 어떻게 적용되는지 실험한다. Folb는 이런 낙인이 우리가 방금 언급한 공존하는 문화는 부정적으로 구분된다는 것을 의미하는 것이라고 주장한다. 이런 집단을 가려내는 것은 "권력, 지배, 그리고 사회적 조절" 이슈에 영향을 미치는데 이 세 요소는 두 집단 사이의 소통을 방해하는 요소이다.

우리가 선택한 두 번째 논문은 Folb에 의해 언급된 집단 중 하나인 장애를 가진 사람을 연구한 주제이다. 미국의 경우 대략적으로 전체 인구의 20퍼센트가 감각적, 신체적, 정신적 장애로 고통받는 장애인으로 분류된다. 이 그룹은 아프가니스탄과 이라크 전쟁 참전용사가 심각한 장애를 입고 돌아옴으로써 근래에 수적으로 더 증가하게 되었다. 이들 참전용사는 각종 신체적 장애로 인한 고통을 받을 뿐 아니라 감정적·심리적 외상후 스트레스 장애Posttraumatic stress disorder로부터도 고통받을 수 있다. 장애를 가진 사람은 자주 자신들이 오해받고 소외되거나 심지어 주류 비장애 문화로부터 단절되었다고 느낀다. 그러나 이 논문의 저자들인 Dawn O. Braitwaite와 Charles A. Braitwaite가 지적하듯 모든 다른 문화의 구성원처럼 장애를 가진 사람도 두 개의 구별되는 집단에 속해있으며 따라서 공존문화에 속해있는 것으로 볼 수 있다. 그들의 논문 <장애인의 문화적 소통>에서 저자들은 장애를 가진 사람들이 비장애인과의 소통관계를 어떻게 바라보고 있는지 조사한다. 신체적 장애를 가진 사람들과의 100개가 넘는 심층 인터뷰로 구성된 연구를 통해 저자들은 이 공존문화에서 사람은 세 가지의 재정의 과정을 거친다는 것을 발견했다. (1) 자신을 "새로운" 문화의 일원으로 재정의하는 단계, (2) 장애의 재정의 단계, (3) 주류문화에 관련해 장애를 재정의하는 단계가 바로 그것이다. 이 글이 처음 소개되었을 때 그랬듯이 우리는 이런 단계를 인지하는 것이 장애문화 구성원들과 효율적으로 상호작용하고 소통하는 능력을 향상시키는 데 도움이 될 것이라 믿는다.

지난 40여 년 동안, 그리고 현재에도 계속해서, 한때 당연하게 여겨졌던 공존문화의 하나인 여성에도 많은 관심이 주어지지 않은 것은 명백하다. 페미니스트 연구가 조사연구 분야의 독자적 연구영역이 되면서 사람들은 여성의 경우 남성 주도적 주류문화의 멤버십을 가지는 동시에 여성인 것이 문화적으로 어떤 의미를 지니는가에 관해 연구하기 시작했다. 이런 연구들을 통해 밝혀낸 명백한 주요 차이점의 하나는 어떻게 각 집단이 소통하는지에 관한 것이다. <성과 소통>에서 저자 Judy C. Pearson은 성별차이가 어떤 식으로 아주 일찍부터 형성되는지에 대한 이야기로 글을 시작한다. 저자는 어린이 사이에서 발견되는 언어적·비언어적 다양성을 조사한다. 또한 인지와 소통에서 성별로 인한 다양성에 의해 초래되는 문제점도 조사한다. 고정관념과 남성편견은 저자가 성별 간 소통을 방해한다고 주장하는 문제의 몇 가지 예이다. 근래에 들어 많은 태도, 인지 그리고 심지어 지위까지도 변화가 있었지만 이 글은 소통에 있어 성별차이에 관련한 많은 부분에 여전히 시사점을 주고 있다.

다음에 이어지는 글은 20여 년 전 우리가 처음 제시한 주제로 오늘날에도 적합한 주제이다. <아프리카계 미국 흑인의 소통>에서 Sidnet A. Ribeau, John R. Baldwin, Michael L.Hecht는 아프리카계 미국 흑인의 소통 유형에 대해 연구했다. 이 논문은 만족스럽거나 만족스럽지 않은 대화 주제, 대화전략, 그리고 소통효율성을 간문화적 관점에서 다룬다. 특히 그들은 문화 간 소통에 자주 영향을 미치는 일곱 가지 변인을 제시하는데 부정적 고정관념, 수용, 개인적 표현력, 진정성, 이해, 목표달성, 권력 역동이 바로 그 변인이다.

이런 소통 변인을 이해하고 어떻게 이들이 문화 간 상호작용 동안 명백하게 나타나게 되는지 이해하는 것이 문화 간 상호작용을 잘되게 하는 방법이라는 것이 저자들의 믿음이자 우리의 믿음이다.

상호문화 소통에서의 지배와 피지배

Edith A.Folb

"만약 어떤 현상이 소중하다면 그것은 인식되어진 것이고 인식되어지고 있는 것이며 어떤 의미로 분류된 것이다." 사회학자이자 언어행동연구자인 Nathan Kantrowitz가 한 말이다. 문화와 소통 사이의 관계를 연구하는 소통학문 영역에서 Kantrowitz의 이 말보다 더 명백하게 소통학문을 설명하는 말은 없을 것이다. 현대 기술은 우리가 석기시대의 타사다이족부터 컴퓨터 시대의 일본까지 다양한 문화와 전통을 직접적으로든 간접적으로든 접근할 수 있도록 만들어주었다. 게다가 우리의 대내적 인권자유운동은 우리 안의 다양한 그룹들의 존재와 필요에 대해 일깨워주었다. 문화와 연결된 소통현상은 우리 앞에 이미 만연하다. 문화와 소통을 연구하는 학자로서 우리는 우리가 무엇을 보는지 식별하고 특성화시키려 노력해왔다. 이처럼 "상품을 분류하는" 시도는 국제 소통, 비교 문화적 소통, 이문화 간 소통, 문화 내 소통, 다른 인종 간 소통, 이민족 간 소통 등 광범위한 의미론적 분류와 카테고리들을 생산하게 되었다. 우리는 우리가 중요하다고 생각하는 것들을 꼬리표를 달아 분류한다. 어떤 사람은 우리의 분류에 대한 애호를 과도한 아리스토텔레스식 접근의 예라고 말하며 꾸짖을 것이다. 하지만 저자는 그것이 우리가 개인적으로 그리고 집합적으로 무엇을 하는지, 소통학문 분야에서 무엇에 집중하는지 이해하고자 하는 진정성 있는 시도라고 본다. 우리가 무엇을 하는지 특성화시키려는 노력은 쓸모 있다고 믿는다. 그것은 계속해서 문화와 연결된 소통이 무엇인지에 대한 우리의 시각을 시험하고 넓히도록 자극해주기도 한다. Samovar와 Porter(1982)가 말하듯이 "이문화 간 소통의 특성을 구체화하고 현상을 다소 다르게 볼 필요성이 있다"(p.2). 이 글에서는 문화와 소통 사이의 연관성을 다른 관점에서 보고자 한다. 이 글은 추측에 근거했고 다소 논쟁적일 수 있다. 하지만 저자의 관심분야와 토론의 초점은 문화 내 소통이다.

문화 내 소통의 개념

"문화 내 소통"은 널리 사용되지는 않았지

만 소통학문 분야는 잘 알려진 분야이다. Sitaram과 Cogdell(1976)은 문화 내 소통을 "같은 주류 문화 구성원이긴 하지만 약간은 다른 가치를 추구하는 구성원 사이에서 일어나는 소통 형식"이라 칭한다(p.28). 그들은 더 나아가 어떤 문화라도 그 안에는 주류와 다른 가치를 추구하는 여러 집단이 있다고 설명한다. 이런 차이는 그들을 다른 문화라고 구별 짓기에는 불충분하지만 각각 서로와 전체 문화로부터 구분하기에는 충분하다. "그런 소집단 구성원 사이의 소통이 문화 내 소통이다"(Sitaram& Cogdell, 1976, p.28). 다른 맥락에서 Sarbaugh(1979)는 문화 내 소통을 두 사람에 의해 함께 공유되거나 공유되어지지 않은 문화적 경험 정도의 표시로 본다. 문화구성원이 문화적으로 동일할수록 문화 내 소통 정도는 높다. 그렇다면 Sitaram과 Cogdell(1976)에게 문화 내 소통은 구성원 사이에 주어진 문화 내에서 작동하는 현상이며 Sarbaugh(1979) 입장에서는 그 나라나 문화를 떠받쳐줄 동일성의 측정이라 할 수 있겠다.

Sitaram과 Cogdell(1976)처럼 저자는 문화 내 소통을 하나의 지정된 문화 내에서 기능하는 현상이라고 본다. 하지만 Sarbaugh처럼 한 문화 내 사람 사이에서 존재할 수 있는 문화적 동질성이나 이질성의 정도와 종류에 중요한 영향을 줄 수 있는 맥락 내에서의 특별한 변인에도 주목해야 할 필요성을 느낀다. 여기서 특별한 변인은 특정 문화에서 권력, 지배 그리고 피지배의 상호관계를 분명하게 하고 강조하는 모든 것을 일컫는다. 위계라는 개념 역시 권력, 지배, 피지배 문제에 깊은 영향을 준다.

문화 내 소통의 이론적 배경

사회와 문화

17세기 정치철학자 Thomas Hobbes는 Leviathan이라는 전설적인 작품을 우리에게 남겼다. 그는 인류가 정치적 그리고 사회적 기관을 형성하는 것에 대해 생각해볼 수 있는 출발점을 제시하였다. 사회 형성 이전 상태에서는 그것이 어떤 형태이건 가장 큰 결속집단이 세상을 지배했다. 힘에 의해 죽이거나 죽임을 당하는 방식이었다. 시간이 가면서 사람은 만약 오랫동안 생존하기를 원한다면 이런 방식을 변화시킬 필요성이 있음을 인식하기 시작했다. 사리추구에 눈뜨기 시작하면서 드디어 인간은 살인과 도적질 등 타인에 공격적인 성향에서 벗어나 상호 생존과 이익을 위한 공생에 억지로나마 동참하게 되었다. 그런 움직임은 사실 편의에 의한 것이었지 이타심에서 나온 것은 아니었다. "다른 사람들이 당신에게 해주기를 바라듯이 당신도 다른 사람을 대하라." 어떤 종교적 영향을 받은 문구인지는 확실치 않지만 사리추구의 원리를 대표해준다고 할 수 있다.

이렇게 인간 공동체가 생존을 위해 함께하게 되었고 이런 과정을 통해 특정 기본 본능들과 애호하는 것들을 포기도 할 줄 알게 되었다. "사회"라는 것이 형성된 것이다. 이런 사회형성의 근원에 대한 가상추론을 비웃는 사람들은 미국이 베트남전쟁에서 벗어나올 때를 기억해볼 필요가 있다. 미디어는 잔인한 전쟁 상황을 상세하게 모두 보여 주면서 사회가 순식간에 산산조각 나는 것을 보여 주었다.

원점으로 돌아가서, 사회를 형성하게 된 후에도 단지 사회를 “형성”한 것만으로는 충분하지 않았다. 사회가 “유지”되는 것이 중요했던 것이다. 사회유지의 안정성을 확실히 하기 위해 조정하는 힘이 필요했다. 이리하여 사회적 협의가 이루어졌다. 그것은 상호지지, 보호, 복지, 그리고 생존을 확실히 하는 사회적 계약이었다.

그러나 사회유지와 조절은 축적된 경험, 지식, 믿음, 태도 그리고 타인과 집단, 우주와 시간과 공간 문제와의 관계 등을 포함한 온전한 공동체로서의 사회의 영구보존을 확실시하지는 않았다. 사회의 기관과 구조는 문화를 수용하고 저장할 필요가 있었다.

이리하여 문화는 한 세대에서 다음 세대로 전해진 규칙에만 구현된 것이 아니라 그 문화를 보호하기 위해 사회에 의해 만들어진 물질적인 것들에도 구현되어 있다고 할 수 있다. 다른 관점에서 봤을 때 문화는 계속되는 사회적 생존을 위한 청사진일 뿐 아니라 사회적 모자이크를 함께 고정시키기 위해 구석구석 배어든 접합체로 볼 수 있다. 문화는 매일 우리에게 이 세상에서 어떻게 존재할지 말해주고 보여 주며 미래세대에게도 어떻게 존재를 이어가야 할지 정보를 제공한다.

우리가 이 세상에 태어나 존재하는 순간부터 우리는 우리 사회를 통치하고 지속시키는 문화 방식에 영향을 받는다. 실제로 우리를 우리 사회에 구속시키는 사회적 계약과 문화는 우리 스스로의 선택도 아니고 우리 스스로 디자인한 것도 아니다. 예를 들어 우리는 존, 산드라, 펄, 데이비드라는 이름으로 다른 사람들에 의해 거의 순식간에 분류되어 버린다. 우리의 성별도 즉시 결정되며 그에 따라서 적절한 색깔의 겉싸개에 감싸지고 성별에 맞게 취급된다.

우리가 유아기에서 아동기로 성장하면서 사회화 과정은 강화되고 우리는 빠르게 적절한 사회적 행동의 규칙을 내면화시킨다. 종교, 교육, 여가, 건강관리, 그리고 다른 많은 문화적 규범들은 우리의 학습을 강화시키고 우리의 행동과 생각을 정형화시킨다. 사회화 과정을 통하여 인간은 사회적 동물로 변신하는 것이다. 이리하여 사회는 문화의 방식 내에서 지시와 가르침을 통해 존속·보존된다.

하지만 누구의 문화가 전달되는 것인가? 누구의 사회적 질서가 유지되는 것인가? 누구의 믿음과 가치가 적절한 것이라고 인정받는가? 누구의 표준, 풍습, 그리고 전설이 적용된 것인가? 하는 질문은 우리를 불편하게 하고 당황하게 하며 의문을 계속 품게 만든다.

위계, 권력, 지배

대부분의 우리가 아는 사회는 위계구도와 권력이 존재한다. 위계는 순위를 매기는 과정, 그렇게 순서가 매겨진 사람들의 평가적인 마케팅을 내재한다. 우리가 쓰는 말들의 단어 자체도 위계와 수반되는 지위 그리고 권력을 내재한다. “top dog(승자),” “top banana(주연배우),” “king pin(중심인물)” “king of mountain(제1인자)”이 그 좋은 예이다.

높은 지위와 권력은 뛰어난 전사나 사냥꾼인 사람, 성스럽거나 특별한 권력을 가진 사람, 현명한 사람, 중요하고 가치 있는 사회적 자원과 상품을 가진 자와 부합한다. 물론 권력과 높은 지위가 이런 특별히 지정된 사회구성원에게 자동적으로 부합되는 것은 아니다. 권력, 지배, 그리고 차후에 수반되는 높은 지위는 다른 이에 의해 강제적으로 빼앗기기도 하고 유지되기도 한다. 모든 사람들이 사회적 협의에 따르는 것은 아니며 정복당하거나 식민지 지배를 받았거나 노예로 팔렸던 사람들은 너무나 잘 알듯이 강한 주먹의 법칙이 팽배하기도 한다.

위계를 결정하는 근거가 무엇이든지 그것이 사회에 존재한다는 사실은 사회가 가치 있거나 필수적인 것으로 간주하는 것을 소유하는 사회계급의 꼭대기에 있는 권력 엘리트의 존재를 확인시켜준다. 그리고 결과적으로 권력 엘리트의 존재는 사회 구성원들 사이의 대칭적 관계를 확실시한다. 사실상 권력은 다른 사람들이 당신이 원하는 것을 하게 만드는 능력과 강제적으로 따르도록 할 수 있는 자원으로 자주 정의된다.

하지만 강제성을 통한 권력 엘리트의 영구보존은 위계의 꼭대기에서의 위치를 보장하는 가장 효과적이거나 효율적인 방법은 아니다. 더 효과적인 방법은 미묘하게 그리고 명백하게 권력 엘리트와 사회 내에서의 대칭적 관계의 유지를 강화하고 확실히 하는 지식, 경험, 믿음, 가치, 그리고 사회적 기관의 양식, 유물 등을 포함하는 문화의 여러 양상들을 도입하고 장려하고 보존하는 것이다. 우리가 나치즘을 악하고 위험한 이데올로기라고 묵살하지만 히틀러가 선동으로서의 문화를 조작하고 조정함으로써 권력 엘리트를 보존할 수 있음을 잘 이해하고 있었다는 사실에는 주목할 필요가 있다.

모든 권력 엘리트가 그런 공공연한 조작적인 방식으로 그들이 위치를 유지한다는 것은 아니지만 적어도 많은 사회적 권력을 가진 자들은 그들의 위치와 그 위치가 자신들에게 가져다주는 것들을 유지하기 위해 많은 노력을 한다. 어느 정도까지 문화는 드러내지 않고서든 드러내고서든 권력 엘리트들의 필요와 욕구를 반영하고 선동을 위한 도구가 되기도 한다. 이리하여 사회적 기관과 행동, 가치, 믿음 같은 이슈들을 지배하는 문화적 수칙이나 계율들은 다수의 희생으로 소수가 유지되는 규칙으로 보이기도 한다.

따라서 우리는 누구의 규칙이며 누구의 문화인지에 대한 질문으로 다시 돌아오게 된다. 소통학문에서 우리가 "주류문화"를 이야기할 때 우리는 사실상 숫자상 다수에 대해 이야기하는 것이 아님을 제고하고자 한다. 그렇기에 더 큰 개념의 사회 내에서의 문화적 집단을 일컬을 때 "소수집단"이라고 분류하는 것은 잘못 호도될 수 있는 문제라는 것이다. 남아프리카에서 흑인과 미국에서 여성은 수적으로 "소수집단"이 아니다. 하지만 그들은 권력 엘리트의 구성원이 아니다. 사실상 우리가 주류문화의 개념에 대해 이야기할 때 우리는 권력, 즉 문화를 지배하고 역사적으로 또는 전통적으로 문화와 우리가 생각하고 말하고 믿는 것에 가장 지속적이고 영향을 크게 미친 권력에 대해 이야기하는 것이다. 우리가 소수의 문화에 대해 이야기하는 것도 그 연장선에서는 소수의 힘을 유지하는 사회적, 정치적, 경제적, 법적, 종교적 구조와 제도에 대해 이야기하는 것이다.

결론적으로 우리의 사회화 과정, 즉 사회

를 형성하는 사람들의 공동체에의 사회적 소개는 비대칭적 사회적 조직과 관계의 규칙이 지배하는 환경에 대한 소개이며 그 안에서 발견되는 소통행위와 실제 역시 자연적으로 비대칭적이다. 어떤 재담꾼이 이야기했듯 "모든 사람은 공평하게 태어났다. 다만 어떤 이는 단지 다른 이보다 좀 더 공평할 뿐이다."

이런 맥락에서 다음 장에서는 몇 가지 정의와 개념을 살펴보고자 한다. 이런 시도가 독자들에게 문화 내 소통을 바라보는 또 다른 시각을 제공할 수 있기를 바란다.

문화 내 소통을 위한 명명법

이미 지적한대로 저자는 문화 내 소통을 주어진 문화적 맥락 내에서 작용하는 현상으로 간주한다. 하지만 저자의 특정 관점은 수적인 것이 아닌 지배, 피지배, 그리고 권력에 주어진다. 다시 말하면 어떻게 피지배적 집단이 지배적 문화집단과 교차하고 상호작용하는가에 관심이 있다. 이에 대한 논의와 분석을 위해 저자는 대부분의 예를 미국이라고 불리는 지정학적 공간에서 가져올 것이다. 피지배 집단은 경제적, 종교적 구조와 제도에 지속적인 접근이나 영향을 가지지 못한 사람들의 무리를 일컫는다. 피지배 집단은 유색인종, 여성, 동성애자, 신체적 장애자를 포함한다. 저자는 앞서 설명했듯 수와 지배가 아닌 권력과 지배 관계를 일컬으므로 이런 집단의 사람들을 특징화하는 데 "피지배"라는 표현을 쓴다. 미국 내에서 단지 상징적인 것이 아닌 진짜 권력과 높은 지위에 접근할 수 있는 가장 큰 가능성을 쉽게 가진 이들은 백인, 남성, 비장애자, 이성애자, 그리고 젊은이로 정의할 수 있다.

피지배 집단 사람은 다양한 정도와 방법으로 그들이 속해있는 사회에서 "보이지 않는" 피지배적 상황에 처해왔었고 동시에 한편으로는 확연히 드러나는 카스트식 계급 표시를 가지고 있기도 하였다. 이 표시는 지배 문화권의 사람에 의해 자주 의식적으로나 습관적으로 낮거나 부정적인 서열에 처해지게 만들어진 것이었다.

"보이지 않는" 표시와 한편으로는 또 확연히 드러나는 표시는 사회에서의 서열계급의 예리한 지표였다.『투명인간』에서 Ralph Ellison은 피지배 집단 사람, 특히 그의 책에서는 흑인이 비유적으로 "투명"하게 고려되는 사실을 알려준다. 그들은 지배적 문화에 의해 아무도 아닌 것으로 보여지고 이리하여 의식되지 않고 눈에 띄지 않는다. 게다가 피지배 집단 사람은 자주 인간보다 물건처럼 지위를 강등 당한다. 그들은 문자 그대로 그리고 은유적으로도 "중요하지 않은" 사람으로 보여진다. "만약 당신이 한 사람을 봤으면 그들 모두를 본 것이나 마찬가지다", "내게는 그들이 모두 똑같이 보인다" 같은 표현은 피지배 집단 사람의 투명인간 취급화와 비인간화 정도를 증명한다.

동시에 피지배 집단 사람들은 사회적으로 "보이지 않고" 자주 계급적 개념으로 식별된다. 우리는 카스트식 계급이나 서열을 동인도 문화로 생각하는 경향이 있으나 그 개념은 우리 스스로의 문화에도 분명하게 적용할 수 있다. 카스트 제도의 중요한 부분은 그것이 세습된다는 것이다. 당신이 어떤 카스트에 태어나면 보통 그 계급 구성원으로 평생 살게 된다.

사실상 우리는 모두 주어진 카스트에 태어나고 카스트식으로 표시된다. 우리 중의 어떤 이는 두 가지로 또는 더 다양하게 서열화된다. 미국에서 보이는 대부분의 카스트 표시는 성별, 인종, 나이, 그리고 장애의 유무 정도이다.

동인도 사람이 하듯 우리 역시 낮은 지위에서부터 높은 지위까지 사람에게 지위를 할당한다. 이런 지위의 부여가 적극적인지, 소극적인지, 의식적인지, 무의식적인지, 악의적인지, 경솔한 것인지 하는 사실은 이런 일이 일어나고 있는 현실에서 변명거리가 되지 않는다. 그리고 서열, 지위, 카스트 표시를 결정하는 중요한 요인은 누가 역사적으로 또는 전통적으로 권력 엘리트와 그에 수반되는 구조와 제도에 접근성을 가지고 영향을 미쳤는지에 직결되는 문제이다. 역사적으로 흑인, 인디언, 라틴계 사람, 여성, 노인, 그리고 신체적 장애인은 카스트적으로 표시되었고 권력, 지배, 사회적 조절 같은 이슈와 맞닥뜨릴 때 부정적인 것으로 식별되었다.

낮은 서열은 사회가 "낙인찍힌" 것으로 본 사람에게 주어졌다. 실제로 우리는 그런 낙인을 식별하는 꼬리표를 가지고 있다. "일탈자", "장애자", "비정상", "기준미달", "다름"이 바로 그것이다. 이미 설명했듯이 이것은 백인, 남성, 이성애자, 비장애자, 젊은이인 기득권층이 표준을 정한 것이라 볼 수 있다. Porter와 Samovar(1976)가 주장했듯 "우리는 일반적으로 인종적 소수자들을 '낮게' 인식해왔다. 그들은 사회의 낮은 계급 사람들로 간주되었고 그렇게 대우받았다. 흑인, 멕시코계 미국인, 인디언, 동양인은 여전히 편견과 차별의 대상이며 여러 방면에서 식민지 대상인 것처럼 간주된다."(p.11). 저자는 이 식민화되고 낮은 서열 대상 리스트에 여성과 장애인 그리고 노인도 첨가한다. 다시 말해서 우리의 언어는 그것이 사회적 계급 내에서의 종속에 연관됨에 따라 서열을 분명하게 하고 있다. "당신의 자리에 머무시오", "줄밖으로 나오지 마시오", "너의 위치를 알아라", "여성의 자리는 침대와 난로에 묶여 있다", "삶에서의 너의 자리를 알라"는 단지 몇 가지 예일 뿐이다.

피지배 그룹 사람이 그들의 카스트 표시로 인해 다양한 종류의 공포와 자기혐오를 경험하는 것은 불가피한 일이다. Frantz Fanon(1963)의 "식민지화된 현지인" 개념–권력 엘리트의 규준에 너무 내재화되어 그들을 식민지화시킨 권력 엘리트를 섬길 뿐만 아니라 그들을 대변하기까지 하며 그들의 지배자보다도 더 자신들보다 낮은 카스트 서열에 비판적이고 억압적이기까지 한 사람들–은 자기혐오와 부정의 깊이를 드러내는 개념이라 할 수 있다.

같은 맥락에서 백인에게 "통과"되기를 시도하는 유색인종과 관련된 "통과"의 개념도 자기부정의 한 형태이다. 통과의 개념 내면에는 "백인이 옳다"는 믿음을 받아들이는 것도 포함된다. 유색인종이 백인에 "통과되었다"는 말은 유대인이 비유대인에 "통과"되거나 동성연애자가 이성애자에게 "통과"되는 개념과 같은 것으로 결국 이들은 항상 "자신들이 진짜로는 누구인지" 드러날 수 있다는 공포를 내재하고 있다. 신체적 장애 역시 마찬가지로 이 사회에서는 부끄러움의 표시가 되어왔다. 심지어 프랭클린 루즈벨트같이 강력한 존재조차도 어떤 식으로든 그의 지체장애가 드러나는 사진은 싫어했다.

만약 "통과"가 그 사람의 카스트 신분의 부정이라면 "자기를 밝히는 것"의 과정은 자신의 카스트적 신분의 의식적인 수용이다. 이는 중요한 "정치적·개인적 권력 공지"라고 할 수 있다. 아마 우리 사회에서 가장 두드러지는 신분서열의 인정은 성적 선호를 밝히는 것일 것이다. 동성애자들이 자신들의 동성애적 기호를 인정하는 것은 우리 사회가 무엇이 바람직한 것인지 사회의 표준에 맞춰 측정했을 때 비정상적이고 일탈적인 것이라고 간주한 정체성을 의식적으로 받아들이는 것이다. 그렇게 받아들임으로써 그들은 문자 그대로 "표시된 사람"이 되는 것이다. 대부분의 자유해방 운동은 이들 "표시된 자"가 자신을 드러낼 수 있도록 하는 데 중요한 방식으로 일조했다. 이런 운동들은 억압받는 사람들이 목소리를 내고 권한을 부여하도록 할 뿐 아니라 그들의 정체성을 되찾고 주장하며 그들의 신분을 명예롭게 여기도록 한다.

미국 같은 사회의 사회적 위계는 신분구조뿐 아니라 계층구조 그리고 역할 부여와 계급과 계층을 둘러싼 기대에도 반영되어 있다. 미국의 권력 구조가 복잡하고 다중층적임에도 불구하고 가장 우세한 힘을 발생시키는 것은 경제적인 것이다. 권력 엘리트는 물질적 자원과 상품뿐 아니라 생산과 분배를 조절한다. 미국이 계급이 없는 사회라고 하는 것은 하나의 허구일 뿐 사실상 경제적 권력과 조절에 근거하여 설립된 계층구조를 가지고 있다. 우리가 저소득계층, 중산층, 그리고 상류층이라고 이야기할 때 우리는 태생이나 근본이 아닌 물질적 자원과 동반하는 부와 우선권 그리고 높은 지위에 대하여 이야기한다.

미국에서는 상류층 내에도 부와 권력에 관련해 얼마나 오랫동안 부, 권력, 그리고 높은 지위를 유지했는지 심지어 양적인 방법으로도 계급 구분을 한다. 따라서 구분은 오래된 부자들과 신흥부자 사이에도 만들어진다.

계층은 신분문제와 밀접하게 연계된다. 우리 사회의 모두가 기회를 가지는 것은 아니다. 이 나라의 많은 피지배층 사람들이 가난한 사람들인 것은 우연이 아니다. 피지배층 사람들이 역사적으로 임금을 지급 받지 못하거나 낮게 받거나 경제적으로 권력 엘리트들을 위해 노예로 부려진 사실도 놀라운 일이 아니다.

역할 부여 역시 그 사람의 계급, 계층, 신분 관련 문제와 연결되어 있다. 역할은 간단히 행동의 공동체로 정의할 수 있다. 주어진 역할로 간주하는 이런 행동의 공동체는 문화적으로 연결되어 있고 역할에 관하여 문화 내에서 적절하다고 지정되어 있는 것이다. 이들은 서술적이 아닌 지시적인 행동들이다. 우리는 특정 역할에 특정 행동적 기대를 가지고 있다. 그것은 누군가가 부적절하게 행동하는 것으로 인지되면 이런 역할들이 어떻게 문화와 연결되고 처방적인지에 대한 표시로 나타난다. 예를 들어 어떤 엄마가 자신의 커리어를 위해 아이의 양육권을 포기하면 그는 "위배되는 행동을 했다"라고 간주된다.

게다가 우리는 어떤 특정 역할을 적합한지 부적합한지 주어진 신분으로 판단한다. 미국 아동문학가인 Horatio Alger는 세상은 우리에게 저 꼭대기에는 부지런하고 똑똑한 사람들을 위한 방이 아직 남아 있는 듯 이야기를 하지만 그것은 또 다른 신화의 하나일 뿐 진실은 당신이 적합하게 신분표시가 된 사람이면, 즉 백인이고 남성이며 장애가 없는 사람이면 그 방을 차지할 수 있지만 그런 신분이 아니면 차지할 수 없다고 한다. 피지배층 사람들이 가지는 저항이나 심지어 노골적 적대감은 그들이 어떤 특정한 직업 역할을 갈망할 때 대면하게 된다. 권력 엘리트들이 전통적으로 특권층이나 높은 신분이나 계층과 연관되어져 있던 위치를 포기하는 것을 주저할 때가 그 예이다.

비주류 사람을 "그들의 자리"에 머물게 하려는 문화적 처방은 "지하자아"－편견, 고정관념, 가치관, 믿음 등 우리 각자가 우리의 세계관과 세상에서의 각자의 위치를 정당화하기 위해 받아들이고 적용하는 문화적 연결 관계의 공동체－에 의해 강화되어진다. 결국 우리의 자아가 우리 삶의 규범적인 것들, 다시 말해 사람들이 어떤 역할을 해야만 하고 해야 하지 않아야 하는지, 왜 어떤 이들은 특정 역할을 하는 데 적합하고 어떤 사람은 아닌지 등에 연료를 제공하는 것이다. 문화를 지배하는 사람들이 계급을 유지하는 문화적 편견, 고정관념, 가치, 믿음 등을 강화하고 그것이 은연 중이든 드러내고 하든 어떤 식으로든 장려하는 역할을 한다는 것을 알아야 한다. 권력 엘리트가 그의 편의대로 세상을 유지하려는 강렬한 욕구에 대해 의심하는 사람이 있다면 그 사람은 왜 남녀 평등 헌법 수정안이 그토록 격렬하고 오래된 저항을 겪어야 했는지에 대해 생각해보아야만 한다. 만약 여성이 이미 평등하다면 왜 그 평등성을 명문화하지 않는 것인가?

이상에서 저자는 피지배의 의미와 우리 사회내의 피지배층 사람의 위치에 대해 밝혀보려는 시도를 하였다. 사회위계에서의 신분지위를 계급, 계층 그리고 역할에 관련지음으로써 권력 엘리트의 문화적 교훈과 유물에 의해 지배되는 문화 내에서의 피지배층 사람이 무슨 의미를 지니는지 강조하려는 것이 저자의 의도였다고 볼 수 있다. 또한 "지배문화"는 허구의 개념임을 제시하고자 한 것도 저자의 의도였다. 이런 관점에서 봤을 때 지배문화보다는 문화를 지배하는 자에 대해 이야기하는 것이 더 정확할 것이다. 마지막으로 문화적 지배는 한 사회의 다수의 숫자의 문제가 아니라 사회에서 누가 진짜 권력을 가지고 있느냐의 문제임도 이 글에서 지적하고자 하였다.

지정학적 배열

이 글에서 전개된 논점은 여전히 지배와 피지배가 사회와 문화에 연결되어 지정학적 양상을 발생시키고 지속시키는 다른 양상을 강조한다. 미국은 단지 어떤 지정된 경계로 된 영역만이 아니다. 그것은 지정학적 배열이다. 미국은 지리, 정치, 경제, 그리고 사람의 지배와 조절의 분명한 상호관계를 반영하는 역사의 나라이다. 예를 들어 서점운동과 인디언과 멕시코의 추가점령은 나치의 "지정학적" 교리에 의해 정당화된 히틀러의 영토 확장 방식과 다르지 않게 우리의 명백한 운명 교리에 의해 정당화되었다. 이런 정책이 미국 산업화의 급속 성장과 발달과 동시에 일어난 것은 우연이 아니다. 미국 권력 엘리트는 경제적으로 확대하고 성장할 더 많은 땅을 원했고 그래서 그것을 확실히 할 정당성을 만든 것이다.

그것이 현지인을 "문명화"시키기 위한 것이든 "백인방식 교육을 시키기 위한 것"이든 "미국화"시키는 것이든 이보다 더 자기민족중심주의적인 것은 그 어디에도 없을 것이다. 미국이라는 말 자체가 지정학적 용어이다. 미국에 사는 사람들은 서구 반구체의 중심에 있다는 것을 추정한다. 우리 스스로를 "미국인"이라고 식별하고 우리의 지정학적 독립체를 "미국"이라 하는 것은 우리의 경제적 지배와 우리의 자민족중심주의를 둘 다 이야기하는 것이다

미국을 지정학적 용어로 구별하는 것은 다른 사람의 지배자나 조정자로 일컫는 것이며 문화를 지배하는 자와의 사이에 양극화된 심지어 적대적 관계인 영역 내 피지배 사람의 개연성을 제안한다. Rich와 Ogawa(1982)가 그들의 인종 내 소통 모델에서 지적한 내용은 대부분 피지배 사람에게 적용할 수 있다. "지배와 억압이 존재하는 문화 내에서의 소통 상황에서는 적대감, 갈등, 그리고 압력이 나타날 수밖에 없다"(p.46). 인디언과 멕시코만 정복되고 미국의 식민지배하에 있었던 것이 아니라 산업적 확대 과정에서 미국은 남쪽의 농장과 농원에서 일을 시키려고 흑인을 노예화했다. 또한 동유럽 이민자, 중국인, 아일랜드계 사람, 히스패닉계 사람까지도 공장에서, 철도에서, 탄광에서, 그리고 밭에서 낮은 임금과 긴 노동시간으로 경제적으로 노예화했다. 가내공업을 제조업화하여 최저조건과 최저임금으로 여성과 어린이들을 부리기도 했다.

실제로 오늘날 수많은 피지배층 사람들은 과거 힘 있는 자들이 역사적으로 식민화하고, 노예화하고, 빼앗고, 몰수하고, 무시하고, 가난하고 낮은 신분과 계층에 격하시킨 사람들이다. 따라서 정복자와 정복을 당한 자 사이의 비대칭적 관계는 계속되어왔다고 할 수 있다. 억압의 형태가 시간에 따라 변화함에도 불구하고 억압 사실, 그리고 피지배가 함께 존재하는 사실은 그대로 남아 있다.

이 논문을 통해 저자는 사회, 문화, 위치, 그리고 사회적 위계에서의 장소가 지배, 권력, 그리고 사회적 조절 문제에 영향을 미치고 또 영향을 받는 복잡한 방식에 대해 추정해보고자 하였다. 사회 내에서 사람의 배열을 구별하고 특징짓는 것을 단지 문화적 축을 따라서가 아닌 사회경제적 축과 지정학적 축을 따라서도 짓고자 하였다. 문화 관련 소통에 쓰인 개념과 정의를 조금 다른 관점에서 다시 조사하고자 하였다. 시작과 반환점으로 지배와 피지배를 둘러싼 이슈와 조건들을 선택했다. 이 논문의 시작에서 밝혔듯 이 글의 내용은 추정적이고 탐색적이고 도발적일 수도 있음을 이해하기 바란다. 무엇보다도 이 글은 문화 내 소통을 둘러싼 조건과 방해요소들에 대한 대화와 의사교환을 장려하도록 의도되어졌음을 밝힌다.

개념 이해와 질문

1. 왜 저자는 위계와 지배의 개념이 문화 간 소통 문제에 직접적으로 연관이 있다고 믿는가?
2. 여러분의 규준, 가치, 그리고 소통방식 형성에 도움이 된 여러분 문화에서 가장 중요한 "가르침"에는 어떤 것이 있는가?
3. 저자는 "권력 엘리트"라는 용어를 어떻게 사용하는가? 여러분의 문화에 "엘리트"가 존재하는가? 그들은 누구인가?
4. 저자의 정의를 따르자면 여러분의 문화에서 피지배 집단은 어떤 집단인가? 그 구성원은 어떻게 그 집단에 속하게 되는가?
5. 저자가 피지배 사람들은 자주 "신분계급화 된다"고 주장하는데 어떤 의미인가? 저자의 주장에 동의하는가?
6. "지정학적"이란 용어를 저자는 어떻게 사용하는가?

Edith A. Folb is Professor Emerita of Speech and Communication Studies, San Francisco State University, San Francisco, California.

장애인의 문화적 소통

Dawn O. Braithwaite, Charles A. Braithwaite

장애인의 소통을 문화적 소통으로 이해하기

조나단은 명료하고 지적인 35세의 전문직 남성으로 20세 때 양측 하지가 마비되어 휠체어를 사용해왔다. 그는 비장애 여성을 근사한 레스토랑으로 저녁 초대했을 때를 회상한다. 종업원이 그들의 주문을 받으러 왔을 때 그 종업원은 마치 아랫사람 다루는 듯한 말투로 조나단이 아닌 그의 데이트 상대만 보고 물었다. "그는 어떤 음식을 원하나요?" 식사가 끝났을 때 종업원은 계산서도 조나단의 데이트 상대에게 주었고 팁에 대해서도 조나단이 아닌 데이트 상대 여성에게 고마워했다.

킴은 공항에서의 자신의 최근 경험을 이렇게 묘사한다. "많은 사람이 항상 다가와서 그들이 내 휠체어를 밀어줄 수 있다고 해요. 내 스스로 할 수 있는데 말이에요. 그들이 그렇게 하는 것은 내 공간, 내가 하고 싶어 하는 것, 내가 좋아서 하는 것, 내 스스로 하고 있던 것을 침범하는 거나 마찬가지에요. 그리고 내가 '괜찮아요'라고 말할 때마다 사람들은 내가 이상한 것처럼 바라봐요. 어떤 사람은 내 휠체어를 다짜고짜 밀기 시작하기도 했어요. 나는 화난 목소리로 '내 휠체어를 만지지 말아요'라고 말했어요. 그랬더니 그는 마치 내가 자신의 뺨이라도 때린 듯이 쳐다보았어요."

제프는 휠체어를 사용하는 헬렌과 함께 그룹 프로젝트에 참가하고 있다. 그는 그를 정말 당황하게 만들었던 상황을 회상한다. "난 생각을 깊이 하지 않고 그룹 친구에게 '학생조합으로 가서 커피를 가져오자'라고 말했어요. 그러고 나서 막상 헬렌을 쳐다보고 그가 걸을 수 없다는 걸 기억하고는 창피했어요. 내가 바보 멍청이같이 여겨졌어요." 헬렌은 이후 이 일을 다음과 같이 묘사했다.

"어제 미팅에서 제프가 '학생조합에 가자'라고 말하고는 날 봤을 때 전 그 애가 죽는 줄 알았어요. 사실 제프가 학생조합에 가자고 한 것은 날 전혀 당황하게 하지 않았어요. 사실상 나도 그런 말을 해요. 그런데 제프가 너무 당황해서 미안했어요. 하지만 그에 대해 내가 또 뭐라 말해야 할지는 몰랐어요. 이후 그룹 미팅에서 분명히 말했지만요. '나도 같이 따라 달려가야 해.' 제프가 제 말의 의미를 알아차리고 자기가 한 말에 대해 괜찮다고 느꼈으면 좋겠어요."

우리 중 누군가는 믿기 어렵겠지만 이런 사례들은 신체장애를 가진 많은 사람에게 흔한 경험이며 장애를 가진 사람과 장애를 가지지 않은 사람이 소통할 때 자주 일어나는 일이기도 하다.

1990년 미국의 장애인법 통과는 그들이 이제 미국 내의 크고, 스스로의 목소리를 가지는, 역동적인 집단이라는 사실을 확인받는 일이었다(Baithwaite & Labrecque, 1994; Braithwaite & Thompson, 2000). 장애인은 계속적으로 증가해 왔으며, 어림잡아 다섯 명 중에 한명을 차지할 정도로 미국인구의 큰 부분을 차지한다(Cunningham &Coombs, 1997).

장애를 가진 사람 수의 증가에는 두 가지 이유가 있다. 첫째, 인구가 고령화되고 장수하는 시대를 맞으면서 좀 더 많은 사람이 노후와 관계된 장애를 겪게 된 것이다. 둘째, 의학기술의 발달로 장애인이 이전에는 생존이 가능하지 않았던 삶을 위협하는 병과 상처에서 살아남을 가능성이 커졌기 때문이다. 예를 들어 배우 크리스토퍼 리브는 1995년 승마 사고 이후 사지마비 환자가 되었지만 의학발달로 생존이 가능하게 되었다.

과거에는 대부분의 장애인이 보호시설에서 보호받았고 많은 사람이 집이나 장애인 시설에서 평생을 보냈다. 하지만 오늘날 장애인은 사회 주류의 많은 부분을 함께 한다. 우리 모두가 가정이나 학교 또는 직장에서 장애를 가진 사람과 접촉한 경험이 있을 수 있다. 수영장 다이빙 사고 후 마비가 된 마리는 다음과 같이 표현한다.

"주변에 장애인이 있다는 건 알았지만 그것이 내게 일어날지는 결코 몰랐어요. 내가 장애인이 되기 전에는 장애인을 알지도 못했어요. 만약 이 일이 생기기 전 내가 휠체어에 앉은 사람을 보았다면 아마 불편하고 무슨 말을 해야 할지도 몰랐을 걸요."

마리의 이야기는 많은 비장애인이 장애인과 상호작용하는 것을 불편하게 여긴다는 사실을 재조명해준다. 우리가 이 사회에서 함께 살고 일하고 공부하는 한 장애를 가진 사람과 장애를 가지지 않은 사람이 어떻게 효율적으로 소통하는지에 대해 알 필요가 있다.

장애와 문화적 소통

이 글에서 우리의 목적은 비장애인과 장애인들 사이의 소통을 문화 간 소통에 초점을 맞춰보는 것이다(carbaugh, 1990). 장애인은 비장애인의 그것과는 다른 언어적 코드를 사용한다. 장애인은 장애를 가진 사람과 가지지 않은 사람 사이의 문화적 차이의 인식을 생산하고 강화하는 근원이 되는 특정 의미, 규칙, 말하는 방식을 발달시키는 것이다. 장애인에 의해 사용되는 특정 구두표현과 비언어적 표현은 독특한 사회적 현실을 구성하는 문화적 정체성을 만들어낸다.

몇몇 연구자는 장애인과 비장애인의 소통을 문화 간 소통으로 묘사했다 (Braithwaite, 1990, 1996; Emry & Wiseman, 1987; Fox, Giles, Orbe, & Bourhis, 2000; Padden & Humphries, 1988). 다시 말해 우리는 장애인이 비장애인들 대다수와 공용되지 않는 특정한 독특한 소통 특징을 발달시킨다는 것을 인식한다는 것이다. 사실상 장애를 타고난 사람들을 제외하고는 장애인이 된다는 것은 비장애인인 다수의 구성원에서 소수문화의 일원이 되는 것에 동화하는 과정과 비슷하다(Braithwaite, 1990, 1996). 신체적 장애의 시작은 사고의 새로운 방식과 자신에 대해 이야기하는 새로운 방식, 그리고 다른 사람과 소통하는 새로운 방식을 발달시키는 것을 배우는 과정을 필요로 한다.

이 글에서 우리는 장애의 문화적 관점을 도입하면서 장애문화 내의 사람과 비장애문화 사람 사이에 일어날 수 있는 소통문제를 소개할 것이다. 그리고 비장애인과 장애인 사이의 소통을 이해하고자 학자들이 사용했던 초기 접근법의 약점 몇 가지를 짚고 넘어가고자 한다. 또한 장애에 대해 만연한 고정관점을 비판하고 장애문화의 일부분이 된다는 것이 어떤 의미인지 재정의하기 위해 신체장애를 가진 사람들과의 인터뷰를 통해 밝혀진 연구결과도 논의해보고자 한다. 마지막으로 우리는 문화 간 소통 분야 학자들이 장애인들과 비장애인들 사이의 관계를 증진시킬 수 있는데 공헌할 수 있는 중요한 문제들에 대해 다루도록 한다.

소통자로서의 장애인 도전

우리가 문화적 관점을 채택하고 장애인이 당면하는 소통의 어려움들을 이해하고자 시도하려면 먼저 장애가 무엇인지 이해할 필요가 있다. 우선 "장애"와 "핸디캡"을 먼저 구별할 필요가 있다. 사람들은 이 두 단어를 일상대화에서 호환해 사용하지만 이들 단어의 뜻은 다르다. 두 용어는 장애를 가진 사람들과 사회 전체와의 각각 다른 관계를 암시한다. 장애는 사람이 어떤 수단에 의해 극복되거나 보충될 수 있는 것을 말한다. Crewe와 Athelstan (1985)는 장애에 의해 영향을 받는 다섯 가지 "주요 삶의 기능"을 다음과 같이 설명했다. (1) 이동성, (2) 고용, (3) 자기관리, (4) 사회관계, (5) 소통. 많은 사람이 휠체어나 지팡이 등 보조도구를 이용하거나 재활치료 같은 훈련을 통하거나 보조 도움을 통하거나 직업훈련을 통하여 첫 세 가지 주요 삶의 기능은 보충할 수가 있다.

핸디캡은 어떤 신체적 또는 사회적 환경이 한 개인의 삶의 양상에 상호작용하여 어려움을 야기시키는 경우를 말한다(Crewe & Athelstan, 1985). 예를 들어 양측하지마비를 가진 장애인은 휠체어나 경사로를 사용하여 신체적 환경에 잘 기능할 수 있다. 하지만 건물이나 대중교통이 휠체어 사용자에게 접근이 용이하지 않은 곳이면 그는 핸디캡을 경험하게 되는 것이다. 사회가 장애에 적합한 환경을 적용할 의지가 있고 또 그런 환경을 만들 수 있으면 장애인은 그들의 자아존중감과 건강에 부합되는 독립된 삶의 영위가 가능하다. 장애인에게 독립은 치명적으로 중요한 요소이고 "자기정체성의 유지와 자아가치는 병을 조절하고 그것의 침해를 최소화하고 스스로를 독립적으로 인식하는 능력에 연계되어 있다"(Lyons, Sullivan, Ritvo, & Coyne, 1995, p.134). 이 말의 의미는 장애인이 그들의 신체적 조건을 부정한다는 말이 아니라 유지할 수 있는 방법을 찾고 그들의 삶을 유지하기 위해 그들이 필요한 도움이 무엇이든 그것을 획득한다는 것을 뜻한다(Braithwaite & Eckstein, 2003).

장애인을 위한 물리적 환경에 적응토록

만들어진 실용적이고 기술적인 보조장치는 비장애인들에게도 유용하다는 것을 깨닫는 것이 중요하다. 우리들 대부분은 우리가 이런 신체적 적응 없이 얼마나 장애를 겪을지 깨닫지 못한다. 예를 들어, 저자의 사무실은 사무실 빌딩의 위층에 위치하고 있는데 우리는 자주 엘리베이터를 이용해 사무실에 도착한다. 우리는 계단이 이 빌딩에서 꽤 많은 공간을 차지한다는 것을 안다. 각 층에 계단을 위해 사용된 공간은 층마다 거의 오피스 하나 정도는 차지한다. 공간효율성 측면에서 이야기하자면 사람들을 이 층에 도달하게 하는 가장 공간 효율적인 방법은 각 층마다 상대적으로 작은 공간만 필요로 하는 줄을 이어서 이 줄에 매달려 오르는 것일 것이다. 하지만 우리 중 몇 명이 우리 사무실에 도달하기 위해 줄을 타고 오를 수 있을 것인가? 명백하게도 우리는 계단이나 엘리베이터 없이는 핸디캡을 경험할 것이다. 학생이 많은 도서관에서 책을 들고 걸을 때 자동문, 경사로, 엘리베이터, 그리고 큰 문 등은 모든 사람이 사용하고 감사해야 하는 중요한 환경적 적용이 된다. 신체물리적 환경이 우리의 편의를 충족시키지 못할 때 신체적 한계는 우리 모두에게 핸디캡이 되는 것이다.

사회적 관계의 어려움

이동성, 자기관리, 그리고 취업과 관련된 신체 물리적 장애를 위한 적용기제를 찾는 것은 비교적 쉽게 가능하다고 여겨질 수도 있지만 장애인들에게 사회적 관계와 소통이라는 두 가지 주요 삶의 기능은 좀 더 엄청난 도전을 요구한다. 신체적 장애를 감지하고 고치려고 하는 것이 장애를 가진 사람들이 직면하는 사회적 장애를 상대하는 것보다 덜 어려운 편이라는 것이다. Coleman과 DePauldo(1991)는 이런 사회적 장애를 "많은 가치가 물리적 신체와 신체적 매혹에 부여되는"서구에서 흔한 "심리적 장애화"라고 명명한다(p.64).

장애를 가진 사람이 비장애인과 관계를 시작할 때는 여느 새로운 관계를 형성할 때 부여되는 도전보다 좀 더 큰 도전이라고 할 수 있다. 비장애인에게는 아마도 이런 어려움이 장애인과 상호작용하는 경험의 부족으로 인해 장애인과 어떻게 상호작용해야 하는지 불확실성이 커짐으로써 기인되는 것이라 할 수도 있을 것이다(Braithwaite & Labrecque, 1994). 비장애인은 아마도 장애인에게 무엇을 이야기하고 어떻게 행동할지에 대해 불확실함을 느낄 것이다. 이 글의 앞에서 소개된 예에서 제프가 그의 그룹 구성원인 헬렌에게 그랬듯이 장애인의 감정을 상하게 할까봐 두려울 수 있을 것이다. 불편함과 불확실성을 느끼다보니 너무 자의식에 사로잡혀 행동이 제약되며 딱딱해질 수밖에 없다(Belgrave & Mills, 1981; Braithwaite 1990; Dahnke, 1983; Higgins, 1992). 그 결과 그들의 행동은 장애인들에게는 무관심하거나 아예 수용하지 않는 것으로 보여질 수 있다. 비장애인들은 장애인들과 어떻게 적절하게 소통할지 알아야 할 필요가 있다. Higgins(1992)는 때때로 이런 소통 시도가 성공적이지 않음을 지적한다. "장애인들에게 적절한 방식으로 행동하기를 바라다보니 장애인들을 원치않는 동정심으로 은근히 낮추어, 의식하지 못한 체 불쾌하게 행동할 수도 있다"는 것이다(Higgins, 1992, p.105).

높은 수준의 불확실성은 사람 사이의 상호작용과 관계의 발전에 부정적 영향을 미칠 수 있다. 무엇을 해야 하거나 말해야 하는지에 대해 고민하느니 차라리 그 사람을 피하는 것이 쉬워진다. 흥미롭게도 연구자들은 장애인의 장애의 종류는 비장애인이 장애인에 반응하는 방식을 변화시키지는 않는다는 것을 발견했다(Fichten, Robillard, Tagalakis, & Amsel, 1991). 불확실성 감소 이론은 이미 진행되고 있는 관계에 적용될 때는 너무 간단한 이론으로 들릴지 모르지만 낯선 사람과 상호작용하거나 장애인과 초기 관계 정립 상태일 때 비장애인이 느낄 초기 불편감을 이해하는 데 유용한 이론이다. 불확실성의 효과를 이해함으로써 장애인들은 비장애인이 그들의 불편한 마음을 줄일 수 있게 도울 수 있는 다양한 방법을 간구할 수 있다(Braithwaite, 1990, 1996; Braithwaite & Labrecque, 1994).

비장애인이 "적절한 이야기"를 하려고 노력하고 장애인과 소통을 원할 때에도 비장애인의 말로 표현되지 않는 행동은 사실상 거절과 회피를 표현하고 있을지도 모른다(Thompson, 1982). 예를 들어 장애인은 많은 비장애인이 신체적 거리를 두고 눈마주침을 피하고 장애에 대한 언급을 피하고 대화를 짧게 끊는 것을 느낀다(Braithwaite, 1990, 1996). 이렇게 하는 비장애인은 그들의 불편함을 보여 주지 않으려 하거나 장애인에 불편함을 주지 않으려 최선을 다하는 것일지도 모른다. 하지만 결과적으로 장애인은 그것을 상호작용을 원하지 않는 것으로 인지하게 된다. 이런 경우 장애는 상호작용을 너무 불편하게 생각하는 비장애인과의 관계 발달 가능성을 막음으로써 사회적 환경에 있어서의 핸디캡이 된다. 많은 비장애인이 장애문화에 고정관념을 가진다. Coleman과 DePaulo (1991)는 장애인에 대한 이런 교정관념 여부에 대해 다음과 같이 이야기한다.

사람은 자주 장애인들을 의존적이고, 사회적으로 내성적이고, 감정적으로 불안하고, 우울하고, 예민하며, 특히 그들의 장애와 관련해 쉽게 불쾌해한다고 인식한다. 이에 더하여 장애인들은 자주 도덕성이나 사회적 기술 그리고 정치적 관점에 있어 비장애인들과 다르다고 간주된다(P.69).

이런 고정관념은 비장애인이 경험하는 불확실성과 불편함의 레벨을 증가시킬 뿐이다. 비장애인이 장애인들과 상호작용 하기 위해 불편함과 고정관념을 극복하려 노력할 때 기대와 상반되는 경험을 하기도 한다. 미국인은 "장애인을 도우라"고 배우는 동시에 "사람은 권리를 가지고 스스로 선택을 하는 개인"으로 인식하기 때문에(Carbaugh, 1988) 사람은 평등하게 대해야 한다고 배운다. 비장애인이 장애인을 대면할 때 이 모델은 딜레마를 야기할 수 있다. 어떻게 사람을 도움과 동시에 공평하게 대할 수 있는가? 예를 들어 장애인이 문을 열 수 있게 돕거나 만약 그가 떨어지면 일어나도록 돕는가? 만약 당신이 시각장애인과 일한다면 그가 출입문을 찾거나 식당에서 점심을 먹도록 도와야 하는가? 이런 딜레마들은 자주 비장애인에게 불확실성을 초래해서 장애인이 필요로 하거나 원하는 것보다 더 많은 도움을 제공하게 만든다(Braith waite & Eckstein, 2003). 결국 불편함과 불확실성의 느낌을 직면하느니 장애인과의 상호작용할 상황을 피하는 것이 쉽게 보일 것이다. 이는 많은 사람이 다른 문화권 사람들과 소통하는 것에 반응하는 방식이기도 하다. 그러나 피하는 것은 결국 좋은 해결책이 아니다. 특히 만약 그 사람이 당신의 직장 동료이거나 가족이라면 더 그렇다.

많은 장애인은 비장애인이 가지고 있는 감정을 잘 알고 있다는 것을 깨닫는 것은 놀라운 일이 아니다. 사실상 연구 면담들에서 장애인들은 그들 주변의 누가 자신을 불편해하는지 아닌지 "그냥 알 수 있다"라고 이야기한다. 그들은 구두 신호도 그리고 구두가 아닌 불편함과 피함의 신호도 상세하게 묘사한다(Braithwaite & Eckstein, 2003). 그리고 그들은 이런 상황에서 상호작용에 도움이 되는 소통전략을 발달시킨다. 예를 들어 장애인들은 그들이 비장애인을 만날 때 불편함이 "더 이상 방해가 안되도록" 디자인된 방식으로 소통하려 한다. 그들은 비장애인이 단지 그들의 장애에만 온전히 집중해서가 아닌 "다른 누구나와 같은 사람"으로 대하기를 원한다(Braithwaite, 1991, 1996). 예를 들어 그들은 요리나 스포츠나 음악같이 비장애인과 공통으로 관심이 있다고 믿는 주제에 대해여 이야기할 것이다.

장애인은 비장애인의 불확실성과 불편함을 줄이는 것을 돕기 위하여 비장애인으로부터 도움이 필요한 상황을 조정하는 것을 돕는 전략을 발달시킨다(Braithwaite & Eckstein, 2003). 예를 들어 주차장에서 차에서 나올 때 도움이 필요한 휠체어를 사용하는 두 사람은 그들이 어떻게 필요한 도움을 받을지 미리 계획하는 것에 대해 다음과 같이 설명한다.

"저는 핸드폰을 가지고 있어요. 가게에 전화를 걸어 매니저에게 알리죠. '우리는 지금 흰색 미니밴에 타고 있는데 지금 창밖으로 보면 우리가 보일 거예요. 우리는 휠체어를 탄 두 남자에요. 잠시 나와서 우리가 밴 밖으로 나갈 수 있도록 도와줄 수 있어요?'"

이 사람은 도움을 요청함으로써 비장애인이 불편한 소통 상황에 처하게 만들 수도 있는 상황을 피하기 위해 미리 계획을 세웠다.

또 다른 사람은 사실 필요하지는 않았지만 도움을 거절하는 것이 비장애인의 불편함과 불확실성을 증가시킬 수 있다는 것을 이해하기에 그냥 그들이 제공하려는 도움을 받아들이는 상황을 이야기하기도 했다.

연구자의 관심 바꾸기

장애인과 비장애인 사이의 소통에 관한 연구들을 살펴보았을 때 세 가지 문제가 분명하게 드러났다(Thompson, 2000). 첫째, 장애인들의 소통행동에 대해 알려진 것이 너무 적다. 몇몇 연구자가 장애인의 소통에 대해 연구했음에도 불구하고 대부분은 장애인에 대한 비장애인의 반응에 대한 연구이다. 이런 "장애인에 대한 태도 연구"는 "소수집단"에 대한 다수 주류의 태도를 보는 많은 연구와 유사하다. 문화 간 소통 문헌을 전체적으로 봤을 때 소수집단을 대표하는 관점의 연구는 적음이 드러난다. 근래에 들어 약간의 진전이 있었음에도 불구하고 장애인들의 관점으로부터 시작하는 소통에 대해서는 상대적으로 정보가 적다.

둘째, 많은 연구자들이 장애인을 소외시키며 장애인에 대한 이야기를 하고 있다. 설문 데이터에 장애인들은 드물게 드러난다. 대부분

이런 연구들은 비장애인들이 장애인들에 대한 인상을 보고하는 내용으로 구성되어있다. 실험연구에서도 장애인은 휠체어를 사용해보는 비장애인에 의해 "연기"된다. 실제 상황에서 장애인과 비장애인이 어떻게 소통하는지 정보를 주는 연구는 제한적이다.

셋째, 연구들이 대부분 비장애인들의 관점을 택해 비장애인들이 좀 더 편하게 느낄 수 있도록 장애인들이 어떻게 해야 하는지에 초점을 맞춘 경우가 많다. 이런 관점에서 연구자는 장애인에 영향을 주는 소통의 효과에 대해서는 간주하지 않는다. 예를 들어 몇몇 연구들은 비장애인은 장애인이 자신들의 장애를 밝히지 않는 것에 더 편한 마음을 가진다는 것을 알아내고 장애인이 비장애인을 편하게 느끼도록 하려면 장애를 숨기는 것이 낫다고 제안했다. Baithwaite(1991)는 이렇게 제안하는 연구자들은 스스로 장애를 숨기는 것이 장애인들에게 어떤 영향을 미칠지에 대해서는 간과했다고 지적한다. 그러므로 우리가 비장애 관점에 근거한 연구에서 보는 것은 장애문화관점을 무시한 자기중심적 편견이라 할 수 있다. 최근에 들어 장애인들 관점의 연구가 실행되고 있음에도 불구하고 여전히 경험적 연구는 너무나 적고 장애인 소통에 대한 불완전한 그림만 남겨져 있다.

이 글의 남은 장에서 우리는 문화적 관점에서 장애인과 비장애인의 소통을 이해하도록 도와줄 장애인 관점에서 실행된 연구 결과들을 소개할 것이다. 이 연구결과들은 신체장애자와의 100회 이상의 면담 결과에서 비롯된 것이다. 피면담자 모두가 관찰자에게 보여지는 장애를 가지고 있었지만 시각장애나 청각장애, 언어장애같이 소통에 심각한 지장을 주는 장애는 가지고 있지 않았다. 이 연구의 목적은 장애인 관점에서의 비장애인과의 소통을 기술하는 데 있었다. 장애인과의 면담연구는 그들에게서 중요한 정보를 이끌어내고 장애인이 그들의 문화적 관점에서 자신의 경험을 기술할 수 있도록 하는 의의가 있다.

재정의의 과정

면담으로부터 제기된 중요 주제는 "재정의"이다. 장애인은 장애에 대해 만연하는 고정관념을 비판하고 있었는데 그들은 그들 자신과 장애를 인식하는 새로운 방식을 개발하고 그 결과로 소통방식을 발달시켰다. 연구자들은 세 가지의 재정의 방식을 발견했는데 다음과 같다. (1) 스스로를 "새로운" 문화의 일부분으로 재정의, (2) 장애 개념의 재정의, (3) 주류문화와 관련한 장애의 재정의가 그 세 가지 방식이다.

스스로를 '새로운' 문화의 일부분으로 재정의하기

연구면담에서 많은 장애인은 스스로를 소수집단 또는 문화의 일부분으로 이야기했다. 일부 피면담자에게 이런 정의는 장애의 선을 넘는 것이다. 다시 말해 그들의 "장애" 정의는 장애를 가진 모든 사람을 일컫는데 다른 이들에게 장애의 정의는 사실 그렇게 광범위한 개념이 아니다. 장애에 대해 생각할 때 보통은 그들이 가진 장애와 비슷한 장애를 가진 사람들을 생각한다. 예를 들어 기동성과 관련된 장애를 가진 사람 중 어떤 사람들은 시각장애인과 청각장애인도 그들의 장애에 포함시키지만 어떤 사람들은 휠체어 사용자들만 포함시킨다. 그러나 장애의 정의를 좁게 내리든 넓게 내리든 많은 사람은 스스로를 소수문화의 부분으로 간주한다. 예를 들어 면담자 한 사람은 장애가 있다는 것을 "웨스트 사이드 스토리 뮤지컬에 나오는 토니와 마리아, 즉 백인과 푸에토리코인과 같은 개념이다. 토니와 마리아는 서로를 두려워하며 서로의 문화에 무지하다. 하지만 사람은 사람일 뿐이다"라고 표현했다. 또 다른 면담자는 다음과 같이 설명했다.

"우선 나는 내가 직면하는 문제들을 해결해야 하는 방식 면에서나 의료제도나 복지혜택을 받는 면에서 장애의 하위문화에 속해 있다고 볼 수 있어요. 나는 한 발은 비장애 문화에 다른 한 발은 내 스스로의 문화에 두고 있어요."

위의 면담자가 이야기하는 문화 사이의 '균형유지' 묘사는 장애문화에 속하는 것이 다른 일반 사람들의 문화적 그룹에 속하는 경험과 유사점이 있음을 시사한다. 많은 면담자가 그들의 경험을 다른 타문화 집단 사람의 그것, 특히 소수 유색인종들의 경험에 비유했다. 면담자들은 장애로 비롯된 지위와 권력의 상실감에 대해 설명했고 그들이 다르다는 이유로 많은 일반 사람들이 그들과 함께 있음을 불편해 한다고 인식하고 있었다.

문화적 관점을 이야기할 때는 모든 사람들이 문화를 같은 방식으로 생각하지 않음을 인식하는 것이 중요하다. 어떤 사람들은 장애를 가지고 태어나고 어떤 사람들은 이후에 가질 수 있다. 태어날 때부터 장애를 가지지 않은 사람에게 장애문화의 멤버십은 시간이 흐름에 따라 발생하는 과정이다. 어떤 사람들에게 그 과정은 다중경화증 같이 오랜 시간에 걸쳐 진행되는 퇴행성질환의 경우처럼 점진적으로 증가하는 것이다. 사고로 목이 부러져 "사지마비로 깨어나는" 경우처럼 갑자기 장애인이 된 경우에는 다수인 "정상적인" 사람에서 장애를 가진 소수로 전환되는 것이 순식간에 일어난 문제일 것이다. 이런 갑작스런 장애 문화로의 전환은 그 사람의 인생의 모든 면에 걸쳐 재정의와 재적응에 있어 중요한 도전을 의미한다 (Braithwaite, 1990, 1996).

만약 장애가 문화라면 언제 그 문화의 구성원이 되는가? 심지어 어떤 사람이 신체적으로 장애를 입었다고 쳐도 어떻게 그는 자신을 "정상적" 또는 비장애에서 장애로 재정의하게 되는가? 신체적으로 장애를 입는다는 것이 그 사람이 즉시 장애문화의 일원임을 깨닫게 한다는 의미는 아님을 이해하는 것이 중요하다 (Braithwaite, 1990, 1996). 사실상 대부분의 사람에게 장애에 적응한다는 것은 여러 단계를 걸쳐 일어난다(Braithwaite, 1990; DeLoach & Creer, 1981; Padden & Humphries, 1988). DeLoach & Creet(1981)은 장애적응의 3단계를 다음과 같이 설명한다. (1) 낙인고립, (2) 낙인인지, (3) 낙인병합이 그것이다. 이들 모형은 우리가 장애를 문화화하는 과정으로서 적응과정에서 어떤 일이 일어나는지 이해할 수 있도록 도와준다. 이 과정 동안 장애인은 장애인 문화의 구성원으로 발전해간다.

체육교육을 전공하는 대학생이었다가 차사고로 마비가 된 채 깨어났었던 마크의 경험을 상상해보자. 마크는 장애인이 되면서 첫 번째 단계인 "낙인고립" 단계에 들어선다. 이 단계에서 그는 사회복귀와 그가 경험하는 모든 신체적 변화와 도전에 중점을 둔다. 마크가 그의 사회적 관계와 비장애인과의 소통에 있어 변화를 아직 알아차리지 못한 것 같은 단계이다.

두 번째 "낙인인지" 단계는 마크가 그의 삶과 관계가 극적으로 변했다는 것을 깨닫고 그의 장애의 여파를 가능한 많이 축소할 길을 찾는 시도를 하는 것이다. 마크는 평소 일상과 이전 관계들로 돌아가려 노력할 것이다. 예를 들어 그는 그가 소속되어 있었던 대학으로 돌아갈 것이다. 이 단계는 장애를 입은 사람이 처음 인지하는 것보다 더 많은 것들이 변화했을 수 있기 때문에 매우 절망적인 단계일 수 있다. 마크는 그의 예전 관계를 재정립하려 하겠지만 그의 친구들이 그와 있는 것을 더 이상 편하게 생각지 않는다거나 이전에는 공통으로 하던 일들을 더 이상 같이 하지 않으려는 것을 발견하게 될 것이다. 예를 들어, 마크는 그의 소프트볼팀 친구들과 관계를 유지하기 힘든 것을 알게 될 것이다. 마크의 병실을 찾던 친구들은 무엇을 하거나 말해야 할지 모르거나 심지어 그를 피하기 시작할 수도 있다. 이 시기가 장애인이 된 사람들이 이전과 다른 문화의 구성원으로서 상호작용한다는 것을 깨닫기 시작하는 시점이며 그들의 정체성과 행동을 새 문화에 동화시켜나가기 시작하는 시점이다(Braithwaite, 1990, 1996). 마크는 그의 친구들이 그를 어떻게 대하는지 알아차리기 시작하고 그 역시 그런 친구들과 함께 하는 것을 이전만큼 즐기지는 않을 것이다.

이 단계에서 DeLoach & Creer(1981)가 이야기하는 "낙인병합", 즉 세 번째 단계가 시작된다. 이 단계에서 장애인은 그들의 정체성, 즉 자신의 정의에 장애를 통합시키기 시작한다. 장애의 긍정적인 면과 부정적인 면을 모두 이해하기 시작하고 장애의 부정적인 양상을 극복하고 적응하는 방법들을 발달시킨다(DeLoach & Creer, 1981). 이 적응단계에서, 장애인은 비장애 문화에서 성공적으로 기능할 수 있는 행동방식과 소통방식을 발달시킨다(Braithwaite, 1990, 1996). 예를 들어 마크는 모든 것을 경험한 후 심리학에 관심을 보이게 되고 그 분야에서의 진로 가능성을 보게 될 것이다. 그가 전공을 바꿀 때 그는 전에는 가지고 있는지도 몰랐던 통계분야에 능력이 있음을 발견하게 되고 통계 수업을 위한 스터디그룹을 조직하고 새로운 친구들을 사귀기 시작할 것이다.

Braithwaite(1996)는 "낙인병합" 단계는 Morse와 Johnson(1991)이 명제한 "건강회복" 단계, 다시 말해 한 개인이 그들 스스로의 삶과 관계를 조절하는 능력을 되찾고 가능한 독립적으로 살며 그들 삶에 있어 새로운 방식에 적응을 하는 단계를 말한다고 주장한다(Braithwaite, 1990, 1996, Emry & Wiseman, 1987). 이것이 연구자들이 말하는 집단 간의 소통이다(Fox 외, 2000). 이 세 번째 단계에서 장애인은 장애의 역할을 그의 정체성과 그의 삶에 통합시킨다. 혹자는 "당신은 이전과 같은 사람이다. 당신이 전에 했던 것과 같은 일을 하지 않을 뿐이다"라고 말했다. 다른 이는 이렇게 표현한다.

"만약 누군가가 나를 '절단자'라 칭한다면 그것은 지옥보다 나를 더 미치게 만드는 것이다. 다리절단을 부정하는 것이 아니라 나는 나라는 말이다. 나는 하나의 완전한 인간이다." 이 단계는 사람은 그들 삶에서의 부정적인 면과 긍정적인 면 모두를 보는 단계이다. 한 여성은 그것을 다음과 같이 표현했다.

"저는 사람들에게 최악의 일이 내게 일어난 것이라고 말해요. 그리고 그것은 최고의 일이기도 하구요. 장애는 제가 제 자신에 대해 느끼는 것이 무엇인지 시험하게 만들었어요. 제 자신감은 제 안에 있지 다른 사람에게 있지 않아요. 여성으로서 저는 옷이나 치수에 의존하지 않아요. 내 안에 무엇이 있는지 내면이 중요한 것이죠."

배우 크리스토퍼 리브는 그의 엄청난 재난사고 4개월 후 바바라 월더스와의 인터뷰에서 "낙인병합" 단계의 관점을 보였다.

"점차적으로 내 몸이 내가 아님을 발견하게 되어요. 정신과 영혼이 대체되어야 해요. 사실 그건 '왜 나지?', '이건 불공평해'에 집착하는데서 벗어나 '그럼 가능한 게 뭐지?' 라고 옮겨가면서 느끼는 큰 도전입니다. 그리고 지금 4개월이 지난 후 저는 지난 6월 버지니아에서 볼 수 없었던 기회와 가능성을 봅니다. 진정한 기쁨과 살아있다는 것의 의미는 더 큽니다. 매 순간이 이전보다 더 강렬합니다."

위의 예가 시사하는 바는 장애문화의 부분이 된다는 것은 시간이 가면서 발달하는 과정이라는 것이다.

장애의 재정의

면담자에 의해 거론되어진 두 번째 유형의 재정의는 장애 개념을 재정의하는 것이다. 예를 들어, 한 면담자는 다음과 같이 설명했다. "사람들은 '내가 장애를 입지 않아 다행이다'라고 말할 거예요. 그리고 나는 '어디 봅시다. 당신은 얼마나 키가 크지요? 저 위 선반에서 당신은 어떻게 물건을 꺼낼 수 있는지 말해줘요'라고 말할 거예요" 이런 상호교환 대화에서의 그의 목적은 다른 사람이 장애를 한 사람의 수많은 특징 중 하나로 보도록 도와주는 것이다. 이런 관점에서 모든 사람은 키나 몸무게, 성, 인종, 또는 신체적 특성으로 인해 어떤 방식으로든지 장애가 있고 사람은 그런 장애요소를 포함하는 특징을 극복하도록 노력해야만 한다. 키 작은 사람은 높은 선반에서 무언가를 꺼내기 위해 디딤 의자가 필요할 것이며 키가 매우 큰 사람도 분명히 사람들의 시선을 받을 것이며 작은 사이즈의 차는 탈 수 없을 것이다. 대부분의 중년 교수들은 그들의 연구실에 줄을 매달아 올라갈 수 없을 것이며 계단 같은 편의시설이 필요하다. 이와 유사하게 장애인도 그들에게 부여된 신체적이고 사회적인 도전에 적응해야만 한다. 장애의 깨달음에 대한 위크샵을 주재하는 한 면담자는 그가 어떻게 비장애인들이 장애를 재정의할 수 있도록 돕는지 다음과 같이 설명한다.

저는 사람에게 "여러분 중 몇 분이나 여러분들이 입고 있는 옷을 만들어보았습니까?", "여러분 중 몇 분이나 여러분이 어제 먹은 음식을 직접 길러보았습니까?", "여러분들 중 몇 분이나 여러분이 살고 있는 집을 지었습니까?"라는 질문들을 해요. 아무도 손을 들지 않지요. 그러면 저는 말하죠 "여러분은 여러분이 독립적이라고 생각한다는 것은 제가 장담할 수 있습니다." 그리고 말합니다. "이 또한 장담합니다. 여러분의 삶에서 독립적이라고 여러분이 느끼는 정도와 제가 제 삶에서 얼마나 독립적인지 느끼는 정도를 만약 측정할 수 있다면 여러분만큼이나 저도 독립적인 것으로 측정이 될 것입니다. 저는 옷 입는 것도 벗는 것도 사람에게 의존합니다. 하지만 그 모든 것이 우리 머릿속에 있는 것입니다. 여러분, 아무도 진정으로 독립적이진 않습니다."

우리가 가진 어떤 특성처럼 장애도 맥락에 따른 것이라는 것을 기억하는 것이 중요하다. 예를 들어 시각장애인은 어두운 방에서 그런 환경에서 제약을 받는다고 느낄 비시각장애인보다 훨씬 더 잘 기능할 것이다. 이 글의 첫 번째 저자는 워싱턴 D.C.에 있는 청각장애인를 위한 Gallaudet대학교에서 며칠을 보냈다. 대부분의 학생이 청각장애인인 대학교에서 장애인은 저자였는데 그 이유는 그곳의 학생들과 이야기하기 위해 통역이 필요했기 때문이다. 그리고 그 대학교에서 사람은 청각장애문화의 부분이 되는 것을 이야기하지 장애인임에 대해 이야기하지는 않는다.

장애를 재정의하는 것은 우리가 장애에 대해 이야기할 때 사용하는 언어를 바꾸는 것을 통해 반영될 수도 있다. 한 면담자는 "장애 상황을 가진 사람"이라는 명칭을 선호하고 "장애인"이라는 명칭을 반대했다. 그에 따르면 "그 사람의 정체성을 강조한 뒤 상황에 대해 뭔가를 하려 한다"는 것이다. 이때 목표는 장애가 아닌 사람을 강조하는 방식으로 말하는 것이다. 어렸을 때 소아마비를 앓았던 한 면담자는 "소아마비 희생자"라는 말을 반대하고 "팔과 다리가 잘 작동하지 않는 삶"이라고 스스로를 명칭하는 것을 선호했다. 장애운동가들과 이야기하면서 우리는 장애에 대한 언어와 명칭부여에 있어 많은 다른 접근법을 발견했다. 사람을 강조하는 한 방법으로 우리가 발견한 것은 "장애당한 사람"보다는 "장애와 함께 하는 사람"으로 일컫는 것이다. 여기서 목표는 "유색인"이라는 명칭과 같이 장애를 말하기 전에 사람을 먼저 강조하는 것이다. 이 모두가 장애인 사이의 고유한 문화적 정체성을 창조하고 유지하도록 돕는 전략적 행동의 모든 형태이다(Braithwaite, 1996; Braithwaite& Thompson, 2000).

장애를 재정의하는 것은 "소아마비 희생자"나 "휠체어에 갇힌 사람"같이 일반적으로 사용되는 장애를 일컫는 명칭에 자신을 민감하게 만드는 데도 또한 반영된다. 장애를 사람이 가진 특성의 하나로 재정의하고자 할 때 위의 명칭들을 "소아마비를 가진 사람", 또는 "휠체어 사용자"로 바꿀 수 있다. 몇몇 연구자들은 우리가 장애인과 비장애인의 소통에 대해 이야기하는 것을 피하고 대신에 "상호 소통"이란 어구를 사용한다고 지적한다(Fox외, 2000). 언뜻 봤을 때 이것은 정치적으로 바로잡으려는 시도에 지나지 않는다고 생각하기 쉬울 수 있다. 하지만 언어와 문화를 이해하는 사람들은 우리가 사용하는 단어들이 얼마나 우리가 타인을 지각하는 데 영향을 미치는지를 잘 안다.

장애에 관한 언어 중 좀 더 유머러스하고 동시에 막강한 것은 비장애인을 일컫는 "TABs"의 사용이다. "TABs"는 "temporarily able-bodied"를 줄인 말로 일시적으로 비장애인임을 뜻하는 말이다. 한 면담자는 농담하기를 "모든 사람이 '일시적 비장애인'이에요. 난 장애를 단지 당신보다 일찍 갖게 된 것 뿐이에요." '일시적비장애인'으로 불리는 것은 비장애인에게 그 누구도 장애에 면역을 가진 것은 아니라는 사실을 상기시켜준다. 모두가 장애인이 되어가고 있다! 이런 관점은 분명히 우리가 장애를 생각하는 방식에 도전장을 내민다. 장애와 언어에 대한 우리의 토론을 끝내면서 우리가 어떤 명칭을 사용하려고 선택하든 분명한 것은 그 언어는 장애인과 장애문화에 대한 관점을 반영한다는 것이다.

장애의 재정의에 더하여 면담자들은 또한 휠체어나 지팡이 같은 "보조기구"도 재정의하였다. 예를 들어 한 남성 면담자는 그의 의족에 대한 재정의에 대해 다음과 같이 이야기하였다.

"여덟 명이 게임을 하는데 두 명의 여성이 있었고 저는 짧은 바지를 입고 있었어요. 나는 그들과 게임을 하면서 '어떤 다리가 좋은 다리일까요?'라고 이야기했죠. 그 말은 그들을 잠시 생각에 잠기게 했죠. 글쎄, 이 의족은 다른 다리만큼 늙진 않았어요!"

다른 면담자는 다음과 같이 보조도구를 재정의했다. "지팡이가 무엇인지 아세요? 그건 휴대가 용이한 보조난간이에요! 휠체어의 핵심은 의자와 바퀴죠. 세 바퀴 자전거도 정확히 똑같은 일을 하지 않나요?" 보조기구를 재정의하는 것은 그것들이 장애인과 비장애인에게 어떻게 다른 것을 의미하는지 볼 수 있도록 돕는다. 예를 들면 몇몇 면담자들은 그들의 휠체어를 함부로 대하는 사람에게 절망감을 표현했다. 한 면담자는 "이 의자는 장난감이 아니에요. 이건 나의 일부분이에요. 누군가 내 의자를 만지는 것은 나를 만지는 거예요." 사업가인 다른 여성 면담자는 "전 왜 제 휠체어를 미는 사람들이 차 소리를 내야 하는 것처럼 강박관념을 느끼는지 모르겠어요." 이런 예에서 문제는 장애나 보조기구가 아니라 그것들을 사용하는 사람을 어떻게 인식하는가의 문제임을 알 수 있다.

비장애 문화 내에서 장애 재정의하기

마지막으로 장애인은 스스로를 문화의 구성원으로 재정의하는 동시에 장애 조건에 처하는 것이 어떤 의미인지도 정의하게 된다. 장애인은 더 큰 문화 내에서 장애에 대한 관점이 변하는 것에 대해 우려를 표명한다(Braithwaite, 1990, 1996). 우리가 만나본 대부분의 장애인은 그들 스스로를 장애 이슈에 대한 공공의 교육자로 본다. 그들은 장애를 겪는다는 것이 어떤 의미인지 어린이과 어른을 교육하는 기간을 가지는 것에 대한 이야기를 했다. 그들은 자신을 무능력자로나 희생자로나 아픈 사람으로 보는 관점과 그런 관점이 초래하는 대우를 변화시키려고 적극적으로 노력한다. 어떤 휠체어 사용자는 다음과 같이 말했다

"사람들은 저를 인격체로 보기보다 휠체어를 먼저 보죠. 한번은 가게에 가서 내가 산 물건들과 돈을 제 무릎에 올려두고 있는데 점원은 제가 아닌 저랑 같이 간 동행자를 보고 '현금으로 계산하시겠어요, 아니면 카드로 계산하시겠어요?'라고 물었죠."

방금 점원의 예는 이 글의 도입부분에 소개되었던 조나단과 그의 데이트 상대에게 일어났던 것처럼 형식은 조금 달라도 모든 사람들에게 들었던 이야기들을 대변해준다. 다중경화증으로 휠체어를 사용하는 한 여성 면담자는 그의 남편과 함께한 속옷 쇼핑 이야기를 해주었다. 그들이 속옷 진열대 앞에 있었을 때 점원은 계속해서 "그는 어떤 사이즈를 원해요?" 라는 등 남편에게만 질문을 했다. 우리의 면담자는 점원에게 자신의 사이즈를 이야기했지만 점원은 남편을 보며 다시 물었다 "그는 어떤 색깔을 원하죠?"

장애인은 비장애인이 그들을 볼 때 자주 장애를 먼저 보고 이후 사람을 본다는 것을 의식하고 있다. 인터뷰 전체에서 장애인에게서 가장 공통적으로 거론된 주제는 그들은 사람으로 먼저 보여지고 대우받기를 원한다는 것이다. 한 남성 면담자는 그가 생각하는 중요한 점을 다음과 같이 이야기했다. "많은 사람이 장애인들은 '∽보다 부족하다' 라고 생각하는데 제 생각엔 그건 전혀 사실이 아니에요." 근육장애가 있는 한 면담자는 장애와 관련한 인기 있는 노동절 장시간 TV방송에 대해 이야기했다.

"저는 그 망할 놈의 장시간 TV방송을 안 믿어요. 그것들은 끔찍해요. 자기동정에 빠지게 만들어요. 장애인은 그런 게 필요하지 않아요. 태도가 중요한 것이고 그 다음 그들의 감정 문제를 다루어야죠. 방송은 단지 감성을 호소하고 거기서 끝이에요."

한 남성 면담자는 좀더 유용한 접근법을 다음과 같이 제안했다."내가 염려하는 것은 그 어떤 것이든지 '우리' 대 '그들'로 구분을 짓는 것이에요. 당신과 나는 해부학상으로 달라요. 하지만 우리는 모두 인격체죠! 그 점에서 우리는 같이 앉아서 눈을 마주보며 소통할 수 있어요. 그걸 빨리 할수록 더 낫죠."

개인적으로 그리고 집단적으로 장애인은 그들을 문화의 일부분으로 정의한다. 그들 자신의 재정의 과정에 속해 있는 것이다. 그들은 비장애인들이 장애인의 문화를 "사람 먼저"인 것으로서 재정의하는 것을 이해하고 내재화하는 것을 돕기를 원한다.

결론

우리가 거론한 연구는 장애를 문화적 관점에서 보는 유용함의 가능성을 보여 준다. 장애인들은 그들을 문화의 일부분으로 인식하고 이런 관점에서 소통과 관계를 이해하는 것은 현실에 존재하는 소통에 있어서의 어려운 점들에 새로운 대안을 제시한다. Emry와 Wiseman(1987)은 장애 이슈에 있어서 문화 간 훈련의 유용성에 대해 처음 주장하였다. 그들은 장애에 대한 옛날 태도를 버리고 새로운 관점을 수용할 것을 촉구했다. 우리의 연구와 경험도 장애인이 이런 목표에 동의함을 알려준다.

우리는 장애인에게 재활기간 중이나 또는 그 후에 소통에 관한 어떤 훈련을 받았는지 물어보았다. 우리는 그들이 장애를 입은 후 소통과 관계에 있어서의 변화에 대비하여 정보와 훈련을 받았을 것이라고 예상했었다. 이런 교육은 특히 갑작스런 장애를 경험한 사람에게 중요하다고 판단했는데 그 이유는 그들의 자아개념과 모든 관계가 급격한 변화를 겪기 때문이다. 그러나 놀랍게도 인터뷰 면담자의 30%도 안 되는 수만이 장애 관련 소통 훈련을 받았음을 발견했다.

우리는 문화 간 소통 분야의 학자들이 다수에서 소수로의 변화를 좀 더 쉬운 것으로 만들 수 있도록 돕는 연구와 훈련 프로그램을 디자인하는 것을 도울 수 있다고 믿는다(Braithwaite, 1990; Emry & Wiseman, 1987). 눈으로 식별이 되지 않는 폐기종이나 당뇨병 같은 장애와 HIV같이 낙인찍힌 장애같이 다른 종류의 장애로까지 확대된 연구의 필요성도 간과할 수 없다. Braithwaite와 Thompson(2000)이 『Handbook of Communication and People with Disability』를 출판했을 때 그들은 얼마나 많은 소통학문의 연구자들이 장애 소통에 대해 연구하고 얼마나 많은 연구자들이 장애인인가에 대해 놀랐다. 분명한 것은 미래는 우리가 장애와 소통 분야 연구를 시작한 때보다 밝아 보인다는 것이다. 물론 여전히 갈 길이 멀기는 하다.

우리는 이 글에서 거론했듯이 문화 간 소통 분야의 학자들이 장애인의 관점을 더 잘 이해할 수 있는 장점을 가지고 있다고 믿는다. 우리는 이 분야의 학자들이 문화 간 소통 개념과 기술을 장애문화에서 사람들과 상호작용하는 데 적용할 수 있기를 기대한다. 우리는 또한 장애인들이 문화 간 소통을 공부하고 장애의 문화적 양상을 이해하면 그들 스스로의 경험을 더 잘 이해하리라 믿는다.

소통과 장애문화에 문화 간 관점을 취하는 것은 다음 금지사항과 처방전의 제안으로 우리를 이끌어준다.

하지 말아야 할 것

- 단지 불편하거나 불확실하다는 이유로 장애인과 소통을 피하는 것.
- 장애인은 자신을 대변해서 말할 수 없다고 추정하거나 스스로 어떤 일을 못할 것이라고 추정하는 것.
- 장애인에게 도움받을 것을 강요하는 것
- "불구자"나 "희생자" 같이 부적절한 장애인 비하용어를 쓰는 것.
- 장애가 그 사람이 누구인지 정의를 내린다고 추정하는 것.

해야 할 것

- 장애인은 비장애인이 자신에 대해 느끼는 불편함을 이전에 경험했고 당신이 어떻게 느낄지도 이해할 수 있음을 기억할 것.
- 장애인이 따로 표현하지 않는 한 그들도 할 수 있다고 추정할 것.
- 만약 장애인이 무엇인가를 원한다면 무엇을 원하는지 언제 원하는지 그들이 이야기하도록 내버려둘 것. 만약 장애인이 당신의 도움을 거절하면 앞서서 돕지 말 것.
- "장애를 가진 사람" 등 사람을 강조하는 표현을 쓸 것.
- 당신이 상대하는 사람이 장애인이 아니라 장애를 가진 사람임을 인식하고 장애인을 사람으로 먼저 대우할 것. 이 말은 당신이 이야기하는 상대가 인격체임을 강조하는 것이며 표면적인 것에 불과한 신체적 외양 대신 개인의 특성에 집중한다는 의미이다. 신체적 장애의 중요성을 절감하지 않고 당신이 소통하는 동안 한 사람의 많은 다른 면들에 집중하는 진정한 노력을 할 것.

개념 이해와 질문

1. 비장애인과 장애인 사이의 소통에 내재된 문화적 문제에는 어떤 것들이 있는가?
2. 왜 저자들은 우리가 장애인의 소통유형에 대해 배워야 한다고 믿는가?
3. 저자가 "장애인에 의해 사용되는 언어적 비언어적 소통은 독특한 사회적 현실을 구성하는 문화적 정체성을 생성한다"라고 말하는 것이 어떤 의미인지 예를 들어 설명하시오.
4. "disability"(장애)와 "handicap"(핸디캡)을 어떻게 구별하겠는가?
5. 비장애인과 장애인이 소통을 할 때 왜 비언어적 소통이 중요한 요소가 되는가?
6. 장애인들의 소통에 대한 연구에 관해 저자들이 묘사하는 문제점들을 열거하시오.

Dawn O. Braithwaite is Willa Cather Professor and Department Chair of Communication Studies at the University of Nebraska-Lincoln and a past president of the National Communication Association.
Charles A. Braithwaite is Director of International Studies at the University of Nebraska-Lincoln.

성과 소통

Judy C. Pearson

만약 화자가 피스톤이나 실린더에 관한 이야기를 하면 당신은 그 화자를 남자로 추측할까? 아니면 여자로 추측할까? 500대 기업의 CEO는 남자일 가능성이 많을까? 여자일 가능성이 많을까? 대부분의 기관에 비서로 고용된 사람들일 가능성이 큰 것은 남자일까? 여자일까? 매일 우리는 우리 문화 내에서 사람들의 소통 행동과 그들이 가지는 역할에 근거하여 사람들의 성에 대해 관찰하고 예측한다. 성과 소통에 대한 많은 이론과 연구가 있다는 것은 깨닫지 못할지 모르지만 사람들에게 결코 낯선 주제는 아니다. 성과 소통의 관계에 대한 관심은 20세기 초로 거슬러 올라가는데, 특히 과거 15년 동안 성별과 소통에 관한 많은 연구가 행해졌다(Stopes, 1908). 하지만 여성, 남성, 그리고 소통사이의 관계는 복잡하고 조심스러운 정밀 검토의 필요성이 있다. 이 장에서는 소통 분야에서 "성이 단순한 언어 이상"이라고 결론지을 수 있도록 해주는 현안들을 다루기로 한다.

성, 성별, 소통은 어떻게 관련되어 있나?

성, 성별, 그리고 소통이 어떻게 연관되어 있는지 알기 위해서 우리는 이 분야의 연구 역사를 이해해야만 한다. 성은 사람들 사이의 생물학적 차이를 일컫기 위해 사용되었다. 1970년대 중반 전에 성 차이를 염두에 둔 소통 연구는 단순히 사람들의 생물학적 차이에 근거해 소통행동 차이를 분류화하고 관찰했다. 예를 들어 여성이 남성보다 더 자주 웃는다는 것을 관찰했고(Argyle, 1975) 남성이 여성보다 더 크게 말하며(Markel, Prebor, & Brandt, 1972) 남성이 여성보다 대화를 방해하는 가능성이 큰 것을 관찰하였다(Zimmerman & West, 1975).

1974년 Sandra Bem은 성역할에 관련한 성의 새로운 개념을 만들어냈다. 이 시기 이전에 사람들은 남성성과 여성성의 정도로 분류되었다. 단순한 설문들을 통해 개인은 남성적이거나 여성적이거나 그 중간으로 분류되었다. 그 사람이 좀 더 남성적인 성향을 가진 것으로 표시될수록 그 사람은 덜 여성적인 것이었다. 개인은 남성적인 성향과 여성적인 성향 둘 다 높거나 낮게 측정될 수는 없었다.

개인적으로 주고받은 대화에서 Bem은 이런 남성성과 여성성의 개념에 한정적인 느낌을 받았다고 설명했다. 그는 자신이 남성성의 특성과 여성성의 특성을 함께 소유했다고 인지했다. 다시 말해 그는 그가 남성성과 여성성 모두에서 높은 점수를 받아야 한다고 느꼈다.

Bem(1974)은 그의 성역할 목록 Bem Sax Role Inventory에서 성역할을 인지하고 측정하는 새로운 방법을 창조했다. 그는 남성성과 여성성이 분리된 것이며 사람은 남성성이 강하면서 여성성이 낮을 수도 있고(남성적), 남성성은 낮고 여성성이 높을 수도 있으며(여성적) 남성성도 높고 여성성도 높을 수도 있고(중성적) 남성성도 낮고 여성성도 낮을 수 있다(구분되지 않는 경우)고 제안했다.

Bem이 만든 척도의 변화가 꽤 간단한 것으로 보일 수 있음에도 불구하고 여성과 남성의 역할이 이분법화되어 분류되어왔던 이전 방식에 급진적인 변화를 불러일으켰다. 처음에 여성과 남성은 생물학적 특성 때문에 다르다고만 여겨졌다. 그 후 남성적, 여성적, 또는 중성적인 것으로 분류될 수 있었다. 그리고 더나아가 Bem은 사람들은 남성적이거나 여성적인 행동에 대한 사회 규준을 내재화하는 정도에 따라 분류되어야 함을 제안하기에 이르렀다. 이리하여 생물학적 남성도 매우 여성적일 수도 있고 생물학적 여성이 매우 남성적일 수도 있는 것이다. 성역할이 신체적인 것이 아닌 심리적인 것이 되면서 우리는 성에 대해서라기보다 성별에 대해 이야기하기 시작하게 되었다. 성은 여전히 사람들 사이의 생물학적 차이를 가리킨다. 성과 성별 사이의 차이를 이해하는 것은 성별에 따른 소통을 이해하는 데 아주 중요한 문제이다.

소통이 성별을 창조한다

소통은 두 가지 방식으로 성별에 연관되어 있다. 첫째 큰 맥락에서 볼 때 소통이 성별을 창조한다. 어떻게 소통이 성별을 창조할까? 소통이 우리의 역할이 무엇인지 말해주며 남성적이거나 여성적 경향을 내재화하는 것을 장려하거나 또는 반대로 억제시키거나 하는 것이다.

William James나 Charles Cooley, John Dewey, 그리고 I.A. Thomas 같은 초기 이론가들 모두 George Herbert Mead(1934)가 개발한 이론에 공헌해왔다. 이름하여 상징적 상호작용론은 우리에게 중요한 시사점을 제공한다. Mead는 사람들은 반응자가 아닌 행동자라고 느꼈다. 그는 사람들은 세 가지 단계를 통해 발달한다고 제안했다.

첫 번째 준비단계는 아기가 다른 사람을 모방하는 단계를 포함한다. 유아는 엄마나 아빠의 신발을 신고 강아지를 쓰다듬을 것이다. 그러나 모방하는 행동을 이해하고 한다고 할 수는 없다.

두 번째 놀이단계에서 아동은 다른 사람의 역할을 실제적으로 행하여 본다. 엄마나 아빠, 우체부, 소방관, 간호사, 또는 의사인 척 해볼 것이다. 각 역할은 독립적으로 행해지고 행동이 하나의 역할행동 모둠으로 통합되지는 않는다. 다시 말해서 아이는 엄마이거나 아내, 또는 비행기 조종사이거나 작가이거나 선생님인 슈퍼우먼을 연기하지는 않는다.

세 번째 게임단계에서 아이는 여러 사람에

게 일반적 방식으로 동시에 반응한다. 아이는 스스로의 모든 면을 고려하면서 합성물의 역할을 해낸다. 사람은 이리하여 그가 스스로를 보는 방식으로 통일된 역할을 발달시켜간다. 이런 인식은 다른 사람이 개인을 보는 전반적 방식이기도 하다. 사람은 이런 통합적 관점을 내재화함으로써 자신의 자아개념을 통일시킨다. 이런 자아개념은 타인과의 오랜 상징적 상호작용 또는 소통에 의해 생겨난다.

우리의 통합자아는 타인이 우리에게 기대하는 행동에 가까운 경향이 있고 다른 사람들이 우리에게 기대하지 않는 행동에서 벗어나는 경향이 있다. 태어나면서부터 남성과 여성은 그들의 성기로 인해 다르게 대우받는다. 우리는 남자아기와 여자아기에게 다른 종류와 색깔의 옷을 입힌다. 부모들은 남자 아기와 여자 아기에게 다르게 반응한다(Bell & Carver, 1980). 우리는 남자아이와 여자아이에게 다른 형용사를 사용해 설명한다. 남자아이는 강하고 독립적이며 반면에 여자아이는 사랑스럽고 귀엽고 상냥하다고 표현한다. 사람들은 아기가 남자아이인지 여자아이인지 듣고 나면 아기들이 똑같은 행동을 해도 다르게 묘사하는 경향이 있다(Condry & Condry, 1976). 유아원 어린이들은 "적절한 성역할"을 묘사하는 텔레비전의 광고와 만화를 관찰하고 이야기를 듣고 장난감을 가지고 논다. 이렇게 여러 방식으로 사람들은 성 때문에 다르게 대우받는다.

소통적 행동은 성에 관련되어 있다

소통과 성별이 연관된 두 번째 방식은 우리의 구체적인 언어적·비언어적 코드의 사용이 매우 비중 높게 성별과 관련되어 있다는 것이다. 남성적 그리고 여성적인 개인들은 다른 언어를 사용하고 단어를 다르게 사용한다. 아마도 당신은 성역할이 사람들을 다른 하위문화에 속하게 한다는 사실은 결코 생각해보지 않았을 수도 있다. 모든 하위문화들은 특별한 언어를 창조한다. 예를 들어 청소년은 의도적으로 그들의 부모가 이해하지 못하는 방식으로 이야기한다. 왜 하위문화들이 구분되는 언어들을 만들어낼까? 적어도 두 가지 이유가 있다. (1) 특별한 언어는 하위문화의 기능을 위해 발달되었다. (2) 특별한 언어, 하위문화가 문화로서 정체성을 상징화하도록 해준다. 여성적 성향을 가진 사람은 그들이 여성적 집단에 속해 있음을 알리고자 형용사를 과다 사용할 것이며 남성적 사람은 그들의 소속을 보이기 위해 욕설을 쓰기도 할 것이다.

하위문화들이 분리된 언어들을 발달시킴에도 불구하고 그 구성원은 또 다른 하위문화언어를 이해하기도 한다. 그리고 심지어 그들 자신의 하위문화 내에서 대체언어를 사용하기도 한다. 예를 들어 우리는 아마 욕설을 남성적 성향이 강한 개인과 연결시키겠지만 여성적 성향이 큰 개인도 이런 단어들을 이해하고 때로는 여성적 성향을 가진 사람들과 함께 있을 때에 한하여 이런 단어를 쓰기도 한다. 남성적 성향의 개인은 여러 사람이 섞인 장소에서는 배려하는 방식으로 서로를 터치하지 않겠지만 풋볼경기장에서는 껴안기도 하고 터치에 확실히 의존하기도 한다.

비슷한 방식으로 사람은 안정된 관계를 맺은 사람들 사이에 있을 때 기대되는 역할에 벗어난 행동을 하는 것도 자유롭게 느낀다. 하지만 단지 조금 아는 사이이거나 낯선 사람들과 있을 때는 역할에 벗어난 행동은 하지 않을 것이다. 예를 들어 Dindia, Fitzpatrick, Williamson(1986)은 아내가 남편과 있을 때는 지배적 방식으로 행동한 반면 그들의 남편이 아닌 남자와 있을 때는 순종적인 태도로 행동하는 경향성을 보여 주었다.

어떤 문제가 존재하는가?

여러 하위문화들에 걸친 효율적이고 적절한 소통을 찾는 것이 어려운 이유에는 적어도 세 가지 문제가 존재한다. 첫째, 대부분의 사람들은 성과 성별이 같은 말이라고 생각한다. 둘째, 우리는 자주 우리의 실제 행동과 우리의 행동에 대한 인지를 혼돈한다. 셋째, 소통과 우리 사회문화 둘 다 남성중심의 편견을 가지고 있다.

성과 성별을 동의어로 추정하는 문제

첫 번째 문제는 성과 성별이 상당히 관련되어 있지만 똑같은 것은 아니라는 것이다. 게다가 많은 수의 사람들은 중성적 성향이거나 구분이 불가능하다. 성과 성별의 개념은 결코 동일하지 않다.

우리가 사는 세상과 그 세상안의 여성과 남성의 역할은 급격한 변화를 겪고 있다. 하지만 우리의 상호작용은 이런 변화를 인식하지 못하고 있다. 넓은 맥락에서 볼 때 우리는 과거 속에서 살려는 경향이 있다. 우리는 자연적인 오류에 기반하여 행동한다. 어떤 것은 꼭 어떤 식이어야만 한다는 식이다.

하지만 우리가 사는 세상은 변했고 이 변화는 우리가 상대해야 하는 모든 사람들을 아는 것을 불가능하게 만들고 있다. 점점 더 우리는 문화적, 사회 논리적 정보가 아닌 다른 기반에서 사람들과 소통하게 되며 그들의 성별 역할을 포함하는 독특하고 색다른 개인적 특성이 아닌 표면적이거나 생물학적 성 같이 인구학적 암시에 기반하여 사람들을 간단하게 분류하게 된다.

과거 사람들은 대체로 그들 자신이 속한 지역사회와 가족 구성원과만 소통을 했었다. 사람들은 그들이 상호작용하는 사람에 대해 많은 것을 알았다. 특정인과 성에 대한 이야기를 해서는 안 된다든지 조부모를 껴안아 드려야 한다든지 선생님은 존경심으로 대해야 한다든지 하는 것을 알았다. 사람들은 다른 도시나 주, 그리고 다른 나라를 여행하는 경우가 드물었다. 그러나 오늘날 여행은 흔한 것이다. 사람들은 다양한 새로운 상황에서 낯선 사람이나 가볍게 아는 사람과 빨리 상호작용해야 한다.

우리는 다양한 이유로 짧은 접촉을 통한 다른 사람들에 대한 평가에서 실수를 범한다. 예를 들어 우리는 인간본성에 대한 우리의 경험과 추측에 다른 사람도 공감할 것이라 생각하는 내재적 인성이론에 의존할 것이다. 예를 들어 어떤 사람은 많은 사람이 성공에 대한 두려움을 가진다는 것을 이해하지 못하고 모두가 높은 성취동기를 가지고 있고 이기기 위해 경쟁한다고 추정할 수 있다. 우리는 아마 행동에 미치는 상황적 영향을 우습게 보고 행동을 내재적인 개인적 특성의 결과라고 하는 근본적인 실수를 행하는 것인지도 모르겠다. 예를 들어 어떤 사람은 어떤 바텐더를 보고 그 바텐더의 직업 규칙과 그의 부정적인 과거 경험이 특정 행동을 불러왔는지 인식하지 못하고 그저 그 바텐더가 차갑고 무뚝뚝하다고 추정할 수도 있다.

여성과 남성과의 상호작용에서 우리는 네 가지 인지 실수에 근거하여 실수를 할 가능성이 있다. 그 실수는 추정, 사회적 역할에 다른 판단, 한 특성을 보고 다른 면도 그럴 것이라 믿는 논리적 실수, 그리고 우리가 원하는 대로 보는 실수가 그것이다. 첫째, 추정의 경우는 모든 남자들은 차갑고 무감각하다고 추정하는 경향을 그 예로 들 수 있다. 둘째, 우리가 사회적 역할에 의존하는 것은 우리가 모든 엄마는 모성애를 가진다고 추정하는 것을 예로 들 수 있다. 셋째, 하나의 특성을 가지고 있는 것을 보고 그 특성과 맞는 다른 특성도 가졌으리라고 추정하는 경우는 요조숙녀처럼 차려입는 여성은 말도 그렇게 할 것이라고 추정하는 경우를 예로 들 수 있다. 넷째, 우리가 다른 사람을 볼 때 그들 자신으로서가 아니라 우리가 원하는 대로 보는 경우의 예로 우리가 우리의 남편이 아빠와 같을 것이라고 추정하는 것을 들 수 있다.

행동의 인식이 실제 행동과 혼돈되는 문제

두 번째 문제는 우리가 자주 실제 행동과 그 행동에 대한 우리의 인식을 혼동한다는 것이다. 예를 들어 우리는 어떤 여성의 특정 행동을 부정적으로 보는 경우가 있을 수 있다. 하지만 같은 행동을 남성이 했을 때는 긍정적으로 평가할 수도 있다. 구체적인 예로 어떤 여성 사업가의 특정 행동은 "공격적, 강압적"으로 불릴 수도 있지만 같은 행동을 보이는 남성 사업가는 "야망 있고 적극적이며 독립적"으로 보일 수 있다는 것이다. 수많은 연구가 여성과 남성이 똑같은 행동을 하고 있을 때 여성의 경우 그 행동이 가치비하되는 경향이 높음을 증명했다. 예를 들어 Goldberg(1968)는 그의 연구에서 같은 에세이가 남성과 여성에 주어졌을 때 작성자가 남성으로 추정되었을 때 높은 점수를 받았고 그것이 여성에 의해 쓰였다고 추정되었을 때는 낮은 점수를 기록했음을 발견했다. 게다가 남성과 여성 모두 여성에 대한 그들의 편견을 나타냈다.

우리가 실제적 행동과 행동인식을 혼동하는 한 가지 이유는 성별과 소통 문헌 자체에서 유발된다. 모든 종류의 조사에서 우리는 휘트니 휴스턴이 그의 노래에서 이야기했듯 "내가 어떻게 알 수 있지?"라는 질문을 해야만 한다. 사회과학분야에서 그리고 특히 성과 소통분야에서 이 질문은 매우 중요하다. 사회과학연구는 자아인식, 타인의 인식 또는 실제 관찰된 행동에 의존하는 경우가 많다. 어떤 경우에는 연구자가 어떻게 여성과 남성이 소통하는지 결정하는 데 타인들의 관점에 의존하기도 한다. 예를 들어 사람은 남성이 더 자주 이야기 한다고 믿는지 여성이 더 자주 이야기한다고 믿는지 질문을 받을 것이다. 행동연구에 따르면 남성이 여성보다 더 많이 이야기한다고 제안하지만(Swacker, 1975), 이런 질문을 받았을 때 대부분 사람은 여성이 남성보다 더 이야기한다고 추측한다. 이런 인식들이 가치 있을 수도 있지만 그것들 역시 실제 관찰보다 고정관념에 더 의존하는 가치중립적이지 못한 것일 수도 있음을 고려해야 한다.

성과 소통에 관한 어떤 연구는 개인의 자기보고 또는 자기인식에 의존한다. 사람들이 그들 스스로의 소통행동을 보고하는 것이다. 하지만 최근 우리가 배웠듯이 자기보고는 이상적인 것에 기초했을 수도 있고 실제 행동이라기보다 완벽한 예에 기초했을 수도 있다(Hample, 1984; Pavitt & Haight, 1986). 또는 어쩌면 사회가 지향하는 바에 맞추어 대답할 수도 있다. 게다가 시간이 지남에 따라 우리는 우리가 실제로 어떻게 행동했는지 잊어버릴 수도 있다(Sulloway & Christensen, 1983).

최근에 어떤 연구는 실제행동의 색인지수지표를 이용했다. 여성과 남성이 다르게 또는 유사하게 소통하는 정도를 결정하기 위해 사람들의 실제 소통행동을 측정하기 시작한 것이다. 이런 연구는 자기인식이나 자기보고 데이터에 의존한 연구보다 수적으로 적기는 하지만 우리가 한때 믿었던 것보다 남성과 여성사이의 차이는 작을 수도 있으며 그 차이마저도 성보다 다른 요소에 근거한 것일 수도 있으며 차이에 대한 근거자체도 우리가 원래 믿던 것과 다를 수도 있음을 제안한다.

예를 들어 만약 어떤 사람이 사람들에게 비속어를 여성이 더 사용할지 남성이 더 사용할지 물으면 사람들은 아마도 남성이 더 사용할 것이라고 추측할 것이다. 하지만 Staley(1978)가 이 상식적인 관점을 테스트해 보았다. 그는 18세에서 47세 사이의 사람에게 감정적 상황의 시리즈로 구성된 설문지를 작성하도록 하였다. 각 케이스마다 그는 응답자들에게 그들이 사용하는 비속어를 먼저 보고하고 반대 성을 가진 구성원이 사용할 것으로 예상하는 비속어도 보고하도록 했으며 그들이 작성한 각 비속어에 대해 정의도 내도록 요구했다. 놀랍게도 남성과 여성은 각 문항마다 비슷한 수의 비속어 사용을 함으로써 실제 비속어 사용에서는 평균적인 것으로 나타났다. 하지만 예상 응답에서는 큰 차이를 발견했는데 남성은 여성에 대해 매우 적은 비속어 사용을 예상했고 여성은 남성에 대해 훨씬 많은 비속어 사용을 예상했다. 여성과 남성 모두 여성에 의한 비속어의 사용을 남성이 사용하는 것보다 약한 것으로 판단했는데 심지어 단어가 똑같을 때도 그랬다. Staley는 이리하여 여성과 남성은 비속어의 사용에 있어 다르다기보다 오히려 비슷함을 보여 주었다. 그럼에도 불구하고 사람들은 여전히 여성의 행동과 남성의 행동을 다른 것으로 인지한다.

성과 소통에 관한 탐구방법에 있어 그 어느 것이 다른 것보다 기본적으로 우월한 것은 아니다. 하지만 각자가 우리에게 다른 대답을 제공한다는 것을 유념해야만 한다.

우리 문화와 소통의 남성적 편견

성과 소통에 관련하여 세 번째 문제는 소통과 문화 둘 다 남성적 편견을 가진다는 점이다. 우리 문화와 소통은 남성성을 드러낸다. 많은 연구들이 우리가 소통하려고 사용하는 상징들이 남성에 의해 만들어진 것임을 보여준다. 우리가 사용하는 언어는 주로 남성에 의해, 남성을 위해 창조되었다. 우리가 쓰는 단어들은 남성 경험들을 반영하고 남성 지배를 장려하는 경향이 있다.

Kramarae(1981)는 여성/남성 소통은 목소리가 배제된 집단 이론 관점에서 가장 잘 이해될 수 있다고 제안한다. 이 이론은 여성은 인간 상징을 창조할 때부터 이미 배제되었었기 때문에 여성이 침묵하게 된 것이었다고 주장한다. 기본적으로 Kamarae는 남성이 세상을 인식하고 그들의 경험을 대표하고자 상징이라는 것을 만들었다고 설명한다. 여성의 경험은 남성의 그것과 다르기 때문에 그리고 여성은 그것을 대체할 수 있는 상징을 만들 수 있도록 허용받지 못했으므로 여성은 침묵하게 되었다는 것이다. 결국 여성은 남성의 상징을 배우게 되지만 그 상징은 여성이 "남성의 눈"을 통해 세상을 볼 의지가 있을 때에만 유용하다.

남성이 만든 단어의 분명한 예는 무엇이 있을까? 비즈니스 언어를 고려해볼 수 있다. 비즈니스 세계는 여성과 남성 모두에게 열려있는 분야로 보임에도 불구하고 신중하게 들어보면 주로 "남성들의 클럽"임을 알 수 있다. 예를 들어 많은 비즈니스의 진부한 말들은 스포츠에서 유래하는데 스포츠는 결정적으로 남성의 활동 영역이 되어왔었다. 만약 당신이 성공하고 싶으면 "공에서 눈을 떼지 말아라", "팀플레이어가 되어라", "그 일에 태클을 걸어라" 등 이런 말들이 그 예이다.

대명사 사용에서도 언어가 남성 지배적임을 알 수 있다. 우리가 사람들에 대하여 일반적으로 이야기할 때 어떤 대명사를 쓰는가? 대부분의 사람들은 남성과 여성 둘 다를 지칭할 때 남성 대명사 형태를 사용한다. 우리는 남성을 가리킬 때와 남성, 여성 둘 다를 가리킬 때도 "그", "그의", "그를"을 사용한다. 여성을 지칭할 때 "그"와 "그를"을 사용하지만 여성과 남성 둘 다를 지칭할 때 이 말들을 쓰지는 않는 것이다. 왜 후자의 방식은 동등하게 적합한 표현방식이 아닌 것일까?

여성들은 남성들보다 훨씬 자주 더 그렇게 느끼겠지만 남성과 여성 모두 언어가 그들의 경험 표현을 한계 짓는다는 사실을 발견한다.

우리 연구 역시 남성편견을 장려했을 수도 있다는 점에서 한계점이 있다. 하지만 우리가 관찰한 바 미국문화는 남성성을 표현한다. 다시 말해 남성가치, 태도, 관점이 우리 문화를 지배한다. 우리 정부, 사업, 그리고 대부분의 공공기관은 남성이 수장이다. 심지어 우정과 가족을 포함한 우리의 사적 관계도 남성에 의해 지배된다. 그 결과 남성지배 문화에서 여성 연구는 편견이 있어왔다.

남성적 성향 문화의 역할 이해

우리는 남성적 성향의 문화의 역할과 그것이 어떻게 우리의 인식과 행동을 형성시키는지 이해할 필요가 있다. 남성은 우리 문화의 다수를 차지하고 있고 남성적 가치와 특성들은 일반적으로 여성적 가치와 특성보다 우월한 것으로 여겨진다. 여성이 남성처럼 그들의 길을 갈 때 금전적 성공을 얻긴 하지만 보통은 여전히 직장에서 낮은 직위에 머무는 경향이 있다. 게다가 그들은 그들의 여성적 면을 버림으로써 직장에서 얻는 것보다 더 많은 것을 잃을 수도 있다. 한편 남성적 특성들은 신체적 파괴와 장애를 초래하는 것으로 비춰져 왔다. 예를 들어, 심장마비, 쇼크, 암의 다양한 형태는 여성보다 남성에게 더 빈번하다. 여성이 남성과 경쟁할 기회를 얻게 되면서 남성의 질병으로 알려졌던 위의 질병으로 인한 사망률도 증가했다. 우리는 남성적 관점과 연결되어있는 문화와 가치를 정의하는 내재적 성차별문화를 이해해야만 한다. 더 나아가 우리는 우리가 이런 차별이 계속되기를 원하는지 아닌지 고려해야만 할 것이다.

요약

이 글은 소통과 성별 분야의 이론과 연구 일부에 대해 논의하였다. 독자들은 성별과 소통이 어떻게 연관되어 있으며 성, 성별, 소통을 고려할 때 발생하는 문제는 무엇인지, 우리가 어떻게 이런 문제들을 우리의 연구뿐 아니라 일상 상호작용에서 해결할 것인지 살펴보았다. 마지막으로 우리는 독자 여러분이 소통문제에서 성은 단지 단어 의미의 그 이상이라는 것에 동의해주기를 바라면서 이 글을 맺고자 한다.

개념 이해와 질문

1. 저자에 의하면 한 개인의 언어적 비언어적 소통은 어떤 식으로 "성별"에 연관되어 있는가?
2. 저자에 의하면 왜 하위문화나 공존하는 문화는 구분되는 언어를 가지는가?
3. 저자는 "우리 세상과 그 안의 남녀의 역할은 급격한 변화를 겪고 있다. 하지만 우리의 상호작용은 이런 변화를 인식하고 있지 않다"라고 적었다. 여러분은 저자의 주장이 타당하다고 생각하는가?
4. 언어가 사회의 남성주도 편향성을 반영한다는 저자의 말에 동의하는가?
5. 우리가 성과 성별 구분을 다르게 봐야 한다는 저자의 말은 무슨 의미인가?

Judy C. Pearson is Professor of Communication at North Dakota State University.

아프리카계 미국 흑인의 소통

Sidney A. Ribeau, John R. Baldwin, Michael L. Height

아프리카계 미국 흑인의 소통은 그 문화만큼이나 복잡하다. 아프리카에서 강제로 붙들려 와서 노예로 잡힌 사람들은 아프리카 문화적 전통의 명맥을 유지하면서도 새로운 세상에서의 삶을 반영하는 표현의 수단을 만들어내도록 강요받았다. 과거 노예생활에서 기인한 전통과 미국남부와 북부 시골지역에서의 노예제 폐지 이후의 경험의 융합은 미국 흑인으로 알려진 집단의 독창적인 민족적 문화를 창조했다.

미국 흑인 민족 문화의 소통 스타일은 언어적 특성들, 사회적 관계, 언어적·비언어적 메시지들을 조사한 연구들에서 다루어져 왔다. 대부분 기술적인 이런 초기연구들은 후속연구에 풍부한 자료를 제공했다.

이 글의 저자들은 후속연구들이 이런 독창적인 소통 시스템을 특징짓는 대인관계 차원의 실증적 조사를 포함할 수 있도록 미국 흑인의 담화에 대한 논의를 확장시키고자 하는 목적에서 이 글을 썼다. 우리가 이 글에서 특별히 다루는 문제는 미국 흑인 소통에 있어서 (1) 만족스럽거나 불만족스러운 대화주제의 식별, (2) 대화 전략, (3) 소통의 효과성이다. 다음에서 우리는 우리의 작업의 근간이 되며 연구의 이론적 배경을 제공하는 몇 가지 중요한 가정들을 소개하고자 한다.

이론적 배경

우리는 소통을 "사람이 메시지에 의미를 부여하고 함께 정체성과 사회적 현실을 만들어가는 동안 행하는 이벤트"로 고려한다. 이런 소통의 과정은 다각적이며 극히 복잡하다. 상징에 의미를 부여하는 일은 메시지의 번역과 사회적 현실에 맞는 조정 등 여러 가지를 요구한다. 그 과정은 민족 문화적 요소가 개입될 때 극대화되는 실패 가능성이 농후한 과정이다. 민족적 문화는 주류 미국 문화와 구별되는 가치, 믿음, 규준 같은 인식과 음식, 옷, 상징 같은 물질적 특성으로 구성되어 있다. 성공적인 소통을 위해서는 이런 특성들과 관련하여 생길 수 있는 가능한 문제들을 미리 가늠하고 대비해야만 한다.

이 장에서 우리는 소통행동을 설명할 수 있는 그 문화에 속한 사람의 관점을 응용한 해석적 접근법을 사용한다. 상호작용으로 인해 보여지는 묘사와 서술은 보통은 그 문화를 나누는 구성원만이 알 수 있는 그들의 세상을 조금이나마 이해할 수 있게 해준다. 그것이 바로 우리가 여기서 설명해보고자 하는 부분이다.

문화와 민족성은 미국 흑인의 소통에 대한 연구의 근원이 되는 개념이다. 문화는 한 집단의 정체성을 구축하고 생존을 확실히 하는, 그 집단이 공유하는 인지적·물질적 항목들로 구성되어 있다. 문화는 소통을 통해 창조되고 공유되며 계승된다. 민족성은 사람을 규정하는 전통, 유산, 그리고 가계혈통에 관계된다. 이는 특히 한 집단의 표현양식에 명백히 드러난다.

초기 미국 흑인의 소통에 관한 연구는 유럽계 미국백인과 흑인 사이의 관계를 향상시킬 수 있도록 기여해야 한다는 개념적 문제와 실용적 고민에 의해 좌우되었다. 소통학문 분야가 인간관계 부분에 있어 지대한 공헌을 할 수 있다는 것이 우리의 믿음이다. 이런 맥락에서 우리는 (1) 집단 내 소통 현안, (2) 민족 간 소통 현안, (3) 대화향상전략을 다루고자 한다. 이후 그 다음 장에서 우리의 연구결과를 보고하고 시사점에 관해서도 논의할 것이다.

소통 효율성

많은 학자가 사람들이 효율적이라고 믿는 행동과 소통이 어떤 것인지에 대해 많은 가치 있는 정보들을 제공해왔다(Martin, 1989, 1993; Martin & Hammer, 1989; Pavitt & Haight, 1985; R－uben, 1977, 1989). "효율적인" 소통은 다양한 방식으로 정의되어왔다(Spitzberg & Hecht, 1984; Wieman & Bradac, 1989). 효율적인 행동을 정의하는 한 방식은 대화 파트너 양쪽 모두에 "생산적"이고 "만족스러운가"를 보는 것이다. 만약 대화 상대의 "규칙"과 "기대"를 따르면 그 소통은 적절하다고 할 수 있다. 그리고 이런 기대는 화자가 처한 상황 또는 화자와 청자사이의 관계에 따라 매우 다양하게 나타날 수 있다. 대화를 하는 양측의 "기대"가 맞춰졌을 때 이들이 느끼는 긍정적 감정은 우리가 위에서 이야기한 소통의 "만족스러운" 부분을 충족시킨다(Hecht, 1984). 그 "기대"는 아마 소통을 하는 두 사람의 관계가 만족스러워서 충족되었을 수도 있고(McLaughlin & Cody, 1982), 또는 그들이 새로운 상황에서도 효율적으로 기능할 수 있었기에 가능했을 수도 있다(Vause & Wiemann, 1981).

효율적인 소통 관점에서 우리는 "소통 현안"을 "어떤 집단의 구성원들에 의해 공유되는 효율적인 소통을 위한 의제나 목록"으로 본다(Hecht, Collier, & Ribeau, in press, p.127). 다시 말해 소통 현안은 만약에 그것이 없으면 소통에 문제를 일으키는 소통의 한 측면이며 또한 소통에 대한 "기대"이기도 하다. 각기 다른 민족 집단이 그들끼리만 공유하는 역사와 세계관을 가지고 있으므로 문화마다 각각 효율적이거나 만족스러운 소통을 위해 가지고 있는 드러나지 않고 잠재된 규칙도 다를 것이다. 게다가 미국에서 역사적으로 드러난 인종과 권력의 영향을 보건대 미국 흑인도 자신의 집단에 속한 구성원과의 소통이나 집단 밖의 구성원과의 효율적인 소통을 측정하는 데 각기 다른 규칙을 적용시킬 것으로 추정할 수 있다.

집단 내 소통현안

본 연구의 연구자들은 아프리카계 미국 흑인이 그들 사이에서 어떻게 소통하는지를 먼저 이해하려고 노력했다. 우리는 아프리카계 미국 흑인, 멕시코계 미국인, 유럽계 미국인에게 그들 스스로의 민족 집단 구성원들과 경험했던 "만족스러웠거나" "불만족스러웠던" 대화를 묘사해줄 것을 부탁했다(Hecht & Ribeau, 1984). 그 결과 각 집단의 기대는 어떤 면에서는 다르고 또 어떤 면에서는 유사한 부분도 있음을 발견했다. 멕시코계 미국인이 아프리카계 미국 흑인과 가장 달랐고 유럽계 미국인이 가장 유사하게 반응했다.

예를 들어 멕시코계 미국인은 관계 자체를 보상으로 생각하여 소통에 있어서도 강한 유대관계를 중요시하는 경향이 크다. 이 민족 집단에서 만족스러운 소통은 비언어적 소통과 자아수용을 포함한다. 반대로 아프리카계 미국흑인들과 더 나아가 유럽계 미국 백인은 자기주도적이라 상대방이 자신에게 무엇을 제공할 수 있는 지에서 보상을 찾는다. 이런 보상 개념과 관련하여 유럽계 미국인은 관계의 미래성에 좀 더 관심을 두는 경향이 있다. 이는 유럽계 미국인은 관계의 미래를 확신하는 친밀감의 징후가 있을 때 친구와의 소통이 더 만족스러웠다는 선행연구와 일치한다(Hecht, 1984). 동시에 유럽계 미국인은 아프리카계 미국 흑인보다는 대화의 상대에게 관심을 덜 보임이 드러났다.

반면 아프리카계 미국 흑인은 대화를 하는 양측 모두 대화주제에 깊이 관여되어 있었을 때 더 큰 만족을 느끼는 것으로 밝혀졌다. 친밀감은 관계에 있어 기초였고 신뢰는 매우 중요한 요소였다. 대화가 목적 지향적이라 할지라도 동시에 아이디어와 느낌을 교환하는 것이 중요했다. 멕시코계 미국인이 유대감을 관계의 우선으로 꼽은 것에 비해 아프리카계 미국 흑인은 아이디어의 교환이 이루어졌을 때만 성립되는 조건적인 것이라고 여겼다. 이런 맥락에서 "순수함(진정성)"과 "표현"은 중요하며 이들은 표현 스타일, 열정, 그리고 주제에 대한 깊은 관여를 통해 소통되었다. 서로를 돕는 것은 만족스러운 상호작용과 목표지향적 관계를 지지하는 필수적 부분이었다. 대화를 하는 양쪽 모두 같은 목표에 도달하도록 노력하기 때문에 그 목표가 분명히 이해될 필요가 있으며 따라서 이해 역시 매우 중요하다. 아프리카계 미국 흑인은 대화가 어느 방향으로 흐르는지 알고 있을 때 만족을 느꼈다.

집단 간 소통현안

다음으로 우리는 민족 집단 간 소통, 특히 흑인과 백인 간의 효율적인 소통에 대해 이해하고자 하였다(Hecht, Collier, & Ribeau, in press). 이 연구에서 우리는 일곱 가지 중요한 사안들을 발견했다. (1) 부정적 고정관념, (2) 수용, (3) 개인적 표현력, (4) 진정성, (5) 이해, (6) 목표달성, (7) 권력역학이 바로 이런 사안들이다. 다음에서 우리는 아프리카계 미국 흑인의 인터뷰 자료와 설문 인용구를 제공하고자 한다.

부정적 고정관념

부정적 고정관념은 "아프리카계 미국 흑인의 개성을 왜곡시키는 엄격한 인종적 분류의 사용"이다(Hecht, Collier, & Ribeau, in press). 부정적 고정관념은 두 가지 방식으로 일어났다. 첫 번째이자 가장 명백하게 나타난 부정적 고정관념은 연구에 참여한 유럽계 미국인이 아프리카계 미국 흑인을 개인으로서 대우하는 것이 아니라 그들을 흑인집단의 구성원으로 대우하거나 흑인집단의 특성의 결과로 간주하는 경우처럼 단순히 인종적으로 분류할 때였다.

보다 간접적으로 나타난 부정적 고정관념은 유럽계 미국인이 아프리카계 미국 흑인과 이야기할 때 스포츠나 음악같이 "아프리카계 미국 흑인의 주제"로 알려진 것에 대해 이야기하려 할 때 발생했다. 몇몇 아프리카계 미국인은 이런 행동이 그들을 주춤하게 만들거나 그들의 대화상대를 멸시의 시선으로 보게 된다고 보고했다. 그런 이야기 주제로 대화를 시작하는 것을 공통의 관심주제를 찾기 위한 시도라고 이해를 하면서도 한 흑인 남성은 그런 주제를 꺼낸 사람들에 대해 "잘난 척하거나 제대로 깨닫지 못한 경우"로 보았고 다른 흑인들도 같은 식으로 느꼈다. 또 다른 간접적 고정관념은 유럽계 미국인들이 아프리카계 미국 흑인이 모든 흑인을 대표하여 말할 것을 요청하거나 기대하는 것이다. 한 연구 참여자는 그가 "모든 흑인을 위해 이야기하도록 강요받지 않은 것"만으로도 그의 대화에 "만족감을 느꼈다"고 했다. 또 다른 여성은 대화의 상대가 그에게 그냥 다른 사람에게 이야기 하듯이 하고 대화에 피부색이 작용하는 듯이 느끼지 않게 했기 때문에 "만족했다"고도 했다.

수용

두 번째 사안은 수용으로서 "다른 사람의 의견을 받아들이고 확신하고 존중하는 감정"을 말한다(Hecht, Collier, & Ribeau, in press, p.131). 아프리카계 미국 흑인은 종종 유럽계 미국 백인에게 수용된다고 느끼고 있지 않았다. 예를 들어 어떤 이들은 아프리카계 미국인은 때로는 "문화적 박탈"을 만들어내려 하고 "포장과 가장을 위해 듣기보다는 이야기한다"고 했다. 그들은 "아무렇지 않은 척" 건방지게 행동하거나 가끔 진부한 양식을 사용하여 말이 많다고도 한다. 몇몇 연구 참여자들은 이런 행동을 아프리카계 미국 흑인이 고정관념에 대해 선수를 치고자 대화를 장악하려고 노력하는 것이거나 그런 것을 인식하는 것을 피하려고 하는 것으로서 어느 쪽이든 고정관념에 대한 반응이라고 보았다. 어떤 참여자는 아프리카계 미국인은 더 이상 유럽계 미국 흑인이 무엇을 느끼거나 수용하는지 신경 쓰지 않는다고 강하게 주장했다. 동시에 많은 면담자들은 "수용"을 만족스러운 대화의 특성의 하나로 느꼈다. 이런 수용은 긍정적인 비언어적 행동, 비슷한 옷차림, 대화에 임하는 편안한 느낌, "서로의 믿음에 대한 중립적 존중" 그리고 심지어 때에 따라서는 "상관없는 듯" 행동하는 등에 것 등에 의해 드러난다.

개인적 표현력

개인적 표현력은 생각, 아이디어, 또는 느낌

의 언어적, 그리고 비언어적 표현을 가리킨다. 많은 아프리카계 미국 흑인이 이야기했듯이 어떻게 그들의 표현력이 펼쳐지는지는 사람에 따라 다양하다고 이야기했다. 어떤 이들은 정직함, 진실성, 그리고 생각을 나누는 개방성을 가치 있다고 보았고 다른 이들은 그들의 감정을 문화 간 소통에서 숨기는 것이 중요하다고 느꼈다. 예를 들어, 한 아프리카계 미국 흑인 여성은 "내가 통제를 유지했고 그를 공격적으로 대하지 않았기 때문에" 대화에 불만족을 표현했다. 반대로 표현이 덜한 유럽계 미국인은 인종주의자나 무뚝뚝하고 도도한 사람으로 비춰질 수도 있을 것이다. 흥미롭게도 많은 연구 참여자들, 특히 여성 참여자들은 생각을 밖으로 드러낼 필요성을 피력하였다.

또한 아프리카계 미국 흑인은 "괜찮은 척" 할 필요가 있으며 유럽계 미국인이 그들이 무엇을 생각하거나 느끼는지 알지 못하게 할 필요가 있다고도 했다. 몇몇 여성 참여자들에게는 역사가 이런 경향에 영향을 미쳤는데 미국 흑인 여성들은 편견에 맞서야 했고 한 가정의 가장인 경우에는 특히 강한 모습을 보여야만 했기 때문이다. 어떤 아프리카계 미국 흑인은 공포와 불신의 장벽이 깨지기 전까지는 강함과 "괜찮은 척 함"에 가치를 두기 때문이라고도 했다.

진정성

진정성은 "자기 스스로가 되는" 개념과 직접적인 연관이 있다. 아프리카계 미국 흑인과 유럽계 미국인 양쪽 다 대화 상대가 개인 정보를 드러내는 것을 볼 때, 솔직할 때, "진짜일 때", "그들 자신이 될 때" 그들의 상대에게서 진정성을 인지했다. 한 아프리카계 미국 흑인 남성은 다음과 같이 불평했다. "백인은 그들의 자유주의로 흑인에게 깊은 인상을 남기려 너무나 많은 거짓 대화를 한다." "단도직입적"이거나 "사실 그대로 이야기하는 것"이 진정성이다. 이 반대는 앞뒤가 안 맞는 말이나 화려한 말로 진실을 피하는 것이다.

동시에 많은 아프리카계 미국 흑인 남성들은 자기표현과 과시를 중시하는 경향이 있다. 그들은 언어와 스타일링을 통해 수용받는 이미지를 만들려고 노력한다. "돈이 없어도 있는 것처럼 옷을 입는다." 유럽계 미국인에 의해 모욕적인 이미지가 부여되어온 시기에는 수용될 수 있는 자기이미지를 만드는 것이 굉장히 중요한 사안이었다. 이런 맥락에서 아프리카계 미국 흑인에게 스타일 있는 행동은 진정성의 부족이 아닌 강함의 상징이다.

이해

이해는 "메시지가 성공적으로 전달되었다는 느낌"이다. 이 주제는 사람들이 정보가 적절하게 교환되었다고 느끼거나 학습효과가 있음을 느꼈을 때 거론되었다. 어떤 연구 참여자는 "생각, 느낌, 그리고 배려의 진정한 교환이 있었다"라고 이 상태를 묘사했다. 불행하게도 이해는 문화적 차이나 양육의 차이에 의해 제한받을 수 있다. 한 여성은 "만약 사람들이 같은 삶의 경험을 공유하지 않으면 서로를 진정으로 이해한다고 기대할 수 없다. 만약에 백인이 흑인을 경험하지 못했다면 '모름에 대한 공포'가 있을 것이다"라고 말했다.

목표달성

목표달성 또는 대화의 바람직한 결과 성취는 불만족스런 대화보다 만족스러운 대화에서 더 많이 거론된 주제였다. 목표달성은 중립적이고 공동적인 이해 없이는 목표도 달성되지 않는다는 "이해"에 직접적으로 연결되어 있다. 목표는 어떤 문제에 대한 해결책을 찾거나 정보를 교환하거나 프로젝트를 마치는 것을 포함할 것이다. 하지만 문화적 오해가 이런 목표달성에 방해가 될 수 있다. 한 남성 연구 참여자가 이야기했듯이 "흑인과 백인은 개념을 같은 방식으로 정의하지 않기 때문에 대화를 다른 의미로 해석할 수도 있다. 민족집단에 따라 구성원들은 다른 방식으로 생각하는 경향이 있다." 이런 이유로 아프리카계 미국 흑인은 자주 유럽계 미국인과의 대화를 보람 없는 것으로 느낀다. 하지만 보람있는 대화는 "마치 닫혀진 문을 여는 것 같은" 느낌이다.

권력역학

마지막으로 권력역학은 두 가지 중요한 주제인 무기력함과 강한 자기주장을 포함한다. 무기력함은 조정당하고 조작되거나 갇힌 느낌으로, 자신의 생각을 자유롭게 표현할 권리를 빼앗는 행동으로부터 기인된다. 한 연구 참여자는 "무기력함"이라는 말을 "백인의 언어로 표현한 것"이라고 반대했다. "그런 명명법은 행동 그 자체가 드러내는 것만큼 우리에게 중요하지 않다." 유럽계 미국인이 대화주제를 선점하려 애쓰거나 드러나지 않게 설득하려 애쓰거나 아프리카계 미국 흑인이 그들의 생각을 다할 수 있도록 하지 않을 때 조작적이라는 평을 받았다.

아프리카계 미국 흑인에 의해 사용되는 극도의 자기주장과 대립은 권력역학의 또 다른 절반을 차지한다. 아프리카계 미국 흑인은 종종 "백인은 적대적이거나 잔혹하다고 여길" 방식으로 서로 대화한다는 이야기를 듣는다. 이런 이유로 많은 아프리카계 미국인은 유럽계 미국인과 대화할 때 그들의 소통 스타일과 언어를 바꾼다. 하지만 이런 공격적 성향은 모든 아프리카계 미국 흑인에게 일반적인 것은 결코 아니다.

소통 향상 전략

민족 간 소통 현안이 소통을 돕거나 해치는 특성 또는 행동을 가지기도 하지만 아프리카계 미국 흑인은 향상 소통전략이 소통을 증대시킬 수 있다고 믿었다. 이런 전략들은 소통자가 상호작용을 더욱 만족스럽게 할 수 있도록 돕는다. 우리의 초기 연구가 여섯 가지 전략을 제시한 바 있으나 후기 연구는 그 리스트를 열두 가지로 확대시켰다(Hecht & Ribeau, 1987; Hecht, Ribeau & Alberts, 1989; Martin, Larkey, & Hecht, 1991). (1) 자신의 관점 주장, (2) 긍정적 자기표현, (3) 개방적이고 친근하게 행동하기, (4) 피하기, (5) 상호작용 관리, (6) 타인 지향적, (7) 정보제공과 교육, (8) 진정성 표현, (9) 대면, (10) 내면관리, (11) 개인으로 대우하고 동등하게 대우하기, (12) 언어관리가 그 열두 가지 리스트이다.

자신의 관점 주장

자기주장은 "압박", "주장" 또는 "자기 관점 강조"를 포함한다. 이 전략은 아프리카계 미국 흑인의 설득이나 논쟁 노력을 돕는 것으로 추천되었다. 여기서 목적은 단순히 정보 제공이 아니라 동의를 얻는 것이다. 이 관점의 예는 다음과 같은 표현에서 찾을 수 있다. "대화에서 좀 더 목소리를 내라. 그 자체가 당신에게 권력을 줄 것이다", "나는 내가 믿는 것을 계속 이해시키려 한다."

긍정적 자기표현

긍정적 자기표현의 두 가지 방법은 상대방의 인상을 바꾸려는 시도로 행해진다. 한 가지 방법은 의도적으로 고정관념을 반박하는 것이다. "전 그냥 저의 행동과 대화가 부정적 고정관념과 일치하지 않도록 주의해요." 또 다른 방법은 긍정적 특성 또는 성취를 언급하는 것이다. "전 다른 이들이 제가 무엇을 알고 있는지 알게 만들어요. 저를 깎아내리면 제 지능과 능력을 알게 해주려 노력하는 거죠."

개방적이고 친근하게 행동하기

불만족스러운 대화를 향상시키고자 가장 자주 사용된 이 전략은 긍정적 자기표현과 비슷하지만 의도적으로 상대를 인상 깊게 하려는 욕구는 작용하지 않는다. 개방성과 열린 마음에 대한 연구 참여자들의 견해는 다양했다. 어떤 참여자는 "인내심이 있어야하고 무엇이든 추정하지 말고 사실이 무엇인지 찾는 것이 우선되어야 한다"고 느꼈다. 그러나 어떤 아프리카계 미국 흑인은 개방성을 유럽계 미국인, 중산층, 여성적인 것으로 생각하고 자신들이 강하고 덜 개방적으로 보이는 것을 선호했다. 친근함은 타인을 배려하고 예의바른 것을 의미한다.

피하기

불만족스러운 대화를 경험할 때 우리는 그 자리를 떠남으로써 대화 자체를 피하거나 민감하거나 모욕적인 주제를 피하려 할 것이다. 이때 첫 번째 전략은 "대화를 종결한다", "대화에서 빠진다"라고 연구 참여자들은 언급했다. 두 번째는 아프리카계 미국 흑인들이 어떤 주제는 특정 개인들과는 이야기해서는 안 된다고 인지했을 때 사용되었다. 이때 가능한 "피하기" 방법은 "특정 주제를 꺼내지 않는다"거나 주제를 바꾸는 것이다. 한 연구 참여자는 "저는 다른 사람을 바꾸려고 노력하는 것은 소용없다고 생각해요"라고 이야기했다.

상호작용 관리

아프리카계 미국 흑인이든 유럽계 미국 백인이든 상호작용의 흐름을 서로 관장하려 들 수 있다. 문제를 줄이거나 단지 대화를 향상시키려고 할 수 있는 것이다. 이를 위한 가능한 전략은 즉각적인 상호작용 관리("돌아가며 이야기 한다", "타협점을 향해 일한다")와 문제를 연기하는 것("이야기를 더 나눌 시간을 요청하는 것") 또는 다른 소통 방법을 찾는 것("노트적기") 등을 포함한다. 때때로 대화는 "단지 조금 더 이야기하거나" "조금 더 시간을 함께 보내는 것"으로 관리될 수도 있다.

타인 지향적

타인에 대한 염려나 관심은 만족스러운 관계의 상징이며 다양한 방법으로 생겨날 수 있다. 대화에 합류시키거나 공통점을 찾는 것도 한 방법으로 제시되었다. "양쪽 다 좋아할 만한 뭔가에 대해 생각하거나 이야기해요." 어떤 이들은 상대의 생각과 의견을 듣는 것을 강조했다. "들어줌으로써 배워요." "양쪽 입장에서 보도록 노력해요"가 그 좋은 예이다.

정보제공/교육

정보는 "자기 관점을 주장하는 것"에 반대되며 종종 대화상대를 교육하거나 정보제공을 위해 공유된다. "정보를 줌으로써 재치 있게 교육시키는 것"이며 "만약 대화가 중요한 것이면 당신이 오해받고 있다고 생각하는 것들이 무엇이든 설명하려 노력해야 한다." 때로는 다른 사람들의 이해를 돕기 위하여 특정 아프리카계 미국 흑인의 역사를 인용하면서 좀 더 많은 사실을 알려주어야 한다. 동시에 아프리카계 미국 흑인은 유럽계 미국 백인들에게 좀 더 질문을 할 필요가 있음도 고려되었다. 이런 전략은 고정관념과 이해부족으로 생긴 현안을 해결하려는 시도이다.

진정성 표현

진정성은 "진짜 자신"에 대한 현안이다. 진정성에 대해 연구 참여자들은 솔직함과 감정표현을 가치있게 평가했다. 어떤 연구 참여자들은 그들의 대화상대도 그렇게 따를 것이라는 기대 속에서 마음을 먼저 연다고 했다. 다른 사람들은 만족스러운 대화를 위해 "성취부족의 느낌을 공유"할 필요성에 의해서도 이야기하였고 "다른 사람에게 진정성을 요구"하기 위한 필요성 차원에서도 이야기하였다. 이런 전략들이 상반되는 것처럼 보일지 모르지만 어쨌든 이런 방법은 상대방이 좀 더 솔직한 표현을 하도록 하기 위해 준비된 것이다.

대면

대면은 "이슈에 대한 직접적 대면 또는 타인의 어깨에 짐을 얹는 질문을 사용하는 간접적인 대면"을 암시한다(Hecht, Collier, & Ribeau, in press). 이 방면에서의 전략은 "냉철하고 효율적인 자세로 오해를 바로잡는 것"이나 반대하는 것을 포함한다(예, "저는 '내게는 적용되지 않는 것을 일반화시키는 것처럼 들리네요' 라고 말하면서 고정관념에 맞서야 한다고 생각해요.").

내면관리

상호작용 향상을 위해 특정행동에 집중하기보다 다음과 같은 논평이 아프리카계 미국 흑인들이 상황에 대해 생각하고 대응하는 방법들을 잘 묘사해주고 있다. 이들 제안 중 어떤 것은 수용, 객관성, 그리고 비방어적임을 포함한다. "내 생각들을 절제하려고 최선을 다해요", "당신이 누구인지 스스로에 대해 어떻게 느끼는지 먼저 생각해야 해요", "적절한 관점에서 상황을 보아요. 다시 말하면 전쟁에서 이기기 위해 전투에서 진다는 말이죠."

다른 사람을 개인으로 대우하고 동등하게 대우하기

인종, 피부색, 또는 고정관념적 믿음을 대화에서 완전히 제거하라고 어떤 참가자들은 제안했다. "피부색에 대한 생각 없이 서로에게 이야기하라", "사람들을 그들이 누구인가에 기초해 대우하라", "나를 판단하려 하지 말고 알아가려하라." 고정관념이슈와 싸울 때 가장 많이 나온 이 전략은 유럽계 미국 백인들 대화상대자에 의해 선호되는 행동이기도 하다.

언어관리

다른 분류대상에 속하지 않은 몇 가지 전략이 여기에 포함된다. 속어나 특수용어 피하기와 분명한 표현하기, "익숙하지 않은 특수용어 사용을 삼가라", "같은 언어를 사용하라"가 이 분야 논평의 예들이다.

아프리카계 미국 흑인 연구 참여자들은 이 전략의 몇 가지를 그들이 해야만 하는 것들(예를 들어, 강한 자기주장, 긍정적 자기표현, 피하기, 내면관리, 정보/교육, 대면, 언어관리)과 유럽계 미국 백인이 해야만 하는 것들(좀 더 개방적이고 친근할 것, 상호작용관리, 진정성표현, 타인지향성)로 분류해 논평했다. 각 분류 내에도(예를 들어, 좀 더 개방적이고 친근할 것) 어떻게 그 전략을 사용할지에 대해서 사람 사이에 다양한 생각이 있음은 명심해야 한다.

우리가 인터뷰한 아프리카계 미국 흑인은 이런 전략이 대화를 향상시키는 데 성공적일 수 있지만 항상 그런 것은 아니라고도 느끼고 있었다. 예를 들어 고정관념이라든지 수용의 부족을 경험할 때 마치 "벽돌 벽을 치는 것"처럼 어떤 전략도 효율적으로 보이지 않는다는 것이다. 만약 아프리카계 미국 흑인이 "인종차별주의나 잘난체하는 행동, 또는 다른 업신여김의 징조를 보면 그들은 재빨리 입을 닫아버릴 것이다." 대화의 처음 5분이 대화와 관계를 만들 수도 깨어버릴 수도 있는 것이다.

결론

소통효과 이론이 마치 모든 사람이 행동하는 방식에 적용되는 것처럼 이야기하고 싶지만 본 연구는 집단의 민족성과 상황에 따라 효율적이거나 만족스러운 소통 행동을 위한 규칙은 다양함을 묘사한다. 게다가 본 연구는 아프리카계 미국 흑인 사이의 다양성과 복잡성을 보여 준다(Hecht & Ribeau, 1991). 마지막으로, 아프리카계 미국 흑인 스스로의 목소리는 아프리카계 미국 흑인과 유럽계 미국 백인 모두를 위해 어떻게 민족 간 소통을 좀 더 보람 있고 효율적이게 할 수 있는지 분명한 제안을 해준다.

개념 이해와 질문

1. 저자들은 문화와 민족성을 어떻게 달리 구분하는가?
2. 저자들이 멕시코계 미국인, 유럽계 미국인, 그리고 아프리카계 미국인이 그들의 관계로부터 받는 보상에 있어 다르다고 한 것은 무슨 의미인가?
3. "간접적 고정관념"의 예를 드시오.
4. "개인적 표현력"에 대한 저자의 설명은 무엇을 의미하는가?
5. 여러분은 여러분과 다른 문화의 사람과 소통할 때 "권력역학"을 경험한 적이 있는가?
6. 여러분의 경험 중 "소통 발전 단계"에 더할 수 있는 경험이 있다면 무엇인가?

Sidney A. Ribeau is President of Howard University.
John R. Baldwin is Professor of Communication and Coordinator of the Communication Studies Unit at Illinois State University.
Michael L. Hecht is Distinguished Professor of Communication Arts and Sciences at Pennsylvania State University.

05

문화 간 메시지 : 언어적 혹은 비언어적 상호작용

05

문화 간 메시지 : 언어적 혹은 비언어적 상호작용

40년 전 이 책의 초판을 찍은 이후로 우리는 인류의 가장 두드러진 특징은 현실을 대변하는 상징을 만들어내는 능력이라는 것을 강조해왔다. 인류는 이 희귀한 재능을 가지고 고도로 복잡한 언어체계를 개발해왔다. 이 언어체계가 있어서 개개인은 그의 문화에 구애받지 않고 상징물을 수용, 저장, 검색, 조종, 생산해낼 수 있다. 언뜻 보면, 음성적/비음성적 언어사용은 힘든 일 같지 않다. "안녕!"이라고 말하거나 웃는 행동을 하면 그를 본 다른 사람이 당신에게 반응하기 때문이다. 그렇지만, 개인적 경험을 통해 알 수 있듯이 생각이나 느낌을 다른 사람과 정확하게 공유하기는 힘들다. 의사소통은 다수의 변수에 의해 좌우되는 다면적 활동이다. 이 장에서 우리는 서로 다른 문화에서 주고받는 상징에 적용되는 의사소통의 복잡성에 관해 다루고자 한다.

언어에 관련된 세 가지 중요한 수칙을 먼저 살펴보기로 하자. 첫째, 언어는 특정 사람에게 공통의 의미를 가진 상징의 집합이며 상징을 사용할 때 적용되는 규칙의 집합이다. 넓은 의미로 보면, 언어는 한 민족의 상징적 표상이며 언어는 그 민족의 역사 문화적 배경 및 생활과 사고방식을 포함한다. 둘째, 개인은 특정 문화에 소속되어 음성/비음성언어의 의미를 배우게 된다. 셋째, 상징에 부여되는 의미는 각 개인에게 귀속된다. 어떤 문화에 속한 개인은 의미를 음성/비음성 상징과 연결하게 된다. 비록 우리가 편의상 상징적 상호작용에 쓰이는 음성 형태와 비음성 형태를 구분하지만, 본래 서로는 연결되어 있음을 기억해야 한다.

같은 문화권의 사람과 의사소통할 때는 상대방과 사용하는 어휘의 의미에 대한 공통적 이해를 바탕으로 비교적 쉽게 단어를 사용할 수 있다. 경험적 바탕이 유사하기 때문에 매일 의사소통에서 사용하는 어휘의 대부분은 상대방과 같은 의미를 가진다. 하지만 같은 문화 내에서도 특정 어휘의 의미를 상대방과 다르게 이해하고 있을 때가 있다. 어휘가 점차 추상적인 의미를 가지게 되면서 본래 의미에서 멀어지는 경우이다. 예를 들어, "이쪽으로 오세요!"라는 말을 이해하는 것은 어렵지 않다. 하지만 "예배, 영성, 자유, 자유로운 선택, 정신병, 평등권, 사회적 평등, 테러리즘, 인권 옹호" 등과 같은 추상적 어휘의 의미를 모두가 공유하기는 어렵다. 같은 문화적 배경을 가졌어도 각자의 믿음, 태도, 가치, 개념 혹은 기대가 다르기 때문이다. 하물며 문화적으로 다른 상황에서 특정 어휘를 해석한다면 그 어휘의 의미와 용법의 범위는 훨씬 더 커질 것이다.

비음성 의사소통은 음성을 통한 의사소통보다 훨씬 더 복잡하다. 비음성 의사소통은 종종 무의식적이고 모호하게 사용된다. 예컨대 각 상황에서 적합한 제스처나 개인적 거리에 대한 고려 없이 비언어적 의사소통을 시도한다는 것이다. 또한 비언어적 의사소통은 대개 애매하게 해석된다. 예를 들어 두 사람이 대화하는 것을 보고 있는데 그중 하나가 주먹을 움켜쥐고 있다고 하자. 그러면 아마 그 둘이 싸우려 하거나 무엇인가에 흥분하고 있다고 생각할 것이다. 울고 있는 사람을 볼 때도 마찬가지이다. 기쁨의 눈물인지 혹은 슬픔인지 다양한 해석을 할 수 있다. 메시지를 주고받을 때 함께 한 접촉, 시선, 움직임, 복장 등이 이런 다양한 해석을 가져올 수 있는 것이다. 따라서 문화 간 소통을 제대로 하려면 음성/비음성 상호작용에 미치는 문화의 영향력을 이해해야 한다. 이러한 이해를 돕는 것이 이번 장의 목표이다. 문화 간 소통과정에서 의미가 불확실한 경우는 그것이 특정언어 혹은 신체접촉의 해석에 관한 것이든 혹은 다른 무엇이든 간에 당연히 발생한다.

첫 번째 논문, <언어와 의사소통, 문화 간 연계>에 언어와 문화 간 관계에 관한 주요한 내용이 소개되어 있다. 저자는 자각 그리고 문화와 언어의 관계를 설명하는 의사소통 관련 학자이다. 저자는 중국 언어와 문화의 관계에 대한 일련의 민족지학적 연구를 통해 언어가 사고에 영향을 미친다는 Sapir－Whorf 가설(언어와 문화 간 관계를 관찰하며, 사용자의 언어가 사용자의 사고에 영향을 미친다는 가설)의 타당성을 제시한다.

다음 논문에 나오는 중동은 장기간 피로 물든 언어 및 물리적 충돌이 있어왔던 지역이다. 이스라엘과 팔레스타인 간 갈등의 기원은 수천 년 전으로 거슬러 올라간다. Ellis & Maoz의 <이스라엘 유태인과 팔레스타인인 간 대화 및 문화적 의사소통 코드>를 통하여 이들이 갖는 전통적 불화, 상호불신, 극단적 의사소통단절이 어떻게 이루어져왔는지 알아본다.

<이스라엘과 팔레스타인인 간 대화 및 문화적 의사소통 코드>에서 저자들은 이스라엘 유태인과 팔레스타인 아랍문화가 그들의 극단적 문화적 차이를 반영하는 발화코드를 형성해온 사실을 언급하고 있다. 저자들은 아랍어가 공존 관계성을 중시하며 함께하는 발화코드를 사용하는 반면 유태인은 직접적, 실용적 발화코드를 가지고 있다고 말한다. 이러한 발화코드를 연구함으로써 문화적 갈등의 언어 기반에 대한 통찰력을 갖추어서 갈등조정에 더 잘 대처할 수 있다고 믿는다.

세상에 다양한 문화만큼이나 많은 의사소통 유형이 있음을 강조하고 싶다. 아울러 우리는 다른 사람이 의사소통하는 방식을 이해하면, 그와 더 나은 의사소통을 할 수 있다고 생각한다. 언어는 문화의 모형, 즉 특정 문화 경험의 반영이기 때문에 언어연구는 중요한 의미가 있다. 우리는 또한 언어의 내재적 본질, 문화, 문화 간 소통을 강조하는 하나의 방식으로 멕시코 문화의 특정한 언어사용을 살펴볼 것이다. 국내외적으로 지배적 미국문화와 멕시코인들의 접촉은 그 어느 때보다 활발하다. 멕시코와 미국은 논란이 많은 국경을 공유하고 있다. 미국 내에서만 보더라도 히스패닉 문화는 전체 인구의 16%에 달할 정도로 급속히 성장해가고 있다. 이 문화에 속한 이들과 효과적으로 의사소통하기 위하여 언어를 이해증진의 도구로 사용

하는 상황을 서술하는 논문이 있다. 이 논문은 사람들이 사용하는 어휘가 그들의 문화를 반영한다는 단순한 전제를 제시한다.

음성 의사소통은 개인의 감정과 사고를 상징하는 소리를 사용하는 반면 비음성 의사소통은 다양한 몸짓, 표정, 눈맞춤, 간격 등을 활용하여 개인의 현실을 표현한다. 이 둘이 함께 작용함에 더하여, 이들 음성/비음성 상징들은 그 문화에 기원을 두고 있다. 그러므로 특정문화에서 긍정적인 싸인(미국문화에서 엄지손가락을 세우는 행위)이 여타 문화에서는 전혀 다른 의미로 받아들여질 수 있다. 비음성 행동의 역할을 인식하는 것이 문화 간 소통에서 참 중요하다는 것을 알아야 한다.

문화와 비음성 의사소통이 불가분의 관계임을 설명하는 논문이 있다. Anderson은 <상이한 지평에서: 비음성 의사소통과 문화>라는 제목의 논문에서 단일문화를 점검하는 것보다 비음성 의사소통이 더 중요해지는 현상을 요약하고 있다. 그에 따르면 비음성 코드는 이 문화에서 저 문화로 옮겨간다고 한다. 그는 비음성 의사소통 코드를 물리적 외형, 대화자 간 공간과 거리, 시간, 표정, 신체접촉, 시선, 발성같은 유사언어, 냄새 등으로 정리하고 이러한 코드들이 문화마다 어떻게 다른지를 기술한다. 이러한 차이점을 통해 특정 문화가 언어의 맥락, 개인주의 혹은 집단주의, 불확실성과 성 등을 어떻게 드러내는지 서술하고 있다.

다음은 Anderson에 의해 강조된 비음성 변수들이 특정문화에서 어떻게 사용되는지를 분석한 논문이다. McDaniel은 <일본의 비음성 의사소통: 문화적 테마의 반영>에서 일본문화에서 보이는 의사소통 행동과 이 행동의 기원 및 이유를 연구하여 문화와 소통 간 연결을 드러내고 있다. McDaniel은 일본의 사회구조, 역사적 경험, 종교적 지향이 직접적으로 일본인의 비음성 행동과 어떻게 연결되어 있는지를 서술한다. 그는 다양한 문화적 주제를 동작, 시선, 표정, 대화자 간 공간과 거리, 신체접촉, 공간과 거리, 시간, 유사언어, 후각을 일본인이 인식하고 사용하는 방식과 연결한 11가지 명제를 제시한다.

Cargile의 <언어 문제>가 마지막 논문인데, 이 논문에서 저자는 문화적 오해는 화자들이 같은 언어로 말할 때도 일어날 수 있다고 말한다. 언어는 단어의 의미 이상을 포함한다. 저자는 우리가 사용하는 상징은 우리가 겪은 경험의 반영이며 이러한 경험은 다양하다는 것, 또한 우리가 언어를 사용하는 방식도 다양하다는 이 장의 전제를 반복하여 말하고 있다. Cargile은 액센트, 어휘, 발화율이 문화 간 상호작용에서 어떤 영향을 끼치는지를 조사하고 언어사용에서 이러한 차이가 부정적 인식과 부정적 고정관념을 개선하는 데 도움이 된다고 보고 있다. 다른 사람의 액센트, 단어, 발화율을 오해하면서 생긴 파괴적인 행동들을 피할 수 있는 충고로 그의 논문을 마감한다.

언어와 의사소통, 문화 간 연계

Mary Fong

전 세계적으로 많은 학자들이 수 세기에 걸쳐서 언어(구어와 문어)와 사회문화발달에 언어가 기여하는 역할에 관심을 가져왔다. 공자는 올바른 인간의 행동으로 문명사회가 유지된다고 보았고 "언어가 사물의 참됨과 일치하지 않는다면, 어떠한 일로 제대로 진행될 수 없다"는 경계의 말을 남겼다. 생텍쥐페리는 "지금 세계의 의미를 파악하기 위해 우리가 사용하는 말은 과거 세계를 표현하기 위해 만들어진 것"이라고 했다. 성서에 나오는 "내 입의 말과 마음의 묵상이 주님 앞에 열납되기를 원하나이다"라는 구절도 같은 맥락에서 볼 수 있다. 최근에는 인류학자, 언어학자, 심리학자, 철학자, 의사소통 전문 학자들이 인간의 활동과 문화 간 연계 속에서 언어와 소통의 역할을 가늠하고자 애쓰고 있다.

언어, 의사소통, 문화의 상호관련성

언어, 의사소통, 문화는 서로 얽힌 관계이다. 우선 언어는 서로 동일시되는 집단 안에서 공유되는 의미의 상징체계이다. 언어는 음성/비음성 측면이 있다. 언어와 문화 연구에서 구어 혹은 문어를 사용한 의사소통의 언어적 측면이 연구의 중심사항이다.

구어는 사람이 경험을 표현하고 만들어내는 사회적 상호작용 중에 사용하는 의사소통 도구이다. 말은 그 사람의 태도, 믿음, 관점을 반영하고 언어는 문화 현실을 표현, 상징화, 구체화한다(Kramsch, 1998). 의사소통은 언어 없이 이루어질 수 없고 언어가 사람들을 사회적 상호작용으로 이끌기 위해 의사소통과정이 필요하다.

언어와 의사소통은 문화를 반영한다. Sherzer (1987)는 문화란 행동을 하거나 해석하는 데 필요한 규칙을 공유하는 개인들의 조직이라고 말한다. 언어와 의사소통은 개인이 생각하는 세계에 관한 상징적 조직을 대표한다. 언어는 개인이 속한 집단 구성원의 권리와 다른 사람과 맺는 관계를 반영하고 표현하는 수단이 된다. 구어와 문어 모두 문화에 의해 형성되며 또한 언어가 문화를 형성한다. Kramsch가 지적한 대로 문화에는 자유로운 측면과 구속적인 측면이 있다. 자연의 무작위한 상태에 의미나 질서, 합리성을 부여하고 혼란을 방지한다는 면에서 문화는 자유롭다. 반면 자연에 체계를 부여하고 개인에 의해 만들어질 수 있는 의미 가능범위를 제한

한다는 면에서 문화는 구속적이다(1998, p.10).

같은 맥락에서, 언어와 의사소통도 자유롭기도 하고 구속적이기도 하다. 언어와 의사소통을 통해 사람들은 자신을 표현할 수 있다. 동시에 공유된 문화 기준을 따르도록 사람들을 구속한다. 문화는 사람들이 의사소통, 행동, 일상의 삶을 평가하는 공통 기준을 공유하는 사회체계이다.

언어와 문화를 보는 관점

언어의 상대성의 주요 지지자이자 언어와 문화 간 관련성에 관한 최초의 근대적 관찰이 바로 Sapir-Whorf 가설이다. 이 가설은 사고가 이루어지려면 언어구조가 필요하다는 결정론적 관점을 제안한다. 언어와 언어의 구성분류인 문법, 구문론, 어휘가 우리가 세계를 경험할 수 있는 유일한 범주라는 것이다. 단순하게 말하자면, 언어가 사람들이 자신들의 세계와 문화를 보는 방식에 영향을 주고 그 방식을 형성한다는 것이다. 이 관점이 지난 50년간 많은 조사, 연구, 논쟁의 중심이 되어왔다.

Sapir-Whorf 가설은 언어와 사고는 공변한다고 주장한다. 언어 카테고리의 다양성과 구조로 인하여 각 사람의 세계에 관한 생각과 인식에서 문화적 차이를 가져온다는 것이다. 이 입장은 언어적 상대주의로 알려져 있다. Sapir(1951)는 참된 세계는 주로 해당 집단의 무의식적 언어습관 위에 세워진다고 믿는다. Whorf는 1931년 경부터 예일대에서 Sapir의 제자였다(Carroll, 1992). Whorf의 언어와 문화에 관한 관점은 1940∽1941년에 발표된 저작들(1956)에 잘 나타나 있다. 그는 "우리 뜻대로 자연을 자르고 개념으로 조직화하고 중요성을 부여한다. 우리가 이런 식으로 자연을 조직화하는 데 동의했기 때문에 이 동의가 우리의 발화 공동체 전체를 관통하고 우리 언어의 패턴으로 부호처리 된다(p.213)"고 썼다.

Sapir와 Whorf의 생각은 서로 다른 언어를 사용하는 사람은 자신의 세계를 다르게 분할한다는 의미로 받아들여졌다. 그러므로 러시아어나 중국어, 독일어 어느 언어든지 간에 그 언어는 해당 문화 구성원들이 주의하는 것을 구성하고 보여 주는 과정을 통하여 '러시아의', '중국의' 혹은 '독일의' 실재를 구성하게 된다. 자신의 언어에 '그것'을 뜻하는 단어가 있다면, 그 문화 구성원들은 '그것'이 존재한다는 것을 안다. 만약 그 단어가 없다면, 그들에게 '그것'은 존재하지 않는 것으로 여겨진다는 것이다.

예를 들어, 내가 다섯 살 때, 어머니가 내게 혀를 내밀어 보라고 하셨던 것을 기억한다. 어머니께서 내 혀를 보시더니 광둥어로 "Ni yao yi hay"라고 하셨는데, 이는 "너 열이 있구나."라는 뜻이다. 어머니께서는 내 혀의 색깔, 혀를 덮은 물질, 입술을 살펴보셨다. 중국 문화에서 어떤 사람의 몸 상태를 "yi hay"(열이 있음) 혹은 "leung"(냉함)으로 판단하는 것은 보편적 지식이며 이 두 상태는 음식이나 약초 처방으로 균형을 잡을 수 있게 된다. 이는 음식의 실제 온도를 말하는 것은 아니고 구성원의 몸이 열을 내거나 열을 내리도록 영향을 미치는 음식의 특성을 의미하는 것이다. 만약 튀기거나 구운 음식을 너무 많이 먹고 특정 과일이나 야채, 음료로 상징되는 냉한 음식을 충분히 섭취하지 않았다면 그 사람은 몸에 너무 많은 열이 있는 상태에 이른다. 만약 냉한 상태라면, 체

내 열을 더하는 방법은 냉한 음식의 섭취를 줄이고 열을 더할 수 있는 음식을 더 많이 섭취하는 것이다. 이것은 중국인이 건강한 몸의 균형을 유지하는 방법 중 하나이다.

이는 중국문화의 구성원이 주의하는 것을 구성하고 보여 주는 '중국의' 실재를 보여 주는 방식의 예로 볼 수 있다. 반면 '미국의' 실재는 과일과 야채, 고기와 가금류, 빵과 곡물류, 유제품의 네 가지 주요 식품군을 골고루 먹는 것이다. 미국의 실재에서 건강 개선을 위한 균형 잡힌 식단을 갖춘다는 의미가 음식을 냉한 것과 열을 더하는 것으로 구분하는 것은 아니다.

내 어머니가 내 상태를 살피는 상황과 식품, 약품, 의료과정을 구분하는 경우는 서로 다른 문화에 속한 사람들이 얼마나 다양하게 그들의 세계와 현재를 나누는지 보여 주는 예가 된다. 더구나 이 사고와 인식의 자연스러운 과정은 문화구성원들이 특정 식품이나 약품, 혹은 의료과정을 특정 상황에서 받아들이거나 거부하는 방식으로 그들의 의사소통방식에 영향을 준다. 상대방의 문화적 방식에 익숙하지 않은 사람은 상대방의 행동을 오해하기 쉽다.

Brown(1958)은 Sapir-Whorf 가설에 부분적으로 반대하며 문화구성원의 세계관은 언어에 의해 결정되는 것이 아니라고 주장했다. 그는 사람들이 사물을 명명하는 방식으로 자신들의 세계를 분류한다고 말했다. 언어는 이 작업을 하는 데 필요하기 때문에 사용되는 것이라고 한다. Brown에 따르면, 사람은 중요성과 유용성을 기준으로 대상, 개념, 과정을 명명한다. 예를 들어, CD나 DVD, 휴대폰, 인터넷은 사람이 이 물품에 대한 생각을 공유하기 위해 명명이 필요한 비교적 새로운 발명품이다. 레코드 플레이어나 다이얼식 전화기, 계산자는 더 이상 쓰이지 않는 구식 기술이 되어서 한때는 일상적으로 쓰였던 이 물품들의 명칭은 이제 박물관에서나 찾아볼 수 있을 뿐, 일상 대화에서 쓰이지 않고 있다. 그러나 Brown의 입장은 결국 언어적 상대성을 지지하는 것으로 보이는데, 그 이유는 자주 쓰이는 범주는 명명을 받는 반면, 더 이상 쓰이지 않거나 중요하지 않은 범주는 명명이 사용되지 않는다는 점에서 그러하다.

색깔에 관한 용어와 색깔 인지에 관한 몇몇 연구로 Sapir-Whorf 가설을 시험했다(Berlin & Kay, 1967; Bruner, Oliver, & Greenfield, 1966; Greenfield & Bruner, 1966; Kay & Kempton, 1984). Eastman(1990)은 이 연구가 언어적 상대성을 지지하고 있음을 보고 "세계관이 언어적 결정론보다 언어적 상대성과 관련된 경우라고 보인다(p.109)"라고 말했다.

다른 연구자들은 한 언어 구조가 얼마나 강력하게 사람들의 세계관에 영향을 미치는지 테스트하는 것은 어렵다는 것을 알았다. 한 문화에 속한 사람들의 세계관을 그들이 사용하는 언어와 별개로 확인할 때 신뢰할 만한 방법이 필요하기 때문이다(Brown, 1976; Carroll, 1967; Kay & Kempton, 1984). Sapir-Whorf 가설의 결정론적 입장은 진지하게 받아들여지지 않는다. Carroll(1992)은 연구자들이 일반적으로 Sapir-Whorf가 제시한 증거의 오류로 인해 이 가설을 확인할 수 없거나 불확실하다고 보고 있다고 믿는다. Carroll의 주장은 이 가설이 유효하다면, 그것은 언어구조가 사고에 미치는 영향력이 미미함을 보여 주는 것뿐이라고 주장한다.

Sapir-Whorf 가설의 상대론적 입장은 언어와 문화에서 다른 점들을 이해하는 데 큰 도움이 된다. 한 언어가 다른 언어로 통역될 수 있는가의 문제가 아니라 서로 다른 문화를 가진 두 화자가 서로 다르게 디자인된 언어와 의사소통 체계를 가동하여 한 사건을 인지하고 해석하는 데 영향을 준다는 것이 핵심이다. Kramsch(1998)가 제안하듯이 상이한 문화에서 온 화자들은 상이한 방식으로 현실을 정의하거나 경험을 분류한다. 다른 언어간에 이해가 되려면 그 성공여부는 구조적 등가보다는 공통적으로 갖는 개념 체계에 달려있다. 개념의 의미와 가치에 관한 용어는 다를지라도 말이다.

최근 연구추세와 방향

Hymes는 1974년에 20세기에 이루어진 언어연구 발전 상황을 기술했는데 20세기 전반을 연구대상으로서 언어의 독립성이 힘을 받으며 구조 기술이 강조된 시기로 보았고 20세기 후반은 사회문화적 맥락에 언어를 놓고 연구하기 시작하고 언어의 기능분석을 강조한 시기라고 보았다(p.208).

20세기 후반이 담화분석, 화용론, 의사소통에 민족지학 접근법활용, 수사학적 분석, 정량분석 등의 연구 기법이 언어, 의사소통, 문화 간 링크를 연구하기 위하여 도입되었던 때임을 감안하면 Hymes의 서술은 옳다. 연구자들이 관심을 가졌던 연구주제는 언어와 맥락 간 관계, 언어와 자아정체성 간 관계, 문화와 연결된 언어와 의사소통의 복수 기능과 의미 등이었다(Ting-Toomey, 1989).

언어, 의사소통, 문화 연구에 관한 현재 접근법은 발달 측면, 상호작용 측면, 사회 심리적 측면에 관한 것이다. 발달 접근법은 아동의 언어발달 단계에서 언어 습득과 문화에 따른 의사소통 관습이 동시에 발생하는 것에 초점을 맞추고 있다. 발달 관련 학자들은 한 문화 안에서 인지 과정 간 맺고 있는 연결상태에 관심을 가지고 있다. 상호작용 측면 접근법은 사람들이 특정 맥락 내 면대면 의사소통을 할 때 발화하는 내용을 연구한다. 상호작용 관련 학자들은 다양한 문화에서 나타나는 적절한 의사소통 스타일과 규범을 밝혀내는 데 관심이 있다. 사회심리학 측면 접근법은 다언어 맥락에서 언어선택에 영향을 미치는 기저 요인을 연구한다. 그룹 비교 요소, 자아 현저성 요소, 태도 및 동기 요소가 그룹 간 소통 상황에서 언어 적응과정과 중요한 역할을 한다. 사회심리학 관련 학자들은 국제 문화집단 내 주 그룹과 소수 그룹 내 모국어나 제2언어 사용을 결정하는 저변 사회 심리학적 상황을 기술하는 데 관심이 있다.

언어가 사고를 결정하는지 아니면 사고가 언어를 결정하는지에 관한 논란에 관심이 없는 연구자들도 있다. Sherzer(1987)는 "문화의 본질을 구체화하고 언어와 문화 간 관련성을 구성하는 요소로서 담화분석(p.295)"이 이슈라고 말한다. 그는 담화를 언어와 문화가 관계되는 지점이라고 본다. 그는 문화와 언어 그리고 그 교차점을 이루고 재생산하고 수정하고 전달하는 것이 바로 담화라고 말한다.

Sherzer(1987)에게 문화는 행동을 해석하고 생산하는 규칙을 공유하는 개인들의 조직이다. 언어는 상징적으로 개인이 가진 세계의 조직을 대표한다. 언어는 개인이 집단에 가진 소속감과 다른 이들과 갖는 연관성을 반영하고 표현하는 매개체이다. 담화분석은 화용론과 발화행위이론에서 나왔다(Saville-Troike, 1989). 화용론이나 발화행위이론은 대화나 기록에 사용된 표현의 내재적, 표면적 의미를 연구한다. Silverstein(1976)에 따르면 화용론은 "의사소통 기능에 관련된 언어 신호의 의미를 연구(p.20)"하는 것이다. 화용론은 문화 구성원이 상호작용과정 중에 말하고 행동한 내용을 해석해서 그들이 가진 세계 지식을 적용하는 과정을 주목한다. 의사소통에 민족지학을 도입하면 연구자는 문화 내 혹은 문화 간 발생하는 의사소통에서 대화자의 의도를 파악할 수 있는 관찰/인터뷰의 틀을 활용할 수 있다. 민족지학자들은 대화자가 의사소통을 위해 행한 선택내용을 공들여 기술한다. 이때 기술 내용은 대화자가 취한 행동과 반응 행동을 설명하는 해석 체계와 관행을 포함한다.

민족지학 입장에서 의사소통을 연구한 최초의 학자인 Hymes(1962)는 "인지 혹은 표현행동의 한 요소로서 발화연구를 하다 보면 해당 공동체의 발화 사용에서 민족지학적 패턴화를 생각하게 된다(p.102)"라고 말한다. 언어, 의사소통, 문화를 연구하는 것은 언어구조적 규칙성을 발견하는 동시에 그 규칙성에 연결된 동기, 감정, 욕망, 지식, 가치를 드러내는 언어행위의 규칙성도 찾아낸다는 의미이다. 민족지학 접근법을 사용한 언어, 의사소통, 언어 연구의 근본 목적은 문화 내 혹은 문화 간 소통능력을 이해하고 활용하기 위해 내재된 문화적 가치와 규준, 말하기 규칙, 상호작용 표준을 드러내는 것이다.

언어연구

아래 소개된 문화 혹은 문화 간 연구를 통해 발견된 내용은 언어와 문화 분석의 예화가 된다. 담화분석, 화용론, 의사소통의 민족지학 등 정성적 방법은 의사소통 현상을 심층적으로 조사하는 데 필요한 관점과 도구로 쓰이고 있다.

문화연구

홍콩 구정축제에 관한 민족지학 연구(Fong, 2000)는 중국인들이 액을 막기 위해 어떻게 언어를 사용하는지 보여 주는 예다. 구정 기간 중 부정적인 말을 누군가가 했을 때 사용되는 말하기 패턴을 조사하면 중국인들이 구정기간 중 어떻게 말다툼이나 부정적인 말을 회피하는지 이해할 수 있게 되는데 그 안에는 누군가 금기를 위반했을 때 처리하는 규칙도 보게된다. 이 기간 중 말을 할 때 죽음이나 가난 등 불운한 어떤 말도 하지 않도록 조심한다.

"물론 복을 쫓는 어떤 말도 하지 않는다. 늘 복된 말만! 구정은 복된 기간이다. 죽음이나 불운을 암시하는 말은 하지 않도록 조심해라. 구정 이후 말하면 되지 않는가. 사람들은 이 기간에 불운한 말을 하면 그 해 당신에게 그런 일이 일어날 수도 있다고 생각한다"(Fong, 2000, p.213).

만약 누군가가 실수로 부정타는 말을 했다면 들은 사람은 "행운이 되길", "길조라네", "침을 뱉어, 행운이 되라고 다시 말해"라는 말로 불운을 행운으로 바꾸려고 한다. 중국인들의 언어장치를 이해하려면 이들의 행동과 말하기 규칙을 이해할 필요가 있다. Shimanoff(1980)는 "만약~ 그러면~"이라는 행동규칙방법을 제안하는 데 이를 의사소통 규칙에 의미요소를 더하기 위한 용도로 발전시키면 "~때문에, ~을 의미한다"를 사용할 수 있다.

"만약에~"는 언어행위 혹은 장르 같은 특정 맥락, 환경을 의미한다. "그러면~"은 연구자가 밝힌 민족지학 자료분석에서 나온 말하기/행동 상호작용 패턴을 의미한다. "~때문에"는 특정문화행위를 설명하는 이론이 들어가는 자리이다. 이때 의사소통 방식을 설명하는 과정에서 기저에 놓인 믿음과 가치 체계 혹은 문화적 원칙들이 언급될 수 있다. "~을 의미한다" 에 말하기 혹은 행동의 상호작용패턴, 발화행위, Hymes의 상징해석 표준요소가 위치한다.

정리하면,

- If…(발화행위 장르 등 맥락, 조건, 환경)…
- then…(말하기 혹은 상호작용 패턴)…
- because…(믿음 혹은 가치 체계, 문화 원칙)…
- meaning…(상징해석표준, 말하기 패턴, 상호작용 패턴, 특정 발화행위 등)…

이 순서를 부정 타는 말을 행운으로 바꾸려는 중국인의 화법에 적용해보자.

만약 누군가가 부정 타는 말을 하면 "행운이 되길", "길조라네", "침을 뱉어, 행운이 되라고 다시 말해"라는 말을 듣게 되는데 이 행동은 부정을 막고 행운을 부르는 행동이라고 생각되기 때문이고, 부정 타는 말 때문에 새해에 나쁜 일이 생기지 않을 것이라는 의미이다.

문화 간 연구

중국인 이민자와 유럽계 미국 인간의 칭찬하기 상호과정을 중국인 이민자 관점에서 본 연구(Fong, 1998)를 보면 두 집단이 서로 다른 칭찬하기 상호과정을 갖고 있다는 것을 알 수 있다. 미국 서해안과 중서부에 사는 유럽계 미국인은 일반적으로 칭찬을 잘 받아들이는 편이다.

반면, 중국인들은 겸손함을 보이기 위해 칭찬을 거부하는 경향이 있다 (Chen, 1993; Chiang & Pochtrager, 1993; Gao, 1984; Zhang, 1988).

Fong(1993)에 따르면, 두 집단 간 주된 차이와 내부적 유사성이 있다고 한다. "말로는 '아이, 아니에요.'라고 하지만 내심 칭찬을 받아들인다. 정말 기분이 좋다. 서구문화에서 사람들이 '예!'라고 했을 때 이 말은 칭찬을 받아들인다는 것이다. 하지만 중국에선 사람들이 칭찬을 받아들이면서도 '아니에요!'라고 말한다. 다른 식으로 표현하지만, 두 문화 모두 칭찬을 받아들이고 있다"(p.257).

중국인 이민자 집단이 유럽계 미국인의 칭찬 혹은 찬사를 받아들이는 네 가지 적용상태가 있다고 한다. 하나는 문화 간 충격을 느끼는 상태, 두 번째는 문화 간 저항을 느끼는 상태, 세 번째는 문화 간 적응 상태, 마지막은 이중문화 능력 상태이다. 문화 간 충격을 느끼는 상태를 보면, 이때 칭찬을 들은 중국계 이민자들은 정서적으로 당혹스럽고 놀란다고 한다. 하지만 결과적으로 그 칭찬에 감사로 대응하며 이런 칭찬으로 미국생활을 처음 하는 상태에서 받는 스트레스가 조금은 줄어든다고 한다.

이 상태에 있는 이민자들은 인지적으로

유럽계 미국인이 자신들과 칭찬에 관해 다른의사소통을 한다는 것에 대한 지식이 거의 없다. 이들은 미국에 오기 전 자신들이 유럽계 미국인이 아낌없이 칭찬하는 것, 칭찬에 강한 긍정의 형용사를 붙이는 것, 일을 잘 못한 사람을 격려하려는 의도로 칭찬하는 것, 다양한 주제를 가지고 칭찬하는 것, 칭찬 받아들이기, 상대방 얼굴보고 칭찬하기 등에 익숙하지 않았다고 말한다.

중국계 이민자가 사용한 칭찬 대응법은 '직접적 부정 + 교정 동작보이기'이다. 사례는 다음과 같다.

- 미국인(남자친구) : 넌 내가 본 중에 제 일 예뻐!
- 홍콩인(여자친구) : 오…, 음…. 그런 말 하지 마!

직접적인 언급을 삼가는 것과 겸손에 가치를 두는 중국계 이민자들에게 상대방 앞에서 외모에 대한 거리낌없는 칭찬을 하는 것은 좀 과하게 직접적인 것으로 여겨진다. 이민자의 반응은 겸양을 보이는 동시에 그런 칭찬이 과하게 여겨진다는 것을 암시하고 있다.

칭찬 대응법 중 다른 하나는 '침묵대응'이다.

- 상사(미국인 여성) : 정말 잘했어요! 와우, 굉장하네요!
- 직원(중국인 여성) : (침묵)

중국계 이민자는 겸손에 큰 가치를 두지만 미국인이 칭찬을 직접적으로 받아들이고 감사하는 것에 가치를 둔다는 것도 알고 있다. 면대면 혹은 거리낌 없이 긍정적인 형용사를 써서 칭찬하는 직접적인 방법은 중국식 칭찬법은 아니다. 어떤 문화방식을 따를 것인가에 곤란을 느낀 중국계 이민자의 선택은 침묵이었다.

결론

Fong(2000)의 문화연구는 중국인의 사고/말하기 방식을 보여 준다. 구정연휴 중 부정 타는 말을 하면 그 해에 불운한 일이 생길 것이라고 생각하고 부정 타는 말을 번복해서 불운을 행운으로 바꾸려고 한다. 문화 간 칭찬에 관한 반응 연구는 문화 간 충격상태에 있는 중국계 이민자의 사고/말하기 방식을 잘 보여 주고 있다. 상대의 칭찬을 부인하는 반응은 문화 간 충격상태에서 흔히 나타난다. 이들은 유럽계 미국인이 칭찬에 후하고 직접적인 표현을 하고 칭찬을 잘 받아들이는 사람임을 잘 알고 있다.

최근에 쓰이는 민족지학법을 보면 자연스러운 환경에서 진행되는 의사소통 상황을 관찰하고 특정 문화구성원이 상호작용을 인식, 구분케 하는 것이 가장 효과적인 언어, 의사소통, 문화연구 방법인 것으로 여겨진다. 언어, 의사소통, 문화의 교차점은 문화적으로 공유되는 사고와 행동의 의미에 있는데, 이 사고와 행동은 개인 간, 집단 간, 연구 인터뷰, 토론회 등 다양한 환경에서 상징적 단어, 표현, 대화 등의 형태로 나타난다.

소개된 내용을 통하여 우리는 말하기/사고방식이 발화집단 내에서 내외부적으로 공유되는 의사소통 요소를 드러내고 반영하는 중요한 두 초점임을 알게 된다. 한 발화집단의 말하기 패턴을 해석기준이나 집단 내 공유되는 사회문화적 지식도 없이 알아내려고 하는 것은 그들이 문화적 인간임을 무시하는 것과 마찬가지이다. 문화구성원의 공유된 사회문화적 지식을 연구하면서 이 지식이 그들의 말하기 방식과 어떤 연관관계가 있는지를 보지 않는다면 이것은 다른 문화적 의사소통 스타일에 대해 배울 기회를 걷어차는 것과 같다. 이런 점들에 유의한다면, 우리는 문화적 차이의 경계와 교차점에 있는 잠재적 자원들을 최대한 이해하고 문화 간 갈등을 해결할 수 있을 것이다.

언급된 정성적 연구가 밝힌 내용을 보면 Hymes(1974)의 제안을 이해하는 데 도움이 된다.

"언어는 문화의 지표 혹은 반영이란 말을 흔히 듣는다. 하지만 언어는 문화와 그렇게 수동적인 관계로만 있는 것은 아니다. … 말하기 그 자체가 문화행동의 하나이고 언어는 문화의 다른 구성요소들처럼 전체를 구성하는 한 요소로서 역할을 한다. 문화의 다른 부분에 대한 언어의 표현은 부분적이고 선택적이다. 이런 선택적 상관성이 참으로 흥미롭다. 어째서 공동체를 살아가게 하는 요소들 중 특정한 것들은 이름이 붙여졌고 어떤 것들은 없는 것일까?(p.127)"

개념 이해와 질문

1. Fong이 "언어와 사고는 서로서로 영향을 주면서 변화한다"라고 말한 의미는 무엇인가? 동의하는가?
2. 문화와 언어 간의 링크를 설명할 수 있는 구체적인 예를 들어보자.
3. Fong은 언어가 사람에게 자신의 세계와 문화를 인식하는 방식에 영향을 주고 방식을 형성한다고 말한다. 무슨 의미인지 설명해 보자.
4. "다른 언어를 사용하는 사람은 자신의 세계를 다르게 나눈다"라는 말은 무슨 뜻인가?
5. 중국인 이민자와 미국인의 칭찬하기 상호작용은 어떤 점이 서로 다른지 말해 보자.
6. Sherzer를 언급하면서 Fong은 "문화는 행동을 보이고 해석하는 데 따른 규칙을 공유하는 개인들의 집단"이라고 썼는데, 이 구절의 의미는 무엇인가?
7. 불운을 되돌리기 위하여 중국인이 언어를 어떻게 사용하는지 설명해 보자.
8. 중국인과 미국인이 자신들을 표현하는 방식은 어떻게 다른가?

Mary Fong teaches in the Department of Communication Studies at California State University, San Bernardino.

이스라엘 유태인과 팔레스타인인 간 대화 및 문화적 의사소통 코드

Ellis & Maoz

근대정치사를 잘 모르는 사람이라도 이스라엘 유태인들과 팔레스타인 아랍인이 폭력을 동반한 심각한 갈등상태에 고착되어 있음을 안다. 이 갈등의 근원은 19세기 말 시오니즘의 등장과 이후 이어진 유태인의 팔레스타인을 향한 대규모 이민사태이다. 시오니즘은 팔레스타인 땅에 유태인의 나라를 세우는 것을 목표로 했다. 하지만 그 땅에는 이미 팔레스타인인이라는 정체성을 가진 아랍인들이 살고 있었다. 이러다보니 땅의 소유권, 자치권, 국가설립을 두고 유태인 공동체와 팔레스타인 공동체 간 충돌은 필연적인 결과였다. 1920년대에 최초로 폭력적인 충돌이 일어난 후 정도의 차이만 있을 뿐 이런 충돌이 일상화되었다(Kelman, 1997; Rouhana & Bar-Tal, 1998).

20세기 초에 이 충돌이 주변 아랍국까지 연루된 전쟁으로 번지기도 했는데, 원인은 UN의 1947년 11월에 팔레스타인 땅에 아랍과 유태 팔레스타인 두 개의 분할국가 설립을 권고하는 내용을 담은 선언이었다. 팔레스타인인은 이 안을 거부한 반면 유태인은 1948년에 국가수립을 선포한 후 국가건설에 착수했고 이후 이어진 전쟁에서 이스라엘이 승리했다. 이스라엘의 승리 이후 이스라엘이 영토로 선언한 땅에 살던 팔레스타인인 대부분이 전쟁지역을 피해 피난 가거나 이스라엘군에 의해 추방당하는 식으로 주변 이웃나라로 흩어졌다(Maoz, 1999).

1967년 이스라엘 대 이집트, 요르단, 시리아연합군 간 전쟁에서 이스라엘이 승리한 후 팔레스타인이 이스라엘의 지배하에 놓이게 되면서 웨스트뱅크와 가자지구에 거주하는 팔레스타인인들의 봉기가 일어나게 된다. 이스라엘의 점령에 항의하며 발생한 이 봉기는 1987년에 시작해 1993년까지 계속된다(Rouhana & Bar-Tal, 1998).

노르웨이 오슬로에서 1993년에 이스라엘인과 팔레스타인인 간 관계의 돌파구를 마련하고자 평화협정을 체결한다. 협정 체결시 두 민족 간 상호인정 문서교환이 포함되었는데 그 내용에 팔레스타인 자치를 위한 첫 걸음으로서 가자와 제리코 지역에 팔레스타인 자치정부 수립을 명시하고 있다. 평화협정이 체결된 후 그 땅의 폭력을 종식하고 화해로 나아가리라는 희망도 있었지만 이런 낙관주의는 시기상조였다는 것이 분명해졌다.

1995년 11월에 당시 이스라엘 수상 암살 이후 1996년 전반까지 다수의 테러사건들이 발생했다. 이 상황에서 이스라엘과 팔레스타인 간 평화 과정은 험난해졌다. 평화과정이 점차 난관에 부딪치면서 협정 이후의 단계들을 실행하는 것에 문제가 생겼고 심지어 협정을 위반하는 일들이 발생했다. 2000년 10월에 알 악사 모스크 테러사건이 발생하면서 이스라엘과 팔레스타인 간 관계는 다시 폭력으로 돌아섰다. 양측 지도자들이 평화재건을 위한 시도들을 해왔으나 이들은 합법적 땅의 소유권을 둘러싼 갈등뿐 아니라 문화적 갈등, 주체성과 자아인식에 대한 갈등까지 얽힌 관계 속에 있음을 생각해야 한다. 이스라엘 유태인과 팔레스타인인간 정치문화적 차이는 서로에 대한 부정적 고정관념, 상호부정, 극단적 소통불통을 포함한다. 대화와 그룹대면은 이 어려운 문제를 푸는 데 도움이 될 수 있다. 이스라엘 유태인과 팔레스타인인이 가진 대화 기간 동안 관계 증진을 위한 '변형대화법' 과정이 포함된다(Maoz, 2000a).

갈등집단 간 변형대화법

집단 간 대화는 성숙, 변화, 갈등관리에 유용한 장소로 여겨진다. 갈등관계에 있는 문화집단 간 변형 대화는 서로에 대한 편견과 증오심을 줄이고 상호이해를 증대시키는 길이다(Gergen, 1999).

이 대화법은 북아일랜드, 남아프리카, 중동 등 갈등을 겪고 있는 그룹을 돕는 데 유익하다고 알려져 있다.

변형 대화는 집단 간 갈등관계 상황에서 쓰였는데 사회심리학 접촉가설의 큰 영향을 받았다. Allport(1954)가 최초로 제안하고 이후 많은 연구가 더해진 이 이론은 특정 조건하에 갈등 집단 간 접촉이 이루어지면 서로에 대한 편견을 줄이고 부정적인 집단 간 태도를 완화시킨다고 주장한다(Amir, 1976; Pettigrew, 1998). 접촉가설은 특정 조건에서 최적의 효과를 보이는데 그 조건은 다음과 같다.

1. 두 집단은 최소한 접촉 당시만이라도 평등한 위치에 있어야 한다. 불평등한 두 집단 간 접촉은 부정적 고정관념만 고착화할 수 있다.
2. 두 그룹에 속한 개인들이 사적이고 지속적인 의사소통이 가능한 정도가 되어야 접촉이 성공했다고 본다.
3. 효율적 접촉을 위해 두 그룹의 구성원들은 협력활동을 하고 서로 의지할 필요가 있다.
4. 연관 세력들은 평등한 관계를 이루는 것에 동의해야 한다.

이스라엘과 팔레스타인인 사이의 변형 대화

1970년대 하바드대학 소속 Kelman이 개발한 대화형 문제해결 워크샵으로 이스라엘인과 팔레스타인인 간 분쟁을 드러내려는 구조화된 의사소통 이벤트가 진행된 이후 지속적인 활동이 있었다(Kelman, 1997). 이 워크샵을 통해 정치적으로 활발하고 영향력이 있는 이스라엘과 팔레스타인인들을 비공식적 제3자 중개를 통하여 사적이고 직접적인 대화를 하도록 묶어보았다(Kelman, 1995,

1997). 1993년에 오슬로 평화협정이 체결된 후 매해 양측의 민중을 겨냥한 이스라엘과 팔레스타인 대화 이벤트가 숱하게 진행되었다(Adwan & Bar−On, 2000). 이런 대화 이벤트는 주로 2~3일 정도 지속되고 건설적 의사소통 과정을 통하여 평화와 화해를 구축하는 것을 목표로 한다(Maoz, 2000b). 이벤트 중 참가자 모두가 만나는 시간도 있고 소그룹으로 만나는 시간도 있다. 자기 그룹 구성원들끼리만 만나는 시간도 몇 번 있다. 대화는 영어, 혹은 통역된 히브리어나 아랍어로 진행되었다.

마르틴 부버, 칼 로저스, 미하일 바흐친 같은 학자가 정의하는 "대화" 개념이 이 그룹들을 이끄는 원칙이다. 그 정의에 따르면 의사소통의 목적은 독백, 혹은 단일 권위 목소리에 눌리는 것이 아니라 뭔가 새롭고 독특한 것이 보이는 서로 다른 관점의 상호작용을 강조하는 '서로 말하기'이다. 대화는 깊은 차이점과 공유된 관심을 찾는 행위이다. 대화를 하는 것은 참가자들이 진정으로 상대방에 대해 알아보는 것이고 미성숙한 판단이나 논쟁, 단점을 들춰내려는 심문을 하지 않는 것이다.

대화 중 변화/변형 과정은 어렵고 복잡하며 느리게 일어난다. 정치, 심리, 문화, 의사소통이 얽힌 문제들이 산적해 있다. 작업을 하면서 우리는 의사소통 과정이 여전히 중심임을 알았다. 상호작용이 지속적으로 일어나지 않으면 화해나 평화가 이루어질 가능성은 전혀 없다.

그러므로 우리는 이 집단이 가진 문화와 의사소통에 있는 현안에 온전히 집중했다. 이 글을 통하여 이스라엘 유태인과 팔레스타인인 간 상호작용 내용을 전형화한 문화 의사소통 코드와 이러한 발화코드가 실제 대화에서 어떻게 표현되었는지 설명하고자 한다.

발화코드

한 문화 안에 서로 다른 집단의 사람이 살면, 각 집단은 그들만의 특징과 공통 행동을 갖춘다. 사람들이 비슷한 옷을 입고 입맛을 공유하며 많은 공통 태도를 취하지만 여전히 의사소통을 지향하는 마음이 있다. 문화공동체 구성원들은 언어사용과 해석에 관한 원칙을 공유한다. 언어사용(단어선택, 속어, 액센트, 구문 포함)과 그 언어를 특정 방식으로 해석하는 경향은 각자 속한 문화공동체에 의해 결정된다는 의미이다.

이스라엘 유태인의 문화와 아랍인의 문화는 그들 역사의 특수한 환경에서 나왔다. 의사소통에 관한 서로 다른 표준도 이런 역사적 맥락에서 나왔다. 이런 대조적 발화코드 때문에 의사소통이 어려워진다. *Musayra*라고 불리는 아랍인의 언어코드는 "적응하기" 혹은 "함께 가기"라는 말 뜻처럼 대화자 간 화목한 관계 설정을 바라며 진행되는 의사소통 방식이다. *Musayra*는 명예, 환대, 집단주의를 선호하는 아랍문화 가치에서 나왔다. *Musayra* 코드로 대화하는 아랍인 화자는 상대방에게 예의를 지키며 직접적 언급을 삼가는 말하기 태도를 보인다.

좀 더 자세히 보면 네 가지 특징이 있는데, 그 첫째는 본래 정형화된 반복어구 사용을 통한 "반복 말하기"이다. 상대방을 칭찬할 때, 당신이 자비롭고 상대방에게 맞춰주는 사람이라는 것을 드러내 보이는 효과가 있다. 논쟁을 하면서 신념을 과시하고자 할 때 서구스타일의 논리를 사용하는 것보다 할 말을 반복하는 것이 더 효과적이다. 두 번째 특징은 "간접적으로 말하기"이다. 이들의 문화에서 개인 간 관계가 조심스럽고 맥락에 민감한 것을 고려하면 충분히 이해가 된다. 간접적으로 표현하면 예의 바르게 보이고 체면도 차릴 수 있다. 풍부한 표현과 모든 것을 아울러 표현할 때 보이는 "정교함"이 이 언어코드의 세 번째 특징이다. 이를 통해 화자간 관계가 깊어지는 효과가 있다. 마지막으로 "풍부한 감성"을 특징으로 들 수 있다. 이 방식으로 상대와 일치를 이루고 관계를 유지하게 된다.

이스라엘 유태인의 발화코드는 *Musayra* 와 정반대이다. 이것은 Katriel(1986)이 *Dugri* 라고 명명한 직접적이고 실용적인 유형을 취한다. *Dugri*는 "직설적인 말"을 의미한다. *Dugri* 코드를 활용하여 대화의 핵심을 말하며 의사소통 목적은 정보를 얻고 이해하는 것이 주가 된다. 감정적 호소나 사적 미묘함은 부차적인 중요성을 지닌다. 화자는 자신이 명확하게 직접적으로 말하고 있는가를 중요시한다. *Dugri*와 *Musayra*는 발화코드의 대표적 예이다. Philipsen (1997)은 문화의 발화코드를 특징짓는 다섯 가지 아이디어를 설명하는데 우리는 이런 아이디어들이 문화 구성원의 의사소통에 얼마나 강력하게 뿌리박혀 있는지 그리고 문화 간 소통에서 나타나는 문제점을 알게 된다.

발화코드는 문화마다 독특하다

발화코드는 특정 장소에 있는 특정 사람과 일치한다. 누군가 하는 말을 듣다가 "저 사람은 어디 출신이지?"하는 생각을 할 때가 있다. 언어는 언제나 나라(미국식 영어나 영국식 영어 등), 지역(남부, 서부 등), 주변 등 그 사람이 있는 장소와 일치한다. *Dugri* 발화는 이스라엘의 유태인 전통에서 태어나 살아가는 이스라엘인들과 연관되어 있다. 이 코드는 유럽 전통에서 살아온 유태인들에게는 독특하게 느껴질 수도 있다. 이 코드는 1930~1940년대 국가건국 전 시기에 고착되기 시작했다. *Musayra*는 아랍어화자와 아랍문화에 속한 사람들의 고유한 것인데 이 코드는 지리적으로는 아랍 문화가 유태문화에 비해 더 다양한 탓에 정확하게 일치하지는 않는다. 이 두 코드의 화자들의 지리적 위치가 바꾸면 코드사용도 그에 따라서 달라진다.

발화코드는 해당 문화에 고유한 심리학과 사회학에서 나온다

발화코드는 한 문화의 심리적 특징과 긴밀하게 연결되어 있다. 그 문화에 속한 사람들이 스스로를 보는 방식과 관련되어 있다. 특정 태도, 가치가 다른 문화보다 이 문화에서 더 잘 들어맞는 상태를 말한다. *Musayra* 코드를 사용하는 아랍인은 명예에 관한 그의 문화의 기대에 맞추어 행동하고 있는 것이다. 명예는 겸손함과 환대 문화 코드를 정당화하는 심리적 가치이다. 이스라엘 유태인들은 그들의 강한 자아를 표현하기 위해 *Dugri* 코드를 사용한다. 이 자아정체성은 이스라엘 국가에 대해 그들이 갖는 자부심과 힘에 근거한다. 역사적으로 유태인들은 떠돌아다니고 압제받는 민족이었는데 이스라엘 국가 건설은 그들의 역사적 조건조차 바꾸어놓았다.

코드에 근본적으로 의존하는 메시지의 의미와 중요성

"의미는 말이 아닌 사람에게 있다"라는 격언을 들어본 적 있을 것이다. 의사소통과정에서 진정한 소통은 사람과 그들의 코드에 달려 있다는 의미이다. 사람이 의사소통을 할 때 동작도 뒤따른다. 그러면 상대방은 이 행동을 해석한다. 아랍인 화자가 공손하고 정중한 느낌의 *Musayra* 코드를 사용하면 그 코드를 모르는 상대방은 이 발화를 허약하고 아부하는 식으로 해석할 수도 있다. 이스라엘 유태인은 무례하고 공격적이라는 평을 듣고 있다. 그들의 *Dugri* 코드는 이 코드를 모르는 사람에겐 무례하게 들릴 정도로 무뚝뚝하고 직접적인 느낌을 고스란히 담고 있다.

발화코드는 원어민 화자의 언어와 의사소통에 있다

발화 코드는 사람의 언어에서 드러나 있는 것이다. 이 코드는 사람의 머리 속이나 문화 일반론에 있는 것이 아니다. 문화구성원의 의사소통을 관찰할 때 드러나는 것이다. 이런 맥락에서 이스라엘 원어민 화자가 직접적으로 퉁명스럽게 말할 때 *Dugri* 코드가 명백하게 드러난다고 할 수 있다. 발화코드를 찾아볼 수 있는 또 다른 경우는 바로 관례화된 의사소통 기능이 일어나는 상황이다. 익숙하고 반복된 방식으로 짜인 상호작용인데 코드에 맞춰진 상징적 형식을 가지고 있다. 인사하기 관례가 예가 될 수 있다. 아프리카계 미국인이 동료 아프리카계 미국인과 인사하는 방식은 그가 백인과 인사하는 방식과 다르다. 동료와는 우정을 표현하기 위해 특정 어휘나 몸짓을 사용한다. *Dugri*나 *Musayra* 경우도 마찬가지이다. 이 코드들은 자아정체성을 확인하는 상징적 형태이다. 우리는 이러한 상징적 형식들과 의사소통 패턴을 연구함으로써 우리 문화가 어떻게 질서를 갖추고 있는지 알 수 있다.

발화코드는 의사소통을 이해, 예측, 통제하는 데 사용될 수 있다

발화코드를 이해하면 더 나은 의사소통을 할 수 있다. 사람들은 기계처럼 말을 주고받지 않는다. 문화적 코드가 의사소통의 기본이지만 사람들은 종종 코드를 점검하고 패턴을 바꾼다. 전형적 *Dugri* 코드를 사용하는 이스라엘인이 다른 사람들이 자신을 어떻게 받아들이는지 깨닫고 나서 발화코드를 수정할 수 있다는 말이다. 상황이 발화코드를 바꿀 수도 있다.

이스라엘 유태인과 팔레스타인인 간 논쟁

이스라엘 유태인과 팔레스타인인 간 관계를 특징짓는 말이 '논쟁'이다. 사실 갈등 해결을 위해 받아들여질 만한 조건이라면 이 두 그룹에게 논쟁은 중요하다. 서로 총을 쏘는 것보다 논쟁하는 것이 낫지 않는가. 이스라엘 유태인의 *Dugri* 코드가 논쟁하는 식의 특징이 있으므로 논쟁을 할 때 이스라엘 유태인이 유리할 거라고 생각할 수 있다. 하지만 흥미롭게도 *Musayra*에도 논쟁 패턴이 있음을 밝히는 연구가 있다. Hatim(1991)은 근대 아랍어에 드러나는 논증적 말하기가 공손함과 체면 차리기와 연관이 있음을 밝혔다.

대화상황에서 집단의 서열이 문제가 된다. 두 집단의 서열이 다를 때 높은 서열에 있는 집단이 하는 말에 더 무게가 실리게 되기 때문이다. 이스라엘 유태인은 월등한 군사력과 경제력을 바탕으로 대화에서 우위를 점한다. 거기에 더하여, 그들의 발화코드가 논쟁에 더 적합하다. 공개 토론을 권장하고 평등한 관계 설정을 통해 이런 서열 차이를 줄일 수 있었다. 아랍인이 논쟁을 그다지 좋게 보지 않지만 두 문화 간의 이러한 차이가 줄어드는 상황이 있다.

우리는 이스라엘 유태인과 팔레스타인인 간 정치적 대화에서 벌어진 논쟁이 문화 발화코드에 대한 우리의 기대와 일치하지 않는다는 것을 알게 되었다(Maoz & Ellis, in press; Ellis & Maoz, 2001). 이스라엘 유태인이 딱히 더 적극적인 논쟁을 벌인 것도 아니고 아랍인들의 공격적인 태도가 적게 나타난 것도 아니다. 의사소통의 대화 맥락은 이 발화코드를 바꾸면서 조금 더 대등한 토론을 위한 환경이 조성된 듯하다. 팔레스타인인이 발화코드 이론이 추측한 것보다 더 적극적으로 임하고 논리와 완결성을 갖춘 것이다. 그들은 제안을 했고 전통적 논쟁관례에 따라서 증거를 갖추어 자신들의 제안을 옹호했다.

이스라엘 유태인은 팔레스타인인의 주장을 반박하느라 *Dugri* 코드를 일관되게 따른다. 이 코드에 따르면 상대의 주장을 부정하고 타당한 이유를 요구하는 데 편리하다. 하지만 그들이 팔레스타인인에게 자신들이 행한 불의를 고발할 기회를 허락한 셈이 되어 변형의사소통이 가능한 환경이 조성된다. 이런 상황에서 이스라엘 유태인은 그들에게 제시된 반대 의견에 시종 수세적 태도를 견지하게 된다. 심지어 머뭇거리거나 굴복하는 듯 보이는 때도 있다. 이 집단들의 대화 맥락과 변형 특성이 전형적 역할을 바꾸면서 이러한 변화를 가져온 것이다.

열세에 있는 집단이 단결하면서 이 대화 맥락이 강화된 듯 보이는데, 의사소통 유형이 이 사실을 반영한다. 팔레스타인인은 자신들의 *Musayra* 코드보다 *Dugri* 코드에 가까운 방식으로 증거까지 제시하며 논쟁을 펼친다. 팔레스타인인의 "태그팀" 전략에 따른 논쟁의 예를 보면 그들은 먼저 예루살렘 출입이 금지된 상황에 얼마나 분노하고 있는지 알 수 있다. 이스라엘인이 안전상의 이유라고 대응하면 팔레스타인인은 단결하여 한 목소리로 이스라엘 군인이 감시하는 가운데 팔레스타인인 출입을 허용하는 체크포인트 제도의 허점을 지적하며 이는 단지 자신들을 괴롭히기 위한 술책이라고 반박한다.

- 팔레스타인인 : 체크포인트를 거치지 않고도 예루살렘에 들어가려면 갈 수 있어. 군인들이 날 보고도 신경도 안 쓰더라. 그냥 괴롭히려는 거야.
- 팔레스타인인 : 베들레헴에서 예루살렘으로 가는 세 가지 방법이 있어.
- 팔레스타인인 : 예루살렘에 가려고 마음만 먹으면 5분이면 가.
- 팔레스타인인 : 팔레스타인인 육만 명이 매일 허가 없이 이스라엘로 들어가. 허락받고 들어가는

수는 사만 명 정도이지. 그럼 이게 무슨 안전상 이유냐? 그냥 정치 놀음이야. 이게 사실이라고.

팔레스타인인은 대담하다. 대화맥락이 두 집단의 고유한 코드를 변형시키는 데 일조한다. 두 집단 간 권력관계는 중요한 문제이다. 발화코드는 유연하며 코드의 문화적 힘을 줄이고 변화와 성장을 가능하게 하는 상황과 활동이 가능하다고 본다. 이런 의사소통 경험으로 적대적인 집단 간에 균형이 맞아가면서 이후 평등하고 좀 더 생산적인 상호작용 결과를 가져올 수 있다.

결론

이 글에서 우리는 이스라엘 유태인과 팔레스타인인 간 문화적 의사소통 유형을 설명했다. 극단적 갈등관계인 이 두 집단은 화해와 변화를 절실히 원한다. 정치지도자와 협상자는 국토, 통치권 등 많은 법률적 문제들을 해결할 필요가 있다. 하지만 이 두 그룹이 함께 일하고 의사소통을 활발히 해야 온전한 평화와 번영을 이룰 수 있다. 이들의 코드가 의사소통의 연결점이 될 수도 장애물이 될 수도 있다. 의사소통 코드가 상대적으로 고정적이기는 하지만 변화 불가능한 것은 아니다. 코드에 따른 의사소통 행동이 일어나지 않는 행동의 예를 소개했다. 대화와 타협을 위해서 코드에 대한 철저한 이해가 필요하다. 어휘가 통역되는 과정에 그 어휘가 지닌 문화적 의미가 사라지는 경우를 보면 어휘가 가치중립적이 아님을 알 수 있다. 어휘는 발화코드를 이루는 상징이 문화의 옷을 입을 때 그 진정한 의미를 가진다. 이후 작업은 발화코드의 성향을 계속 연구하고 코드가 대화와 갈등 조절에서 하는 역할을 규명하는 것이다.

개념 이해와 질문

1. 이스라엘 유태인과 팔레스타인 아랍인 간 의사소통 역동성을 정의하는 데 영토권, 종교, 문화적 갈등이 어떤 역할을 하는가?
2. Ellis & Maoz의 "변형대화법"은 무엇인가?
3. 어떻게 변형 대화법이 갈등 집단 간 의사소통 과정을 개선시키는가?
4. 접촉 가설을 통하여 편견과 집단 간 부정적 태도를 약화시키기 전에 갈등 집단 간에 충족시켜야 할 조건은 무엇인가?
5. Martin Buber, Carl Rogers, Mikhail Bakhtin의 토론에서 나온 것처럼, '대화' 개념이 어떤 식으로 변형 대화법의 기본 원칙이 되는지 설명해 보자.
6. 발화 코드 내 문화적 차이가 이스라엘 유태인과 팔레스타인 아랍인 간 의사소통에 어떤 영향을 미쳤는가? 이 두 집단의 발화 코드 내 차이점의 예를 들어서 설명해 보자.
7. 이스라엘 유태인과 팔레스타인 아랍인 간에 발생하는 독특한 발화코드의 발달 과정에 기여한 주요한 환경은 무엇이었는지 설명해 보자.
8. "적응하다" 혹은 "함께하다"라는 뜻인 Musayra는 팔레스타인 아랍인의 발화코드에서 중요한 역할을 한다. Musayra의 네 가지 의사소통 특징은 각각 무엇인지 말해보자.
9. 이스라엘 유태인과 팔레스타인 아랍인의 발화코드는 서로 어떻게 다른가?
10. Ellis & Maoz의 메시지의 의미와 중요성은 발화코드에 달려있다는 발언은 무슨 뜻인지 말해 보자.

Donald G. Ellis teaches in the School of Communication at the University of Hartford, West Hartford, Connecticut.
Ifat Maoz teaches in the Department of Communication and Journalism, Faculty of Social Sciences, at The Hebrew University, Mt. Scopus Campus, Jerusalem, Israel.

멕시코 속담 혹은 격언: 언어를 통한 교훈

Carolyn Roy

멕시코 문화와 반영된 이미지

멕시코의 저명한 작가 중 하나인 고 옥타비오 파스는 그의 저서 『고독의 미로』에서 "멕시코 사람의 얼굴은 가면"(Paz, 1961, p.29)이라고 말한다. 그러므로 멕시코인의 국민성을 아는 것은 불가능에 가깝다고도 말한다. 또 다른 작가 카를로스 푸엔테스는 어두움의 이미지를 빌려서 고대 아즈텍인이 적철석으로 만든 거울을 윤을 내어 멕시코의 혼을 비추듯 "거울은 현실의 반영이자 상상력의 투사가 아닌가(Fuentes, 1992, p.11)"라고 글을 썼다. 멕시코인의 불가해한 국민성에도 불구하고 그들의 속담이나 격언을 통칭하는 *Dichos*는 멕시코 대중문화에서 가장 신뢰받는 연구 접근 대상이 될 수 있다. 푸엔테스의 은유대로 멕시코문화에 대한 우리의 이해는 아직 어두침침한 상태이다. 스페인어와 토속어가 융합된 멕시코어를 정확하게 통역하는 것이 어려워서 이후의 연구결과에 대한 기대도 밝지만은 않다. 이런 어려움에도 불구하고 치와와사막 북쪽지역부터 남부 치아파스고원 지역에서 수집한 속담/격언을 통해 멕시코 문화의 가치를 이해할 수 있을 것이라고 기대한다.

속담 중 일부는 본래 멕시코에서 유래했지만 많은 수가 1519년 이후 스페인인에 의해 전해진 것이다. 이런 사정으로 속담은 문화의 융합을 반영한다. 16세기 초 스페인에서 당시 스페인 문화와 이슬람문화가 융합된 상황이 그 예이다. 멕시코 속담은 대부분 보편 가치를 담고 있다. 그 예로 미국에서 흔히 듣는 "그 아버지에 그 아들"처럼 아이의 품성의 책임을 부모에게 두는 가치를 멕시코속담 "이 막대기에 이런 조각"에서 찾아볼 수 있다. 하지만 "열매가 맺혀야 선인장을 찾기 마련"이란 속담은 멕시코 환경에서만 나올 수 있는 것인 듯하다. 속담이 보편적인 가치를 지닌다는 것은 원칙이지만 그 표현을 어떻게 하는가는 그 문화에 영향을 받는다. 우리의 연구대상은 멕시코문화의 가치를 반영하는 특정 속담이다.

멕시코 속담/격언

속담은 현대 멕시코 사회의 기본 가치를 반영한다. 비록 그 뿌리가 유럽, 콜럼버스 정복 이전 남미 원주민 문명에 다다르는 광활한 것이긴 해도 그러하다. Nava는 "Dichos는 말하기가 편하다. 결국 우리 선조들이 우리에게 현명하게 행동할 것을 기억하도록 수도 없이 반복해서 전한 내용의 음성적 지름길이라고 볼 수 있다."(Nava, p.35)라고 말한다. Dichos는 수 세기 동안 경험을 통해 터득한 지혜의 함축적 표현이다. 이어서 소개될 속담을 볼 때 항상 문화적 맥락을 생각해야 한다. 멕시코 사람이 장난스럽게 "내일로 미룰 수 있는 일을 오늘 하지 말라"라고 할 때 이것을 문자 그대로 받아들여서는 안 된다. 보편가치인 "오늘 할 일을 내일로 미루지 마라"를 강조하기 위한 장난일 뿐이다.

단어를 가지고 말장난하기, 이중의미 사용, 정반대 의미로 단어 사용하기 등은 콜럼버스 정복 이전 멕시코인의 언어 관습에서 기원한다. 아즈텍인은 어른을 칭할 때 "나의 소중한 젊은이"라고 말했는데 이는 오늘날 아기 엄마가 자기 아기를 "내 소중한 아버지"라고 부르는 것에서도 나타난다. 이 연구에서 집중한 멕시코인의 가치는 "신의 뜻"을 장난스럽게 적용하는 것, 외모의 중요성, 개인의 사생활을 보호하면서도 타인의 사생활을 침해하지 않는 것, 설정된 성역할, 가족의 가치 등이다.

"신의 뜻" 적용

"좋은 일이 함께 하지 않는 나쁜 일은 없다." 멕시코인이 운명론적이라고 하지만 본래 필연적인 것을 잘 받아들이는 것 같다. 민속 지혜의 많은 내용이 가난을 그저 받아들이고 심지어 가난에 대해 웃어버린다는 식이다. 역경 속에서도 행복을 찾는 것을 즐기는 것 같다. 가장 흔한 속담 중 몇몇 핵심은 낙관주의이다. "아무짝에도 쓸모없는 나쁜 바람이야"이란 속담의 속뜻은 "고생 끝에 낙이 온다"이다.

"우는 것보다 웃는 게 나아" 역경 가운데 웃을 수 있다면, 그를 힘들게 하는 것이 단순히 계획이 어긋난 것이든 죽음처럼 필연적인 것이든 간에 그의 행복을 방해할 수 없다. 멕시코 예술작품들 중 많은 수가 삶과 죽음의 이중성을 반영한다. 호세 과달루페 포사다의 유명한 목각 작품 하나는 멕시코인이 죽음을 친근하게 여기는 것을 보여 주듯 일상에서부터 충격적인 장면에 이르기까지 각 장면에서 해골을 묘사하고 있다. 웃을 수 있다면 탄식할 필요는 없다.

"인간은 제안하고 하느님은 성취하신다." 멕시코 여성이라면 점심모임부터 아이의 미래를 위한 계획에 이르기까지 어떤 일을 준비할 때 "하느님의 뜻이라면"이라는 말을 빼놓지 않는다. 미래는 하느님께 속했다는 전제가 있다. 미국 남부에 가면 민속학자들에 의해 알려진 "하느님이 뜻하시면 개천은 범람하지 않는다." 라는 말을 들을 수 있다. 이 속담은 운명론적 태도를 반영한다기보다는 산간벽지에서 궂은 날씨에 대해 붙이는 재미있는 변명처럼 들린다.

"아무리 일찍 일어나도 해가 더 빨리 뜨지는 않는다." 바꿀 수 없는 것은 받아들이는 수밖에 없다는 말이다. 바보만이 자연의 힘을 거스르는 시도를 한다.

"가난한 이에게 고기살 돈이 생기면, 그때는 사순절이다." 가난한 사람에게 고기 살 돈이 생긴 때가 금식주간이라는 말이다. 그는 그의 불운을 받아들여야만 한다. 이것이 역경을 조롱하고 웃어넘길 수 있는 방법이다.

"노래하는 사람에게서 슬픔이 겁을 먹고 도망간다"는 노래로 슬픔과 우울함을 쫓아 버린다는 말이다. 노래를 포함한 음악은 멕시코인의 모임에 언제나 함께하며 지하철역이나 대도시 거리모퉁이에서 자주 들을 수 있다.

신중하게 부여하는 신뢰

"신뢰할 때 위험이 도사리고 있다"라는 속담은 멕시코 사람이 혈연이 아닌 누군가를 믿는다는 것은 대단한 일이라는 의미이다. 신뢰를 할 때 일어날 수 있는 최악의 일은 배신이다. 신뢰한다는 것은 위험이 따르는 일이며 가볍게 여길 일이 아니다.

"믿다가 사람이 죽을 수 있다"의 뜻은 배신은 총알처럼 영혼을 죽인다는 것이다. 친구 간에 저지를 수 있는 최악의 것이다. 배신의 무게를 전하는 속담 중 "두 번 조리한 음식도 믿지 말고 화해한 친구도 믿지 마라!"라는 말이 있다. 배신당한 신뢰는 회복될 수 없다.

"말하는 것과 실천하는 것 사이에 엄청난 간격이 있다"는 말은 약속이 다 지켜질 거라고 믿어서는 안 된다는 의미이다. 의도는 좋았을망정 상황이 안 따라줄 수도 있으므로 사람은 항상 실망하지 않도록 약속된 내용보다 덜한 상태를 받아들일 준비가 되어있어야 한다.

"사례를 미리 받은 음악가의 연주는 형편없다." 일이 끝나기도 전에 일꾼에게 임금을 주는 일만큼 어리석은 짓도 없다는 뜻이다. 고용주가 관대해 보이는 것이 아니라 멍청하게 여겨진다. 멕시코 문화에서 보면 쉽게 주어진 신뢰는 가치가 없다고 여겨진다. 신뢰는 쉽게 주는 것이 아니다. 이 속담의 교훈은 일이 끝나기도 전에 임금을 주면 형편없는 결과가 나온다는 것이다.

외양의 중요성

"네가 교제하는 사람을 말해봐라, 그러면 네가 어떤 사람인지 말해주마." 당신이 선택한 친구는 당신의 격을 반영한다. 당신이 평범한 사람들과 교류한다면 당신도 평범한 사람으로 여겨진다. 그러다 보니 사람은 항상 자신보다 높은 계층에 있는 사람과 어울리고 싶어한다. 영국 속담에 "유유상종"이라는 말이 있다. 이 속담은 사람이 자신보다 나은 계층의 사람들과 어울려야만 자신의 신분이 올라간다고 믿는 생각을 온전히 전달하고 있지 않다.

"늑대와 어울려 다니면 울부짖는 법을 배우게 된다", "나쁜 친구들과 사귀면 타락한다"와 같은 의미이다. 교제할 상대를 주의 깊게 골라야 한다. 누구와 교제하는 가가 그 사람의 위치나 품성에 영향을 주기 때문이다.

"뛰어난 수탉은 어디서든지 울 수 있다" 는 속담은 환경에 상관없이 할 수 있는 것은 할 수 있어야 한다는 의미이다. 훌륭한 품성은 어떠한 상황에서든 드러나기 마련이다. 나약한 품성으로는 고난을 헤쳐 나갈 수 없다.

사생활 존중

"마시지 않을 물이라면 흐르게 내버려두어라" 는 남의 일에 간섭하지 말라는 뜻이다. 물을 휘저어놓으면 다른 사람들이 마실 수 없게 된다. 누군가 문제가 있다면, 그가 해결하도록 두고 쓸데없는 말을 퍼뜨리지 말라.

"충고해주는 것도 좋지만 문제를 해결해 줄 수 있다면 더 좋다." 문제를 해결해 줄 수 없다면 충고하는 일을 그만두라는 의미이다. "당신이 사실을 말한다고 당신이 죄를 짓는 것은 아니다. 하지만 어떤 문제가 일어날지는 모른다"가 의미하는 것은 어떤 일의 진실을 말하지 않고 그대로 묻는 편이 나을 때가 있다.

"입을 다물고 있는데 파리가 들어갈 수는 없다"는 어떤 상황에 대해 또 다른 사람에게 말하지 않는다면 당신이 '참견을 하고 있다'는 걱정을 할 필요가 없다는 의도로 사용한다. "혀가 삐끗하는 것이 발이 삐끗하는 것보다 더 나쁘다"라는 말처럼 삐끗한 발은 고칠 수 있지만 말로 인한 해로움은 복구되지 않는다. "오직 네가 믿는 성인께만 기도하라!"란 말은 당신을 도울 수 있는 사람에게만 당신의 문제를 털어놓으라는 의미이다.

성역할

"주정뱅이의 옷을 벗기는 것보다 성자에게 옷을 입히는 것이 낫다." 결혼하지 않은 여성을 "성자의 옷을 입히기 위해 있는 사람"으로 부르는데 이는 이들이 성자의 이미지를 단장하고 장식을 만드는 식으로 관리하는 일이 주가 되어서 살아간다는 의미이다. 독신 여성들은 자신들의 상태를 이 속담을 가지고 정당화한다.

"불화하며 사느니 혼자 사는 게 낫다"라는 표현은 여성을 나약한 존재로 취급하는 문화에서 독신 여성이 결혼하지 않은 상태를 정당화할 필요가 있을 때 사용한다. 그 필요를 대변하는 속담이다.

"여자에게 네 사랑을 전부 주거나 네 돈을 전부 주면 안 된다." 멕시코 남자는 자신과 돈을 통제할 수 있어야 한다는 생각을 드러내는 것이다. 수입의 일부를 생활비로 부인에게 주고 나머지는 자신들이 관리한다. 멕시코 문화의 신비 중 하나는 남성우월주의와 고통 받고 순종적인 여성주의로 나뉘는 현상을 들 수 있다. 남자들만 입장하는 술집들이 있을 정도이다.

"암탉이 울고 수탉이 침묵하는 집은 안 된다"란 속담은 남자가 집의 주인이고 여자는 침묵해야 한다는 뜻이다. 여자가 결정하고 남자가 따르는 것을 좋게 보지 않는다. 영국 속담 "휘파람 부는 여자와 우는 암탉은 언제나 결말이 좋지 않다"도 같은 의미이다. 여성과 남성은 각각 적합한 역할이 있다고 본다. 그 역할이 바뀔 때 좋지 않은 결과가 온다고 본다.

공동체주의

"도와주는 자가 많으면 일이 거의 되지 않는다." 공동의 일이 되면 누구도 자기 일이 아니라고 여기게 된다는 의미이다. 일이 나뉘지면 빨리 진행되고 누구에게도 큰 부담이 되지 않는다. 공동체 일을 나누어 맡아서 일하는 전통은 유럽인이 오기 전부터 시작되었다. 아즈텍인에게 공동체 일을 교대로 하는 것은 보편적인 현상이다.

"친구가 없이 죽으면 울어줄 사람이 없다"는 표현이 있는 데 이 말은 멕시코문화에서 고인을 뒤따르며 애통해하는 자의 존재가 아주 중요하다는 뜻이다. 고인을 따라서 묘지까지 함께 하는 문상객에게 돈을 지불하는 것이 관습이다. 이는 사람이 자신의 공적인 자아, 남에게 비춰지는 모습을 지키는 것이 이 문화에서 얼마나 중요한가를 보여 준다.

가족

"당신을 더 소중하게 받아줄 어느 곳으로 가겠는가?" 집보다 더 자신을 소중하게 대해주는 곳은 없다. 멕시코문화는 대가족문화이고 서로 간 긴밀한 관계를 유지한다. 개인이 도움이 필요하면 가족들이 돕는 식이다. 집에 머물 때가 가장 좋은 때라는 의미이다.

"부모님의 사랑 빼고 나머지는 다 의미 없다," 부모님의 사랑보다 더 중요한 것은 없다. 부모는 남들이 다 떠날 때라도 자신의 자녀를 사랑하고 지원한다. 성인이 되어서도 부모님과 함께 사는 경우가 흔하고 심지어 3세대가 함께 사는 경우도 흔하다. 가족 간 끈끈한 애정이 있어서 조부모는 자손들을 돌보고 양육에 관여한다.

정리

잘 알려진 속담은 그 문화의 기본가치를 반영한다. 구전되므로 글을 몰라도 속담을 전할 수 있다. 속담은 시간을 초월한 교훈을 즉각 떠올릴 수 있는 구절에 은유적으로 농축시켜 지니고 있다. *Dichos*를 연구하면서 우리의 경험이 다른 문화권, 다른 시대나 상황에서도 동일하게 겪어가는 것임을 알게 되었다. 멕시코 문화에서 운명을 유쾌하게 받아들이는 것, 신뢰하는 데 주의를 기울이는 것, 보이는 것에 가치를 두는 것, 사생활보호, 적절한 성역할에 대한 개념, 공동체, 가족 등 보다 중요한 가치들을 배울 수 있었다.

개념 이해와 질문

1. 속담/격언 연구를 통하여 어떻게 우리는 특정 문화의 중요한 가치를 이해할 수 있게 되는지 설명해보라.
2. Roy에 의해 논의된 멕시코 속담/격언 중 다른 문화에서도 찾아볼 수 있는 것은 무엇인가?
3. 우리 문화의 구체적인 가치를 대변하는 데 관련이 있는 우리의 속담/격언의 예를 들어보자.
4. 당신이 잘 알고 있는 속담/격언은 무엇이 있는가? 그 속담/격언을 선택한 이유는 무엇인가?
5. 미국의 속담/격언 중 개인주의 가치를 강조하는 것은 무엇이 있는지 예를 들어보자.
6. 멕시코 속담/격언 중 멕시코 문화의 종교적 철학을 반영하는 것은 무엇인지 찾아보자.

Carolyn Roy is a faculty member in the Department of History at San Diego State University, San Diego, California.

상이한 지평에서: 비음성 의사소통과 문화

Peter A. Andersen

오래 전, 인터넷커녕 세계 경제 개념도 없고 텔레비전이나 비행기도 없던 시절에 사람들 대부분은 자신의 문화 속에서 태어나 그 안에서 생을 마감했다. 무역상이나 전쟁에 참가하는 전사 등 극히 일부의 사람들이 다른 문화에 속한 사람을 만나볼 수 있었다. 그러나 오늘날은 다르다. 이제껏 상상할 수도 없는 비율로 문화 간의 만남이 진행되고 있다. 국제여행과 국제무역량도 계속 증가하는 추세이다(Brown, Kane, & Roodman, 1994). 많은 나라들이 전혀 다른 문화적 배경을 가진 이민자를 맞이하고 있다. 기술발전과 인터넷의 영향으로 "국가 간 경계가 모호해지고 국가개념이 이제껏 상상도 못해본 형태로 변화할 것"(Anderson, 1999b, p.540)이라고 말하고 있다. 일상생활에서 타 문화권 사람과 의사소통할 기회가 역사상 그 어느 때 보다도 많다.

런던, 로스엔젤레스, 시드니, 싱가폴 거리에서 수십 개의 언어를 들을 수 있다. 비록 언어 간 차이가 뚜렷하지만 이는 아주 거대한 문화 빙산의 극히 작은 일부일 뿐이다. 사람은 문화를 지시나 표현으로 배운다기보다 주로 관찰과 모방에 의해 학습하므로 문화는 내포된 비음성 현상이라고 말할 수 있다. 문화의 기본 단계는 굳이 의식할 필요 없이 자연스럽게 비음성적 수단에 의해 의사소통되는 내면성이라고 하겠다(Anderson, 1999a; Hall, 1984; Sapir, 1928). 대개 문화적 상호작용자는 같은 언어를 쓰지 않는다. 언어는 배울 수 있지만 더 큰 의사소통 문제는 비음성 영역에서 발생한다. 비음성 의사소통은 미묘하고 비언어적이고, 다면적이며 또한 자연스러운 과정이다(Anderson, 1999a). 사실, 사람들은 자신이 사용하는 비음성 행동을 그다지 의식하지 않는다(Andersen, 1999a; Burgoon, 1985; Samovar & Porter, 1985).

우리가 우리 자신의 비음성 행동을 의식하지 않기 때문에 다른 문화에 있는 비음성적 행동을 알아내고 숙달하기는 정말 어렵다. 때로 우리는 직관적으로 뭔가 다르다는 것을 알기 때문에 다른 문화에 있는 것에 불편함을 느끼기도 한다. "비음성 행동 개념은 거의 무의식적 현상이므로 우리가 왜 이렇게 불편한지 이유를 말하기는 어려울 것이다"(Gudykunst & Kim, 1992, p.172). Sapir는 "우리는 상대의 몸짓에 아주 분명하게 반응한다. 어디에 써 있는 것도 아니고 누군가가 알려준 것도 아니지만 모두가 이해하는 그런 정교하고 비밀스런 코드에 부합되게 반응한다"(Sapir, 1928, p.137)라고 말했다.

이 글에서는 비음성 의사소통 여덟 가지 코드(몸짓, 공간학, 시간개념학, 동작학, 촉각학, 눈맞춤 등)를 간략하게 소개한다. 거기에 더해서 문화에 대한 간략한 정의, 문화적 차이의 여섯 가지 주요 측면(직관성, 개인주의, 성, 권력간격, 불확실성회피, 문화의 맥락)을 소개한다. 이는 비음성 행동에 관한 비교문화적 차이 수천 개를 이해하는 데 도움이 될 것이다.

비음성 코드

비음성 문화 간 소통에 관한 논의 대부분이 각 비음성 코드의 문화 간 차이에 관한 예들을 사용한 일화나 서술적인 비이론적인 내용이었다. 비음성 행동의 가장 두드러진 코드는 외양이다. 처음 만났을 때 가장 중요하게 쓰이는 코드이기도 하다. 전통복장은 눈에 잘 띄고 종족에 대한 고정관념을 심어준다. 공항에서 행해진 접촉에 대한 필드 조사를 하는 동안 다문화적 의식용 가운을 입은 통가인, 흰 터번을 쓴 쉐이크교도, 초록색 전통 모자를 쓴 정통 유태인, 전통 셔츠를 입은 아프리카인, 조깅용 반바지에 홀터 탑을 입은 캘리포니아사람 등을 보았다. 문화 간 소통에서 외양이 어떤 효과를 주는가에 관한 연구는 거의 없다. 비록 청바지나 정장이 국제적으로 일반화된 복장이지만 아직도 지역 특성을 나타내는 복장을 많이 찾아볼 수 있다. 외양에 대한 선입견이 있으면 현상을 제대로 파악하기 어렵다. 구석기부터 지금에 이르기까지 인류는 다채로운 방식으로 자신의 몸을 꾸며 왔다(Samovar et al., 1998).

비음성 행동의 가장 근본적인 코드는 아마도 공간학, 화자 간 공간과 거리를 통한 의사소통일 것이다. 문화마다 개인의 공간 활용, 공간 활동에 속한 영역과 그 의미에 관한 관심 등이 기본적으로 다르다(Gudykunst & Kim, 1992; Hall, 1959, 1976; Scheflen, 1974). 지중해와 남미 문화에 속한 사람들은 서로 가까이 다가가고 북유럽이나 북동아시아 문화에 속한 사람은 상대와 좀 먼 거리를 유지한다. 하지만 이런 행동조차도 어떤 맥락인가에 따라서 크게 차이가 난다. 보통 상대와 넉넉한 거리를 유지하는 일본인들도 출퇴근시간의 만원 지하철에서 상대와의 거리는 엄두도 낼 수 없다.

시간의 의미와 활용, 의사소통에 관한 학문인 시간개념학이 문화 간 연구에서 가장 빈번하게 논의된 비음성코드일 것이다. 분석에 따르면 문화마다 시간에 관한 틀이 너무 달라서 시간개념의 차이만으로도 문화 간 오해가 심각할 정도라는 것이다. 미국에서 시간은 소비하고 남겨둘 수 있는 상품으로 간주된다. 이와 전혀 다른 시간 개념을 가진 문화도 많다. 대부분의 저개발국에서 삶은 자연과 하루, 계절의 리듬에 맞춰 움직인다. 일 분, 일주일같은 인위적 시간 구분이 전혀 의미가 없다. 많은 것이 동시에 진행되는 환경 대비 서구문화에서 시간은 순차적으로 예정된 것으로 간주된다.

얼굴 표정, 몸의 움직임, 제스처 등 사람의 동작학적 행동 또한 문화마다 다르다(Andersen & Leibowitz, 1978; Ford & Graves, 1977; McDaniel & Andersen, 1998; Samovar et al., 1998). 최근 연구를 보면 국가 간 혹은 문화 간 접촉은 분량, 위치, 타입, 공적 혹은 사적 노출 등에서 현저하게 다르다고 한다(Jones, 1994; McDaniel & Andersen, 1998).

최근까지 연구가 부족했던 비음성 의사소통 코드 중 하나가 바로 눈맞춤 등 눈을 통해 보내는 메시지를 연구하는 분야이다(Gudykunst & Kim, 1992; Samovar et al., 1998). 눈을 맞추는 것은 의사소통을 할 의사가 있다는 것으로 간주되므로 중요한 의사소통 주제가 된다.

유사언어로서 목소리 연구 또한 그간 주목을 받지 못했던 부분이다(Gudykunst & Kim, 1992; LaBarre, 1985; Samovar et al., 1998; Scheflen, 1974). 음악, 노래, 미학적 의사소통의 보편적 형태에 관한 연구는 민요의 차이와 유사성을 비교하여 여러 그룹으로 구분한 Lomax(1968)의 연구를 제외하고는 그간 간과되어온 분야이다.

마지막으로 냄새를 통해 개인 간 소통을 연구하는 분야도 그 연구가 가지는 중요성에 비해 철저히 무시되어왔다고 볼 수 있다(Samovar et al., 1998). 미국인들은 냄새에 가장 혐오감을 느낀다고 한다(Andersen, 1998). 사람들 대부분이 체취가 나지만 선진국들은 체취를 지우거나 자신들의 체취를 자연스러운 냄새로 대체하는 일련의 화장품을 사용한다.

문화 설정과 정의

문화는 특성, 상황, 상태와 더불어 개인 간 행동의 주요 원천이다(Anderson, 1987). 문화는 개인 간 소통 행동을 포함하는 우리 행동에 미치는 사회환경의 지속적 영향이다. 문화는 상대적으로 거대한 집단의 행동에 영향을 주는 믿음, 가치, 필요에 대해 공유하는 인식을 의미한다(Lustig & Koester, 1999). 문화는 "행동을 다스리는 통제 메커니즘"(Geertz, 1973, p44)이다. 문화는 한 문화체계에 속하는 모든 구성원에게 유사하고 강력한 영향을 준다. 또 다른 연구집단은 "문화는 문화 간 이질성과 집단 내 동질성을 대조하면 관찰될 수 있는 것이다"(Andersen, Lustig, & Andersen, 1986, p.11)라고 말한다.

개인의 특성과 문화는 둘 다 지속적인 현상이므로 때론 구분이 어렵다(Andersen, 1987). 하지만 특성을 만드는 데 여러 원인이 있겠지만(Andersen, 1987) 그중 일부만이 문화의 결과가 된다. 상황과 문화도 때로 헷갈리는데 둘 다 개인의 사회적 환경의 일부이기 때문이다. 그러나 문화가 지속적인 현상인 반면에 환경은 그 처음과 끝을 구분할 수 있을 정도로 일시적이라는 차이가 있다. 유전처럼 문화는 우리 의사소통 행동에서 가장 지속적이고 강력하며 눈에 보이지 않는 형성인자이다.

문화적 다양성의 차원

다른 문화에서 온 사람이 비음성 언어를 오해해서 생긴 일화는 수천 건 넘게 보고 되어 왔다. 아랍사람이 미국사람보다 더 가깝게 다가서서 대화한다는 것, 스위스 사람들이 이탈리아사람보다 의식적이라는 것을 아는 것도 좋지만 우리는 이 기본적인 접근법에 대해 좀 더 알아야 할 필요가 있다. 접촉할 가능성이 있는 문화 간 조합이 엄청나고 각 만남에서 파생될 비음성 언어사용 때 일어날 오해의 경우의 수도 엄청나므로 문화 간 접촉의 일화도 수백만 건이 가능하다(Anderson, 1999a). 우리가 할 일은 문화 간 소통에서 일어날 잠재적 문제를 조직하고 설명, 이해하는 것이다. 몇몇 초기 연구를 보면 문화는 이러한 문화 간 차이를 설명하는 데 도움이 되는 차원을 따라서 위치해있다고 한다. 비음성 행동에서 발생하는 문화적 차이의 대부분은 다음에 소개되는 차원의 다양한 변이형태이다.

맥락 의존도가 높은 경우와 낮은 경우

맥락은 의사소통의 문화적 차원과 관련된 단어이다. Hall(1976, 1984)은 맥락 의존도가 높은 문화들을 "고의존 맥락(HC) 의사소통이나 메시지는 정보의 대부분이 물리적 맥락이나 개인에게 내재화된 것"(Hall, 1976, p.91)으로 설명한다. 또 다른 연구집단은 "일본처럼 고의존 맥락 문화에서는 의미가 내재화되어 있고 비음성 코드를 강조"(Lustig & Koester, 1999, p.108)한다고 한다. 부부나 오랜 친구들은 다른 사람들은 거의 이해할 수 없는 내용을 능숙하게 HC 혹은 내재 메시지를 써서 전달한다. 상황, 미소, 눈짓은 분명하게 표현할 필요없는 내재적 의미로서 활용된다. HC 상황이나 문화에서 정보는 말로 할 때는 불가능한 메시지 의미를 지닌 환경, 맥락, 상황, 비음성 신호와 연결되어 있다.

저의존 맥락(LC)메시지는 HC 메시지와 반대이다. 이때 음성 의사소통을 통한 외형적 코드를 가지고 전달된다. HC가 쓰이는 개인관계와는 달리 법원 같은 조직에서 의사소통할 때나 컴퓨터 언어를 사용할 때 분명한 LC 체계가 필요하다.

의사소통에 사용되는 맥락의 정도는 문화에 따라서 엄청난 차이가 난다. 연구에 따르면 스위스, 독일, 북미, 북유럽 사람들이 LC 문화에 속한다고 한다(Gudykunst & Kim, 1992; Hall, 1976, 1984). 이 문화에서는 문자 그대로의 의미, 상세내용, 정확한 시간계획이 가치를 갖는다. 아리스토텔레스 논리학과 순차 사고방식에 기반한 인지, 행동 체계를 채택하며 음성언어 사용이 압도적이다. 프랑스어, 영어, 이탈리아어는 HC와 LC의 특성을 모두 갖고 있어서 북유럽권보다 언어로 명백하게 의사소통하는 정도가 조금 덜하다.

아시아권은 HC 문화특성이 강한데, 그중 중국, 일본, 한국에서 가장 강력하다(Elliott Scott, Jensen, & McDonough, 1982; Hall, 1976, 1984; Lustig & Koester, 1999). 비록 대부분의 언어가 LC 체제로서 명백하고 분명하지만, 중국에서는 언어조차 내재적이며 맥락의존도가 높다. 중국어사전을 사용하려면 의미가 다른 단어와 조합에 따라 변하는 글자 수천 개를 이해해야 한다. 아시아에서 영향력이 있는 선불교는 침묵에 높은 가치를 부여하는데, 이는 감정표현이 없는 상태이며 비음성 의사소통이다(McDaniel & Andersen, 1998). 미국인은 종종 일본인이 "핵심을 말하지 않는다"라고 불평하지만 사실 그들은 HC 문화는 핵심이 드러나는 맥락과 환경이 있어야 함을 이해하지 못하고 있는 것이다(Hall, 1984). 공항에서 하는 작별인사 사례에 관한 최근 연구에서 McDaniel과 Anderson(1998)은 아시아인이 지구상에서 가장 촉감에 의지하지 않는 사람임을 알아냈다. 불교의 영향과 감정표현보다는 맥락을 더 가치 있게 여기는 탓인 듯하다. 동아시아에서 이주한 미국원주민 문화는 여러 면에서, 특히 맥락을 중시하는 면에서 현재 아시아 문화와 놀라울 정도로 닮아있다. 이베리아 전통과 남미 인디안 전통이 혼합된 라틴 문화 또한 HC 문화이다. 남동 지중해쪽 사람이나 페르시안 걸프 지역 사람, 페르시아인, 아랍인, 그리스인, 터키인 또한 HC 문화에 속한다.

HC와 LC에서 의사소통은 전혀 다르게 이루어진다. Anderson 등 여러 학자에 따르면 HC와 LC 간 이런 차이는 다음 네 가지 원칙에 의해 설명될 수 있다고 한다(Andersen, Hecht, Hoobler, and Smallwood, 2002).

1. 미국이나 북유럽처럼 LC 문화에서 음성 의사소통과 다른 명백한 코드가 더 광범위하게 사용된다. LC 문화에 속한 사람은 특히 수다스럽고 명백한 것을 장황할 정도로 말하고 반복한다. 또 HC 문화에 속한 사람을 가리켜 엉큼하고 이해하기 어렵다고 생각한다.

2. HC 문화는 LC 문화처럼 음성 의사소통에 큰 가치를 두지 않는다. Elliot 등(1982)은 말을 잘하는 사람을 미국문화에서는 매력적으로 느끼지만 한국에서는 말이 적은 사람을 더 매력적으로 느낀다고 주장한다.

3. HC 문화는 비음성 의사소통에 더 의존한다. LC 문화에 속한 사람들, 특히 남자는 비음성 의사소통 때 의미를 잘 깨닫지 못한다. 비음성 의사소통은 모든 의사소통의 맥락을 제공하는데(Watzlawick, Beavin, & Jackson, 1967), HC 문화에 속한 사람들이 이런 맥락적 신호를 잘 파악한다. 그러므로 얼굴 표정, 긴장 여부, 움직임, 상호작용 속도, 상호작용 위치 외에 비음성 의사소통의 다른 미묘한 요소를 HC 문화에 속한 사람이 더 빨리 알아차리고 더 깊은 의미를 찾아낸다.

4. HC 문화에 속한 사람은 상대방이 말로 표현하지 않은 감정, 함축적 제스처, 환경적 힌트 등을 이해할 것이라고 기대하지만(Hall, 1976) LC 문화에 속한 사람에겐 어려운 일이다. 양쪽 문화 극단에 속한 사람은 이런 기초적인 의사소통 차이조차 알아차리지 못하고 행동에 관한 문화 간 원인분석도 종종 틀리기 마련이다.

결론적으로, HC 문화는 음성 의사소통보다는 비음성 의사소통에 더 많이 의존한다는 것이다(Gudykunst Matsumoto, Ting-Toomey, Nishida, Kim, & Heyman, 1996; Andersen et al., 2002). 일반적으로 HC 문화는 개인보다는 집단 중심이다. 이런 맥락에서 다음은 문화를 개인주의와 집단주의의 측면에서 보도록 하겠다.

개인주의/집단주의

한 문화의 개인주의 대 집단주의의 정도를 알아보는 것은 문화를 연구하는 데 가장 광범위하게 사용되는 방법 중 하나이다. 개인주의 대 집단주의를 결정하는 지표는 사람이 사는 방식, 즉 독거, 가족, 부족 단위를 보는 것, 가치를 파악하는 것, 의사소통방식을 알아보는 것이다. 미국인은 극단적인 개인주의자이다. 미국인은 개인주의를 당연한 것으로 받아들이며 여행 등을 통하여 집단주의적인 문화와 만날 때까지 자신들의 개인주의 문화의 강도를 전혀 모른다.

개인주의는 미국에서 축복으로 받아들여지며 국가 종교의 차원으로까지 격상되어 있다. 사실 미국문화의 가장 좋은 점이나 가장 나쁜 점의 원인은 모두 개인주의에 있다. 개인주의 옹호론자는 개인주의가 자유, 민주주의, 경제적 유인책, 독재에 맞서는 보호 장치라고 역설한다. 반대로 개인주의를 미국사람들의 고독, 분리, 이기심, 자아도취의 원인으로 비난하는 사람도 있다. Hall(1976)은 극단적 개인주의자로서 "서구인들은 자아가 파편으로서 경험한 것을 소중히 여기는 반면 전체와 연결되어 있는 자신의 자아의 일부를 거부함으로써 혼란을 일으켰다"고 말했다. 개인주의가 문화를 구분하는 기본 차원의 하나임은 의심의 여지가 없다. 서구문화가 개인주의적이므로 사람은 집단 결정보다는 개인의 판단에 크게 의지한다. 동구 문화는 사람 간, 사람과 자연의 조화를 강조하고 집단 판단에 가치를 둔다. Tomkins(1984)는 개인의 심리 구성은 이런 문화적 차원의 결과물이라고 말한다. 서구 문화는 긍정적이든 부정적이든 간에 자아찬미를 지향한다. 아시아문화에서는 사람 간 혹은 사람과 자연 간 조화를 지향한다.

40개 비공산권 국가들에서 개인주의의 문화 간 연구를 실시한 대표자로서 Hofstede(1980)는 10개의 가장 개인주의적 국가는 미국, 호주, 영국, 캐나다, 네덜란드, 뉴질랜드, 이탈리아, 벨지움, 덴마크, 스웨덴이라고 한다. 반면, 가장 비개인주의적인 국가는 베네수엘라, 컬럼비아, 파키스탄, 페루, 대만, 태국, 싱가폴, 칠레, 홍콩이라고 한다. 마찬가지로 Sitaram & Codgell(1976)은 개인주의가 서구문화의 주요 가치이지만 아프리카 문화에선 이차적 가치이고 동양이나 무슬림 문화에선 거의 가치가 없다고 한다. 미국이 가장 개인주의적 국가이긴 하지만 미국 내에서도 종교나 종족집단에 따라서 개인주의의 정도 차이가 다양하다. Elazar(1972)는 미국 중서부나 동부 연안 쪽 주들이 가장 개인주의적 정치 문화를 가지고 있는 반면 남동부 쪽은 가장 전통적이고 개인주의 정도가 가장 약하다고 한다. 하지만 이런 내용도 모두 상대적인 것이어서 세계 기준으로 보면, 심지어 앨러배마주도 개인주의 문화로 구분된다. Bellah와 동료들(1985)은 "개인주의는 미국 문화의 핵을 이루고 있으며 … 우리가 스스로 생각하고 스스로 판단해서 결정을 내리고 우리가 적합하다고 보는 방식대로 삶을 사는 것을 방해하는 것은 무엇이든 간에 그것은 도덕적으로 잘못된 것일 뿐 아니라 신성모독으로 간주된다"(p.142)고 말한다. 이와 같이, 서로 다른 종족집단은 어느 문화에서나 다양하게 존재한다. 예를 들어, 아프리카계 미국인은 개인주의를 크게 강조하지만 멕시코계 미국인은 집단과 관계의 견고함을 더 강조한다. 사실, 미국인의 극단적 개인주의로 인하여 다른 문화에 속한 사람들과 어울리고 그들을 이해하는 것이 어렵다. 미국인들이 유별난 것이다. 미국을 제외한 다른 모든 문화들이 그렇게 개인주의적은 아니기 때문이다. Condon & Yousef(1983)는 "개인주의와 평등의 혼합이 너무나 가치가 있고 아주 기본적인 것이라고 간주하기 때문에 많은 미국인이 상호의존이 개인의 자아감을 결정하는 다른 문화에서 발견되는 대조적 가치를 접하는 데 어려움을 느낀다"(p.65)고 말한다.

특정 문화가 어느 정도 개인주의적 혹은 집단주의적인가 하는 것은 그 문화의 비음성 행동의 모든 면에서 영향을 끼친다. 먼저, 개인주의 문화에 속한 사람은 상대방과 다소 먼 거리를 유지한다. 집단주의 문화는 상호의존적이다. 그 결과, 구성원들은 서로 친밀한 거리 안에서 일하고 놀고 생활하고 잠든다(Gudykunst et al., 1996). Hofstede(1980)은 사냥꾼과 채집자로서 사람들이 개인주의적이고 핵가족에서 분리된 채 살아왔다고 말한다. 사람들이 농경을 시작하면서 상호의존적인 확대가족이 가까이에 모여 사는 대가족 혹은 부족이 되었다. 그 후 도시형 사업사회가 시작되면서 개인주의, 핵가족, 이웃, 친구, 동료들과 떨어져 사는 예전 기준으로 돌아섰다.

몸동작은 사람이 서로 표정을 맞추고 몸동작도 서로서로 일치시키는 집단주의 문화에서 더 잘 어울려 사용된다. 가족들이 함께 일하는 곳에서는 몸동작, 일정, 행동이 서로 긴밀하게 맞춰질 필요가 있다(Argyle, 1975). 도시 문화에 살면 가족들은 각각 '자신의' 일을 하거나 각각 다른 시간에 드나들며 먹고 잔다. 개인주의 문화에 속한 사람은 규범적으로 짜인 문화에 사는 사람보다 더 잘 웃는다고 한다. 개인주의자는 자신이 맺은 관계나 행복에 책임을 지는 반면 규범적 혹은 집단주의 문화에 속한 사람들은 규칙에 순응하는 것을 최고의 가치를 두며 개인 혹은 개인 간 행복은 부가적인 가치로 여긴다. Matsumoto(1991)는 "집단주의 문화는 개인주의 문화보다 그룹의 단결과 협력을 유지하는 집단 감정 표현을 장려한다"(p.132)고 말한다. Porter & Samovar(1998)은 개인주의 문화에 속한 사람은 집단주의 문화에 속한 사람들보다 외부그룹에게 더 다채로운 감정표현을 한다고 한다.

Lustig & Koester(1999)도 "개인주의 문화에 속한 사람들은 사람 간 문제를 다룰 때 집단주의 문화에 속한 사람보다 더 상황에 잘 직면하는 경향이 있다. 집단주의에 속한 사람은 상황을 회피하거나 제3자를 끌어들이거나 체면을 살리는 다른 방법을 찾는 경향이 있다"(p.123)고 말한다. 집단주의 문화에 속한 사람은 집단 유지가 최고의 가치이기 때문에 그룹의 분위기와 맞지 않는 감정이라면 그것이 긍정적이든 부정적이든 간에 억누르게 된다. Bond(1993)는 중국문화가 다른 어느 문화보다 더 감정적 표현의 빈도가 적고 강도가 약하며, 지속시간이 짧다고 한다. 그는 "감정표현은 집단의 조화와 계급서열을 어지럽히지 않는 한도 내로 주의 깊게 조절하면서 표현된다"(p.245)고 말한다.

개인주의 문화에 속한 사람은 개인의 자유가 가장 중요한 가치이기 때문에 감정을 표현하도록 장려한다. 연구에 따르면 개인주의 문화에 속한 사람은 좀 더 비언어적으로 친화력을 보인다. 직관적으로 볼 때 개인주의가 제휴나 연대를 필요로 하지 않기 때문에 그 이유를 명백히 알기는 어렵다. 하지만 Hofstede(1982)는 다음과 같이 말한다.

> 확대가족처럼 전통사회의 유대가 남아 있는 덜 개인주의적 나라들에서 사람들은 굳이 특정한 우정을 쌓을 필요가 많지 않다. 한 사람의 우정은 그 사람이 태어난 사회적 관계에 의해 이미 결정되어 있다. 하지만 개인주의가 강한 나라들에서는 마음을 주고받는 관계가 미리 결정되어 있지 않기 때문에 각 개인이 애써서 획득해야만 한다(p.163).

미국처럼 개인주의 문화가 발달한 나라에서 데이트, 잡담, 미소 짓기 같은 접근법은 사회 내 인간관계가 이미 고정된 집단주의 문화의 나라에서보다 훨씬 더 중요하다. Bellah

등(1985)은 수세기 동안 개인주의적이고 이동이 많은 북미 사회에서 사람들은 더 쉽게 만나고 그들의 의사소통은 더 개방적이었지만 관계는 집단주의 문화에서보다 일시적인 경우가 많았다고 말한다.

Lomax(1968)는 한 나라의 춤, 노래, 스타일이 그 나라의 사회적 응집력과 집단주의 정도와 상관이 있음을 밝혀냈다. 집단주의 문화는 노래에서 집단 응집력을 보이고 춤 스타일도 일치되는 동작이 더 많다고 한다. 분리나 '네 일은 네가 스스로 하는' 것을 강조하는 록댄스가 영국이나 미국 같은 개인주의 문화에서 발전했다는 것은 당연한 일이다. 이러한 춤은 개인주의가 만연한 미국문화를 잘 보여 준다(Andersen, 1998).

권력 집중도

문화 간 소통을 파악하는 또 다른 차원은 바로 권력, 특권, 부가 한 문화 내에서 불평등하게 분포된 정도를 의미하는 권력 집중도이다. 권력 집중도는 Hofstede(1980)의 권력 집중도 지표(PDI)를 사용하여 측정할 수 있다. 개인주의와 마찬가지로, 권력 집중도도 문화마다 다양하다. 높은 PDI지수가 나온 문화는 권력이 소수의 손에 집중되어 있는 문화라는 뜻이다. Condon & Yousef(1983)는 민주주의적인, 권력 집중적인, 권위주의적인 세 개의 문화 패턴을 구분하여 소개한다. PDI는 권위주의와 상관관계가 높게 나타난다(Hofstede, 1980).

PDI가 높은 나라는 필리핀, 멕시코, 베네수엘라, 인도, 싱가폴, 브라질, 홍콩, 프랑스, 컬럼비아 순이다(Hofstede, 1982). 프랑스를 제외한 모든 나라들이 적도 이남에 위치해 있다. Gudykunst & Kim(1992)에 따르면 아프리카와 아시아 문화가 높은 권력 집중도를 특징으로 하는 서열에 따른 역할 관계를 유지한다고 한다. 아시아 학생은 교수에게 더 겸손하고 공손하다고 알려져 있다. 마찬가지로, 베트남 학생도 고용주를 멘토로 여기며 명령에 이의를 제기하지 않는 경향이 있다고 한다.

PDI가 낮은 나라를 보면 호주, 이스라엘, 덴마크, 뉴질랜드, 아일랜드, 스웨덴, 노르웨이, 핀란드, 스위스, 영국인데 이 나라들 모두 유럽에 있고 중산층이 있으며 민주주의적이고 고위도 지역에 속한다(Hofstede, 1980). 미국은 권력집중도가 중간보다 낮은데 많은 다른 나라보다 등급 격차가 적은 나라임을 의미한다. 어느 등급에 속하는가는 문화마다 다르다. 인도 같은 나라에서는 계층이나 카스트가 그 사람의 계급을 결정한다. 미국에서 권력과 계급은 돈과 눈에 띄는 물질 과시에 의해 정해진다(Andersen & Bowman, 1999).

한 나라가 속한 위도는 권력 집중도를 결정하는 주요 인자이다. Hofstede(1980)는 위도와 기후가 문화를 형성하는 중요 요인이라고 주장한다. 그는 가장 중요한 개입 변수로 추운 날씨에 생존하기 위한 기술력을 들고 있는데 이 기술력으로 인해 그 문화에서 자라는 아이들은 권위에 덜 의지하고 권위자가 아닌 사람들에게 배우는 연쇄효과를 가져오게 된다고 한다. Hofstede(1982)는 PDI와 위도의 상관관계가 .65에 이를 정도로 높다고 한다. 미국 전역 40개 대학을 대상으로 실시된 연구에 의하면 위도와 모호함에 대한 과민함은 −.47의 상관관계를, 위도와 권위주의는 −.45의 상관관계를 보였다. 미국 북부에 사는 학생은 덜 권위주의적이고 모호함에 대한 관용도가 더 높았다. 북부지역 문화는 더 혹독한 기후에서 살아남기 위해 애쓰는 과정에서 더 관용적이고 덜 권위주의적이 된 것임에 틀림없다.

권력 집중도가 한 문화의 비음성 행동에 영향을 주는 것은 분명하다. 인도처럼 PDI가 높은 문화에서 엄격한 카스트제도는 인도에 있는 "불가촉 천민"의 예처럼 상호작용을 엄격히 금지하는 듯하다. 인도 인구의 20%이상이 인도의 다섯 개 카스트 중 최하위에 놓인 불가촉 천민이다. 불가촉 천민과는 어떠한 접촉도 엄격히 금지되며 심지어 접촉한 경우에는 '오염되었다'고 생각한다. 인도 문화에서 서로 다른 카스트 간 만지는 식의 접촉을 통한 의사소통은 이루어지기 어렵다. 인도보다 덜 엄격한 계층구조를 가졌다 하더라도 대부분 고위 PDI 국가에서 계층 간 데이트나 결혼은 금지되어 있다.

엄청난 권력 격차를 가진 사회 체계에서 독특한 몸짓이나 행동이 생겨났다. 권력 집중도가 높은 문화에서는 계층 차이를 드러내는 감정표현과 비음성 표현이 장려된다. 예를 들어, 이 문화에서 사람은 자신보다 높은 계층에 속한 사람에게는 오직 긍정적인 감정을, 자신보다 낮은 계급에 속한 사람에게는 오직 부정적인 감정만을 보이게 된다는 것이다. Anderson & Bowman(1999)에 의하면 권력 차이가 큰 환경에서 하위에 속한 사람이 자신보다 상위에 있는 사람을 달래고 공손하게 보이려고 더 많이 미소를 짓게 된다고 한다. 많은 아시아인이 계속 미소를 짓고 있는 경우가 바로 상위에 있는 사람들을 달래고 사회 관계를 잘 유지하기 위해 주입된 노력이라고 볼 수 있다.

한 문화 내 권력 집중도는 발성 혹은 유사언어 신호에도 영향을 끼친다. PDI가 낮은 문화에 속한 사람들은 다른 사람에게 불쾌감을 주는 고함소리에 그다지 신경을 쓰지 않는다. 미국인들의 음성 톤은 종종 시끄럽고 과장되고 천진난만하다고 묘사된다(Condon & Yousef, 1983). Lomax(1968)는 정치권력이 과도하게 집중된 나라들에서 사람들의 노래하는 목소리가 더 긴장되어 있고 후두가 더 닫혀있다고 한다.

불확실성

변화나 모호함에 가치를 두는 문화가 있는가 하면 안정성과 확실성에 가치를 두는 문화도 있다. 불확실함은 위험과 모호함에 가치를 두는 문화를 가리키는 지수가 된다(Andersen et al., 2002; Hofstede, 1980). 개인 차원에서 보면, 이 특징은 그 사람이 모호함을 용납한다는 것이다(Martin & Westie, 1959). 모호함을 잘 견디지 못하는 사람들은 불확실한 상황을 모면하려는 경향이 강해서 분명하게 흑이냐 백이냐의 정답을 찾으려 한다. 모호함을 용납하는 사람들은 불확실함을 회피하려는 경향이 적고 모호한 답을 용납하며 주어진 답의 여러 다양한 가능성을 보고자 한다. Hofstede(1980)는 한 나라의 신경증이나 불안 정도는 불확실함 회피 정도와 긴밀하게 연관되어 있다고 한다. 불확실함 회피 지수가 높을수록 실패에 대한 두려움을 강하게 갖고 있다는 것이고 위험을 무릅쓰고 긍정적으로 보려는 태도와는 거리가 멀다는 것이다.

나라에 따라서 불확실함을 견디는 정도는 다 다르다. 몇몇 문화에서는 자유가 불확실함으로 이어진다고 생각하여 스트레스와 불안을 느낀다. Hofstede(1980)은 불확실함을 견디지 못하는 것과 교조주의는 권력 집중도 측면보다는 불확실함 회피 측면에서 주로 나타난다고 한다. 불확실함을 회피하려는 경향이 높은 나라들은 그리스, 포르투갈, 벨지움, 일본, 페루, 프랑스, 스페인, 아르헨티나, 터키이다. 지중해지역에 속한 나라들 중 특히 남부 유럽과 남미에 위치한 나라들이 지금 언급한 리스트를 가득 채우고 있다. 불확실함을 회피하려는 정도가 낮은 나라들은 싱가폴, 덴마크, 스웨덴, 홍콩, 아일랜드, 영국, 인도, 필리핀, 미국, 캐나다, 뉴질랜드이다. 이 리스트를 차지하고 있는 나라들은 북유럽과 남아시아에 있는 나라들인데 이들 중 많은 수가 대영제국의 일부였다. 불확실함을 회피하려는 정도가 낮은 나라들은 불확실함 회피의 인과관계가 될 수 있는 민주주의 통치의 역사가 오래된 나라들임을 알 수 있다. 천주교 국가들은 불확실성 회피 정도가 높은 반면 개신교, 힌두교, 불교 국가들이 좀 더 불확실함을 잘 수용하는 듯하다. 동양 종교와 개신교가 천주교보다 절대적 혹은 전제적 태도가 덜한 듯하다. Lustig & Anderson(1990)에 의하면 미국 내 북부 주들보다 남부 쪽이 불확실함에 대한 관용도가 낮은데 이는 관용도와 위도에 관한 국제적 패턴과 일치한다.

Hofstede(1980)는 불확실함 회피 정도가 높은 나라들은 그렇지 않은 나라들에서보다 감정을 더 잘 드러낸다고 한다. 또한 불확실함 회피 정도가 낮은 나라들에서는 젊은이들이 감정을 드러내는 것을 권장하지 않는다고 한다. 확실히, 불확실함 회피 정도가 높다면 그 사람들에게 의견이 다르다거나 순응하지 않는 상황은 받아들여질 수 없을 것이다. 비언어행동은 불확실함 회피 정도가 높은 나라들에서 성문화되고 규칙으로 통제되는 것 같다. 일본이 이에 해당되는데, 이 가설은 아직 좀 더 실험할 필요가 있다. Hofstede(1980)는 불확실함 회피 정도가 높은 나라들에서 좀 더 짜여지고 관례화된 행동을 하므로 이 문화에서 비음성 행동은 미리 정해진 경우가 많다고 한다. 미국에서 온 사람들이 일본이나 프랑스에서 온 사람들과 대화할 때, 미국인들은 제멋대로에 비관례적으로 보이는 반면 일본인이나 프랑스인 상대방은 미국인에게 좀 더 통제되고 엄격한 태도를 보이는 것 같다.

지난 십 년간 불확실함 축소와 회피에 관한 연구가 개인 간 소통에서 문화 간 소통 연구까지 확대되어서 그 결과 Gudykunst의 불안/불확실성 관리 이론이 나왔다. 이 이론은 다른 문화에서 온 사람이나 낯선 사람을 대하는 태도와 행동을 설명한다. 다른 그룹의 사람들과 상호작용하면 불안감 같은 심리적 자극이 일어난다. Hofstede(1980)도 불안감 회피 문화에 속한 사람들이 여타 문화보다 더 불안해한다고 말했다. 이 이론에 따르면 불안정함을 더 잘 용납하는 그룹이 다른 그룹이나 문화에 더 긍정적이고 포용적이라고 한다. 물론 이런 현상은 미묘한 비음성 레벨에서 발생한다. 불확실함을 용납하는 문화에 속한 사람들은 미소 등 친밀감과 호의를 표시하는 긍정적인 비음성 행동으로 이방인을 대한다고 한다.

직접성

직접적 행동과 사람 간의 따뜻함은 친밀함을 보이는 행동이다. 즉각 행동의 예는 미소, 만지기, 눈 맞춤, 거리 좁히기 등이다. 어떤 학자들은 이런 행동에 "표현력이 풍부한"이라는 분류표를 붙인다. 사람 간에 상당할 정도의 친밀성을 보이는 문화는 대화자 간 거리도 가깝고 더 많이 만지는 경향이 있으므로 "접촉문화"라는 분류표를 붙인다. Patterson(1983)에 따르면,

> 이러한 습관적 패턴은 일상생활 곳곳에 스며들어 있다. 하지만 이 패턴이 사회적 행동에 미치는 영향은 사람들이 다른 사람들과 관계 맺는 방식을 정의한다. 접촉을 잘하는 문화의 일반적 경향은 대화자 간 가까운 거리이므로 접촉 혹은 후각관련 정보도 쉽게 얻을 수 있다(p.145).

접촉을 자주하는 문화는 적도 근처 따뜻한 나라들에 위치하고 있고 접촉을 덜하는 문화는 적도에서 먼 추운 기후대 쪽에서 찾아볼 수 있다. 이러한 위도편차를 설명하려면 에너지 레벨, 기후, 신진대사 등 요인들을 생각할 수 있다. 상대적으로 더 추운 지역에 있는 문화가 좀 더 임무 중심이고 사람 간에 담백하고 조금은 냉정한 관계를 맺는 것 같다. 반면, 상대적으로 따뜻한 지역에 있는 문화는 좀 더 관계 중심이고 사람들과 맺는 관계에 정이 있다. 심지어 미국 안에서만 봐도 따뜻한 위도 쪽에 사는 사람들이 더 접촉을 잘하는 문화를 가진 듯하다. Anderson(1990)등은 대학생의 학교가 있는 위도와 접촉 회피 간 .31의 상관지수를 보인다고 보고했다. 미국 남부, 남서부지역에 있는 대학생이 좀 더 접촉 지향적이라는 의미이다. Pennebaker(1994) 등은 수십 개국을 상대로 위도와 표현력 사이에 상관관계를 조사했다. 데이터에 따르면, 북반부 전체를 볼 때 나타나는 전반적 차이점에도 불구하고 벨지움, 크로아티아, 프랑스, 독일, 이탈리아, 일본, 세르비아, 스페인, 스위스, 미국에서 북부지역이 남부지역보다 더 표현이 풍부했다.

> 논리적으로 기후는 사회적 관계 진행에 깊은 영향을 준다. 추운 기후에 사는 사람들은 옷을 입고 온기를 공급하고 겨울 동안 먹을 식량 비축 등을 계획하는 데 더 많은 시간을 쓰게 된다. 따뜻한 기후에 사는 사람들은 일년 내내 이웃을 보고 듣고 상호작용한다. 이런 환경에서 감정표현은 요구사항에 맞추는 정도일 것이다(pp.15-16).

Anderson(1990) 등도 유사한 결론을 말하고 있다.

> 북위도 사회는 좀 더 구조화되어 있고 질서가 잡혀있다… 반면 남위도 지역은 질서를 잡으려는 의도조차 없는 흥청망청한 분위기가 매력적이다(p.307).

전통적으로 접촉이 많은 문화는 북아프리카를 포함한 아랍국가, 프랑스나 그리스, 스페인을 포함한 지중해연안 지역, 동유럽과 러시아, 라틴 아메리카이다. 호주인의 문화적 접촉 수위는 북미인과 마찬가지로 중간 정도로 무난하다. 접촉이 적은 문화는 북유럽 대부분과 독일, 영국 등이며 중국, 일본, 한국을 포함한 거의 모든 아시아 국가도 여기에 해당된다. Remland(2000)는 북유럽보

다 남유럽 사람이 훨씬 더 높은 접촉빈도수를 보인다고 말한다.

직접성의 가장 큰 차이는 북미와 유럽에서 나타나는 것이 아니라고 한다. 두 문화 모두 중간 이상 정도의 접촉 문화이기 때문이다. 다른 지역과 비교해서 아시아는 극단적일 정도로 접촉을 하지 않는 문화이다. Hall(1966)이 처음 몇몇 문화를 "접촉이 적은 문화"로 정할 때 지나치게 상황을 단순화시킨 점이 있지 않는가에 관한 의문이 제기되고 있다.

세대를 거친 변화 혹은 국제화가 이런 변화를 가져 왔는지 아닌지는 분명하지 않다. 하지만 서구세계 대부분은 접촉 문화를 가진 듯 보인다. McDaniel & Anderson(1998)이 공공장소에서 접촉하는 사례를 조사한 내용을 보면 아시아인의 가장 큰 다른 점은 공공장소에서 접촉하는 일이 거의 없는데 반해 여타 문화은 모두 공공장소에서 접촉하는 것이 일상적이라는 것이다. 중국과 일본이 두드러질 정도로 접촉을 하지 않는 문화라는 것을 밝힌 다른 연구과도 일치한다.

문화는 직접성의 정도가 각각 다르다. 북부 지역에 사는 사람, 아시아인처럼 전통문화에 속한 사람은 직접성의 정도가 낮고 표현도 풍부하지 않다. 남부 지역의 근대적인 사회에서 사는 비아시아인 문화는 가장 표현력이 뛰어나고 직접적이다.

- 성

최근 사회과학에서 가장 많이 연구된 현안이 바로 성에 관한 것이다. 인간을 남자 혹은 여자로 나누어볼 수 있다. 한 문화의 성 지향성은 비음성 행동의 많은 부분에 강한 영향을 준다. 각 성, 직업의 사회적 지위, 권력의 비음성적 측면, 이성과 교제 혹은 낯선 자와 상호작용하는 능력, 남녀 사이 관계 등 많은 것을 포함한다. Anderson(2002) 등에 따르면 "성을 개인의 특성이라는 측면에서 행한 연구는 많지만 성을 사회적 측면에서 보는 연구는 소홀했다"고 한다. 여기서 성은 성에 관한 규칙의 경직성을 말한다. 남성중심 문화에서 성에 관한 규칙은 좀 더 굳어 있고 강함이나 경쟁심 등에 가치를 둔다. 좀 더 여성적 혹은 양성적 문화에서는 애정, 돌봄과 배려 등에 가치를 둔다. 덜 경직되어 있는 문화에서 보면 남성과 여성이 모두 성 역할 행동에서 고정관념을 벗어나 다양성을 표현한다.

문화교차 연구를 보면, 나라마다 큰 차이는 있지만, 일반적으로 여자아이에게 남자아이보다 더 배려나 돌봄을 기대하고 있다. Hofstede(1980)는 한 문화에서 남성과 여성이 남성적 목표나 여성적 목표를 지지하는 정도를 측정했다. 남성중심 사회는 경쟁과 자기주장을 중요하게 여기고 여성중심 사회는 양육과 연민을 더 중요하게 여겼다. 당연하게도 한 사회의 남성성은 전문직에 종사하는 여성의 비율과 부정적으로 상관되어 있고 고등교육에서 성에 따른 분리수업을 하는 이슈와 긍정적으로 상관되어 있다는 결과가 나왔다.

남성지수가 가장 높은 국가는 일본, 오스트리아, 베네수엘라, 이탈리아, 스위스, 멕시코, 아일랜드, 영국, 독일, 필리핀이다. 남성지수가 가장 낮은 국가는 스웨덴, 노르웨이, 네덜란드, 덴마크, 핀란드, 칠레, 포르투갈, 태국, 페루이다. 당연히, 남성성이 높은 나라에서 직업을 가진 여성의 수는 더 적었고 최근에야 여성의 참정권을 인정했으며 아내 강간을 심각하게 생각하지 않는 것으로 나타났다.

행동에서 양성적 패턴을 보이는 문화에서 남성과 여성 모두 좀 더 자부심이 강하고 사회적 능력이 강하며 지적 발달 수준도 높은 것으로 나타났다. 남성과 여성이 모두 자유롭게 양성적 특성을 표현할 수 있는 환경에서 나타나는 비음성 스타일은 더 건강하고 더 효과적이다. Buck(1984)은 남성이 여성처럼 감정을 잘 표현하지 못하면 건강에 해롭다고 말한다. 표현되지 못하고 내재화된 감정은 더 많은 스트레스를 불러오고 혈압도 높인다고 한다.

평등한 사회와 그렇지 않은 사회에서 현저한 음성 차이가 난다는 연구결과가 상당히 많다. 여성들이 경제적으로 중요한 역할을 하고 여성에 대한 성적 표준이 허용되는 사회에서 좀 더 이완된 음성 유형이 나타난다고 한다(Lomax, 1968). 평등한 사회에서는 양성 간 긴장이 덜 나타나고 음성이 견고하고 노래와 조화하는 정도나 몸짓에 일치하는 비율도 더 높게 나타난다고 한다.

Hofstede(1982)에 따르면 미국은 남성중심 사회라고 한다. 문화 간 소통을 하는 사람들은 상대 나라가 미국보다 성 평등함의 정도가 더 높거나 혹은 낮은 곳일 수 있다는 사실을 명심해야 한다. 대부분의 나라가 좀 더 여성중심주의이므로 미국인은 남성이든 여성이든 시끄럽고 공격적이며 경쟁심이 강한 사람으로 보일 수 있다. 또한 미국인의 여성을 향한 태도도 스칸디나비아 국가들 기준으로 보면 성차별로 보일 수 있다.

더 중요한 점은, 상대적으로 여성주의에 가까운 나라에서는 남성과 여성 모두 남성적 혹은 여성적 비언어 행동을 한다는 것이다. 남성중심주의 국가에서는 남성의 비언어 행동과 여성의 비언어 행동이 세심하게 구분되어 더 좁은 성행동 도식에 의존해야 한다. 스웨덴이나 노르웨이에서 여성들은 더 강력한 말하기 스타일을 사용하고 남성적인 옷을 입으며 음성이 좀 더 확신에 찬 소리로 들린다. 여성주의 국가에 사는 남성은 슬픔이나 공포 같은 감정을 보일 수도 있으며 더 배려심이 많고 지배하려는 행동은 덜 나타난다.

결론

문화적 차원을 아는 것만으로 문화 간 소통에 능숙하다고 말할 수는 없다. 국제 여행이나 미국 내 여행을 하기만 해도 사람은 자신의 행동이나 다른 사람의 행동에 독특한 관점을 갖게 된다. 문화 간 교류에 관한 글이나 학습과정에서 얻은 지식과 타 문화와 교류한 경험을 합하는 것이 문화 간 소통에 능숙해질 수 있는 최선의 방법이라고 생각한다. 특정 의사소통 행동이 교차문화 관점에서 어떻게 다른지 인식하면서 문화마다 다른 측면을 전반적으로 이해하면 실용적인 이점을 얻는다.

1. 이 지식을 통해 우리는 자신의 행동에 대한 가정을 비추어볼 수 있다. 우리 자신의 행동 구조는 눈에 보이지 않으므로 문화연구와 실제 문화 간 접촉을 할 때에야 비로소 드러난다. Hall(1976)은 종족 간 소통에서

나타나는 종족 다양성은 자아 발견의 강점으로 활용할 출처가 된다고 말한다.

2. 서로 다른 문화 간 비언어 의사소통은 기본적으로 잘못되기 마련이다. 문화 간 행동을 할 때 참고할 수 있는 사전이나 코드표는 없다. 심지어 같은 문화에 있는 사람이라도 다른 사람을 책처럼 읽을 수 없다. 누군가가 남성중심적이고 집단주의적이거나 맥락 의존도가 높은 문화에 속해있다는 것을 이해하면 그 사람의 행동을 이해하기 쉬워진다.

3. 인터넷이나 다른 국제 매체가 있음에도 문화 간 다양성은 수세기간 지속될 듯하다. 몇몇 나라는 자신들의 종족 자아정체성을 아직도 발견 중이거나 재발견 중이기도 하다. 국제 이주나 세계 경제는 다양한 문화 간 접촉이 일반화될 정도로 많아질 것이라는 것을 의미한다. 만약 당신이 다양한 세계에서 사는 것을 즐긴다면 당신은 제 세상을 만난 셈이다. 우리가 인류라고 부르는 이 위대하고 다양하고 서로 얽힌 다양성의 테피스트리를 기뻐하길 바란다.

개념 이해와 질문

1. Anderson이 말한 "문화의 기초 단계는 주로 비언어 수단에 의하여 자연스럽게 내재적으로 의사소통한다"의 의미는 무엇인지 설명해보자.
2. 문화 간 소통에서 가장 근본적인 비언어 차이점 중 두 개는 공간과 시간을 포함한다고 주장하는 Anderson의 의견에 동의하는가? 다른 문화권에 속한 사람과 접촉할 때 가장 문제가 되는 비음성 영역의 예를 당신의 경험으로부터 말해보자.
3. 문화마다 다른 사람의 인사법, 감정 표현방식, 손짓하는 방식의 예를 당신의 경험으로부터 떠올려보자.
3. 문화 간 소통에서 발생하는 문제가 비음성 의사소통 혹은 음성 의사소통과 관련하여 더 심각해진다고 생각하는가?
4. 동작 행동이란 무엇인가? 문화에 따라서 동작 행동은 어떻게 다르게 나타나는가? 동작 행동에 관한 문화적 차이로 인하여 야기될 수 있는 의사소통 문제는 무엇인가?
5. 촉각학이란 촉각에 의한 의사소통 양식을 말한다. 촉각에 의한 의사소통이 문화에 따라 어떻게 다르게 나타나는가? 문화를 공유하는 사람들 내에서 다르게 나타나는 촉각에 의한 의사소통의 예를 들어보자. 서로 다른 접촉문화를 가진 사람들의 상호작용에서 발생할 수 있는 의사소통 문제는 무엇인가?
6. 상호작용에서 외모가 첫인상에 주는 영향은 어떠한가? 외모에 대한 기대가 문화의 비공식/공식적 영역에서 어떤 역할을 하는가?
7. 직접성이 개인 간 상호작용에 어떤 영향을 미치는가? 고의존 맥락문화와 저의존 맥락문화에서 볼 수 있는 행동의 차이는 무엇인가? 예상한 직접성을 침해하면 문화 간 소통에 어떤 영향을 끼치는가?
8. 문화 내 개인주의가 어느 정도일 때, 비음성 행동에서 뚜렷하게 나타나는지 말해보자.
9. 권력 집중도와 동작 행동은 어떤 관련이 있는가? 높은 권력 집중도는 어떻게 드러나는가? 낮은 권력 집중도는 어떻게 드러나는가?

Peter Andersen is professor emeritus in the School of Communication at San Diego State University, San Diego, CA.

일본의 비음성 의사소통 : 문화적 테마의 반영

Edwin R. McDaniel

기술 진보 덕분에 세계는 점점 작아지고 서로 다른 문화 간 접촉은 점점 늘어나고 있다. 국제규모로 경제적 상호의존이 강화되고 다국적 안보 동맹이 확장되어감에 따라서 효과적인 문화 간 접촉이 상당히 중요시되고 있다. 다양한 문화에서 온 개인이 직업적, 외교적, 사회적 통로로 빈번하게 접촉하고 있다.

급증하는 문화 간 접촉에서 가장 문제가 되는 부분은 의사소통이다. 서로 제대로 이해하는 능력이 성공적인 교차문화 활동의 핵심이다. 하지만 이해를 제대로 하려면 다른 문화의 의사소통 활용과 행동을 시사적으로 아는 것보다 더 깊은 노력이 필요하다. 문화적 선행상황과 개인의 의사소통 관습을 형성하는 동기를 알면 어떻게 왜 특정 의사소통 활용이 사용되는지 이해할 수 있다.

인간 행동의 문화적 동기를 설명하는 기존 방식은 사회 집단 내 일관된 테마를 알아내서 구분해내는 식이다. 문화인류학 저서들을 보면 각 문화가 테마라는 "몇몇 역동적 확언"(Opler, 1945, p.198)을 분명하게 보여 준다는 것을 증명한다. Opler(1945)에 따르면, 이런 문화 테마들이 사회적으로 용납되는 인간 행동 활동을 선전하거나 규제한다고 한다. Opler(1945)는 리판 아파치족의 사회적 관계를 예로 들어서 테마연구가 어떤 식으로 문화적 믿음과 행동에 관한 통찰력을 제공하는지 설명하고 있다.

의사소통 연구에서 Burgoon & Hale(1984)에 의하여 테마 공통성이라는 개념이 상관관계에 있는 의사소통을 설명하기 위해 사용되었다. 이들은 일련의 "서로 관련이 있는 메시지 테마"(Burgoon & Hale, 1987, p.19)를 개념화했는데, 이 개념들이 음성/비음성적 메시지 교환에 활용될 수 있다고 주장한다. 제안된 테마는 이 연구자들의 개인 간 관계에 관한 의사소통 연구에 가정으로 언급되어 있다.

의사소통 진행과정을 설명하는 데 도움이 되도록 Burgoon & Hale(1984)의 일관된 테마를 식별하는 개념은 포괄적으로 채택할 수 있을 정도로 유용하다. 이러한 혁신적 접근법은 문화 한정 의사소통 성향연구에 분명히 적용된다.

문화모델로서 일본을 예로 들면서 이 글은 Opler, Burgoon, Hale이 이룬 테마 일관성 개념을 실제 적용해 보았다. 목표는 어떻게 비음성 의사소통 활용이 사회 문화적 테마를 반영하고 대변하는 기능을 하는지 설명하는 것이다. 명제 형식으로 비음성 의사소통 코드 분류학을 채택하고 개별적으로 코드에 의해 분명하게 드러나는 문화 테마를 언급했다. 이 글은 또한 문화 영향력이 미묘하게 한 사회의 의사소통 관습을 형성하는 방식을 보여 주고자 한다.

일본 문화 테마

일본의 단일민족이 일련의 문화 테마를 풍성하게 구성하고 있다. 집단주의, 서열, 사회적 화합, 상호의존, 겸손 등을 포함한 테마가 일반적이다.

유교 기반 집단주의는 일본의 의사소통 양식에 지대한 영향을 끼친다. 이 나라의 인종적, 문화적 동질성은 강력한 자아 유대감을 조성하고 집단 내 혹은 개인 간 친밀감을 키우는 역할을 한다. 이런 사회적 친밀감은 본능적이고 비음성적 이해를 증진시킨다. 문화적 유사성으로 인하여 구체적으로 말로 세세하게 표현할 필요가 적어지면서 직관적이고 비음성적 이해력이 높아지게 된다.

집단주의의 일본식 개념은 *nihonjinron*이란 말로 국가와 민족으로서 자각하고 있는 독특함을 표현하는 데서 잘 드러난다. 일본인들은 이런 두드러진 독창성으로 사회적 응집을 이룬다. 집단중심 성향은 uchi–soto (안과 밖)라는 사회적 맥락을 만들어냈다. 이 맥락은 내가 속한 집단에서 혹은 상관없는 집단 외부에서 보는 시선을 의미한다. 각자 속한 집단(uchi)이 주는 안정성 안에서 일본인은 집단 내 다른 사람과 상당히 풍부하게 비음성적 친화감을 표현한다. 이는 집단 외soto 사람에게는 표현하는 빈도가 현저히 낮다.

일본사회의 서열구조와 화목wa을 위한 가차없는 강요 탓에 비음성 행동에 대해 의존하는 경우가 많아져서 음성 의사소통을 하는 경우가 줄어들게 된다. 서열개념은 그룹 혹은 개인 간 상호작용에서 늘 존재한다. 이런 지배자–종속자 환경에서 종속적 위치에 있는 사람은 수동적인 역할을 강요받게 되어서 상급자의 기호나 행동을 기다리거나 예상하는 행동을 한다. 상급자는 겸손을 보이고 사회적이나 개인적 불화를 피하기를 바라기 때문에 아랫사람의 기대를 확인해주는 비음성적 행동을 할 것이다.

사회 평안을 위한 문화적 압박은 일본인의 행동 과정을 지시하고 의사소통 과정 중 발생하는 모호함을 받아들일 수 있게 한다. 자의적으로 개인의 의견이나 태도를 드러내는 것을 꺼려하므로 일본인은 다른 사람이 무엇을 생각하고 있는지 본능적으로 알고자 한다. 공감omoiyari이라는 문화적 특성이 있어서 일본인들이 음성 의사소통에 덜 의존하게 된다. 일본에서는 다른 사람의 필요를 공감하며 결정할 수 있는 능력에 상당한 가치를 둔다. 개인 간 접촉에서 일본인들은 간접적이고 모호하게 말을 하고 자신이 전달하고자 하는 의미를 다른 사람이 민감하게 알아차리기를 바란다.

명제 조사

비음성 코드만으로는 보통 의도한 메시지의 일부만 해석할 수 있다. 그러나 이 연구는 코드의 제안된 메시지와 상관없이 코드가 문화적으로 동기 부여되는 방식을 보여 주고자 한다. 다음 소개되는 명제들을 통하여 특정 비음성 의사소통 코드가 일본 사회의 보편적 문화 테마를 반영하는 것을 보이고자 한다.

명제 1 : 일본의 동작학은 (1) 집단 지향, (2) 서열, (3) 사회적 평안, (4) 격식 차리기, (5) 겸손이라는 문화 테마를 반영한다.

일본인은 제스처를 포함한 다양한 동작 활동을 즐겨 한다. 그러나 사용법은 상황에 따른 것이며 남성이 주로 한다. 예를 들어 일본인 매니저는 직장 내 아래 사람과 의사소통할 때 제스처를 많이 사용하는데, 그렇게 함으로써 내집단uchi 구성원 간 친밀감을 증명하게 된다.

일본인은 내집단과 있을 때 더 편안해하고 표현력이 더 풍부해진다. 공개적인 자리에서 일본인들이 손을 모은 채 조용히 앉아있는 것을 흔하게 볼 수 있다. 외집단soto에서 이런 식으로 몸짓을 자제하는 이유는 주의를 끌지 않고 조화와 평안을 유지하기 위해서이다.

또 다른 예로 일본식 손동작은 함께 있는 사람에게 절대 사용하지 않고 그 자리에 없는 사람에게는 사용할 수 있다. 이런 식으로 함께 한 누군가에게 모욕감을 느끼게 할 경우를 줄이고 그 상황에서 평안을 유지하는 데 도움이 된다.

일본인의 동작학 관련 가장 일반적인 행동이 바로 머리 숙여서 절하기인데, 이 동작을 일상적인 사회적 상호작용에서 반복적으로 행한다. 일본식 절은 누군가를 맞이할 때, 사과할 때, 축하를 전할 때, 떠날 때 등 많은 경우에 사용된다. 역사적으로 굴복의 상징으로 여겨졌던 절하기가 현대에서는 존경과 위계질서에서 위치를 표시하는 의식으로 사용된다. 아랫사람이 먼저, 더 깊게, 더 오래 절을 한다. 절을 제대로 하지 못하면 심각한 모욕으로 해석한다.

전통적인 일본 여성은 손으로 얼굴이나 물건을 가리는 동작을 하는데, Ramsey(1981)는 인상을 관리하기 위해 이 동작을 한다고 분석했다. 이 동작은 손위 사람이 있는 자리에서 자신의 겸손함을 보이기 위한 것이라고 한다.

명제 2 : 일본인의 눈맞춤 포함 눈동작은 (1) 위계질서, (2) 사회 평안, (3) 겸손이라는 문화 테마를 반영하는 것이다.

일본에서 상대방의 눈을 오래 쳐다보면 무례하고 위협적인 행동으로 간주된다.

일본인은 어려서부터 상대방의 눈을 쳐다보지 말라는 교육을 받는다. 청중이 눈길을 피하거나 눈을 감은 채 조용히 앉아있는 것은 발표자에 대한 관심을 표하는 방식이다. 직접적으로 오래 눈을 쳐다보는 경우는 상사가 아랫사람을 질책하는 경우 정도이다.

의사소통을 할 때 눈을 피하는 방식으로 겸손함과 상황의 wa평안을 유지하려 한다는 분위기를 피력한다. 손위 사람이 눈을 똑바로 쳐다보는 것은 자신의 위계질서상 특권을 누리는 것이라고 본다(March, 1990).

명제 3 : 일본인의 표정은 (1) 사회 평안, (2) 인내, (3) 자기희생을 반영한다.

사회적 행동의 모든 면을 볼 때, 일본인은 보통 공개적인 자리에서 심각한 감정표현을 하지 않는다. 일반적으로 무표정하거나 미미한 미소만을 짓는데, 이때 그 사람의 의도나 의미를 해석하기는 거의 불가능하다. 미소는 행복감을 표시하거나 친근한 인사로 쓰인다. 혹은 불쾌함이나 분노 등 부정적인 감정을 가리는 수단으로 쓰이기도 한다.

일본인에게 미소는 조화를 유지하는 데 도움이 되는 사회적 예의범절의 일부이다. 일본인은 다른 사람에게 의기양양한 기분이나 짜증, 분노를 드러내는 것을 잘못된 것으로 여긴다. 부정적 감정을 드러내지 않는 것을 집단의 평안을 유지하기 위한 인내나 자기희생gaman으로 간주한다. 미소는 갈등을 회피하기 위해 사용되기도 한다. 예를 들어, 이상한 질문에 답하기 곤란하거나 부정적인 답을 해야 하는 상황을 회피하기 위해 그저 미소만 짓고 있을 수도 있다.

명제 4: 일본인의 근접 행동은 (1) 집단 내 친밀감, (2) 위계구조, (3) 평안을 반영한다.

개인 공간에 대한 일본인의 태도는 복합적인데 반대로 보이는 경우가 종종 있다. 사람이 많지 않으면, 일본인은 가능하면 심지어 미국인들보다 더 멀찍한 자리를 잡는다. 하지만 붐비는 전철이나 버스에서 사람은 타인과 신체접촉을 해야 하는 상황을 받아들인다. 친구나 가족과 있을 때는 개인 공간을 크게 주장하지 않는다.

이런 이분법은 일본인의 집단 지향성, 수직 구조, 사회적 평안에 대한 지속적 관심에서 나온 결과이다. 사람이 많지 않은 집단 외부에 있는 환경에서 일본인은 개인공간을 지키는데 이는 계층구조나 다른 이들의 집단 친근성 등을 알 수 없을 때 그 사람들에 대한 심리적 장벽을 치는 것으로 볼 수 있다. 집단 외부사람과 가깝게 있어야 하는 상황에서 일본인들은 그 상황의 평안을 유지하기 위해 계속해서 수동적인 태도를 취한다. 나는 만원인 도쿄 지하철 안 숨막히는 상황에서 초연하고 무심한 태도를 취하고 있는 일본인들을 종종 본다.

강한 사회적 연대가 있는 내집단 사람들과 있으면 개인 공간은 극적으로 줄어든다. 전통적으로 가족은 보통 한 방에서 같이 자고 서로 쉽게 닿을 수 있는 거리 안에 머문다. 남성 회사원 동료들이 일과 후 나란히 붙어 앉아서 서로의 등을 토닥거리는 모습은 일본 바에서 흔히 보는 광경이다.

일본인의 공간 관련 행동을 연구한 경우 중 하나에서 일본인들이 몸을 앞으로 불쑥 내민 채 인터뷰하는 사람에게 불안함을 표시했던 경우도 생각해 볼 수 있다. Iwata(1979)는 자부심이 강한 어떤 일본 여학생이 무리 짓기에 분명하게 부정적인 반응을 보인 예를 언급하고 있다. 이 행동은 일본인의 위계에 관한 개념과 관련이 있다. 자부심은 사회적 계층과 비례하는데 집단 외부 상황에서 개인 간 거리를 더 넓게 유지하게 된다.

명제 5: 일본인의 접촉에 관한 관습은 (1) 집단 내 친밀감, (2) 사회 평안에 대한 문화 테마를 반영한다.

일본의 어머니는 애정표현으로 자신의 아이들을 많이 만진다. 심지어 오늘날에도 부모가 어린 아이를 데리고 자는 경우가 많다. 하지만 아동기가 지나면서 접촉하는 빈도가 많이 줄어들면서 접촉을 금하는 사회 기준에 순응하는 것을 당연시한다. 성인들은 공공 상황에서 개인 간 접촉 등 물리적 표현을 하지 않는다.

어른들도 내집단uchi 접촉은 받아들인다. 남성 동료들이 술을 마실 때 많이 볼 수 있는 현상이다. 그러나 외집단soto에 있는 상황에서 사람이 많아서 실수로 일어난 일을 제외하고 터치는 잘 찾아볼 수 없다. 이 관습은 일본인이 집단 친밀성과 조화에 가치를 두는 것을 의미한다.

명제 6 : 일본인의 얼굴 표정은 (1) 집단주의, (2) 집단 친밀성, (3) 사회의 평안, (4) 위계구조라는 사회 테마를 반영한다.

일본인이 보이는 표정의 중심 테마는 집단 정체성과 서열이다. 회사원은 동일하게 어두운 색의 정장을 입고 남녀 상관없이 모두 보수적인 방식을 선택한다. 개인의 정체성을 드러내는 회사 배지를 착용한다. 노동자 계급은 회사마다 다른 작업복을 입는다.

보수적인 의상 형태와 색깔은 일본의 집단주의를 강조하면서 비순응주의자의 옷차림에서 보이는 사회적 불화 가능성을 줄인다. 상표나 회사 유니폼은 집단 유대감을 보이는데 이는 결국 그 사람의 사회적 지위를 알려주는 역할을 한다.

일본에서 명함은 일본인의 비음성 행동과 의사소통에 상당한 영향을 끼친다. 개인의 첫인상은 그 사람이 내미는 명함에 의해 좌우된다. 명함은 적절한 크기와 색을 지녀야 하며 개인의 이름 외에 그 사람의 회사와 직책도 볼 수 있다. 명함을 통하여 그 사람의 집단 친밀도와 신분을 빨리 파악하여 적절한 몸가짐과 발화 수준을 결정할 수 있게 된다.

명제 7 : 일본인의 공간사용을 보면 (1) 위계질서, (2) 집단 지향성을 알 수 있다.

일본 정부 부처나 회사의 공간 배치를 보면 일본인들의 공간에 대한 위계질서 맥락을 이해할 수 있다. 낮은 직책 근무자가 사용하는 책상은 일렬로 서로 마주보게 배치되어 있고 책상 사이를 나누는 가림 막도 없다. 감독이나 매니저 등 책임자급이 책상 끝 줄 머리 부분에 앉는다. 이런 배치가 되면 정보를 나누기도 쉽고 여러 업무를 처리하기에도 용이하고 집단 협동 작업이나 단결을 키워준다. 또한 일터에서 누가 상위직급이고 하위직급인지 파악하기도 쉽다. 공식적인 혹은 반공식적인 자리에서 좌석배치 또한 위계순서를 따른다.

일본인들의 위계질서 개념으로서의 공간 개념을 설명하면서 Hall(1990)은 통찰력 있는 설명을 제공한다. 일본에서 주택은 거리를 기준으로 실제 위치와는 상관없이 지어진 순서대로 번호를 받는다고 한다.

명제 8 : 일본인이 시간을 사용하는 양상을 보면 그들의 (1) 위계질서, (2) 집단 지향성, (3) 사회 평안이라는 문화 테마를 알 수 있다.

Hall and Hall(1990)은 일본인이 자신들끼

리는 시간을 동시에 여러 가지를 하면서 쓰지만 외국인과 일을 할 때는 한 번에 하나씩 해나가는 식으로 시간을 쓴다는 사실을 밝혔다. 외국인을 대할 때 스케줄을 철저히 지키지만 다른 일본인을 대할 때는 유연함을 보인다. 이것은 역동적인 환경에 맞춰가는 능력이라고 할 수 있다. 예를 들어서, 상관의 요구를 들어주기 위하여 일정을 바꿔야만 할 때가 있는데 이는 그들이 위계에 민감하다는 것을 반영한다.

일본인의 의사결정과정은 시간을 사용할 때도 집단 지향성과 사회 평안을 고려하는 그들의 특성을 잘 보여 준다. 대부분의 상황에서 결정을 공표하기 전에 합의를 이루는 과정이 필요하다. 이 과정은 사람들의 균형과 안정을 신경 쓰느라 며칠, 몇 주, 심지어 몇 달이 걸리기도 한다.

명제 9 : 일본인의 발성은 (1) 위계질서, (2) 사회 평안, (3) 공감이라는 문화 테마를 반영한다.

일본인은 대화할 때 유사언어를 많이 사용한다. 토론을 할 때, 일본인은 계속 작지만 독특한 제스처aizuchi를 하거나 소리hai, un, ee를 내는데 이는 자신들이 상대방의 말을 잘 듣고 있다는 것을 보여 주기 위해서이다. 이러한 발성에는 문화적 동기가 있다. 위계질서 안에서 발표자는 청중이 손위인지 손 아래인지에 따라서 적절하게 톤과 음을 조절한다. 청중은 자신들이 잘 듣고 있다는 것을 알리기 위해 반응을 계속 하는데 이는 긍정적인 사회적 관계wa를 유지하는 데 도움이 된다.

일본인에게 웃음은 다양한 의미가 있다. 웃음이 물론 기쁨을 나타내기도 하지만 당황함이나 분노를 감추기 위해 사용되기도 한다. 당황함이나 분노를 웃음으로 감추는 것은 당시 상황의 분위기를 깨지 않고 개인 간 불화를 피하기 위한 것이다.

White(1989)는 미국인과 일본인 간의 영어를 사용한 대화를 녹음, 분석했는데 일본인이 미국인보다 훨씬 더 자주 상대방에게 계속 반응신호를 보냈다고 한다. 그는 발성을 이렇게 사용하는 것은 언어적 이유보다는 문화적 영향이라고 결론지었다. 일본인들은 대화에서 듣는 사람은 말하는 사람의 관점에 공감하고 있다는 것을 보여줘야 한다고 생각한다.

명제 10 : 일본인이 침묵하는 방식을 보면, (1) 위계질서, (2) 사회 평안, (3) 공감이라는 문화적 테마를 알 수 있다.

일본인의 의사소통 과정에서 침묵의 핵심적인 역할은 들은 말을 신뢰할 수 없을 때와 다른 사람의 의도를 알아차렸음을 감정적으로 강조할 때 사용한다. 침묵은 훌륭하고 믿을만한 덕으로 여겨진다.

일본인들의 대화에서 볼 수 있는 두드러진 특징은 "음ma…" 같은 식으로 중간중간 대화가 끊긴다는 것이다. Matsumoto(1988)는 일본인은 이렇게 말이 끊어지는 것을 신경 쓴다고 한다. 말이 끊어진 상황이 의미를 전할 수도 있고 존경을 표현하는 방법일 수도 있고 다른 사람이나 상황을 확인하려는 시도일 수도 있다고 한다.

일본어 담화에서 "음ma…"은 다양한 의미

를 전달하는데 정확한 의미는 주어진 맥락에 따라서 다르다. 침묵은 의견이 다르다는 것을 알리거나 불편한 딜레마를 알리기 위해 사용될 수 있다. 침묵하면서 적절한 반응을 생각하거나 자신의 의견을 정하기 위해 사용될 수 있다. 손아래 사람은 손위 사람에 대한 존경의 의미로 침묵하는 경우가 있다.

명제 11 : 일본인이 후각을 사용하는 방식은 그들의 사회 평안이라는 문화 테마를 반영한다.

냄새에 대한 일본인의 태도가 어떠한지 알려주는 정보는 거의 없다. Kasahara(1986)는 일본인들이 청결을 선호해서 냄새가 아예 없는 환경을 만들었다고 말한다. 뒷받침할 증거는 없지만 의식처럼 자주 목욕을 하고 타인에게 폐를 끼치기 싫어하는 마음을 보면 그의 주장에 신빙성이 있다고 생각하게 된다.

결론

이제까지 소개된 명제들은 비음성 의사소통이 실제로 문화적 강박관념에서 나온 일본인들의 행동 심리학의 일부가 되었음을 말한다. 이 개념에 동의하면, 한 사회의 비음성 의사소통 습관이나 다른 의사소통 양식을 파악하기 위해 문화적 동기를 이용하는 것이 도움이 된다는 것은 자명한 일이다. 문화 기질에 문화 테마를 적용하는 것은 문화와 관련된 문화 간 소통 현상을 알아보고 잘 이해하는 데 핵심적인 방법이다.

이 접근법을 실제 적용해서 얻는 잠재적 이점이 꽤 있다. 의사소통 행동 이면에 있는 문화적 필요를 제대로 살펴보면 문화 간 소통 능력을 증진시킬 수 있다. 문화 간 소통을 경험한 사람은 상대방이 무엇을 전하고자 하고 왜 전달하고자 하는지 그 이유를 더 잘 이해할 수 있을 것 같다.

하지만 한계는 있다. 조금 더 광범위한 이론 적용을 하기 전에 추가 조사와 명증이 필요한 장애요소들이 있다.

추가 조사를 할 때 특히 중요한 것은 문화 테마를 어떻게 정의하는가와 연관되어 있다. 일본문화는 다른 나라보다 동질성이 아주 강하다. 이 사회가 가진 동질감에서 그 문화만의 테마와 동기가 구체화된다. 문화 테마는 확실히 일본 사회 거의 모든 차원에 적용될 수 있다.

미국 같은 사회에서는 문화의 일치 정도가 일본만큼 심하지는 않다. 이 경우에는 정체성이 다양한 종족에게 지속적 문화 테마를 적용하는 것은 상당히 어렵고 잠재적 위험도 있다. 이질적 대중들을 상대로, 정형화된 테마를 부여하는 것은 독립요소로서 뿐 아니라 한 사회를 이루는 연결 요소로서 종족 분할을 다루는 방식에 의해 반드시 조절되어야 한다.

또 다른 어려움은 어떻게 측정할 것인가에 관한 것이다. 한 문화의 비음성 의사소통 양식은 대개 관찰 가능하거나 측정 가능하다. 문화는 독립적으로도 혹은 의사소통 행동의 유발요소로서도 정량화될 수 있는 대상은 아니다. 문화의 영향력을 다루는 연구 대부분은 개인적 경험과 관찰(일화 기록)을 자료로 삼는다.

문화와 관련된 많은 연구가 인류의 상상력을 다소 가볍고 추상적으로 보여 준다. 또 다른 연구들은 문화에 경험적으로 접근하고 과학적 측량방법을 도입하려고 시도했다. 예를 들어, Hofstede는 "예측 가능한 방식으로 이루어진 인간의 사고, 조직체"(1980, p.11)에게 영향을 주는 가치체계 형성과정에서 문화의 역할을 파악하기 위해 통계 분석법과 질문지 조사법을 사용했다. Osgood, May, Miron은 "주관적 문화"(1975, p.4)라고 그들이 명명한 무형의 속성을 통계학적으로 정량화하는 데 주목할 만한 진보를 이루어냈다.

이 연구자들이 이룬 진보로 인하여 문화가 객관적 정량화의 범주를 완전히 넘어선 대상은 아닌 것으로 받아들여졌다. 이들의 공헌 덕분에 의사소통 행동에 끼치는 문화 테마의 영향을 경험적으로 파악할 수 있는 기준이 되었다.

테마의 보편성 또한 의사소통 활동에 문화 테마를 이론적으로 적용시키는 데 잠재적 위협이 된다. 문화가 다르더라도 유사한 테마는 유사한 행동을 낳는다고 가정할 수 없다. 한 문화에서 특정 행동을 유발하는 테마가 다른 문화환경에서는 전혀 다른 패턴을 가져올 수도 있다. 이런 가능한 실패요소를 미연에 방지하기 위하여 각 문화를 별개의 독특한 단일체로서 취급해야 한다. 검증되지 않은 문화에 이론적 적용을 하기에 앞서 여러 문화에 걸쳐 찾아볼 수 있는 보편적 문화 테마와 의사소통 행위가 무엇인지 파악하는 것이 필요하다.

문화 테마 중 어느 것이 종속적 관계에 있는지 결정하는 연구가 진행되어야 할 필요가 있다. 이 예로 만약 한 문화에 의해 위계질서가 드러난다면 공식화 과정이나 또 다른 테마가 있는 것인지를 연구하는 것을 들 수 있다. 앞서 언급한 제한요소로 인하여 의사소통 행위를 설명하기 위해 제안된 접근법을 틀린 것으로 판단해서는 안 된다. 문화 테마를 사회의 의사소통 성향을 식별하고 이해하기 위해 사용하기 전에 연구해야 할 관심분야로 보면 될 것이다.

개념 이해와 문제

1. "문화적 테마"는 무엇인가? 이 연구에서 우리가 얻는 유익은 무엇인가?
2. 일본의 주요한 문화적 테마 중 문화 간 소통에 영향을 주는 테마는 무엇이 있는가?
3. 북미 문화적 테마 중 미국인의 비음성 의사소통에 영향을 주는 테마는 무엇인가?
4. 유교 기반 집단주의가 일본인의 비음성 의사소통을 조절하는 데 어떻게 기여하는지 설명해 보자.
5. 일본인의 동작 행동의 근본이 되는 문화적 테마는 어떤 것이 있는가? 일본인의 동작 행동의 근본이 되는 문화적 테마가 미국인의 비음성 행동에도 동일하게 적용되는가?
6. 일본인의 동작 행동과 연관하여 가장 두드러진 활동은 무엇인가? 미국인의 동작 행동에서 그에 대응할 만한 활동은 무엇인가?
7. 문화가 일본인과 미국인의 외모에 어떤 영향을 끼치는지 설명해 보자.
8. 일본에서 '침묵'의 문화적 기초는 무엇인가? 문화 간 소통에서 일본인들은 '침묵'을 어떻게 활용하는가?
9. 일본과 미국에서 사용되는 유사언어(음성학)는 어떠한 차이가 있는지 설명해 보자. 문화 간 소통을 할 때, 일본인과 미국인의 유사언어 활용 차이가 어떻게 의사전달 왜곡을 가져오는지 설명해보자.

Edwin R. McDaniel is a retired Professor of Intercultural Communication from Aichi Shukutoku University, Nagoya, Japan.

언어 문제

Aaron Castelan Cargile

서로 다른 문화에 접한 사람으로서 우리가 직면하는 도전들 중 하나가 언어의 차이를 어떻게 대처할 것인가에 관한 것이다. 대화 상대와 같은 언어로 말할 수 없는 경우도 있다. 한 단어도 이해할 수 없는 상황에서 성공적인 의사소통을 할 확률은 거의 없다. 혹은 나와 대화하는 사람이 나의 모국어를 잘 못하고 기본적인 표현만 할 수 있는 경우도 있을 수 있다. 서로 다른 언어를 사용하고 있음에도 의사소통에 별 지장이 없는 경우도 있을 수 있다. 중요한 것은 상대방이 나와 같은 언어를 사용하고 있음에도 항상 내가 생각하는 의미로 말하지 않을 수도 있다는 점이다.

예를 들어 웨스트 버지니아출신이어서 애팔래치안 지역 특유의 느린 어투로 대답하는 구직자를 면담하는 뉴욕의 사업가를 생각해 볼 수 있다. 혹은 아프리카계 미국인 학생의 *hood* 발음을 교정하는 교사나 느리게 말하는 고객으로부터 받은 불만을 언급하는 바쁜 가게 매니저를 생각해 볼 수 있다. 이 상황에서 보면, 대화자들이 모두 영어로 말하고 있고 그들이 사용하는 단어가 이해 가능함에도 의사소통 이후 뭔가 연결되었거나 자신의 의도가 전달되었다는 느낌을 받을 수 없다. 이런 결과가 생기는 이유는 그들이 같은 듯 보이나 실제로 다른 언어로 대화했기 때문이다. 발화자들은 서로 다른 액센트, 어휘, 발화율을 사용한 것이다. 성공적인 문화 간 소통을 방해하는 가장 큰 장애는 바로 이러한 작은 듯 보이는 언어 차이에서 나온다.

언어 차이의 어려움

서로 다른 것보다는 비슷한 것을 선호하는 것은 사람의 본성이다. 조사에 따르면 사람들은 자신들과 비슷한 태도나 특성을 지닌 사람들을 더 좋아하는 경향이 있다고 한다(eg., Byrne, 1971; Byrne & Clore, 1970; Clore & Byrne, 1974). 따라서 우정은 비슷하다고 생각되는 사람들 사이에서 더 쉽게 이루어진다(Kim, 1991; Lea & Duck, 1982). 문화, 종교, 스포츠 동호회 같이 비슷한 집단에 속한 사람들에게 더 친절하게 대한다고도 한다.

자민족 중심주의도 비슷한 것을 선호하는 사람의 본성과 관련이 있는 현상이다. Sumner(1940)에 따르면, 자민족 중심주의는 한 문화에 속한 구성원이 자신을 모든 것의 중심으로 여기고 자신의 기준으로 다른 문화를 판단할 때 일어난다. 자민족 중심주의는 모든 문화 전반에 걸쳐서 자연스럽게 발생할 수 있다. 불행히도 언어의 차이에 직면할 때 이 문제가 섞여 들어갈 수 있다.

언어의 차이는 각자의 상징 코드가 다른 것을 말하는 것이지만 같은 상징 코드를 사용해도 언어 차이가 발생하는 때가 있다. 앞서 언급했듯이, 대화자들이 영어를 능숙하게 사용하지만 그들의 액센트와 어휘, 발화율이 달라서 언어 차이가 발생하는 경우는 '언어'에 관련된 많은 행동의 일부일 뿐이다. 뉴욕의 사업가가 웨스트버지니아 출신 구직자를 면담하는 경우, 그는 별 어려움 없이 상대방의 말을 이해할 수 있다. 하지만 그 사업가가 그 면담을 편안하게 받아들이지 않거나 이후 채용 여부를 고민할 가능성이 있다. 유감스럽게도 그 구직자가 말한 내용이 무엇이었는지는 상관이 없다. 그가 그 일에 최적인 조건을 갖추고 모든 인터뷰 질문에 만족스러운 대답을 했다고 해도 시골 말투를 쓰는 자를 채용하는 것에 우려하는 마음이 들 수 있다. 이해력의 문제가 아닌 공평한 평가와 평등한 대우 관련 현안이기 때문에 사람이 잘 인식을 못할 수도 있어서 실제로 문화 간 소통에서 더 큰 장애가 될 수 있다.

액센트를 섞어서 말을 할 때, 상대방이 언어 차이를 의식할지 아닐지는 예측하기 어렵다. 사람이나 상황, 특정 액센트에 따라서 다르지만 상대방이 의식하지 못한 채 지나갈 수도 있다. 어휘나 발화율 문제도 상대방이 의식할 가능성은 낮다. 상대방이 당신보다 느리게 말하는 것을 의식하지 못하더라도 뭔가 자연스럽지 않다는 느낌을 가질 수는 있다. 예들에서 보듯이, 우리가 다른 사람에 대한 판단과 태도에 영향을 주는 언어의 차이를 꼭 인식할 필요는 없다. 하지만 이런 사소한 언어 차이가 특히 문제가 된다. 결과적으로, 나의 모국어를 모르는 외국인과 의사소통할 때보다 모국어를 다르게 말하는 같은 문화권 사람을 언어를 근거로 차별하기가 더 쉽다는 것이다.

언어 차이에 대한 우리의 태도와 언어 차이가 문화 간 소통에 미치는 영향은 액센트, 발화 스타일, 발화율 세 가지 특징으로 알아볼 수 있다.

액센트

언어 행동 중 액센트가 가장 두드러진 행동 중 하나이다. 연구에 따르면 대화 중 듣는 사람은 "다른 식으로" 말하는 사람에게 분명한 태도를 취한다고 한다. 표준 미국영어 액센트로 말하는 미국인은 "애팔래치안", "독일식", "아프리카 미국인식" 액센트를 사용하는 사람들을 자신보다 영리하지 못하고 더 가난하고 교육을 덜 받은 자로 여기는 경향이 있다고 한다. Bishop(1979)은 백인 여성들이 아프리카계 미국인 동료를 무책임한 편이라고 여기고 동료로 같이 일하기를 반기지 않는 경향이 있음을 알아냈다. 또 다른 연구에 따르면, 앵글로계 응답자들은 어떤 사람이 앵글로 액센트로 말할 때 보다 히스패닉 액센트로 말할 때, 같은 사람임에도 그 사람을 교육을 덜 받고 하위계층에 속한 사람으로 평가한다고 한다.

표준 액센트로 말하는 사람은 비표준 액센트로 말하는 사람을 얕잡아본다고 한다.

비표준 액센트로 말하는 사람조차도 자신들과 같은 액센트를 쓰는 사람을 낮은 사회 계층에 속한 사람으로 판단하는 경우가 종종 있다고 한다. 그러나 문화 간 소통에서 발생하는 복잡한 현실이 우리가 우리와 다른 식으로 말하는 사람들을 나쁘게 생각한다는 의미는 아니다. 영국식 액센트로 말하는 사람을 열등하다고 여기지 않는다. 표준 액센트로 말하는 사람이 비표준 액센트로 말하는 사람을 친근하거나 천성이 좋다는 등 다른 측면을 감안하여 동등하게 대하기도 한다. 문화 간 소통 관련 분야에서 우리는 종종 다른 사람을 액센트 하나만 보고 부정적으로 판단하는 경우가 있음을 많은 연구결과를 통해 알고 있다.

발화 스타일

액센트에 더하여 발화자의 어휘 선택이나 문법 구문 선택에 따라서 상대방이 잠재적으로 해롭거나 잘못된 편견을 가질 수 있다. 의사소통하는 존재로서 우리는 메시지가 많은 여러 방식 중 하나로 표현될 수 있음을 알고 있다. 어떤 사람이 "이봐! 저쪽에 있는 러닝셔츠꾸러미 좀 줘 봐!" 혹은 "음, 실례합니다. 티셔츠 가방 좀 건네주시겠습니까? 감사합니다." 라고 말했다고 하자. 두 발언 모두 같은 메시지를 담고 있으나 발화 양식은 전혀 다르다. 첫 번째 발언을 들으면 발화자가 강하고 자신감이 있는 사람이라고 느껴지고 두 번째 발언을 들으면 그가 허약하고 매력이 덜하다고 느낄 수도 있다고 한다. 이렇게 받은 인상이 가치가 있건 없건 상관없이, 메시지가 담긴 발화 스타일을 우리의 개성이나 능력에 대한 정확한 정보로 받아들이는 것이다.

강력한 혹은 강력하지 않은 양식

망설이거나 돌려말하기, 부가의문문 형태로 말하기, 공손하게 말하기 등을 사용한 발화는 허약하다고 느껴진다. 강력한 혹은 강력하지 않은 양식은 정말 힘이 있는 사람이 쓰는 양식과 힘이 없는 사람이 쓰는 양식을 말하는 것이 아니라 특정 언어사용 형태를 말하는 것이다. 연구에 따르면, 강력하지 않은 양식과 주로 여성이 사용하는 발화 양식이 상당부분 겹친다고 한다. 모든 여성이 다 강력하지 않은 양식을 사용하는 것은 아니다. 다만 여성이 사용하는 양식이 남성이 사용하는 양식보다 덜 강력하게 느껴진다는 것이다. 몇몇 연구에 따르면 강력하지 않은 발화 양식을 사용하는 사람은 누구나 매력이 덜하고 경쟁력도 좀 약한 사람으로 여겨진다고 한다. 이렇게 무의식적인 어휘와 구문 선택을 통하여 발화자와 청자 모두 의사소통을 어렵게 하는 판단을 하는데, 이 판단은 바람직하지도 않고 잠재적으로 정확하지도 않다.

발화율

액센트, 발화 양식, 발화율은 언어행동의 주요 요소이다. 발화자는 자연스럽게 분당 많은 어휘와 음절을 다양하게 선택하여 말한다. 이를 통하여 그 사람의 인격, 나이, 상황, 규범 언어 능숙도 등을 알아볼 수 있다. 발화율을 다르게 활용하는 이유들이 있음에도, 듣는 사람은 일관되게 빠른 속도로 말하는 사람이 느리게 말하는 사람보다 더 경쟁력이 있고 더 매력적이라고 생각한다.

발화율과 듣는 사람의 평가 사이 관계가 듣는 사람 자신이 말하는 속도에 영향을 받는다는 증거가 있다. 자민족 중심주의이거나 빨리 말하는 사람들이 빠르게 말하는 사람을 선호하고 자신이 느리게 말하면 다른 사람이 느리게 말할 때 더 호감을 갖게 된다. 두 경우에서 우리는 우리와 다르게 말하는 사람들을 호의적으로 평가하지 않는다는 것을 알게 된다.

언어 기반 차별

지금까지 우리는 언어 차이가 많은 방법으로 다른 사람의 성격이나 능력에 편견을 갖게 하는 증거들을 생각해보았다. 이제 이 언어차이가 차별을 가져오기도 한다는 점을 지적하고자 한다. 종종 우리는 어떤 사람들이 우리와 다르게 말할 때 그들을 비호의적으로 생각할 뿐 아니라 많은 경우 그들을 불공평하게 다룬다. 이 사실은 '다른' 액센트를 사용하는 사람들의 경우에 가장 잘 드러난다.

구직 인터뷰 상황이나 법정에서 누군가의 행동이 나의 안녕보다 더 중요한 경우는 거의 없다. 인생이 면담자나 배심원의 선택에 달린 상황이기 때문에 이 상황에서 사람들을 공정하게 대하는 것은 정말 중요한 일이다. 그럼에도 발화자가 언어 사용 탓에 차별을 경험한 사실을 증명할 증거들이 있다. Seggie(1983)는 그의 연구에서 표준 액센트 발음과 비표준 액센트 발음으로 말하는 녹음테이프를 들려준 후 이 사람이 다수의 범죄 혐의로 재판에 회부되었다고 말했다. 목소리를 듣고 유무죄를 추정하는 미션에서 대상자들은 횡령 같은 범죄를 저지른 사람으로 표준 액센트를 구사하는 사람을, 폭력 같은 범죄는 비표준 액센트를 쓰는 사람을 유죄로 지목했다. 이는 실험 대상자들이 표준 액센트와 화이트 컬러 범죄를 연결 짓고 비표준 액센트와 폭력 범죄를 연결 짓고 있음을 보여 준다. 비록 실험 대상자들이 배심원은 아니지만 사람이 그의 액센트 하나만으로도 다르게 취급 당할 수 있다는 사실은 명백하게 증명되었다.

Henry & Ginzberg(1985)는 다양한 민족 액센트를 가지고 전화로 구직 인터뷰에 응하는 상황을 연출했다. 비표준 액센트로 말한 구직자 대부분은 이미 사람을 뽑았다는 말을 들었다. 하지만 표준 액센트로 말한 구직자는 비표준 액센트로 말한 사람이 빈 자리가 없다는 통보를 받은 후에 전화를 했음에도 직접 인터뷰에 오라는 요청을 받았다. 유사한 연구에서, 연구자들은 텍사스주 산안토니오시 출신 고용주들에게 감독관, 경력직 기술자, 미숙련 노동자로 일할 사람들을 예측해보라고 요청했다. 그리고 고용주는 표준 액센트로 말한 사람을 감독관 자리에, 스페인어 액센트로 말한 사람을 미숙련 노동자 자리에 배치한다는 결과를 얻었다. 스페인어 액센트로 말하는 사람은 감독관 자리에 어울리지 않는 것처럼 여겨지는 동시에, 비숙련 노동직에 더 어울리는 것처럼 여겨지는 이중고에 처해있다. 관련 여타 연구를 통하여 우리는 사람이 자신과 다르게 말하는 사람에게 편견을 가질 뿐 아니라 상대의 인생이 위태로울 수 있는 방식으로 차별을 한다는 것을 알게 된다.

문화 간 소통자를 위한 조언

이 연구를 통하여 우리가 액센트, 다른 발화 스타일, 다른 발화율로 말하는 사람들에 대하여 바람직하지 못한 언어 태도를 지닌다는 것을 알게 되었다. 또한 이러한 발화기반 태도가 고정관념에 매인 편견에 가득찬 행동을 일으킬 수 있다는 것을 알게 된다. 이 상황과 문화 간 소통 사이에 어떤 관계가 있는지 분명하게 밝혀져야 하며 더 조사할 필요가 있다.

문화 간 소통이라는 용어를 접하면 프랑스인 관광객과 대화하는 미국인 세관원의 경우처럼 서로 다른 나라 출신 두 사람이 상호작용하는 장면이 떠오른다. 문화 간 소통 당사자들 사이에 언어 사용이 다양하기 때문에 문화 간 소통과 언어 태도는 관련이 있다. 언어는 표현하기 위해 사용하는 공식 언어 코드 이상을 의미하므로 언어에 발화 스타일과 발화율, 액센트도 포함된다. 그러므로 같은 나라에서 같은 언어를 사용하면서 자라난 문화 간 소통 참여자라도 체계적으로 다른 말하기 방식을 택하기도 한다. 예를 들어서, 아시아계 미국인과 아프리카계 미국인의 액센트와 발화 방식이 다른 경우가 종종 있다. 언어사용에 대한 태도는 문화 간 소통의 어떤 타입에도 영향을 주는 중요한 특성이다.

모국어가 다른 사람 간 언어 차이는 확실하게 드러난다. 이 상황에서 문화 간 소통에 영향을 끼치는 언어 태도를 살펴볼 기회가 많이 있다. 대화자는 다른 액센트로 말할 뿐 아니라 적합한 말하기 방식이나 언어사용을 다스리는 능력에 관해 서로 다른 생각을 가지고 있다. 예를 들어서, 미국인 세관원은 문법은 맞지만 프랑스어 액센트를 사용하는 관광객의 발화 양식을 듣고 교육을 받지 못한 사람으로 간주할 수 있다. 이런 저런 언어 차이가 합쳐져서 심각하게 부정적인 인상을 갖게 된다. 비록 프랑스인 관광객이 칭찬받을 만한 언어행동을 했더라도 차별적 인식으로 인해 세관원은 이 언어행동을 무시할 수도 있다. 물론 외국어 액센트가 섞인 모든 발화가 다 부정적으로 들리는 것은 아니다. 하지만 이런 태도가 대다수이기 때문에 서로 다른 나라 사람이 만나서 문화 간 상호작용을 할 때 언어 태도가 인상을 결정짓는 중요한 수단임을 인식하고 주의 깊게 활용할 필요가 있다.

같은 나라에 살지만 공유문화가 다른 경우 언어 차이가 그렇게 두드러지게 나타나지는 않는다. 그럼에도 상호작용에 영향을 미치는 언어 태도의 능력을 간과해서는 안된다.

아시아계 미국인이 앵글로계 미국인보다 더 공손한 형태로 말하기도 하고 남부 지역 출신 사람들이 북부출신보다 말을 느리게 하는 것 등이 같은 문화에 살지만 공유 문화가 다른 경우의 예로 볼 수 있다. 이러한 차이점들 때문에 언어 태도는 공유문화 구성원들 사이에서 일어나는 문화 간 소통 때 중요한 역할을 한다. 따라서 책임감 있게 의사소통을 하려는 사람은 자신의 언어 태도를 이해하고 조절할 필요가 있다.

우리는 어떻게 언어 태도를 조절할 수 있는가?

많은 다른 태도와 고정관념처럼 언어 태도

도 자연스럽고 유용한 사회생활의 특징이다. 언어는 표현도구일 뿐 아니라 다른 사람에 대해 다양한 정보를 공급하는 역할도 한다. 예를 들어서, 느린 발화를 통하여 우리는 발화자가 그의 생각을 정리하는 데 어려움을 겪고 있다는 것을 알 수 있다. 하지만 느린 발화현상이 발화자의 정보처리 과정이나 지적 능력에 대해 가리키는 것이 아닐 수도 있다. 그러므로 언어 태도는 유용하지만 대화 상대방에 대해 신뢰할 수 없는 정보를 제공하기도 한다. 그렇다면 책임감 있는 문화 간 교류자라면 어떻게 언어 태도를 조절해야 하는 것일까?

가장 중요한 것은 당신이 언어 태도에만 의존해서 반응하는 때와 다른 객관적이고 믿을 만한 정보에 기반하여 반응하는 때가 언제인지 정리해보는 것이다. 미국 내 대학에서, 학생은 외국인 조교나 교수에게 종종 부정적으로 반응한다. 사실 어느 대학에서는 학생 다섯 명 중 두 명이 자신이 신청한 과목의 강사가 외국인이면 강의신청을 취소한 적이 있다고 한다. 이러한 여론 탓에 일리노이주는 외국인 교수의 언어능력 유창성에 대한 법률을 제정하기도 하였다(Setter, 1987). 이러한 학생의 불만족의 책임은 누구에게 있는 것인가? 형편없는 언어 구사력을 가진 강사도 물론 있다. 하지만 많은 경우, 이것은 학생이 만든 전형적이고 편견에 찬 언어태도의 문제이다.

교수의 액센트를 듣는 순간 학생은 자신도 모르게 외국어 액센트를 지닌 발화자에 대해 갖고 있는 언어 태도만을 근거로 해서 그 교수의 인품과 언어능력을 판단하게 된다. 언어 태도로 인하여 선별적 인식을 갖게 되므로 학생은 자신의 관점을 뒷받침할 증거를 만들게 된다. 이 과정에서 교수가 저지르지도 않은 문법적 실수를 들었다고 착각하기도 한다(Cargile & Giles, 1996). 이런 가상의 실수를 가지고 자신의 태도를 정당화하며 그 교수에게 불친절하게 행동할 명분을 갖게 된다. 이렇게 되면 수업 담당 교수가 사실 친절하고 똑똑하고 올바른 문법을 사용하고 이해가능한 영어 능력을 구사한다고 하더라도 학생은 이미 형성한 언어 태도 탓에 수업에 불만을 갖게 된다.

다른 발화자에 대한 우리의 평가는 그 발화자의 행동에 대한 것이라기보다는 우리 자신의 태도에서 나온 것인 듯하다. 문제는 우리가 이 점을 거의 인식하지 못하고 있고 그 결과 우리가 하는 반응은 전적으로 상대방이 원인이라고 믿는 것이다. 언어 태도를 대할 때 취할 첫 단계는 평가 과정에서 언어 행동의 역할을 인식하는 것이다. 스스로에게 "내가 이 사람을 오직 말하는 방식만으로 이렇게 생각하는 것인가?"라고 물어보라. 대답이 부정적이라면 언어 태도가 갖는 역할은 작지만 정당하다. 당신의 대답이 긍정적이라면 당신의 언어 사용에 대한 태도가 당신의 행동에 부적절한 영향을 끼치고 있다고 볼 수 있다. 언어 태도가 당신의 반응에 일정 역할을 하고 있다는 것을 인지한 후 두 번째 단계는 평가과정에 추가 정보를 찾아서 더하는 것이다. 당신이 어떤 발화자에 대해 당신의 언어태도에 기반한 판단을 할 수 있다. 하지만 책임 있는 문화 간 교류자로서 당신은 능력껏 당신의 평가가 정확하고 적절한지 확인해야 한다. 규범적 영어를 말하는 외국인 교수의 경우, 그가 훌륭한 교수로서 지성이나 능력이 부족하다고 평가하기 전에 그의 교육 이력, 이전 교수 경력, 영어 능력을 알아보아야 한다. 이런 사실 확인과 이후 과정은 결코 쉽지 않다. 하지만 우리의 언어 태도를 조절하는 것은 중대한 문제이다. 문화 간 상호작용에서 언어 태도에 의지하는 것은 어쩔 수 없는 일이다. 그러므로 대화 중 듣는 입장에 처하면 언어 태도가 우리를 편견과 차별의 길로 이끌지 않도록 정보 출처의 하나로서 취급하기를 권한다.

개념 이해와 질문

1. Cargile은 "연구를 통하여 사람이 자신과 비슷한 태도와 특징을 가진 사람을 좋아하는 반면 자신과 다른 태도와 특징을 가진 사람을 꺼려하는 경향이 있음을 알 수 있다"고 말했다. 당신의 의견은 어떠한지 말해보자.
2. 자민족중심주의와 관련된 문제에 언어 차이가 더하여지면 어떤 일이 일어나는지 설명해보자.
3. Cargile의 "동일한 상징 코드가 사용되는 경우에도 언어 차이가 나타날 수 있다"는 주장을 설명할 수 있는 예를 들어보자.
4. 액센트가 상대방에 대해 갖는 인상에 영향을 미치는 상황을 Cargile에게서 찾아 보자. 자신이 액센트 때문에 다른 사람에 대해 다른 인상을 갖게 된 적이 있는가?
5. 화자가 선택한 특정 어휘나 문법 구절로 인하여 그에 대한 편견을 가진 적이 있는가? 있다면, 그 상황을 토론해보자.
6. 왜 문화 간 소통에서 발화속도가 변수로 취급되는가? 자신이 속한 문화와 다른 발화속도를 가진 문화를 접한 적이 있는가? 서로 다른 발화속도가 상대방에 대한 당신의 생각에 영향을 미쳤는가?
7. 발화 차이에서 나온 차별을 가장 잘 볼 수 있는 환경은 어떤 환경인지 설명해 보자.
8. Cargile의 "공유 문화는 다르지만 같은 나라 출신인 사람 사이에 언어 차이는 그렇게 두드러지지 않을 것이다"라는 주장에 동의하는가?
9. Cargile은 신뢰할 만한 문화 간 전달자가 언어 태도를 어떻게 조절할 수 있다고 말하는가?

Aaron Castelan Cargile teaches in the Department of Communication Studies, California State University, Long Beach.

06

문화적 맥락 : 환경의 영향

06

문화적 맥락 : 환경의 영향

다른 문화에 속한 사람과 효과적으로 교류하려면 의사소통 원칙에 관한 지식과 원칙이 문화 역동성과 맺는 관계성을 알아야 하고 다양한 사회 환경에서 문화 간 소통이 어떻게 기능하는 지 이해하고 있어야 한다. 우리는 지금까지 (1) 문화 간 소통의 근본을 소개했고, (2) 문화 정체성의 중요성에 관하여 논하였으며, (3) 국제 문화와 국내 문화 간 다양성을 파악했고, (4) 음성/비음성 행동에서 보이는 문화적 다양성이 어떻게 의사소통 과정에 영향을 미치는지 논의했다. 이제 당신이 문화 간 맥락에 익숙하다면 반드시 알아야 할 의사소통 원칙을 소개하고자 한다.

모든 상호작용은 구체적인 사회 물리적 환경에서 발생한다. 환경을 사회적 맥락이라고 하는데 환경이 절대 중립적일 수 없고 의사소통 행위자들의 행동에 언제나 영향을 미치므로 이것을 고려하는 것이 중요하다. 그러므로 의사소통할 때, 구체적인 사회적 맥락을 인지하고 그 상황에 맞는 의사소통 행동에 적응해야 한다. 축구 경기장, 나이트클럽, 대학교 간이식당, 의사 사무실, 예배 장소 등의 사회적 맥락을 생각해 보라. 이러한 사회적 환경은 당신이 메시지를 만들고 반응하는 방식에 영향을 미치는 물리적·사회적 요소를 포함하고 있다. 무엇을 입을지, 무엇에 대해 말할지, 누구에게 말할지, 목소리 크기는 어느 정도일지를 모두 사회적 맥락이 결정한다. 우리는 우리 문화 내에서 다양한 사회 맥락에 맞는 의사소통 행동을 배웠다. 하지만 문화 간 소통의 다른 면과 마찬가지로 다양한 사회적 맥락에 맞는 적절한 행동 패턴은 문화마다 다르다. 의사소통에 영향을 미치는 사회적 맥락은 다음에 소개되는 세 개의 상관된 가정에 바탕을 두고 있다.

1. 의사소통은 규칙의 지배를 받는다. 이 규칙은 적절한 태도부터 논의할 만한 주제 선정에 이르기까지 모든 것에 적용된다.

2. 환경이 행동 규정을 정한다. 교실, 법정, 교회, 병원 등의 환경에서 취해야 하는 의사소통 행동을 생각해보자.

3. 우리는 문화 경험의 일부로서 의사소통 규칙을 배운다. 어느 문화에나 있는 보편적인 환경도 있지만 각 맥락에서 요구되는 적절한 행동은 그 문화의 가치와 태도를 반영한다. 예를 들어, 말하는 순서, 시간과 장소와 말의 사용, 적절한 태도, 비음성 행동, 침묵의 적절함 등이 주로 문화의 확장된 형태라고 볼 수 있다.

이 장에서 우리는 맥락, 문화, 의사소통 간 상관관계를 논의한다. 문화 간 소통이 다양한 맥락에서 발생하지만, 우리는 사업, 교육, 의료 세 가지를 다른 문화를 만날 가능성이 가장 좋은 환경으로 선택했다.

이전에 국가 내에서 성장했던 회사들이 전 세계에 지부, 공장 등을 갖춘 국제 기업으로 성장했고 미국 내에서도 사업에 미치는 문화의 영향력은 지대하다. 미국은 지금 다양한 문화적 배경을 둔 노동력에 의존하고 있다. 이 회사들의 협력사, 고객, 관리자들이 다른 문화적 배경과 국가에서 온 경우가 종종 있다. 협상, 의사 결정, 정책 수립, 사회화, 성별 관련, 영업 기술, 인력 관리, 의사소통 패턴 등 사업의 많은 면이 문화적 다양성의 영향을 받고 있다.

문화 간 사업상 의사소통에서 중요시되는 사항은 교육 환경에도 동일하게 적용된다. 국제화, 이민, 인구 증가로 인하여 미국 내 교실뿐 아니라 다른 지역 교실이 다문화/다국적 공동체가 되었다. Pew 연구센터의 2007년 조사에 따르면, 미국 내 학생 세 명 중 하나는 자신을 아프리카계 미국인, 남미계 미국인, 아시안, 태평양출신, 아랍, 미국 원주민으로 규정하는 등 59%가 백인, 20%가 히스패닉, 15% 아프리카계, 그리고 6%의 아시아계 인구 분포를 보인다고 한다. 약 천만 명의 미국 학생들이 영어가 모국어가 아닌 곳에서 왔고 4,900만 명 정도의 학생이 제한된 영어 사용 능력을 보인다고 한다. 2012년 8월 10일, 『The Week』에 실린 글을 보면 2010년에서 2011년 사이에 백 만 명이 넘는 외국 학생이 미국 내 대학에 등록했다고 한다. 간단히 말해서, 지난 30년간 교실 구성 분포도 엄청난 변화를 겪은 셈이다. 학교들은 이제 다양한 학습 스타일, 상호작용 패턴, 경쟁 혹은 협력에 관한 선호도 편차, 침묵의 의미와 사용에 관한 차이, 교사의 위치와 역할 등에 관해 적응해야만 한다.

국제적 다문화 인구 구성은 의료 서비스 제공자와 이용자들에게도 영향을 미친다. 첫째, 건강 증진과 질병 예방은 어느 문명사회에서나 가장 중요한 사안이다. 둘째, 특정 질병은 전염성이 높다. 셋째, 질병의 원인과 치료와 예방에 대한 개념이 문화마다 다양하다는 것을 문화적 관점에서 보아야 할 필요가 있다. 넷째, 이질적 문화 배경을 가진 사람은 의료 맥락에서 서로 다른 의사소통 방식과 유형을 가지고 접촉하게 되므로 이때 문화적 맥락을 이해하는 것이 중요하다.

우리가 강조했듯이, 다문화 사업 환경, 교육 환경, 의료 환경에서 의사소통하는 방법을 이해하는 것은 문화적 다양성이 증가함에 따라 그 중요도가 점점 더 강조되고 있다. 이 책에서 우리는 환경에 관한 여섯 편의 엄선된 글을 소개하고자 한다.

사업 운영 환경에서 일어나는 의사 결정을 가지고 시작해 보자. 중역은 종종 인원 충원이나 상품 디자인 변경, 업체 합병 등 여러 사안에 관해 의사 결정을 한다. 의사 결정 과정은 그 회사 문화의 역동성에 의해 이루어진다. 하지만 그 회사의 문화도 역시 회사가 속한 문화의 심층 구조의 강력한 영향을 받는다. 그러므로 당신은 의사 결정이 형성되고 받아 들이는 과정이 문화마다 다르고 때로는 당신의 문화와 전혀 다를 수도 있음을 알게 될 것이다. 이러한 다양성의 아주 좋은 예를 서구 문화와 동양 문화 비교에서 찾아볼 수 있다. ＜일본인이 기업 조직 안에서 의사 결정하는 스타일＞이라는 Kazuo Nishiyama의 글을 보면 저자가 분명하게 분석한 의사 결정에 관련한 동양의 집단주의적 문화를 볼 수 있다. 이 글을 통하여 당신은 (1) 집단주의가 일본인의 의사 결정에 차지하는 큰 역할을 이해하고, (2) 일본인의 의사 결정 실천 의례인 ringi라는 개념을 알게 되고, (3) 결정의 합의를 이룰 때 비공식적 면 대 면 논의의 역할의 중요성을 이해하고, (4) 일본인 상대와 사업 협상 혹은 논의를 할 때 서구 사업가들이 알아야 할 충고를 받게 될 것이다.

Nishiyama교수는 일본 회사 문화에 관한 논의부터 회사 문화가 어떻게 집단 성향을 키우는지까지 설명한다. 그에 이어서 *ringi*를 따르는 일본의 의사 결정 과정을 이야기한다. 이 의사결정 과정은 사람 간 조화와 협동, 의견 일치를 중시하는 일본의 전통에 그 뿌리를 두고 있다.

면 대 면 만남인 kaigi는 의사 결정의 핵심이다. 이 만남 과정은 대부분 서구 조직에서 보이는 전형적인 사업 회담과 상당히 다르다. Nishiyama는 서구 사업 회담에서 제안 사항은 결정에 이르기까지 논의된다는 점을 지적한다. "일본의 사업 회담은 *nemawashi*라고 부르는 비공식 회담을 통하여 이미 결정된 내용을 공식적으로 확인"하는 것이라고 말한다.

Nishiyama는 일본인 상대와 협상 혹은 의사 결정을 해야 하는 서구 사업가들을 위한 상세한 충고로 그의 글을 마무리한다. 그는 서구인들에게 친밀한 사적 관계를 유지할 것, 상대방에게 급히 덤비지 말 것, *ringi*를 부정적이고 느린 과정이라고 생각하지 말 것을 충고한다. 덧붙여, 그는 일본인 상대를 위하여 선물을 준비할 것, 일본 문화와 관습에 관한 이해가 있을 것, 말을 많이 하지 말 것, 인내할 것, 일본어로 된 시각 자료를 제공할 것 등을 권한다.

서구와 동양 문화 간 다양성이 종종 문제가 되기도 하지만 미국과 유럽 사업 문화 사이에도 중요한 차이가 있다. 독일과 미국의 사업 문화를 분석한 Michael Hinner에 따르면, (1) 독일과 미국 사업 문화 간 유사성에 관한 통찰력을 갖출 것, (2) 유럽의 지형이 독일의 문화적 가치 발달에 어떤 역할을 하는지 이해할 것, (3) 불확실성을 회피하고자 하는 독일인의 경향이 그들의 문화 행동에 어떤 영향을 끼치는지 이해할 것, (4) 독일 법체계의 내용과 사업 수행에 미치는 영향을 학습할 것, (5) 독일과 미국 회사 조직의 차이점을 학습할 것, (6) 독일인과 미국인의 사업 진행 방법상 큰 차이점들을 알 것을 제안하고 있다.

Hinner는 독일과 미국의 경제 양측 다 자본주의적이고 시장 주도 경제이기 때문에 비슷하다는 내용으로 시작한다. 이어서 이전에 전쟁과 갈등의 중심이었던 유럽 한 가운데 있는 독일의 위치가 문화적 가치 발달에 어떻게 영향을 주었는지 보여 준다. 강하게 불확실성을 회피하는 것이 독일 문화의 주요한 특징이다. Hinner는 이 특징 때문에 독일인들이 위험을 사전에 최소화하고 임무를 성공적으로 완수하기 위하여 많은 규칙과 제제를 만들었다고 본다.

독일 문화에 관한 좀 더 심층적인 이해를 위하여, Hinner는 독일 법체계가 미국과 어떻게 다른지 설명한다. 독일 법은 규칙 기반이고 미국 법은 사례 기반이다. 독일 법은 불법적인 행동을 예측해서 법령으로 사례를 표현하고자 하는 반면, 미국 법은 유추 원칙을 적용해서 새로운 환경까지 확대할 수 있는 것 같다.

Hinner는 독일과 미국 회사 조직의 차이점을 설명한다. 독일 회사들은 운영 위원회와 관리 위원회에 의하여 통제된다. 운영 위원회는 회사를 운영하고 관리 위원회는 운영 정책들과 운영 현황이 최대한 주주의 이익을 위하여 진행되는지 판단한다. 미국 회사는 위원회들의 역할과 CEO의 역할 면에서 독일 회사와 다르다고 한다.

Hinner는 미국과 독일 회사 간 사업 논의 과정에서 발생할 수 있는 의사소통 문제를 논하는 것으로 그의 글을 마감하고 있다. 그는 문화 가치의 다양성이 상호작용에 어떻게 영향을 미치는지 설명한다. 예를 들어서, 미국인과 독일인 둘 다 작업 진행을 단일 연대로 수행하는 습성이 있는 반면, 독일인이 좀 더 잡담이 시간 낭비라고 굳게 믿으며 회담이 열리면 당장 사업 이야기부터 해야 한다고 생각하는 경향이 강하다고 한다. 또한, 독일인은 사업 회담 자리에서 문제를 해결하려는 시도 전에 자신들이 직면한 문제의 모든 면을 종합적으로 이해하고 싶어하기 때문에 질서와 조직적 정리가 필요하다.

다음으로 우리는 다문화 사회의 교육 맥락을 생각하게 된다. 교실은 이민 자녀가 새로운 환경에서 교육받을 때 문화의 영향력이 반드시 고려되어야만 하는 장소를 상징한다. 학생의 얼굴이나 그들이 하는 말은 사업 현장에서 찾아볼 수 있는 만큼이나 다양하다. 문화 다양성은 사고 습관, 학습 전략, 의사소통 패턴과 스타일, 편견과 고정관념, 교육 경험, 학급 행동에 영향을 준다. 저 학년 단계부터 대학교에 이르기까지 거의 모든 교실에서 문화적 다양성이 교육 활동에 영향을 미치는 상황을 목격할 수 있다. 학생들은 주류 문화의 영향력을 반영할 뿐 아니라 국제 교육 프로그램에 참가하면서 문화의 다양성을 반영하기도 한다.

Lisa M. Skow와 Laurie Stephan은 <대학수업에서 발생하는 문화 간 소통>이란 논문을 통하여 대학교 단계에서 배우고 가르치는 과정 가운데 문화가 하는 역할을 설명하고 있다. 미국 내 고등 교육 기관에 진학한 외국 학생의 수가 증가세를 보이면서 이들의 문화 가치가 문화 간 교실 의사소통에 미치는 영향과 서로 다른 문화가 교수/학습 스타일의 차이를 어떻게 가져오는지 논한다. 마지막으로 이들은 문화 관련 음성/비음성 행동이 어떻게 교사와 학생간 소통에 영향을 끼치는 지에 관하여 말한다.

이후 우리는 의료 관련 문화의 영향을 알아볼 것이다. 건강, 질병, 치료에 관한 문화적 신념은 문화마다 종종 너무나 달라서 그 내용을 이해하는 것이 아주 중요하다. 예를 들어서, "어떻게 감기에 걸리셨어요?"라는 간단한 질문 하나도 다양한 대답을 끌어낼 수 있다. 상대의 문화에 따라서 찬 바람을 맞았다거나 초자연적 정령이나 주술에 걸렸다는 것까지 다양한 답이 나올 수 있다. 의료 관리자들은 다양한 문화에서 온 사람들과 대면해서 숱한 의사소통 문제를 겪는다. 예를 들어서, 남성 중심 사회에서 남성은 자신의 보호하에 있는 여성을 대신하여 대답하므로 여성의 질병에 관한 논의에 반드시 남성을 거쳐야 한다. 질병 정보 공개에 관한 미국 법 탓에 갈등이 일어나기도 한다. 많은 사회에서 환자에게 '나쁜 소식'을 전하는 것을 금하고 있다. 환자의 상태에 관한 정보는 반드시 가족을 거쳐야 하며 가족들은 무엇을 어떻게 환자에게 전할지 결정하게 된다.

Patricia Geist-Martin은 다문화 사회에서 의료 관련 의사소통의 문화적 측면을 선구적으로 연구해 왔다. 그는 <의료 관련 의사소통에서 문화적 이해를 협의하기>를 통하여 의료 맥락에서 발생하는 의사소통의 복합적이고 역동적인 특징을 연구한다. 저자는 문화, 의료, 의사소통을 연결한 후 의료 담당자 교육, 진료, 환자 권한 강화 등 의료 관련 의사소통 상황의 문화적 민감성 모델을 제공한다. 저자는 또한 질병 진단과 치료 과정 중에 환자가 갖고 있는 문화적으로 특이한 믿음이나 관습이 무시되었을 때 발생하는 문제를 구체적인 사례를 들어 논하고 있다. 저자는 의료문화와 문화적 배려가 가능하도록 의료에 대한 우리의 개념을 넓히기 위하여 여러 프로그램에서 발견된 장애들을 극복할 방안을 제시하면서 자신의 글을 마감한다.

건강, 질병에 관한 생각, 치료자와 환자 간 소통이 전혀 다를 수 있기 때문에 다문화 사회가 강력하게 의료 환경에 영향을 미친다. Nagesh Rao는 여러 문화에서 나타나는 의사와 환자의 소통 과정을 지속적으로 조사한 내용을 소개한다. 전 세계적으로 행해진 인터뷰를 통하여, Rao는 문화 간 보건 의사소통 모형이 될 정보의 기초를 쌓는 데 노력한다.

<아르헨티나, 브라질, 인도에서의 "절반의 진실": 의사와 환자 간 의사소통에 관한 간문화적 분석>에서 Rao는 소개된 문화에 사는 의사들이 자신의 문화 내 다양성을 어떻게 보는지에 관한 통찰력 있는 견해를 내놓고 있다. 덧붙여, 저자는 집단주의적 문화 환경 내에서 의사들이 말기 질환에 시달리는 환자에게 어떻게 진단 내용을 전달하는지도 소개하고 있다.

일본인이 기업 조직 안에서 의사 결정하는 스타일

Kazuo Nishiyama

서구 학자나 사업가는 일본인의 의사 결정 과정을 직관적이고 비이성적이라고 생각한다. 이들은 외면상으로는 초현대적인 일본 기업 조직이 기대한 만큼 좀 더 객관적이고 이성적인 의사 결정 방법을 채택하지 않는 것에 좌절감을 느끼고 심지어 낭패감을 느낀다. 일본 조직은 사내 정보 교환에 이메일을 사용하고 정보 파급을 위해 웹사이트를 확대 사용하는 식으로 근대화된 의사 결정 과정을 갖추었다고 주장할지 모르겠다. 그러나 전통을 따르지 않는 IT 관련 업체를 제외하고 거의 모든 회사들이 전통적인 ringi－seido(집단 의사 결정)와 kaigi(면대면 회담)를 계속 사용하고 있다. 이 관습이 지속되는 이유는 이런 전통적 의사소통 방식이 일본 회사 문화에서 받아들이기에 적절할 뿐 아니라 실현 가능하기 때문이다. 그러므로 일본 기업 조직 내 개인 간 관계와 의사 결정 관습의 특정한 형식을 만드는 일본 문화의 일면을 연구하는 것이 중요하다.

일본의 채용 체제

일본 회사는 일본의 젊은 세대가 개인주의적임에도 불구하고 아직까지 집단 지향 단체이다. 일본 회사원의 집단 지향성이 고착된 원인은 그들이 채용된 방식과 그들이 현장에서 훈련받고 주입된 방식과 관련이 있다. 아래는 오늘날 일본에서 사용되는 가장 일반적인 사원 모집 관습이다.

1. 일본 기업은 보통 4월 중 고등학교와 대학교 해당년도 졸업자를 대상으로 사원 모집을 한다. 신규 사원들은 회사 훈련 센터에서 다 함께 오리엔테이션을 받는다. 이 훈련은 보통 2∞3주간 계속된다. 모두 함께 지내며 회사선배의 강의 외에 협동심을 키우는 활동을 하게 된다. 이러한 신입사원의 '유대관계'는 회사 경력 내내 아주 중요한 것으로 여겨진다. 동료애를 이야기할 때, 이들은 보통 "한 밥솥 밥을 먹는 사이"라는 표현을 사용한다.

2. 일본 기업은 지금도 여전히 경력직 사원을 채용하는 것을 꺼려한다. 그들은 다른 회사 출신경력 사원들이 신입 사원으로 들어와서 계속 경력을 함께 쌓아온 기존 직원들의 유대감을 해칠 수 있다고 생각한다. 하

지만 오늘날에는 이러한 채용 관습에 많은 예외가 생겼다. IT 관련 업체들은 선진 기술과 지식을 가진 경력 사원이 필요하다. 이 회사들은 신입 사원을 훈련시킬 시간도 없고 외국인이 상대적으로 저임금이므로 중국, 싱가폴, 인도에서 프로그래머를 모집하기도 한다.

3. 모든 일본 기업이 능력 있고 충성스러운 직원을 보유하기 위하여 직원마다 다른 등급을 둔다.

이 구분은 *honyatoi*(정규직), *rinjiyatoi*(임시직), *paato*(시간제 근무직), *keiyaku shain*(계약직), *haken shain*(파견직) 등이다. 정규직 근로자들은 교육 배경이나 개인 이력이 뛰어나다. 이들은 엘리트 집단을 구성하며 관리직을 바라보며 종신 채용에 연례 승진을 보장받는다. 임시직은 특정 기간 인력 증가가 필요가 있을 때 채용되는 근로자이다. 이들은 열심히 일한 정도나 근무한 시간과 상관없이 절대 종신 고용을 받지 못한다. 약간의 부가 혜택을 받으며 일감이 줄어들 때 일차 해고 대상이 된다. 시간제 근무직은 부가 혜택 없이 시급만 받는다. 계약직은 특정 달 혹은 연 단위로 계약된다. 예를 들어서, 중국에서 온 프로그래머는 일 년 혹은 이 연 계약직이다. 파견직은 인력 파견 회사에 의해 채용되어 고객 회사에 배당된다. 다국적 일본 회사에서 일하는 영어 교사는 파견직이다. 이들은 인력회사로부터 임금과 부가 혜택을 받는다. friitaa라고 불리는 임시직 근로자도 있는데 이들은 자신이 원할 때 원하는 곳에서 임시직으로 일한다.

이 근로자군 가운데 오직 정규직만 회사에서 인정하는 직원이다. 근로자들은 자신들과 다른 분류에 속한 이들과 동료애를 느끼지도 않으며 신뢰를 갖지도 않는다. 사실, 정규직은 다른 근로자들을 차별하며 협업을 할 때도 진심으로 신뢰하는 경우가 없다.

개인 간 관계 형성

위에 논의된 내용을 보면 정규직에게만 긴밀한 사내 관계와 집단 지향 정서가 생긴다는 것을 알 수 있다. 그리고 이 과정은 신입 사원 훈련과 환영식 때부터 시작된다. 훈련 기간 동안 모든 사원은 "사장님의 가르침"(회사의 사명과 좌우명), 회사의 노래, 회사의 역사와 철학 등을 배운다. 모든 학습은 집단 활동을 통하여 이루어진다. 같은 신입사원 교육을 받은 사람은 동기가 되고 지속적으로 동기간 교제를 한다(Nishiyama, 2000).

신입사원 환영회는 시무식만큼이나 중요한 연례행사이다. 회장과, 중역, 관리직, 선임 직원, 부모까지 이 환영회에 참가한다. 회장은 연설을 통하여 신입 사원을 환영하며 회사 목표를 위하여 열심히 일할 것을 당부한다. 답사로 신입사원 대표가 자신의 포부를 밝힌다. 사실 신입사원 모두가 회사라는 가족의 새로운 구성원이 되는 것이고 회사를 향한 충성을 맹세한다(Rohlen, 1974). 일본 신세대는 이러한 환영식을 좋아하지 않지만 전통적인 관습을 받아들이도록 강요당한다.

비록 일본 기업이 하나의 통일된 직장 집단을 구성하려고 하지만 회사 내 파벌이 있는 것도 사실이다. 파벌은 종종 학연이나 선후배 관계, 출생지 등에 따라 구성된다. 특정 대학 출신 관리자가 같은 대학 출신을 편애하며 그의 충성심을 요구하는 형태이다. 예를 들어서, A라는 대학 졸업자가 어떤 회사의 중역 자리를 독점하고 있다면, 다른 대학 출신보다 A대학 출신이 더 나은 대접을 받게 될 것이다. 신입 사원을 잘 돌보는 선임은 후배의 충성심을 얻기가 쉬워서 상호의 존적 관계를 만들게 된다. 분명히 이런 분파 관계는 격렬한 파벌 경쟁과 갈등 탓에 때로 문제가 될 수 있다.

Ringi, 집단 결정

의사 결정 때 ringi 방식은 일본 문화에 깊이 뿌리 박혀 있으며 사람 간 화평과 협동, 의견 일치를 중시한다. 오늘날 근대 일본 조직은 널리 활용되는 웹사이트와 이메일 덕에 이 시대에 뒤떨어진 과정을 간소화, 합리화하고 있다(McDaniel, 2003). 하지만 ringi 방식은 아무리 개선되었다고 하더라도 일본 기업 조직 대부분에서 나오는 중요한 사회 문화적 요구들을 충족시키기 위하여 사용되고 있다.

서구 사업 조직과 달리 일본의 중역과 관리자들은 독자적으로 결정을 내리지 않는다. 예를 들어서, 일본 회사 사장도 그가 회사 창업자나 대주주가 아닌 한 즉각적이고 독립적인 결정을 내릴 수 없다. 만약 그가 독자적 결정을 자주 내리면 '독재 사장'이라는 말을 듣게 된다. 일본 회사들이 "최고 경영자"라는 직함을 사용하지만 일본의 최고 경영자는 서구 기업에서처럼 결정할 권위를 가지지 못한다. 사장의 자리는 종종 명예직이어서 퇴직 전 혹은 의장직을 맡기 전에 주어지곤 한다. 그러므로 사장은 결코 다수의 지지를 받지 못할 결정을 하지 않는다. 그의 결정은 집단의 의견 일치를 기반으로 한다. 사실 결정을 내려야 할 입장에 처한 사람은 회사의 일상을 처리하는 상무이사이다. 하지만 상무이사도 사장의 승인이 필요하다. 거기에 다른 중역들과 관리자들의 동의와 지지가 필요하다.

Ringi 의사 결정 과정

Ringi 과정은 제안서를 만드는 중하위 관리직으로부터 시작된다. 문서를 작성하기 전에 그는 핵심중역, 관리자, 감독직들과 비공식적으로 전반적 의견을 논의한다. 그들로부터 긍정적인 평가를 받고난 후에 제안서 작성을 시작한다. 이 문서는 결정을 위한 요구사항, 증거 자료와 정보, 상세 설명, 명분으로 이루어져 있다. 비공식 논의를 *nemawashi*라고 부르는데, 이는 나무 뿌리 비틀기라는 뜻이다. 사실 *nemawashi*는 많은 면 대 면 막후 비공식 회의를 의미하는데 결정을 후에 실행할 당사자들이 포함되어 있다.

*Nemawashi*는 나무가 빨리 뿌리를 내리도록 불필요한 뿌리나 방해를 제거하는 것을 의미한다. *Nemawashi* 과정은 관계자 누구의 체면을 손상하는 일 없이 제안된 의견을 비공식적으로 시험해보는 반응테스트 역할을 한다.

Ringi 제안이 완료되면, 제안자는 이 제안을 나중에 승인을 받아야 할 모든 중역과 관리자들에게 보낸다. 이 제안을 보낼 때 승인 역순으로, 즉 직급이 가장 낮은 사람에게서 가장 높은 순으로 올린다. 제안서 맨 앞 장에는 제안서를 보고 승인할 직책을 각각 표시한 칸이 표시되어 있다. 승인과정에서 누군가를 빼놓는다면 나중에 심각한 관계 문제가 발생할 수 있

다. 관리자나 중역이 제안서에 관한 질문이 있거나 반대 의견인 경우, 제안자가 개인적으로 응해야 한다. 반대 의견을 가진 사람이 새로운 자료나 정보에 의해 반대를 철회할 명분을 갖출 때까지 승인이 무제한 연기된다. 모든 승인이 갖춰지면 문서를 사장에게 전달하여 그의 승인을 요청한다. 사장의 최종 승인은 ringi 의사 결정의 마지막 단계이다.

예를 들어, 일본인 교수가 어떤 미국인 교수를 일본 사립대학에 방문 교수로 초빙하기를 원한다고 가정해 보자. 그 일본인 교수는 동료 교수들과 nemawashi를 시작한다. 그는 학과에서 자신이 추천할 미국인 교수를 반대하는 사람이 있는지 알아봐야 한다. 만약 그가 조교수라면 좀 더 권력이 있는 정교수의 승인을 받아야 한다. 그 후에 그는 학과장에게 교학처에서 외국인 교수를 채용할 서류 준비를 하라고 요청해 달라고 건의할 수 있다. 미국 대학과는 달리 이 일본 대학 학과장은 학장과 총장의 승인을 받아야 한다. 자연스럽게 학과장은 기나긴 ringi 문서를 준비하고 위에 설명한 과정을 밟아 나간다.

만약 교수 중 한 명이 어떤 이유에서건 반대를 하면, 조교수는 반대하는 교수를 지혜롭게 설득할 필요가 있다. 반대하는 이유가 방문 교수가 그 분야에서 아주 유명한 인물이어서 그로 인하여 자신의 위치가 위협을 받을 것이라고 느껴서일 수도 있고 과거에 방문 교수가 자신의 논문에 부정적인 평가를 해서 그럴 수도 있다. 조교수는 상황을 중재할 필요가 있다. 반대하는 교수가 마지못해 동의를 한다면 조교수는 그에게 후에 돌려줄 빚을 진 셈이 된다. 이 nemawashi 과정 중에 호의를 주고 받는 의무적인 관계가 설정되는 경우가 종종 있다(Nishiyama, 2000).

Kaigi, 면 대 면 회담

일본 기업 조직 내 Kaigi는 서구 기업 조직의 업무 회의나 업무 회담과 비슷한 것처럼 보인다. 하지만 전형적인 서구의 회의와 비교해서 그 목적, 과정, 토의 내용, 참가자의 참여 등에서 전혀 다르다. 일반적으로, 서구의 업무 회의 목적은 면 대 면 상황에서 의사 결정을 만들어 나가는 데 있다. 대조적으로, 일본의 업무 회담은 이미 집중적인 nemawashi를 거쳐서 비공식적으로 결정된 것을 확인하는 자리이다. 많은 경우에 일본인 참가자는 질문을 하고 논의하는 관례를 거친다. 사실, 그들은 이미 논의되고 동의된 것을 말하고 있는 것에 불과하다. 이들은 실제 회담에서 돌발 질문을 받거나 강한 반대를 받고 싶어하지 않는다.

서구 문화 맥락에서 훨씬 더 나은 생각이나 새로운 증거가 제시된 경우에 자신이 회의 전에 비공식적으로 동의한 내용에 관하여 결정을 바꾸는 것은 받아들여질 수 있는 행동이다. 하지만 일본문화에서는 의견을 바꾼다는 것은 심각한 사회적 위반 사항이고 개인 간 신뢰를 배신한 경우로 보일 수 있다. 비공식 토의를 통하여 이룬 합의 사항은 확고한 것으로 간주된다.

일본인 참가자의 역할은 서구 참가자의 역할과는 다르다. 일본인 의장의 주요 역할은 공격적으로 의사 결정 과정을 주도 하는 것이 아니라 모든 참가자 간에 의견 일치 과정을 중재하는 것이다. 사실, 2인자(주로 각 부서의 장을 맡은 인물)가 미리 정해진 순서에 따라서 대부분의 발언을 하고 다른 참가자들을 토론으로 이끄는 역할을 한다. 하위 직급 참가자들은 미리 준비한 간략한 보고서를 발표하고 모두의 승인을 구한다. 회의 참가자들은 면 대 면 회담을 통하여 비공식적으로 보고 내용을 논의했고 합의를 이루었기 때문에 실제 회의에서 상대방의 의견을 반박하거나 반대하는 일은 거의 없다. 내용 확인을 위한 질문을 할 수는 있지만 공개 논쟁이나 열띤 토론은 허락되지 않는다. 중요한 결정을 하고 있는 상황에 사장이나 최고위급 중역이 참가자들을 격려하기 위하여 잠깐 등장할 수도 있다. 하지만 그들은 결코 오래 머물지 않으며 실제 의사 결정 과정에 참가하지도 않을 것이다. "얼굴 내보이기"는 이 상황에서 중요한 의미가 있다.

만약 하위 직급자가 자신의 의견을 내고 싶다면, 그는 "저의 제한된 경험에서 하는 이 발언이 잘못된 것일지도 모르지만…" 혹은 "만약 제가 틀렸다면 말씀해주시기 바랍니다. 하지만…" 이런 식으로 의견 제시 전에 겸양의 표현을 덧붙인다. 참가자 중 누군가의 체면을 깎지 않기 위하여 이러한 겸양의 자세를 보이는 것이다. 참가자는 솔직한 의견을 제시하거나 반대 의견내기를 망설일 것이다. 그들은 비록 건설적인 비판일지라도 개인적인 공격이나 모욕으로 받아들여질 수 있음을 알기 때문이다. 이들은 모두 논의 중인 사항에 대하여 다른 참가자가 어떻게 생각하고 있는지 이해하려고 애쓴다.

위에 언급된 토론을 보면 일본인 사업가들이 결코 솔직한 의견을 나누지 않는다고 생각할 수도 있다. 하지만 그들은 회담장 밖에서 비공식적 기회를 의도적으로 만들어서 정직한 의견을 교환한다. 자신들의 진심을 나누기 위해 식사를 하거나 술을 마시러 함께 나가는 일이 종종 있다. 회의 내용이 불만인 참가자는 심각하게 불만을 토로하며 자신은 일이 너무 많아서 술을 마실 수 없다고 상황을 피하기도 한다. 이것은 그가 안건에 대해 불만을 표시하는 방법으로서 용인된다. 술을 마시면서 의사소통하는 방식을 일본인은 nominication("술을 마시다"와 "커뮤니케이션"의 합성어)이라고 한다. 심지어 이 nominication 상황에서도 모든 참가자는 조직 내 자신의 위치를 확실히 기억해야 한다. '술 취한' 사람은 다음 날 그의 행동에 대해 상급자에게 사과해야 한다. 그는 자신이 불평한 내용을 정확하게 기억하고 있음에도 "지난밤에 지나치게 취해서 죄송합니다. 제가 무슨 말을 했는지 기억도 못합니다"라는 의례적인 말로 사과를 한다.

미국인 의장은 회담의 토론 내용을 주도하며 적극적인 참가를 장려한다. 참가자는 따돌림 당할 염려 없이 자신의 지식과 경험에 기반하여 자유롭게 건설적인 비판을 교환하거나 반대 의견을 낸다.

서구인은, 특히 미국인은 일본식 '의사 결정 회의'에 참가하면 종종 좌절감을 느낀다. 그들의 탁자 맞은 편 일본인 참가자가 자신들과 같은 방식으로 행동할 것을 기대하기 때문에 낭패감을 표시한다. 미국인은 일반적으로 일본인 상대방이 보내는 미묘한 음성/비음성 신호를 제대로 읽어 내지 못한다. 예를 들어서, 일본인이 "예, 예"라고 말하며 고개를 끄덕인다고 해서 그들이 동의한다는 의미로 받아들이면 곤란하다. 이 음성/비음성 신호는 "당신 말을 잘 듣고 있다", "좀 더 설명해 보라", "지금은 동의하는 척 하겠지만 나는 여전히 반대한다" 등의 의미일 수 있다. 또 다른 문제는 일본어 자체에 있는데, 그들은 "예, 나는 당신의 의견에 동의하지 않습니다."라고 말할 때 문자 그대로의 의미는 "예, 당신이 옳아요. 난 당신의 의견에 동의하지 않습니다"이다(Nishiyama, 2000).

미국인은 일본인 상대방의 의도를 정확하게 파악하기 위하여 그들과 식사를 하거나 함께 술을 마실 필요가 있다. 그 과정에서 일본인들 중 하나가 회의 중 전달한 내용의 의미를 해석하도록 도와줄 수도 있다. 이 상황에서 특정 정보는 정보 출처 공개 금지를 요구할 수도 있다.

의사소통 어려움을 극복하기 위한 충고

1. 긴밀한 사적 관계를 유지하라.

종종 개인의 선호에 따라서 결정이 내려지므로, 업무 담당자와 긴밀한 사적 관계를 개발, 유지하는 것은 정말 중요하다. 예를 들어서, ringi 제안서 실행자에게 좋은 인상을 준 미국인은 그와 우정을 쌓을 수 있다. 일본인 상대방은 그 미국인에게 최고위 중역이 연관된 의사결정 과정의 진행 상황에 대한 정보를 계속 전해줄 것이다. 이 상황에서 직접적인 이메일 독촉을 보내는 것은 아무 효과가 없다.

2. 일본인 상대방에게 성급히 달려들지 말라.

서구 사업가들은 항상 마감 기한을 설정하면서 일을 한다. 그들 문화에서는 시간이 무엇보다 중요하기 때문이다. 이들은 일본인의 마감은 좀 더 유연하다는 것, 특히 일본인이 바이어의 입장이라면 더욱 그러할 수 있다는 것을 이해해야 한다. 일본에서 "고객은 왕이다". 그리고 그들은 더 낮은 입장인 판매자가 고객의 마감에 맞추는 것이 당연하다고 생각한다.

3. Ringi 진행 과정이 복잡하고 느리다고 해서 부정적으로 생각하지 말라.

Ringi 과정이 복잡하고 느린 것은 사실이지만 일단 정하면 결정의 집행은 빠르다. 예를 들어서, 위에 언급한 방문 교수는 그 학과 사람들 모두가 그가 누구인지, 그의 저서가 무엇인지, 심지어 그의 가족 사항도 다 알고 있으므로 일본인 동료 교수들과 잘 사귈 수 있을지 걱정할 필요가 없다.

4. 일본인 상대방에게 선물을 가져가라.

선물을 주는 것은 부드러운 사적 관계를 맺는 데 여전히 중요한 관습이다. 비싼 선물일 필요는 없지만, 우정의 상징이어야 함을 기억하자. 예를 들어서, 미국인 사업가는 위스키 한 병이나 미국담배 한 박스를 전할 수 있는데 일본에서 이렇게 작은 선물은 뇌물로 여기기는커녕 사업가들 사이에 일상적인 관습으로 여긴다. 미국인 사업가가 일본을 떠날 때 일본인 상대방은 귀국 선물을 준비하는 것이 보통이다.

5. 의사 결정 회담에 성공적으로 참가하려면 일본 문화와 관습을 잘 이해하라.

앉는 자리는 팀 별 혹은 전문 분야에 따라서 구분되는 것이 아니라 엄밀하게 참가자의 위치에 따라서 정해져야 한다. 발언하고 질문하는 순서도 일본인 참가자의 지위에 따라서 정해 주어야 한다. 연장자순과 직급이 중요하다. 예를 들면, 하급자들은 상급자보다 먼저 발언할 수 없다. 상급자로부터 발언해도 좋다는 음성/비음성 신호를 받을 때까지 기다려야 한다.

6. 말을 너무 많이 하지 말고 토론을 주도하려고 하지 마라.

서구 사업가는 일본인과 사업 회담에 참여할 때 대화를 지배하려는 경향이 있다. 그들은 논쟁에서 이기거나 논리적인 설득을 하면 좋은 결과가 나올 것이라고 믿는다. 하지만 일본인 참가자는 서구 상대방의 공격적이고 논쟁적인 발표에 감정이 상할 수 있다. 서구 사업가가 논쟁에서는 이길지 모르지만 거래는 성사시키지 못한다. 영어로 회담이 진행되면 일본인은 위축감을 느낀다. 이때 이들은 일본어로 생각하고 영어로 생각을 전환할 시간이 필요할 것이다. 회담이나 공식적인 활동을 할 때 미국인 사업자 대표는 일본인 상대를 돕는다는 의도로 절대 그의 발언에 말을 덧붙여서는 안 된다.

7. 인내심을 가지고 서구식 시간 지향성을 잊으라.

서구인은 시간 지향적인 반면, 일본인은 사람 지향적이다. 이 말의 의미는 일본인들은 발언하는 사람에 맞춰서 시간을 조절한다는 것이다. 예를 들어서, 각 참가자에게 5분씩 발표 시간이 주어졌다고 하자. 하지만 일본인 상급자 중 누군가 형편없는 영어 실력으로 더듬거리다가 십 분 이상 말하고 있는 상황을 생각해 보자. 이때 시간이 다 되었다고 그의 발언을 중지시키면 이것은 정말 무례한 일이다. 일본인에게는 시간제한보다 누가 말하고 있는가가 더 중요한 문제이다.

8. 일본어로 시각 자료를 준비하는 것이 좋다.

정확한 의사 전달을 위하여 차트, 그래프, 슬라이드 같은 시각 자료를 준비해야 한다. 일본인은 중요한 데이터나 정보를 담은 문서를 선호한다. 이 준비를 통하여 영어로 설명하는 내용을 더 잘 이해할 수 있을 것이다.

결론

많은 일본 회사가 전통적인 의사 결정 관습을 개조하는 중이라고 말하고 있음에도 불구하고 극적인 변화를 가져올 수는 없는 것 같다. 일본 회사가 좀 더 효율적인 디지털 의사소통에 맞는 새로운 회사 문화를 만들고 싶다면, 현행 인력 모집과 훈련 시스템을 바꿔야만 한다. 무슨 일이 진행 중인지 모르는 중간 관리자의 공포감을 없애기 위해, 일본 회사는 지금도 ringi 의사결정 체제를 사용하여 각 직급 관리직에게 진행 중인 사항에 대하여 정보를 전달하고 있다. 일본인 관리자는 때로 시간을 질질 끄는 면 대 면 회담에 참가하는 게 불필요하다고 느끼지만, 유연한 인간관계를 위하여 지금도 면 대 면 회담을 선호한다.

1990년대 초반 일본의 "거품 경제"가 터지기 전, 경제 번영 시절에 종신 채용과 선임자 기반 보상 제도를 없애는 식으로 전통적인 인사 관리 제도를 개혁하려는 혁신적인 시도가 있었다. 하지만 이어진 불경기로 인하여 많은 일본 회사는 규모를 줄이거나 구조 개편을 해야만 했다. 상황이 이렇게 되자 전 직급 관리자에게 직장을 잃을 수 있다는 공포가 퍼졌고 그 결과로 익숙해서 더 편하고 덜 위협적인 예전 방식으로 되돌아갔다. 의사 결정 관습을 간소화했다고 주장하는 회사도 중요한 사안에 관해서는 여전히 ringi와 kaigi 방식을 사용한다. 이 관습은 일본 기업 문화가 요구하는 한 여전히 사용될 것이다.

개념 이해와 질문

1. 일본 기업 조직에서 왜 집단 지향 정서가 중요한가?
2. 일본의 채용 체제가 어떻게 집단 지향성을 키워 내는가?
3. 왜 일본 고용주는 타 기업 근무 경력이 있는 사원을 채용하기 꺼려하는가?
4. Nishiyama는 일본 기업 문화가 단결된 기업 정신을 강조하지만 파벌이 존재한다고 지적했다. 이 파벌의 기반은 무엇인가? 파벌과 집단 지향성 사고는 어떻게 조화를 이루는가?
5. 일본의 ringi 의사 결정 과정의 문화적 중요성은 무엇인가?
6. 일본의 ringi 과정과 서구의 의사결정 과정이 다른 점은 무엇인지 말해 보자.
7. 서구 기업가가 kaigi 과정을 이해하는 것은 왜 중요한가?
8. 일본 기업 조직의 면 대 면 회담과 서구 기업 조직의 회담은 어떤 면에서 다른지 말해 보자.
9. 집단 지향 일본 기업 조직에서 화평하고 조화를 이루는 관계는 중요하다. 이 환경에서 일본인 기업가들은 솔직한 의견을 전달하고 표현하는 방법이 있는가? 설명해 보자.

Kazuo Nishiyama is Professor Emeritus, Department of Communication, University of Hawaii, Manoa.

독일과 미국의 기업 문화 비교하고 대조하기

Michael B. Hinner

언뜻 보면 독일과 미국 기업 문화는 아주 비슷해 보인다. 결국 두 경제 모두 자본주의 기반이고 시장 지향이다. 거대 독일, 미국 기업의 주식들은 양국에서 거래된다. Bayer, BMW, Volkswagen 등 독일 기업이 미국 시장에서 활약해 왔고 Coca Cola, McDonald's 등 미국 기업이 독일에서 활약해 왔다. 독일과 미국 기업들의 차이는 오랫동안 접촉하고 함께 일해 봐야 드러난다. 문화적 차이가 미국과 독일 기업의 차이를 유발하는 원인이 되지는 않는다. 대신, 유통망이나 인성 특징, 재정 자원 등이 두 국가 간 차이를 설명한다(Harris & Moran, 1996; Hofstede & Hofstede, 2005; Trompenaars & Hampden－Turner, 1998). Daimler Chrysler 합병 실패의 예를 보더라도 국가 간 소통의 잠재적 어려움의 범위를 알 수 있다. 긴밀한 사업 관계가 형성되기 전에 문화적 문제가 일어날 수도 있지만 대부분의 문화적 문제는 관계가 형성되고 일상적인 업무 일과를 수행하는 중에 표면에 드러난다. 문화에 민감하지 않은 사람이라면 기업 현상 분석의 한 요소로 문화를 고려하는 대신 다른 해법을 찾으려 들 것이다(Hinner, 2005).

문화

서로의 문화가 비슷하면, 대부분의 사람은 문화를 문제 삼지 않는다(Chen & Starosta, 1998; Gudykunst & Kim, 1997; Samovar et al., 1998). 상호작용하는 사람들 사이에 차이가 존재한다는 것을 인식하기 위해서는 문화를 다른 눈에 보이는 요소들과 연결시키려 하는 것 같다. 다른 언어, 다른 옷, 전혀 다른 작업 환경에서 일하는 사람을 만날 때에야 비로소 사람들은 문화적 차이를 인식한다(Gudykunst & Kim, 1997; Klopf, 1998; Samovar et al., 1998). 하지만 오늘의 국제 경제에서 국가 간 사업가의 상대방은 영어에 능숙하고 비슷한 양복을 입으며 비슷한 근무 환경에서 일하기 때문에 표면상의 차이가 유사한 외양과 섞이게 된다. 하지만 문화는 외양이나 공예품 이상의 것이다. 문화는 사회 조직뿐 아니라 인지 패턴, 사회 관계물 같은 상호작용도 포함하는데 관찰자의 눈에 명백하게 보이는 것은 아니지만 사고 및 의사 결정 과정, 행동에 의하여 표현된다. 이러한 '숨겨진' 차이점은 매일 의사소통하는 과정 중에 드러나 문제를 일으킨다(Hofstede & Hofstede, 2005; Klopf, 1998; Samovar et al, 1998).

외부적 차이가 두드러지게 나타나면 문화 간 상호작용 참가자는 차이를 문제라고 인식하기 때문에 자신이 어려움에 직면할 거라고 생각한다. 하지만 외적인 차이가 거의 없고 행위자들이 유사한 행동을 하는 경우, 자신들이 어려움에 직면할 것이라고 예상하지 못한다. 더욱 놀라운 것은 거의 기대하지도 않은 상황에서 차이점이 드러난다는 것이다. 서로 다르다고 생각해 보지 않았기 때문에 차이점이 드러나는 순간 더 큰 충격을 받는다. 이것이 바로 문화의 가장 중요한 부분이다. 사람은 이국적인 차이가 있을 때에야 비로소 문화적 차이가 있다고 여기는 경향이 있고 더구나 현대 국제 사업 간 관계에서 문화적 차이가 어떤 역할을 하리라고 기대하는 사람은 거의 없다는 것이다. 특히 미국과 독일처럼 오랜 접촉과 상호작용의 전통을 가진 두 서구 문화의 사업 관계가 그 예가 될 수 있다.

독일과 미국의 유사점

사실, 독일과 미국 문화는 공통 유럽 문화 유산을 어느 정도까지 나누고 있기 때문에 많은 유사점이 있다. 독일계 이민자가 가계의 시작인 미국인이 많다. 제2차 세계대전 이후 대다수 독일인이 미국 문화의 영향을 받아 왔다. 미국영어 단어의 기원이 되는 독일어 단어를 보면 kindergarten, sauerkraut가 예가 되고 반대로 Designerbaby와 Evergreen 등이 독일어에 포함된 미국 영어 단어들이다. 상품에서도 Volkswagen Beetle이 미국인에게 익숙한 독일 제품이라면, Levi's jeans는 독일인에게 익숙한 미국 제품이다.

독일과 미국의 차이점

독일과 미국 사이에 제품과 문화의 교류가 언제나 일치하는 것은 아니다. 지역 취향에 맞추는 적응 과정이 필요하기도 하다. 독일에서 양배추 절임, 겨자 소스와 함께 먹는 Frankfürter Würstchen이 미국에서는 핫도그로 변신하여 제공된다. Coca Cola는 독일 시장의 입맛에 맞추어 탄산음료의 맛을 조절한다. 또 다른 예로 독일에서는 아스피린을 약국에서만 살 수 있기 때문에 복용량이 미국에서 파는 것보다 더 높다(Hinner & Rulke, 2002). Volkswagen Jetta는 미국에서는 젊은이 사이에서 인기 있는 차종이지만 독일에서는 트렁크가 있고 해치백이 없다는 이유로 노인이 타는 차로 여긴다.

문화와 소비자

Volkswagen Jetta의 예를 통하여 서로 다른 문화에 있는 소비자에게 동일한 상품이 어떻게 다른 이미지로 연상되는지 보았다. 문화 간 맥락을 볼 때 고전적인 시장 분할은 유효하지 않다는 것이 명백하다(De Mooij, 2007; Sandhusen, 1997). 또 다른 예를 보자. 비서로서 일하며 연령은 20세에서 25세에 이르며 교외 지역에서 도심으로 출퇴근하는 독신 여성은 그들이 독일에 살건 미국에 살건 큰 차이 없이 같은 음악을 듣고 같은 취미를 누리며 비슷한 가처분 소득을 지닌다고 분류할 수 있다. 이 소비자 집단을 겨냥한 시장 캠페인을 펼칠 때 고려해야 할 요소이다. 하지만 이러한 유사점에도 불구하고 사업 기회를 놓쳐버리게 할 정도의 차이도 있다. 이 차이점들은 문화 간 차이로 구분되기 때문에 전형적인 소비자 분류로는 발견되지 않는다. 문화가 소비자 분류에 대한 기준이 아니라면, 문화는 시장에 의해 고려되지 않을 것이다. 그래서 독일 신발 제조업체가 이 구체적 시장을 대상으로 삼는다면 그 회사는 미국의 비서도 독일 비서와 비슷한 신발을 신을 것이라고 가정할 것이다. 하지만 이 제조업체 대표가 미국 출장을 수행하는 중에 미국 비서는 사무실에서 하이힐을 신는다는 것을 목격할 수 있다. 그 대표는 미국 비서가 통근 때는 운동화를 신다가 사무실 안에서 하이힐로 바꿔 신는다는 사실을 눈치 채지 못할 수도 있다. 반대로 독일 비서는 통근 때와 사무실 안에서 같은 신발을 신는 경향이 있다. 행동에서 이런 작지만 의미 있는 차이점을 발견하지 못한다면 이 독일 신발 제조업체는 사업의 결과를 바꾸어 놓을 중요한 정보를 놓치고 있는 셈이다. 이 예를 통하여 우리는 전통적인 시장 구분은 문화적 차이점을 고려하지 않기 때문에 소비자 행동에 관한 중요한 정보를 놓칠 수 있다는 것을 알게 된다. 이 사례는 또한 사람이 눈에 띄는 행동의 진짜 이유를 찾으려 하기보다는 익숙한 상황에서 자신들의 과거 경험을 근거로 다른 사람의 행동을 인식, 해석, 평가한다는 것을 보여 준다.

문화의 특징

이 글을 통하여 한 국가의 문화가 그 나라의 사업 문화에 어떻게 혹은 어느 정도로 영향을 미치는지 보고자 한다. 사업가들도 결국 한 사회의 구성원들이고 그 사회 구성원에게 영향을 주는 동일한 문화 요소들에 의해 이들도 영향을 받기 마련이다. 독일과 미국은 상대적으로 비슷한 두 문화가 사업을 조직하고 사업가들이 서로 상호작용하고 문제를 해결하는 방식에서 실제로 얼마나 다른가를 보여 주는 예가 된다. 독일 문화를 들여다보면 독일 문화만의 특성들을 알게 되고 그로 인하여 독일 사업 문화의 구체적 특성들을 설명할 수 있고 왜 몇몇 경우에는 미국 사업 문화와 유사한지, 왜 어떤 경우에는 그렇게 다른지 이해할 수 있다.

Samovar와 동료들(1998)은 한 문화의 집단적 행동 방식과 원인을 (1) 세계관(종교), (2) 가족 구조, (3) 역사와 정부를 보면 알 수 있다고 말하고 이 세 가지 사회적 동력이 합하여 모든 문화에서 발견되는 기본 요소들을 만들고 전달하며 유지·강화한다고 주장한다. 세계관은 우주가 어떻게 기능하며 사람이 우주 안에서 행하는 역할은 무엇인지 설명하는 데 기본적인 것이다. 이 핵심 신념 체제로부터 한 사회는 그 사회의 가치를 발전시킨다. 가치는 행동의 기준이고 인간 상호작용의 기본이며 사람이 이 기준에 관하여 생각하는 내용을 반영하는 개인의 태도를 형성하는 데 기본적인 역할을 한다. 이 핵심 믿음과 가치는 사회와 가정에 의하여 전파된다. 결국 문화는 한 세대에서 다음 세대로 학습되고 전해지는 것이다. 과거를 회상하고 학습한 내용을 되돌아보는 것은 이어지는 세대의 교육에 중요한 역할을 한다. 역사는 그것이 가족의 역사이건 국가의 역사이건 상관없이 정체성 형성에 도움을 주며 사람에게 그들이 누구인지, 그들의 기원이 무엇인지 알린다.

"우리가 역사를 한 문화의 심층 구조 중 하

나라고 할 때, 우리는 또한 그 문화의 공식적, 비공식적 정부, 공동체 감각, 정치 체제, 핵심적인 영웅들, 지리에 대하여 말하고 있는 것이며 이 모든 것이 합하여 문화 구성원에게 정체성과 가치, 목표, 기대를 제공한다.”

환경은 사람이 먹는 것이나 집을 짓는 재료 등 물질적인 것을 결정하므로 제4요소로 더할 필요가 있다. 때로 비슷한 환경에서 비슷한 해결책이 나오기도 한다. 예를 들어서, 눈이 많이 오는 지역에서 짓는 집은 눈이 쌓이지 않도록 지붕 경사가 높다. 덥고 건조한 지역에 짓는 집은 지붕이 샐 염려가 없기 때문에 평평한 지붕 꼴을 갖춘다. 같은 논리가 사업 환경에도 적용된다. 환경 요소가 비슷하다면 비슷한 물건이 생산, 사용될 것이다. 이런 이유로 우리는 비슷한 조립 기술을 가진 공장들을 세계 곳곳에서 볼 수 있는 것이다. 하지만 공장이 조직되는 방법이나 사람들이 의사소통하는 방법, 이들이 결정을 내리는 방법은 문화마다 상당히 다르다. 다시 말하자면, 환경이 비슷하면 그곳의 제품은 비슷하지만 사회적 요소나 인지적 요소는 상당히 다르다는 것이다.

일반 성향과 개인의 다양성

전형적인 행동 규범에 관한 토론은 일반론을 의미하며 개인의 행동은 그 사회의 문화적 기준과 상당히 다를 수 있다는 것을 명심하자. 종종 특정 미시 문화는 같은 거시 문화 내에 있는 다른 미시 문화와 극단적으로 다른 행동을 보이기도 한다. 그럼에도 불구하고, 특정 문화의 적극적인 구성원들은 언제 어디서 어떤 행동 기준과 규범이 필요한지 배울 수 있을 것이다. 그렇지 않으면 그 사람은 특정 문화 환경에서 성공적으로 상호작용할 수 없을 것이다. 이것은 특정 기준과 규범을 식별할 수 있음을, 그리고 사람이 원하기만 하면 이러한 기준과 규범을 배울 수 있음을 보여준다.

독일 문화

Samovar와 동료들(1998)은 문화는 역사와 지리에 기초를 두고 이 둘에 의해 영향을 받는다고 말한다. 독일은 유럽 중심부에 위치하므로 긴 시간에 걸쳐 유럽의 갈등을 한복판에서 겪어 왔다. 갈등은 아주 오래 전부터 시작되었고 1989년에 베를린 장벽이 무너지면서 일단 중단된 상태이다. 이렇게 끊임없는 전쟁과 연이은 혼란으로 인하여 독일 사람들은 불확실한 상황을 피하려는 욕구가 강렬하고 예측하고 질서를 수립하고 안정성을 유지하는 데 집중하게 되었다고 한다. 결론적으로 최대한 불확실성을 줄이려고 많은 규칙과 제약들이 독일에서 만들어졌다고 한다. 독일인들은 이 규칙과 제약들이 위험을 미리 최소화하고 상황을 통제하며 미래의 안전성을 이루기 때문에 가치가 있다고 생각한다.

정치적 분열의 역사

독일은 지역 자치의 오랜 역사를 가지고 있다. 사실 1871년까지 독일은 통일 국가였던 적이 없고 제2차 세계대전 이후 40여 년간 분단국가로서 존재해 왔다. 이런 정치적 분열 탓에 독일은 프랑스나 덴마크 같은 이웃 나라들과 상당히 다른 전통을 가지고 있다. 예를 들어서, 강력한 지역 특색으로 인하여 독일 남서부 지역에 사는 사람은 인색하다고 생각되고 남동부 지역에 사는 사람은 아주 유쾌하다고 생각된다. 북부 지역에 사는 사람은 과묵하다고 여긴다. 독일 헌법에도 이런 지역 분리성이 반영되어서 주변 국가들 대비 연방 주에 상당히 많은 권리를 부여하고 있다. 정치적 분열의 긴 역사로 인하여 독일 회사는 오늘날 부서와 사업 분과가 상당히 독립적으로 운영된다.

언어적 다양성

독일의 전통적 분리는 언어 차이에서도 나타난다. 독일어는 세 개의 주요 방언이 있는데 북부, 중부, 남부 지역으로 나뉜다. 방언 간 가장 큰 차이는 p, t, k 자음이 f, s, ch으로 바뀐다는 것이다. 여기에 더하여, 지역에만 쓰이는 단어와 표현들이 있고 서로 이해하기가 어려울 정도로 큰 문법적 차이도 있다. 사실, 북부 독일에 사는 사람은 남부 독일 사람보다는 네덜란드 사람과 의사소통하기가 더 쉬울 것이다. 언어는 문화의 상징적 표현이고 문화적 산물로 분류되기 때문에 독일의 언어 다양성은 분명히 독일의 지역 문화적 다양성의 정도를 보여 주는 것이다.

독일 시장에 진입하려는 업체들은 제품 이름을 정할 때 예상되는 오해와 혼란을 피하기 위하여 독일의 언어적 다양성을 반드시 고려해야 한다.

종교적 분할

언어적 다양성에 더하여, 독일의 지역적 차이는 전통적인 종교 차이로도 드러난다. 독일은 16세기 종교 개혁 이후 개신교인 북부와 천주교인 남부와 서부로 나뉜다. 독일 통일과 함께 40년간 공산주의가 지배한 동독은 무신론의 동부로서 추가되었다. 서부 독일 아이 대부분이 성찬식, 견진 성사 등 그리스도교 행사를 축하하지만 동부 독일 아이는 세속화된 성년식을 축하한다. 종교로 인한 지역적 차이로 인하여 종교적 휴일이 법정 공휴일인 경우가 많은 독일 전역에서 서로 다른 공식 공휴일을 지키게 되었다.

동부 독일과 서부 독일

동부 독일은 12년간 나치 독재를 거쳐서 40년간 공산주의를 겪었다. 다시 말하면 동독 삼 세대가 전체주의 아래 살았다는 것이다. 서독은 12년간 히틀러와 유태인 대학살을 겪었고 이후 60년간 민주주의를 경험했다. 서독은 NATO와 European Community같은 서부 연합에 일찌감치 합류했으니 2차 대전 이후 Ossis로 불리는 동독과 Wessis라고 불리는 서독 간 지역 차이가 생긴 것은 당연하다. 동·서독 간 차이는 많은 여론 조사나 선거 결과를 봐도 잘 드러난다. Die Linke라고 불리우는 이전 동독 공산당 포함 좌파 정당들의 득표 비율이 동독과 서독 간 큰 차이가 난다. 2009년 연방 선거에서 좌파가 동독에서 26.4% 득표율을 기록한 반면 서독에서는 8.3%의 득표에 그쳤다. 독일 통일 후 20년이 지났지만 대다수 동독인들은 자신들이 독일 연방에 소속되었다고 느끼지 않는 반면, 서독인들 다수는 자신들의 정체성을 독일 연방의 구성원으로 정의한다고 한다. 이 정치적 분열로 인하여 근로와 정부 역할에 관하여 서로 다른 생각을 갖게 되었다. 서독인들 대부분이 일요일이나 공휴일에 일하지 않는 반면 동독인은 일요일이나 공휴일에도 일을 한다.

동독인에 비하여 서독인은 기꺼이 모험을

감수하려는 경향이 강하고 그 결과 서독 내 경영진 자리를 동독인들보다 더 많이 차지하고 있다. 동독인들은 다년간 궁핍에 시달린 탓인지 서독인보다 즉흥적 대처 능력이 강하다. 경제 위기가 오기 전 2008년에 행한 여론 조사 결과를 보면, 동독인들은 정부가 일자리 보호에 좀 더 애써야 하고 의료 서비스 개선과 퇴직자 프로그램을 늘려야 한다고 생각하는 반면, 서독인은 정부의 역할보다는 민간 발의가 더 필요하다는 입장을 보였다. 사실, 대다수 동독인에게 개인의 자유보다는 사회 복지 프로그램이 더 중요한 이슈이지만 이 의견을 서독인이 용납하기는 어렵다.

합의와 평등

강력한 지역적 차이로 인하여 독일은 그렇게 많은 규칙과 제재가 필요한 것 같다. 표준 독일어는 지역 간 이해를 위하여 서로 다른 방언의 특징을 합친 인공적인 언어라고 한다. 하지만 이 언어가 통일 독일의 국가 정체성을 세우는데 도움이 되므로 독일인에게 합의가 왜 그렇게 중요한지 이해하게 된다. 합의와 평등이라는 개념은 독일 헌법에도 명시되어 있다. 제2차 세계대전 이후 서독에서 저술된 기초법에 따르면 재정 수입은 주 별 평등 원칙에 따라 배분된다. 이 헌법 조문은 부유한 연방 주들이 가난한 연방 주들을 일정 부분 보조하도록 정하고 있다. 이 부의 재분배는 연방 주 간 경제적 평등을 이루기 위해 고안된 것이다.

공산주의 치하 동독은 이보다 더 나아가 동독 전체에 동일한 서비스와 제품을 공급한다는 야심찬 프로그램을 실행했다. 지역 전통에 상관없이 단일화된 중앙 통제 체제가 도입되었고 이로 인하여 사회 계급은 공식적으로 소멸되었다. 독일 통일 이후 평등의 원칙은 동독의 사회 기초 구조가 서독 기준에 도달하도록 재정 지원을 하기 위한 특별세 신설을 포함한 "연대 협정"의 발효로 동독에도 적용되었다. 합의와 평등은 독일인의 사고에 확고하게 자리를 잡아서 기업 정책이나 통제 등 독일 사업 문화 전반에 걸쳐 이 가치를 찾아볼 수 있다.

정부 체제

독일은 연방 공화국이고 지역 차이는 독일 정부 체제에서 큰 역할을 한다. 국가적으로 선택된 의회는 Bundestag라고 불리고 의회 다수를 차지한 당의 당수가 연방 수상직을 맡는다. 모든 연방 법안은 의회 다수결에 의하여 통과된다. 각 주의 이해관계에 영향을 주는 모든 입법은 반드시 의회나 주의 이해관계를 대표하는 입법 기관의 승인을 추가로 받아야 한다. 미국 상원과는 달리, 독일 상원 의회는 주 정부나 그들의 대표 기관의 구성원으로 이루어진다. 법안이 적합한 입법 위원회를 거친 뒤 법의 실효성을 가지려면 반드시 연방 대통령의 서명이 있어야 한다. 연방 대통령은 독일 국가의 수장이지만 연방 정부는 수상에 의하여 통치된다. 독일은 주의 문제를 다루는 기관과 정부 문제를 다루는 두 개의 행정 기관으로 이루어져 있다. 미국은 이와는 대조적으로 두 행정기관의 업무가 대통령에게 집중되어 있다. 독일 정부가 두 개의 행정 기관으로 구분되어 각자의 의무와 책임을 지는 특징이 학교나 회사에서도 반복적으로 나타난다.

법률 제도

독일과 미국의 법은 서로 다른 원칙 위에 세워졌다. 전통적으로 독일 법은 규범에 근거하고 미국 법은 사례에 기반한다. 독일 법은 불법이라 판단되는 행동들을 법 규범에 맞춰 정확하게 나열된 불법적 행동으로 예상하고자 한다. 어떤 행동이 법적인 판단을 받아야 할 상황이 될 것을 예상하지 못했다면 그 행동은 법전에 명시되지 않은 상태이다. 그렇다면 이 행동은 불법이라고 간주되지 않는다. 그러므로 독일 법은 사회와 기술 발달에 맞추어 지속적으로 개정되어야 한다. 비유의 원칙을 사용하는 미국 법과 다른 부분이 이 것이다. 예를 들어, 미국 법에 따르면 마차나 손수레가 모두 사람이 다니기 위해 고안된 길을 따라서 다니는 만큼 동일한 이유로 마차를 관할하는 부서는 자동차를 관할할 수 있다고 판단한다. 하지만 동일한 상황에서 독일은 자동차를 관할 대상에 넣으려고 법전을 개정하게 된다. 비슷한 일이 특허권 규제나 복사기 같은 새로운 기술을 도입할 때도 발생한다. 그러므로 독일 법은 정확한 명시를 하려다 보니 상당히 포괄적인 법전이 된다. 독일 법은 불확실성을 줄이기 위하여 모든 것을 가장 정밀한 단위까지 세부 분류하는 독일 전반에 내재된 일반 개념과 일치한다. 모든 것을 최대한 가장 작은 단위로 나누면 문제의 크기도 줄어서 관리나 제어가 가능한 수준이 된다는 전제가 깔려 있는 발상이다.

교육체제

교육은 문화의 틀을 잡고 전달하는 데 중요한 역할을 한다. 독일의 교육 제도는 독일의 지역 차이를 반영하는데 기본법에 명시된 대로 교육은 각 주 정부 관할이기 때문이다. 독일의 주들은 4학년 때 어떤 종류의 중등 과정에 들어갈 것인지 결정하도록 한다. 독일의 중등 과정은 직업 훈련 과정, 관리 과정, 대학 진학 과정으로 나뉜다. 대다수 학생의 대학 교육 기회를 막는다는 이유로 UN은 독일의 중등 교육 과정을 비판했던 일이 있었다. 도제 제도와 훈련생 프로그램 등을 통하여 청소년은 상당한 수준의 전문 기술을 익힐 기회를 갖게 된다. 대학에서도 전공관련 과목 이외의 과목을 수강하기는 어렵다. 결과적으로 독일의 교육 제도는 고도로 특화된 전문가들을 키워내는 반면, 좀 더 종합적이고 학과 간 통합이 일어나는 교육의 기회는 거의 없는 셈이다.

인력 시장

독일 근로자는 아주 전문화된 직업에 맞춰서 오랜 기간 훈련을 받기 때문에 직업을 바꾸는 것은 결코 쉬운 일이 아니다. 독일 고용주들은 표준화된 직무 요구 사항을 담은 구인 광고에 따른 직무 역할에 꼭 맞는 사람을 채용하고 싶어 한다. 모든 지원자가 다 구인 조건에 맞출 것이라고 기대하지 않는 미국과는 꽤 다른 상황이다. 미국에서 지원자는 현장에서 일을 하면서 제한기간 내에 필요한 기술을 익힐 수 있다고 전제한다. 독일의 이러한 상황 탓에 어떤 실직자는 영구적인 실직 상태가 된다. 왜냐하면 이들이 직업 훈련을 받은 직업이 신기술에 밀려서 애초에 충분한 자리가 나지 않는 상황이거나 저임금이 가능한 외국으로 생산지를 변경한 경우일 것이기 때문이다. 다른 한편 새로 부상된 고기술 직업군은 학교가 이들을 양성할 시간이 충분하지 않아서 숙련된 근로자가 부족한 상황이 된다.

독일의 기업 문화

대부분 독일 기업은 생산직 근로자와 사무직 근로자를 철저하게 구분하고 사무직에서도 일반직과 관리직을 구분한다. Trompenaars & Hampden－Turner(1998)는 독일 회사가 임무에 집중하고 관계의 역할이 미미하기 때문에 관료 조직이라고 정의한다. 이들에 따르면, 독일의 회사 경력은 전문 자격에 근거한다. 인력계획, 평가 센터, 평가 체계, 훈련 계획, 업무 순환 등 모든 것이 알려진 역할에 맞도록 자원을 구분하고 생산하는 역할을 하도록 되어 있다고 말한다. 교육의 임무 중 하나가 직업 시장을 위하여 잠재 근로자에게 적절한 교육을 제공하는 것이라고 본다면 왜 독일의 교육 제도가 고도로 분리된 접근을 하는지 이해할 수 있다. 이 접근법을 통하여 이 구체적인 업무가 특화된 자격 요건에 정확하게 들어맞는 근로자로 채워질 수 있기 때문이다.

문제 해결

독일 학교가 가르치는 문제 해결 방법은 해결책을 찾는 데 있다기보다는 해결을 위한 적절한 단계를 기획하고 이에 따라 실행하는 것을 강조한다. 예를 들어서, 수학 문제의 실제 해답은 정답의 부분 점수만 받고 풀이 과정을 쓴 답이 더 높은 점수를 받게 된다. 기업 현장에서도 해결을 위한 절차를 찾는 데 강조점을 둔다. 미국인은 독일인이 결정을 궁리하고 결정에 이르는 데 걸리는 상당한 시간에 짜증을 내는 경우가 있다. 하지만 독일인은 어떤 결정에 이르기 전에 가능한 다양한 방식을 고민하고 토론하는 것이 필요하다고 생각한다. 반대로 미국인은 단기 결과를 내는 것에 더 관심이 있는 것처럼 보인다. 만약 계획이 제대로 실행되지 않으면 새로운 계획으로 이내 대체한다. 집을 짓는 경우를 예로 생각해 보자. 미국의 많은 주택은 골조공사, 건식 벽공사, 아스팔트 지붕 덮개를 기본으로 비교적 짧은 시간에 짓는다. 독일의 주택은 강화 콘크리트, 벽돌, 시멘트 지붕 타일로 구성되어서 상대적으로 꽤 긴 시간에 걸쳐 완성된다. 독일 사람은 주택은 오랜 시간을 견디도록 지어서 자신의 다음 세대도 그 집에서 계속 살아야 한다고 생각한다. 독일인의 관점에서 보면, 독특한 지방색으로 인하여 같은 언어를 말하고 같은 종교 관습을 지키는 곳인 집에 더 애착을 갖는 것은 당연하다. 상황이 많이 바뀌긴 했지만, 여전히 대부분 독일인은 선택할 수 있으면 자신의 고향에 머무는 것을 택한다.

기업조직

독일 회사의 조직 구조는 미국 회사들의 조직 구조와 다르다. 전통적으로 독일에서 자본 취득 시 주식 시장의 역할은 상대적으로 미미하다. 이런 상황이다 보니, 독일 기업 중 상장된 기업은 소수에 불과하다. 상장이 되면 제재도 많고 통제권도 일부 잃을 수 있으며 세금 불이익도 있고 근로자들의 공동 결정도 상당 부분을 차지한다. 독일 기업들의 자본 대부분은 은행에 의하여 제공된다. 독일 산업화가 시작되었던 19세기에 성장하는 산업체에게 자금을 제공했던 것도 독일 은행이었다. 개인이 자본을 가지고 있지 않았기 때문에 은행이 당시 유일한 자본 출처였다. 따라서 은행은 종종 전형적인 미국식 채권자－회사의 관계를 넘어선 지경까지 회사에 직접적인 영향력을 행사한다.

독일 기업

독일 기업은 운영 위원회와 관리 위원회, 두 위원회에 의하여 통제된다. 독일 기업 법에 따르면 500인 이상 근무하는 회사의 운영과 통제는 반드시 구분되어 진행하도록 명시하고 있다. 이것은 운영이 반드시 주주들의 이익을 추구하지는 않는다는 가정이 바탕이 되는 것이다. 이에 따라서 운영진의 권력에 맞서 균형을 이룰 독립적인 위원회가 요구된다. 이렇게 평등의 원칙이 적용된다.

운영 위원회는 사업 경영 권한을 위임받아서 사업 전략을 구성하고 실행한다. 회사를 대외적으로 대표하는 기관이기도 하다. 이곳은 한 명 혹은 그 이상의 임원으로 구성되며 구성원 전체가 회사의 결정과 행동에 책임진다. 실제 각 임원은 자신들의 고유 업무 영역이 있다. 운영 위원회 임원은 관리 위원회에 의하여 최대 5년 임기로 선출된다. 재임명도 가능하며 1년에 한 번 운영 위원회는 관리 위원회에 현황과 사업 정책을 보고하게 되어 있다.

관리 위원회는 운영 위원회의 활동을 감시한다. 의사 결정 과정과 통제를 분리하라는 요구에 부응하기 위하여 관리 위원회는 경영을 하지 않는다. 그럼에도 운영상 일부 활동은 이들의 승인이 필요하다. 위원회는 3~21인으로 구성되는데 회사 크기에 따라서 다르다. 관리 위원회 구성원은 비임원이며 회사의 전직 CEO가 의장직을 맡는다.

1976년에 도입된 공동 결정 법안에 따라서 관리 위원회에 근로자가 포함된다. 500인 이상의 근로자가 있는 회사인 경우 관리 위원회 구성원의 삼 분의 일은 근로자이어야 한다. 2000명 이상의 사업장에서는 절반까지 근로자의 수가 늘어난다. 나머지 구성원은 연례 주주총회에서 주주들에 의하여 선출된다. 기업체 관리 위원회에 근로자를 포함시키는 원칙은 독일의 합의와 평등에서 나온 것이다. 관리 위원회의 주요 임무는 운영 위원회 회원의 임명과 해임, 회계 감사관 선출이다. 관리 위원회는 운영 위원회의 활동을 효과적으로 감시하기 위하여 정보를 받는 상당한 권리가 있으며 회사 중역들의 연봉을 정한다.

미국 기업은 임원 위원회가 회사 경영 책임을 진다. 미국 내 법인 기업은 모든 사업 형태의 20%를 차지하는데 이것은 독일보다 훨씬 더 높은 수치이다. 이는 미국 내 법인 설립 때 최소 자본금을 요구하지 않기 때문이다. 게다가 미국은 개인이 사업이나 사업 구상에 투자하는 것이 일상적인 일이다. 따라서 독일보다 미국 은행이 기업에 미치는 영향은 상대적으로 적다.

미국 법인에서는 임원 위원회가 경영을 책임진다. 위원회는 회사 경영과 감독을 겸하며 11명에서 13명으로 구성된다(Nassauer, 2000). 위원회는 연례 주주총회에서 선출되지만 주주의 지시를 따르지 않고 결정을 내릴 수 있는 독립체이다. 위원회는 법인의 전략을 수립하고 중역을 통제하며 CEO를 선출하고 임원 연봉을 결정할 책임이 있다. 미국 법인 운영팀은 CEO

가 이끌며, 그는 위원회 의장직을 맡는다. CEO는 회사와 동일시되기 때문에 대중의 관심을 한 몸에 받게 된다. 그러므로 미국의 CEO는 독일 회사의 대표들보다 훨씬 더 강력하고 모든 것을 아우르는 지위이다.

임금

독일의 임금은 업계 대표와 노조 대표가 타협한 집단 과세 협약에 의하여 고정된다. 이 협약은 임금, 근무 시간, 휴가, 최소 고지, 연장 근무 등을 정하고 독일 내 해당 지역 해당 산업 분과에 함께 적용시킨다. 이런 식으로 해당 지역 모든 고용인의 평등을 이루게 된다. 이 체제를 통하여 근로자는 같은 고용주와 오랜 기간 동안 일하게 되는데 그 이유는 그 지역 어디서나 동일한 근로 조건이기 때문이다. 이 협약으로 인하여 노동 쟁의를 일으킬 필요가 줄어드는 효과도 있다. 다른 유럽 국가들과 비교하여 독일은 상대적으로 노동 쟁의가 거의 없는 편이다.

독일 기업문화가 독일 문화를 반영하는 것이 놀라운 일은 아니다. 사실, 국가 문화는 종종 회사문화의 모델 역할을 한다. 독일 기업들이 독일 행정부의 권력 분할 모델에 따라서 서로 독립된 두 위원회에 의하여 운영 되듯이 미국 회사들은 미국 행정부의 단일 행정 모델을 반영한 하나의 통치 기구를 가지고 있다. 평등과 합의의 개념이 독일 기본법 원칙에 근거하여 근로자가 관리 위원회에 참석하는 식으로 독일 기업 운영에 구체적으로 실현되어 있는 것도 당연한 일이다.

문화와 기업 활동의 연관성

문화마다 기업 구조와 조직이 다를 수 있다는 것은 인정하지만 관례적 업무 처리와 사고 과정까지 다를 수 있다는 것은 잘 모르는 경우가 많다. 하지만 이런 미묘한 차이점으로 인하여 많은 국제 기업 연합에서 오해, 분노, 심지어 분노를 느끼는 상황이 초래된다.

업무 지향

미국인처럼 독일인도 꽤나 업무 지향적이다. 하지만 독일에서는 개인이 지닌 구체적 전문지식을 최고의 결과를 도출할 수 있는 아주 중요한 자원으로 간주한다. 그러므로 독일인은 다른 사람과 주로 사실과 데이터를 가지고 논쟁하고 설득하려 한다. 이런 상황을 이해하면 독일인이 발표할 때 왜 가능한 한 많은 사실과 데이터를 포함시키려고 하는지 알게 된다. 독일인은 자신의 고유 분야에서 전문가로 인정받기 원하기 때문에 실수를 저지르는 것을 두려워한다. 잘못된 사실이나 수치를 제시한 사람은 충분한 전문 지식을 가지지 못한 것으로 간주되어 무시당할 것이다. 이런 이유로 독일인은 실수를 인정하는 것을 극도로 꺼린다. 미국인도 사실과 수치를 사용하지만 그들은 사람들의 아이디어와 감정에도 호소한다. 특히 다른 사람들을 격려하고자 할 때는 더욱 그러하다. 반대로 독일인은 감정은 구체적이지도 않고 객관적이지도 않으며 사실을 왜곡할 우려가 있으므로 비전문적인 것으로 여긴다.

관계

독일인은 업무 관계와 사적 관계를 엄격히 구분하는 경향이 있다. 직장에서 호의적인 분위기를 유지하고 다른 직원들과 잘 지내는 것은 좋은 일이지만 성공적인 상호작용을 위한 기본 요소는 아니다. 독일에서는 오랫동안 함께 일한 직장 동료들끼리 서로 호칭하거나 대화할 때 존칭이나 직함을 써서 부르는 것은 흔한 일이다. 직함을 쓴다는 것은 불확실성을 회피하겠다는 다른 표현이기도 하고 더 큰 권력 간격을 의미한다. 직함은 은행 카드나 운전 면허증 등에도 나와 있다. 직함은 그 사람의 위치와 배경을 알게 하므로 이를 통하여 그 사람의 능력과 회사 내 위치, 사회적 지위를 한 눈에 알 수 있다.

시간 관리

독일인은 시간을 잘 지키고 업무 처리에서 대부분 단일 시간대 입장을 택한다. 사업상 만남에서 1분이라도 늦으면 대부분의 독일인은 사과를 한다. 그러므로 독일인들은 최대한 약속 시간보다 먼저 도착하려고 노력한다. 미국에서도 시간은 아주 중요한 것으로 여기지만 독일인은 심지어 직장에서 나누는 한담도 업무와 직접 관련이 없다는 이유로 시간 낭비로 간주한다. 독일인은 발표나 회담에서 곧장 업무 이야기를 시작한다(Lewis, 2000).

약속을 정할 때, 독일인은 비록 반 년 전에 한 약속이라고 해도 약속을 재확인하지 않는다. 이런 식으로 신뢰를 강화하고 불확실한 상황을 피해 간다. 약속에 관하여 연락을 할 때는 그가 약속을 취소하거나 미뤄야 하는 상황일 때뿐이다. 독일인은 기존 업무를 완결하기 전에 새로운 업무를 시작하지 않는다. 이 완고한 업무 방식은 제품 개발 때도 찾아볼 수 있는데 어느 제품에서나 완벽을 추구한다. 이런 이유로 독일 제품이 전 세계적으로 정밀 제품과 공학 분야에서 최고의 명성을 누리는 것이다.

정보 흐름

독일인은 정보를 독점하는 특징이 있다. 회사 내 부서 사이에 정보 교류는 거의 없다. 독일 회사는 전통적으로 부서 별 구분이 엄격하며 외부인에게 닫힌 조직이다. 미국 회사의 직원이 복도를 걸어 다니며 동료와 정보를 교환하는 것과는 달리 독일 회사의 사무실은 대개 문이 닫혀 있다. 이러한 개방 혹은 폐쇄 구조는 사람의 생각과 행동에 영향을 미친다. 전형적인 독일 회사 건물에 들어간 미국인 방문객은 닫힌 사무실 문을 보면 내부 사람이 자신이 하는 말을 다른 사람이 듣지 않도록 문을 닫고 있다고 생각할 것이다. 만약 그 미국인이 계약을 하러 온 것이라면, 그는 독일 회사가 자신에게 무엇인가를 숨기고 있다고 생각할 것이다. 이런 마음으로 그 협상이 제대로 진행될 리 만무하다. 회담 중에 미국인은 계속 경계하며 의심하는 태도를 취할 것이고 이를 본 독일인 상대는 그의 기이한 행동에 당황하며 미국인의 의도를 의심하게 되는 악순환이 발생한다.

업무미팅과 협상

독일인은 회담에 대한 준비가 철저한 편이다. 그러므로 즉흥적으로 현장에서 아이디어를 모으는 Brainstorming 같은 액션은 거의 하지 않는다. 그들은 회담 전에 주제에 관하여 연구하며 많은 준비를 하기 때문에 예상치 못한 질문에는 제대로 답하지 못하는 경우가 생긴다. 예를 들어, 가격을 협상할 때 미리 정확한 가격을 정해 두었기 때문에 제안한 가격의 10% 정도 내외 변경을 고려할 수 있지만 그 이상은 움직이지 않으므로 가격에 대해 질질 끌 필요가 없다. 이런 식으로 이들은 할인 기간의 불확실성을 줄이고 소중한 시간을 지킨다.

독일인과 미국인의 집단 작업

독일인과 미국인이 집단으로 함께 일할 때 서로 다른 업무 접근 방식을 보인다. 독일인들은 작업과 관련된 모든 면을 고려한 전반적 이해를 하고자 한다. 그 과정 중에 기존 접근법과 해결책이 중요한 역할을 하고 새로운 아이디어는 비판적으로 평가된다. 이 평가 과정은 집단 내에서 실행된다. 업무에 관한 모든 면이 충분히 고려되고 토론되고 난 후 각 구성원의 전문 지식 분야와 경험에 따라 임무가 할당된다. 이로서 업무의 기획 단계가 완료된 것이다. 다음으로 각 구성원이 정보 교환 없이 각자 자신의 일을 진행하는 실행 시기가 이어진다. 기획 단계에서 필요한 논의가 다 되었으므로 만나거나 이야기를 나눌 필요가 거의 없다. 반복은 소중한 시간의 낭비일 뿐이다. 모든 사람이 자신의 분야에서 전문가이므로 자신이 충분히 경험하거나 알지 못하는 부분에 조언을 할 수도 없다. 업무 진행 변경은 거의 없는데, 혹시 발생한다면 이는 초기 기획이 충분하지 않았거나 구성원이 비전문가라는 것을 의미하기 때문이다.

이와는 대조적으로 미국인은 업무가 분담된 후에 목표에 집중하기를 원한다. 구성원들이 모여서 자신들의 생각과 의견을 나누는 Brainstorming 시간을 통하여 목표를 확인한다. 목표가 결정되면 업무 완성을 위한 실행 계획을 세운다. 팀장이 구성원에게 다양한 업무를 배당하면서 기획 단계를 종료한다. 그러면 구성원이 상세한 실행 계획을 만들면서 업무 실행 국면에 돌입한다. 집단 내 구성원의 경험을 문제 해결에 활용하고 최고의 해결 방법을 두고 동료들과 활발히 논의한다. 원하는 목표를 달성하는 데 최선의 해결법인가를 두고 지속적인 피드백을 주고받으며 아주 활발한 의사소통과 생생한 정보 교환이 이루어진다. 상사와도 활발하게 정보를 교환하며 실행 계획은 필요에 따라서 언제든지 변경될 수 있다.

위의 사례를 통하여 미국과 독일이 중국이나 일본 문화와 비교하면 미국과 독일의 문화가 서로 유사한 면이 많지만 문제를 다루는 방식에서 큰 차이가 있음을 잘 알게 되었다. 미국인이 행하는 brainstorming은 독일인에게는 불편하다. 독일인이 나눌 상세 내용과 예측 가능한 문제들에 대한 의견 교환은 미국인에게는 너무 깊이 들어간 것처럼 보인다. 독일인은 미국인이 너무 피상적이고 부정확하다고 생각할 것이다. 동료와 분리되어 혼자서 일하고 상사로부터 제대로 피드백을 받지 못하는 작업 환경도 미국 사람은 문제가 있다고 본다. 그들은 문제 해결을 위하여 정보 교환과 의사소통이 가장 중요하다고 생각하기 때문이다. 독일인은 업무 진행 중 의사소통과 피드백을 나눈다는 것은 그들이 세운 기획 과정이 피상적이고 실수가 있었다는 것, 혹은 미국인 동료들이 자신들이 주장하는 만큼 전문가는 아니라는 것을 인정하는 행동으로 본다. 이렇게 독일인과 미국인은 집단 작업이 구체적인 결과를 도출하지 못하므로 좌절하게 된다. 하지만 이 좌절의 이유는 이미 설명한 대로 서로 다른 문화적 환경에서 나온 것이다.

결론

독일과 미국의 기업 문화에 관한 연구를 하면 할수록 기업 문화의 물리적인 면뿐 아니라 각자의 사회 심리적 요소에도 차이점이 있음을 인식하게 된다. 이러한 미묘하지만 결정적인 문화적 차이를 인식하는 것이 꼭 필요하다. 이 배경을 알지 못하면 상대방의 행동과 의사소통 방식을 이해할 수 없어서 좌절을 느낄 수밖에 없다. 자신의 문화적 잣대로만 보고 판단하면 상대방의 행동은 언제나 비효율적이고 틀린 것으로 보인다. 문화적 차이를 인식하면 상대방을 이해하는 폭이 넓어지고 깊어진다. 문화적 차이가 사업하는 환경에 존재한다는 것뿐 아니라 이 차이가 사업을 하는 사람들의 사업 진행 방식에 영향을 준다는 것도 알아야 한다. 적절한 이해를 통하여 다양한 문화 간 차이를 극복하고 서로 유익한 사업 관계를 키워갈 수 있을 것이다.

개념 이해와 질문

1. 미국과 독일의 기업 문화의 유사점이 어떻게 이 두 문화 간 소통에 영향을 주는지 설명해 보자.
2. Hinner가 말하는 드러난 문화적 차이와 숨겨진 문화적 차이는 무슨 의미인가? 이러한 차이가 제품 판매에 어떤 영향을 미치는가?
3. 독일의 역사는 독일 기업 조직 문화에 어떤 영향을 미치는지 말해보자.
4. 전통적인 지역 자치성이 독일 기업 문화에 어떻게 영향을 미치는지 말해보자.
5. 미국 법과 독일 법의 기반은 각각 무엇인가? 이러한 법의 차이가 이 두 나라의 독특한 기업 문화 형성에 어떻게 기여했는지 말해보자.
6. 독일 교육 체제와 미국 교육 체제의 차이점은 무엇인가? 독일 교육 체제가 어떤 방식으로 독일 사업을 지원하고 있는가?
7. 질서와 계급을 강조하는 독일 문화가 기업 조직의 근로자 구분에 어떻게 반영되는지 설명해보자.
8. 독일과 미국의 기업 구조의 차이는 무엇인가? 이런 차이가 내부 의사소통과 미국과 독일 사업자 간 의사소통에 어떤 영향을 미치는가?
9. 두 개의 독립적인 위원회가 운영하는 독일식 기업 체제의 장점과 단점을 나열해 보자. 이 체제가 미국에서도 효과적일 수 있을 거라고 보는가?

Michael B. Hinner teaches Business English, Bushiness Communication, and Intercultural Communication at the TU Bergakademie, Freiberg, Germany, and Dresden International University in Dresden, Germany.

대학수업에서 발생하는 문화 간 소통

Lisa M Skow & Laurie Stephan

서론

대학은 대부분의 학생에게 생애 최초로 미국 내 다양한 민족 집단과 다양한 외국에서 온 학생들로 이루어진 공동체를 만나는 환경이다. 한 강의실의 학생 중 많은 수가 일본, 덴마크, 폴란드, 혹은 간신히 들어본 적이 있을 뿐인 미국 내 다른 지역에서 왔을 것이다. 자신이 다국적 대학 공동체 구성원 중 하나인 외국 학생일 수도 있다. 교수 중 일부는 외국 사람이거나 다른 문화적 배경을 가지고 있을 것이고 이들은 수업 중에 학업에 중요하고도 독특한 방식으로 기여할 많은 경험과 관점을 끌어들일 것이다. 미국 내 대학생이 외국인이나 외국문화와 접촉하지 않은 채 대학을 졸업하는 것은 거의 불가능하다.

이 다양성 덕분에 수업 중 의사소통은 아주 흥미진진한 동시에 문젯거리가 될 수 있다. 때로 학생에게 다가가고자 하는 교수들의 최선의 의도도 수업 방식이 다문화 수업 내 특정 집단에게 맞지 않아서 전달되지 않을 수 있다. 학생들이 외국인 교수의 수업 방식이나 의사소통 방식을 이해하지 못해서 일어나는 문제도 있다. 우리가 학습하고 가르치는 방식에 문화가 강한 영향력을 행사하므로 교수/학습이 일어나도록 학생과 교수 간 의사소통 방식을 설정하는 것은 중요한 사항이다. 교육 체제는 개별 사회의 의사소통 관습 규범에 근거하여 발전되어 왔다. 다국적, 다문화 수업에서 학생과 교수들이 적절한 토론 방식에 관해 의견이 다를 수도 있고 심지어 토론 자체가 필요한지에 관한 이견이 있을 수도 있다. 발언 기회를 얻기 위해 손을 드는 등 적절한 의사표현 방식이 무엇인가 혹은 침묵하거나 궁금한 표정을 짓는 등 수업을 이해하지 못했다는 것을 알리는 비음성 신호도 종종 문화에 따라서 다르다. 다문화, 다국적 수업 환경이 학생들에게 주는 이점도 많지만 학생과 교수 모두 문화적 차이가 의사소통과 학습 과정에 어떤 영향을 주는지 이해하도록 더 많이 노력해야 한다. 이 글은 이 목적을 위하여 작성되었다.

교실은 많은 사람의 의사소통이 발생하는 환경이기 때문에 의사소통과 수립된 관계는 구성원 모두의 책임이다. 다문화 수업은 그때그때 교사와 학생이 가르치고 배우려고 하는 문화 간 사건이다. 이 사건에 우리가 개입되면 우리는 결과에 대해 각각 기여한 몫이 있다.

이 글을 읽으면서 매번 일어나는 문화 간 사건에서 자신의 역할은 무엇인지 생각해보기 바란다. 학습을 증진시키거나 방해하기 위해 의사소통에서 무슨 일이 일어나고 있는가? 학생과 교수 간 일어나는 상황을 이해할 수 있는 문화적 방식은 무엇인가? 이러한 문화적 이해를 높이는 데 어떤 식으로 기여할 수 있는가?

먼저, 우리는 외국에서 온 대학원생과 외국인 교수의 숫자가 증가하고 있는 미국 내 최근 추세를 볼 필요가 있다. 미국 내 주요 대학의 대학생이 대학을 다니는 동안 외국인 교수를 만날 가능성도 점점 높아진다는 것을 알 수 있다. 이제 다문화 수업에서 역할을 할 수 있는, 그리고 당신이 학습한 내용을 실제 문화 간 환경에 적용할 기회를 제공할 수 있는 다양성의 역동성을 논의해보자.

미국 대학교 내 국제 문화의 존재

미국 대학생들이 외국인 교수를 만날 가능성이 거의 기정사실화되면서 수업 내 문화 간 소통을 파악하는 것이 중요하다고 언급했다. 그렇다면, 미국 대학교는 얼마만큼이나 국제화된 것일까? 어느 나라, 어떤 문화를 가진 교수들이 오는 것일까?

지난 25년간, 미국 대학에서 공부하는 외국인 학생의 수는 꾸준히 증가해 왔다. 1992~1993년도에 489,000명의 외국인 학생이 등록한 기록은 1955년의 34,000명과 비교하면 엄청난 증가라고 할 수 있다. 오늘날 외국인 학생은 전체 대학생 인구의 3%를 차지한다. 외국인 학생의 비율이 12%에 이르는 프랑스와 비교하면 상대적으로 외국인 학생의 비율이 낮은 것 같다. 하지만 미국 내 국제 문화의 존재감은 "교수의 입장에서 보면…외국 학생들이 수업의 질 면이나 학습 과정 자체에서 아주 중요한 역할을 한다(Goodman, 1996)"라고 말할 정도로 뚜렷하다.

1992∽1993 학기를 보면 미국 내 외국인 학생들 중 약 44%가 대학원에 입학했다. 이 대학원생들 중 65% 이상이 중국, 일본, 한국 등 아시아에서 온 학생이다. 독일이나 프랑스 등 유럽에서 온 대학생이 외국인 대학원생들 중 두 번째로 큰 집단이다. 경영, 수학, 과학 분야에서 공부하는 미국인 대학원생의 수는 꾸준히 감소하고 있는데 외국인 대학원생들이 그 간격을 메우고 있다. 예를 들어, 지난 20년간 수학에서 박사 학위를 받은 미국인의 수는 절반 이하로 감소했는데, 그 결과 1989년 대부분의 수학 박사 학위는 외국 학생들에게 주어졌다. 외국인 대학원생이 수학하고 있는 학과에서 학부생들이 수학과 과학 입문 수업을 듣는데, 이 외국인 대학원생이 조교로서 학생들을 지도하게 된다. 비록 학부생들이 듣는 수업의 대부분은 미국인 교수가 진행하지만 여전히 학부생들이 외국인 조교와 제한적이지만 중요한 접촉을 하게 될 가능성이 높다.

미국 대학에서 국제 문화의 존재가 중요하게 된 이유 중 하나는 수학과 공학 분야를 중심으로 외국인 교수진의 채용률이 높아지고 있어서이다. 1987년에 수학을 가르치는 조교수의 40%, 공학을 가르치는 교수의 35%가 외국 대학 출신이었다. 1983∽1985년 수학·공학 분야의 박사학위를 받은 미국 시민이 약 40%밖에 되지 않으므로 외국인 교수들이 미국인 수학, 공학 학위자의 감소 공백을 메우고 있음을 알 수 있다. 오늘날 미국인 학위자의 숫자는 더 적어지고 있는 추세이다.

이 통계를 종합해 볼 때, 학부생 대부분이 외국인 교수의 수업을 듣거나 의사소통할 기회를 갖게 될 것이다. 외국인 교수의 배경과 경험이 다양하기 때문에 섣불리 일반화할 수는 없지만, 한 가지 분명한 것은 미국 대학들이 다문화 환경이 되었다는 것이다. 이 환경에서 각 수업에서 매번 문화 간 사건이 일어난다. 다양한 배경을 가진 사람과 제대로 의사소통할 수 있는 기술을 키우고 함께 일하는 법을 배우는 것은 학생이 누릴 수 있는 이점들 중 몇몇 예가 된다. 하지만 이 이점들을 누리려면 현재 다문화 수업에서 발생하는 역동성에 관한 지식을 갖추는 것이 필요하다. 이 역동성은 종종 문화적 가치의 차이, 교수/학습 스타일, 음성/비음성 말하기 등의 기반이 된다.

문화와 수업 중 의사소통

우리는 수업 중 의사소통에 지대한 영향을 미치는 문화의 특정 측면에 관심이 있다. 먼저 문화 간 소통에 가치가 어떤 영향을 미치는지 살펴볼 것이다. 그리고 다문화 수업에서 문화가 어떻게 서로 다른 교수 학습법을 결정하는지 살펴볼 것이다. 이 두 현안을 가지고 우리는 문화에 종속된 음성/비음성 말하기 방식이 학생과 교수 간 의사소통에 어떻게 영향을 미치는지 알게 될 것을 기대한다.

수업 중 의사소통에 가치가 미치는 영향

문화가 교수 학습에 영향을 미치는 기본적인 방법 중 하나는 수업 중 문화적 가치와 태도에 관하여 나누는 대화를 통한 것이다. Maslow(1971)는 가치 체제를 사소하고 모호한 것들이 가득 들어 있는 큰 상자로 표현하지만 가치는 우리 삶에서 꽤 구체적이고 지배적인 것이다. 문화를 형성하는 심오한 철학적 이해에서 파생된 가치는 각 사회의 구성원이 선택을 하고 갈등을 줄이는 데 도움을 주는 조직화된 규칙을 의미한다. 비록 우리 각자가 우리를 개인으로 구분하게 하는 독특한 가치를 지녔지만 우리 모두는 우리 문화 안에서 다른 사람들과 공유하는 일련의 가치를 지니고 있다(Minnick, 1968). 가치 체제는 문화가 구성원에게 옳은 것과 그릇된 것, 적절한 행동과 바람직하지 않은 행동, 세계는 어떠해야 하는가를 알도록 선택한 내용이다. 예를 들어, 미국의 네 개의 지배적인 가치가 현 교육 체제를 통하여 드러나는데 그것은 개인주의와 경쟁이다. 이 가치는 평가 제도와 독립적 학습과 사고를 중시하는 태도에 반영되어 있다. 표절에 엄격한 우리의 지식에 관한 가치관과 개별 과정을 완수한 학생을 인정하는 태도 또한 개인주의와 개인 간 경쟁에 관한 우리의 관심을 반영하고 있다. 미국 사회는 지식을 개인 영역으로 연결시키는데, 이는 지식을 공적 영역에 부과하여 표절이나 수업 중이나 시험 때 지식을 공유하는 것에 훨씬 덜 엄격한 태도를 보이는 다른 문화와는 정반대 현상이다.

교육에 관한 평등 접근권, 다양한 형태의 평가 방식 사용, 교수와 학생 간 허물없는 관계는 미국 사회 안에서 평등과 비공식성에 관한 가치를 웅변한다. 교육을 모두에게 열린 기회로 보고 학급 내 평등을 장려하는 경향은 전 세계적으로 독특한 현상이다. Crittenden(1994)은 고등교육을 향한 보다 보편적인 접근법으로 설명한다.

"전 세계 고등교육의 대부분은 전형적으로 엘리트 체제인데 이는 사회 내 소수의 엘리트를 키워내고 영구화하는 것이 그 목적이다. 학생을 신분이나 경쟁시험 점수로 선택한다. 이 사회에서 교육을 받으려면 최고의 능력이 있거나 학생 교육에 어마어마한 사전 투자를 해야 하고, 때로는 두 조건이 모두 충족되어야 한다(p.6)."

이런 체제에서 고등교육 과정에 선발된 학생들은 특혜를 누리는 것이므로 그 특혜를 누리기 위하여 필사적으로 공부하는 것은 당연시 되어서 지식을 쌓는 학생의 책임이 지식을 제대로 전달해야 할 교사의 역할보다 더 크게 부각된다. 이 사회의 교사들이 교사와 학생의 책임과 역할에 관해 갖는 태도가 미국 교사들의 그것과 매우 다를 수 있다는 것을 의미한다.

미국 교육 제도는 학습을 실제 세상의 예에 적용하는 실용주의적 태도를 강조한다. 그러므로 미국의 많은 학생과 교사는 실제 세계 상황과 연결되어서 개인의 창의적, 비평적 사고를 요구하는 수업을 기대한다. 세계 다른 지역의 교육 제도는 개인이 현실 문제에 자신의 지식을 비평적으로 응용하는 것보다는 가능한 많은 정보를 함께 배우는 것에 좀 더 관심을 둔다.

비록 학생이 실용 정보를 공부하고 창의적, 비평적 사고를 하지만 이 학습 목표와 방법은 아주 다른 기능을 하는 형태를 취한다. 예를 들어서, 문제를 해결하기 위하여 협력하여 일하는 법을 배우는 것은 같은 종류의 업무를 이루기 위하여 학생들이 독립적으로 일하게 하는 것보다 특정 문화에서 더 실용적이고 중요할지 모른다.

문화적으로 파생된 다른 가치들이 교육 제도를 형성하고 유지하는 데 도움을 주는 역할을 한다. Geert Hofstede(1986)는 문화적 가치가 학생과 교사들의 의사소통에 미치는 영향에 통찰력을 주는 연구를 내놓았다. 50여 개국에서 수행한 연구에서 Hofstede는 그의 4대 가치 구조를 교육 환경에 적용했다. 개인주의와 집단주의, 권력 간극, 불확실성 회피, 남성성과 여성성의 네 측면에서 교사와 학생, 학생과 학생의 상호작용 과정(표 1)에서 드러나는 문화적 차이를 설명하고 있다. 이 가치들은 교실 안에서 문화적으로 특별한 방식들로 드러난다. Hofstede는 이 네 개의 가치가 교사와 학생이 맺는 관계의 성향을 결정짓는 데 영향을 미치고 수업 중 진행되는 의사소통의 형태를 구성하는 데 도움이 된다고 주장한다. 우리는 그의 모형이 비평적 렌즈를 통하여 다문화 수업 의사소통에 적용되어야 한다고 생각한다. 이 모형에 관한 우리의 개요를 읽을 때, 자신의 경우를 포함하여 문화, 그리고 그들의 학습과 의사소통 방식에 관하여 자신이 경험한 것 중 그의 설명과 일치하지 않는 무엇인지 살펴보자. Hofstede의 것과 같은 모델을 통하여 우리가 문화에 관한 질문을 도출하는 데 도움이 될 것이라고 믿는다. 학습 및 교실 의사소통과 관련하여 당신이 기대하는 것과 자신의 문화 가치에 관한 질문을 만들어 보는 데 이 모델이 도움이 될 것이다.

집단주의 VS. 개인주의

Hofstede는 영국, 미국, 독일과 같이 개인주의 성향이 강한 사회는 사람이 나이에 상관없이 배울 수 있다고 믿고 학생이 수업 중 자유

표 1 교수와 학습에 나타나는 가치 차이

집단주의 사회 (아랍 국가, 아프리카, 멕시코, 포르투갈, 대만, 일본)	개인주의 사회 (영국, 미국, 노르웨이, 독일, 스페인, 프랑스)
• 젊은이는 배워야 한다. 어른은 학생 역할을 받아 들일 수 없다. • 학생은 선생님이 말하라고 할 때만 말할 수 있 다. 학습 환경의 평안과 조화는 언제든 유지되어 야 한다. • 교육은 특권을 얻고 상위 계층으로 진입할 수 있는 길이다. • 교사는 특정 학생을 편애할 수 있다.	• 사람은 나이에 상관없이 언제든 배울 수 있다. • 학생은 교사가 수업 중 전체에게 묻는 질문에 반 응하여 발언할 수 있다. • 교육은 개인의 능력에 기반하여 자신의 경제적 가 치와 자존감을 높일 수 있는 방법이다. • 교사는 반드시 공정하게 학생들을 대해야 한다.
권력 간극이 적은 사회 (코스타리카, 스웨덴, 미국, 호주, 캐나다, 네덜란드)	**권력 간극이 큰 사회 (프랑스, 남아프리카, 아프리카 나라들, 아랍 나라들, 일본, 한국, 태국)**
• 교사는 학생의 독립성을 존중해야 한다. • 학생 중심 교육. • 교사는 학생들이 자신의 방식을 찾을 것을 기대한다. • 학생이 교사를 반박할 수 있다. • 학습 효율은 수업 중 양 방향 의사소통의 양과 관 계가 있다. • 교실 밖에서 교사들은 동등하게 대우받는다.	• 교사는 학생의 존경을 받을 자격이 있다. • 교사 중심 교육. • 학생들은 교사가 진행할 방향을 잡아주기를 기대한다. • 교사는 반박할 수 있는 상대가 아니다. • 학습 효율은 교사의 우수성에 따라서 달라진다. • 교사를 수업 밖에서도 존경해야 한다. 교사들은 권위를 유지한다.
불확실성 회피 정도가 약한 국가 (캐나다, 홍콩, 인도, 스웨덴, 필리핀)	**불확실성 회피 정도가 강한 국가 (일본, 그리스, 페루, 한국, 오스트리아, 에콰도르)**
• 학생은 조직적이지 않은 학습 환경에도 편안함을 느낀다. • 교사가 "잘 모르겠다"라는 말을 할 수 있다. • 좋은 교사는 평이한 언어를 사용한다. • 학생은 문제 해결에 관한 창의적인 접근법을 찾으 면 칭찬받는다.	• 학생이 정확한 목적과 상세한 과제 지시 등 조직 화된 학습 환경에 편안함을 느낀다. • 교사는 모든 질문에 답할 준비가 되어 있는 것으 로 간주된다. • 좋은 교사는 학술 언어를 사용한다. • 학생은 정확한 답을 제시하면 칭찬받는다.
여성의 권리가 인정되는 사회 (스웨덴, 덴마크, 코스타 리카, 칠레, 스페인, 프랑스, 핀란드)	**남성 중심 사회 (자마이카, 오스트리아, 멕시코, 일본, 아일랜드, 미국, 호주, 베네수엘라)**
• 교사는 공개적으로 학생을 칭찬하지 않으려 한다. • 교사는 평균 정도의 성취를 보이는 학생을 기준으 로 삼는다. • 학생의 사회적 적응력을 칭찬한다. • 학생은 교사가 보여 주는 친근감을 좋아한다. • 학생은 겸손하게 행동하려고 한다. • 남학생이 여성들의 학과라고 여기는 수업을 신청 할 수도 있다.	• 교사는 뛰어난 학생들을 공개적으로 칭찬한다. • 학생은 최고의 성취를 보이는 학생을 기준으로 삼 는다. • 학생의 학업 성취를 칭찬한다. • 학생은 교사들의 뛰어난 능력을 볼 때 좋아한다. • 학생은 돋보이기 위해 애쓴다. • 남학생은 여성들이 주로 듣는 수업은 신청하지 않는 다.

롭게 의사표현 하기를 장려한다고 말한다. 대만이나, 멕시코, 많은 아프리카 나라처럼 집단주의 성향이 강한 사회는 어른은 학생이 되는 것을 수치스럽게 생각하므로 젊은이들만 배울 수 있다고 믿고 수업 중 학생은 허락을 받을 때만 말할 것을 권유한다. 한 사회가 개인을 인식하는 방식이 교육 제도 구성에 영향을 끼친다. 예를 들어, 중국인이 개발한 교육 이론과 실행 내용은 학생의 개인 차이에는 관심이 없고 학생 집단 전체를 변화시키는 교육 과정에 관심을 둔다(Munro, 1977). 미국에서 교수 활동의 중심은 개별 학습자인 반면, 중국 사회는 학생 집단 전체를 변화시키는 교육 과정에 관심을 둔다. 미국 교육이 학생 개개인에게 집중하는 것은 미국인의 심리에 깊이 내재되어 있는 개인의 자주성과 개인의 권리를 지지하는 강력한 문화적 가치를 반영한다. 전통 중국 철학이 개인의 자유와 권리를 언급했지만 이들은 사회의 화평을 위한 의무감, 윤리 행동, 사회적 책임 등의 하부 가치로 인식된다(Pratt, 1991, p.298). 중국 대학생은 자신을 가족, 민족 등 집단주의적 특성과 연결지어 설명하는데 그 정도가 미국 대학생의 경우보다 훨씬 심각하다(Triandis, 1989).

교실 의사소통도 그 사회가 집단주의적인가 혹은 개인주의적인가 하는 특성에 따라서 다르게 형성된다. 중국이나 일본에서 가르치는 외국인 교사들 중 개인주의 문화에서 온 교는 학생이 수업 중에 자신의 생각을 놓고 토론하기를 어려워한다는 것을 알게 되는데, 이는 개인 의견을 말함으로써 개인주의와 자주성을 강조하는 일로 간주하기 때문이다. 미국 학생은 교사가 하는 말을 이해하지 못하면 그 사실을 편하게 이야기하고 질문하도록 격려 받는 반면, 일본 학생은 화평을 유지하고 자신과 교사의 체면을 지키기 위하여 미국 학생들처럼 행동하지 않는 경향이 있다. 미국에서는 학생들이 질문을 하지 않으면 학생들이 수업에 관심이 없는 신호로 받아들인다. 하지만 우리가 이런 상황을 미국의 전형적인 수업 환경이라고 생각하기 전에, 교수와 학습에 이러한 접근법이 환영을 받은 것은 불과 30년 전부터이다. 수업 중 모둠 활동이나 토론 등 다소 느슨한 구조를 가진 수업 방식은 학계에서 심각하게 논쟁 중이고 이렇게 열린 방식의 교수법과 이런 접근법에 능숙하지 못한 교사와 학생들을 위하여 정기적으로 수업방식 운영에 관한 문제를 제기하고 있다. 그러므로 비록 미국이 불확실성 회피율이 낮은 사회임에도 불구하고 학생이나 교사의 불확실성 회피 의지가 상당히 높은 것으로 말할 수 있을 것 같다.

여러 문화의 교육 실행에서 드러나는 차이를 설명하는 Hofstede의 4대 가치 시스템은 문화가 어떤 지향을 가지는지를 설명하는 하나의 방식일 뿐이며 사회 전체를 남성성 대 여성성, 집단주의 대 개인주의만으로 편협하게 보자는 의미는 아니다. 이 시스템은 한 사회의 가치가 어떻게 교육 제도와 교실 의사소통을 형성하는지 생각해 볼 수 있는 가능한 관점을 제공하고 있다.

교수·학습 스타일

학습 스타일은 우리가 발상과 개념을 어떻게 내재화하고 이해할 것인가에 따른 선택이다. 학습 스타일은 개인마다 달라서 누군가는 뉴스를 읽고 싶어 하고 누군가는 TV 뉴스나 라디오 청취를 통하여 뉴스를 얻는다. 학습에 관한 우리의 선호는 우리 사회가 교육 제도를 실행하면서 발전시켜 온 지배적 학습 스타일을 반영할 수 있다. 우리 각자는 자신만의 학습 방법이 있지만 우리에게 깊숙이 영향을 미치는 문화적으로 정선된 학습 방법도 가지고 있다. 다문화 교실이고 더구나 교사가 외국 출신이라면 그 수업은 대다수 학생들이 익숙한 학습 방식과 긴밀하게 연결되지 않는 경우일 수 있다.

Chou라는 교사의 예를 보자. 학생은 이 교사가 수업 내용을 설명하는 방식에 표현력이 부족하고 칠판에 적는 내용을 소개하지 않는다고 했다. 중국의 지배적 학습 스타일은 학생들이 교사만큼 지식을 얻고 싶다면 동료들과 힘을 합쳐서 교사가 설명하지 않은 부분을 합쳐서 수업 내용을 완결하려고 애를 쓰는 모습이 전형적이다. 이러한 학습관에 따라서 본다면 Chou교사가 자신이 가르치는 내용을 모두 세세히 설명한다면 그는 학생이 스스로 고민할 기회를 박탈하는 셈이라고 볼 수 있다. 하지만 이 접근법은 미국 학생에게서 Chou 교사가 의도한 것과 정반대 효과를 가져 온다.

미국 내에서만 봐도 문화적으로 다양한 교수/학습법이 있어서 수업 중 학생의 학습 방식과 교사의 교수 방식이 충돌을 일으킬 여지가 있다. 미국 원주민의 전통적 학습법은 대부분이 다양한 유럽계 배경을 지닌 미국 교사의 의사소통 방식과 일치하지 않는다. 예를 들어서 알래스카 대학에 재학 중인 원주민 학생은 연역적인 방식에 대해 비원주민 교사가 주로 사용하며 말하는 핵심을 이해하기 힘들어했다. 논점을 발표하는 전형적인 유럽계 백인 스타일은 논쟁과 유사한데 이 방법은 자신의 관점을 직접적으로 말하고 상대방의 의견을 오류인 것으로 묘사하며 자신의 주장을 지지한 증거를 제시하고 결론을 짓는 방식이다. 하지만 다른 문화에서는 논쟁 자체를 피하거나 자신의 생각을 직접적으로 말하려 하지 않는다. 일부 사회에서 선호되는 교수법은 자신의 논점을 이야기의 형태로 표현하는 것이다. Kenya의 한 고등학교 수업에서 진행된 과정을 보면, 학생이 자신의 논점을 설명하는 데 이야기나 전설을 동원했다. 이 학생과는 달리 유럽계 미국인 교사가 진행하는 논쟁 스타일로 자신의 입장을 밝힌 다른 참가자는 학생 대중의 관심을 끌지도, 설득하지도 못했다.

미국 원주민에게 특정한 한 가지 학습법만 있는 것은 아니지만, 부족들 사이에서 보편적인 방식에 관한 Susan Philips(1983)연구를 통하여 보면 오레건주 인디언 보호구역에 사는 원주민 학생은 유럽계 교사가 학생들 앞에서 질문을 하면 대답을 하지 않다가 교사와 대화를 할 때 자주 대답을 하는 현상을 볼 수 있었다. 우리는 어떻게 이 현상을 원주민 공동체의 학습과 의사소통에 관한 문화적 방식에 따라서 설명할 수 있을까?

원주민 공동체 아이는 아래 방식에 맞추어 집에서 학습 스타일을 개발하는 경향이 있다.

1. 아이는 부모, 조부모, 다른 친족 어른이 일하는 방식을 관찰한다.

2. 아이는 최소한의 음성 지시를 받지만 맡겨진 일을 완수할 적절한 방식을 스스로 생각해 낸다.

3. 아이는 혼자 스스로 시험해보면서 주어진 과제를 완수하려고 노력한다.

4. 아이는 다른 사람 앞에서 과제를 수행할 준비가 되어 있다.

유럽계 교사의 질문하고 대답하기 방식과 위의 방식은 전혀 다르다. 관찰이 처음이자 가장 중요한 단계이고 다른 학생 앞에서가 아닌 안전한 혼자만의 공간에서 과제 완성을 위한 시도를 한다. 교사에게 익숙한 성공할 때 까지 계속 해보는 방식이 아니라 관찰 후 시도해 보고 먼저 생각을 하지 않았다면 다시 생각하면 되니까 굳이 먼저 해보려는 시도를 할 필요는 없다는 학습 철학을 가지고 있다.

교실에서 말하기 방식

다문화 수업 환경에서 가장 두드러진 문화적 차이는 언어 쪽이다. 문화적으로 다양한 사람들 사이에서 언어적 차이를 인식하는 것은 사람들이 생각하는 만큼 분명하지 않다. 외국어 수업을 듣지 않는 한, 영어는 미국 내 모든 대학에서 쓰는 언어이다. 다문화 대학 수업에서 일어나는 문제는 언어의 미묘한 차이에서 온다. 이제 어떻게 문화가 관용 표현이나 예의 바른 표현을 하는 규칙 등 언어 이슈에 영향을 미치는지 알아보자.

- 관용 표현

중동에서 온 학생이 "laid back(느긋한)"이라는 관용 표현을 쓰려고 했으나 터키어로부터 온 구절을 잘못 번역함으로써 창피를 당한 일이 있었다. 또 다른 외국 학생은 상대의 성을 부르면서 "Hey!"하고 인사하는 법을 배웠다. 그가 시험 중 교수를 "Hey, Smith!"라고 불렀을 때, 교수는 진지한 순간에 나온 이 비공식적 화법에 불쾌함을 느꼈다. 영어의 지역적 차이가 혼란을 가져오는 경우도 있다. 미 서부 해안 출신의 한 교수는 인디애나 주에 있는 대학에서 수업을 할 때 학생들이 사용한 그 지역 특유의 관용어의 뜻을 몰라서 의미를 물은 적이 있다. 보통 관용 표현을 둘러싼 혼란은 이해하지 못하는 사람을 위하여 의미나 맥락을 설명하면 깨끗하게 해결된다. 언어의 다른 어떤 측면보다 관용어와 은유는 언어가 국가와 문화, 또는 특정 지역 경험과 대상을 기반으로 관계되는 사람들의 구체적인 목적을 위해 만들어지고 발전된다는 점을 가장 분명하게 보여 준다. Halliday(1970)는 언어의 특성은 우리가 그 언어에 바라는 요구사항과 제공해야 하는 기능과 밀접하게 관련되어 있고 그 기능은 그 문화에 한정된다고 주장한다. 외부인이 관용 표현을 잘 이해하지 못하고 통역도 잘 되지 않는 이유는 바로 문화적으로 특별한 언어의 기능 때문이다. 예를 들어 "Forgive me"를 아랍어로 번역하는 것은 문제가 되는데, 아랍어로 이 의미를 표현하는 말은 "May God Forgive"이기 때문이다. 관용어는 단어를 몇 개 합친 것이 아니다. 관용어는 말하는 사람의 선호와 믿음을 전달한다. 다문화 수업 환경에서 통역이 문제가 되는 이유는 관용어가 다른 문화적 배경을 가진 사람들에 의하여 사용되다 보니 관용어의 내재된 의미가 제대로 공유되지 않기 때문이다(Bentahila & Davies, 1989).

- 예의 바른 표현 규칙

언어의 어려움은 사람이 의사소통하고 있는 문화의 규칙이 아니라 자기 자신의 문화적 규칙을 적용할 때 분명하게 발생한다. 예를 들어서, 외국계 화학과 조교가 학생들이 실험을 잘하고 있는지 확인하는 데 열성적이었다. 조교는 모든 실험 모둠에 다가가 "What are you doing?(뭐하고 있니?)"이라며 질문을 하는데, 질문 받은 학생들은 조교의 의도와는 달리 갑작스럽고 비난조의 발언으로 받아들인다. 미국인 조교라면 "So, how are things going?(어때, 잘 돼가?)"라고 질문할 것이다. 의미상 옳지만 특정 상황에서는 비난이나 공격조로 들리는 질문도 있다. 하나의 언어를 쓰는 문화에서도 오해로 인한 문제가 발생하지만 다문화 상황에서는 이 오해가 민감한 문제가 될 수 있다. 반대로 일본 등 아시아권에서 온 조교들은 자신 문화 특유의 간접적으로 돌려서 자신의 의견 전하기, 예의를 지키고 화평을 위한 말하기가 이해 받지 못하는 상황을 겪는다. 미국 학생들의 직접적인 말투는 이들에게 공격적으로 들린다. 미국 학생은 일본인 교수 특유의 화법을 부정확하고 진정성이 없다고 여긴다.

예의 바르게 표현하는 규칙이 서로 다른 두 언어를 통역하는 것도 문제를 야기할 수 있다. Brown & Levinson(1978)에 따르면 미국이나 영국에서는 "좀 더 드시겠어요?"라고 묻는 것이 예의바른 표현이다. 하지만 모로코인들은 "좀 더 드시길 바랍니다"라는 의도로 "드시오!"라는 명령문을 사용하는 것이 예의 바른 표현이다. 메시지를 의문문으로 전달하든 혹은 명령문으로 전달하건 간에 결국 말하는 사람과 듣는 사람의 문화적 배경에 따라서 해석된 메시지의 의도가 전달된다. 외국인 교수들이 종종 고민하는 언어의 문화적 측면을 가르칠 필요가 있다. 언제 어떻게 말할 것인가에 대해 어떤 문화적 규칙을 가르치는가? 스페인어 수업에서 교사는 멕시코, 스페인, 중앙아메리카의 방식에 따라서 각각 다른 의사소통 규칙을 가르칠 수도 있다. 학생은 언어를 배우는 것이 의사소통 규칙을 배우는 것만이 아니라는 것을 이해해야 한다.

- 의사소통 내용

어느 미국 교수가 러시아 출신 방문 학생과 이야기를 나누고 있다. 학생이 교수의 가족사진을 보고 "왜 가족사진을 남이 보도록 하는거죠? 가족과의 경험과 기억의 가치를 떨어뜨리는 거예요"라고 말하며 러시아에서는 공공장소에서 개인적 경험을 논하지 않는다고 설명했다. 그는 계속해서 "사랑이든 신과의 관계든 우리는 이런 것을 말로 표현하지 않아요. 공공장소에서 이런 이야기를 하면 당신 자신의 가치를 낮추는거죠". 이 학생의 발언을 통하여 공적 상황에서 우리가 하는 말의 내용은 문화에 따라서 결정된다는 것을 알 수 있다. 교육적 맥락에서 우리 자신을 얼마나 드러낼 것인가, 무엇이 공적인 것이고 무엇이 사적인 것인가는 개인이 선택할 수도 있지만 문화에 따라서 다르게 정해진다. 미국에서 정치를 논하는 것은 별 문제가 없지만 상대적으로 폐쇄된 사회에서 정치를 논하다가 해고당할 수도 있다.

어느 문화에서나 말은 하지만 수업 중에 학생과 교사가 나누는 내용은 교실이 어느 문화에 있고 누가 말하는가에 따라서 달라진다.

교실에서 비음성 방식으로 말하기

중국에서 온 조교는 수업 중 학생을 보지 않고 말할 때도 학생이 주의를 기울여야 들릴 정도로 작은 소리로 말한다. 미국과 중국에서 비음성 언어가 전하는 의미는 아주 다르다. 위계질서의 유교적 기준에 의해 학생과 교사 간 맺는 관계 특징이 영향을 받는다. 이 조교도 이 기준에 따라서 사회적 거리를 유지하는 비음성 방식으로 자신의 학생을 대한 것이다. 하지만 미국에서 학생과 교사 간 계층 차이는 중국처럼 엄격하지 않다. 더구나 사람을 쳐다보지 않거나 듣기 힘들 정도로 작은 목소리로 말하는 것은 상대방에게 관심이 없다는 의미이거나 심지어 무례하게 여겨질 수도 있다. 이 사례를 통하여 우리의 문화 경험과 철학을 공유하지 않은 사람들은 우리의 비음성 행동을 아주 다르게 해석할 수 있다는 것을 알게 된다.

비음성적으로 말한다는 것은 목소리 톤이나 눈맞춤, 손짓, 대화 상황 등을 포함한다. 이제 다문화 대학 교실에서 목소리 톤, 발음, 액센트, 침묵이 어떻게 의사소통에 영향을 미치는지 알아보자.

- 준언어

준언어는 톤, 볼륨, 발화율, 억양 등을 말한다. 우리의 목소리 특징 중에 발음과 액센트가 있다. 의사소통할 때 준언어적 특징은 메시지가 해석되는 방식에 영향을 주고 우리가 하는 말을 덮어서 오해를 가져온다. 중동 지역에서 온 학생은 큰 소리로 말하고 억양이 다른 문화에서의 화날 때 나오는 억양과 비슷해서 다른 사람이 자신을 화가 나 있다고 오해하는 상황에 처하게 된다. 이 오해는 아랍어나 터키어의 억양 패턴에 우리가 익숙하지 않아서 생기는 것이다. 우리가 다른 언어를 우리의 모국어를 듣는 문화의 귀로 들으면 규칙이 전해지지 않는다. 어느 동인도 출신 교수는 학생의 수업 참여를 독려하기 위하여 학생의 이름을 자주 부르곤 한다. 하지만 그의 억양이 뭔가 학생을 야단치고 깔보는 투로 들린다는 게 문제였다. 교수가 이 사실을 알고 아주 충격을 받아서 그의 억양을 바꾸려고 노력을 많이 했고 학생의 참여를 독려하고자 하는 그의 의도가 보다 잘 알려졌다. 억양 차이를 알게 된 것이 그 수업의 모두에게 유익한 결과를 낳았다.

발음도 준언어의 하나이다. 외국어를 배운 사람은 다 알다시피 언어를 배우는 것은 단어를 알거나 정확한 문법을 사용하는 것이 전부가 아니다. 발음이 조금만 달라져도 오해가 생길 수 있다. 영어를 배우고 있는 한 인도네시아 학생이 언어를 배우는 과정이 너무 힘들어서 그의 교사에게 하소연을 했다. 이 학생은 g와 k를 구분해서 듣지 못해서 dog와 dock을 동일하게 발음하고 있었다(Hoven, 1987).

액센트도 학습 의사소통에 영향을 주는 비음성 언어 중 하나이다. 익숙하지 않은 액센트를 들으면 순간적으로 이 소리를 받아들이기는 어렵다. 영어 모국어 화자가 타 언어에서 절대 원어민처럼 말할 수 없는 것과 마찬가지로 이 인도네시아 학생도 특정 모음이나 자음을 조율하는 근육을 키우는 환경에서 자라지 않았기 때문에 그의 액센트는 절대 영어 원어민처럼 들리지 않을 것이다. 하지만 이 사실이 그의 영어가 부정확하다거나 부적절하다는 의미는 아니다. 사실 영어는 점점 국제 공용어가 되어 가고 있고 "세계 영어"로서 알려진 영어들이 있다. 교육과 국제 무역 거래에 영어를 사용하는 규범적 영어 사용국들에서 이런 영어를 찾아볼 수 있다. 영국 영어, 호주 영어처럼 특정한 영어가 그 나라 모국어와 혼합된 문법 및 발음 규칙을 지닌 채 발달하게 된다. 점차 국제화되어 가는 환경에서 효과적인 의사소통을 위하여 서로의 말하는 방식에 대한 이해가 필요하다. 영어 원어민 화자는 이러한 세계 영어에 점점 친숙해지고 있다. 대학 강의실은 이러한 친근감을 배울 수 있는 곳이고 세계 영어를 긍정적으로 인식하게 되는 곳이다.

- 침묵

일반적으로 침묵을 의사소통이 없는 순간이라고 생각하지만 사실 침묵은 분명히 비음성 표현 중 하나이다. 서구 문화는 침묵을 비사교적, 심지어 반사교적이라고 여긴다(Johannesen, 1974). 미국 사람이 침묵을 얼마나 중요하게 여기는지 보여 주는 최고의 예가 시민의 침묵권을 보장하는 헌법 수정 제5조이다. 하지만 막상 이 권리를 지키려고 하면 무언가 잘못된 것인가 하는 의심을 한다. 반면에 일본인은 말은 왜곡되거나 거짓이 있을 수 있으므로 침묵이 진실을 전한다고 생각한다(Lebra, 1987).

다문화 수업에서 교사의 침묵은 유용하기도 하고 문제가 되기도 한다. Patricia Rounds(1987)는 성공적인 교실 담화의 특징을 연구하면서 외국인 조교의 수학 수업에서 발생한 침묵을 진행 과정에, 전략적인 이유로, 말이 끊어지면서 발생한 경우로 구분했다. 진행 과정 중 일어나는 침묵의 예는, 조교가 교재에 나온 수학 문제를 읽을 때, 칠판에 쓰고 적는 시간, 자료를 나눠 주는 시간 등이다. 전략적 침묵은 조교가 중요한 내용을 말하기 직전에 사용한다. 마지막으로 말이 끊어지는 경우는 조교가 강의를 진행하는 중간 중간에 무계획적으로 말을 멈추는 때이다. 이 침묵은 강의에 집중하는 것을 방해한다.

이 외국인 조교가 강의 때 마구잡이로 말을 끊는 것 때문에 효과적인 의사소통을 해내지 못하고 있다고 말할 수 있을까? 일부 학생에게는 이 침묵이 방해가 된다. 하지만 또 다른 형태의 침묵들은 학생들의 학습에 도움이 된다. 비원어민 영어 화자로서 이 조교는 자신의 생각을 전달할 정확한 단어를 찾느라 자꾸 말을 멈추게 된다. 이런 행동은 다문화 수업에서 흔한 일이겠지만 학생들에게는 답답한 일이고 그 조교에게는 더 괴로운 상황일 것이다.

다문화 수업에서 의사소통 개선하기

우리의 목적은 교사들과 학생들이 각자의 문화적, 국가적 기원이 수업 중 의사소통 역동성에 미치는 영향을 이해하도록 돕는 것이다. 당신이 스스로 다문화 수업 상황을 분석해 보길 원한다. 아래 소개된 각 시나리오는 대학교 외국인 조교들과 학생들의 실제 경험에 바탕을 두고 있다. 읽고 아래 네 개 질문을 생각해 보기 바란다.

1. 문화는 어떻게 이 시나리오에 나오는 학생들과 조교들의 수업관에 영향을 미쳤는가?

2. 교수와 학습 스타일에 영향을 미치는 문화를 시나리오에서 어떻게 설명하고 있는가?

3. 학생들과 조교들의 음성/비음성 행동과 의사소통을 통하여 어떻게 문화가 드러나는가?

4. 당신은 아래 시나리오 상황에 놓인 조교들과 교사들에게 수업 중 의사소통을 개선하기 위해 어떤 제안을 할 것인가?

다문화 교실 시나리오 1: 갈등하는 기대

당신이 미국 대학에서 학부생들에게 미적분학 입문을 가르치는 러시아 출신 강사라고 가정하자. 학생들의 수학 학습 이력은 다 제각각이고 숙제를 잘 해오지 않으며 숙제만 했어도 알 수 있는 단순한 질문을 수업에서 하는 상황이다. 학생들은 정답과 해설 과정이 실린 자료 뿐 아니라 시험 예상 문제를 정리해 달라고 요구한다. 당신은 이런 모든 상황이 과연 학생들의 실력을 키우는 데 도움이 될지 확신이 안서는 상태이다. 게다가 당신은 자신의 대학원 연구로 인해 이미 너무 바쁜 상태이다. 어느 학생이 정말 수업에 관심이 있는지, 이 학생들을 숙제를 통하여 스스로 문제를 푸는 기회를 더 제공할 방법은 없는지 생각한다.

당신은 동료 교수 중 한 명을 수업에 초대하여 수업을 어떻게 생각하는지 물어 보도록 부탁했다. 이에 관한 학생들의 의견이 둘로 나뉘었는데, 절반 정도는 당신이 학생들이 미적분을 배우도록 많이 애를 쓴다고 생각한다. 다른 학생들은 당신이 잘난 체하며 문제를 풀 때 풀이 과정을 너무 빠르게 진행한다고 생각한다. 이들은 질문하기를 두려워하고 바보처럼 취급당할까봐 당신의 사무실로 방문하는 것도 두려워한다. 모든 학생은 당신이 스스로 문제를 풀도록 하고 학생의 질문에 답하는 데 더 많은 시간을 쓰기를 원한다. 당신은 칠판에 모든 문제를 적고 질문할 시간을 충분히 주지 않은 채 일방적으로 풀어 나갔다. 당신이 가진 교수 기준을 변경하지 않으면서도 학생의 염려를 해소하려면 무슨 말을 해줄 수 있을까?

다문화 교실 시나리오 2: 사생활 현안

당신은 독일어 회화를 듣는 학생이다. 당신의 강사는 독일에서 온 조교이다. 강사는 수업 마지막 날 학생들의 성적표를 나눠 주며 "여러분의 점수에 대하여 이야기를 좀 합시다"라고 말한 후 교실에 적막이 감돌았다. 재촉하는 강사에게 학생 중 하나가 자신들은 수업 중에 다른 사람 앞에서 점수 이야기를 하지 않는다고 말했다. 강사는 "독일에서는 이렇게 합니다. 수업 중에 성적에 관하여 논의하고 교수와 점수 변경이 가능한지 절충합니다. 점수에 만족하지 못하면 교수에게 의의 제기를 합니다. 그러면 수업에 참가한 전원이 그 점수가 적절한지 아닌지 결정합니다."라고 말했다. 누구도 입을 열지 않는 가운데 학생 중 하나가 우리는 그렇게 할 수 없다고 의견을 말했다. 강사는 계속 이 수업이 독일어 수업이니까 독일인이 된 셈치고 성적 토론을 하자고 했지만 학생들은 거부했다. 수업에 긴장감이 가득했고 누구도 무슨 말을 해야 할지 몰랐다. 이 수업을 보다 긍정적인 방향으로 진행하려면 어떻게 해야 할까?

다문화 교실 시나리오 3 : 수업에서 들리는 목소리

인도에서 몇 년간 수학을 가르친 경험이 있는 인도 출신 수학 강사가 있다. 그는 현재 박사 과정 중에 있는 대학에서 수학 퀴즈 부분을 담당하는 조교이다. 학기 중간쯤에 자신의 수업에 대한 의견을 묻자 학생들은 그의 의사소통 부분에 대한 불만을 제기했다. 그가 하는 말을 잘 이해할 수 없다고 했고 몇몇은 그의 액센트가 의사소통에 치명적이라는 의견을 냈다. 또 다른 학생들은 그가 학생들을 잘 보지 않으며 칠판을 보고 이야기한다고 지적했다. 하지만 학생들 대부분은 그가 지식이 많으며 학생의 질문에 열성적으로 답한다고 했다. 평가 결과에 강사는 혼란스러움을 느꼈다. 학생들이 자신의 말을 이해하지 못하는지 전혀 모르고 있었다. 액센트를 어떻게 할지 모르겠다. 다섯 살부터 영어를 써 왔고 지금까지 누구도 그의 말을 이해하지 못하겠다고 한 적이 없었다. 왜 학생들은 그의 말을 이해하지 못하는 것일까?

다문화 수업을 듣는 학생을 위한 제안

당신에게 다문화의 여러 나라가 모인 대학 수업에서 발생하는 의사소통 역동성에 관한 통찰의 기회를 제공하고자 한다. 우리가 소개한 이슈들 중 일부는 이미 경험했고 수업에서 필요한 변화와 조절에 적응하는 당신만의 방법을 개발 했는지도 모르겠다. 의사소통 차이를 식별하고, 어렵겠지만 학습에 활기찬 분위기에서 상호작용 개선 방안을 찾으려는 노력은 대단한 일이다. 아래에 당신이 다문화 수업에서 배우고 의사소통 하는 데 도움이 될 제안을 실어 놓았다.

첫째, 문화가 어떻게 학생과 교사 간 상호작용에 영향을 주는지 알아내기 위하여 당신의 수업에서 발생하는 의사소통을 분석해 보기를 제안한다. 수업에서 진행 되는 상황을 다시 봄으로써 문화가 교수와 학습에 미치는 영향을 좀 더 깊게 이해할 수 있다. 수업 중 상호작용을 생각하면서 스스로에게 다음 질문을 해보라. (1) 당신에게 '자연스럽게' 여겨진 것은 무엇인가? (2) 이 점이 어떻게 당신이 수업에서 예상하는 것에 기여하는가? 이 질문에 대한 답을 가지고 당신의 학습과 의사소통 방식이 남들에게 어떻게 자연스럽지 않게 혹은 바람직하지 않게 받아들여지는지 이해할 수 있다. 둘째, 익숙하지 않겠지만 말하기의 한 방법으로 듣기에 집중하라. 당신의 교수나 동료 학생의 낯선 액센트, 몸짓, 억양을 참고 들어 보자. 몇 주일만 지나면 당신의 귀와 예상은 이 새로운 방식의 의사소통에 익숙해질 것이다. 낯선 억양을 들으려고 애쓴 노력으로 당신의 의사소통 능력이 나아지고 이후에 비슷한 방식으로 말하는 사람을 만나면 보다 나은 의사소통을 할 수 있을 것이다. 세 번째 제안은 두 번째와 연관되어 있다. 이해가 안되면 교수에게 적극적으로 다시 한번 말해 달라고 요청하라. 이 방법은 국적에 상관없이 교수들이 자신들의 강의가 제대로 전달되었는지 깨닫게 도울 수 있는 좋은 방법이다. 네 번째, 담당 교사의 국적을 물어보라. 우리가 경험한 바로는 대부분의 외국인 조교들이 자신의 나라에 관해 이야기하기를 좋아하고 관심을 가져준 것에 감사한다.

마지막 제안으로 수업 환경에서 서로 이해하려면 함께 노력해야 한다는 점을 기억하자.

개념 이해와 질문

1. 미국 대학 내 외국인 교수와 학생의 존재가 어떻게 학습 과정에 영향을 주는지 설명해보자.
2. 수업 구성과 학습 과정에서 개인주의 문화와 집단주의 문화 간 어떤 차이를 발견할 수 있는가?
3. 연장자에 대한 서열과 존중이 강한 문화에서 온 학생이 미국 대학 특유의 교수와 학생 간 격식 없는 관계를 어떻게 받아들일지 설명해보자.
4. 교수와 학습 과정에 적절한 의사소통 형식을 결정하는 데 권력 간극이 어떤 역할을 하는가?
5. 어떻게 한 문화의 성 지향성이 교실 내 의사소통 형식에 영향을 주는지 설명해보자.
6. 불확실성 회피율이 높은 문화에서 미국으로 온 학생이 교수가 수업 중 학생의 질문에 모른다고 답하는 상황을 어떻게 받아들일지 설명해보자.
7. 당신 자신의 관찰에 근거하여 학습 스타일을 상세하게 정리해보자. 이 다양한 스타일들이 대학 교실 환경에서 어떻게 통합되는가?
8. 말하는 방식에 따른 문화적 차이는 다문화 학습 환경에서 어떤 영향을 미치는지 설명해보자.
9. 비음성 행동의 문화적 다양성이 다문화 학습 환경 내 의사소통에 어떤 영향을 미치는지 이야기해보자.

Lisa M. Skow is Clinical Assistant Professor in the Department of Health Service, School of Public Health, University of Washington.
Laurie Stephan is Program Manager, Biosource-based Energy for Sustainable Societies at the University of Washington.

의료 관련 의사소통에서 문화적 이해를 협의하기

Patricia Geist-Martin

문화적 다양성에 관한 지식과 공감이 모든 상황에서 성장하고 있는 반면 보건 의료 담당자들은 몸의 증상을 개인이 인식하고 표현하는 데 문화의 영향이 있음을 더 배울 필요가 있다. 현대 미국 의료계를 지배하는 의료 관련 이미지는 흰 가운과 고도의 기술이다. 이는 의학이 질병에 관한 과도한 의학적 강조와 생물학적 이해라고 사람들이 생각하는 것과 일치한다(Littlewood, 1991). 우리가 사는 사회의 현실은 국가, 지역, 민족, 사회 경제, 직업 지향의 다양함을 지닌 개인이 보건 의료 상황에서 의사소통하는 문화적으로 다양한 사회라는 것이다(Krep & Thornton, 1992).

이 글을 통하여 보건 의료가 필요한, 문화적으로 다양한 기대와 행동을 하는 사람들의 복잡하고 역동적인 의사소통 특징을 알아보자. 지난 십 년 동안 많은 이민자가 미국에 유입되다 보니, 비교 문화, 문화적 민감성, 문화 간 배려 등에 많은 관심을 기울여 왔다. 환자의 사회문화적 배경에 관한 지속적인 관심에 대한 논의로 이 글을 시작한다. 우리가 발견한 것은 문화적으로 민감하게 의사소통하는 움직임이 서구의 생의학적 모델에 대한 강조와 내재적 진보 이념으로 말미암아 제한을 받는다는 것이다. 이 글은 환자의 문화적 생각이나 관심이 병을 진단하거나 적절한 치료법을 제시할 때 고려되지 않으면 겪게 되는 어려움을 구체 사례를 예로 들어서 소개한다. 이 글은 문화적으로 예민한 의료 서비스에 관한 우리의 관심을 키우고 예로 든 장애를 극복하기 위한 제안들로 마감한다.

문화, 의료, 의사소통을 연결하기

1989년에만 백 만 명이 넘는 이민자가 미국에 유입되었다. 캘리포니아 주는 본토에서 첫 번째로 비백인계 인구가 다수가 된 주이다. 유입 인구의 다양성으로 인하여 의료 서비스를 찾는 사람의 건강관리에 관한 생각과 관습도 다양해지고 있다. 하지만 일반적인 의료 교육은 문화 간 소통 훈련을 교육과정에 넣지 않고 있다.

의료 서비스 교육 분야는 의료 서비스 제공에 문화가 영향을 미치는 것을 주목하고 있다. 30년 전에 문화 간 간호 분야가 생기고 나서 특정 문화에 기반한 관리, 문화적으로 합치된 관리, 문화적으로 민감한 관리가 강조되었다(Leininger, 1991). 인본주의적이고 과학적인 공식 연구 분야로서 간문화적 간호는 간호나 건강 관련 문화 간 차이점과 유사점, 그리고 문화적 가치나 관례에 기반한 질병에 초점을 맞춘다. 이 관점에서 간호사들은 자신의 문화적 생각을 환자에게 강요하는 것이 아니라 환자들의 문화에 맞춘 관리를 제공한다.

간문화적 간호학은 문화에 대한 제한된 개념 탓에 비난 받아 왔다. 비판 중 하나는 이 개념이 문화를 특정 행동과 직접적 인과관계가 있는 단일한 개념으로 생각한다는 것이다. 그러나 우리는 이와 달리 문화를 역동적이고 다양한 개인의 경험으로 여기면서, 개인의 감정과 의견에 초점을 맞춘다(Mason, 1990). 두 번째 비판은 간문화적 간호학이 이민간 나라의 역사, 정치적 상황에 관한 전통적 내용을 넘어서 좀 더 많은 국제적 관점을 포함하지 않았다는 것이다. 마지막으로, 문화적으로 민감한 관리는 이민자들이 미국 내 새 환경에 적응하는 과정에서 겪는 정신적 외상을 언급해야 한다고 생각한다(Boyle, 1991).

개념, 치료, 상호작용에 문화가 미치는 의미 있는 영향은 다양한 저서들에서 찾아볼 수 있는데, 『문화 속의 환자와 치유사Patients and Healers in the Context of Culture』(1980),『의학과 문화Medicien and Culture』(1988), 『간문화적 간호Cross-cultural Caring』(1991) 등이 그 예가 될 수 있겠다. 분명한 것은 의사소통이 안되고 질병의 원인에 관해 다른 개념을 바탕으로 한 상황과 질병에 대처하는 법, 환자와 의사의 서로 다른 가치 등이 의료 기술과 관리에 관한 잠재적 믿음에 제한을 가한다는 것이다(Payer, 1989). 비교 문화 관리는 의료 서비스를 전문가와 환자의 의학적 대응에 관련된 일련의 믿음, 기대, 관례가 발생하는 사회적 과정으로 간주한다. 이 문제를 절충하는 일과 진단, 치료가 이러한 문화적 차이 탓으로 복잡해지는 경우가 종종 있다.

미국에서 의료 기술의 진보와 생의학적 모델을 강조하는 것으로 인하여 의사소통이 더욱 어려워지고 있다. 진보 이념은 사회적 지식이 아닌 기술 지식만을 지닌 1군의 전문가들을 만들어 냈고 이들은 환자 개인과 이야기하는 것이 아니라 환자의 몸과 이야기하는 것에 우선을 둔다(Hyde, 1990). Dl 진보 이념은 인간이라는 기계의 기능이 잘 되는지 오작동이 나는지에 주로 관심이 있다. 한 의사는 이 경향이 의학 교육 전반에 퍼져 있다고 지적한다.

> "우리는 질병이 신체라는 기계의 오작동에 의하여 생긴다고 배웠다…이 강조는 몸에서 시작되고 몸에서 끝난다…이런 이유로 현대 의학 모델은 질병을 야기하는 질병 이론으로 불린다…(Dossey, 1982, pp.6-8)."

하지만 이 모형은 질병 치료에 중심적 역할을 하는 인간의 감정 즉, 건강, 질병, 적절한 의료 공급자와 환자 간 의사소통 등을 구성하는 다양한 개념을 설명하지 못한다. 사실 많은 이들이 지적하는 의료 서비스 체제 내 갈등은 인본주의적 접근과 기술적 접근 사이의 양극화 현상이다. Fisher(1986)는 의료 공급자와 환자 간 의사소통을 보면 환자의 생각보다 의사가 가진 생각의 권위가 우월하다는 이념을 잘 알 수 있다. 결론적으로, 의사와 환자 간 비대칭으로 인하여 환자들은 자신들이 보기에 관련이 있다고 보는 정보나 관심 사항을 언급하는 데 어려움을 겪는다는 것이다.

의료 서비스 현장에서 문화적 이해를 절충하려면 의사와 환자 사이에 정직하게 의사소통하려는 의지가 필요하다. 비현실적 확신이 아니라 진료 관행에서 나타나는 불확실성을 대면하는 정직함에 기반한 신뢰 관계를 세울 필요가 있다. 우리는 사회적, 문화적 세계에 기반하여 질병과 치료를 이해할 필요가 있다(Kleinman, 1980). Kleinman은 의학은 문화 체제이고 개인 간 상호작용의 패턴과 특정 사회 기관의 배치에 기반한 상징적 의미 체제라고 말한다. 그의 Clinical Reality(진료의 현실)이라는 말은 사회적 현실, 특히 질병, 건강, 치료 활동 등에 관련된 태도와 규범의 건강 의료 서비스 관련 측면을 묘사하기 위하여 사용되는 어휘이다.

다양한 문화를 가진 사람의 이민이 증가함에 따라서 갈등과 모순을 일으키며 현대와 전통적인 믿음, 가치 등이 혼합된 상태가 되었다(Kleinman, 1980). "진료의 현실"을 이해하고 감사할 필요가 있다는 의견은 바로 우리가 적절한 치료 방법을 제시할 때 우리의 민족중심주의를 인식해야 하고, 의료 교육에 이 내용을 도입하고, 환자의 사회 문화적 배경을 고려하고, 환자의 전통 치료 믿음을 이해해서 치료 과정에 포함시키고, 문화 간 소통을 해야 한다는 의미인데, 이런 실천 속에서 적응을 하는데 따르는 문제점들, 능력 및 편견과 기회들을 알게 된다.

의료 서비스 맥락에서 문화적 민감성 발휘하기

미국 의료 서비스계에서 점차 커지는 위기는 의료 체계와 치료를 받거나 채용한 소수 민족들 간 문화 차이에서 나온다(Galanti, 1991). 평가는 민감성, 진료 판단, 과학 지식으로 구성된 진료 기술이다. 신체검사나 병력 듣기 등 표현을 사용하는 것이 아니라 의료 서비스 제공자들은 자신들과 환자들 양 측에서 받아들일 만한 계획을 절충한다. 다음에 소개되는 예는 의료 공급자와 환자들이 적절한 치료를 절충할 때 겪는 어려움을 보여준다. 건강과 질병에 관한 생각의 차이, 적절한 치료에 관한 인식, 의료 상황에서 상호작용에 관한 기대가 의료 서비스 전달 중 의사소통 과정을 복잡하게 만든다.

인식, 치료 관습, 관계에서 나타나는 문화적 차이

모든 문화는 대대로 전해지는 건강과 질병에 관한 생각을 가지고 있다. 서구의 생의학 모델과 다른 문화에 있는 모델 사이의 차이는 의료 공급자가 환자에게 부적절한 판정을 내리거나, 치료와 의사소통 과정 중 문제를 일으킬 수 있다. 건강과 문화의 교차점에 관한 연구에서 의료 공급자와 환자 양측이 받아들일 수 있는 내용을 절충하면서 겪는 성공과 실패의 생생한 예들을 많이 볼 수 있다.

의료 서비스 실행 중 일어나는 오해 중 하나는 민속 의학이다. 어떤 민속 의학 관습은 진단오류의 원인이 된다. 어떤 관습은 과학적인 의학과 모순된다. 또한 부적절한 의료 치료를 하기도 한다. Curanderismo는 유럽에서 유래한 히스패닉 민간의학인데 사회심리학 관여와 약초, 종교를 혼합하여 다양한 질병을 고치는 것으로 알려져 있다. 질병의 원인에 관한 가장 흔한 세 가지 생각은 (a) 자연 혹은 초자연적 힘, (b) 냉온간 불균형, (c) 감정이라고 한다. 이 믿음에 근거한 세 가지 관습은 (a) 질병을 진단하고 치료하는 데 친척 등 사회적 관계의 역할, (b) 치료 과정에 종교 의례를 활용하는 것 포함, 종교와 질병의 관계, (c) 치료 징후와 식이 요법에 관한 히스패닉 공동체의 일관된 생각이다.

민간의학에 대한 소견과 관습을 알면 의료 제공자는 열린 마음과 공감을 가지고 의사소통할 수 있다. 인터뷰와 의사소통에 관한 특별 훈련을 받은 사회 복지사, 의사, 간호사들은 환자들과 신뢰를 쌓고 서로의 문화 정보를 공유하는 관계가 될 것이다. 이 훈련이 의학 교육의 일부가 아니면 주류 문화에 속한 의료 공급자와 소수 민족 환자 사이에 건강에 관한 생각에 차이가 생기고 이 차이는 부적절한 평가를 가져올 것이다. 의료 제공자들이 민간의학을 무지하고 미신이라고 생각할 수도 있다. Krajewski-Jaime는 멕시코계 미국인 가정의 민간의학에 관한 연구에서 어떻게 비 히스패닉 사회 복지사의 추천이 멕시코계 아이를 불필요하게 부모와 격리시킬 뻔 했는지 보여 준다.

"문제가 되는 아이가 아프고 치료를 받을 필요가 있지만 어머니는 명백한 정서적 문제가 있고 불안정해 보인다. 엄마는 계속 엉터리 영어로 아이에게 어떤 악한 영도 다가오게 할 수 없다고 말하며 아이를 방에 가두었다. 아이 머리 위 천장에는 가위가 매달려 있고 복지사나 의사가 방에 들어가 볼 수도 없었다. 멕시코계 미국인 가정들을 접하면서 민속의학에 지식이 있었던 복지사의 상관은 스페인어를 할 줄 하는 멕시코계 미국인 복지사에게 이 사건을 다시 조사해 보라고 했다. 그는 아이의 병 때문에 불안한 상태였던 어머니를 방문했는데, 그는 스페인어를 하는 그를 반겼다. 어머니는 그에게 아이의 열을 내리려고 온갖 민간요법을 해봤으나 악한 영 때문에 차도가 없다는 이야기를 했다. 이제 할 일은 새 영이 아이의 몸에 들어오는 것을 막는 것 뿐이었다. 가위는 아이의 몸에 들어오려는 어떠한 영도 즉시 잘라내는 역할을 할 터였다. 악령은 방에 들어오는 누구에게나 붙으므로 어머니는 누구의 출입도 허락할 수 없었던 것이다. 민간 요법에 익숙한 이 복지사도 전혀 접해본 적 없는 민간요법이었다. 복지사는 그 어머니의 문화적 맥락에서는 유효할 수 있는 내용이라는 것을 이해했지만 아이를 만나고 위험한 가위를 제거하고 치료를 받게 하기 위하여 어머니의 생각을 인정하고 신뢰를 얻어야 했다. 복지사는 어머니에게 자신이 이런 치료법을 한 번도 본 적이 없지만 할머니가 말씀하시는 것을 들은 적이 있다며 할머니는 환자와 주변을 보호하기 위하여 가위를 천장에 매다는 대신 현관문에 박아 놓았다고 전했다. 그는 이 제안에 대한 어머니의 의견을 묻고 이어서 아이를 의사가 보면 더 잘 낫지 않겠느냐는 제안을 했다. 이에 어머니는 아이를 위한 최선을 원한다고 말하며 가위의 위치도 바꾸고 의사가 아이를 진료하는 것도 허락했다."

Krajewski-Jaime가 지적하듯이, 위험한 도구 사용으로 인한 극단적인 예일 뿐 대부분의 민간 의학은 무해하다. 이 사례는 이해할 수만 있다면, 민간의학이 환자와 의사간 신뢰를 쌓고 적절한 진료와 치료를 절충하는 데 큰 도움이 될 수 있음을 보여 준다.

위의 예와 비슷하게 중국의 민간의학도 음과 양으로도 종종 표현되는 "냉"과 "온"이 두 반대 힘 간에 균형을 유지하는 데 기반하고 있다. 질병은 따뜻한 음식과 차가운 음식 사이에 균형이 무너지면 나타나므로 사람들은 자신이 부족한 음식과 연관하여 치료법을 찾을 것이다.

"예를 들어서, 전통적인 중국인은 영리해지려면 동물의 뇌를 먹을 수 있다. 당뇨병 환자는 동물의 췌장을 치료 목적으로 먹을 수도 있다. 빈혈기가 있다고 여겨지는 사람은 붉은 음식을 먹는다. 이 예들을 통하여 왜 전통적인 중국인이 캡슐약을 약으로 여기는 데 애를 먹는지 이해할 수 있다."

중국인은 미국인보다 더 건강과 의료에 지대한 관심을 갖고 있다(Kleinman, 1980). 하지만 이러한 관심과 함께 스스로 처방한 약물을 섭취하는 것은 심각한 건강 문제를 야기할 수 있다.

먼저, 중국인은 모든 것에 중용을 취한다. 의학적으로 약을 장기간 섭취하는 것은 몸을 약하게 한다고 생각한다(Li, 1987). 결과적으로 그들은 종종 다음과 같이 생각한다.

"서구의 약은 그들의 몸에 비해 너무 강하므로 복용량을 줄여도 된다고 생각한다. 예를 들어서, 연로한 중국인 당뇨병 환자는 인슐린이 외국산이어서 자신의 건강을 해칠 수도 있다고 생각해서 인슐린 양을 줄이기도 한다."

중국인이 혈액 검사를 거부할 수도 있는데, 그들은 혈액 손실이 몸을 약하게 하거나 혈액 검사가 너무 공격적이라고 생각한다.

둘 째, 서구 약과 민간요법 약을 공용으로 택하는 것은 한국, 바하마, 아이티, 쿠바 등에서 흔한 일이다(Scott, 1974). 하지만 서구 처방은 환자가 현재 복용하고 있는 약초 처방과 동일한 화학 물질을 가지고 있을 것이니 환자는 결국 약물을 과다 복용하는 셈이다. 이제 자신의 생각으로 피임약을 두 배로 먹은 과테말라 환자의 남편 경우를 보게 될 것이다.

"가족계획 상담을 받은 부부가 불과 2주 만에 피임약을 더 달라고 다시 방문했다. 남편은 아내의 감정, 아내의 불규칙한 출혈이나 통증 여부 등에 대한 질문을 아내가 스페인어를 잘 모른다는 이유로 아내에게 묻지도 않고 자신이 모두 답했다. 옆에 조용히 앉아 있는 아내를 대신해서 그는 아내가 복용량인 하루 두 알씩 복용했다고 말했다. 통역을 통해 진행한 상담을 통하여 그는 자신이 피임약 사용이 필요한 과정을 이해했다고 했으나 실제 그는 제대로 이해를 못했고 아내에게 복용량을 두 배로 늘릴 것을 권한 것이다."

위의 예들을 보면 의료 공급자와 환자 간 의사소통의 중요성이 확실하게 드러난다. 의료 서비스 내용과 관습에 관한 지식이 없는 의료 공급자는 반드시 환자와 상호작용하는 동안 이해할 필요가 있다는 것은 분명하다. 다양한 문화에서 온 사람과 의사소통할 의료 서비스 공급자에게 주는 충고는 면담자에게 그의 약초나 민간요법에 관한 생각이나 관습을 구체적으로 질문하라는 것이다. 직접적으로 이 질문을 하는 것은 중국인과 다른 이민자 집단이 일반적으로 의사를 존중해서 자신들이 먼저 질문하는 법이 없다는 것을 고려하면 더더욱 중요하다. 사실, 많은 중국인은 아니라고 말하는 순간의 당혹감을 회피하기 위하여 그렇다고 한다. 아래 예를 보자.

"60세 중국 여성인 Link Lee는 심근경색이 점점 심해져 입원했다. 퇴원할 때 의사는 후속 검진을 위해 2주 후에 방문할 것을 요청했다. 그렇게 하겠다고 대답했지만 다시 방문하지 않았다. 이는 Lee여사가 처음부터 재방문할 의사가 없었지만 의사의 체면을 지켜주기 위하여 그렇게 말한 것으로 보인다. 중국계 미국인인 간호사가 몇 주 후 차이나 타운에서 그를 우연히 만났고 증상을 묻자 잘 지낸다고 했다는 것이다."

이런 경우에 우리는 체면용 응답을 구분할 필요를 느낀다. 환자가 문화적 가치에 기반한 말을 한다는 것을 이해하는 의료 서비스 공급자는 위의 예와 같은 상황을 초래하지 않기 위하여 서로 다른 의사소통 스타일에 민감하게 대응할 것이다.

의료 서비스 공급자와 환자간의 이해를 돕기 위한 노력을 힘들게 하는 또 다른 요소는 환자의 부족한 영어 능력이다. 통역자가 있겠지만, 통역자, 환자, 가족들을 거치는 의사소통은 환자를 이해하는 데 장애물 역할을 한다.

의사소통 불능은 종종 통역자가 필요한 상황에서 발생한다. 전문적인 통역이라고 할지라도 영어 단어와 해당 단어 간 언어적 차이는 문제가 되는데, 거기에 다양한 방언들이 있는 베트남어 같은 경우는 문제가 더 심각해진다.

"열이 난다는 뜻의 베트남어 단어는 열을 의미하지 않는다. 이 말은 몸이 안 좋다는 의미이고 만성 질환을 말한다. 환자에게 간염에 걸린 적이 있느냐고 물으면 통역자는 간 질환으로 전달하는데, 베트남어로 간 질환은 가려움증을 의미한다... 신장은 인도차이나와 베트남인에게 성적 능력을 의미하므로 신장 질환이라는 말은 성욕 감퇴나 성 관련 문제를 의미한다."

때로는 통역자가 당혹감이나 이해력 부족 등 여러 이유로 정확하게 전달하지 않는 경우도 있다.

"통역자들은 환자가 무식하거나 미신을 믿어서 하는 말이라고 생각하는 내용을 통역하기 꺼릴 때가 있다. 이때 그들은 환자의 말이 아니라 자신의 생각을 전달한다. 심지어 의사가 상태가 어떠하냐고 물었을 때 통역자가 전달 후 환자와 몇 분간이나 이야기한 후 돌아온 대답은 괜찮다고 한다는 것일 때도 있다(Fitzgerald, 1988)."

어느 문화에나 있는 언어적 다양성, 속어, 문화적으로 특화된 용어로 인하여 숙련된 통역자라고 하더라도 의사 전달에 어려움을 겪을 수 있다. 여기에 더하여, 통역자는 종종 환자와 의료 제공자의 말 중에서 선택적으로 전달하는 경향이 있고 환자가 한 말의 개요나 극단적으로 의미를 바꾼 내용을 전달하기도 한다.

통역이 사용하는 의학 용어나 기술 용어 탓

에 의사소통에 어려움이 생기기도 한다. 아래 예를 통하여 환자와 의료 공급자가 서로 이해를 한 듯 보이지만, 사실은 아닌 상황을 보게 된다.

"유럽계 간호사가 필리핀계 환자에게 복용할 약의 유해한 부작용에 관해 설명하고 있다. 환자의 영어 능력은 부족해서 상대적으로 좀 더 나은 남편이 환자에게 간호사의 말을 전해 주었다. 설명 내내 고개를 끄덕이고 불안하게 웃기도 했다. 하지만, 간호사가 설명 내용을 확인해 보니 그들은 간호사의 말을 거의 이해하지 못하고 있었다. 어떻게 이런 일이 생긴 것일까? 아시아인들에게 권위와 자존감을 지키는 것은 아주 중요한 일이다. 이 환자 부부는 자신들이 간호사의 말을 못 알아듣는다고 인정해서 자신들의 체면이 깎일 수도 없었고 동시에 충분히 설명을 하지 못해서 그런 것이라고 간호사의 체면이 깎이는 것을 볼 수도 없었다. 말을 알아듣는 척해서 모두를 지키려고 한 것이다. 간호사가 이 상황을 알아차릴 수 있는 첫 번째 신호는 불안한 웃음이다. 아시아인은 웃음으로 자신의 불편함이나 당혹감을 드러낸다. 간호사가 상황을 파악한 후, 이 부부가 정확하게 이해할 때까지 설명을 반복했다(Galanti, 1991)."

아시아계 환자와 의사소통할 때 그들의 웃음과 고개짓을 이해의 표시로 받아들이면 안 된다는 것을 알게 되었다. 위의 간호사는 환자의 이해를 돕기 위하여 시간과 인내, 노력을 기울였다.

또 다른 문제는 종종 의료 현장에 전문 통역이 없어서 환자의 가족이나 친구가 그 역할을 대신하는 경우에 발생한다. 다음 경우에서 가족이 통역을 의뢰 받았을 때 느끼는 당혹감이나 어려움을 이해할 수 있다.

"한 히스패닉 여성이 자궁 절제술에 서명해야 했다. 2개 국어를 하는 아들이 통역을 하게 되었는데, 어머니께 수술에 관하여 설명 드리면서 그 부위를 가리켰다. 어머니는 기꺼이 동의했으나 다음날 그의 자궁이 제거되었고 더 이상 아이를 가질 수 없다는 것을 알게 되자 몹시 화를 내며 병원을 고소하겠다고 위협했다. 뭐가 잘못된 것일까? 히스패닉 남성이 어머니와 민감한 신체 부위를 이야기할 수 없는 관례상 그는 어머니에게 배에서 종양이 제거될 것이라고 말하며 대충 신체 부위를 가리킨 것이었다. 한편, 어머니가 극도로 분노한 이유는 히스패닉 여성의 지위는 그가 낳은 아이의 수에 달려 있기 때문이었다(Galanti, 1991)."

자녀가 통역을 하는 경우 일어날 수 있는 문제점의 예가 된다. 누가 누구와 무엇에 관하여 논할 수 있는지를 정하는 사회적 규범이 있다. 또한 자녀에게 통역을 부탁하는 것은 환자인 부모의 권위를 약화시킬 수도 있음을 알아야 한다. 통역자가 환자와 의료 공급자간 이해를 방해하는 역할을 할 수도 있는 복잡한 문제임을 알게 되었다.

문화적으로 민감한 의료 서비스

지난 십 년간 의료 서비스를 전달할 때 문화적으로 민감하게 대응하도록 팁을 제공하는 자료가 많이 증가했다. 이 팁의 대부분은 의료 공급자가 취해야 할 행동에 관한 것이지만 다른 문화의 의료 관련 생각과 관습을 이해하고 자신의 감도를 높이고자 하는 노력에 의미를 더할 수 있을 것이다.

의료 전문가를 위한 첫 걸음은 다른 문화의 생각과 가치를 이해하는 기초로서 자신의 문화적 생각과 가치를 점검하는 훈련이 될 수 있겠다(Gorrie, 1989). Southern California 대학 내 비교 문화 의사소통 과목을 통하여 의료 보조자는 녹화한 모의 인터뷰를 통하여 자신의 편견을 발견할 수 있다. 개인의 불편함을 스스로 인식한다고 믿는 것은 민감한 비교 문화 의사소통을 증진시키는 도구가 될 수 있으므로 학과 과정은 "차이+불편=발견"이라는 모형에 기반한다. 인터뷰를 비평하면서 학생들은 자신들의 편견을 조사하도록 격려 받고 불편함을 "차이를 인식하는 신호로 규정하고 공포와 편견의 항구에서 안정성을 추구하기보다 좀 더 상황을 연구하도록" 격려받는다(Stumpf & Bass, 1992).

전 시스템에 걸친 접근에서, Howe-Murphy와 동료들(1989)은 "다문화 의료 증진 프로젝트"를 소수 민족에게 전달하는 연합 의료 서비스를 개선할 필요가 있음을 알리기 위하여 계획된 여러 학문 분야에 걸친, 다문화적 참여 모델을 설명하고 있다. 이들의 훈련은 보건학, 영양학, 직업 요법의 연합에서 온 요원들, 이 세 개 분야를 진로로 생각하는 학생, 지역 의료 서비스 종사자를 대상으로 하는데, 이들 모두 다문화 환경에서 보건 증진이라는 이슈에 직면하고 있다는 공통점이 있다.

문화를 역동적인 것으로 본다는 것은 어느 문화에서나 개인들 사이에 다양성이 존재한다는 것을 의미한다. 따라서 의료 서비스 제공자들은 의료 계획을 설정하기 전 각 환자를 개별적으로 확인해야 한다. 전체론적 접근법을 택하고, 개인의 경험과 질병에 대한 이해에 집중하는 것이 이 평가에 도움이 될 것이다(Littlewood, 1991). 공급자는 환자가 사용하는 고통에 관련된 언어 표현들을 숙지해야 하고 공급자의 진단과 치료는 환자의 경험과 상태에 대한 설명을 인식한 가운데 환자가 납득할 수 있는 것이어야 한다.(Heiman, 1990). 비슷한 문화 집단에서 온 개인들은 상황이나 문제에 관한 자신의 생각을 표현하는 공통의 은유를 사용한다. 의료 공급자는 이 은유를 환자와 신뢰를 쌓고 치료 계획에 따른 변화를 이루기 위하여 환자의 필요를 극대화하기 위하여 일화나 이야기의 형태로 사용할 수도 있다(Zuniga, 1992).

환자의 이야기 듣기, 질병 이력에 응답하기, 동반자 관계를 형성하기 등은 의료 공급자와 환자 간 관계에서 문화적 이해를 증진시키도록 돕는 역할을 한다. 환자와 공급자 간 관계는 필연적으로 의료 서비스 상황에서 형성되므로 의료 행위 중 나타나는 문화적 다양성의 복합성이나 불확실성은 양측의 필요를 맞추는 방법으로 반드시 지속적으로 논의되어야 한다.

개념 이해와 질문

1. 돌보는 사람과 환자 간 의사소통 타입은 환자의 회복에 어떤 영향을 미치는가?
2. 의료 종사자가 건강에 관한 문화적 이해를 넓히려면 무엇이 필요한가?
3. 삶의 질에 관한 이념에서 문화적 다양성이 생명 유지 장치를 철거하는 이슈와 철거한다면 언제 할 수 있는지에 어떤 영향을 미치는가?
4. 문답형 변증법은 무엇이며 어떻게 의료 서비스 의사소통에 적용될 수 있는지 말해보자.
5. 돌보는 사람이 환자와 초기 의사소통 관계를 설정하는 데 자아 변증법을 어떻게 사용할 수 있는지 말해보자.
6. "환자"라는 말은 어떤 면에서 문제의 소지가 있는 단어라고 하는가?
7. 민간요법 사용이 의료 서비스 환경에서 발생하는 의사소통에 어떻게 영향을 주는가?
8. 의료 서비스 환경에서 통역자를 사용하는 데에 내재한 문제들은 무엇인지 말해 보자. 이 문제들을 최소화할 수 있는 방법은 무엇인가?
9. 여성 환자를 대신해서 가족 중 남성이 환자를 대변하는 상황에 있는 의료 서비스 종사자에게 줄 수 있는 제안은 무엇인가?
10. 의료 서비스 종사자가 베트남 몽족 출신 가족과 있는데, 그들은 자신의 아이가 악령에 사로잡혀서 아픈 것이고 그 영이 그 종사자도 사로잡아서 병을 앓게 할 것이라고 주장하고 있는 상황이다. 그를 위한 의사소통 제안은 무엇인가?

Patricia Geist-Martin is Professor in the School of Communication at San Diego State University.

아르헨티나, 브라질, 인도에서의 "절반의 진실": 의사와 환자 간 의사소통에 관한 간문화적 분석

Nagesh Rao

"아크바르 알리 씨는 파키스탄에서 온 60세의 무슬림인데 인슐린 의존형 당뇨병으로 진단받았다. 의사는 인슐린을 처방했고 가족들에게 투약방법을 설명했다. 하지만 알리 씨가 상태 확인을 위해 내원했을 때 차도가 거의 없음을 발견했다. 알리 씨의 아들에게 문의한 결과 알리 씨는 정통 무슬림으로서 이슬람을 어기느니 죽겠다는 생각으로 인슐린을 복용하지 않았다는 것을 알게 되었다. 의사는 알리 씨의 의도가 무엇인지 전혀 짐작도 못하고 있다 (Gropper, 1996)."

다양한 문화적 배경을 지닌 환자들을 대하는 미국 내 의사들에게 위의 상황은 낯설지 않다. 위의 경우, 알리 씨는 아마도 인슐린의 재료가 돼지의 췌장이라고 들은 것 같다. 무슬림은 불결하다는 이유로 돼지에서 나온 어떠한 것도 먹지 않는다. 의사는 인슐린의 재료가 양이나 소에서도 얻어지며 돼지로부터 나온 인슐린을 그에게 처방하지 않도록 주의하겠다는 말을 할 필요가 있다. 하지만 이런 종류의 문제는 돌보는 자와 환자가 서로 다른 문화를 가지고 서로 다른 문화 배경일 때 어디서나 일어날 수 있다.

Helman(1994)은 "의사와 환자는 비록 그들이 같은 사회 문화적 배경을 공유하더라도 아픈 상황을 아주 다른 방식으로 본다. 그들의 관점은 아주 다른 전제에 기반하는 데 서로 다른 증거를 도입하고 다른 방식으로 치료 효능을 평가한다"고 말한다. 다음의 일화는 의사와 환자가 서로 동일한 문화적 배경을 가졌다고 인식할 때도 흔하게 나타나는 경우이다.

"나는 군대에서 중사로 근무했다. 한 주 동안 열이 계속되고 아파서 입원했다. 내 체중의 15%인 24파운드의 체중이 감소했는데 의사들은 원인을 알 수 없다고 했다. 의사는 전날 실시한 혈액조사 결과를 읽어주었다. 내가 준비할 시간도 주지 않은 채, 그는 가볍게 "음…. 당신과 같은 백혈구 수를 가진 사람은 보통 백혈병입니다"라고 말했다. 그리고는 걸어 나갔다. 내가 그에게 질문을 하려고 했을 때 그는 내가 그에게 존칭을 붙이지 않았다고 질책했다."

우리는 의사와 환자 간 상호작용은 양측이

다 같은 문화에 속한다고 생각할 때조차도 선천적으로 문화 간 대면이라고 주장한다. 질병 Illness과 질환disease을 구분하면 왜 의사와 환자가 대면하는 매순간이 문화 간 접촉인지 이해하는 데 도움이 된다. Rosen과 동료들(1982)은 질환disease은 생물학적 혹은 정신적 과정이 제대로 작동을 못하는 경우이고 질병illness은 환자나 그의 가족 혹은 지인들이 증상을 구분하고 설명한 것으로 정의한다. 전통적으로 의사는 질환에 초점을 맞추는 반면 환자는 질병에 신경을 쓴다. Du Pré(2000)는 의사가 증거를 말하는 동안 환자는 감정을 다룬다고 말한다. 그러므로 위의 일화를 보면 의사는 병명을 진단하는 데 민감했고 환자는 백혈병에 걸렸다는 심리적 영향에 대처하는 중이다. 의사와 환자의 생각과 가치 구조의 차이는 그들 사이에 오해를 불러오고 치료 효과를 떨어뜨릴 수도 있다.

의사와 환자 간 상호작용을 다룬 최근 연구도 또한 의사와 환자 간 의사소통에서 간문화적 측면을 연구할 필요가 있음을 제시하고 있다. 의사와 환자 연구 영역은 (1) 의사-환자 상호작용의 개인 간 소통에 초점을 맞추고 의사가 배워야 할 구체적인 개인 간 기술을 알아내는 것에 관한 연구와, (2) 돌보는 이가 환자에게 좀 더 문화적으로 민감하도록 돕는 의사-환자 의사소통의 비교 문화 측면에 집중한 연구로 나뉜다. 하지만 두 영역 모두 의사소통과 문화를 함께 모으지 못하고 있다. 첫 번째 연구 영역은 의사소통에 좀 더 집중하고 있고 두 번째 영역은 문화에 초점을 맞추기는 했지만 간문화적이 아니라 비교 문화 쪽이다. Kim Klingle 등(2000)은 환자의 자아 구성이 그 환자와 의사의 의사소통에 미치는 영향을 분석함으로써 의사-환자 의사소통에 대해 문화 간 접근을 하려는 탐색을 시작했다. Geist(2000)는 미국 내 공통 문화 차이를 다루면서 직면한 의료 문제에 관한 통찰력있는 분석을 제시한다. 이 장에서 의사-환자 의사소통의 문화 간 모형을 발전시키고자 시도한 5년의 연구의 일부로서 우리는 아르헨티나, 브라질, 인도에서 의사들에게 행한 인터뷰 자료를 제공하고자 한다.

이 글에서 우리는 의사-환자 의사소통에 미친 문화의 영향력을 살펴보고 핵심 발견 사항들을 정리한다. 우리의 방법론을 간략하게 소개한 후에 우리는 아르헨티나, 브라질, 인도의 91명의 의사들에게 행한 인터뷰에서 발견한 세 개의 핵심 사항을 제공한다. 마지막으로 우리의 주요 발견 사항을 강조하고 이후 연구를 위한 제안을 논하고자 한다.

의사-환자 의사소통에 미치는 문화의 영향

전통적인 의학 관련서들이 점차 효과적인 의사의 의사소통 기술의 중요성을 강조하고 있다. 의사-환자 간 소통을 막는 많은 요인들이 이전에 문서화되었다. 시간제한으로 말미암아 의료 서비스 제공자가 소통을 못하는 것이 의사들이 말하는 가장 큰 요인이지만 몇몇은 동료로부터 존경받는 자질은 환자로부터 존경받는 자질과 매우 다르다는 사실을 인정하고 있다. 난민 보호나 통역자 채용 등 몇몇 핵심 분야를 제외하고 의료 관련 상호작용에서 문화가 미치는 영향은 세밀하게 연구되어 있지 않다. 국제적 이주 비율이 높은 상황을 고려하면 많은 다른 사회 문화적 배경을 가진 의사들이 다양한 문화 배경의 환자들을 치료하게 된다. 주류 의학 저서들에서도 큰 격차가 존재하는 듯하다.

하지만 의학 분야에서 놀라운 예외가 하나 있다. 간호학 분야 연구자－임상 간호사들은 의료 서비스 공급자들은 다른 문화에서 온 환자들이 '건강'과 '치료'에 관한 개념을 어떻게 개념화하는지 잘 알고 있다. Madeline Leininger(1991)는 이 차이점을 추론하는 데 집중했다. 그의 문화 치유 다양성과 보편성 이론에 따르면 모든 문화는 치유를 표현하지만 의료 관련 관례에 다른 의미를 붙이게 된다. 의료 서비스 맥락에서 의미는 기술, 종교, 경제학, 교육에 의하여 형성된다. 그의 작업은 의료 공급자에게 문화는 단순한 지리학 이상의 아주 깊은 의미가 있음을 적극적으로 주지시키고자 한다.

간호학 연구로부터 여러 주제가 드러난다. 우리는 여러 문화에 걸쳐서 다양성이 존재하는 것처럼 한 문화 집단 안에서도 다양성이 존재함을 기억한다(Rosenbaum, 1995). 이 차이들은 민족, 종교, 교육, 문화 변용에 의해 강화될 수도 있다. Herselman(1996)이 말하듯 인식은 문화적 배경뿐 아니라 개인의 경험에 의해 영향을 받는다. 물론 지나친 일반화의 위험도 있다. 예를 들어서, Denham(1996)은 의료 종사자들이 애팔래치아 산간지역에 사는 사람이 외양이나 의료 관습에서 운명론적이라고 생각하는 경향이 있다고 말한다. 하지만 그도 애팔래치아 사람들의 운명적 생각과 의료 관습에도 많은 다양성이 있다고 덧붙인다. 만약 의료 서비스 종사자가 이 변수들이 환자의 사고방식이나 행동방식에 어떻게 영향을 주는지 이해하고 싶다면, 그는 먼저 환자의 문화적 배경에 익숙해져야 한다. 또한 그 사람은 환자의 문화적 유산이 특정 의료 서비스 조직의 문화와 어떻게 교차되는지 알아야 한다.

서로 다른 언어는 문화적으로 적절한 치료를 하는 데 큰 장애가 된다. Katalanos(1994)는 남동부 아시아에서 최근에 이민 온 환자의 보건 관념은 미국 의료 종사자들의 보건에 대한 관념과 많이 다르다고 말한다. 그리고 이 차이는 양측의 의사소통 행동에서 드러난다고 한다. 그는 의사소통 패턴을 분석하면서 남동부 아시아에서 온 환자와 미국에서 훈련받은 의료 서비스 종사자 사이의 오해는 때때로 심각한 결과를 가져오기도 한다고 말했다.

- 의료 보조자 : "미국에서 사는 거 행복해요?"
- 베트남 출신 환자 : "아~ 예"(실제 의미: 나는 전혀 행복하지 않지만, 당신의 감정을 상하게 하고 싶지 않아요. 어쨌건 당신의 나라가 나를 받아줬으니까요.)
- 의료 보조자 : "약은 드셨나요?"
- 베트남 출신 환자 : "예"(당신 말은 들었어 요). "아니오"(약은 안 먹었어요).
- 의료 보조자 : "약을 안 드셨다고요?"
- 베트남 출신 환자 : "예"(당신 말은 들었어요)."예"(먹지 않았어요. 약이 독해요).
- 의료 보조자 : "아하~ 약을 안 드셨구나!"
- 베트남 출신 환자 : "예, 아니오"

이 반응을 보면 환자와 의료 보조자 모두 지치게 되는데, 서로 각자의 고유 사고 구조(의료 보조자는 질병의 구체적 원인을 진단하려는 사고 구조에 있고 베트남 출신 환자는 공손하고 상대방의 감정을 상하게 하지 않겠다는 사고 구조)에 있기 때문이다.

의료 용어로 인하여 언어 장벽이 더 높아진다. 통역자를 활용하거나 지역 의료 서비스 종사자들과 연합한 의료 교육을 진행하거나 문화 민감성 훈련 등으로 이 장벽을 완화시켜 왔다.

간호학 연구는 환자가 탄생, 죽음, 의례를 향한 태도를 이해할 때도 문화가 중요하다는 것을 알려준다. 환자가 이러한 현안을 어떻게 생각하는가를 가정한 내용에 기반한 치료는 잠재적으로 전면적인 불응까지는 아니더라도 의사소통 불통이 될 가능성이 있다. Spitzer Kesserling(1996) 등은 환자가 의료 서비스 제공자의 지시에 순응할 것을 기대한다면 특정 질병을 치료하기 위한 최선의 방법을 찾는 과정이라기보다 문화적 부담을 주는 행위일 것이라고 단언한다. Charonko(1992)는 "순응하지 않는"이라는 단어에 의료 서비스 공급자의 권력을 유지하려는 의도가 있다고 주장한다. 그의 견해에 따르면, 환자가 자신의 선택 안에서 최대한 가장 생산적으로 살도록 돕는 것이 의료 서비스 공급자의 책임이다. 의사소통에 좌우되는 환자의 만족도는 순응, 규정 준수와 상호 연관되어 있다.

미국의 전통적 의료 문헌은 이제서야 미국 내 증대되는 다양성을 인식하기 시작한다. 1990년에서 1996년 사이에 라티노, 아프리카계, 아시아계 인구 증가는 미국 전체 인구 증가의 거의 삼 분의 이를 차지한다. 미국 내 환자들이 문화적으로 다양해지고 있지만 의사들 이 환자들을 효율적으로 진료할 수 있도록 준비시켜 줄 만한 조치가 거의 이루어지지 않고 있다. 예를 들어서, Drake & Lowenstein(1998)은 소수인종이 백인계의 수를 곧 추월할 캘리포니아 주가 흥미로운 사례 연구가 될 것이라고 말한다. 텍사스 또한 미국 내 다섯 번째 문화적 다양성을 지닌 주로 선정되면서 집중 관심을 받고 있다. 어느 경우이든, 인종과 의료 서비스 접근 수준 사이 불평등은 존재한다. 연구자들은 교육, 언어, 읽기 능력의 차이로 의료 서비스 접근권의 차이가 생긴다고 말한다. 문화 관련 현안을 다룬 연구들은 체계적인 연구에 기반한 문화적으로 구체적인 의료 관리를 제공하는 데 부족함이 있다.

문화가 중심 현안인 의료 연구 중 한 분야는 난민을 위한 의료 서비스를 다루고 있다. Kang(1998) 등은 전 세계적으로 약 2,600만 명의 난민이 있고 코소보 사태로 인하여 이 수치가 더 늘었다고 주장한다. 아프카니스탄에서 현재 진행 중인 상황도 추가 난민을 양산하고 있다. 이것을 인식하면, 의사들은 이러한 이슈들을 다루는 일이 점점 더 증가하고 있음을 발견할 것이다. Obmans(1996) 등은 이민자와 난민이 종종 응급실에서 지나치게 많은 대변인을 동반한다고 말한다. 의사들이 난민을 치료할 때 통역자가 필요한데 그럼에도 의사소통의 문제는 계속 있어 왔다. Obmans(1996) 등은 절충하고 타협하는 것이 문화적으로 적절한 치료에 꼭 필요하다고 말한다.

리뷰를 통하여 의사－환자 의사소통에 문화가 여러 방식으로 영향을 미친다는 것을 주장한다. 의사－환자 의사소통 연구에서 나온 핵심 사항은 다음으로 요약된다. 첫째, 대부분의 의사들이 환자 개인보다는 질병에 집중하면서 생의학적 접근법을 따른다. Roter(2000)는 20세기 들어서 분자와 화학 지향 과학이 우위를 점하면서 의사-환자 관계의 주요 관례인 대화에 관한 관심이 약화되었다고 주장한다. 둘째, 공감, 적극적 듣기 등 여러 의사소통 기술의 중요성을 강조한 연구들이 상당수 존재한다. 셋째, 간호학과 상담학 관련 연구는 좀 더 효과적인 면담을 위하여 환자의 문화에 집중할 필요성을 강조하고 있다. 넷째, 환자는 의사-환자 의사소통에서 진료와 관계 면이 둘 다 충족될 때 가장 만족한다. 다섯째, 대부분의 의대생이 생명을 구하겠다는 이상을 가지고 학교에 입학하지만 훈련 과정의 생의학적 성향으로 말미암아 '분리된 관심'을 가지고 졸업하게 된다. 마지막으로 일부 의대들은 학생들이 환자들과 좀 더 효율적으로 의사소통하도록 학생들을 훈련시키지만 이 모형들도 여전히 일반 의사소통에 그칠 뿐 문화 간 소통에 집중된 것은 아니다.

의사-환자 의사소통 관련 연구는 어떻게 의사가 개인 간, 비교 문화 간 접촉 기술을 향상시키느냐에 집중하고 있다고 볼 수 있다. 문화 간 특성에 관한 연구가 제한적이어서 우리는 의사-환자 문화 간 소통 모형을 만들기 위한 체계적 연구 프로그램을 운용 중이다. 이어서 "어떻게 각각 다른 나라에서 온 의사들이 다양한 문화에 속한 환자들과 의사소통 하는가?"라는 우리의 연구 질문에 답할 수 있는 연구 프로젝트의 첫 국면에 집중할 것이다. 우리는 의료 공급자 설문지를 29명의 브라질 의사들과 30명의 인도 의사들, 32명의 아르헨티나 의사들에게 전달했고 각 인터뷰는 45분에서 90분 정도 길이로 녹음되었다. 설문지는 (1) 의사가 된 이유는 무엇인가, (2) 이 직업의 좋은 점과 나쁜 점은 무엇인가, (3) 문화적으로 다양한 환자들과 어떻게 의사소통하는가, (4) 이 글 처음에 소개된 사례 연구에 대한 반응은, (5) 환자와 성공적인 면담이란 어떤 것인가, (6) 의대를 다시 간다면 바꾸고 싶은 사항은 무엇인 지를 묻고 있다. 질문 3과 4에 대한 의사들의 대답에 집중하여 보겠다. 의사들이 자신들의 맥락 안에서 문화적 다양성을 어떻게 규정하는지 알아보고 세 개의 핵심 발견 사항인 "절반의 진실", "환자로서 가족", "의사가 정의하는 성공"을 살펴보겠다.

의사들이 정의한 문화

거의 예외 없이, 각국의 의사들은 자신의 나라를 혼합된 문화라고 보았다. 놀라운 점은 의사들이 다양성을 정의한 내용이다. 브라질에서, 소수의 의사들은 환자를 전통적 인종, 민족, 모국 계보에 따라서 구분했다. 의사 중 한 명은 심장학 수련의인데 다음과 같이 응답했다.

"물론이다. 브라질 이곳에는 사람들이 지난 500여 년에 걸쳐서 정착했다. 남부 지역에는 주로 이탈리아, 독일 등 유럽계 이민자들이 자리잡았다. 북부와 북동부는 주로 포르투갈과 원주민, 그리고 아프리카에서 끌고 온 노예들이 거주하게 되었다. 지역 간 민족 구성 차이가 크지만 대부분의 브라질인은 그들의 문화적 다양성은 사회경제적 지위에 기반한다고 생각한다. 브라질은 부유층과 빈곤층의 아주 이질적인 두 문화가 있다. 예를 들면, 심장학과 수련의가 이것을 간결하게 정리했다. 여기에도 많은 문화가 있다. 정치가도 있고 전직 산업부 장관도 있다. Belindia라는 말을 들어본 적 있는가? 벨기에와 인도의 합성어인데, 나라 안에 많은 나라가 있다. 여기 각 주를 여행하신 적이 있는지 모르겠다. 북동부 지역이 가장 빈곤한 곳이다. 우리나라는 모자이크와 같아서 만약 여기에 문제가 생긴다면 북동부에 사는 사람들, 아마존 숲이 있는 북부 지역이 겪게 될 일을 알 수 있다. 많은 곳에 병원도 도로도 없다. 그곳은 모두 수로로 연결된다, 이렇게 이 나라는 극단적으로 이질적이다."

아르헨티나의 의사들도 자신들의 문화를 이질적인 것으로 보았다. 한 의사의 인터뷰 내용이다.

"아르헨티나는 여러 다른 종류로 섞여 있다. 이 나라를 형성한 사람들은 서로 다른 기원, 풍습, 전통을 가졌지만 동시에 그들은 모두 이곳 사람들이다."

대부분의 아르헨티나 의사들은 자신의 나라의 이질성을 설명하기 위하여 교육과 사회 경제적 지위를 언급했다. 한 의사의 인터뷰 내용이다.

"이질적이다. 우리는 아주 지적이고 엄청난 지식이 있는 사람들과 교육 자체를 받아본 적이 없는 사람들로 이루어져 있다."

또 다른 의사가 열정적으로 아르헨티나에 대해 설명했다.

"나는 우리나라가 이질적이라고 생각하는데 그 이유는 우리의 사회 계급간 격차가 아주 크기 때문이다. 20달러를 내고 극장에 가는 대신에 필요한 옷과 음식을 사야겠다고 생각할 수 있다. 지금 이곳에서 많은 사람들이 이런 문제를 겪고 있다."

인도의 의사들 또한 자신의 국가를 다양하다고 여겼으나 다양성을 종교, 언어, 사회 경제적 지위, 남북 간 격차 등에서 찾았다. 어느 의사의 인터뷰 내용이다.

"우리는 온갖 환경에서 온 환자들을 맞이한다. 환자의 언어가 다를 때, 그 다른 정도가 마치 외국어를 듣는 것 같을 정도이다. 옷도 다르고 언어도 다르고 습관도 다르다. 남부에 사는 사람들이 훨씬 더 인정이 있다."

또 다른 의사의 설명이다.

"여기서 우리는 지리적으로나 문화적, 심한 경우 경제적으로 교차점에 있다는 생각을 한다. 부자들만 이 병원에 오는 것은 아니다. 환자들은 이곳의 치료가 다른 곳보다 낫다는 것을 알고 있다. 그래서 그들은 소유물을 팔아서 이 병원에 온다. 북동부에서 온 환자들을 많이 보는데 최소한 현재 환자 중 30% 정도는 그 지역에서 온 사람들이다."

아르헨티나, 브라질, 인도는 이민 패턴과 종교, 언어 등에 따른 상당한 다양성이 있는데 아르헨티나와 브라질의 의사들이 다양성의 척도로서 주로 사회 경제적 지위와 교육을 꼽는 것은 흥미로운 일이다. 인도의 의사는 언어, 사회 경제적 지위 등을 포함한 인도가 가진 다양성의 다양한 측면을 대변했다. 브라질의 의사는 자신들이 포르투갈어를 사용하는데 이 언어가 문화적 차이를 해결하는 역할을 한다고 말한다. 이 논라는 스페인어를 사용하는 아르헨티나에도 해당되는 논리이다.

하지만 인도는 18개의 공용어가 있으니 문화적 다양성을 무시하기는 어렵다. 인도인 동료는 종종 "인도를 미니 유럽으로 생각해 봐. 100마일만 가면 완전히 새로운 언어를 들을 수 있다니까"라고 말하곤 했다. 이 문화에 속한 의사들이 다양성을 다른 측면에서 찾는 것은 당연하다. 이러한 문화적 차이는 의사가 환자와 의사소통할 때도 중요한 역할을 한다.

"절반의 진실"

인터뷰 중 우리는 앞서 언급한 사례 연구를 읽도록 요청하고 사례에 나오는 의사가 적절하게 대응했는지 문의했다.

"나는 군대에서 중사로 근무했다. 한 주 동안 열이 계속되고 아파서 입원했다. 내 체중의 15%인 24파운드의 체중이 감소했는데 의사들은 원인을 알 수 없다고 했다. 의사는 전날 실시한 혈액조사 결과를 읽어 주었다. 내가 준비할 시간도 주지 않은 채, 그는 가볍게 "음…. 당신과 같은 백혈구 수를 가진 사람은 보통 백혈병입니다"라고 말했다. 그리고는 걸어 나갔다. 내가 그에게 질문을 하려고 했을 때 그는 내가 그에게 존칭을 붙이지 않았다고 질책했다."

91명의 응답자 모두가 의사가 부적절하게 대응했다고 의견을 밝혔다. 우리는 의사들에게 그들이 환자에게 중병에 걸렸음을 어떻게 알리는지 설명해 달라고 요구했다. 위 세 나라의 의사들 중 90%가 우리가 "절반의 진실"이라고 부르는 것과 연결되어 있는데, 이 상황에서 의사들은 진단 결과를 즉시 공개하지 않았다. 몇 번의 회진을 통하여 결과를 나누어 설명하거나 환자 가족에게 먼저 결과를 통고하기도 했다. 모든 경우에서 의사들은 환자가 치명적인 결과를 한 번에 들으면 환자에게 심리적으로 해롭다고 설명했는데 이는 병에 맞서 싸우려는 환자의 의지를 꺾을 수도 있기 때문이다. 사용된 "절반의 진실"의 타입은 환자의 심리적 준비 상태에 근거한다. 10%에 해당하는 의사들은 환자에게 직접적·즉각적으로 그의 중병에 관해 알려야 한다고 주장했다. 인도에 있는 의사가 자신의 전략을 설명했다.

"내가 만약 환자가 백혈병 같은 중병에 걸렸다는 것을 알게 된다면 나는 확실히 하기 위해 시험을 좀 더 해야 한다고 말하겠다. 내가 직접적으로 말하면 그는 쇼크로 죽을지도 모른다. 환자가 강인한 사람이라고 생각되면 나는 여러 가능성이 있는데 그중 하나가 암일 것 같다고 말할 것이다. 환자가 유약한 사람이면 환자 가족에게 그 소식을 전할 것이다. 우리는 아주 가족 지향적이므로 환자는 가족의 지지가 필요하다. 그러니까 그들에게 먼저 말하는 게 낫다. 그들도 준비를 할 여유가 필요할 지도 모른다."

브라질의 의사는 "절반의 진실"보다 직접적인 예를 제안했다.

"사례에 나온 의사는 말이 안 된다. 받아들일 수가 없는 경우이다. 혈액 검사만으로 백혈병을 진단하는 것은 무리가 있다. 이런 식으로 이 질문에 답하는 것은 전혀 옳지 않다. 나는 그 의사가 처음에 진단 결과를 숨길 수 있었다고 생각한다. 내가 그 의사라면 내 경직된 얼굴 표정를 감추려고 애쓸 것이다. 나는 좀 더 테스트를 받아 보자고 제안할 것이고 확정되면 환자에게 병명과 치료법을 이야기할 것이다. 백혈병은 치명적인 것도 아니고 화학요법을 통하여 치료될 수 있다."

또 다른 아르헨티나 의사의 의견이다.

"환자는 절대 혼자 오지 않는다. 그래서 나는 환자의 상황을 보고 그가 들을 준비가 되어 있지 않다고 판단되면 가족에게 이야기하겠다. 가족이 없다면, 하루나 한 주 정도 기다리면서 그에게 전할 보다 나은 표현을 고르겠다."

환자에게 직접 이야기하겠다는 의견을 밝힌 또 다른 아르헨티나 의사의 의견이다.

"환자에게 진실을 말하고 환자가 알고 싶은 것이 무엇인지 물어야 한다. 환자가 백혈병이라면 치료요법만 따르면 나아질 수 있음을 설명할 것이다. 환자가 치료를 받고 계속 살아가도록 환자를 격려해야 한다."

세 나라 의사들 대부분이 중병에 걸린 환자에게 "절반의 진실"을 사용하겠다고 했다. 이 현상은 집단주의와 체면 유지 행동을 알면 이해할 수 있다. 아르헨티나, 브라질, 인도는 '우리' 의식이 지배하는 집단주의 문화여서 개인의 정체성은 사회 체제에 기반하고 개인은 정서적으로 조직과 단체에 의지한다. 문화는 집단에 속할 것을 강조하고 개인은 개인의 권리를 희생해서라도 집단의 결정을 신뢰한다. 이 세 문화에서 의사들은 환자의 가족과 공동체 안에서 환자의 복지를 생각한다.

환자를 위로하고 집단의 화평을 지키기 위하여 "절반의 진실"처럼 체면 유지 행동을 하는 것이 일반적이다. 체면 유지 행동은 발언의 진실성보다는 맥락에 문화적으로 적절한지가 더 중요하다. 미국에서 행한 예비 인터뷰에서 의사는 환자에게만 병명을 말할 것이고 직접적으로 내용을 전하겠다고 했다. 이것은 직접적이고 명백한 의사소통을 선호하는 미국의 개인주의 성향과 일치한다. Du Pré(2000)는 미국에서 의사들이 정보를 나누는 것이 환자에게 해를 끼친다는 판단을 해서 정보를 보류하고 있을 때 치료 상 기밀 유지는 관례라고 말한다. 하지만 Veatch(1991)는 우리가 환자를 의료 서비스에서 정보를 공유한 파트너로 있기를 원한다면 치료 상 기밀 유지는 역효과를 낳는다고 주장한다. 현행 의학 관련 법적인 내용을 보면 미국의 의사는 진단을 하자마자 환자에게 정보를 알리기를 권한다.

환자로서 가족

"절반의 진실" 분석을 보면 의사들이 종종 환자보다는 가족에게 이야기하겠다고 하는 경우를 보게 된다. 정기 회진을 할 때도 의사는 환자에게만 집중하기보다는 환자로서 가족들을 대해야 했다. 환자가 아플 때 가족도 아픔을 느낀다. 환자가 회복되면 가족도 상태가 좋아진다. 우리가 이전에 아르헨티나, 브라질, 인도가 집단주의 문화임을 설명했다. 이 문화에 속한 사람들은 개인의 정체성이 내적으로 가족의 정체성과 연결되어 상호 의존적인 자기 구성을 하는 경향이 있다. 상호 의존적 자기 구성을 하는 사람은 가족의 필요를 고려한 결정을 하거나 가족들이 그를 위한 결정을 한다. 의사들은 이런 상호 연결성을 여러 방식으로 설명했다. 인도에 있는 의사가 말한 내용이다.

"환자는 혼자 병원에 오는 일은 거의 없다. 언제나 2~3명의 식구가 함께 한다. 나는 가족의 역동성을 이해하고 내가 그들과 정보를 공유할 방법을 이해하도록 주의해야 한다. 나는 환자의 아내와 나눌 정보, 아들과 나눌 정보를 구분하고 삼촌에게는 아무 말도 안 할 것을 결심한다. 아내와 아들이 환자가 겪는 고통에 괴로워하는 것을 안다. 환자가 차도를 보이면 나도 기분이 좋다."

브라질에 있는 의사는 가족이 환자에 관한 결정을 내리도록 가족을 이끈 방법을 이야기한다.

"가족이 있으면 나는 그들에게 함께 말할 것이다. 환자뿐이라면 나는 가족에게 연락한다. 환자는 아무 말도 할 필요가 없을 것이다. 나는 당신의 아들, 당신의 남편, 혹은 당신의 아내가 이 질병에 걸렸으며 우리가 치료할 것이라고 말한다. 치료가 진행될 것이고 환자의 상태가 좋지 않은 날들이 있을 것이고 식단이 바뀔 것이고 머리카락이 빠지는 상황에서 환자는 가족의 도움이 필요할 것이다."

아르헨티나에 있는 의사는 태아가 사망한 환자에게 어떻게 상황을 전달할지 설명했다.

"내가 진단을 한다면 나는 즉각 이야기하지 않을 것이다. 나는 환자를 옆으로 데려가서 가족에게 전화할 것을 청할 것이다. 환자는 즉시 무언가 잘못된 것인가 하는 의심을 하는데, 이것은 내게 도움이 된다. 환자가 짐작을 하고 내게 아기가 죽었는지 묻는다. 태아는 죽었지만 그 말은 내 입이 아닌 환자의 입에서 나왔다. 나는 환자와 함께 하며 팔을 잡고 환자가 잠시라도 울도록 도와준다. 남편이 늦게 나타나면 남편에게 동일한 순서로 소식을 전한다. 가족은 치유 과정과 통합된 한 단위이다. 가족은 늘 함께 있고 결정을 내리고 조언을 구하고 환자를 보호한다."

미국에서는 환자가 보통 혼자 오고 가족이 있더라도 환자의 공간을 존중한다. 때로 환자를 대신하여 특정 이슈를 분명히 파악하기 위하여 문의를 하는 경우가 가끔 있다.

성공을 정의하기

우리는 의사들에게 언제 환자와 성공적으로 상호작용을 했는지 설명해 달라고 했다. 인터뷰의 삼 분의 이 정도에서 그들이 맡은 환자가 사망하면 그것은 실패인지 질문했다. 의사들은 모두 환자에게 가능한 모든 조치를 했다면 환자가 사망했더라도 그것은 의사의 잘못은 아니라고 했다. 미국에서 실시한 예비 대화에서 보면 그들은 환자의 사망을 자신의 실패로 여기는 듯하다. 생의학적 관점에서 훈련받은 미국 의사들이 질병 치유에 집중하기 때문인 듯하다. 환자가 낫지 않으면 그들은 실패한 것이다. 이 관점에서 죽음은 궁극적 실패이다. 아르헨티나, 브라질, 인도의 의사들은 관계나 관계 관련 이슈에 집중한다. 한 응급실 담당 의사가 임무 지향 관점을 아래의 발언으로 정리했다.

"나는 내가 환자들에게 호의적인 해결책을 주기 때문에 언제나 성공적이라고 생각한다. 나는 환자들을 도우려고 한다. 예를 들어서, 내가 응급실에 있을 때 환자가 치료와 문제에 대한 대안을 얻고서 떠날 수 있도록 최선을 다한다."

하지만 대부분의 의사는 신뢰를 얻고 환자와 관계를 강화하는 것을 성공의 열쇠로 여긴다. 브라질에 있는 의사가 정의한 성공의 내용은 아래와 같다.

"이전 환자가 다른 환자를 데리고 오거나. 친척을 데리고 오는 경우가 있다. 그들은 와서 '선생님 때문에 할머니를 모셔 왔어요. 할머니 좀 봐 주세요'라고 말한다. 할머니는 아무 문제가 없을지 모르지만 그는 내가 할머니를 진찰하기를 원했다. 이때 나는 환자가 나를 좋아한다는 것을 알게 된다."

마드라스에 있는 한 의사는 임무와 관계 이슈 양측에서 성공을 정의한다.

"조기 검진했을 때나. 병을 일으킨 행동이나 특징을 집어낼 수 있을 때, 환자가 와서 내 치료에 만족한다고 말할 때도 성공이다. 당신은 치료에 확실히 도움이 되는 신뢰를 구축하고 있는 것이다."

아르헨티나에 있는 의사는 환자의 복합적 요구를 인식할 필요가 있음을 정리했다.

"환자에게 치유는 어렵지만 말기는 아닌 질병에 관해 알려줄 때 특히 환자의 다양한 요구를 알아야 한다. 이 정보를 환자와 나눌 때, 살기 위하여 환자가 치료를 잘 받겠다는 의지를 세우고 전에 경험하지 못한 살아있는 멋진 경험을 할 가능성을 주면서 대화를 마친다면 나는 환자에게 다른 차원의 삶을 허락한 셈이다."

문화 간 여정은 계속된다

"의사는 야비하고 환자는 멍청하다"는 미국인의 흔한 반응이다. 우리는 의사-환자 의사소통이 안될 때 의사나 환자를 비난하는 것은 득이 되지 않는다고 주장했다. 개인 간 비교 문화 간 측면에 관한 의미 있는 연구는 있지만 의사-환자 의사소통의 간문화적 측면에는 거의 주의를 기울이지 않는다. 우리의 전반적인 목표는 문화 간 모형을 만들어서 이전 연구와 여러 규율로부터 문헌을 구성하는 것이다. 삼 개국 의사들에게 요청한 인터뷰를 보면 그들의 집단 지향성이 문화적으로 다양한 환자를 다루는 독특한 의사소통 전략을 사용하도록 영향을 주는 것 같다. 그들은 부정적인 진단 결과를 전할 때 "절반의 진실"을 사용하고 가족을 환자로 대하며 업무상 성공을 관계 측면 혹은 관계와 업무 측면에서 정의한다. 우리의 연구 결과에는 의사-환자 의사소통에 영향을 미치는 문화의 역할을 연구하기 위한 중요한 제안들이 있다.

먼저 Lienenger(1991)가 지적한 대로 문화는 지리 그 이상의 것이다. 아르헨티나와 브라질의 의사들은 그들 나라의 문화적 다양성이 주로 사회 경제적, 교육적 차이를 통하여 나타난다고 정의했다. 인터뷰에 응한 의사들 중 많은 수가 공용어를 사용하는 것이 성, 나이, 민족, 종교 등 문화적 차이의 효과를 줄였다고 말했다. Bennett(1998)가 대부분 나라의 사람이 문화적 다양성을 이야기할 때 인종, 민족, 종교, 언어에 집중한다고 지적한 이후 이것은 특히 중요한 발견이다. 둘째, 개인주의 문화에서 의사들이 사용하는 의사소통 전략을 이해하는 것이 중요하다. 마지막으로 의사－환자 의사소통에는 최소한 두 명이 관여되므로 최소 두 개의 문화적 관점이 만나는 셈이다. 그러므로 의사 측이나 환자 측 관점만 연구하는 것은 충분하지 않다. 의사－환자 의사소통은 반드시 문화 간 현상으로 분석되어야 한다.

이 목표를 이루기 위하여 인터뷰 외에 우리는 다문화 의료 개념 리스트를 아르헨티나, 브라질, 인도, 미국에 있는 600명의 환자에게 전달하여 그들이 건강을 어떻게 정의하는지 문의했다. 이 리스트는 응답자의 건강에 관한 개념을 육체적, 심리적, 관계적, 영적, 환경적 측면에서 평가하고자 한다. Du Pré(2000)는 의사와 환자가 상호작용할 때 어떻게 반대되는 두 세계관을 도입하는지 설명하는데 반대되는 세계관이란 의사는 업무 측면에서 질환disease에 집중하는 데 반하여 환자는 업무와 관계 측면에서 질병illness에 집중하는 것을 말한다. 다양한 문화를 가진 의사와 환자로부터 나온 자료를 결합함으로써 이론적, 실용적 제안이 될 문화 간 의사－환자 의사소통 모형을 만드는 것이 우리의 목표이다.

개념 이해와 질문

1. Rao는 질병과 질환을 어떻게 구분하고 있는가? 이 역동성은 어떤 식으로 문화의 영향을 받는가? 그리고 어떤 식으로 의사－환자 의사소통에 영향을 주는가?
2. 문화가 의사－환자 의사소통을 억제하는 경우를 설명해보자.
3. 언어의 문화적 다양성이 어떤 식으로 의사－환자 의사소통에 영향을 미치는가?
4. Rao는 효과적인 의사－환자 의사소통에 문화적 지식과 제대로 발전된 개인 간 의사소통 기술이 필요하다고 주장한다. 이 입장을 지지하는 타당한 이유를 말해보자.
5. 아르헨티나와 브라질의 의사가 가진 문화적 다양성에 관한 개념은 인도의 의사가 가진 개념과 어떻게 다른지 말해보자.
6. 집단주의의 문화적 역동성은 브라질, 아르헨티나, 인도의 의사－환자 의사소통에 어떻게 영향을 미치는가?
7. 환자로서 가족을 대하는 집단주의 개념은 미국의 개인주의적 접근과 어떻게 다른가?
8. 아르헨티나, 브라질, 인도의 의사가 환자와 신뢰를 쌓는 방법은 미국의 경우와 어떻게 다른지 말해보자.
9. Rao가 의사－환자 의사소통의 문화 간 측면을 언급할 때 그가 의미한 것은 무엇인가?
10. 집단주의 문화에서 사용되는 의사의 의사소통 전략은 개인주의 문화에 속한 의사와 어떤 면에서 다른지 말해보자.

Nagesh Rao is the Director of Mudra Institute of Communications, Ahmedabad, India.

07

문화 간 소통하기 : 자신감 있게 대응하기

07

문화 간 소통하기: 자신감 있게 대응하기

지난 사십 년간 이 책은 독자들이 다른 문화권 사람들과 원활하게 의사소통하는 데 기여해 왔다. 우리는 독자들이 "오해", "장애", "변화" 이 세 단어에 주목하기를 원한다. 문화 간 소통 능력을 강화하는 방법으로 (1) 문화 간 대면을 종종 힘들게 하는 잠재적 "오해"가능성에 민감해지기, (2) 문화 차이로 인한 문화 간 장애 인식하기, (3) 문화 이해를 돕는 긍정적 태도로 당신의 행동을 바꿀 수 있는 방법 찾기 등에 초점을 맞추고자 한다. 제목에 "자신감 있게 대응하기"라는 말을 붙였지만 이 책이 관심을 두는 것은 당신이 유능한 문화 간 소통자가 되도록 돕는 것이다.

이전 장들을 통하여 서로 다른 문화에 속한 사람이 세상을 보는 방식과 의사소통하는 방식을 대변하는 다양한 문화와 환경을 제시했다. 이러한 문화적 차이를 관찰함으로써 우리는 다양한 문화에 속한 사람을 이해할 수 있는 지식을 축적할 수 있었다. 그러나 이 관점에서 우리의 연구는 실용성보다는 이론에 치우친 감이 있었다. 다른 문화와 사람에 대해 알게 되었다는 것은 문화 간 소통이 현실에서 어떻게 작용하는지 이해하는 첫 단계이다. 문화 간 소통이 진행되려면 자신과 상대방 사이에 상호 보완적인 참여가 있어야 한다. 즉, 문화 간 소통에서 참가자는 자신과 상대방의 역할에 대하여 동시에 추론해야만 한다는 의미이다. 이러한 상호 역할 맡기 행위는 사람이 서로를 이해하는 의사소통 단계에 이르기 전에 있어야만 한다. 문화 간 소통에 비추어보면 자신의 문화뿐 아니라 상대방의 문화도 알고 있어야만 한다는 뜻이다.

의사소통은 행동을 동반한 공유 활동이다. 사람은 상대방 문화에 대해 얼마나 많은 지식이 있든지, 의사소통은 결국 상호작용이다. 사람은 의사소통 과정에서 행동 교환의 일부이며 당신의 의사소통 행동을 주어진 상황에 맞게 조절할 준비가 되어 있어야 한다. 이 장에 실린 글들은 당신의 문화 간 소통 능력을 향상시키는 데 필요한 정보들을 제공할 것이다.

이 장의 핵심은 문화 간 오해, 문화 간 장애, 그리고 의사소통 방식을 바꿀 당신의 능력에 관한 것이다. 잠재적 문제를 인식하고 문제 해결 방법을 아는 것이 문화 간 소통 능력을 키울 수 있는 중요한 단계이다.

첫 번째 글을 쓴 Ting-Toomey는 <문화 간 갈등을 효과적으로 다루기>에서 갈등은 모든 사회적 혹은 개인적 관계에서 필수 불가결한 것으로 본다. 그러므로 갈등 분석은 문화 간 소통 환경에 적용할 필요가 있다. Ting-Toomey는 문화 간 환경에서 발생한 개인 간 불화를 정의하는 것으로 자신의 접근법을 소개한다. 저자는 갈등을 드러내고 조절하는 능력을 키우기 위하여 저 맥락 의존 대 고 맥락의존, 단일 연대 시간과 복합 연대 시간에 기반한 구조를 통하여 문화가 왜, 어떻게 비슷하고 다른지 정리한다. 다음으로 갈등을 일으키는 요소를 들어서 논의한다. 그리고 마지막으로 문화 간 대면에서 발생하는 갈등을 개인이 관리하는 데 도움이 되는 일련의 기술을 제공한다.

이어지는 글에서, Collier는 문화 간 상호작용을 이루는 다면적 변수들로 인하여 개인이 문화 간 소통 능력을 키우는 것이 쉬운 일이 아니라고 말한다. 저자는 "문화 간 소통에 관한 연구는 광범위한 역사, 경제, 정치, 사회적 맥락에서 봐야 하고 특정 환경에서 사회적 규범과 관습에 의하여 규정되므로 복합적이고 역동적이다"라고 주장한다. 의사소통과 문화에 관한 복합적인 특성을 이해를 돕기 위해 "10단계 리스트"를 제시한다. 저자는 독자가 자신이 제시한 정보를 현재 겪고 있는 사회적 문제나 문화 간 접촉 경험에 응용해 보기를 권한다.

사람이 새 문화에 어떻게 적응하는지를 다룬 마지막 글은 삼십 년 전에 실린 글이지만 현재 상황에도 적절한 내용이다. 오늘 날 미국에 약 4,000만 명의 이민자가 살고 있고 매 년 약 이백만 명이 추가되고 있는 실정이다. Kim은 <새로운 문화에 적응하기>에서 이민자가 새로운 문화에 적응할 때 사용하는 의사소통 접근법에 관한 내용을 기술하고 있다. 어린 시절부터 내재화된 이러한 접근법은 새로운 의사소통 환경에서는 문제가 될 수 있다. 이러한 어려움에 대응하기 위하여 Kim은 새로운 문화에 적응하고자 하는 누구나 직면할 수 있는 문제와 해결방안 양쪽을 모두 논의한다. 저자의 논점은 사람은 누구나 다른 사람과 상호작용하는 과정을 통하여 의사소통하는 법을 배운다는 것이다. 이민자는 지배 사회 성원들과 의사소통할 방법을 찾아야 한다고 주장한다. 이민자는 다른 언어를 배워야하고 비음성 의사소통에서 드러나는 차이를 배우고 다른 문화에 자신을 노출함으로써 자신이 새롭게 속한 문화에 억압되지 않을 수 있다고 주장한다.

문화 간 갈등을 효과적으로 다루기

Stella Ting-Toomey

갈등은 사회적 관계에서나 개인 간에 필연적으로 발생하기 마련이다. 갈등은 두 힘 혹은 체제 간의 불화나 충돌을 의미한다. 불화가 있는 상태는 명백히 혹은 은밀하게 드러난다. 문화 간 상호작용을 하는 상황이라면, 갈등은 본질적 혹은 상대적 이슈에 대하여 문화 간에 서로의 가치, 기대, 과정, 결과를 잘 받아들이지 못하는 상태라고 정의할 수 있다. 문화 간 갈등은 전형적으로 의사소통 과정 중 오해에서 비롯된다. 문화 간 소통 오해는 해석의 오류와 유사한 갈등 상황을 초래한다. 의사소통 과정 중 오해가 제대로 해명되지 않은 채 넘어가면 두 사람 사이의 실제 갈등상태로 악화될 수 있다. 이 글은 (1) 자아 구성 변화형, 저맥락 대 고맥락, 단일 연대와 복수 연대 패턴을 강조하는 문화적 변동성 관점, (2) 기대에 어긋나서 생긴 갈등의 가정과 요소, (3) 문화 간 갈등을 조율하는 효과적인 갈등 관리 요령을 담고 있다.

문화 변동성 관점

문화 간 소통의 유사점과 차이점을 이해하기 위하여 문화들이 왜 그리고 어떻게 다른 지 설명하는 체계를 갖추는 것이 필요하다. 문화 변동성 관점은 기본 차원 혹은 핵심 가치 특징에 비추어 변화 연속체에서 문화들이 어떻게 다양한가를 보는 관점을 말한다. 비록 문화들이 많은 면에서 다르지만 비교문화 의사소통 연구자들이나 심리학자들이 공통으로 보는 면이 바로 개인주의 대 집단주의이다. 숱한 비교문화 연구들을 통하여 개인주의와 집단주의의 가치 지향이 다양한 문화에 스며들어 있음을 보여 주는 이론적, 경험적 증거들을 찾아볼 수 있다. Ting－Toomey와 동료들은 개인주의 대 집단주의를 갈등 형태와 연관 지었는데, 이는 문화 변동성이 비교문화 갈등 절충에 중대하게 영향을 미치는 요소라는 증거가 된다.

문화 사회화 과정은 개인의 기본 가정과 기대, 서로 다른 갈등 상황에서 처리 과정과 결과 지향에 영향을 미친다. 가치 성향 차이 연속체로서 개인주의 대 집단주의는 개인에 기반을 둔 문화와 집단에 기반을 둔 문화 사이에 볼 수 있는 차이점과 유사점을 이해하는 시작점이 될 수 있다. 문화는 한 사회 안에서 다수에 의해 공유되는 지식, 의미, 상징 행동 체계라고 정의할 수 있다.

개인주의 VS. 집단주의 가치 성향

기본적으로, 개인주의는 집단 자아보다 개인 자아에, 집단 권리 이전에 개인의 권리에, 집단의 필요보다 개인의 필요에 더 무게를 두는 그 문화의 광범위한 가치 성향을 의미한다. 대조적으로, 집단주의는 '나'보다 '우리,' 개인의 권리 위에 집단의 의무, 개인의 요구보다 집단 내 필요를 우선시하는 광범위한 가치 성향을 말한다. 내집단은 가치, 규범, 규칙이 그 집단의 효율적 기능을 위해 가장 중요하다고 여겨지고 이런 규범이 일상 행동에 지도 기준이 되는 집단을 말한다. 한편, 외집단이란 그들의 가치, 규범, 규칙이 내집단의 그것과 일치하지 않고 이런 규범이 내집단 기준보다 우선되지 않는 집단을 말한다. 생태, 부, 사회 지리적 이동률, 이주, 부모의 문화적 배경, 사회화, 전원 혹은 도시 환경, 대중 매체 노출, 교육, 사회 변화 등 거시적 수준의 요소들은 Triandis(1988, 1990)에 의하여 개인주의적 혹은 집단주의적 가치관이 발달하게 된 기반 요소로 판명되었다. 미국, 호주, 영국, 캐나다, 네덜란드, 뉴질랜드에서 고도의 개인주의적 가치를 찾아볼 수 있다. 고도의 집단주의 가치를 찾아볼 수 있는 나라들은 인도네시아, 컬럼비아, 베네수엘라, 파나마, 에콰도르, 과테말라이다. 문화 간 소통 연구에서 보면, 호주, 캐나다, 미국은 개인주의적 가치 성향이 높은 문화로 분류되는 반면에 중국, 대만, 한국, 일본, 멕시코는 집단주의적이고 집단 기반 문화를 가진 나라로 분류된다. 각 문화 내에 서로 다른 인종 집단들도 분명한 개인주의적 혹은 집단주의적 가치 성향을 보인다. 예를 들어, 미국 내 아시아계 이민 1세대는 기본적으로 집단 지향 가치를 지닌다. 개인주의나 집단주의를 이루는 핵심은 그 문화가 "자주적인 개인"과 "연결된 자아" 중 어느 것에 더 무게를 두는 지 보면 알 수 있다. "독립적 자아 형성"과 "상호 종속된 자아 형성"은 개인주의 대 집단주의 정체성을 대변하는 말이다. Markus & Kitayama(1991)는 자신이 속한 문화에서 자신의 자아 개념의 위치가 그 사람의 간 소통에 중대한 영향을 준다고 주장한다. 그들은 독립적 자아 형성에 동반된 개인주의는 개인을 행위자, 즉 자신 행동의 생산자로 보는 생각을 담고 있다고 말한다.

> "사람은 자신이 주변 환경을 통제하고 있는 것과 자신의 생각, 감정과 행동을 다른 사람에게 표현할 필요를 인식하고 있다. 이런 두드러진 행동은 즐거움이나 자존감 같은 자아중심적 감정을 끌어내고 좌절 같은 유쾌하지 않은 감정을 감소시키기 때문에 내적인 보상으로 여겨진다. 또한 이 행동자체가 자존감의 중요한 기초를 구성한다"(p.246).

상호 종속적 자아 형성에 동반된 자아 개념은 다른 사람들에게 주의를 기울이고 잘 반응하는 성향을 포함하는데 이에 따르면 다른 사람의 감정과 욕구를 잘 관리하고 이후 상호 관계도 잘 유지할 수 있다는 의미이다.

> "사람은 다른 사람과 관련해서 자신이 어디에 속해 있는지 인식하고 있고 다른 이들을 수용적인 입장에서 보고 많은 면에서 다른 이들에 맞추는 행동을 한다. 이런 맞추는 행동은 그 사람에게 즐거움을 주고 연결된 느낌처럼 타인에게 집중된 감정을 불러일으키고 수치심 같은 유쾌하지 않은 감정

은 감소시키기 때문에 종종 내적인 보상으로 여겨진다. 이런 맞춤 행동에 필요한 자기 억제는 자존감의 중요한 기초를 구성한다"(p.246).

그러므로 독립 대 상호의존적 자아 구축의 문화적 변동성은 우리의 실존적 경험을 형성하고 우리가 우리의 의사소통 행동과 자신을 어떻게 보는지에 관해 고정점으로서 기능한다. 예를 들어, 우리가 독립적 자아 지향 구축을 한다면 우리의 의사소통 행동은 좀 더 자아 중심적이고 좀 더 자기 표현적일 것이다. 동시에, 우리의 특정 자아 개념에 우리가 두는 가치는 우리가 다른 사람들의 의사소통 행동을 인식하고 평가하는 기준에 영향을 끼친다. 만약 우리가 상호 종속적 자아 지향 구축을 한다면, 우리는 집단 규범, 집단 이해, 집단 책임감을 사용하여 다른 사람의 갈등 행동을 해석하고 평가할 것이다. 개인주의 대 집단주의 그리고 독립적 자아 구축 대 상호주의적 자아 구축의 문화 변동성 측면을 통하여 우리는 왜 특정 문화에 속한 사람은 또 다른 문화에 속한 사람보다 갈등을 완화시키는 데 특정 접근법을 선호하는지 이해할 수 있게 된다.

맥락의존도가 낮은 경우 VS. 맥락의존도가 높은 경우

Edward T. Hall(1983)에 따르면 저맥락 의사소통과 고맥락 의사소통 구조를 통하여 개인주의적 문화나 집단주의적 문화에서 의사소통의 역할을 이해하는 데 도움이 된다고 한다. 그는 사람의 교류는 기본적으로 저맥락 의사소통 체제와 고맥락 의사소통 체제로 나뉜다고 말한다.

"고맥락에서 일어나는 교류는 주고받는 메시지에 최소한의 정보만 가지고도 정보를 받는 사람과 환경에 예정된 정보가 있다는 특징이 있다. 저맥락에서 일어나는 교류는 반대이다. 맥락에서 얻을 것이 적기 때문에 정보의 대부분은 전달되는 메시지에 포함되어 있다."(p.101)

저맥락 의사소통은 선형 논리 상호작용 접근법의 의사소통 패턴, 직접 음성 상호작용 스타일, 명시적인 의도 표현, 정보 전송자 중심 가치의 의사소통을 의미한다. 고맥락 의사소통은 선형 논리 상호작용 접근법의 소통 패턴, 간접 음성 절충 모드, 미묘한 비음성 뉘앙스, 반응 의도 내포, 해석자에 민감한 가치를 의미한다. 저맥락 의사소통 패턴은 개인주의적 문화에서 주로 나타나고 고맥락 의사소통은 집단주의 문화에서 전형적으로 나타난다.

개인주의적이고 저맥락에 속한 의사소통자에게 갈등에서의 협상 자원은 개인의 자부심, 자존감, 개인의 자아에 기반한 감정, 자치와 권력에 관한 개인의 인식 등이다. 집단주의적이고 고맥락에 속한 의사소통자에게 갈등에서 협상 자원은 관계에서 '체면'지키기와 집단의 평안, 집단 지향 지위, 호의와 의무의 상호제공 등에 있다. 개인주의적이고 저맥락에 속한 의사소통자에게 갈등은 주로 공존할 수 없는 개성, 믿음, 목표 지향성 때문에 발생한다. 반면 집단주의적이고 고맥락에 속한 의사소통자에게 갈등은 주로 체면 유지 방식의 차이, 관계 유지 방식의 차이를 극복할 수 없을 때 일어난다.

체면 개념은 사회적 상호작용 상황에서 자

존감을 지킬 필요가 있는 때와 연결하여 생각할 수 있다. 일상 의사소통 행동에서 우리는 모두 존경받고 싶고 인정받고 싶어 한다. 하지만 체면을 지키는 방법과 갈등 상황에서 체면을 잃고 체면을 다시 차리는 방법은 문화마다 다르다. Cohen(1991)은 다음과 같이 말한다.

"집단주의 문화에 속한 사람은 그들이 다른 사람들에게 하는 말의 효과에 대해 아주 민감하게 군다. 언어는 정보 전달의 수단이기도 하지만 사회적 관심을 지키고 증진시키는 도구이기도 하다. 집단주의적이고 고맥락에 속한 화자는 자신의 말을 신중하게 선택한다. 그들은 자신이 하는 말을 다른 이들이 곰곰히 따지고 새겨듣는다는 것을 잘 안다. 면대 면 대화는 의미는 풍성하되 반복되지는 않는 본질적인 요소와 함께 존경과 예의를 점잖게 표현하는 말로 이루어진다. 직접적으로 말하거나 모순을 지적하는 것은 금기이다. 이 문화에서 화자가 분명하게 싫다고 의사표현을 하는 일은 드물다"(p.60).

M-Time(단일연대)과 P-Time(복수연대)

갈등 절충 과정에서 시간 개념은 개인주의/집단주의 측면에 따라서 다양하다. 시간은 의사소통이 발생하는 심리적이고 감정적인 환경을 반영한다. 시간은 두 친구가 재미있게 노는 상황에서는 빨리 흐른다. 두 적이 만나서 서로 대치하는 상황이나 서로 할 말이 없는 상황에서는 더디 흐른다. 시간은 갈등 절충진행 과정의 템포와 속도에 영향을 준다. 시간은 또한 갈등 절충 에피소드에서 드러나는 실질적 생각에 영향을 끼친다.

Hall(1983)은 개인주의적 문화와 집단주의적 문화를 지배하는 시간을 두 패턴으로 나누었는데 하나는 단일연대 시간 스케쥴(M-time)이고 또 하나는 복수연대 시간 스케쥴(P-time)이다. Hall(1983)은 다음과 같이 말한다.

"P-time은 미리 정해진 스케줄을 고수하기보다 사람들의 참여와 의사소통의 완결에 중점을 둔다. 약속은 중요하게 여기지 않으며 종종 어기기도 한다. P-time은 M-time보다 덜 가시적으로 여겨진다. 복수연대 시간에 속한 사람들은 시간을 거의 '낭비'한다고 여기지 않으며…(p.46)".

그는 남미, 중동, 아프리카, 아시아, 프랑스, 그리스 문화는 P-time 패턴에 속하며 북유럽, 북미, 독일 문화는 M-time 패턴에 속한다고 말한다. M-time 패턴은 개인주의적이고 저맥락 문화에서 두드러지게 나타나며 P-time 패턴은 집단 기반 고맥락 문화에서 두드러지게 보인다. 개인주의적이고 M-time 패턴에 속한 사람들은 주로 시간 스케쥴을 개인주의에 기반한 필요로 구분하며 업무지향 시간과 사회정서적 시간을 구분하는 경향이 있다. 덧붙여 그들은 현재나 과거보다 미래를 지향한다. 집단주의적이고 P-time 패턴을 따르는 사람들은 시간 스케쥴에 좀 더 유연한 태도를 보이는데 그들은 업무 지향 활동과 사회 정서적 활동을 융합한다. 덧붙여 그들은 미래보다는 과거나 현재를 좀 더 의식한다.

개인주의적이고 M-time 문화에 속한 사람은 시간을 소유 또는 소모되거나 낭비할 수 있는 것으로 보는 경향이 있다. 반면에 집단주의적이고 P-time 문화에 속한 사람은 시간을 맥락에 기반한 관계 지향적인 것으로 보는 경향이 있다. 개인주의적이고 M

−time에 속한 사람은 갈등이 억제되고 통제되고 특정 구조나 특별히 정한 스케쥴 안에서 효과적으로 관리해야 하는 것으로 여긴다. 집단주의적이고 P−time에 속한 사람은 갈등을 해결하는 시간은 분쟁에 관여된 당사자를 아는 데 걸리는 시간만큼 중요하지 않다고 여긴다. P−time에 속한 개인은 정해진 객관적인 시간표보다는 사람들 사이에 상호작용하는 내재적 리듬에 맞춰서 사용되는 시간이 훨씬 더 중요하다고 생각한다.

개인주의 문화에서, 사람은 전형적으로 '나' 정체성 기반 가치에 무게를 두고 저 맥락 직접 상호작용, M−time 절충 스케쥴을 활용한다. 집단주의적 문화에서, 사람은 '우리' 정체성 기반 가치에 무게를 두고 고 맥락 간접 상호작용, P−time 절충 리듬을 활용한다.

갈등 기대의 침해

우리는 문화 변동성 개념의 주요 아이디어를 구체적인 갈등 가정, 갈등 이슈와 과정 요소, 문화 간 소통 오해나 문화 간 갈등에 공헌하는 갈등 상호작용 스타일을 이해하는 데 적용할 수 있다.

두 대조적인 문화에 속한 사람들이 만나면, 특히 처음에는 사람들이 자신들의 문화에 기반한 가정, 믿음, 전형적 이미지, 습관적 의사소통 패턴에 기반한 의사소통을 하게 된다.

어떤 의사소통 상황에서 사람들이 특정 행동을 어떻게 해야 한다 혹은 하지 말아야 한다고 기대하는 것은 필연적인 일이다. 그러나 이러한 기대는 그 문화의 사회적 규범에 근거하고 개인이 행동에 부여한 상징적 의미에 달려 있다. 문화 간 오해나 문화 간 갈등은 종종 의사소통 에피소드에서 규범적 기대를 침해하기 때문에 발생한다. 기대 침해나 위반은 특히 대화자 중 한쪽이 개인주의 기반 문화에서 오고 다른 한 쪽이 집단주의 기반 문화에서 왔을 때 종종 발생한다.

문화 갈등 가정

서로 다른 문화의 가치 기준은 문화 간 갈등 에피소드를 형성하는 데 존재하는 초갈등 이슈로서 존재한다. 개인주의 대 집단주의 측면에서 우리는 갈등을 보는 저맥락과 고맥락 의사소통자의 기본태도에 관한 몇몇 문화적 가정을 기술해 볼 수 있다. 개인주의적이고 저맥락 기반인 의사소통자는 갈등을 전형적으로 "문제해결"모델을 따르는 것으로 여긴다. (1) 갈등을 주요한 차이나 문제에 대해 표현된 투쟁이라고 여기기, (2) 갈등을 작동 혹은 오작동의 측면에서 보기, (3) 갈등을 억압되어 직면하지 않아서 작동하지 않는 것으로 보기, (4) 갈등을 문제 해결의 열린 기회가 제공되면 작동하는 것으로 여기기, (5) 갈등의 본질적이고 상대적인 이슈는 별개로 다뤄져야 한다고 여기기, (6) 갈등은 공개적이고 직접적으로 다루기, (7) 갈등의 효과적 관리는 양측에 모두 이득이 되는 문제 해결 게임으로 보기 등이 그 구체적인 내용이다.

집단주의적이고 고맥락 상호작용자는 갈등을 "체면 유지"모델을 따르는 것으로 여긴다. (1) 갈등을 사회적 체면과 관계의 평안을 해치는 행동으로 보고 가능한 일어나지 않도록 회피하기, (2) 갈등을 대개 오작동하는 것으로 여기기, (3) 갈등을 자기 훈련과 감정 폭발의 자기 검열이 부족함, 정서적 미성숙을 드러내는 표시로 여기기, (4) 갈등은 노련한 체면 차리기 절충 과정의 시험대라고 여기기, (5) 본질적 갈등과 상대적 체면 이슈는 항상 서로 얽혀 있는 것으로 여기기, (6) 갈등은 신중하고 조심스럽게 다뤄져야 하는 것으로 간주하기, (7) 효과적인 갈등 관리는 서로 이득이 되는 체면 갖추기 과정이라고 여기기 등이 그 구체적인 내용이다.

"문제해결" 모형에서 갈등은 잠재적으로 실용적이고, 개인적으로 자유롭고, 갈등 이슈와 씨름하며 '서로 투쟁'하거나 '같이 투쟁'하기 위한 공개 토론장으로 여겨진다. "체면 유지"모델에서 갈등은 기본적으로 제대로 기능을 하지 않고, 서로 당황스럽고 스트레스를 받는 상황이고, 잠재적으로 집단 관련 체면을 잃는 토론장으로 여겨진다. 이러한 본질적인 문화적 갈등에 대한 가정은 사람이 개인 간 갈등 에피소드를 어떻게 접근해야 하는지 등에 관련된 갈등에 관한 사고방식과 태도 수위에 영향을 미친다. 적절한 갈등 행동과 부적절한 갈등 행동은 문화 갈등 사회와 과정의 기본 가치 기준에 근거한다.

갈등 현안과 과정 위반

모든 갈등은 본질적 현안과 상대적 현안 둘 다 동반한다. 개인주의적 갈등 교섭자들은 상대적이고 사회 정서적 이슈보다 객관적이고 본질적인 현안을 다룬다. 집단주의적 갈등 교섭자는 상대적, 정서적 측면을 임무와 연관된 갈등을 해결하거나 과정과 연결된 갈등을 해결하는 핵심 현안로서 본다.

집단주의적 의사소통자들은 서로 화합하고 그들의 비음성 리듬을 서로 일치시켜 나갈 때, 평화로운 해결이 이루어질 수 있다. 개인주의적 의사소통자들은 사람과 문제를 구분하고 감정적 이슈와 본질적인 이슈를 구분하는 데 강조점을 두기 때문에 갈등이 해결될 수 있다.

개인주의적이고 저맥락 환경(미국)인 문화와 집단주의적이고 고맥락 환경(중국, 이집트, 인도, 일본, 멕시코) 사이 외교적 타협 실례 연구를 조사한 Cohen(1991)은 다음과 같이 결론짓는다.

> "개인주의적이고 저맥락에 속한 교섭자는 주로 문제 지향적이고 문제에 대한 정의를 내리고 대체 해결안을 갖고 있다. 집단주의적이고 고맥락에 속한 교섭자는 대개 관계 지향적이다. 타협에서의 문제 해결보다는 관계 유지에 관한 것이다. 상호의존적인 문화에서 해결되어야 할 갈등보다 회복되어야 할 관계가 더 중요하다. 국제관계에서 결과는 국제 관계 및 대화자들 간 관계와 연결되어 있다(p.51)".

호주나 미국같이 개인주의적이고 저맥락 문화에서 개인의 자율성, 자유, 개인적 영역을 통제하는 것은 개인의 자존과 자아와 관련된 가장 중요한 점이다. 일본이나 한국같이 집단주의적이고 고맥락 문화에서 내집단에게 받아들여지고 자신의 상관이나 동료 혹은 가족에게 인정받는 것은 개인의 자존을 발전시키는 데 중요한 요소이다. 개인주의적 문화에서 갈등 이슈는 전형적으로 자치 공간이나 사생활, 개인이 믿는 공정함을 침해받는다고 느낄 때 발생한다. 집단주의적 문화에서 갈등이슈는 전형적으로 내집단 혹은 외집단 경계나 집단 충성이나 헌신 규범, 상호 의무, 신뢰를 침해했을 때 발생한다.

국제 갈등의 다른 목적 지향과 관련해서, 개인주의자의 갈등 관리 요령은 양측에 유리한 목적 지향과 구체적 결과 계획의 중요성을 강조한다. 집단주의자는 다양한 갈등 전개 과정에서 체면을 유지하고 회복하는 데 시간과 노력을 기울인다. 개인주의자가 갈등 관리에서 목표나 결과 중심적인 반면에 집단주의자는 갈등 해결의 관계나 체면 관련 과정에 무게를 두는 경향이 있다.

일부 연구자는 집단주의자가 개인보다 비공식적인 제3자 갈등을 중재하는 과정을 선호한다고 말한다. 예를 들어, 중국 문화에서 갈등은 제3자의 중재를 통하여 완화되는 것이 보통이다.

개인주의적인 서구 문화와 집단주의적인 아시아 문화 사이에 제 삼자 중재 역할에 중요한 차이가 있다. 서구 문화에서 갈등 당사자는 전문 상담사나 가족 치료사 같은 공정한 제 3자를 찾는 경향이 있다. 많은 아시아 문화에서 갈등 당사자는 양측과 관련이 있는 연장자를 찾는 경향이 있다. 개인주의 문화가 사전 관계 형성 과정 없이 국제 분쟁을 조정하기 위해 이해관계 없는 제 3자를 보낼 때 갈등 해결 전망은 어두워진다. 만약 개인주의 문화가 집단주의 문화의 교섭자 대표보다 더 낮은 지위에 있다고 여겨지는 사람을 중재자로 파견하면 갈등 처리과정은 제대로 이루어지지 않는다. 반대로 집단주의 문화가 내집단 사람을 갈등과정을 살펴보는 임무로 파견한다면 개인주의 문화의 공정함과 관련된 규범을 어기는 것이 된다.

갈등 중재 과정에서 권력은 개인주의 문화와 집단주의 문화에서 각각 다른 개념이다. 개인주의 문화에서 권력은 갈등을 겪고 있는 한 쪽이 다른 쪽에 가하는 보상과 체벌을 포함한 눈에 보이는 자원을 의미한다. 집단주의 문화에서 권력은 체면을 잃는 것, 체면을 회복하는 것, 소심함과 관대함 등 갈등이 표출되는 상황에서 드러나는 무형 자원을 의미한다.

마지막으로 갈등 해결 리듬 해석은 개인주의와 집단주의에 따라서 다르다. 개인주의적이고 M-time 사람에게 갈등 해결 과정은 갈등을 공개하고 의견을 표현하고 타협하고 종결짓는 과정에 대해 분명한 순서를 따라야 한다고 생각한다. 집단주의적인 P-time 사람에게는 갈등 처리 과정에서는 명확한 시작도 없고 끝도 없다. M-time의 개인에게 갈등 해결 시간은 결정을 내리는 행동의 연속이다. P-time의 개인에게 갈등 해결 시간은 사람과 상호작용 과정에 있는 드러나지 않는 리듬에 의해 '존재'가 형성되는 과정이다. M-time 교섭자는 목적을 설정하고 달성 범위를 정하고 미래 지향적 목표를 강조하는 반면, P-time 교섭자는 한담을 나누고 당사자의 가족이나 그 사람의 사정을 깊이 알아보고 과거에 있었던 일을 찾아보는 데 많은 시간을 쓴다. Cohen(1991)이 목격한 내용은 다음과 같다.

"북미인은 현재 진행 중인 현안을 언급하고 새로운 과제를 주로 언급하며 역사에 대해서는 별다른 관심을 보이지 않는다. 수백 년 전에 일어난 일이 현재 문제에 영향을 미칠지 모른다는 생각 자체를 이해하지 못한다. 비서구사회 사람은 과거에 집착하고 그들이 전통사회를 의식하는 생각이 외교에 영향을 미친다. 이런 사회에서 과거에 당한 수치는 현재 문제에도 영향을 준다(p.29).”

집단주의적이고 P-time을 사는 사람에게 임의적 시간 구분은 의미가 없다. 이들은 ‘마감’은 언제든 협상 가능한 것으로 본다. 단호하게 마감을 강조하는 것보다 우아하게 마감을 다루는 것이 훨씬 더 중요하다고 생각한다. M-time을 사는 사람은 시간 감각과 마감까지 마무리하는 것을 갈등 해결 모드에서 절대적인 것으로 여긴다. P-time 사람에게 관계 설정과 일치된 관계 리듬은 장기적인 갈등 협상 과정의 시작에 불과하다.

개인주의 문화에 속한 사람이 집단주의 문화에 속한 사람과 갈등 상황에 처하면 그들의 갈등 해결 예상은 무너진다. 서로 다른 문화적 갈등에 대한 가정으로 인해 기본적인 갈등 에피소드에 어떻게 다가가야 하는지에 대해 서로 다른 태도가 나온다. 의사소통에서 발생하는 오해로 인해 단계적 갈등 구조나 장기적 오해 상황에 이르게 된다. 비록 갈등 상황에 처한 사람이 느끼는 불안이나 좌절은 보편적이지만 이런 감정적 불안을 다루는 방법은 문화마다 다르다.

개인주의자나 집단주의자는 실질적 지향과 상대적 체면 유지 지향, 그리고 목적 지향과 과정 지향, 유형적인 권력 자원 대 무형적인 권력 자원 등 여러 면에서 충돌하게 된다. 여기에 그들이 주고받는 음성/비음성 메시지와 독특한 갈등 스타일은 갈등 해결 결과물에 결정적인 영향을 준다.

비교문화 갈등 상호작용 스타일

갈등 상황에서 개인주의자는 직접적 요구나 직접적으로 언급된 타당성, 그들의 행동이나 결정을 옹호할 명백한 진술에 주로 의존한다. 집단주의자는 검증자(우리는 함께 마감을 지켜야만 해), 부가 의문문(우리가 지금 시간이 충분치 않다고 생각지 않니?), 보류(내가 틀렸을지도 모르지만…), 별 상관없는 대응(지금 일단 그 문제는 잊자!), 간접적 요구(만약 폐가 되지 않는다면, 함께 이 보고서를 끝내도록 힘써봅시다!) 등을 사용하여 갈등에 있어서 체면을 잃을 염려가 있는 상황에서 자기 의견을 세운다. 집단주의 지향에서 메시지의 숨겨진 의미를 집어내거나 간접적으로 반응하는 것은 메시지의 해석자에게 달려 있다. 갈등이 심화된 상태에서 많은 집단주의자는 음성메시지가 그 문제를 더 악화시킬 수 있다고 생각한다.

집단주의자의 갈등 상황에서 침묵은 엄청난 자기 훈련으로 여겨진다. 스트레스가 심한 갈등 상황에서 자신의 감정을 공개적으로 표현하는 것은 개인주의 문화에서 관심의 신호로 여겨진다. 하지만 집단주의 사회에서는 적절한 감정 절제와 제한은 성숙하고 자기 훈련이 잘된 사람의 상징으로 여겨진다. 일본과 미국에서 진행되는 음성/비음성 메시지 전달 과정을 비교하면서 Okabe(1983)는 다음과 같이 정리한다.

“디지털은 미국인의 의사소통의 한 특징이다. 일본어는 상대적으로 아날로그이다. 표의문자를 사용하고 비음성적인 면을 강조한다. 일본인이 의사소통에서 비음성적인 면에 의존하는 것은 일본 문화가 음성언어를 오직 의사소통의 수단으로만 보는 경향이 있음을 보여 준다. 서구인이 수사와 발화에서 음성언어에 집중하는 면은 일본인과 극명한 대조를 이룬다(p.38).”

개인주의 문화에서 갈등 조절 과정은 자신의 입장을 변호하고 의견을 명확히 밝히며 신뢰를 쌓는 데 음성언어에 크게 의존한다. 집단주의 문화에서 서로의 체면을 지키고 집단의 명예를 위하여 모호하고 간접적인 음성 메시지를 종종 사용한다. 깊은 침묵은 거절감을 표현하거나 갈등 상황에서 어쩔 수 없이 체념하며 받아들이는 마음을 대변한다. 집단주의 문화에서 사람이 더 높은 지위에 있을수록 그는 경고성 갈등 전략으로 침묵을 이용하는 경향이 있다.

공정함 규범과 비교 문화 갈등 상호작용 유형 사이의 상관성을 보면 개인주의자는 집단 갈등상호작용에서 보상을 배분하는 상황에서 능력대로 받는 지분 규범을 선호한다. 반면에 집단주의자는 집단 불화를 피하기 위하여 공평성 규범을 선호한다. 다만 집단주의자도 체제 내에서 부족한 자원을 가지고 경쟁할 때, 외집단과 경쟁할 때, 지분 규범을 선택한다.

과거 갈등 사례 연구를 보면 개인주의자는 다른 문화와 갈등을 절충하면서 일관적인 비교 상황스타일을 보인다. ‘나’ 정체성과 ‘우리’ 정체성, 그리고 대조적인 두 문화에서 자기체면 유지 대 상호 체면 유지라는 이론적 가정을 기본으로 중국, 일본, 한국 멕시코, 미국의 문화 연구에서 개인주의자는 갈등 관리에서 경쟁적 통제 갈등 스타일을 사용하는 경향이 있다. 반면에 집단주의자는 통합적인 갈등 스타일을 사용하는 경향이 있다. 집단주의자는 또한 업무 지향 갈등상황에서 좀 더 친절하고 갈등을 회피하는 스타일을 사용하는 경향이 있다.

집단주의 문화에서 내집단과 외집단간 갈등과 관련된 서로 다른 결과들이 나왔다. 예를 들어, Cole(1989)은 미국에 있는 일본인 학생은 외집단 사람과 있을 때보다 내집단 사람과 있을 때 좀 더 친절한 전략을 쓰는 경향이 있다고 말한다. 이 학생들은 외집단 사람들과 있을 때 좀 더 경쟁적인 전략을 사용한다고 한다. 또한 집단주의자의 갈등 과정에서 내집단 사람이 결정적인 역할을 한다고 한다.

이전 연구들은 지위가 내집단 내 갈등 관리 스타일에 영향을 끼친다고 한다. 예를 들면, 집단주의 문화에서 높은 지위에 있는 사람은 얼마든지 낮은 지위에 있는 사람의 지위나 의견에 도전할 수 있지만 공적 영역에서 높은 지위에 있는 사람의 의견에 낮은 지위에 있는 사람이 직접적으로 이견을 제시하는 것은 규범 위반이다. 높은 지위에 있는 사람과 낮은 지위에 있는 사람의 갈등 과정에서 체면 유지는 중대한 문제가 된다. 낮은 지위에 있는 사람은 언제든지 위기 상황에서 높은 지위에 있는 사람의 체면을 지켜줄 수 있어야 한다. 그 대가로 높은 지위에 있는 사람은 다른 상황에서 낮은 지위에 있는 사람의 체면을 지켜줄 것이다.

직접적인 갈등 스타일, 지분 규범 실행, 분쟁의 직접적 해결을 선호한다는 것은 개인주의적인 고맥락 문화의 ‘나’ 정체성을 현저하게 드러내고 있다. 반면에 간접적 갈등 스타일, 공평성이라는 규범사용, 비공식적 중재 과정 채택을 선호한다는 것은 집단주의적이고 고맥락 문화의 ‘우리’ 정체성을 드러낸다. 개인주의적이고 저맥락 문화에서 체제 내 일정 정도 갈등은 잠재적으로 생산적인 상황으로 보인다. 집단주의적이고 고맥락 문화에서는 집단 화평과 협의에 의한 결정이 칭찬받고 사람 간 갈등 표현은 가능한 피한다.

효과적인 갈등관리

효과적인 갈등 관리를 하려면 각 갈등 상황에서 효과적으로 적절하게 의사소통할 필요가 있다. 또한 각 세계관과 갈등 상황을 다루는 방식에 대한 지식과 존경하는 마음이 있어야 한다. 우리는 저/고맥락 의사소통 방식의 차이점과 유사점에 민감해야 하며 단일연대형과 복수연대형을 기반으로 하는 사람들의 내재된 협상 리듬에 맞출 필요가 있다.

또한 효과적 갈등 관리를 위하여 목적 지향과 과정 지향 갈등 조절 방식 양쪽의 중요성을 인식해야 하며 문화 변동성과 서로 다른 갈등 의사소통 스타일 사이 긴밀한 관계에도 주의해야 한다. 개인주의자와 집단주의자 모두 비교 문화 갈등 절충 과정에서 유사점과 차이점을 인식하는 데 '마음씀'이 가장 중요한 첫 단계임을 기억하자. Langer(1989)는 '마음씀' 개념을 도입하여 사람이 관습적인 정신적 대본과 기대에 의식적으로 부응하고자 하는 태도를 이해할 수 있게 도움을 주었다. Langer에 따르면, '마음씀'의 반대인 부주의함이 "오래된 분류에 완고하게 의존하는 것이며 마음씀은 새로운 분류를 계속 만들어내는 것"(p.63)이라고 한다. 그는 '사람이 세상을 배워가며 행하는 분류와 재분류는 아이들에게 자연스러운 과정"(p.63)이라고 말한다. 마음씀 상태와 연관되어 개인은 (a) 새로운 분류를 만들 것, (b) 새로운 정보에 개방적일 것, (c) 기본 사건을 볼 때 전형적으로 존재하는 복수의 관점을 인식할 것 등을 배울 필요가 있다(Langer, 1989, p.62).

새로운 분류를 만들려면 문화 이방인에게 붙인 완고하고 전형적인 표식에 갇혀 있어서는 안 된다. 자신과 문화 이방인 사이에 공통점을 끌어낼 수 있어야 하고 진부한 표식에 의해 알 수 있는 것을 넘어선 사람의 다양한 측면을 이해할 수 있어야 한다. 새로운 분류를 만들어내기 위하여 새로운 정보에 개방적일 필요가 있다. 새로운 정보는 책임감 있는 공유와 적극적으로 듣는 태도에 좌우된다.

개인주의적 갈등 관리와 집단주의적 갈등 관리의 차이점에 기반하여 몇몇 구체적 제안을 할 수 있다. 아래의 제안은 중요성 순서가 아닌 점을 유의하자. 집단주의 문화에서 효과적으로 갈등을 다루기 위하여, 개인주의자들은 아래의 사항에 유의할 필요가 있다.

1. 이 문화에서 발생되는 갈등 상황에서는 체면 유지와 관련된 가정들에 주의하라. 갈등을 능숙하게 다루는 것은 굴욕과 자부심, 수치와 명예 간 미묘한 균형을 유지하는 전략적 기술을 발휘한다는 것이다. 갈등 상황에서 체면이 오르락내리락하는 것 같은 지위에 있는 교섭자들을 동원하는 것, 체면 지키기를 위한 적절성과 예의를 지키는 것 등은 항상 당사자가 속한 집단을 염두에 두고 전략적으로 진행해야 한다.

2. 돌이킬 수 없는 단계로 악화되기 이전 낮은 단계 갈등 상황에서 적극적으로 해결하라. 갈등 상대의 체면을 지켜줌으로써 자신의 위

신도 올라감을 깨달아야 한다. 체면은 집단 기반 문화에서 양면의 개념이다.

3. 위신을 세워 주고 상대를 지나치게 궁지로 몰지 마라. 상대방이 갈등 과정에서 상황에 지나치게 몰리지 않고 체면을 지키면서 물러날 수 있는 여지를 주는 것이 좋다. 대중 앞에서 상대에게 모욕을 주거나 명예를 손상시키지 않는 것이 좋다. 집단주의자가 상대의 위신을 세워 준다는 것은 장기적으로 상호 영향을 주는 관계를 설정한다는 의미이다.

4. 조용하게 집중해서 관찰할 필요가 있다. 개인주의자는 현재 진행 중인 갈등과 관련된 과거를 살펴볼 필요가 있다. 매사에 이유를 캐묻는 것은 좋지 않다. 집단주의적이고 저맥락 문화는 비음성적으로 상황을 '어떻게' 진행되는 지에 관심을 두기 때문에 그들과 갈등 관계에 있는 개인주의자는 암시적이므로 비음성 단계에서 갈등을 처리하는 방식을 경험할 필요가 있다. 침묵과 의도적인 휴지기를 갖고 참을성 있게 대화를 주고받을 필요가 있다.

5. 집중해서 상대방의 말을 듣고 상대의 존재를 느끼는 연습을 하라. 듣는다는 의미를 지닌 중국어 문자 중에 wun은 "귀에 가까이 이르는 문을 열어 놓는다"는 뜻이고 ting은 "귀와 눈과 마음을 다해 상대방에게 집중한다"는 뜻이다. 참을성 있고 신중하게 듣는다는 것은 비록 심각한 갈등 상황에 있더라도 그 사람이 상대의 필요에 민감하게 신경 쓰고 있다는 의미이다.

6. 집단주의적이고 고맥락인 문화에서 갈등을 처리하려면 서구 기반 의사소통 기술 모델은 잊으라. 자신의 관점을 전달하기 위해 수식어, 보류 화법, 부가의문문, 잠정적 진술 등을 사용하는 법을 배울 필요가 있다. 요청을 거절할 때 단순히 'no'라고 말하는 것은 상대의 체면을 깎는 일임을 기억하라. 자신을 낮추는 표현(다른 분이 더 나으실 것 같아요), 역 질문(다른 분이 더 잘하실 거라고 생각지 않으세요?), 조건문(해보기는 하겠지만, 일단…) 등으로 거절을 완곡하게 전달하는 방법을 택하라.

7. 갈등 당사자가 직접적으로 상황을 해결하고 싶어하지 않는다면 일단 그대로 두라. 휴지기를 갖다 보면 상처받은 관계를 치유하고 핵심 이슈가 희석될 가능성을 볼 수도 있다. 개인주의자는 상황 회피가 집단주의적이고 저맥락인 문화에서 흔히 사용되는 기법이라는 것을 알아야 한다. 회피는 집단주의자가갈등을 해결하는 데 관심이 없는 것이 아니라 서로 체면을 지키고 체면을 손상할 위험을 피하기 위한 전략임을 기억하라.

예컨대, 개인주의자는 고맥락, 집단주의 사회의 갈등 처리 방식을 존중할 필요가 있다는 것이다. 개인주의자는 인식, 감정, 행동 반응 단계에서 자신들의 자민족 중심적인 편견을 돌아볼 필요가 있고 상대방을 주의해서 성찰적으로 관찰할 필요가 있다는 것이다.

개인주의자와 갈등을 겪는 집단주의자를 위한 구체적인 제안은 다음과 같다.

1. 문제 해결 가정에 신경을 써라. 관계와 갈등을 겪는 문제를 분리해서 보는 것은 개인주의적이고 저맥락 문화에 있는 사람과 갈등을 조율하는 데 아주 중요하다. 집단주의자는 갈등의 업무 측면과 사회 정서적 측면을 구분하는 법을 익혀야 한다.

2. 갈등의 본질적인 현안을 해결하는 데 집중하라. 자신의 관점이나 의견을 스스럼없이 밝히는 방법을 배우라. 집단주의자는 갈등 이슈를 개인적인 차원으로 가져가서는 안 되고 사람과 갈등 문제 간 거리를 유지하는 법을 배워야 한다. 직접적으로 갈등에 대면하는 개인주의자의 갈등 처리 방식에 상처받지 말라. 분명한 결과를 강조하고 갈등 처리 제안을 할 때 구체적인 실행 방안을 개발하는 법을 배우라.

3. 적극적이고 평준화하는 갈등 행동 스타일을 익히자. 적극적인 스타일은 갈등 상황에서 목소리를 높이지만 자신의 입장을 방어하는 서로의 권리를 존중하는 양측의 권리를 강조하는 것이다. 집단주의자는 직면한 주제를 두고 갈등 대화를 기꺼이 할 수 있어야 한다. 그 후 주장할 핵심을 예와 증거와 수치를 들어서 체계적으로 나열할 수 있어야 한다. 거기에 더하여, 집단주의자는 비판, 역제안, 진행 중인 집단 대화 중 부가된 제안을 기꺼이 받아들일 수 있어야 한다.

4. 갈등 해결을 위한 결정 과정에 대한 책임을 지라. 책임감을 가지고 진행 중인 갈등 상황을 '나'로 시작하는 문장으로 설명하는 것은 개인주의적 저맥락 문화에서 효과적으로 사용되는 갈등 관리 기술이다. 집단주의자는 상황을 말로 충분히 설명하도록 하고 상대방이 자신의 관점을 알아주리라는 기대를 하지 말아야 한다. 좀 더 '왜'라는 질문을 많이 하고 자세한 설명과 진술을 요구하라.

5. 말로 반응을 하고 적극적으로 듣는다. 집단주의자는 개인주의적이고 저맥락 문화에서 일어나는 적극적 듣기 기술에 들은 내용을 말로 확인하기와 상대가 요점을 정확하게 해석하고 있는지 확인하기 등으로 대응해야 한다. 집단주의자는 들은 내용을 바꾸어 말해보기, 요점 정리하기, 해석한 내용을 확인하기, 갈등 상황의 맥락을 증명하기 등을 사용할 수 있어야 한다. 때때로 감정을 드러내 보라. 감정은 상황을 평가하는 데 비음성적이고 직관적인 이해에만 의존할 수는 없기 때문이다.

6. 갈등 상황의 상대적이고 실질적 이슈에 대한 관심을 분명하게 전달하려면 직접적이고 통합적인 음성 메시지를 사용하라. 개인주의자는 대화할 때 늘 상대방의 말이 끝나기도 전에 말하기, 동시에 메시지 전하기 등 적극적 행동을 하기 때문에 집단주의자는 자신의 순서가 올 때까지 예의 바르게 기다릴 필요가 없다. 또한 신중함을 보이는 침묵의 순간을 너무 많이 쓰지 않는 것이 좋겠다. 개인주의자는 이런 행동을 시간 낭비라고 여기기 때문이다.

7. 상대와 함께 갈등 상황을 해결해보도록 시도하라. 집단주의자는 업무 중심 통합적 전략을 실행하고 갈등 상대와 협동하여 서로의 목적을 확인하는 대화를 통하여 상황을 해결해 보는 노력이 필요하다. 자신의 방어점을 지키되 개인 간 상호작용을 통하여 신뢰를 쌓는 법을 익히자. 갈등을 겪는 실제 이슈들을 적극적이고 건설적으로 해결하려고 애쓰는 동시에 분명한 관계 기억과 메타커뮤니케이션 대화를 통하여 갈등 당사자를 파악하라.

예컨대, 집단주의자는 개인주의자만큼이나 자민족중심 우월주의와 싸워야 할 필요가 있다는 말이다. 집단주의자는 자신들의 방식이 갈등을 푸는 데 유일하게 문화적이고 세련된 방식이라는 문화적 우월성을 역사적인 맥락에서 풀어낼 필요가 있다. 개인주의자와 집단주의자는 갈등조율 상황에서 각자 도입하는 인지적, 감성적, 행동적 눈가리개에 주의해야 한다. 모든 인종, 문화 집단을 포함하여 평화로운 공동체를 이룬다는 목적을 위하여 과거, 현재, 미래를 다루는 데 새로운 아이디어를 꾸준하게 배울 필요가 있다.

저맥락 개인주의자와 고맥락 집단주의자의 갈등 스타일의 잠재적 차이점에 유의하여 근본적인 의사소통 현상에 이러한 차이점들을 확인하며 문화 간 평화수립 과정이 진행되어야 한다. 상대방에 맞추기 위하여 자신의 기본적인 갈등 스타일을 전적으로 바꿀 필요는 없지만 서로의 문화규범과 규칙을 기꺼이 배우고 맞추려는 태도가 평화로운 해결 과정을 향한 큰 발걸음이 될 것이다. 다양한 인종 문화 배경을 가진 갈등 당사자들은 협업 프로젝트를 수행할 수 있을 것이고 자신들의 이해관계를 넘어서 공동체의 목적을 이루기 위하여 노력할 수 있다.

문화 간 평화 정착을 위해 일하려면 자신 그리고 자신의 스타일과 평화를 이루어야 한다. 창의적인 중재자는 사람이 경험하는 다양한 경험의 일부로서 다채로운 가치가 무엇인지 확인하고 존중하는 법을 배워야 한다. 그 후 구체적인 상황에서 적용할 행동을 선택할 수 있을 것이다. 최종적으로, 다양한 가치와 행동들을 통합하고 서로 다른 관계나 문화의 갈등 경계를 넘나들 수 있을 것이다. 창의적인 중재자는 보편적 인류 평화를 추구하는 중에 자신들이 주목받지 못하고 주연이 되지 못하는 상황을 편안하게 받아들일 수 있다. 평화는 사람 사이에 그리고 국가들 사이에 서로 압박하는 사고나 감정, 혹은 행동이 없는 잔잔한 상태를 의미한다.

개념 이해와 질문

1. Ting-Toomey는 갈등을 어떻게 정의하고 있는가?
2. 문화 사회 과정과 문화 간 갈등의 다른 형태들이 어떤 관계가 있는지 설명해보자.
3. 문화 간 갈등 관점에서 볼 때, 내집단과 외집단 차이가 문화 간 갈등에 어떻게 영향을 미치는지 설명해보자.
4. 고맥락과 저맥락 문화의 차이가 문화 간 갈등에 어떻게 영향을 미치는지 설명해보자.
5. 기대치를 인식하는 것이 문화 간 갈등을 조율하는 데 어떻게 도움이 될 수 있는지 설명해보자.
6. 개인주의 대 집단주의의 차이가 문화 간 갈등에 어떻게 영향을 미치는가? 이러한 영향력을 최소화할 수 있도록 자신의 제안을 구성해보자.
7. 비교 문화 갈등 상호작용 스타일의 차이점이 문화 간 소통에 어떻게 영향을 미치는지 설명해보자.
8. 침묵은 문화 간 갈등을 감소하는 데 어떤 역할을 하는가?
9. 개인주의적 갈등과 집단주의적 갈등은 어떤 차이가 있는가?

Stella Ting-Toomey is Professor in the Department of Human Communication Studies at California State University, Fullerton.

문화 간 소통에서 문화적 정체성을 이해하기 : 10단계 목록

Mary Jane Collier

문화 간 소통에 대해 누구나 그러하듯 나는 내가 자라온 환경에 기반을 둔 지향점이 있다. 나는 유럽계 미국인이고 백인이며 중년의 나이에 이른 중산층 여성이다. 미국의 대도시나 작은 마을에서도 살아봤고 애리조나에 있는 인디언 보호구역에서도 살았다. 또한 남아프리카에서 지냈던 경험이 있다. 나는 국가, 인종, 성에 따른 정체성과 인종적으로 다양한 남아프리카인, 영국의 다양한 인종 집단, 중동의 팔레스타인과 유태인, 미국 내 아프리카인과 아시아인 그리고 남미계 미국인의 문화 간 소통 관련 연구를 해왔다. 정치 시위에도 참가한 적이 있으며 미국 LA에 있는 남 캘리포니아 대학에서 의사소통 관련 석사학위와 박사학위를 받았다.

나는 문화 내 그리고 문화 간 소통 과정을 무시하면 심각한 결과가 온다고 믿는다. 서로 다른 집단 정체성을 가진 사람이 함께 있을 때 일어나는 일을 우리가 진심과 지성을 다하여 이해하려고 하지 않으면, 우리는 중동, 보스니아, 북아일랜드 경우에서 발생한 폭력과 군사 행동같은 장기적 갈등에 다다르게 될 것이다. 미국인은 캘리포니아에서 "미국에서 태어난 미국인"의 이름으로 최근 이민자들이나 소수 집단에게 정치적 사회적 폭력을 지속적으로 가할 것이고 미국이 원주민들의 땅을 빼앗고 그들의 삶과 문화를 파괴했던 이민자에 의해 세워진 나라라는 사실을 잊게 될 것이다. 우리는 우리가 "정치적으로 올바른"이라고 부르는 언어 뒤에 숨겨지는 바람에 더 잘 퍼지고 해를 끼치는 인종주의, 계급주의, 성차별이 있다는 사실을 계속 부인할 것이다. 우리 중 보수주의자는 자유주의자를 비난하고 자유주의자는 보수주의자를 비난할 것이다. 앞으로도 진리란 종교적, 정치적, 사회적, 역사적 맥락에서 만들어진다는 사실을 기억하기보다는 우리가 믿는 것이 유일하게 옳은 것이라고 생각할 것이다.

대화 참여 요구

문화 간 소통에 관한 질문을 할 때, 우리는 일하는 방법, 존재하는 방법, 존재 문화적 존재로서 우리뿐 아니라 다른 사람을 이해하는 방법을 연구하고 있다. 하지만 의사소통은 상당 부분 무의식적으로 일어나는 과정이다. 우리가 당연시하는 것을 배우고 우리의 삶을 우리와 같은 방식으로 살지도 않고 같은 것에 가치를 두지 않는 사람의 관점에서 보는 것은 우리에게 세상을 해석하고 존재하는 대안을 가르쳐 줄 수 있고 우리의 선택의 폭을 넓혀줄 수 있다. 이런 식으로 우리는 도덕적이고 윤리적으로 여겨질 대화와 행동을 하는 법에 관해 더 잘 알 수 있다.

나는 독자가 대화를 하듯 이 글을 읽어 주길 바란다. 읽으며 동의하거나 반대하는 의견, 대안이나 적절한 예를 적어보자. 또한 여기서 읽은 주장에 관하여 논의해보자. 수업 안팎에서 새로운 아이디어를 더하거나 소개된 내용을 수정해 보고 대안이 될 수 있는 해석, 예, 반응을 조사해보자. 당신의 행동이 외부자나 이방인에게 어떻게 보이고 들릴지 생각해보기 바란다. 이후 이방인들의 말과 행동이 익숙해질 때까지 이해해보는 시간을 가져보자.

우리는 당신이 관찰하거나 들은 문화 간 사건에 대한 이해도를 높이고 문화 간 관계 맺기 정도를 높이며 문화 간 소통 맥락에서 발생한 사회적 문제를 해결하고 체계적인 연구 조사를 실행하는 데 사용할 수 있는 단계 목록을 이 글에 소개하고 있다. 이 목록은 특정 환경에서 사람들이 어떻게 자신들의 문화적 정체성을 수립하는지 알아보는 데 도움이 될 것이다. 목록에 있는 질문 중 일부는 특정 상황이나 사건과 관련되어 있지만 모든 질문들이 당신이 결론짓는 내용에 적용 가능하거나 영향을 줄 것이다.

10단계 목록

이 목록은 다양한 문화 간 상황을 비판적으로 이해하는 데 도움이 되도록 고안된 일련의 질문들이다. 질문들은 문화 간 경험 전이나 도중, 이후에 물어볼 수 있다. 공적 모임이나 집단 모임, 개인의 대화, 영화나 TV에서 보고 들은 것, 심문이나 잡지에서 읽은 내용, 인터넷에서 발견한 내용 등에 응용될 수 있으며 아래 질문은 서로 관련되어 있으나 꼭 순서대로인 것은 아니다. 이것은 당신의 문화 간 현안 맥락에서 일곱 째 단계에 있는 질문에 대답을 하다가도 문화 정체성에 관하여 당신이 이전 단계에서 어떻게 대답했는지 알아보기 위하여 그 단계로 돌아가 볼 수 있다는 의미이다. 각 질문은 '문제 해결자'로서 당신이 대답해야 한다.

1. 의사소통과 문화에 관한 나의 생각은 무엇인가?
2. 문화 간 소통 관련 문제 중 대답하고 싶은 것은 무엇인가? 구체적으로 무엇을 알고, 이해하거나 바꾸고 싶은가?
3. 내가 관심 있는 문화 간 소통과 연관된 문화 정체성 현안은 무엇인가?
4. 내가 관심이 있는 문화 간 소통 문제에서 권력과 이데올로기의 역할은 무엇인가?
5. 집단 간, 개인 간 관계 과정 중 어느 것이 나의 문화 간 문제와 관련이 있는가?
6. 앞으로 살펴 볼 의사소통 메시지는 어떤 종류인가? '자료'가 될 메시지는 무엇인가?
7. 맥락은 무엇인가? 어떤 상황적, 역사적, 조직의 사회적 요소가 나의 문화 간 문제에 영향을 미치는지 이야기해보자.

8. 의사소통 메시지를 분석, 해석하기 위하여 나는 어떠한 관점과 절차를 취해야 하는가?
9. 선행 단계에서의 해석과 발견 내용은 무엇인가? 대안적 관점과 해석은 무엇인가?
10. 나의 해석을 내 자신 및 타인의 문화 간 경험의 질을 개선시키는 데 어떻게 적용할 수 있는가?

목록이 어떻게 응용될 수 있는지 보이기 위하여 각 단계 별 설명되어 있고 관련된 사례가 첨부되어 있다. 각 단계는 일단 특정 문화 간 문제, 미국 전역 대학교 캠퍼스에서 발생한 최근의 갈등 중 하나에 적용해볼 수 있다. 이 목록은 최근 사회 문제를 분석하는 것뿐 아니라 당신이 수행할 연구 조사를 이끌 당신 자신의 문화 간 경험에서 생긴 질문에 답하는데 도움이 될 수 있을 것이다.

특정 캠퍼스 문제에 이 목록을 응용하기 위하여, 약간의 배경 지식을 알아둘 필요가 있다. 미국 이민자 관련 긍정적 행동과 정책에 관해 현재 진행 중인 논쟁은 정치 캠페인, 마을 주민 회의, 토크쇼, 캠퍼스 조직에서 명백히 드러난다. 많은 대학 캠퍼스에서 벌어지는 논쟁은 인종 연구와 여성 연구 프로그램의 필요성, 소수 집단 출신 교직원 비율을 높일 필요성, 캠퍼스 내 별도의 인종 문화 센터나 국제 학사를 두는 것, 외국 학생을 위한 거주 건물을 별도로 지정하는 것 등에 관한 것이다. 또 다른 논쟁은 특정 인종적 배경이나 미국 외 나라에서 온 학생이 안전한 지원 환경을 누릴 수 있는 프로그램이나 장소를 갖추는 것과 미국에서 성공할 수 있는 방법을 가르치는 전통 프로그램을 제공하고 인종 및 성과 관련 없이 교직원을 선발하고 문화 센터를 닫고 모든 학생이 참가할 수 있는 학생 활동만 지원하는 지원금을 책정하는 것 중 어느 것이 최선인지에 관한 것이다.

이 문제는 복잡하며 각 캠퍼스마다 그들의 인구 분포와 설립 정신에 비추어 다른 정책을 취하고 있다. 많은 캠퍼스의 문화 센터와 학생 프로그램을 유지하기 위한 기금이 운영비와 학생회비로 충당된다. 당신의 캠퍼스 상황을 생각해보라. 인종 연구 학과나 프로그램이 있는가? 여성 연구 학과나 프로그램이 있는가? 문화 센터는 있는가? 기숙사가 있다면 외국 학생을 배려한 점은 무엇이 있는가?

목록에 나오는 단계를 응용하기 위하여 생각해야 할 문제가 있다. 예를 들어서, 당신의 캠퍼스 관리자가 모든 문화 센터(흑인 학생 연맹, 히스패닉 센터, 미국 원주민 전통집 등)와 여성 연구 프로그램, 민족 연구 프로그램을 폐지하고 국제 학생에게만 주어졌던 기숙사를 전체 학생에게 개방하자고 제안했다고 하자. 관리자는 별도 단체들이 문화적으로 다양하게 국제 사회에서 살도록 학생들을 준비시켜주지 못하고 운영비가 너무 많이 든다고 주장한다. 이러한 캠퍼스 문제에 관한 질문 목록에 답하면서 다양한 관점을 인식하게 된다.

1단계 : 의사소통과 문화에 관한 나의 생각은 무엇인가?

우리가 일반적으로 문화를 해석하는 많은 방식이 있고 그 방법은 우리가 특정 과정, 사건, 관계를 이해하는 데 다소간 도움이 될 수 있다.

문화접근법

- 장소로서의 문화

우리가 누군가를 만날 때 종종 하는 질문이 "어디서 오셨어요?"이다. 이 질문은 그 사람이 자란 장소를 의미할 수도 있고 그 사람이 이전에 살았던 곳에 관한 질문일 수도 있다. 책이나 방송, 연구 저서에 특정 집단이 한 나라에서 어느 지역에서 사는지 어느 곳에서 왔는지에 관해 잘 나와 있다. 이러한 참고는 누군가가 "난 LA에서 왔어요. 그리고…"라고 말할 때 그가 누구인지 그가 사는 곳을 통하여 알 수 있다(여기서 LA는 영화 산업, 부, 고속도로를 통한 출퇴근, 따뜻한 해안 기후 등)는 의미이다.

출생지나 사는 곳은 서로 다른 사회적 위계나 규범, 계급 구분, 정치적 지향, 의사소통 스타일을 말해 준다. 이외에도 특정 지역에서 나고 자란 사람들은 같은 언어를 사용하고 동일한 가치를 공유하고 비슷한 방식으로 의사소통할 가능성이 높다고 할 수 있다.

- 혈통과 사람들로서의 문화

문화에 대한 또 다른 일반적인 생각은 바로 문화를 같은 가계를 공유하는 사람의 집단으로 보는 것이다. 민족성은 종종 문화의 지표로 사용된다. 예를 들어, 일본계 미국인은 일본인 선조나 친척들로부터 일본어, 일본의 가치, 전통을 배웠고 현재 미국에서 살고 있는 사람들로 간주된다. 제2차 세계대전 중 미국 정부 대표는 혈통으로 인해 당시 적국인 일본과 협력할 가능성이 있다고 보고 이들을 집에서 몰아내고 종사하던 일을 몰수하고 전쟁 기간 동안 수용소에 가두었다.

혈통에 기반한 문화 접근은 문화와 인종을 연결시키는 경우에서 그 예를 들 수 있다. 누군가가 "그 남자 우리 옆집에 사는 백인이야"라고 말하거나 범죄 관련 신문 기사에 용의자의 인종에 관한 설명이 있다면 이 두 경우는 모두 인종적 외모와 혈통을 그 사람의 성격과 정체성을 알아보는 지표로 여기고 있다는 의미이다. 학자들은 인종이 사회적 구성 개념이고 피부색이나 머리결만으로 그 사람의 행동, 가치, 믿음을 예측할 수 없다고 주장한다. 하지만 사회적 구성 개념으로서 인종적 외양은 일상생활에서 다른 사람을 고정관념으로 대하는 지름길이다.

- 예술과 공예로서의 문화

특정 시대와 장소에서 한 집단의 철학, 정서, 감정을 상징하는 창의적 표현은 우리가 문화에 대해 생각하는 또 다른 방식이다. 우리가 박물관에서 볼 수 있는 작품뿐 아니라 공예품이나 도자기 파편, 보석, 도구, 무기 등이 모두 예가 될 수 있다.

- 자본 혹은 경제자원으로서의 문화

많은 나라나 단체들이 자본주의에 기반하고 있다. 우리가 경제 규모나 상대적 부를 가지고 특정 나라나 지역을 생각할 때가 있다. 좀 더 구체적으로 말하자면, 구매력이나 개발 중인 시장 개념으로 특정 지역이나 나라를 본다는 것이다. "60 Minutes"라는 미국의 한 TV 프로그램은 러시아 내 투자 기회와 팽창 중인 부에 관해 보도했다. 한 집단을 구매자 혹은 상품 생산자 개념으로 보는 것이 바로 문화를 경제자원으로 간주한다는 의미이다.

- 생산품으로서의 문화

우리가 국제적으로 수출되거나 수입되는 장난감, 음식, 영화, 비디오, 음악을 생각할 때는 문화를 상품으로 생각하는 것이다. 미국 매텔사에 의해 생산되는 바비 인형은 전 세계 여자아이들에게 팔리고 있다. 작년에 베이징을 방문한 내 동료는 백화점 여성 옷과 장신구 선전용 마네킹이 바비 인형 복사품처럼 키가 크고 금발이더라는 일화를 전했다. 그가 코스타리카에서 두 자녀를 둔 홀어머니와 살 때에 그 딸이 크리스마스 선물로 가장 간절하게 바란 것도 바비 인형이었다고 한다.

- 정치와 이데올로기로서의 문화

문화를 정치 이데올로기의 국가 개념과 연결 지어 생각할 수 있다. 미국에서 1961년에 중남미나 아프리카 같은 지역에 신기술, 농업기술, 민주주의 가치 등을 전수하기 위해 평화봉사단을 창설했다. 그러나 최근에는 평화봉사단을 통한 미국의 민주주의 가치 전달이 실제는 제국주의와 식민주의의 수출이었다고 비판받고 있다.

Halualani(1998)는 권력을 유지, 확장하기 위해 공공 형태로 만들어진 권력 내 집단 구조, 이데올로기, 주요 서사라는 관점으로 문화를 볼 수 있다고 말한다. 1991년 페르시아 걸프전 때 미국 정부의 개입을 다룬 기사가 바로 언론에 대한 정부와 군대의 통제의 예라고 할 수 있다. 당시 뉴스는 미국과 연합국의 승리, 미사일과 전쟁 기술의 장관에만 초점을 맞추고 사상자 수는 언급하지 않았는데, 특히 아군의 폭격에 의한 사망자나 민간인 사망자 수는 포함되지도 않았다.

- 심리학, 세계관, 사고하고 말하는 스타일로서의 문화

우리가 누구인지 알아보는 방법 중 하나는 우리의 집단 정체성과 다른 그룹의 정체성을 비교해 보는 것이다. 우리의 일상 대화는 그들과 우리에 관한 참고할 만한 내용을 담고 있다. 우리는 타인의 집단 동일성, 사고나 감정에 관한 특정 스타일에 근거하여 다른 사람들을 알게 된다. 즉, 우리는 특정 심리적 경향에 맞추기 위하여 다른 집단에 속한 사람을 정형화한다는 것이다. Katz(1960)는 정형화를 통해 특정 집단에 대한 편견을 갖게 되고 평가하려는 태도로 속단해서 다른 집단의 행동을 설명하거나 일어난 사건에 대해 다른 집단을 비난하는 자아방어 기능을 사용하는 경향을 발견했다. 예를 들어, 내 백인 친구가 자신이 소방서에 취업하지 못한 것이 소수 인종을 보호하기 위한 법안 때문이라고 비난했던 일이 이에 해당한다.

- 공연으로서의 문화

공연으로서 의사소통 이론을 만든 Goffman(1967)은 우리의 정체성 중 일부는 무대 전면에 있고 다른 정체성들은 무대 뒤편에 있다고 말한다. 관중이 공연의 완성도에 영향을 주는 것이다. 일부 미국 원주민 집단에는 모임이나 축하 행사에서 어른이 그들의 기원 신화를 구전으로 전하는 오래된 전통이 있다.

- 집단정체성으로서의 문화

인터넷 덕분에 해외여행, 다국적 기업, 다양성으로 상징되는 나라와 공동체 등 국제 정보에 좀 더 빈번하게 접촉하고 있다. 1998년 겨울에 우리는 TV인터뷰를 통하여 미군의 이라크 공격 가능성을 논의하던 국제 연합 대표들의 피로에 지친 얼굴 표정과 좌절을 드러내는 비음성 신호들을 보았다. 다른 이들과 공적/사적 접촉을 하면서 우리는 문화 집단 구성원으로서 우리 자신을 정의하게 된다.

우리가 집단 정체성을 다룰 때 각 집단이 다수의 개인과 목소리들로 이루어졌으며 각 개인은 다양한 집단 정체성을 지니고 있음을 아는 것이 기본이다. 예를 들어서, McPhail(1997)은 아프리카계 미국인 공동체를 구성하는 다양한 정치적 입장과 가치를 논하고 있다. Halualani (1998)는 '아메리칸 드림'은 일본인이자 하와이인이고 여자인 자신에게는 적용될 수 없는 이상화된 신화라고 논한다. 그러므로 우리는 문화적 정체성이 복잡하고, 서로 접촉을 통하여 만들고 도전 받고 경쟁하는 것임을 알아야 한다.

문화와 캠퍼스 문제

고정관념은 문화를 혈통이나 인종과 연결할 때 일어난다. 그래서 인종적 외모 때문에 차별을 경험한 학생들은 자신들이 안정감을 얻을 수 있고 자신과 같은 외모의 사람들만 모이는 별도의 문화 센터가 있어야 한다고 주장할지도 모른다. 하지만 유럽계 미국인 학생들은 인종 혹은 민족에 가치를 두지 않고 왜 혈통이나 전통이 현재 미국 지향성보다 더 중요한지 이해하지 못하기 때문에 문화 센터나 인종 연구 프로그램은 필요 없다고 주장할 수 있다.

이데올로기나 정치로서 문화를 정의하면 왜 서로 다른 집단의 구성원들이 그들의 문화 센터나 프로그램을 유지하고자 애쓰는지, 혹은 왜 그들이 이런 프로그램를 대체하기를 원하는지 이해할 수 있을 것이다. 프로그램은 정체성 강화의 근원일 뿐 아니라 권한 이양의 근원이기도 하다. 마지막으로 인종 역사, 철학, 예술과 관련된 코스나 집단, 프로그램에 배당된 자원이 미국 공동체의 소수 인종 구성원들의 헌신과 합법성에 대한 인정이라는 것을 고려해보자.

나는 문화에 관한 여러 접근법을 통합하는 연구를 한다. 나는 문화를 역사에 기반한 해석적이고 구조적이고 창의적인 관습, 그리고 집단에 종속된 해석 구조 일체라고 정의한다. 집단 정체성으로서 문화는 내가 문화에 대해 가장 빈번히 생각하는 방식이다. 서로 다른 문화적 정체성이 문자나 대화를 통하여 드러날 때 의사소통이나 상호작용은 문화 간 문제가 된다.

2단계 : 문화 간 소통 관련 문제 중 내가 대답하고 싶은 것은 무엇인가? 구체적으로, 나는 무엇을 알고, 이해하거나 바꾸고 싶은가?

의사소통 사건, 접촉, 담화, 문자, 상황에 대하여 무엇을 구체적으로 알고 싶은가? 어떤 문제를 언급하고자 하는가? 당신이 의미를 몰라서 당황했던 개인적 경험이나 문화 간 소통이 있을지도 모르겠다. 해결하고 싶은 문화 간 갈등이 있는가? 왜 어떤 집단의 구성원은 다른 집단의 구성원보다 새로운 나라에서 훨씬 잘 적응하는지 알고 싶은가? 선진국의 다국적 기업들이 기술 공여와 상품 제공을 통하여 개발도상국을 의존적으로 만드는 방법을 비판하고 싶은 것인가? 캠퍼스 문제에 당신은 각 소수 인종 집단이 학교 신문에서 그 집단의 대변인들에 의해 세워진 기준에 영향을 끼쳐 온 사회적 역사는 어떠한지 혹은 학교 운영자의 관점과 여성학 교직원과 학생들의 관점을 이해하는 것이 어떻게 당신의 일반 목표를 규명하는 데 도움이 되는지 질문할 수도 있다. 이 단계에서 특정 메시지를 분석하고 자신이 읽고 보고 들은 내용에 의해 답할 수 있는 질문들에 관한 관심을 좁힐 필요가 있다. 체계적인 경험적 관찰이나 분석, 의사소통 메시지 비판을 통하여 당신의 질문에 답할 필요가 있다. 전제는 사람들이 의사소통을 통하여 자신의 정체성과 관계성을 쌓아 간다는 것, 그리고 의사소통 메시지 연구는 우리에게 의사소통에서 무슨 일이 진행 중인지 이해하도록 도울 뿐 아니라 잠재적으로 우리의 문화 간 관계의 질을 높이는 데 도움이 되리라는 것이다.

3단계 : 내가 관심 있는 문화 간 소통과 연관된 문화 정체성 현안은 무엇인가?

세 번째 질문은 문화 정체성과 이러한 정체성이 당신이 처한 문제 상황에서 어떻게 활용되고 생산되고 강화되고 재구성되는지에 관한 것이다. 아래에 나열된 내용은 문화 정체성에 관한 원칙 혹은 가정인데 캠퍼스 문제나 자신의 경험, 그리고 연구에 도움이 될 것이다.

다수의 문화 정체성 타입(CITs)

많은 집단에 문화 체계가 있다. 공유된 역사나 지리적 환경이 공통의 세계관이나 의사소통의 문화 체계를 생산, 강화하는 삶의 방식을 제공할 수 있다. 문화를 창조하기 위하여, 집단은 자신을 집단으로 규정해야만 한다. 이것이 국가성, 민족성, 성, 직업, 지리, 공동체, 관계 구분 등의 기본이 될 수 있다. 집단을 하나로 정의하게 되면 이후 문화 체계가 발전하게 된다. 예를 들어, 미국인은 영어 사용을 기본으로 정치 토론과 행동을 통한 민주주의 강화, 개인의 권리, 언론과 종교의 자유 등의 공유 코드를 통하여 자신을 집단으로 정의한다.

- 국가 그리고 민족문화

다른 유형의 문화를 더 잘 이해하기 위하여, 우리는 문화유형을 일반적인 것에서 구체적인 것으로 분류한다. 국가나 민족 문화는 꽤 일반적이다. 이런 종류의 집단은 몇 대에 걸쳐 계승된 유산과 역사에 기반한다. 그들의 역사는 전통, 관례, 언어, 규범에 근거한다.

국적이 같은 사람들은 특정 국가에 태어났거나 상당 기간 그 나라에서 사회화 과정을 겪은 사람들이다. 이러한 사회화는 특정 가치, 믿음, 규범을 강화시킨다. 많은 사람이 국가의 문화적 상징, 의미, 규범 창조에 기여하므로 국가 문화는 추상적이고 언어 사용에 대한 예측과 상징 의미는 일반적일 수밖에 없다. 일본의 국가 문화는 집단주의적이고 고맥락에 상대의 체면을 중요하게 여기는 문화로 알려져 있다. 모든 일본인이 일상생활에서 이러한 규범을 따르는 것은 아니지만 일본인과 독일인을 비교하면 집단으로서 일본인이 더욱 집단 지향적이고 계급을 강조한다.

인종 혹은 민족은 민족 집단이 일종의 유산과 역사뿐 아니라 현재 살고 있는 국가 이전 지역에서 태어난 근원을 공유한다는 점에서 약간 다른 의미이다. 몇몇 인종 집단은 인종적 특성을 공유하나 또 다른 집단은 차별을 경험한 구체적 역사를 가지고 있다. 미국에서 아프리카계 미국인, 아시아계 미국인, 멕시코계 미국인, 독일계 미국인, 원주민 미국인을 포함한 집단을 예로 들 수 있다.

- 성별

생물학적 성이나 사회적 성에 기반한 문화 집단이 있다. 집단은 성 스타일을 사용한다는 의미와 여성 혹은 남성으로 해석되는 것은 무엇인지 그 내용을 만들고 강화하고 가르친다. 집단은 또한 좋은 배우자, 여성주의자, 이성애자, 동성애자에게 적절하거나 부적절한 내용을 강화한다.

국적, 인종, 민족, 성이 시민권, 유산, 생물학에 근거한 문화 집단이라는 것과 이러한 광범위한 소속감으로 이들 집단 구성원들이 자동적으로 동일한 방식으로 행동하거나 메시지를 동일한 방식으로 해석할 것이라고 확신할 수 없다. 많은 사람이 자신과 다른 배경과 역사를 가진 부모나 조부모가 있으며 다민족 배경을 주장하거나 여러 다양한 나라에서 거주한 경험이 있을 수 있다. 복수 문화 정체성(CIT) 관점에서 보면 문화 정체성은 한 집단에 가입되거나 개인이 하나 혹은 다수 집단에 회원임을 주장할 때 발생한다. 문화 정체성은 집단 구성원이 다른 이들과 자신의 역사나 기원을 나눌 때 그들이 하는 말과 행동, 사고, 감정에 근거한다.

직업

직업 집단이 그들의 고유한 문화를 만들어 낼 때가 있다. 정치인, 의사, 영업직, 은행원 등이 시간 보내기, 돈 벌기, 의사소통, 규범 등에서 공통의 방식을 공유하곤 한다. 예를 들어 대부분의 보건 의료 전문가는 건강, 타인 구제, 다른 이들의 삶의 질 향상 등에 헌신한다는 점을 공유하고 있다. 이들은 또한 비슷한 교육 배경, 전문 지식 등을 가지고 있다.

- 지리적 영역

지리적 영역은 문화집단을 형성하는 데 일조하는 경계가 되기도 한다. 남아프리카에서 케이프타운을 둘러싼 지역은 구어체 아프리카어의 고유한 방언을 쓰고 유색 인종의 비율이 높으며 남아프리카에서 다양한 인종과 문화를 볼 수 있는 일종의 국제 지역으로 보인다. 미국 남부는 고유한 전통과 역사적 지향을 가지며, 남부 특유의 액센트가 있다.

- 회사

IBM, Nike, Xerox 같은 회사 문화는 또 다른 타입의 문화이다. 이곳에서 개인은 회사 신화, 영웅, 전설 같은 회사 상징을 학습한다. 개인은 또한 명령, 실행, 정책, 스케쥴의 적절한 처리 방식을 배우고 아울러 누구에게 무엇을 언제 말할지 같은 규범도 배운다. 어떤 회사들은 협동 작업을 잘하는 사람에게 가치를 두는 반면, 창의적인 개인에게 점수를 더 주는 회사들도 있다.

지원 단체들 또한 조직 문화를 가지고 있다. 알코올 중독자 모임이나 과식자 모임 등은 자신들의 상징과 해석과 규범을 가지고 있다. "하나님의 의지에 자신의 의지를 의식적으로 굴복시켜라!"가 중독을 치료하고자 하는 모임에서 중요한 요구 사항이 되기도 한다. 사교활동 단체들도 자신들만의 문화를 만들어낸다.

- 육체적 능력과 장애

육체적 능력과 장애는 또 다른 집단분류이다. 프로 운동팀은 신진 선수에게 팀에서 용납되는 행동 규칙을 가르친다. 장애가 있는 사람들은 힘든 인생 경험을 공유하고 소속원들에게 어떻게 장애를 받아들이고 극복할 것인지를 가르친다.

의사소통을 구성하는 문화적 신분증명

문화적 정체성은 사람이 특정 환경이나 상황에서 집단 소속을 요구할 때 나타나는 집단 의사소통 체제의 고유한 특징이다. 문화 정체성은 의사소통 과정에서 절충, 강화, 도전을 받는다. CIT에서는 정체성을 의사소통 관점에서 본다. 그 관점은 정체성은 메시지가 만들어지고 강화되고 도전받는 의사소통 과정에 있다고 간주한다. 의사소통 관점은 또한 미디어나 기술 채널을 통한 상품, 말, 이미지를 가지고 문화적 정체성을 만들고자 하는 관심도 포함한다. 집단의 승인은 내부자와 외부자가 그 집단의 회원에게 기대하는 내용에 반응하는 다수의 맥락에서 발생한다. 만들어진 모든 문화가 사회적 요인, 심리적 요인, 환경 요인, 단체, 역사, 맥락 등에 의해 영향을 받는다. 문화 센터를 유지하고자 하는 라틴계 사들은 집단 구성원들이 모이는 개인적인 모임에서 더 강력하게 자신의 입장을 주장하지만 그들이 지역 위원회 대표들과 만남을 가질 때는 말할 때 톤을 바꾸고 좀 더 설득적인 자세로 이야기할 것이다. 그러므로 정체성은 다른 사람과 맺는 관계를 통하여 공동으로 만들어진다. 우리가 누구이고 우리가 어떤지는 우리가 누구와 함께 있는가 혹은 우리에게 중요한 문화적 정체성, 맥락, 대화 주제, 우리의 해석 등에 따라서 달라진다.

복수의 견해와 사회적 상호작용을 통하여 수립된 문화 정체성

사람은 계속 변화하는 환경에서 일정 범위의 문화와 집단에 소속하게 된다. 사람은 매일, 매주, 매년, 각종 문화 체제에 참가한다. 문화는 변화하는 사회경제적, 환경적 조건과 다른 문화들에 의해 영향을 받는다. 시인이자 작가인 Bell Hooks(1989)는 자신이 아프리카계 미국인이고 여성이고 대학교수임을 알린다. 그의 행동을 이해하기 위해 우리는 그가 가진 여러 정체성과 입장들을 이해해야만 한다. 집단 내 모든 사람들이 같은 견해를 갖고 있는 것은 아니라는 것을 인식하는 것도 중요하다. Morgan(1996)은 페미니즘이라는 단어를 집단으로서 페미니스트들 안에서 나오는 복수의 견해를 인식하기 위해 사용하는데 어떤 입장들은 좀 더 급진적이고 어떤 입장은 좀더 보수적이고 또 어떤 입장은 급진성과 보수성을 모두 가지고 있을 수 있다. 성, 인종, 계급 같은 문화 정체성 가운데 상관관계를 Interpellation(사회적 상호작용을 통하여 정체성이 부여되는 과정)이라고 하는데, 여기서 요점은 인종이나 계급에 관한 연구 없이 성을 이해할 수 없다는 것이다.

일터로 가는 도중에 있는 신학교 마당에서 몇 명의 여성들이 기도 모임을 인도하는 것을 보았다. 신문 기사를 통해 이 여성들이 단식 투쟁을 하면서 종신 연구직을 받을 수 없는 여성 교직원을 위한 차별반대 시위 중이라는 것도 알게 되었다. 이 문제에 대해 내가 정확히 알려면 나는 이 여성들이 어떻게 항의 시위를 진행하는 것인지 파악해야 할 것이고 그 내용을 파악한다는 것은 종교, 여성주의, 정치적 입장을 정의하려 한다는 것과 같다. 그리고 그것은 그 과정 중에 각 집단에 속한 개인이 자신의 정체성을 쌓았고 당면한 문제에 관해 독특한 방식으로 자신의 입장을 세웠다는 것을 알게 된다는 것과 같다.

공언과 귀속 과정

나는 복수 견해multivocality라는 단어를 사용하여 집단이란 유사하지만 독특한 입장을 가진 개인으로 이루어진다는 점을 지적해 왔다. 개인이 살아가는 동안 다양한 문화적 정체성을 만들어간다. 정체성은 공언과 귀속성 과정을 통한 맥락을 가로질러 구체화된다. 공언은 개인이 다른 사람에게 묘사하는 내용이고 타인에게 보이는 얼굴이나 이미지와 유사하다. 공언은 남들에게 "나는 이런 사람이다"라고 그 집단의 구성원으로서 보여 주는 것이다.

귀속은 다른 사람이 자신의 집단 구성원으로서 정체성을 갖도록 역할을 한다는 것을 알게 되는 것이다. 부분적으로, 정체성은 다른 이들이 우리에 대해 의사소통을 통해 전해 준 관점에 의하여 형성된다. 예를 들어, 남아프리카에서 흑인 줄루족 여성의 문화 정체성은 스스로 결정하는 것도 있지만 그의 백인 아프리카너 주인, 그의 가족과 친척, 가난 속에 살고 있는 그의 마을, 아프리칸스(공식 언어)와 영어로만 말하는 백인 교사들 등에 의해 형성된다는 것이다.

이 개념을 생각해볼 또 다른 방법은 문화 정체성은 주체적 의미와 주어진 의미 둘 다 있다고 말하는 것이다. 어떤 문화는 타인을 지향한다. 일본의 전통 철학에 *amae*라는 것이 있다. *amae*는 타인 지향, 집단에 복종 등을 대변하는데 이는 개인이 자신의 필요를 희생해서 다른 사람에게 베풀고 그 사람도 그렇게 하기를 기대하는 것이다. 이런 식으로 집단의 화합과 결속력이 유지된다는 것이다(Doi, 1989; Goldman, 1992).

공언과 귀속은 자신의 문화 정체성을 세우는데 다른 사람의 역할이 무엇인지 이해하는 데 유용한 개념이다. 만약 자신이 차별받고 소외된 집단에 속해 있다고 느낀다면 이러한 자신의 정체성은 다른 집단이 전해준 고정 관념이나 개념에 영향받은 것일 수 있다.

돌출과 강도 차이

정체성은 특정 맥락에서 드러나는 정도가 다르다. 그리고 정체성은 때마다 다른 강도로 활동한다. 강도는 정체성 내 개입과 몰입의 정도를 나타내는 지표이다. 호주를 방문 중인 백인 미국인 여성 교수로서 나는 남성 원주민에 의해 dreamtime(호주 원주민 건국신화)을 안내받으면서 백인 소수인종으로서의 나, 다소 부정적인 고정관념을 주는 미국인 여행자로서의 나, 문화에 관심이 있는 대학교수로서의 나, 그리고 존경받는 손님으로서 나를 자각할 수 있었다.

돌출은 우리가 가진 여러 정체성 중 다른 것들보다 특정 정체성이 더 강하게 나타나는 현상을 말한다. 이것은 인격이 분리된다거나 다른 정체성을 위해 특정 정체성을 포기한다는 의미는 아니다. 어떤 이들은 드러내 보일 수 있는 문화 정체성의 선택지가 많지 않다. 나의 영국과 독일계 인종적 유산은 내가 선택할 여지도 없이 남들이 알게 되는 나의 문화적 정체성이다.

정체성이라는 재산을 지속하고 바꾸기

문화 정체성은 지속적인 동시에 변화한다. 문화는 시간의 흐름과 함께 새 구성원들이 지속적으로 쌓고 다시 쌓는 역사를 가지고 있다. 경제적, 정치적, 사회적, 심리적, 맥락적 요소에 더하여 다른 문화 정체성의 영향을 받아서 문화 정체성을 변화한다.

1990년대에 동성애자의 문화 정체성을 드러내는 것은 1970년대와 1980년대에 동성애자인 것과 공통점이 있다. 동성애자로서 자신을 드러낸 사람은 이전 세기에 살았던 동성애자들에게 주어졌던 것과 유사한 고정관념을 대면하게 된다. 동성애자의 기본권을 제한했던 미국의 일부 지역의 정치적 분위기도 동성애자 집단의 문화 정체성에 영향을 준다. 때로 환경에 의해 사람이 자신의 정체성을 드러내는 방식과 자신의 정체성을 공언하는 강도에 영향을 받는다. 예를 들어, 동성애자 연대 회원 전원이 그들을 지지하는 집단 밖에서 자신의 정체성을 드러내지는 않을 것이다.

4단계 : 권력과 이데올로기의 역할은 무엇인가?

권력은 무엇인가? 권력은 과정, 상품, 개념, 영향력, 접근, 자원 배분 능력인가? 사람은 어떻게 권력을 잃거나 얻는가?

나는 소외 집단에 속한 사람이 "문화 간 소통은 모두 다 정치적이야" 혹은 "권력은 문화 간 소통에서 늘 문제가 되지"라는 말을 더 자주 한다는 것을 알게 되었다. 이론적 관점에서 보면 우리는 역사, 조직, 사회 관습을 통하여 권력이 구축되는 범위를 인식할 필요가 있다. 더불어 우리 중 일부는 백인, 남성 혹은 상위 계급인 것을 기반으로 우리가 쌓아 온 이전 가정들과 특혜를 스스로 질문해볼 필요가 있다.

개인적으로 나는 나 자신이 무력하다고 느낄 때가 있다. 하지만 나는 백인이고 중산층 교수이며 고등 교육의 특혜를 받았고, 내 권리와 특권을 유지하고 있으며 내가 소매치기 따위로 의심받지 않고 백화점에 머물거나 동료들에게 존경받으며 취업할 수 있는 더 넓은 정치 체계를 누리고 있다. 소수에게 더 많은 교육과 취업 기회를 보장하는 법안에도 불구하고 백인인 나는 남미계, 아프리카계, 원주민계 미국인보다 더 넓은 교육과 취업의 기회를 갖는다.

다른 한편, 권력이 막강하다거나 제국주의자들이라거나 무기력하다거나 유색인들이라는 식으로 특정 집단을 정의하는 것은 지나친 단순화의 오류이다. 선진국 대표가 저개발 국가 사람들에게 신제품이나 새로운 사상을 소개하는 국제 상황을 생각해 보자. 니카라과 시골 마을에 사는 부모가 미국인 방문객에게서 얻은 바비 인형을 어두운 색으로 물들이고 전통 옷을 입혀서 바비 인형이 자신들의 이야기를 담은 선조의 목소리가 되는 새로운 의식을 행한다면 이것은 바로 권력의 재정의가 될 것이다.

우리는 집단 구성원과 문제 해결자라는 이중 입장에서 일정 권력을 가진 자들은 권력을 계속 유지하려는 경향이 있고 권력과 저항에 관한 많은 집단 해석이 있음을 알아야 한다. McClintock(1995)은 강압, 타협, 거절, 승인, 저항 사이 촘촘한 관계망을 포함한 집단의 다양한 정치학이 있음을 언급한다. 피압제자와 압제자 간에 문화 간 소통이라고 부를 수 있는 전제된 권력 근원을 알고 있으면 이를 통하여 지배의 구조와 기능을 이해할 기회가 되므로 유익하다(Foss, 1998).

문화 간 문제가 놓인 역사적, 사회적, 이데올로기적 상황을 이해하기 위하여 권력의 정의와 무엇을 인내했는가에 관해 묻고 싶은 질문이 많을 것이다. 이러한 질문은 문화 정체성이 등장한 방식을 결정지을 때 교육과 종교 같은 환경, 역사, 조직의 중요성을 말한다. 우리의 사회 경제적 계급은 우리가 무엇을 적절하다고 여기고 우리가 남들에게 무엇을 기대하는지, 그리고 인종주의와 성차별주의 그리고 계급주의의 역사에 영향을 미친다.

권력이 등장하는 상황의 역사적, 사회적 맥락을 아는 것은 정말 중요하다. 아래의 상황이 그 근거가 될 것이다. 1998년 봄에 중동을 방문하던 중 만난 젊은 팔레스타인 여성이 내게 "나는 팔레스타인 사람이고 가자에 살고 있어요. 이스라엘 정부는 내 가족에게 신분증을 발급해주지 않아요. 그러니 나는 이스라엘로 일하러 갈 수도 없고 친척을 방문하거나 예루살렘에 있는 이슬람 성지를 방문할 수도 없어요. 어떻게 이럴 수가 있지요? 당신은 어떻게 생각하나요?"라고 물었다. 이스라엘 젊은 여성은 내게 "우리는 팔레스타인인들을 증오하도록 교육받고 자라요. 우리는 팔레스타인 남자는 모두 테러리스트이고 여자는 이슬람 탓에 남편에게 학대받고 있다고 생각하도록 키워졌어요"라고 말했다.

이들의 문화 간 접촉에서 서로 다른 집단의 권력과 이데올로기에 관한 좀 더 구체적인 질문을 하고 싶을지도 모르겠다. 집단 안에서 중요한 결정을 내리는 사람은 누구인지? 만남을 가질 시간과 장소를 정하고 공공 발표나 문화 간 회담에서 집단의 나머지 사람들을 대변하며 말하는 사람은 누구인가? 자원을 배분하고 정책과 과정을 고안할 결정은 어떻게 내려지는가? 집단 내 새 구성원들에게 어떤 가치와 이데올로기가 전수되는가? 이런 질문들이 그 예가 될 것이다.

5단계 : 집단·개인 간 관계 과정은 무엇인가?

우리의 문화 정체성은 집단 내외 사람들과 맺은 관계에서 형성된다. 관계 과정은 의사소통 때 발생하는 관계 혹은 유착성의 질을 의미한다. 사람들이 의사소통할 때 그들의 메시지는 정보뿐 아니라 관계에 대한 신호를 담고 있다. 이러한 신호는 누가 대화에서 주도적인가, 어느 정도의 친밀감 혹은 혐오감이 있는가, 서로를 얼마나 신뢰하는가, 자신이 어느 정도 받아들여지고 있는지를 알려준다.

캠퍼스 센터나 프로그램을 폐지하자 혹은 학생이 견해를 밝힐 수 있는 공공 토론회에 참가하자 등의 논쟁을 실은 대학 신문을 분석해볼 수 있다. 신문 기사나 회담 회의록을 보면 "우리는 문화 간 대화를 나눌 수 있는 추가 장소를 지명할 필요를 지지한다"는 식으로 관계를 구성하는 상대적 메시지나 친근함을 보여 주는 구절을 찾아볼 수 있다. 여기에는 "어떻게 예전에 분리된 장소를 모든 학생들이 갈 수 있는 곳으로 재단장하는 것이 나쁜 일이 될 수 있는가?"하는 식의 통제나 배척을 담은 구절들도 있다. 외국인 친구에게 캠퍼스 문제에 관해 자식들끼리 나누는 대화를 녹음해 달라고 부탁하거나 Baxter(1997)와 여러 연구자들이 기술한 대화에 나타나는 변증적 긴장에 관한 논문을 살펴볼 수도 있을 것이다. 예를 들어, 외국인 친구는 독립적이면서 연결된, 사적이면서 공적인, 지배적이면서 종속적인 모순된 경향을 경험하고 있을지 모른다. 변증법적 긴장을 연구해보면 한 집단의 선호되는 의사소통 방식에 관해 단순한 일반화로 인식하는 오류를 피할 수 있다.

때때로 사람은 자신의 내집단 위치를 강화하기 위해 내집단 언어를 사용하고 외집단과 일정거리를 유지한다. 또 어떤 때 사람은 외집단과 조화를 이루거나 동맹을 맺기 위해 외집단의 언어를 사용하기도 한다. 멕시코계 미국인 중 일부는 자신의 역사와 뿌리를 보존하고 사람과 맺은 친밀함과 정체성을 강화하기 위하여 동네에서 스페인어를 말하기도 한다. 이 사람들이 직장에서는 상관의 요구로 영어를 사용한다. 상황과 목적에 따라서 다른 언어를 선택하는 것이다.

6단계 : 앞으로 살펴볼 의사소통 메시지는 어떤 종류인가?

질문에 답하기 위하여 어떤 종류의 자료나 의사소통 메시지가 필요한가? 어떤 타입이나 형식의 메시지가 중요한가? 외교관이 수년간 진행한 회담 기록을 분석하거나 특정 정치인의 특정 기간 연설문을 분석하는 데 관심이 있는가? 바로 어제 당신이 나눈 대화나 관계를 분석하는 것은 어떠한가?

이 질문은 자신이 이해하기 원하는 자료의 종류와 분량에 관한 것이다. 몇몇 학자들은 한 세기 혹은 십 년 동안 사용된 수사어나 세계적인 여행자가 남긴 편지 속에 있는 수사어를 연구하기도 한다. 또 다른 연구자들은 관계가 진행된 특정 시간이나 사건에 초점을 맞추기도 한다. 캠퍼스 문제 관련해서 다양한 집단을 인터뷰하고 싶다면 인터뷰 대상자, 질문할 내용을 결정해야 한다. 만약 특정 질문에 관한 답을 원하거나 대화를 원한다면 함께 할 시간은 어느 정도일지도 가늠해야 한다. 구체적인 문제를 다루든 연구 조사를 수행하든 당신은 자료의 범위와 깊이를 생각해야 하고 질문에 대한 답을 적절하게 얻어내기 위하여 무엇이 필요한지도 생각해야 한다.

담화 텍스트의 형식과 기능

영국 런던에서 다양한 인종 그룹의 청소년들을 연구하기 위하여 이들이 친구들과 나누는 대화의 형식과 기능에 초점을 맞춘 조사가 있다. 우리는 친구들 사이에 발생하는 담화가 (1) 모국의 전통 문화적 정체성, 언어, 규범을 지키고, (2) 새로운 국가 혹은 인종 정체성을 개발하는 역할을 하고 있음을 발견했다. 심층 집단 면담을 진행하면서 우리는 가정, 학교, 친구와 사회화라는 세 맥락과 각각 구축된 국가적, 인종적, 정체성에 관한 질문을 했다. 우리는 그들에게 세 가지 맥락에서 자신들의 문화 배경이 다르다는 것을 알게 된 상황이 어떠했는지 질문했다. 또한 누가 있었는지, 무엇을 이야기했는지, 어떤 활동을 했는지, 접촉의 목적과 결과에 대해서도 질문했다.

이 청소년들은 학교에서는 영국 시민으로서 자신의 이중 국가 정체성을 잘 알고 있었고 집에서는 사용하는 언어가 다르고 역사를 회상하는 서술적 관례를 치르는 등의 이유로 자신들의 인종적 배경이 다르다는 것을 절실하게 깨닫고 있었다. 이 청소년들 중 일부는 가족 모임과 조부모님들의 옛이야기 에피소드가 가족을 묶어주고 그들의 과거와 뿌리를 상기시키며 초월적 가치와 확대 가족 연대를 강화하는 방식이라는 점을 지적했다.

메시지 패턴과 테마

의사소통 텍스트를 분석하는 또 다른 방법은 메시지의 패턴과 테마를 찾아보는 것이다. 예를 들어, 페미니즘 같은 특정 단어나 사상이 얼마나 자주, 어떤 주제와, 어떤 대화 상대와 있을 때 사용되는지 조사할 수 있다. 서술이나 이야기를 분석하거나 등장한 테마를 조사할 수도 있다. Hecht(1987, 1989) 등은 아프리카계 미국인들이 유럽계 미국인들과 나눈 대화를 회상하게 하고 분석해서 논점을 강조하기와 긍정적 자아상 제시 등 몇몇 의사소통 개선 전략을 발견했다

표현형식 : 분류 표시와 규범

분류 표시는 정체성을 수립하는 방법이다. 같은 분류표를 가지고 다양한 해석을 할 수 있다. American이라는 단어는 미국에 사는 사람으로 인식되고 중앙 아메리카나 캐나다에 에 사는 사람들에게는 인종중심주의에 자아 중심적이란 의미로 받아들여지고 개발도상국에 사는 사람에겐 특혜를 누리는, 부유한, 강력한 집단이라는 의미와 연결된다. 캠퍼스 문제에 연관된 사람들의 담화에서 사용된 분류표는 잠재적으로 외부인에 의해 묘사된 정체성에 관한 내용을 상당히 많이 담고 있을 수 있다.

예를 들어, Hispanic이라는 단어를 사회학자들은 "멕시코, 푸에르토리코, 쿠바, 중남미, 인종에 상관없이 스페인 문화에 속한 것"과 연관짓는다. 자신의 정체성을 멕시코계 미국인이라고 구체적으로 설명할 수도 있다. 분류를 내집단이 했는지 혹은 외집단이 했는지에 따라서 그 분류의 의미와 해석은 상당히 달라진다.

규범은 적절하고 효과적인 의사소통의 형태로서 분명히 설명된 지시 내용을 의미한다. 규범은 적절하고 허용될만한 행동이나 도덕적 기준, 행동의 기대치 등을 의미하므로 서술적이나 평가적인 형식을 지닌다. 규범은 문화 집단 구성원들에게 적절한 행동의 기준과 정도를 제시한다. 캠퍼스 공공 토론회에서 보이는 집단 구성원들의 규범과 기대의 역사적, 정치적, 이데올로기적 맥락을 살펴보면 어떤 집단 구성원들이 함께 맞춰서 무엇인가를 외치고 큰 소리로 토론을 방해하는 이유를 해석하는 데 도움이 된다.

문화 집단은 그들의 문화를 적절하게 실행하기 위한 기준을 만들고 강화한다. 개인은 집단의 능력 있는 구성원으로 받아들여질 때 그의 정체성을 세웠다고 볼 수 있다. 미국 원주민 부족 연맹에 가입한 사람들은 내부자들이 인디언으로서 적절하게 행동한다고 판단할 때에 비로소 "진정한 인디언"이라고 인정받는다. 적절한 행동에 관한 규범과 표준은 집단 구성원에 의해 만들어지고 개인에 의하여 해석되며 맥락 전반에 걸쳐서 변경될 수 있다.

정서적, 인지적, 영적 구성 요소

역사를 통해 보면 많은 집단이 타 집단을 정

복하고 개종시킬 정도로 강력하게 자신들의 믿음의 우월성을 믿었다. 예를 들어, 예루살렘은 세계 3대 종교의 성지이고 현재 이스라엘의 예루살렘 통제를 무슬림과 기독교 단체는 불편하게 받아들이고 있다. 감정은 정체성, 상황 전반의 변화, 역사적 맥락, 정치적 현황, 타인과의 관계성에 연관되어 있다. 특정 정체성을 더 강하게 혹은 더 폭력적으로 공언하는 것은 정체성의 중요성과 정체성이 인식되고 위협받는 정도를 보여 주는 신호라고 볼 수 있다. 나와 동료들이 다른 문화 정체성을 가진 여자 친구들에게 좋은 문화 간 동맹을 이루는 요인에 관하여 질문했을 때 아프리카계 미국인 여성 두 명은 그들의 유럽계 미국인 친구들이 자신들이 일상적으로 겪는 압박에서 오는 분노를 들어 줄 필요가 있다고 했고 반면에 그들의 유럽계 미국인 친구들은 서로 응답했으면 하는 우정의 가치에 대하여 자신들이 어떻게 느끼는지 말했다.

정체성의 인지 요소는 우리가 정체성에 관해 갖고 있는 믿음과 연관되어 있다. 사람들은 자신이 속한 문화 집단에 대하여 일정한 전제를 갖고 있다. 하지만 당신이 사람들에게 미국 시민이라는 것, 타이 사람이라는 것, 환경 단체 일원이라는 것은 어떤 의미인지 물어보면 특정 유사점이 명백해진다. "지구가 우선!"이라는 환경 단체는 원시림의 가치에 대한 믿음을 공유하고 벌목 회사 중역들과 벌목업을 지지하는 정치가들을 불신하며 항의의 형태로 벌목업을 방해하는 일을 한다. 이런 믿음은 "지구가 우선!" 단체의 핵심 상징으로 요약될 수 있다.

7단계 : 문화 간 문제의 맥락은 무엇인가?

우리가 정체성을 쌓는 방법은 역사의 넓은 맥락, 권력 역학, 사회 규범, 특정 상황에서 발생한다. 그러므로 메시지 외에 어느 요소가 문화 간 소통을 이해하는 데 도움이 되는가? 물리적 환경은 무엇인가? 어떤 역사와 조직이 연관되어 있는가? 라는 질문을 하는 것이 중요하다.

내가 최초로 수행한 문화와 의사소통 관련 탐사 연구 중 한 장소는 아리조나 친리에 있는 나바호 보호구역이었다. 나는 나바호 한 가정에서 살면서 고등학교에서 학생들을 가르쳤다. 내가 관심을 가진 부분은 나바호 인디언들이 가족 의례와 공동체 행사들을 통하여 어떻게 자신들의 문화 정체성을 개발하고 강화하는지, 그리고 그들의 정체성이 학생들에게 영어를 사용하도록 강요하는 인디언 관련 부처 같은 조직에 의하여 어떻게 위협받았는지 밝히는 것이었다.

맥락은 서로 다른 문화적 정체성을 가진 사람들이 접촉하는 곳 혹은 미디어 문자나 문화 상품, 연설을 하고 그 내용이 전파되는 곳, 당시 사회 역사적 장소 등 물리적 환경을 포함한다. 캠퍼스 문제에서 만약 누군가가 연구 프로그램이나 학과 일정이 전통 그리스식 지식 규범에 의거해야 한다고 주장한다면 아리스토텔레스의 수사학에 관한 관념이 여성들의 정치 참여가 금지되고 부와 권력이 소수 엘리트의 손에 있었던 시대에 생겨났음을 생각해 볼 필요가 있다.

연구를 하면서 나는 1992년에 남아프리카에서 서로 다른 문화 집단에서 온 젊은이들이 어떻게 개인 간, 문화 간 관계성에 다가가고 경험했는지 이해하고 싶었다. 나와 동료들은 인종 간 우정이 유색인 집단에서 더 잘 이루어지고 공적인 맥락보다 사적인 맥락에서 더 일반적이라는 것을 알게 되었다. 우리는 또한 흑인, 인디언, 유색인은 남아프리카 정부의 인종차별 정책의 역사와 결과를 알 필요가 있음을 강조한 반면 아프리카인과 백인은 현재와 미래를 지향할 필요를 강조하고 있음을 알아냈다.

8단계 : 의사소통 메시지를 분석, 해석하기 위하여 나는 어떠한 관점과 절차를 취해야 하는가?

인식론관점

자신이 관심이 있는 의사소통 메시지를 어떻게 하면 잘 연구할 수 있을까? 문화 간 문제, 사건을 이해하려고 하거나 연구 중인 문제를 질문할 때 가능한 객관적이고 적극적인 참여자가 되고 그들의 주관적 경험을 어떻게 생각하는지 묻고 열성적 참가자가 되어서 지식만 넘치는 비평가가 되지 않도록 하라. 특정 문화 간 소통 상황에 대한 질문으로 나아가면 많은 관점들을 자신의 연구에 적용할 수 있게 될 것이다. 관점들의 내용에 익숙해지면 자신의 질문에 답해 줄 수 있는 관점을 고를 수 있는 더 나은 위치에 있게 된다.

나는 인식론의 세 가지 관점을 기술하고자 한다. 우리가 이 관점을 논의하는 이유는 우리가 문화 간 소통을 이루는 지식을 알아볼 수 있기 때문이다. 나는 연구하면서 얻은 예를 강조했지만 자신의 경험으로부터 나온 실질적 문제들에 이러한 접근법을 적용해봐도 좋을 것이다.

긍정적·객관적 관점

의사소통에서 긍정적 접근은 그 기원이 사회학에서 나왔으므로 가장 오래된 역사를 가지고 있다. Anderson(1996)은 객관주의자 이론이 경험주의(관찰), 물질주의, 결정론(인과 관계), 객관주의의 원칙에서 그 기반을 찾을 수 있다고 말한다. 이 관점을 취한 연구자가 세우는 가정은 우리가 아직 발견하지 못한 물질적 실제가 발견, 관찰, 측정, 작동될 수 있고 인과관계도 입증될 수 있다는 것이다. 일반 가정은 믿음, 감정, 태도, 가치 같은 심리 상태를 설문지 등을 통하여 발견하고 측량할 수 있다는 것이다. 또한 행동(관찰되고 분류되는 행동)은 심리 상태를 실질적으로 대변한다고 가정한다.

사람들이 캠퍼스 문제를 이야기하는 것을 들으면 타 문화권 친구가 있는 학생이나 외국을 여행한 경험이 있는 학생들은 문화 센터나 다양한 프로그램을 유지하는 데 긍정적인 의견을 낼 것이라는 가설을 세울지 모르겠다. 그러면 과거 문화 간 접촉 빈도 수, 국적이 다른 친구들 숫자, "인종 연구와 같은 코스는 모든 학생에게 유익하다" 등의 선택 문장을 포함한 질문지를 만들 것이다. 이 질문들이 모든 학생들에게 같은 의미로 전달될 것이고 각 문항의 동의와 동의하지 않음을 표시하는 범위가 학생들의 전반 태도를 보여 준다고 생각할 것이다. 긍정주의를 채택한 사회 과학자처럼 의사소통 행동의 특정 종류를 예측하고 싶고 이전 문화 간 접촉의 변수를 살펴봄으로써 이 행동을 부분적으로 설명하고 싶을 것이다.

긍정주의자 연구의 또 다른 예는 Gudykunst

(1994)의 경우인데 그는 일본인이 집단주의적이고 집단 지향적이기 때문에 미국인보다 좀 더 맥락 요소를 강조하고, 낯선 사람들과 의사소통하는 일본인은 미국인보다 더 강한 불안감을 느낀다고 말한다. 그에 따르면 불안과 불확실성 관리이론에 대한 가정은 국가 문화가 예측자가 되고 집단 간 행동의 설명 변수가 된다는 것, 그리고 불확정성, 불안, 마음씀 같은 변수들의 관계가 낯선 자의 집단 간 행동을 예측하고 설명할 수 있다는 주장을 포함하고 있다고 한다.

비평적 해체론자 관점

지난 몇 세기에 걸쳐 우리가 진리를 깨닫는 방식이 급격하게 변했다. 그중 하나는 회의주의의 등장이고 우리가 무엇을 아는지, 어떻게 아는지, 학자와 인간으로서 우리는 누구인지에 관한 의문들이 대두되었다.

학자들은 주로 착취, 권력, 권력 이양, 해체할 수사적 도구의 발달, 비평 담론, 미디어 텍스트 등에 관심이 있고 대안적 해석을 제공한다. Prus(1996)는 비평적 목소리의 특징이 모든 형태의 지식의 실현 가능성에 대한 극단적 회의주의라고 말한다(p.217).

어떤 학자 집단은 포스트 식민주의자로서 연구를 수행한다고 설명한다. 이 학자들은 특정 집단에 의한 권력 사용과 남용을 비판할 뿐 아니라 학자들이 무엇이 중요한 연구이고 어떻게 집단과 사회적 현안을 설명할지 결정함에 의하여 문화적 정체성과 대중 행동에 영향력을 행사할 수 있다고 지적한다.

비평적 관점의 예는 사회적 인식과 인종차별에 관한 예는 Van Dijk(1993)의 작업이 될 수 있다. 그는 거시 구조와 권력, 지배, 접근 대표성과 사회적으로 공유된 전략과 함께 미시 단계 상호작용과 일상 회화에 관심을 두면서 인종차별의 사회적, 정치적, 문화적 재생산을 연구한다. 그는 TV 뉴스와 신문 기사에 나오는 인종차별과 성차별 형태, 조직이 대표되는 방식, 정치적 견해가 표현되는 방식, 경제 사회 정책이 도전받거나 강화되는 방식을 연구했다. 당신도 캠퍼스 문제에 관한 신문 기사를 분석하는 데 비평적 관점을 채택할 수 있고 누구를 인터뷰하고 있는지, 누구의 의견이 가장 특징이 있는지, 특정 집단에 의해 언급된 예의 종류, 특정 그룹의 전반적 묘사를 식별할 수 있다.

해석적·복원적 관점

인식론적 관점의 제 3형태는 '해석적'이라고 말하는데 이는 그 목적이 이해를 위한 것이기 때문이다. 대부분의 해석적 접근에서 연구자의 목적은 반응자가 어떻게 그들의 문화적 정체성을 수행하고, 존재하고, 아는지를 이해하는 것이다. 많은 학자들이 특정 상호작용 맥락에서 문화적 정체성 조율과 제정을 이해하기 위해 해석적 접근을 사용한다.

해석적 관점의 예는 CIT인데 이 글 전체에 소개되어 있다. 나의 전제 중 하나는 우리가 다양한 집단과 함께 있고 다른 사람과 의사소통할 때 우리가 하는 일은 우리가 누구인지 정의하고 우리를 집단의 구성원으로 구분한다는 것이다. 우리는 관계를 발전시키고 다양한 상황에서 우리의 권력의 부재를 겨루고 상황과 시간과 인생을 초월할 수 있는 역사를 창조하는 방식으로 우리의 문화 정체성을 만들어 나간다.

CIT 접근에서 문화 정체성은 역사적, 맥락

적, 관계적 수립으로 여긴다. 의사소통, 과거, 우리가 새 구성원에게 물려주는 것을 통하여 어느 정도 문화 정체성을 만들어내고 이것을 우리의 조직 안에서 가르친다. 물리적 환경뿐 아니라 역사적, 사회적, 정치 경제적, 관계 맥락이 우리가 누구인지 또 우리가 누구와 함께 있게 되는지에 영향을 미친다. 집단 구성원이라면 일반적으로 문화 정체성을 인지하는 것이 가능하며 접근 가능하다 (Carbaugh, 1990). 문화 정체성은 일상 담화나 사회 관습, 의식, 규범 등에 나타난다. 각 관점은 질문과 지식 형성에 관한 가정에 기반한다. 우리 사회의 특징이 빠르고 복잡한 변화라면 우리의 관점은 언제든 질문과 수정이 가능해야만 한다.

연구자 관점

정체성은 개인, 관계 당사자, 공동체 구성원의 구성에 의해 수립되고 그 구성을 연구할 수 있다. 인식론적 관점을 선택한 것에 더하여 당신은 연구자 관점을 선택할 필요가 있다. 개인의 관점에 초점을 맞추고 싶을 수도 있다. 각 사람은 자신이 미국 사람인 것, 호주 사람이나 인디언인 것이 무엇을 의미하는지에 대한 고유한 해석을 가지고 있다. 만약 우리가 왜 어떤 사람이 그런 식으로 행동하는지 이해하고 싶다면 우리는 그 사람에게 자신의 문화적 정체성과 집단 구성원으로서 경험을 말해 보자고 요청할 수 있다.

우리는 또한 문화를 관계 관점에서 연구할 수 있다. 사람 사이, 친구 사이, 동료 사이, 가족 사이 관계를 관찰할 수 있다. Collier(1988)는 멕시코계 미국인 친구들은 (자주 만나고 시간을 함께 보내는 상황에서) 적절하고 효과적인 관계의 중요성을 강조했다고 말했다. 그들은 우정의 가장 중요한 특징은 지지하고 믿고 친밀한 것이라고 설명했다.

공동체 특성에 따른 연구를 할 수도 있다. 공공 의사소통 맥락, 공동체 활동에 주의를 집중하는 것이다. 의례, 통과의례, 명절 축하 행사 등이 어떻게 사람들이 공동체를 세우기 위해 문화 헌신을 하는지에 관한 정보를 얻을 수 있는 또 다른 출처가 될 것이다.

9단계 : 예비 단계에서의 해석 그리고 대안적 해석은 무엇인가? 결론은 무엇인가?

이번 질문은 해석과 관련이 있다. 어떠한 패턴을 주목하고 있는가? 연구 문제에 관한 당신의 예비 답변은 무엇인가? 잠정 결론은 무엇인가?

예비 결론과 답변을 정한 후에 대안 해석과 결론은 무엇인지, 누가 이 발견 내용에 반대할 것인지, 면담자들은 당신의 발견 내용에 어떤 반응을 보일지, 심층 질문을 추가할 것인지, 언급되지 않은 의견이 있는지를 묻는다면 유용할 것이다. 자신에게는, 나의 개인 역사와 사회화, 선호하는 행동 규범, 문화 정체성이 어느 정도까지 내 해석과 결론에 영향을 미쳤는가? 규명해야 할 내 개인적 편견은 무엇인가? 캠퍼스 문제에서 여성 연구 과정, 윤리 연구, 혹은 국제학을 이수한 학생이 나의 전반적 결론을 바꿀 만한 대안적 해석을 가지고 있는지 물어 보면 유용할 것이다.

10단계: 나의 해석을 어떻게 적용할 수 있는가?

마지막 질문은 문화 간 문제에서 배운 것을 자신의 문화 정체성과 문화 간 소통, 국가적 혹은 국제적 현안에 적용할 수 있을지 묻는 것이다. 발견 내용이 자신의 문화 간 관계를 향상시키는 데 어떻게 도움이 되는지 제안하고 직접 읽고 들은 것을 비평적으로 분석할 수 있어야 한다.

결론

문화 간 소통 연구는 복잡하고 역동적이다. 문화 간 소통은 광범위한 역사적, 경제적, 정치적 맥락에서 발생하고 특정 상황에서 두드러진 사회적 규범과 관습을 특징으로 하기 때문이다. 내 목표는 어떻게 우리가 우리의 문화 정체성과 관계성을 함께 만들 것인가에 관한 지식을 얻는 데 도움이 될 목록을 만드는 것이다. 나는 이 질문들이 문화 간 소통에서 드러나는 중요한 현안들을 알려주고 당신이 연구하고 조정해야 할 문화 간 문제들에서 많은 선택을 할 수 있도록 이끌어주는 역할을 하기 바란다. 또한 내 수업과 연구를 통하여 인용한 의사소통 담론 사례들로 인하여 새로운 관점을 갖게 되었으면 한다.

문화 간 소통을 연구한다는 것은 평생에 걸친 노력이 필요한 일이다. 현재 존재하는 것의 질을 높이겠다는 헌신이고 우리의 인생을 초월한 일이다. 대화는 계속될 것이다.

개념 이해와 질문

1. Collier가 제시한 질문 시리즈의 기본 목적은 무엇인가?
2. 당신은 Collier의 "문화 접근법" 중 어느 것이 문화 간 소통에 가장 직접적으로 연결된다고 보는가?
3. 의사소통하는 상황, 접촉, 담론, 문자 등에 관하여 무엇을 알고 싶은가?
4. Collier의 "목수의 문화 정체성 타입"은 무슨 뜻인가?
5. 왜 문화 간 소통에서 권력이 중요한 변수인가?
6. 문화 간 소통을 연구하기 위하여 어떤 종류의 메시지를 조사해야 하는가?
7. Collier는 맥락이라는 단어를 어떻게 사용하고 있는가?
8. Collier의 10단계는 자신이 하고 있는 문화 간 소통 연구에 어떤 식으로 적용될 수 있다고 보는가?

Mary Jane Collier is Professor in the Department of Communication and Journalism at the University of New Mexico.

새로운 문화에 적응하기

Young Yun Kim

오늘날 목격되는 가장 극적인 변화 중 하나는 정치, 경제, 예술, 레저에 이르기까지 서로 다른 문화에 엄청난 규모로 접촉하는 현상이다. 이 지구적 차원의 현실에는 문화 경계를 넘나드는 셀 수 없이 많은 사람이 있다. 매 년, 수백만 명의 이민자와 난민이 고향을 바꾼다. 자연 재해나 경제적 필요, 자유와 안전을 소망하며 고향이나 고국을 떠나서 낯설고 때로는 적대적인 환경에서 새로운 삶을 시작한다. 이에 더하여, 많은 수의 외교관이나 군인, 해외 발령을 받은 직장인 등이 일시 유랑자 생활을 하고 있다. 평화 봉사단 자원자는 1960년 프로그램 시작 이래 지금까지 100여 개국에서 활동 중이다. 연구원, 교수, 학생이 외국을 방문하거나 공부하고 있고 선교사가 있다. 이외에도 다양한 직업군의 사람이 외국에서 일을 하고 있다.

이 사람들은 새로운 변경을 개척하는 현대의 개척자들이다. 이들은 일시적이더라도 새로운 삶을 시작한다는 엄청난 모험을 치른다. 이 글은 새로운 문화와 의사소통 체제에 적응하는 어려운 임무에 직면한 사람들의 경험을 간략히 소개한다.

스트레스, 적응, 그리고 성장

사람은 다양한 이유로 외국으로 떠나고 그곳에서 어려운 환경에 처하기도 하며 옮겨 간 사회에서 다양한 단계를 거쳐 헌신하게 된다. 대부분의 이민자는 영구적인 이주를 계획하므로 옮겨 간 사회가 그들의 기본 환경이 된다. 많은 단기 방문자는 새로운 문화와 접촉하는 것이 주로 주변적이고 전반적인 개입은 적은 편이다. 예를 들어 외국인 학생은 학생으로서 역할을 수행할 수 있는 최소한으로 적응을 제한하고 같은 나라 출신 유학생과 교제하는 것으로 한정할 수 있다. 스스로 정한 사회적 고립의 유사한 패턴은 계절마다 오는 이주 노동자와 군인, 그리고 그들의 가족에게서도 찾아볼 수 있다.

적응 수준의 차이에도 불구하고 외국에 사는 대부분 사람은 그 나라에서 이방인으로서의 삶을 시작한다. 그들이 이전에 갖고 있던 믿음, 당연시되던 가정, 습관적인 행동이 더 이상 적절하지 않게 된다. 자신들의 무의식적 '문화 대본'과 맞지 않는 상황 앞에서 이방인은 상당한 정도의 불안감과 불확실성에 시달리게 된다. 새로운 사고방식, 감정 표현, 행동 방식을 배워야만 한다. 동시에 문화적 박탈 과정을 겪는다.

이방인들은 문화 변용과 문화 박탈을 경험하면서 필연적으로 스트레스를 겪는다. 스트레스는 환경을 바꾼 초기에 극히 높아지는데 이 때에 이방인은 '문화 충격'이라고 표현되는 심각한 어려움과 분열에 직면한다. 내부적으로 이방인은 일시적 불안정 상태이어서 자신의 원래 정체성을 유지하고자 하는 욕구와 바뀐 환경에 맞추어 새로운 정체성을 세우고 싶은 욕구 사이에 갈등을 겪는다. 이방인들은 부인, 회피 등 다양한 방어 기제를 활용하여 이 유동적인 상태에 대처한다.

이방인이 경험하는 스트레스는 또한 적응을 위한 원동력이 되기도 한다. 일정 시간이 지나면 대부분의 이방인은 새로운 정도의 학습과 적응을 해낸다. 환경과 지속적으로 관계를 맺으면서 이방인은 점차 자신의 인지, 감정, 행동 습관을 교정하고 능숙하게 자신을 표현하고 새로운 문화 관습을 이해하고 자신의 행동과 지역 주민의 행동을 맞추어 나간다. 스트레스와 적응의 상호작용은 점차 내적 성장을 가져오는데 이는 새로운 환경에 관한 기능적 맞춤과 심리적 건강이 나아지는 방향으로 변형된다는 것이다.

스트레스는 이방인의 적응과 성장 경험의 일부이다. 스트레스, 적응, 성장 이 세 요소가 함께 새로운 환경의 요구에 맞추어 성공할 기회를 높이는 이방인의 심리적 움직임의 성격을 정의하는 데 도움이 된다. 아래 그림 1을 보면, 스트레스－적응－성장의 역동적 움직임이 화살표 방향으로 진행되고 있으나 끊임없는 도약을 위한 후퇴 식 패턴은 바퀴의 이동 모양과 비슷하다. 스트레스를 경험할 때마다 후퇴하다가 적응력으로 인하여 자신을 재정비하고 앞으로 도약하는 양상이다. 이런 내부 과정은 새로운 문화 학습(문화 변용)과 과거 문화 습관 버리기(문화 박탈)사이의 변증적 관계를 반영한다. 이방인이 후퇴를 통하여 배우고 전진할 때 다른 사람과 자신과 상황을 새로운 시각으로 보고 다가올 도전을 직면할 능력이 강화된다. 이 과정에서 전진하지 못하면 지속적 부적응과 좌절을 경험하게 된다.

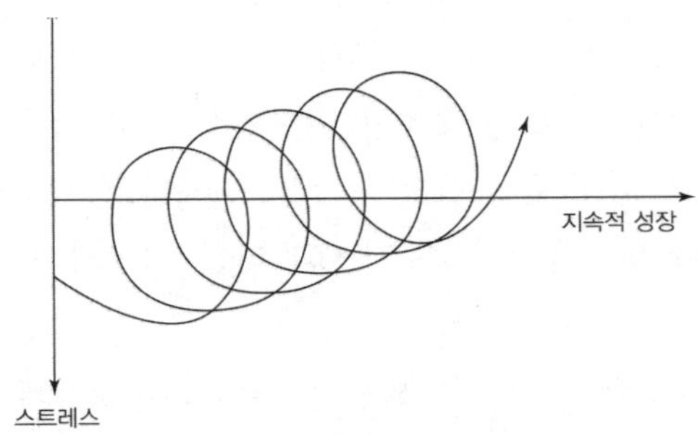

그림 1. 적응적 변용의 스트레스－적응－ 역동성 의사소통의 역할

의사소통의 역할

위에 언급한 비교 문화 적응 과정을 기반으로, 우리는 이제 서로 다른 적응 속도 문제를 생각해보자. 낯선 문화에 적응할 상황에 놓인 사람들은 대부분 심각한 문제없이 비교문화 도전을 이겨내지만, 장기간에 걸쳐 고통받는 사람도 있다. 이렇게 잘 적응하지 못하는 사람 중에 어떤 이들은 자신의 오랜 습관을 바꿔야 한다는 생각에 극렬하게 저항하면서 적응을 막는 심리적 저항선을 쌓는다. 또 어떤 사람들은 스트레스 상태를 견디지 못해서 심리적인 불안정을 보이며 소외되고 성급하게 이주를 결정한 것을 후회한다.

이방인의 적응 속도가 사람마다 다르다는 사실을 보면 "왜 어떤 사람은 다른 사람보다 더 빠르게 적응하는 것인가?", "같은 시간이 주어졌을 때, 왜 어떤 사람은 더 높은 단계의 적응 단계에 도달하는 것인가?"라는 질문을 하게 된다. 서로 다른 적응 변화를 설명하기 위하여 의사소통 과정을 집중하여 볼 필요가 있다. 음성, 비음성 정보를 작성하고 해독하는 의사소통 활동은 이방인을 주류 사회에 연결시키는 기본 구조로서 비교문화 적응의 가장 중요한 부분이다. 주류 사회 사람이 의사소통 상호작용을 통하여 자신의 사회에서 적절하게 기능할 능력을 키우는 것처럼 이방인도 주류 사회의 의사소통 활동에 참가함으로써 그 사회의 중요한 상징을 배워서 자신과 다른 사람의 활동을 조직하게 된다.

이방인의 의사소통 활동은 개인 의사소통과 사회적 의사소통으로 나뉜다. Ruben(1975)에 따르면 개인 의사소통은 '사적 상징화' 활동을 포함하는데, 이는 실제 상황에서 특정 방식으로 행동하고 반응하도록 돕는 모든 내적 정신 활동을 말한다. 개인 의사소통은 둘 혹은 그 이상 사람이 상호작용 할 때 사회적 의사소통과 연결된다. Ruben(1975)은 사회적 의사소통을 Intersubjectivi-zation(두 의식적 지성 사이에 일어나는 심리적 유대를 맺는 과정)으로 정의하고 "공적 상징화 과정" 결과로서 일어나는 현상이라고 한다. Geyer(1980)의 용어를 빌리면, 개인 의사소통 과정은 컴퓨터의 오프라인 기능에 비유할 수 있다. 이는 메시지의 입출력을 통한 온라인 기능을 거쳐서 환경에 연결되는 것이다.

개인 의사소통

개인 간 소통은 우리가 사회 문화적 환경에 맞추어 우리 자신을 조직하는 지적 과정을 말하는데 환경을 보고 듣고 이해하고 반응하는 방식을 개발하는 것이다. Ruben(1975)에 의하면, 개인 의사소통은 환경 내 대상과 사람에 대하여 의식하고 행동하는 것이다. 이것은 개인이 그의 환경에 자신을 정보로 전달 가능하도록 맞추어 가는 과정이다. 비교 문화 적응 상황에서, 개인 의사소통은 주류 의사소통 능력, 즉 이방인이 주류 문화의 의사소통 관습에 따라서 정보를 작성하고 해석하는 전반적 능력을 말한다. 주류 사회에 속한 사람은 이 능력을 어려서부터 획득해서 자신의 의사소통 체계에 내재화해 놓았으므로 대개 무의식적으로 작동한다. 하지만 이방인은 시행착오를 거쳐서 이 능력을 익혀야 한다. 이방인이 주류 문화의 의사소통 능력의 능숙한 단계에 다다르기 전에는 문화 화용론과 관련된 어느 것도 제대로 기능할 수 없다.

주류 언어에 대한 지식부터 개인 간 관계를 유지하고 현장의 문제를 해결하는 능력에 대한 사회적 규범에 이르기까지 주류 의사소통 능력의 많은 요소들을 인지적, 정서적, 작동적 세 요소로 분류할 수 있다. 이방인이 반드시 개발해야 하는 인지 능력 중 기본은 주류 언어와 문화에 대한 지식인데 여기에는 역사, 조직체, 법과 규칙, 세계관, 개인 간 관계 규칙 등이 포함된다. 주류 언어를 안다는 것은 음성학 등 언어적 지식뿐 아니라 일상생활에서 사용하는 화용론적 사용도 의미한다.

언어적, 문화적 지식은 인지 복합성 개발과 함께 한다. 인지 복합성이란 개인의 정보 처리

능력에서 나타나는 구조적 차이와 통합을 의미한다. 적응 초기 단계에서 이방인의 주류 환경 인식은 고정관념에 바탕을 둔 지나친 단순화 경향이 있다. 이방인이 주류 언어와 문화에 대해 더 알아갈수록 그의 인식은 더 정교해지고 복잡해져서 사회적 상호작용에 좀 더 효율적으로 대응할 수 있게 된다.

정서적 능력은 이방인이 본토인과 단순히 기능적인 것에서 시작해서 좀 더 의미 있고 충만한 의사소통을 하는 정도까지 의사소통 경험을 키우는 정서적, 미적 민감성을 제공하기 때문에 비교 문화적용을 키우는 역할을 한다. 정서적 능력을 가지고 이방인은 본토인과 기쁨, 흥분, 슬픔, 분노 등의 감정을 나눌 수 있게 된다. 이방인의 정서적 능력을 통하여 본토인과 소속감과 긍정적 감정을 갖도록 돕는다. 반대로, 정서적 능력이 결핍된 이방인은 본토인과 친밀한 관계를 누리며 구체적 문화경험을 누리는 것에 진실한 관심을 표시할 수 없으므로 소외되고 떠밀린다고 느끼기 쉽다.

Mansell(1981)은 다음과 같이 말했다.

> “미적 의식이라는 개념은 감사하고 축하하는 직관적 감정과 연결되어 있다. 이 인식 형태는 개인의 세계 인식을 변화시키고 자아와 환경 사이 일치감을 구분하는 의식을 발생시킨다…. 많은 사람들이 삶을 의미 있게 하는 충만함의 순간적 절정을 다다르는 것도 바로 이 변용적 경험 형태 안에서 이루어진다(p.99).”

인지적, 정서적 능력과 긴밀히 연결된 것이 **작동 능력** 혹은 “실행(enactment tendencies) 경향”(Buck, 1984, p.vii)이다. 이는 이방인이 다른 사람과 의사소통할 때 외부적으로 자신의 인지적, 정서적 경험을 표현하는 능력을 말한다. 이방인은 자신의 주류 문화와 언어에 대한 지식에 기반하여 표현을 하겠다는 결정을 하는데 이 결정은 그들의 정보 처리 능력의 정교화 수준, 본토인의 정서적 미적 경험을 인식할 능력과 동기 등에 달려 있다. 작동 기능을 통하여 면 대 면 상황, 관계를 시작하고 유지하기, 정확한 정보 출처 찾기 등 일상생활의 상호작용에 맞춘 음성적/비음성적 조합을 적절하게 맞춰 나갈 수 있게 된다.

사회적 의사소통

이방인의 주류 의사소통 능력은 직접적으로 주류 사회의 사회적 의사소통 활동에 참가하는 것에 연결되어 있다. 그들의 의사소통 능력에 따라서 사회적 의사소통 활동은 제한을 받게 된다. 각 의사소통 상황은 이방인에게 주류 의사소통 능력을 인지적으로, 정서적으로, 기능적으로 수행할 수 있는 기회를 제공한다.

사회적 의사소통의 중심은 개인 간 소통, 즉 면 대 면 상호작용 상황이다. Fogel(1993)이 주장하듯이, 개인은 관계를 통하여 발전한다. 개인 간 소통 활동을 통하여 이방인은 필수 정보를 확보하고 본토인의 사고방식이나 행동에 관한 통찰력을 갖게 된다. 면 대 면 접촉을 통하여, 이방인은 자신이 어떤 사고방식을 가졌는지, 어떻게 표현하고 반응하는 사람인지 등 자신에 대해서도 배우게 된다. 결과적으로, 이방인의 개인 간 소통 활동은 일상생활을 영위하는 것을 가능케 할 뿐 아니라 필요한 정서적 지지를 얻고 자신의 사고와 행동을 성찰할 기회를 제공한다는 것이다.

개인 간 소통에 더하여, 이방인은 대중매체,

영화, 음악, 드라마 등을 포함하는 대중 의사소통 활동에 노출될 때 주류 사회 의사소통 과정에 참여하게 된다. 이 경우, 이방인은 특정 본토인과 관계를 맺지 않고도 주류 환경과 접촉할 수 있게 되어서 그들의 적응 학습 반경이 크게 확대된다. 주류 사회의 현안뿐 아니라 신화, 연극 등을 반영하는 메시지를 전하는 과정에서 다양한 대중 매체는 직간접적으로 그 사회의 세계관, 신화, 믿음, 규범 등을 전달하고 있는 것이다. 다양한 대중 매체 경험 중, 신문이나 TV SBTM 등에서 나온 정보 지향 메시지를 접하는 것이 다른 오락 지향 내용보다 적응에 특히 더 도움이 된다.

적응에 미치는 대중 매체의 영향은 정착 초기 단계에 특히 중요하다. 이 시기에 이방인은 토착민과 의미 있는 관계를 맺을 정도의 의사소통 능력이 없으므로, 이때 직접 의사소통은 아주 좌절스럽거나 두려운 경험이 된다. 이런 상황에서 이방인은 자연스럽게 압박이 없고 간접적인 대중매체를 통하여 주류 문화를 경험하려는 경향이 있다.

환경의 역할

개인적 사회적 의사소통의 적응 기능을 낯선 사회 문화적 환경과 분리하여 생각할 수 없다. 사회나 공동체는 이방인에게 다른 환경이어서 (1) 주류 수용성, (2) 주류 순응 압박, (3) 인종 집단 강도 면에서 생각해 볼 수 있다. 이런 요소들을 통하여 이방인이 주류 환경에서 받게 될 "밀고 당기기"의 상대적 정도를 정의할 수 있을 것이다.

주류 수용성

주류 환경의 수용성은 그 환경이 이방인을 그들의 사회적 의사소통 관계망에 받아들이고 그들에게 정보, 기술, 물질, 정서적 지원을 제공하는 정도에서 어느 정도인지를 의미하는 말이다. 주류 수용성이라는 말은 관계 잠재성이나 교제 잠재성 같은 말과 유사한데 이들은 모두 이방인의 주류 사회 의사소통 과정에 대한 접근성을 의미하는 것이다.

주어진 환경은 특정 이방인 집단에게는 호의적이지만 다른 집단에게는 비호의적일 수 있다. 예를 들어서, 미국 시골 마을에 도착한 캐나다 방문객은 대체로 환영하는 환경에 있을 것이다. 하지만 같은 마을이 터키나 이란 사람에게도 동일하게 호의적일지는 불확실하다. 이방인을 향한 주류 수용성의 차이는 여러 이유로 인하여 나타나는데 그중 (1) 주류 국가와 이방인의 고국 간 친밀 관계 여부, (2) 두 문화 간 문화적 이데올로기적 차이와 불화 정도, (3) 이방인 고국과 문화가 차지하는 서열 혹은 위치, (4) 주류 사회에서 이방인의 인종 집단이 차지하는 경제적, 정치적 입지, (5) 이방인이 속한 인종 집단이 주류 사회에 행하는 경제적 정치적 위협, (6) 특정 집단에 대해 주류 사회가 갖고 있는 인종적, 민족적 편견 등이 그에 해당한다.

주류 순응 압박

사회마다 차이는 있지만 '순응 압박'은 본토인이 행동 패턴을 새로운 문화에 맞춰 바꾸라고 이방인에게 의식적, 무의식적으로 가하는 압력을 의미한다. 지역민이 이방인의 문화적 관습을 수용하는 정도와 주류의 규범적 기대에서 이방인이 벗어나는 것을 용납하는 정도는 문화나 공동체마다 다르다. 주류 순응 압박은 독특한 문화적, 인종적 특징을 가진 이방인을 환영할 수도 혹은 환영하지 않을 수도 있는 주류 수용성과 구분되어야 한다.

주어진 주류 환경의 주류 압박은 모든 이방인에게 동일하게 적용되는 것은 아니다. 생계가 토착민과 원활하게 의사소통하고 잘 받아들여져야 하는 상황에 달린 이방인이 절실하게 느낀다. 주류 언어와 문화를 잘 알면 관련된 토착민의 승인 혹은 용납에 따라서 성공과 실패가 달라지는 상황에서 이민자가 자신의 목표를 달성하는 데 결정적인 도움이 된다. 다국적 기업 근무자나 평화 봉사단처럼 임시 거주자도 임무를 수행하는 상황이나 지역민과 유대 관계를 맺어야 하는 상황에서 주류 순응 압박을 받는다. 해외 주둔 미군 같은 경우는 일과가 주류 문화와 별개로 진행되므로 주류 순응 압박을 받을 일이 거의 없다.

주류 순응 압박 정도에 영향을 미치는 또 다른 요소는 주어진 환경 내 인종적 동일성 혹은 다양성 여부이다. 인종적으로나 정치적 이데올로기가 다양한 사회나 공동체가 자국 내 민족적 소수자나 외국 출생자가 적응하는 비율이 더 높다고 한다. 모든 사람에게 그 사회의 지배적인 언어나 문화 패턴을 강요하는 모습은 중국이나 사우디아라비아 같은 전통 사회에서 많이 찾아볼 수 있다. 단일 언어권 사회에서 외국인 방문객들이나 이민자들은 지역 관습을 따르라는 압박을 더 크게 느끼기 마련이다.

민족 집단 강점

이방인의 적응에 영향을 주는 또 다른 환경 조건은 바로 주류 사회 관련 민족 집단의 강력함이다. 주류 사회 내 각 민족 집단의 위치는 다 다르다. Clarke & Obler(1976)는 민족 집단 발달 3단계 이론을 제안한다. 첫 번째 단계는 경제적 조절인데 한 집단이 도착해서 그 집단이 경제의 일부로 성장할 때까지를 말한다. 두 번째는 공동체 형성인데 공동체 지도력 개발, 민족 집단의 정체성을 확인하는 데 쓰이는 단체 역량 등을 포함한다. 세 번째 단계는 정치적 성장과 적극적 자아 확인 시기인데, 집단적으로 민족 정체성과 집단의 공통 관심사를 강화하는 데 도움이 된다.

민족 집단 역량 현상은 민족 언어적 활력 관련 사회 심리학에서 논의되어 왔다. 사회 환경의 영향과 제2 언어 능숙도 결과에 관한 연구에서 Giles(1977) 등 연구자들은 개인의 행동에 민족 언어학적 활력이 주는 영향을 (1) 공동체 내 언어의 위치, (2) 발화자의 절대 숫자와 상대 숫자, (3) 민족 언어를 위한 정부 서비스, 학교, 대중 매체 등 조직적 지원 등 세 개의 구조 변수로 정의할 수 있다.

객관적 환경 조건으로서 민족 언어의 활력은 Giles와 그의 동료들(1977)이 언급한 "주관적 민족 언어 활력"이라는 단어와 연관되어 그 사람의 민족 집단 위치 적법성과도 관련이 있다. 자신의 집단이 하위 위치에 있다고 생각하는 화자들은 상위 집단에 맞추어 자기의 의사소통 행동을 조절하는 경향이 있다.

민족 집단 강점에 관하여 앞서 언급한 두 개의 견해를 보면 주류 사회에서 이방인의 적응

과정에서 민족 집단 동력의 역할에 대해 생각하게 된다. 민족 집단의 강점은 (1) 민족 언어학적 활력, (2) 경제 위치, (3) 조직적 완결성, (4) 민족적 정치 활동 등으로 생각해 볼 수 있다. 종종, 이러한 공동체 특징은 민족 집단의 크기와 주류 사회 내 공동체의 역사적 성숙과 긴밀히 연관되어 있다. 이런 관점에서, 플로리다 마이애미에 있는 쿠바계 미국인 공동체는 시카고에 있는 러시아 공동체보다 더 강력하다. 예외는 최근에 미국에 거주하기 시작한 체코슬로바키아계 미국인의 공동체인데 이 집단은 크기는 작지만 미국인의 정치 경제적 후원에 힘입어 강력한 민족 집단으로 기능하고 있다.

민족 집단이 강력하면 할수록 구성원에게 더 강력한 하위문화와 필수적인 서비스를 공급하기 때문에 초기 이방인의 비교 문화 적응을 돕는 역할을 한다. 그러나 결국, 강력한 민족 공동체는 민족 언어의 유지를 장려하므로 적응에 도움이 되는 것 같지는 않다. Rosenthal & Hrynevich(1985)은 호주에 있는 그리스 이민자 공동체가 이탈리아 이민자 공동체보다 더 응집력이 있음을 발견했다. 또한 그리스계 호주인 청소년은 이탈리아계 호주인 청소년보다 자신들의 민족적 정체성과 정신적 유산 보존에 더 집중하고 있다고 한다. 따라서 그리스계 호주인 청소년은 지배적인 호주 문화에 적응하는 것에 상대적으로 소홀하다는 것이다.

경향의 역할

이방인의 적응은 주류 환경 조건과 이방인들이 적응하며 드러내는 특성에 의해서도 영향을 받는다. 이방인은 자신들의 이어지는 변화의 한도를 정하는 기존의 내적 특징을 지닌 채로 각자의 적응 과정을 시작한다. 어떤 이들은 열정과 결단력이 있고 또 어떤 사람들은 피할 수 없는 환경에서 변화를 강요받는다고 생각하기도 한다. 어떤 이들은 새로운 경험에 긍정적이지만 또 다른 이들은 자신들이 평생 지녀온 습관을 바꾸기에는 자신들이 너무 나이가 많다고 생각한다. 이방인의 이러한 내적 조건은 (1) 준비성, (2) 민족, (3) 성격으로 나누어 볼 수 있다.

준비성

이방인은 새로운 환경에 맞서서 준비된 정도가 다 다르다. 이들의 준비된 상황은 이민 오기 전에 익힌 주류 의사소통 능력의 정도를 봐도 알 수 있다. 주류 문화 능력은 새 언어와 문화, 능력에 관한 지식으로부터 다양한 상황에 맞추어 적절하게 행동할 능력에 대한 지역민의 정서적, 미적 기대 강조에 이르기까지 주류 사회의 의사소통 활동에 참여할 수 있는 인지적, 정서적, 기능적 능력을 말한다.

이방인이 주류 사회에 대해 현실적인 기대와 지식을 갖고 있다면 이들의 공식적, 비공식적 학습으로 구성된 준비성은 높아진다고 할 수 있다. 주류 언어와 문화를 배우는 학교 수업과 훈련이 이러한 학습 활동에 포함된다. 문화적 맥락에 상관없이 특히 교육은 새로운 배움과 인생의 새로운 도전을 맞이하기 위한 정신적 역량을 확장하는 데 도움이 된다. 많은 비교 문화 훈련과 소개 프로그램은 훈련생이 주류 문화에 익숙해지기를 강조한다. 더 효과적인 언어와 문화 학습 출처가 주류 문화에 실제 진입하기 전에 주류 문화권 사람과 접촉하는 상황이 되는 이방인도 있다. 평화봉사단 자원자는 집중 심사 과정을 거치고 언어와 문화 훈련을 받기 때문에 가장 잘 준비가 잘 된 경우라고 하겠다.

이방인의 준비성은 그들의 타문화 이동이 자발적인지 혹은 비자발적인지, 그리고 예정된 거주 기간에 의해서도 영향을 받는다. 자발적이고 장기간 거주할 이민자는 기꺼이 의욕을 가지고 자신을 바꿀 적극적 의사를 가지고 주류 문화에 진입한다.

민족

이방인의 준비된 상태도 다양하지만 민족 분포도 다양하다. 민족이라는 단어는 특정 민족 집단의 회원으로서 이방인이 지닌 물려받은 다양한 특징을 포함한 단어이다. 일본인 체류자와 이민자는 멕시코나 프랑스에서 온 체류자와는 다른 외형적, 언어적, 문화적 특징을 주류 문화에 가져온다. 이러한 민족적 특징을 가지고 이방인은 주류 문화에서 의사소통 능력을 개발하고 사회적 의사소통 활동에 참가하게 되므로 이들의 문화 적응 과정에 절대적인 역할을 한다.

이방인의 민족 배경이 그의 적응 과정에 영향을 끼치는 방법은 두 가지이다. 첫 번째는 각 민족적 배경은 이방인에게 주류 의사소통 능력 개발과 주류 의사소통 활동을 하기도 전에 특정 언어/문화적 장벽이 된다. 두 번째로 각 민족성은 토착민의 수용성에 영향을 주어서 이방인을 향한 특정 심리적 장벽을 갖게 한다. 이방인은 그들의 민족성 특성 탓에 때로는 이로 인한 이점을 가지고 또 때로는 부담을 가지고 문화 적응 과정을 시작한다. 미국에서 일본인 회사 중역은 미국에서 일하는 영국인 중역보다 더 큰 언어적 장벽을 넘어야 한다. 이들의 외형적 특성 탓에 이들과 미국인 상대 간에 심리적 차이가 강조된 장벽을 직면해야 한다.

성격

이방인에게 민족적 차이뿐 아니라 성격적 차이도 있다. 각자가 가진 심리적 경향의 맥락 안에서 이방인은 새로운 환경의 도전을 맞이한다. 개방성, 강인함, 긍정적 마음은 스트레스 가득한 도전을 견디고 새로운 배움을 극대화할 수 있는 특히 중요한 성격 특징이다.

개방성은 새로운 정보를 수용하고자 하는 내적 자세로 정의된다. 아이의 천진함처럼 개방성은 새로운 환경에 진입하고자 할 때 저항을 최소화하고 열의를 최대화한다. 개방적인 이방인은 새 환경에서 발생하는 다양한 사건과 상황을 인식하고 해석할 때 덜 경직된 민족중심주의적 판단을 한다. 새로운 문화 학습을 계속 하고 더 감성적이고 미적인 감수성을 발휘하고 다양하게 행동의 폭을 넓히고자 하는 결정은 이방인의 성격에서 나오는데 이런 결정은 주류 환경의 요구에 부합하고 참여하는데 필수적인 것이다. 유연성이나 혼란에 대한 관대함 등이 비슷한 개념의 단어이다.

강인함은 새 문화 적응의 중요성을 견디는 성격 특성을 말한다. 개방성과 연관되어 강인함을 가지고 이방인은 자신의 기본을 잃지 않고 새로운 문화의 도전을 받아들인다. 고집스러움과는 달리 강인함은 유연성의 측면도 포함하는데, 이는 타협할 줄 아는 능력이며 자신을 믿으면서도 타인을 강조하는 것이고 걱정하지 않는다는 것이다. 고집스러운 성격이 적응을 꺼리는 반면 강인함은 임박한 문제에 창의적이고 효과적으로 반응하는 힘을 키워 낸다. 강인함은 낯선 문화에서 나타나는 많은 어려움을 다루고 잠재적으로 문제가 많은 상황에서 최선을 발견하는 개인적 능력이다. 강인함을 가지고 자신의 관점을 수정하거나 진로를 계획할 수 있다. 강인한 성격은 회복력, 위험 부담, 인내, 탄력성 등의 단어와 의미를 공유한다. 강인함은 개인이 환경에서 받은 충격을 흡수하고 심각한 상처 없이 회복할 수 있는 내적 특성이다.

개방적이고 강인한 성격은 긍정적인 경향이 있다. 긍정성은 낙관적인 전망을 가지고 부정적 예측을 거절하는 능력이다. 긍정성은 무조건적인 낭만주의나 설득력 없는 이상주의를 의미하는 것이 아니다. 상황의 어두운 면을 인지하면서도 그 상황의 밝은 면을 보려고 인내하는 경향이다. 내적으로 긍정주의는 장애를 극복할 수 있다고 자신의 능력에 대한 근본적인 자신감을 갖는 것이다. 긍정성이 있으면 각 곤란한 상황에서 최선을 찾는 데 도움이 되고 그 상황에서 배울 수 있는 것이 무엇인지 발견하는 데 도움이 된다.

개방성, 강인함과 더불어 긍정성은 내적 자원이 될 수 있는 성향을 정의하는 데 도움이 된다. 이런 성향들이 있는 이방인은 스스로를 적응 과정으로 밀어 부칠 수 있다. 강하고 개방적이고 긍정적인 사람은 포기할 가능성이 상대적으로 더 적고 주류 사회에서 처한 힘든 상황에서 기꺼이 위험을 감수하는 경향이 있다. 이들은 지속적으로 새로운 배움과 삶의 활동을 조정할 새로운 방식을 찾기 때문에 주류 의사소통 능력을 개발하는 데 적합하다. 이러한 성향이 없다면 그 사람의 적응 능력은 약화되고 적응 개발에 저항하는 장벽을 세울 가능성이 높다.

정리와 통합

이 글에서 나는 새로운 문화에 적응하는 과정을 공동으로 상호작용을 하는 모험이라고 묘사했다. 이방인들과 주류 문화가 역동적으로 스트레스, 적응, 성장 경험에 서로 영향을 주는 모험이다. 적응 과정은 기본적으로 도전에 맞서고 문제에서 배우고 더 높은 단계의 자기 완성에 이르는 사람의 능력을 잘 보여 준다. 적응은 자연스러운 것이고 이방인은 그가 주류 문화와 직접적, 지속적 상호작용을 하고 있는 한 기꺼이 적응하고 싶어 한다.

적응 과정의 핵심은 이방인과 주류 환경 사이 의사소통 활동이다. 이방인은 새 환경과 지속적인 밀고 당기기를 하며 상호작용을 하는데 그 과정 중에 기능적으로 적합한 상태가 되고 심리적으로 더 건강해진다. 적응하며 일어나는 변화는 이방인이 환경 도전에 맞서며 경험한 스트레스-적응-성장의 역동적인 정신 운동으로 여는 문이다. 결론적으로 이방인은 문화 변용과 문화 말살 경험을 한다. 적응 과정에서 의사소통이 핵심적 역할을 하기 때문에 이방인의 개인 간 그리고 대중 의사소통 활동은 그의 주류 의사소통 능력 향상에 아주 중요하다. 이방인의 주류 의사소통 능력은 적응 과정을 지속하는 엔진 역할을 하고 이들의 사회적 의사소통 과정 참가는 연료의 역할을 한다. 현실적으로, 주류 문화와 의사소통 해 온 기간이나 범위가 아무리 길거나 광범위해도 지금까지 완벽히 적응한 이방인은 거의 없다. 그럼에도 그들 대부분은 주어진 시간에 생활에 지장을 주지 않을 정도의 적응을 했고 점차 더 높은 단계의 능숙함에 도달할 수 있었을 것이다.

이방인이 다양한 개인 간 그리고 대중 의사소통 활동에 참가할 때 이들은 주류 사회뿐 아니라 글들이 속한 민족 공동체로부터도 격려와 압력 둘 다 받는다. 주류 수용성, 주류 순응 압박, 민족 집단 강도라는 세 가지 환경 조건을 가지고 수용 사회가 이방인에게 제공하는 "밀고 당기기"의 역동성을 정의할 수 있다. 본토민이 이방인에게 수용적인 태도를 보이면 그 환경은 이방인에게 낙관적으로 작용한다. 이러한 환경적 요인에 직면하여 이방인이 지닌 성향이 중요한 역할을 한다. 새로운 환경에 더 잘 준비되고 민족적 배경이 그가 정착할 지역 사람들과 유사하고 그의 성향이 개방적이고 강인하며 긍정적이라면 적응 과정이 순조롭다.

성공적 적응을 원한다면, 이방인은 반드시 주류 사회에서 겪을 불안과 불안정성에 대처할 각오가 되어 있어야 한다. 새로운 의사소통 습관을 반드시 익히고 옛 것은 미루어 놓아야 한다. 주류 의사소통 능력이 적응하는 데 얼마나 중요한지 깨닫고 가능한 가장 능숙한 상태까지 끌어 올려야 한다. 주류 사회의 개인간 그리고 대중 의사소통 과정에 참여하는 기회를 최대한 활용해야 한다. 마지막으로 더 개방적이고 강인하며 긍정적인 성향을 갖도록 노력해야 한다.

그러나 이방인이 혼자서 적응 목표를 이룰 수는 없다. 적응은 이방인과 새 환경을 포함한 상호작용 과정이다. 주류 사회 구성원들이 수용성을 최대화함으로써 이들의 적응을 도울 수 있다. 이방인의 민족적 배경을 받아들이고 그들에게 지지하는 개인 간 환경을 제공하는 방법으로도 이들의 적응을 도울 수 있다. 주류 사회는 이방인이 의사소통 훈련 프로그램을 통해 적응하도록 적극적으로 격려할 수 있다. 이런 프로그램은 이방인의 주류 의사소통 능력 획득을 도울 것이다. 민족 공동체도 이방인의 초기 정착 시기에 상당히 중요한 정착 서비스를 제공할 수 있다. 민족 공동체들은 스트레스와 초기 불확실성에 대처하도록 돕고 효과적인 정착을 안내하는 지원 체제를 제공할 수 있다. 하지만 동시에 이방인은 자신의 민족 공동체가 제공하는 배타적이고 지속적인 지원으로 인하여 그들이 주류 환경에 적응할 기회가 지연되거나 제한될 것임을 반드시 알아야 한다.

궁극적으로 장기 이주자의 적응은 주류 사회에게도 주요한 관심 사항이다. 의사소통을 통하여 주류 사회는 상호 신뢰와 선의를 다양한 민족, 문화 집단과 나눌 수 있다. 또 이를 통하여 사회적 일치와 단결을 유지할 수 있다. 의사소통의 공동 채널이 남아 있는 한 합의와 마음을 합한 행동이 그 사회를 지탱할 것이다. 의사소통은 유입되는 새로운 구성원을 보편적으로 공유된 사상과 가치의 응집력 있는 사회 구성체 속으로 융합시킬 수 있다.

개념 이해와 질문

1. Kim이 새로운 이민자와 난민을 언급하면서 그들이 '개척자'와 같다고 했을 때 그 말은 무슨 의미인지 이야기해보자.
2. 이민자와 난민이 취하는 방어기제의 예는 무엇인가?
3. 스트레스가 적응 과정의 일부라는 생각을 어떻게 설명할 수 있는가?
4. 왜 개인주의적 이방인은 다른 사람보다 더 빠르게 적응하는 것인지 설명해 보자.
5. Kim이 말한 "인식적 복합성"은 무슨 뜻인가?
6. 대중 의사소통 활동이 어떻게 적응 과정을 돕는가? 과정을 방해하는 역할을 할 수 있는가?
7. Kim은 주류 수용성, 주류 순응 압박, 민족 집단 강점을 어떻게 설명하고 있는지 말해 보자.
8. 이주한 지 얼마 되지 않은 이방인이 주류 문화에 대해 비현실적 기대를 갖는다면 어떤 일이 생기는가?
9. Kim은 이방인 혼자서 자신의 적응 과정을 성취할 수 있다고 믿는가?

Young Yun Kim is Professor in the Department of Communication at the University of Oklahoma, Norman, Oklahoma.

08

윤리적 고려사항 : 행동변화

08

윤리적 고려사항 : 행동변화

이 책은 초판 이후 소통은 도구적인 노력이라는 생각을 강조해왔다. 지금까지 우리가 말한 소통을 하려면 어느 정도 행위도 포함한다. 더 중요한 것은 그 행위가 다른 사람 안에서 반응을 일으킨다는 것이다. 자동차를 구입하든지, 동료를 찾든지, 공직에 선출되든지, 친구에게 외국어를 가르치든지, 단순히 방향들을 찾든지, 당신과 상대방인 사람은 활동에 참여한다. 그 활동은 중요하든 아니든 항상 영향력을 지닌다. 약간 다른 말로 해보자. 당신이 누군가에게 메시지를 보낼 때 무언가가 일어난다. 당신의 단어와 행위는 특정 사람의 행동, 태도, 인식, 자기개념과 그의 분위기를 변화시킬 수 있다. 당신이 슬프게 느낄 때를 상상해 보라. 좋은 친구라면 한꺼번에 주위에 몰려들어 다음과 같이 말할 것이다. "걱정하지 마. 모든 게 잘될 거야". 단순한 행위가 당신을 변화하게 할 가능성이 많다. 변화는 짧은 기간 혹은 긴 기간일 수 있고, 즉각적인 혹은 지연된 것일 수도 있고, 공적 혹은 사적일 수도 있다. 그럼에도 당신은 어느 정도 변화를 경험한다.

이런 예는 윤리의 구성요소가 모두 소통행위로 세워진다는 사실을 보여 준다. 수천 년 동안 문화는 이 소통의 윤리적 차원을 인식했다. 전통적인 세계종교는 그 구성원에게 윤리적 독트린을 향상시킨다. 사회적 윤리의 중요성에 관련한 인정recognition은 법적, 대인 간 수준에서 존재한다. 예를 들면, 미국에서는 소통윤리에 대한 법적 인정은 명예훼손, 중상, 광고에 있어서 진실성, 정치적 캠페인관련법으로 표현된다. 당신은 대인 간 수준에서 악의적이고 포악한 말을 듣지 않도록 소통행동에 책임지고자 하는 욕구가 있다. 이런 공적, 비공식적인 "문화적 규칙"은 언급한 것처럼 당신의 행동 결과가 다른 사람에게 영향을 미치는 것에서 비롯된다. Shakespeare는 그의 「Comedy of Errors」에서 쓴 것처럼, 모든 "왜"라는 질문에는 이유가 있다고 보았다. 이 장은 행동의 진행 과정과 행위에 대해 일어나는 "왜"와 "그 이유"를 생각해보는데 주안점을 둔다.

모든 소통은 윤리적 책임이 있다. 그럼에도 문화 간 맥락에서 "책임"을 평가하는 것은 어렵다. 브라질 박애주의자 Vandemar wl Setzer은 "윤리는 규정만 할 수 있는 것도 아니지만, 실행만 할 수 있는 것도 아니다. 왜냐하면 윤리는 의식적인 것이 아니기 때문이다. 그것은 우리의 사고뿐만이 아니라 감정도 포함한다"고 말했다. 이 장은 문화 간 소통에 참여함으로써 일어나는 감정과 책임감을 자각하도록 조언한다. 구체적으로 우리가 간문화적 분야 내에서 소통에 따른 고려사항이 필요하다는 점에 초점을 맞춰 네 가지 논문을 선정하여 제공한다.

우리는 이 책의 초판에서 그랬던 것처럼 오늘날에 적합한 논문을 선정하여 시작한다. 또한 우리에게 이 책을 통해 논의되었던 현안을 되새겨 본다. 국내·외에서 타문화권의 접촉이 증가되면서 나타나는 문제는 무엇인가? Harlan Cleveland는 "문화적 다양성의 제약"에서 "접촉 증가로 나타나는 문제는 무엇인가?" 라고 질문하며 많은 접촉의 부정적인 결과와 오늘날 세계에서 일어나는 문화 간 접촉에 관해 솔직한 주장으로 논문을 시작한다. 윤리와 종교적 다양성은 전 세계에 고통스러운 갈등을 만들어 내는 문제에 관한 주제이다. 여기서의 새로운 논의는 문화적 간 소통에 어떻게 고통스러운 갈등을 만들고 있는지에 관한 관념적인 담론으로 이루어진다. Cleveland에 따르면, 이 담론은 문화란 탄압, 배제, 소멸의 도구로서 사용되어 왔다고 지적한다. Cleverand는 사람이 외국문화와 접촉하면서 겪는 혼란에서 확실성과 안정성의 최고 항구는 민족유사성, 공통의 믿음, 경제적 이익, 정치적 동심 등에 근거한 단일 집단이라는 믿음이라 보았다. Clevealnd의 관점이 도발적이지만 적절한 것으로 보이는 것은 오늘날 많은 학자 가운데 보편화된 관점인 "단일 문화"라는 가설은 폐기해야 한다고 주장하기 때문이다. 그는 더 광범위한 관점, 글로벌 시각, 더 보편적인 생각으로 반대 관점을 폐기하기를 권장한다. Cleverland에 따르면 보편적인 관점이란 모든 인간성의 기본적 핵심으로서, 문명을 이끄는 철학에 근거한다. 이런 분석에서 문화는 "지역사회의 실재와 상징"을 재현한다. 문명은 정열과 협력위에 세워지고 절충에 뿌리를 내린다. 이런 지향이라면 사람은 극히 중요한 가치를 인정하면서도 문화적 차이를 존중하는 방식으로 서로를 다룰 수 있다. Cleverand의 낙관주의는 분명히 이런 결론에 이른다.

"21세기에 차이로 인한 즐거움에 대한 감사는 윤리적 청소와 종교적 대립 관계가 전 세계적으로 확산되는 것을 막는 대안이다."

Yong Yun KIm가 쓴 "간문화적 인간성 : 동서양의 통합"은 이 책의 초기 판본에도 포함되어 있다. Kim의 분석은 효과적인 문화 간 소통을 위한 중심주제 중 하나로서, 당신이 문화와 그 문화 내의 개인적인 장소에 관한 가정을 바꾸게 되는 토대가 된다. 변화를 인정하는 것에 대해 Kim은 "국제적인 인간성international personhood"이라 일컫는 철학적인 지향으로 진전시킨다. Kim에게 간문화적 인간성은 동양과 서양이 가진 문화적 전통의 주요한 속성을 합한 것이다. 그는 이 속성을 활용하여 의식, 인지적인 유형, 개인적이고 사회적 가치, 소통행동의 기본적인 양식을 고려하는 모형을 제시한다.

"윤리에 관한 문화 간 소통으로서의 소통적 접근"에서 Richard Evanoff는 어떻게 해외 일시체류자가 자신이 거주하는 나라의 사람과 상호작용해야 하는지를 구체화하는 두 가지의 규범적인 모형을 묘사한다.

초기 체류시점에 있는 사람은 거주 국가의 규범에 자신을 적응한다. "로마에 와서는 로마 사람처럼 하라"는 접근이다. 두 번째로, 개인은 거주 국가의 문화를 존중하면서 자신의 규범을 유지한다. 이것 중 어떤 것도 문화 간 관계를 효과적으로 맺어가는 데 충분히 만족하다고 증명해주지 못한다. Evanoff에 따르면 "서로 다른 윤리적 규범을 가진 사람 사이에서 공동의 규범은 문화 간 소통 과정을 통해 적극적으로 만들어질" 수 있다. 이 제안의 최종 목적은 교차문화적 상황에 있는 사람 사이의 관계를 관장하기 위한 새로운 윤리를 만드는 것으로서, 모든 문화를 망라하는 윤리적 규범의 통합이다.

Evanoff이 말하는 통합과정의 기초적인 가정은 "다른 문화가 어떻게 세계를 인식하는지 경험해 본 사람은 간문화적 마음가짐을 습득한다"는 것이다. 그는 모든 문화에서 존재하는 다수 형태의 강화에 주안점을 둔다. 통합적 원리를 제시함에 있어서, Evanoff는 구체적인 세 가지 형태의 통합을 확인한다. 인간의 가능성과 세계에 관한 더 광범위한 관점에 이르는 간문화적 마음가짐을 개발하기 위해, 그는 다수의 틀에 대한 준거를 통합하려는 논의로 시작한다. 다음으로 그는 통합과 적응adaptation 사이의 차이를 설명한다.

그는 적응이란 개인적인 규범을 거주국가의 문화적 규범에 적응하는 과정으로 본다. 반면 통합은 거주 국가의 문화적 가치를 자신만의 체계로 통합하기 시작하는 심리적 과정과 거주 국가의 문화가 일시체류자의 가치에 영향을 받을 수 있도록 하는 과정 모두에 관심이 있다. Evanoff는 그의 논문에서 비판적 대화가 해외체류자와 거주 국가 문화의 가치체계를 평가하는 것으로 이어지는 공적인 수준에서 통합을 논의하고 마친다. 그는 통합을 입증하기 위하여 이런 형태의 대화적 모형을 제안하고 아시아와 서구 문화로부터 온 사례를 제시한다.

그러나 우리는 이 책의 많은 판본에서 그래왔듯이 꽤 다른 논문 선정으로 이 장의 결론을 맺는다. "문화 간 소통을 위한 윤리로서의 평화"에서 David W. Kale은 구체적인 도전을 설명하고 있다. Kale은 대부분의 사람이 무엇이 맞고 무엇이 틀린지의 기준으로 문화적인 믿음을 평가하는데 대한 불편함을 인정하고 있다. 그는 이 믿음 대부분이 생활과 문화에 토대를 두고 있다고 독자에게 상기시킨다. 이런 불편함에도 불구하고 다양한 문화의 접촉 증가는 문화 충돌이나 옳고 그름의 문제로 연관된 현안을 검토할 필요를 더 늘어나게 한다. 그런 검토를 돕기 위해서 Kale은 간문화적 윤리를 평가하기 위해 직접 관련된 다섯 가지의 상호 연관된 현안을 제시한다.

(1) 소통윤리 규정
(2) 문화상대성 대 보편성 윤리
(3) 간문화적 윤리적 토대로서의 영성 개념
(4) 간문화적 윤리에서 기초적인 가치로서의 평화
(5) 문화 간 소통에서 보편적인 윤리 코드(규정)

Kale은 우리에게 다섯 번째 원리를 확장하여 앞에 네 가지 원리에서 기대하는 구체적인 코드를 따르도록 다음을 제시한다.

(1) 자신이 받고 싶은 만큼 다른 문화권의 사람을 존중한다.
(2) 자신이 인식하는 세계를 가능한 정확하게 기술한다.
(3) 다른 문화권의 사람에게 자신만의 독특함을 표현하라고 권유한다.
(4) 다른 문화권의 사람과 일체감을 가지기 위해 노력한다.

여기서 선정된 논문은 문화 간 소통에서 직면하는 많은 현안의 작은 예를 보여 준다. 이 분야는 비교적 새롭다. 미래는 정확하게 예측하기가 불가능할 정도로 방향이 다양화되고 있다. 그러므로 이 장에서 우리의 의도는 21세기를 통해 더 많은 논의로 발전이 이루어지기 위해 단순히 약간의 개념을 소개하는데 있다.

마지막으로는 이 장에서 우리가 제공하는 것의 많은 부분은 주관적이라, 여러분 중 일부는 어설프다고 생각할 수 있다. 그러나 문화 간 접촉 분야는 생각이상으로 발전할 것이라는 믿음이 있기에, 우리의 부족함을 사죄하지 않으려 한다. 이 책은 여러분에게 자신과 타인을 인식하는 새로운 방식을 소개할 것이다. 그렇게 함에 있어서 이 책의 목적은 이 복잡하고 축소되고 있는 지구가 70억 인구가 넘는 모든 사람이 평화롭게 사는데 적합한 장소가 되도록 돕는 데 있다.

간문화적 인간성 : 동서양 시각의 통합

Young Yun Kim

우리는 정체성이 충돌하는 시대에 살아가고 있다. 긴밀하게 짜인 소통망은 모든 문화를 이전보다 더 자주 연결하게 만들었다. 우리문화라는 경직된 집착을 유지하는 것은 이제 가능하지 않다. Toffler(1980)가 지적한 것처럼, 우리는 "엄청난 비약적인 발전에 따라 가려는" 자신을 발견한다. 우리는 모든 시대를 창의적으로 다시 구조화하고 있어서 가장 심화된 사회적 대변동을 목격한다. 우리는 그것을 분명히 인식함이 없이 처음부터 끝까지 (완전히) 괄목할 만한 새로운 문명을 세우는데 개입하고 있다"(p. 44). 그러나 국가주의와 제노포비아라는 감정과 결부된 문화정체성이라는 개념은, 오늘날 세계전망의 많은 부분을 불안하게 덮친다. 집단들 가운데 분리와 갈등을 일으키지 않고도, 일부 형태의 공동체적 독특성에 대한 열망을 만족시킬 수 있는가? 지역공동체적인 가치에 기여하도록 책임을 맡은 개인은 자신이 속한 지역에 대한 충성을 초월할 수 있는가?

이 논문은 개인을 분리하기보다 인간성으로 통합하는 자기규정과 정체성을 가지도록 개발하는 생활방식, 즉 간문화적 인간성[19]이라는 개념을 제안하면서 이 현안에 초점을 맞춘다.

간문화적 인간성은 자신이 속한 문화적 교훈의 경계너머로 열려있는 인간성장으로 그려진다. 간문화적 인간성의 실행가능성에 관한 사례를 만드는 데 있어서, 우리는 먼저 언뜻 보기에 서양과 동양의 양립할 수 없는 두 문화 전통에서 핵심적인 요소 중 일부를 조사하고자 한다. 우리는 이 철학적인 시각을 규정하는 "뿌리 개념" 혹은 문화적 선험성에 초점을 맞출 것이다. 이 두 가지 전통의 특정 측면은 논쟁에서 종종 양립할 수 없는 것으로 간주된다. 그럼에도 보완적인 요소는 인간조건에 대한 기초적인 수준의 고려사항을 창의적으로 통합할 수 있도록 만들 수 있다. 우리는 이제 간문화적 인간성을 형성하는 과정이 두 문화적 세계에 걸쳐져 있는 사람의 삶에서 어떻게 이루어지고 있는지를 검토할 것이다.

간문화적 인간성에 대해 최근에 이루어지

19) 간문화적 인간성 : "메타 정체성", "초월적 정체성"이나 "다문화적 팀"(Adler,1982), "보편적 인간"(Tarore, 1961; Walsh, 1973), "국제적인 사람"(Lutzker, 1960), "종 정체성"(Buoulding, 1990)과 같이 비슷한 다른 용어로 표현된다.

고 있는 논의는 국가와 문화적인 관심보다 인간성을 포함하는 더 큰 이데올로기를 탐색하는 쪽으로 이루어져왔고, 21세기의 몇 안 되는 유명한 철학자의 저작에서 많은 영향을 받았다.

그 연구 중 하나는 Northrop의 「동양과 서양의 만남」(1966)과 「국제적인 문화의 이상」으로서, 그것은 '불완전한 세계시민권'으로서 생각을 품는 것에 대해 정서적이고 지적인 기초를 제공하는 방법으로 제시하고 있다. 또한 그의 아이디어에 대한 영감inspiration은 '지구촌 문화planerary culture'라는 생각이나 동양의 신비주의가 서구과학과 합리주의로 어떻게 통합되는지 탐색했던 Thompson(1973)의 연구로부터 나왔다. 서양과 동양의 문화적 전통의 현 분석을 위한 초기 출처 역시 Nakamura의 「동양인의 사고방식」(1964), Campbell의 「신비의 권력」(1988), Gulick의 「서양과 동양」(1963), Loiver의 「고대 인도와 중국의 소통과 문화」(1971), Capra의 「물리학의 도」(1975), Hall의 「문화를 넘어서」(1975)와 「삶의 춤」(1983)을 포함한다.

동서양의 문화적 전통

인도, 티벳, 일본, 중국, 한국을 포함하는 아시아 전역에 걸친 전통적인 문화와 남동아시아에 사는 사람은 불교, 힌두교, 도교, 선종 같이 종교적이고 철학적인 체계에 의해 영향을 받아왔다. 한편, 서구유럽은 대체로 그리스도교와 유대교의 전통을 따라왔다. 물론 이 두 광범위하게 범주화된 문명에서 문화적 가정을 제시하려는 모든 노력은 각 전통 내 차이variance의 독특성과 구체적인 항목을 희생시키는 것이 불가피하다.

두 명의 개인 혹은 집단은 믿음이 일치하거나 행동이 획일적으로 나타나지 않는다. 또한 한 문화 혹은 문화적 집단이 만들어 놓은 특징이 무엇이든지 간에 획일적이고 단일체적인 속성보다는 규범적인 변화 경향이 있다고 생각해야 한다. 그럼에도 불구하고 몇 가지 주요한 요소는 한 집단을 다른 집단과 구별한다. 이 요소를 구체화하는 것은 동양이나 서양에 속하는 여러 국가의 일반적인 상호의존성을 나타내는 것이다 .

우주와 자연

문화가 인간존재를 형태화하는 기초적인 방식은 우주의 본질이나 세상의 인간 및 비인간 영역의 관계에 대한 명료하고 암묵적인 교수를 통해서이다. 동양과 서양의 전통적인 시각은 이 관계에 관한 기본적인 전제가 다르다는 점을 아는 것이 중요하다. Needham(1951)은 그의 논문에서 '중국 및 서구의 인간법과 자연법'을 설명하였다. 서구인은 우주란 최초에는 창조된 것이며, 그 이후 하나님에 의해 외부에서 통제를 받는다고 본다.

그처럼, 서구의 세계관은 이원적이고, 물질적이고, 죽은 것이다. 유대교 전통에서 "신"은 이 현실과 분리해서 존재 한다. 신은 "그의" 창조와는 분리해서 나타난다. 우주의 기초적인 물질은 본래 살아있지 않는 물질, 즉 예측 가능한 방식에서 서로 상호작용하는 물질의 소립자라는 생각을 품는다. 그 안에 인간은 마치 우주에 존재하는 생명체 가운데 독특하고 우월한 위치에 있으면서도 생명이 없는 기계와 같다. 우주를 비교적 볼모로 가정하면서, 가장 강렬한 생명체인 인류는 우주의 물질적인 무생물을 활용하는 것만이 합리적이다. "더 작은 자연의 생물형태"와 비교해서 동양의 세계관은 더 전체적이고, 역동적이고, 내면적으로 영성적이다. 동양의 시각에서 우주의 전체성은 광범위하고 다차원적이며, 상호의존적인 많은 부분과 요소로 구성되어 있는 살아있는 유기체이다. 우주는 의식적이고 지속적인 창조로 춤춘다.

우주라는 유형은 자기 조직적이고 자기 억제적으로 보인다. 그 자체는 어떤 외적인 의지 때문이 아니라 자신의 내적 필요 때문에 작동된다. 우주에 존재하는 것은 신성한 생명력의 표현이다. 사물의 표면 아래서 '궁극적인 실재'는 우리의 세속적인 경험을 계속 만들고, 유지하고, 주입한다. 모든 것을 유지하는 생명력은 인간과 그 세속적인 존재와 떨어져 있지 않다. 오히려 대부분의 세세한 사항부터 가장 거대한 양상까지 우주의 모든 측면에서 역동적이고 친밀하게 개입하는 것처럼 보인다.

그래서 동양의 전통적인 세계관은 모든 것이 일어나는 범위에서 공통적인 원천으로 되돌아간다. Campbell(1990)은 "동양문화에서 사람, 즉 인도인, 일본인, 티벳인 등은 신비를 자기 자신 안에 있다고 생각하는 경향이 있다. 동양이 가져온 것은 모든 것 가운데 내면으로 가는 길의 실현이다. 당신이 무릎에 손을 놓고 묵상하고 앉아서, 머리를 아래로 내릴 때 그 행동은 혼이 신으로부터 분리돼서 내면의 영혼soul 속에 바로 들어가는 것이 아니라는 의미이다. 당신은 자신 안 바로 그곳에서 신성의 신비로 들어가고 있다."(p.89)

이 시각은 이 세계 안의 모든 것이 유동적이고, 계속 변하며, 영원하지 않다는 점을 인정하는 것이다. 힌두교에서 정적인 모든 형태는 마야maya이며, 환상으로 존재하는 개념이다. 불교의 출발점은 모든 형태의 비영구성에 있다. 불교는 "모든 혼합된 것은 비영구적이다." 그리고 세계에서의 모든 고통은 움직이는 세계를 인정하지 못하고 고정된 형태인 대상, 사람, 개념 등을 고수하려는 데서 일어난다는 점을 가르친다. 동양의 세계관에서 모든 형태의 비영구성과 우주적 생명력의 인식이라는 생각은 한정적인 형태의 물질적인 현실인, 사회와 물질을 개발해서 발전하려는 경향과는 대조적이다.

지식

동양과 서양은 다른 관점의 우주유형을 가지고 있다. 그것은 우리에게 지식에 대한 다른 접근을 하기를 요구한다. 동양에서 우주는 조화로운 유기체로 간주되기 때문에, 인식론적인 유형으로 보면 이원주의의 거부(부재)와 비슷하다. 동양인은 분석적인 것보다 공감적으로 사물을 알고 인식하기를 강조한다. 지식의 궁극적인 목적은 분명한 이질성을 초월해서 모든 것의 상호의존성을 보는 것이다. 동양의 신비는 기본적으로 하나됨의 표현으로 모든 것을 경험한다고 우리에게 말할 때 모든 것이 같다거나 동등하다는 것을 강조하는 의미는 아니다. 대신 차이점은 모든 포괄적인 현상 내에서 상대적인 것이다. 사실, 모든 반대 극은 하나됨의 통합이 있다는 자각은 지식의 가장 높은 목적 중 하나이다. Suzuki(1968)은 지적하길 "불교의 기본적인 생각은 반대 극의 세계, 즉 지적인 분별과 감정적인 오욕에 의해 세워진 세계를 넘어가는 것이며 절대적인 관점에 도달하는 것을 포함하는 비구별성의 영적 세계를 깨닫는 것이다"(p.18).

모든 반대 극은 상호의존적이기 때문에 두 쪽 사이의 갈등은 결코 한 쪽의 완벽한 승리가 될 수 없으나 항상 상호작용의 표현일 수 있다. 덕 있는 사람은 "선"을 구하고 "악"을 제거하고자 하는 불가능한 과업을 수행하는 사람이 아니라, 오히려 둘 사이에 역동적인 균형을 유지할 수 있는 사람이다.

반대 극을 초월하는 것은, 한 사람이 반대 측의 극적인 관계와의 상대성을 자각하게 한다. 한 사람이 겪는 선과 악, 즐거움, 고통, 삶과 죽음, 승리와 패배, 빛과 어둠은 다른 범주에 속하는 절대적인 경험이 아니다. 단지 같은 현실의 두 가지 측면으로서 한 연속상의 두 극단적인 부분에 속한다. 중국의 현자는 원형적인 극이 가지는 상징이 음과 양이라는 점을 강조해왔다. 극은 극으로 멈출 수 있다는 생각이 도의 본질이다. 우주의 일례적인 방식으로 도를 아는 것은 인간학습의 가장 높은 목적이다.

지식에 대한 동양의 이 전체적인 접근은 "직관에 의한 개념", 즉 사물에 대한 심미적 구성요소라는 의미에서 이루어진다. 직관에 의한 개념은 즉각적으로 경험하고, 이해하고, 응시하는 것이다. Northrop(1966)은 그것을 "차별화한 심미적 연속성"으로서 주체와 객체사이의 구분이 없는 것으로 설명했다. 심미적인 연속성은 모든 것을 포괄하는 하나의 연속성이다. 자기의 심미적 부분 역시 객체가 꽃이든 사람이든가 간에 심미적 대상의 본질적인 부분이다. 예를 들면, 도교는 차별화하여 감지한 심미적인 질로 본질을 표현하지만, 차별화하지 않는 심미적 연속성을 추구한다. 도교주의자는 포괄적인 심미적 연속성을 궁극적이고 환원될 수 없는 것으로 간주한다면 우주와 자연의 의미를 이해할 것이라고 주장한다. 유사하게 유교는 인간의 본성과 인간사회에 대한 도덕적 함축성에 관련해서 포괄적인 심미적 연속성을 강조한다. 우리가 포괄적인 심미적 다면성을 인간 본성의 돌이킬 수 없는 부분이라는 것을 인정한다면, 우리는 자신보다 다른 인간에 대한 연민을 가질 수 있다.

그런 것처럼, 차별화하지 않는 심미적 연속성은 세계구성에 대한 동양개념이다. 특정 광경, 사건, 사람 같이 그 내에서의 차이점은 환원될 수 없는 원자적 정체성이 아니라 단지 심미적 연속성의 차별화하지 않는 근거 수준의 현실로부터 나타난다. 차이점은 조만간 다시 차별화하지 않은 심미적 연속성 속으로 사라진다. 차이는 일시적이며 비영구적이다. 그래서 동양의 단계는 한 사람이 이기심이 없게 되어야 한다고 할 때, 이때 두 가지의 요소를 구성하고 있다는 의미이다. 하나는 차별화한 독특한 요소로서 한 사람을 다른 사람과 구별하는 특성이다. 다른 하나는 심미적으로 즉각적이고, 공감적이며, 차별화하지 않는 포괄적인 요소이다. 전자는 일시적이고 덧없는 것이고 그것을 소중히 여기는 자기의 심미적 요소이다. 반면 불멸을 바라는 것은 이기심과 고난의 원천이다. 일시적이지 않은 자기의 부분은 심미적 요소인데 모든 사람은 비슷할 뿐만이 아니라 우주를 통해 심미적 대상으로 위치한다.

동양지식의 전통은 전체적이고, 직관적이고, 심미적 연속성이라는 정신적인 과정에 집중해오는 반면, 서구의 지식추구는 교조적으로 공식화된 이원적인 세계관에 근거한다. 이런 관점에서 세계와 그 방향의 구성요소는 신에 대한 개인의 창조적인 행위를 통해 나타나기 때문에 근본적인 질문은 "어떻게 내가 다른 사람에게 혹은 외부의 물질세계에 접근할 수 있을까?" 이다. 이 질문에는 알아야 할 대상이 되는 사물과 아는 사람 사이에 기본적인 이분법이 있다. 이런 인식론적인 이원론에서 따라오는 것은 지식추구에서 국가성에 대한 강조이다. 그리스 철학자 플라톤이 이성을 발견한 이후 궁극적으로 모든 이가 따르는 서구의 사고는-주제질문, 용어-본질에 대한 이성적인 토대에 의존한다(Wei, 1980).

반플라톤주의자였던 위대한 영웅 아리스토텔레스조차 예외는 아니었다. 비록 아리스토텔레스가 플라톤이 했던 것처럼 외부 본질의 영역("실제 현실")을 이성의 우위성을 정당화하기 위해 제안한 것이 아니라 해도, 그렇다고 이런 우위성을 부정하려고 하지도 않았다. 동양은 직관적인 개념과 심사숙고에 의해 도라는 직접적인 경험을 강조해온 반면, 서양은 세계를 관장하는 우선적인 도구로서 지성의 힘을 믿어 왔다. 동양의 사고는 다수가 모호하고 정확치 못한 진술, 본질적인 유연성과 일치하는 쪽으로 결론짓는 경향이 있는 반면, 서양의 사고는 명확하고 독특한 범주화와 선형적이고 분석적인 삼단논법의 논리를 강조해 왔다. 동양에서 인간 성장의 문화적 추진력은 우주와 하나됨이라는 영적인 도달에 목표가 있다. 서구의 문화적 추진력은 물질 및 사회적 진보에 대한 관심에서 그 표현을 발견한다.

시간

지식의 본질에 관한 두 가지 문화적 전통 사이의 차이점은 시간 경험과 인식에 대한 차이와 비교적 유사하다. 동양의 시간 지향은 즉각적인 것과 다를 바 없는 '지금과 여기'를 경험하기와 함께, 파문이 오고가는 조용한 침묵의 웅덩이pool로서 표현할 수 있다. 역사적으로 동양은 세속적인 존재는 순환적인 것으로 보며 바퀴 혹은 대양과 같은 움직임의 은유로 묘사하여 왔다. "존재의 바퀴" 혹은 "호수의 파도"는 지속적인 움직임이 있으나 실제 어디로 가는 것은 아니다. 비록 세상에 살고 있는 개인은 그의 개인적인 운영에서 오르막과 내리막을 경험한다 해도 전체적인 많은 부분은 기본적으로 변하지 않는다. Northrop(1966)은 지적하길 "심미적 연속성은 위대한 창조의 어머니로서, 늦은 오후 해가 질 때 산의 풍경을 말로 표현할 수 없는 선홍색의 아름다움으로 그려낸다. 어떤 노력도 없이 그 장소에 다른 것을 가져다 놓고도 그자체로 돌아가는 차별성을 얻는 순간이다"(P.343). 세계의 시간은 어디에 감에 따라 경험되는 것이 아니기 때문에 영성의 시각에서는 아무데나 간다 해도 현재에 영원으로 가는 것이다. 미래는 궁극적으로 과거와 같기를 기대한다. 우주와 심리적 영역 모두에서의 재현은 동양적 사고의 부분이다. 그래서 개인의 목적은 순환적인 이동으로부터 선형적인 시간으로의 탈출이 아니라 여기와 지금의 심미적 경험과 포괄적이고 차별화하지 않는 전체성에서 영성의 의식적인 진화를 통해 영원의 부분이 된다. 이와 대조적으로 서양은 먼 거리와 과거로부터 나와 흘러가는 강 혹은 과녁 모두로 시간을 제시해왔으며 그것은 또 그렇게 먼 장소와 미래로 간다. 이 시간의 관점은 역사를 목적 지향적이고 점차적으로 특정 방향으로 진보하는 것으로서 생각한다(보편적 구원과 예수의 두 번째 재림, 혹은 세속적인 용어로 구속 없는 자유, 계급 없는 사회 같은 이상적인 국가를 향하여). 위의 비교처럼, Hall(1976, 1983)은 아시아 문화의 특징을 "다수성"으로, 서양문화는 "단일성"으로 본다. Hall은 다수 만연한 체계에서 개인은 시간을 경직되게 유형적인, 구별되는, 선형적인 통일로 보지 않고 덜 구속받는 경향이 있다고 보았다. 반면, 다른 문화에서 개인은 여기와 지금에서의 계약 완성을 강조하며 종종 하나 이상의 행동을 동시에 수행한다. Hall에 따르면, 비교해볼 때 단일성적 체계는 스케쥴, 분할, 신속, 활동의 표준화를 강조한다. 동양의 다수성적인 시간지향은 인간행동을 자연의 리듬과 일치되게 뿌리를 내리고 있는 데 반하여, 서양의 시간지향은 인간행동을 시계 혹은 기계의 리듬과 일치해서 움직이는 것으로 본다.

소통

역사적인 이데올로기는 서양과 동양의 경험적인 내용을 형태화하여 왔다. 우주, 자연, 지식, 시간에 대한 서양과 동양 시각 각각은 어떻게 개인이 자신과 집단을 보며, 어떻게 개인이 언어와 비언어적 상징을 소통에 사용하는지 등 많은 구체적인 활동에 반영되어 왔다.

우선, 서양과 동양의 전통에서 함양하는 자기와 정체성에 대한 관점은 불멸의 사회질서 내에서 체화된다. 사람은 동맹, 참여, 궁극적으로 변하지 않는 사회질서로부터 정체감을 얻고자 한다. 현대의 많은 인류학적 연구에서 지적한 바대로, 이 전통에서 나타나는 자신은 분명히 서구의 차별화한 존재론적 자아는 아니나 덜 특이하고 상대적으로 변하지 않는 사회적 자아이다. 가족의 개개 구성원은 가족의 선을 위해서 그 자신의 이익을 기꺼이 포기한다. 개인과 가족은 자신의 관점을 지역사회나 국가의 이익에 맞춘다. 동양전통 역시 사회적 질서에서 위계를 인정한다. 위계적 구조에서 개인은 비록 모든 사람이 전체체계와 과정에 대해 동등하게 중요하다고 간주한다 해도 직위에서 다름이 나타난다. 이런 지향을 가진 자연스러운 결과는 권위에 대한 강조이다. 부모의 아동에 관한 권위, 조부의 그 후손에 대한 권위, 지역사회의 선도적 관료, 문중, 국가의 그 구성원에 대한 권위를 강조한다. 독재(권위주의)주의는 동양적인 삶에서 정부, 비즈니스와 가족에서뿐만이 아니라 교육과 믿음에서도 두드러진 양상이다. 더 고대의 전통일수록 그 권위는 더 크다.

동양의 관점은 "우리"가 누구인지는 신체적 존재에 제약받지 않는다는 점을 더 강조한다. 의식은 유한성 및 차별화(독특성), 무한성 및 비차별성(전체성과 영구성의 경험) 사이의 다리로 설명한다. 개인은 충분한 훈련으로 그가 자연과 신성에 상관이 있다는 점을 발견할 수 있다. 우주의 신성하고, 차별하지 않는 심미적인 연속성은 사람과 자연에 표현된다는 의미에서 모든 사람은 하나며 같다. 이런 심미적 연결을 통해, 개인과 자연은 도, 궁극적인 실재, 신성한 생명력을 가지며 신과 다른 것은 아무 것도 없다.

비교해서, 서구의 관점, 신, 자연, 인간은 분명히 차별화되며, 강한 자아 동일시로 개인의 자율적인 발전을 촉진한다. 이원화된 세계관은 그가 대하는 사람과 자연의 관계라는 개인주의적 관점을 표현한다. 대인관계는 본질적으로 박애주의적이며, 각 집단의 개인적인 욕구와 관심은 다소 동등하게 존중하고, 협상하고, 절충하고 해결하는 두 동등한 파트너 사이의 협력적인 배열이다. 동양은 개인이 집단에 복종하기를 강조하는데 반하여, 서양은 개체성 individuality과 개인욕구가 집단을 이끌기를 장려한다. 집단이 더 이상 개인적인 욕구에 기여하지 않는다면 그 집단(개인이 아니라)은 변화되어야 한다. 대인관계의 의미는 각 집단이 개인의 욕구를 만족시키는 데 있어서 수행되는 기능에 의해 우선적으로 결정된다. 건강한 관계는 개입된 모든 집단이 예측한 기능으로 잘 돌아가는 정도라고 간주한다. 인류학과 교차문화심리학(예, Hsu, 1981; Kluckhohn & Strodtbeck, 1960)에서 폭넓게 입증된 대로, 개인주의는 서구세계를 집단주의적인 비서구세계와 구별하는 서양 인격의 중심 주제이다.

이런 실용적인 대인관계 지향을 가진 서양은 동양 전통과 대조할 수 있는데, 동양은 집단 소속감을 주어진 것으로 보고 받아들인다. 개인은 집단의 이해와 갈등적인 상황이라면 집단을 우선해야 한다. 집단의 구성원은 조화를 유지하고 경쟁을 최소화하도록 장려한다. 사람은 절제, 조절, 자아를 죽이도록, 또한 개성은 없어지도록 격려 받는다. 일부 경우에, 개인과 집단의 성취 모두(물질적 의미로)는 집단의 조화를 유지하기 위해 허용된다. 이런 맥락에서, 초기의 대인간 이해의 출처는 말과 글로 드러나지 않는 규범, 가치, 적절히 의례화한 판에 박힌 예법이다. 동양의 소통자는 명료하고 논리적인 언어적 표현에 의존하기보다 비언어적, 환경적 실마리의 미묘함을 관찰함으로써 역동적인 소통의 심미적인 본질을 포착한다. 합리적 사고보다 직관이 어떻게 사람이 말하는지, 어떻게 사람이 다른 사람에게 초점을 맞추는지, 어떤 환경 하에서, 어떤 주제에 대해, 어떤 다양한 유형에서, 어떤 의도를 가지고, 어떤 효과를 가지고 이해하는지에 있어서 중심역할을 한다.

이 암묵적인 소통유형은 혼란이 두려워서 다른 사람에게 화를 내는 등의 방식이 아니라 주저하거나 모호한 말이라는 동양적 자애가 표현되는 방식으로 이루어진다(Cathecart & Cathcart, 1982; Doi, 1982; Kincaid, 1987). 강한 칭찬 혹은 애정을 표현함에 있어서 침묵이 유창한 말 보다 더 선호되기조차 한다. 동양인은 자주 극단적인 칭찬 혹은 평가에 대한 순수성을 의심하는데, 그 이유는 그들의 관점에서는 가장 진실한 감정은 직관적으로 분명하여 구체화할 수 없거나 구체화할 필요가 없기 때문이다. 결과적으로, 화자와 경청자 모두는 효과적으로 소통해야 한다는 부담을 공유하는데, 공감적인 친절함을 통해 암묵적인 메시지에 대한 "듣기"가 이루어진다. 대조적으로 서구의 소통 유형은 우선 직접적이고, 명료하고, 언어적이며, 논리와 합리적인 서로에 의존한다. 소통의 참여자는 상대를 분명하게 타인으로 보며, 개체성은 정확하고 명확한 언어적 표현으로 표현해야 한다. 내면의 감정은 직관적으로 이해하는 것이 아니라 정직하고, 단언적이며, 언어적으로 논의한다. 여기서 효과적으로 소통하는 것에 대한 책임은 우선적으로 화자에게 있다.

동양과 서양의 소통유형에 대한 특징화는 대체로 Kincaid(1987), Yum(1994), Hall(1976, 1983)과 같이 다른 학자에 의해 만들어진 관찰과 일치한다. Hall은 특히 아시아 문화를 고맥락적 문화로 보며 서구의 저맥락적 문화와 대조하여 설명하고 있다. Hall의 교차문화적 비교의 초점은 "맥락화"이다. 맥락화란 물리적 혹은 사회적 맥락 모두에 체화된, 소통자 안에 내면화된 정보를 고려하는 행위이다. 이런 도식으로 볼 때, 서양에서 더 우세한 저맥락적 소통은 대부대인 간 정보를 대부분 명료하고 언어화된 코드로 표현하며 관찰한다.

문화적 차이를 넘어서

지적한 것처럼, 서양과 동양 사회에서 관찰되는 구체적인 차이점은 그 사회 각각의 세계관에 달려있다. 유기체적, 전체적, 순환적 세계관에 근거하면서, 동양은 세계의 인간경험에 대해 직접적이고, 즉시적이고, 심미적 구성요소를 강조하는 인식론을 따라왔다. 궁극적인 인간학습의 목적은 즉각적이고 차별화한 우주를 초월하고 차별하지 않은 우주의 통합적인 인식을 개발하는 것이다. 목적은 우주를 품은 영성적인 존재가 되는 것이며, 영원을 반영하는 현재의 순간 안에서 다시 영원을 발견하는 것이다. 동양에서 불멸은 현재 순간에 있다는 대안을 가진다. 서구전통은 대조적으로 이원론, 결정론, 물질론의 세계관에 뿌리를 두고 있다. 그것은 합리적이고, 분석적이고 간접적인 조망을 일으키게 한다. 역사는 과거부터 미래까지 선형적인 진보로서 생각된다. 지식의 추구는 인간조건을 개선하기 위한 질문으로서, 영적 발달에 있는 것이 아니다.

이 다른 세계관은 개인의 자신, 타자, 집단에 대한 개념에 반영된다. 동양은 집단을 개인보다 우위에 두고 서구는 개인을 집단보다 우위에 둔다. 인간관계에 대해, 동양은 자신을 집단적 자아ego에 깊게 뿌리박힌 자기self로 보는 반면 서양에서는 분명하고 자율적인 개체성을 강조한다. 명료하고 분명하고 논리적인 말은 서양의 의사소통체계에서 중요한 특징이며. 동양전통에서 강조하는 암묵적이고, 직관적이고, 비언어적 메시지와는 대조적이다.

우리가 검토해온 동양과 서양의 문화적 전제는 문명의 특징이 되는 활력의 영역과 함께, 약점의 영역이 있다. 서양의 기계적이고 이원주의적인 세계관은 체계적으로 기술하여 물리적인 현상을 설명하려는 과학적인 노력을 촉진시키며, 결국 기술적 향상을 꾀하게 만든다. 그러나 서구의 기계적인 세계관과 일치하는 소통유형은 인간관계의 복잡하고 풍부한 현상을 이해하기에 부적절하다는 것이고, 이런 이해부족은 자기와 타인을 소외시키는 원인이 될 수 있다. 서양은 인간성과 자연 사이를 이원적인 구별로 생각해 왔다. 서양의 분석적인 마음은 현대의 과학과 기술을 선도하여 왔다.

그러나 그것 역시 분류하고 파편화하여 현실의 더 완벽한 전체성으로부터 분리한 지식을 만들어 왔다.

이와 비교해서, 동양은 서양이 가진 소외의 수준을 경험해오지 않았다. 그러나 동양은 물질적이고 사회적 발전이 서양만큼 이루어지지 않았다. 동양의 전체적이고 심미적인 세계관은 과학 혹은 기술개발을 진전시키지 못하게 했다. 동양의 위계적인 사회질서와 사회적 관계의 속박은 서양에서 번창한 시민의식, 세계주의적 실천주의, 인본주의를 이루지 못하게 했다. 많은 아시아 사회는 개인의 책임과 권리에 기반 하는 민주적이고 정체적인 체계를 초래하기 위하여 계속 투쟁해오고 있다.

이 시기 서양이 논리적, 이론적, 이원적, 분석적 사고를 강조했다고 해서, 직관적이고, 직접적이고, 순수하게 경험적이며, 심미적인 요소가 없었다는 의견은 아니다. 반대로 사회물질적인 개발에 대한 서양적 업적을 강조한다고 해서, 동양이 이 분야에서 학습이 없었다는 의미는 아니다. 지적되어 온 차이가 정반대라는 점을 제시하는 것이 아니다. 오히려 중요하고 관찰할 만한 강조점에서 차이가 있다는 뜻이다. 사회적, 물질적 영역에 대한 서양의 교양은 서양에서 비롯된 기여를 넘어서 확산된 것이 분명하다. 그러나 동양의 심미적이고 전체적인 자기-극기에 대한 강조는 한 사람의 경험과 다른 사람의 경험, 자연세계, 우주를 건드리는 삶의 철학적 체계를 제공해 왔다.

사실, 많은 학자는 서양의 세계관만으로는 점차 한계가 많아지고 있다는 점을 표현해 왔다. "확장전이 extension transference"라는 용어를 사용함에 있어서, Hall(1976)은 언어, 논리, 기술, 제도, 스케줄 등을 포함하는 기술적인 "확장"을 과정의 확장으로 대체하여 혼란스럽게 되었다고 보았다. 서구에서 기술로부터 일어나는 문제에 대한 처방은 이상적으로 최소화된 기술에 의존하려는 노력에서 구해지는 것이 아니라, 더 많은 기술발전에서부터 구해진다는 가정을 가지는 경향을 관찰하게 된다. Burke(1974)은 이 경향성을 "과학기술주의"로 부르면서 "과학기술주의는 그것을 산업주의로 표현한 것처럼 인간 합리성의 최고조 단계로서, 쉽게 해결하여 새로이 악화된 문제를 생기게 하여, 전체적으로 새로운 영역인 내적 모순에 부딪히는 발전을 만들었다"고 하였다(p.148).

서양의 자기비판주의 역시 기계적이고, 선형적인 인과성, 객관성에 근거한 진리 발견을 주장하는 경직된 과학적 도그마티즘으로 이끈다. Thayer(1983)은 언급하길,

> "과학정신이 주로 모방하는 것은 실험과학이 당연하다고 생각하는 방법이다. 실험과학은 완벽히 통제해 충분하게 결정적이지 못하기에 그 어떤 것도 예견하지 못한다. 한 사람이 폐쇄적인 체계에 있을 때 적절한 방법으로서, 비교적 개방체계에서는 성공적으로 연구할 수 없다. 과학정신은 현실에서 성공을 방해하는 사고방식일 수 있는 것은 아닌가?(p.88).

유사하게 Hall(1976)도 "진리"를 논리와 같은 뜻으로 보는 서양은 인간이 통합된 존재라는 부분을 부정한다고 보았다. Hall은 논리적 사고를 정신적 능력의 작은 파편만이라 본다. 서구문화에서 덜 강조해 왔던 합법

적인 다양한 사고방식도 있다고 본다(P.9).

과학적인 인식론의 이런저런 비평에 의해 일어난 비판주의는 합리적이고 추론적인 지식의 가치를 부정하지 않는다. 오히려, 그 양식을 고집하지 않는 개념은 타당하지 않다고 간주하는 서구철학의 실수에 비판의 방향이 맞춰진다. 그들은, 과학을 하는 과정은 조사 중에 즉각적이고 심미적인 현상경험이 필요한데도, 과학적 지식만이 진리를 발견하는 유일한 방식이라고 믿는 오만 혹은 과도한 확신에 대해 말한다. 즉각적으로 이해하는 구성요소 없이, 가정된 이론적인 가설은 진리 혹은 거짓에 관하여 경험적으로 입증될 수 없으며, 현실에서 적절성이 부족하다고 본다.

> 과학은 의미경험이 가지는 다양한 혼돈을 논리적이고 획일적인 사고체계에 일치하도록 만들려는 노력이다. 이 체계에서 단순한 경험은 결과적인 조정이 완전하고 신빈성있는 방식으로 이론적인 구조와 상관이 있어야 한다(Northrop 인용, 1966. p.443).

과학에 대한 이 설명에서, Einstein은 이론적으로 규정된 구성요소와 즉각적으로 경험하는 심미적 구성요소 사이의 관계는 일치한 하나라고 지적했다는 점에서 통찰력이 깊다. 광범위한 범위에서 이루어진 일상적인 삶의 활동은 과학적이고 심미적인 이해 양식 모두를 요구한다. 예를 들면, 비판적인 분석을 하면서도 전체성을 인식하고, 의심과 회의를 가지면서도 조건 없이 감상하고, 추상과 함께 구체성을 감지하고, 일반적인 규칙성과 함께 개인의 독특성을 인식하고, 기술적 용어인 사실주의와 함께 시적 언어, 침묵, 예술의 힘, 풍부함을 알고 있고, 일상적인 만남과 함께 친밀한 사적인 약속을 중요하게 여기는 등이 있다. 그래서 우리가 자신을 과학의 지배적인 이해양식으로만 제한하여 심미적 양식에 가치를 두지 않는다면, 오랜 기간의 삶에서 드러나는 인간의 본질에 한계를 긋는 실수를 하게 될 게 분명하다.

그런 것처럼, 동양의 미적 지향을 서구의 문화생활에 합병하려는 것에 대한 잠재적 장점은 숭고한 의미의 자유이다. 인간본성의 심미적 구성요소는 부분적으로 애매하며 그 애매함의 모호성이 자유의 토대이다. 또한 우리는 "영원한 지금"으로 시계에 매인 세속적인 시간을 초월한다. 시간은 각 순간의 중심 안에서 체화된 "영원한 순간"이다. 자연의 미적 구성요소를 결정적이고 일시적인 환경에서 자주 철회함으로써, 애매함으로 일상적인 사건의 압박에서 인간정신을 재생할 수 있는 토대로 전환할 수 있다. 전통적인 동양의 명상 수행은 우선적으로 자신의 의식을 결정적인 것에서 애매하고 더 자유로운 상태로 이동하려는 목적으로 고안했다.

둘째, 동양적인 관점의 합병은 우리가 거주하는 우주의 더 위대한 전체성, 원기 왕성함, 우리가 살고 있는 삶에 대한 더 큰 깨달음을 서양에 가져올 수 있다. 우주는 각 시간의 순간에 계속적인 참조로 춤춘다. 모든 것은 살아있다. 존재하는 모든 것을 만들고 유지하고 주입하는 침묵의 에너지가 넘쳐흐른다. 우리는 자연의 리듬에 맞춘 시각으로 유연하게 확장될 수 있는 시간개념을 가지고, 인간만이 아니라 모든 자연 창조물에 대해 우리의 민감성을 증진시킬 수 있다. 이런 점에서 Maslow(1971)

은 자기실현을 이룬 사람의 중요한 특성으로 "도교식의 수용성"이나 "내버려 두라"를 언급한다.

우리는 현 패러다임에 대하여 "진지함"과 유사한 일종의 예의와 경의로움을 가지고 말할 수도 있다. 이것은 다른 목적의 수단, 즉 일부 외인성의 목적을 위한 도구로서보다 오히려 존재할 권리를 가진 그 자체를 목적으로 취급한다.(p.68).

그런 심미적 지각은 친밀한 인간 회합의 도구이며, 개인과 집단 사이의 간격에 다리를 놓는 방법이다. 우리가 서로를 심미적으로 다룸에 있어서 경직된 도식으로 자신을 종속시키지는 않지만, 새로운 상황마다 최선을 다하고 단어만큼이나 침묵에 귀를 기울이며, 자신의 자아중심적이고 민족중심적인 요구에 더 적게 비중을 두어, 살아있는 전체 통일체로서 다른 사람을 경험하는 데 있어서 최선을 다한다. 생태적인 도덕성과 의학 전체에 대한 서구의 관심에서 목격되는 것처럼, 유사하 태도가 물리적 세계를 향해 개발될 수 있다(Brody, 1997; Wallis, 1996).

많은 동양과 서양의 철학적 전제는 현실에 대해 경쟁적이지 않고 보완적인 관점을 제공한다. 당연히, 전체 가치, 규범, 서양의 제도가 동양이라는 다른 쪽을 대용할 수 없으며 대용해서도 안된다. 이제 동양이 서양의 세계관을 채택하기보다 서양이 오히려 동양의 세계관을 더 많이 채택할 수도 있다. 우리는 삶을 경험하는 합리적이고 직관적인 양식의 연합이 더 실제적이고 의미있는 생활로 가는 것이라는 것을 인식할 필요가 있다. 이것을 이해하게 되면, 우리는 두 가지의 양립할 수 없게 보이는 시각의 상호의존성과 연합을 보게 될 것이다.

그 때 우리의 과업은 다양성을 표현하는 동시에 인간경험에서 통일성을 찾아내는 것이다. 동양과 서양의 일반적인 종합은 가능하지도 않고 바람직하지도 않다. 진화의 목적은 동질적인 대중을 만드는 것이 아니라 다양하지만 유기체적인 전체를 만드는 데 있는 것이 분명하다. 그러나 문화적 전통의 차이점을 밝히는 지식은 각 사회가 특히 다르게 보는 방식에 초점을 맞춘 맹점을 드러냄으로써, 집단의 더 큰 이익에 기여하도록 도울 수 있다. 각 전통은 인간성이 계속 진화할 수 있도록 다른 출처를 제공하여, 인간의식을 더 높은 통합인 다른 차원의 탄생으로 이끄는데 필요한 통합적인 역할을 담당할 수 있다.

간문화적 인간성의 출현

동양과 서양 문화의 전통요소를 종합하는 과업은 단지 비밀에 대한 학문적 호기심을 만족시키기 위한 것뿐만이 아니라, 최초의 문화세계를 넘어 삶의 경험을 이동한 수많은 개인이 일상적 현실을 적절하게 대응하면서 이루어졌다. 다른 문화와 인터페이스를 하는 광범위한 경험이 계속되면서, 그들은 새로운 문화를 만드는 것으로 개인적인 진화를 해왔다. Toffler(1980)가 지적한 것처럼, 그들은 자연에 대한 새로운 관점, 진화와 진보, 시간과 공간의 새로운 개념, 인과성을 지닌 환원주의와 전체주의를 통합하고자 "변하고 성장하여 다양성을 지향하는" 개인적인 문화를 새롭게 만들어왔다(p.309).

정체성변혁

간문화적 인간성의 출현은, 문화 간 소통활동이 직접적인 조우를 통해 다양한 사람과 사건의 개인적인 경험부터 책, 신문, 텔레비전 프로그램, 영화, 미술관, 음악테이프, 전자메일에 이르기까지 극단적으로 증가하면서 필요하게 된, 직접적인 기능이다. 문화정체성의 경계를 넘어 일어나는 소통은 어려움이 드러나는 중인데, 그 이유는 추정된 문화적 전제와 습관, 집단 간 피할 수 없는 입장 차, 우리 편 아니면 그 편이라는 심리적 지향을 불러일으키기 때문이다(Kim, 1991).

그러나 그것은 정확하게 새로운 문화적 학습, 자기 자각, 개인적 성장(Adler, 1982; Kim, 1998; 1995, 2001)을 위한 오프닝을 제공하는 도전이다. 간문화적 도전의 혹독함이 크면 클수록 최초 문화적 조건의 경계를 넘어가는 자기의 내적 재창조를 위한 잠재력이 더 커진다. 이 과정에서 정체성은 귀속적이거나 부여된 정체성에서 성취하거나 채택한 정체성으로 통합하여, 더 높은 수준인 간문화적 인간성으로 조금씩 변하게 된다. 그런 정체성 변혁은 단계적 발전으로 일어난다. 그리고 행동은 개인의 심리적 구성으로 통합된다. 이전에 알려지지 않은 생활유형은 우리의 신경체계로 에칭 etching 됨으로써, 새로운 프시케(정신)의 부분이 된다.

문화에서 간문화로 가는 우리의 정체성 발달은 부드럽거나 쉬운 것과는 거리가 멀다. 강렬한 스트레스의 순간은 과정을 되돌릴 수 있는데 그 이유는 개인은 최초의 소속감으로 회향하려고 역행할 수 있기 때문이다. 새로운 정체성을 유지하려면 많은 긴장 속에서 소외와 불쾌감을 겪게 된다(De Vos & Suarez－Qrozco 1990). 그런 긴장은 다양한 형태의 정체성 위기(Erickson, 1968)와 문화적 주변성(Stonequist, 1964)을 가져올 수 있다. 그러나 스트레스 경험 역시 개인에게 새로운 문화적 요소에 적응하여 상황이 요구하는 것처럼 행위에 대한 의도적이고 적절한 선택을 할 수 있게 한다.

그래서 출현한 간문화적 인간성은 증가되는 간문화적 세계에서 더 적합할 수 있는 특별한 종류의 사고방식이다(Kim, 1995, 2001; Kim & Ruben, 1988). 그것은 어떤 문화집단이라도 자신과 타인 안에서 진정성을 구하려는 계속된 투쟁이다. 그것은 특별한 문화경계를 초월하는 존재방식이며, 그 자신의 독특한 세계관에서 이질적으로 보이는 문화적 요소를 합병하고 포함할 수 있다. 간문화적으로 되는 과정은 인간의 창조적인 용기와 임기응변의 재능을 확인하는데, 그것은 새로운 상징과 새로운 유형의 생활을 발견하기를 요구하기 때문이다. 이 정체성 개발의 창의적인 과정은 인간의 가소성인 "프로그램된 성철적인 유형에서 상대적인 자유"를 가진 정체성을 구성하도록 문화를 사용할 수 있는 바로 그 능력을 요구한다(Slavin & Kriegman, 1992, p.6). 그것은 습관적인 인식과 사회적 범주 중에 자신을 확장하려는 행위로서 정상적이고 일상적인 사람의 표현이다. Adler(1982)의 말에서 보면, 간문화적 정체성과 인간성 개발은 이방인을 계속 "현실을 새로운 형성하도록 교섭"하는 위치에 둔다"(P.391).

이 종류의 인간성은 동양문화의 영적 전통에서 인간의 가장 높은 목적 중 하나를 반영하고 있다. Suzuki(1968)은 "불교의 기본적인 개념은 반대의 세계, 즉 지적 특이성과 감정적인 오염에 의해 세워진 세계에서 절대적인 관점에 도달하려는 비구별의 영적인 세계를 실현하는 것이다"(p.18)고 말한다. 이 전통에서 도덕적인 사람은 선을 위해 악을 제거하는 불가능한 과업을 수행하는 사람이 아니라 오히려 선과 악 사이의 역동적인 균형을 유지할 수 있는 사람이다. 역동적인 균형이라는 동양적인 생각은 중국 현자에 의해 음과 양이라는 극의 전형적인 상징을 활용함으로써 살명한다. 이 현자는 음과 양을 넘어선 통일을 도 tao라 하고, 두 극이 상호작용하게 하는 과정process으로 본다. Yoshikawn(1988)은 도를 "두 개의 날개" 혹은 "이원체 극의 초월"의 단계로서 설명하였다. 이 초월적인 이해로 간문화적 사람은 모순으로 보이는 요소를 완화시키고, 다시 완화시킬 수 있으며, 그것을 한 전체의 보완적이고 상호작용하는 부분으로 변환시킬 수 있다

한 사례

사실, 많은 사람은 도달하거나 바람직하다고 생각할 수 없는 경험적 영역을 통합할 수 있었다. 그렇게 할 수 있었던 것은 최초의 문화정체성에 대한 경계선을 새로운 생활유형에 적응하기 위해 다시 그릴 수 있었기 때문이다. 그들은 우리에게 인간이 항상 성공적이지는 않지만 이익이 중복되어 경쟁하는 세계에서 자기개발을 하는 활동적인 전략가가 될 수 있다는 사실을 상기시키고 있다. 비록 몇 이론과 경험적인 연구는 정체성 발달이라는 현상을 체계적으로 검토해 왔다 해도, 많은 이해당사자의 담화는 간문화적 인간성의 현실을 말해주는 데 유용하다. 그런 담화는 사례연구, 기록, 자서전, 자기성찰과 자기분석의 논문에서 나타났다(예를 들면, Ainslie, 1994; Copelman, 1993; Keene, 1994; O'Halloran, 1994). 이런 많은 담화는 간문화적 변혁의 최후 실현을 위해서 생생한 통찰력을 발휘하여 진보의 성쇠를 감정적으로 예시한다.

개인적으로 동양 문화와 서양 문화의 요소를 융합하는 사례는 예술가인 C. meng 의 캔버스에 있다. Meng은 1986년에 상하이를 떠나 미국에서 예술박사학위를 받았으며 텍사스 대학에서 가르쳐왔다. Meng의 최근 달라스 전시에 대한 예술 비평과 보고서에서, C. Mitchell은 Meng의 그림이 "동양과 서양의 사고양식"을 비교하는 명화로 특징짓는다. Mitchell(1992)은 중국의 서예와 서구유형의 추상화기법 모두를 사용했던 Meng의 방법을 독특한 두 민감성의 종합이라고 평가하고 있다.

간문화적 통합은 미국에서 기독교인으로 태어나고 자라서 티벳과 일본에서 수년 동안 불교를 공부한 Duane Elgin의 일례를 통해 들 수 있다. 그의 책 「자발적인 단순성」(1981)에서 Elgin은 동양과 서양 세계관의 철학적인 아이디어를 자발적인 단순성이라는 개념으로 통합했다. 그는 이 생각을 동양의 전체적이고 영성적인 지향과 서구생활의 의지 있고 합리적인 접근을 융화시킨 실용적인 생활방식으로서 글로벌 상식이라고 제시하였다. 역사적인 경향성, 문화의 순환, 생태적 관심을 검토하면서, Elgin은 자발적인 단순성을 모든 인간성에 대한 선으로 규정했다. Elgin이 초점을 맞춘 주요한 현안은 "어떻게 인간이 비본질적 삶의 혼란을 제거할 방식을 발견할 수 있느냐"이다. 예를 들어, 그는 어떤 사람은 현실적인 욕구를 토대로 소유하고 살지만 또 어떤 사람은 소비

유형이 지구에 미칠 영향력을 고려한다는 점을 지적한다. 어떤 사람은 물질적인 항목을 사기 이전에 이 항목이 삶의 본질적인 질을 절충하거나 개선하는지를 스스로에게 물어본다. 또한 누군가는 의식적으로 더 분명하고, 더 직접적이고, 더 정직하게 말하면서, 게으르고, 낭비적이며, 조작적인 말을 제거함으로써 소통을 단순화할 수 있다. 또 누군가는 침묵과 비언어적 행위의 가치를 존중할 수 있다.

간문화적 인간성의 현 개념에 대한 가장 간결하고 설득력 있는 설명 중 하나는 아마도 Muneo Yoshikawa(1978)에 의해 제시된다. Yoshikawa는 일본과 미국 모두에서 살아가고 있는 사람으로서, 그 자신의 정신적 성장인 간문화적 사람이 되는 것이 무엇을 의미하는지라는 문제의식에서 본질을 잡을 수 있는 다음의 통찰력을 제시하였다.

> 나는 이제 객관성과 함께 주관성으로 양 문화를 바라볼 수 있다. 나는 아무런 갈등이 없이 양 문화에서 이리저리 넘나들 수 있다. 나에게는 각 문화 소속감의 합을 넘어선 것이 일어난다. 그것은 "시너지"의 개념과 유사한 것이 되었다. 사람은 1더하기 1에서 3이나 그 이상을 얻을 수 있다. 그 밖의 것은 문화 구체적인 것이 아니라 자신의 독특한 것, 아마도 새로운 속성 혹은 새로운 자기 자각의 출현, 상대적 가치의 본질 자각과 보편적인 인간 본성의 측면이다. 나는 실제 타인이 나를 일본인으로 보든 미국인으로 보든 관심이 없다. 나는 그냥 나로서 자신을 인정할 수 있다. 나는 나로서 인지적인 영역(인식, 사고 등등)에서 만이 아니라 정서(느낌, 태도 등등)와 행동의 영역에서 이전보다 더 자유롭게 느낀다(p.220).

이런저런 개인의 이야기로부터 나타나는 것은 간문화적 인간성의 개발과 연관된 공통적인 유형이다. 그런 유형 중 하나는 다른 시각에 더 개방적이어서 덜 편협한 사고방식 mindset이다. 이 조망은 우리에게 이질적인 철학적 시각 사이의 "실용적인 장벽"을 초월할 수 있는 "제3 문화"의 지향을 참고로하고 있다 (Bennett, 1976). 간문화적 인간성의 개발은 인간집단 간, 인간집단 내의 중요한 차이의 인정과 함께 인간조건 사이의 유사점을 이해하는데 토대가 되는 도덕적 통합성(Opotow, 1990)과 문화상대주의적 통찰(Roosens, 1989)을 가질 수 있게 한다.

그래서 간문화적이 된다면, 우리는 자신에게 숨겨져 지배하고 있는 유아기부터 습득한 문화를 넘어서, 선하고 진실하고 아름다운 많은 방식이 있다는 것을 발견할 수 있다. 이 과정에서 우리는 더 광범위한 순환의 동일시에 이르게 되어 많은 문화의 한계를 넘어 궁극적으로 인간성 자체의 한계를 극복하게 된다. 그 과정은 산을 올라가는 것과 다르지는 않다. 우리가 정상에 도달하게 되면 아래 모든 길은 정상에 이르게 하는 다 같은 길이며, 길 각각은 독특한 경치를 제공한다는 것을 안다. 이처럼 간문화적이 되는 과정은 더 크고 통합적인 전체의 부분이 됨으로써 우리가 자각하게 이끌어, 다른 사람의 세계관을 상상해 한 발짝 더 들어갈 공감능력을 함양한다.

그런 개발은 우리에게 이 선택이 사고와 행위의 습관적인 관습에 의해 단순하게 좌우되기보다는, 오히려 구체적인 상황에서 행위에 대한 고의적인 선택을 할 수 있는 특별한 종류의 자유와 창의성을 부여한다. 이런 정신의 진화는 Harrs(1979)가 "최적의 소통역량"으로 규정한 것을 성취하기 위한 잠재성으로 제시한다. Harris에 따르면, 최적으로 유능한 소통자는 그 자신의 관리체계와 대인간 체계를 비평하기 위한 세련된 "메타체계"를 가지고 있다. **메타체계는** 최적의 수준과 다른 두 가지 수준의 역량 간 차이를 더 질적인 것으로 만든다 (P.31)

마지막으로, Meng, Elgin, Yoshikawa와 같은 사람은 간문화적 세계를 지속적으로 유지하는 핵심 혹은 교차연결이 있는 것으로 보았다. 연결은 인간과 지구촌사회에 함께 모이도록 돕는 도덕적 접착제의 하부구조를 제공한다. 또한 그것은 다른 정체성을 배제하고 한 정체성만 과도하게 주장하는 것에 실망한다. 연결은 우리가 마주치는 막대한 도전을 최적으로 맞출 수 있는 것이다. 즉 "행성의 관점에 당신 자신만이 아니라 당신 문화를 포함시킨다"(Campell, 1990, p.114).

개념 이해와 질문

1. "간문화적 인간성"이라는 용어가 의미하는 것은 무엇인가?
2. 인간과 우주적 자연에 대한 동양과 서양의 가르침은 어떻게 다른가?
3. 동양과 서양의 지식에 대한 접근은 중요한 방식에서 어떻게 다른가?
4. 동양의 시간 지향은 서양에서 발견되는 시간 지향과 어떻게 다른가?
5. 자기와 정체성에 대한 관점에서 동양과 서양의 차이는 문화 간 소통에서 어떤 영향을 미치는가?
6. 서양과 동양의 소통 양식에서 주요한 차이는 무엇인가?
7. 서양과 동양의 세계관에서 발견하는 장점과 단점은 무엇인가?
8. 동양과 서양 시각의 통합은 어떻게 동양과 서양 모두의 문화 생활에 이익이 될 수 있는가?
9. 간문화적 인간성의 출현은 어떤 조건이 필요한가?
10. 간문화적 인간성 시각의 개발을 통해 사회와 개인 모두에 어떤 이익이 생기는가?

Young Yun Kim is Professor in the Department of Communication at the University of Oklahoma, Norman, Oklahoma.

윤리에 관한 문화 간 소통으로의 소통적 접근

Richard Evanoff

이 논문의 목적은 문화 간 소통을 위한 소통적 접근의 윤리 문제를 발전시키는 것이다. 이러한 목적을 위해서 윤리학은 우리 자신(개인윤리학), 타인(사회윤리학), 우리가 살고 있는 세계(환경윤리학)와의 관계 속의 행동에 관한 비판적 성찰로 정의되어야 한다.

세 가지의 기본 방법론적 접근이 문화 간 소통 분야에서 이용되고 있다; (1) 질적, 양적 방법을 사용하여 문화들을 묘사하려고 하는 경험적 접근이다. (2) 모형을 구축하고 경험적 자료에 기반을 두고 문화를 일반화 하려는 이론적 접근이다. (3) 문화 간의 형세 속에서 문제를 풀려고 하는 규범적 접근이다.

경험적 및 이론적 접근은, 예를 들면 다른 문화권의 사람이 어떻게 결혼을 보고, 어떻게 사업을 하는가에 대한 사실을 수집하고 일반화하는 방법이다. 하지만 그러한 지식은 타 문화 간 결혼 또는 국제적 연합의 벤처사업 속에서 일어나는 문제를 어떻게 분석해야 할지 가르쳐 주지 않는다. 규범적 접근은, 단순히 존재하는 가치나 표준을 묘사하거나 분석하기보다는 다문화론자와 최근 떠오르는 국제 윤리학 분야에서 큰 관심을 받고 있는 문제로서, 창조적 해결책을 상상하는 것을 포함한다. 그러므로 간문화적 윤리학의 주된 문제점은 다른 문화는 다른 가치와 표준을 갖는다는 사실을 인정하고 어떻게 규범적 해법이 모든 문화에 걸쳐 적용될 수 있는가이다.

간문화적 윤리학에 대한 전통적 접근은 보편론자(Univeralist)와 특수주의자(Particularist)라는 두 가지 접근이 있다. 보편론자의 접근은 윤리학을 다양하게 종교, 자연, 역사, 이성 등에 근거를 두고자 시도한다. 그러나 이러한 접근은 대다수 실패한다. 왜냐하면 무엇이 종교적, 자연적, 역사적, 이성적으로 권위가 있는지에 대한 동의가 없기 때문이다. 게다가 보편론자는 종종 자신의 문화, 특히 서구문화에게 보이는 일반적인 입장(예를 들면, 국제적 표준은 미국의 표준이다)을 보편적인 것으로 간주한다.

보편주의자의 접근은 모더니즘, 세계화, 그리고 모든 문화에 단 한 가지 범세계적 기준의 가치와 표준을 수렴하여 단 한 가지 발전 방향을 따라 진행하는 것으로 보는 문화 발전의 단선적인 모형(예컨대, Fukuyama's 의 「역사의 종말 end of history」)처럼 윤리학에 대한 객관적, 기본적 접근과 연결되어 있다,

개인주의자의 간문화적 윤리학에 대한 접근법은 단 하나의 보편적 가치체계와 표준이 있

을 수 있다는 것을 부정한다. 대신 특정한 개인과 집단에 대한 상대적 가치와 표준을 주장한다. 윤리적 개인주의는—그 한 가지 예로 경제적 결정은 집합적 의사 결정의 특정 형태에 기반을 두는 것이 아니라 개인의 선호라는 기반 위에서 이루어져야 한다는 생각이다—개인이 가치의 최종적 조정자라고 주장한다. 그러한 자세는 아이스크림 맛을 결정할 때는 수긍할 만한 것이지만 건강, 안전, 특정 제품의 환경적 영향에 적용할 때는 수긍하기 어렵다. 문화적 상대론은 다른 문화 집단이 다른 가치와 표준을 가지기 때문에 모든 문화에 걸쳐 타당한 가치와 표준을 공식화하는 것은 불가능하다고 비슷하게 주장한다. 초현실주의, 지역 문화와 윤리적 정체성의 보존, 모든 문화는 다 다르게 발전이 진행된다는 것과 가치와 표준에 대한 고려에 따라 달라지는 것으로 보는 문화 발전의 다선적 모델(예컨대, Huntington 의 「문화충돌clash of civilization」과 비교하라)과 마찬가지로 개인주의는 주관적이고 회의적인 윤리학에 대한 접근과 연결되어 있다.

보편주의자이건 특수주의자이건 간문화적 윤리학의 만족할 만한 뼈대를 제공하지 못하는 것은 명백하다. 한편 보편주의의 경향은 여전히 국제 정치학과 경제학 분야에서 폭 넓게 발견되는데, 문화 간 교류 분야에서는 대부분 인정받지 못하고 있다. 문화적 간 교류 분야에서의 강조점은 하나의 동질적인 글로벌 문화를 창조하는 것보다는 문화적 차이의 인정과 보존이었다. 문화적 상대론은, 비록 문화 간 교류 분야에서 넓게 받아들여지고 있지만, 그럼에도 불구하고 여전히 문제가 있다. 다양한 문화가 같은 표준으로 잴 수 없는 방법으로 윤리 체계를 형성하는 것은 명백하지만, 문화적 상대론은 "어떻게 다른 가치와 표준을 가진 문화권 사람 간의 충돌을 해결할 수 있느냐" 라는 질문에 대한 대답을 하지 않는다.—"로마에 있을 때는 로마 사람을 따라 해라."

하지만 문화적 상대성relativity(문화는 다르다는 사실)과 문화적 상대주의relativism(다른 문화를 있는 그대로 받아들여야 한다는 가치 판단)사이의 구별은 만들어질 수 있다. 사실적 윤리학(특정 문화에서 실제로 이루어진)은 규범적 윤리학(이루어져야만 하는 것)과 동등할 수 없다. 두 가지를 동일시하는 것은 자연주의적 오류를 범하는 것으로 즉 현존is으로부터 되어야할 것ought을 이끌어 내려는 시도이다. Hatch는 "윤리적 다양성이라는 사실은 암의 존재가 우리에게 나쁜 건강ill-health을 평가하기를 강요하는 것이 아니라 인생에 대해 다른 접근을 강요하는 정도의 것이다"라고 썼다(1983, p.68). 문화적 상대론은 진보적으로 보이지만 사실 보수적이고 전통적인 범주 내에 있다. 왜냐하면 그것은 우리에게 비판적으로 그것을 반영하고 어떤 가치와 표준을 채택할 만한지에 대해 신중한 결정을 할 기회를 주기보다는 다른 문화의 가치와 표준을 받아들일 것을 강요하기 때문이다. 그것은 문화를 구성주의자constructionist의 논리(문화는 인간이 만들었고 창조적 변화는 받아들일 수 있다)에서 보다는 본질주의자essentialist의 논리(문화는 고정되고 변화하지 않는 어떤 본질적 특징을 가지고 있다)속에 있는 것으로 간주한다. 순전히 실용적 관점에서 상대론은 아무런 문화 간 충돌에 대한 해결책을 제시 못한다. 단순히 "너는 너의 길이 있고 나는 나의 길이 있다"라는 식의 행동은 다른 문화 출신의 사람이 함께 공동의 문제를 협력적으로 수행하는 것을 불가능하게 만드는 것이라고 주장할 뿐이다.

간문화적 윤리학intercultural ethics에 대한 소통적 접근은 보편주의와 특수주의 모두에게 실용적인 대안을 제공할 수 있을지도 모른다. 소통적 접근은 우리 각자가 특정한 문화 속에 위치해 있고 특정 표준으로 사회화되어 있지만, 그럼에도 불구하고 우리는 그러한 표준을 숙고하고 필요하다면 바꿀 수도 있음을 인정한다. 우리는 또한 다른 문화의 표준을 비판적으로 숙고할 수 있고 그것이 우리에게 타당하다고 보면 채택할 수도 있고 또 아니면 거부할 수도 있다. 그러한 숙고는 비록 우리 인간이 신과 같은 절대적 객관성에 도달할 수 없겠지만 좀 더 큰 객관성에 귀착된다. 간문화적 윤리학에 대한 대화는 특정한 배경에 있는 특정한 문화 출신의 특정한 사람 사이에 그리고 특정한 문제에 연관되어 위치하는 것처럼 보인다. 비록 그 배경은 하나 이상의 문화를 포함하는 데까지 확장될 수 있지만, 거기에 보편은 없다.

간문화적 윤리학에 대한 소통적 접근은, 사회 속에서 다른 사람과 또한 자연 환경과 관계를 가지고 있는 개인을 보건대, 상관적이다(cf. Watsuji, 1961). 윤리적인 대화는 다양한 수준에서 일어날 수 있다. 개인의 수준에서는 자신의 삶을 어떻게 살 것인가 하는 관점에서 만들어지는 결정을 통한 그 개인 내면의 소통이 있다. 사회적 수준에서는 우리가 다른 사람과 어떻게 더불어 살까 하는 관점에서 만들어지는 것에 따른 사람 간의 소통이 있다; 전 세계적 레벨에서는 국가 간 그리고 더 나아가 넓은 문화 집단 간에 존재하는 이해관계의 관점에서 만들어지는 결정을 통한 국가 간의 소통이 있다(예를 들어, Apel이 1980년 대인 간, 집단 간, 국제 수준 사이에 만들었던 구분을 참조하라). 적정한 수준에서 만들어지는 결정이 최선이다. 예를 들어 개인 간 수준에서는 국제결혼에 해당되는 보편적 표준을 공식화하는 것은 불필요하다. 그러한 표준은 결혼 당사자 자신에 의해 만들어지는 것이 더 적절하고 커플마다 다양할 것이다. 하지만 글로벌 레벨에서는 지구온난화 같은 것과 같이 문화와 국경을 초월하는 시야를 가지고 보편적이거나 보편에 가까운 표준을 구축할 필요가 있을 것이다.

어떤 수준에서 어떤 표준이 만들어져야 하는 가의 주된 원칙은 어떤 특정한 행동을 일으키는 결과의 범위와 연관이 있다고 제시할 수 있다. Dower는 다음과 같은 간문화적 윤리학을 위한 좌우명을 제시했다. "원인과 결과의 선은 모든 민족국가에서 작동하며 도덕적 의무의 선도 그와 같다"(1988, p.165). 만일 나의 행동이 단지 나 자신에게만 영향을 끼친다면 그 결정은 순전히 개인적인 것이어야만 한다. 만일 나의 행동이 타인들에게 영향을 끼친다면, 영향을 받는 사람은 그 행동에 관해서는 결정에 도달하는 과정에 참여할 권리를 가져야만 한다(이것은 Habermas의 윤리학 담론을 간결하게 진술한 것이다; Habermas, 1989;1993). 예를 들어, 자기 방에서 담배를 피우는 것은 괜찮으나 흡연을 반대하는 사람이 가득한 방에서는 안 될 것이다. 만일 내 차에서 배출되는 이산화탄소가 지구온난화에 기여한다면 차를 몬다는 것을 더 이상 개인적인 결정으로 간주하는 것이 적절치 못하게 될 것이다. 결국 간문화적 윤리학에 대한 소통적 접근은 앞서 말했듯이 특정한 상황에서 특정한 사람이 마주치는 특정한 문제를 푸는 것과 연관되는 실용주의적이다. 새로운 문제가 떠오름에 따라 새로운 윤리적인 해법이 찾아야 한다. 우리는 지침에 대해 단순히 과거의 윤리적 전통으로 후퇴할 수는 없다. 윤리 체계는 버려질 수도 창조될 수도 있다. 예를 들어, 우리는 더 이상 노예제도를 받아들이지 않는다. 우리는 지속적으로 새로운 문제를 다루고 새로운 윤리적 표준을 창조하는 과정에 있다. 의료 기술의 진전이나 문화 간 증가하는 접촉처럼. 소통적 접근은 윤리학을 고정되고 변화하지 않는 것으로 인식하기보다는 윤리학을 역동적이고 창조적인 것으로 본다. 그것은 문화 발전의 생태학적 모델과 연결될 수 있다. 그것은 문화가 다른 발전 과정을 따라 진행할 수도 있겠지만 다른 문화와 함께하는 소통적 관계를 통하여 함께 진화한다고 인지한다.

윤리학에 대한 문화 간 소통으로의 소통적 접근은 간문화적 상황이 본성적 무질서(예를 들어, "법이 없는 규범 norm without law")에 의한 것이라는 것을 인정한다. 왜냐하면 그러한 상황에서의 행동을 지배할 표준은 아직 만들어지지 않았기 때문이다. 우리가 개인으로서 받아들여 사회화된 윤리적 표준은 보통 다른 문화권 출신의 사람을 어떻게 다룰 것인가가 아니라 우리들 자신의 문화에서 사람을 어떻게 다룰 것인가를 말한다. 그러므로 특별한 문제가 생기면 간문화적 윤리학에서의 질문은 다른 윤리적 전통을 가진 다른 문화 출신의 사람이 실제로 해결을 위해 무엇을 해야만 하는 것인가에 있다. 여러 가지 해법이 가능하다. (1) 회피 : 우리는 다른 문화권 사람들과의 접촉을 피할 수 있다. (2) 적응 : 한 쪽이 다른 한 쪽의 표준에 어쩔 수 없이 순응한다. (3) 대립 : 각 진영이 서로 자기 쪽만 옳다고 주장 한다. (4) 지배 : 한 쪽이 자기의 견해를 다른 쪽에 강요한다. (5) 대화 : 어떤 특정한 상황에서 어떤 표준이 채택되어야 할지 쌍방이 서로 대화한다.

만일 대화가 간문화적 윤리학에 연관된 주제를 다루는 방법으로 선호된다면 그러한 대화는 어떻게 수행될까? 문화 간 소통에 대한 자기 민족 중심적 접근은 자신의 문화적 가치와 표준은 옳은 것으로 보고 상대의 것은 틀렸다고 보는 것이 전형적이다. 그러한 견해는 만일 주어진 전제가 진실이라면 그 반대는 동시에 진실이 될 수 없다는 아리스토텔레스의 논리 위에 존재한다. 예를 들어, 만일 개인주의가 진실이라면 집단주의는 거짓이다.

그렇지만 헤겔의 변증법론적인 접근은 특정 관점 내에서 서로를 구별 짓는 긍정적이거나 부정적인 특징이 있다는 주장이 가능하다. 개인주의의 긍정적인 특징은 자기 신뢰에 대한 강조이고 부정적 특징은 이기적 경향이란 것이 인정될 것이다. 집단주의의 긍정적 특징은 협력의 강조이고 부정적 측면은 순응을 지향하는 경향이다. 교차문화적 비평에서 종종 일어나는 것은 물론 한 견해의 긍정적 측면이 다른 한 쪽의 부정적 측면을 비판하곤 한다는 것이다. 자기 확신이 순응보다는 우월한 것으로 보이고 협동이 이기주의보다는 우월한 것으로 보인다. 하지만 부정적 특징을 버리고 각 견해의 긍정적 특징을 융합하여 새로운 통합에 이르는 것이 가능하다. 자기 확신은 모순 없이 협동과 합쳐지고, 반면 이기주의와 순응은 버려질 수 있을 것이다. 이 새 통합된 자세는 각 본래의 문화적 요소를 합치고 또한 창조적인 방법으로 변형하여 제3의 문화를 만들어 낸다. 제3의 문화는 간문화적으로 통합된 행동을 위한 공동의 토대를 제공할 잠재력을 갖고 가치 차이와 연관된 넓고 다양한 문화적 논쟁에 적용될 수 있을 것이다.

감사의 글

이 논문은 동경에 있는 Aoyama Gakuin 대학이 2005년 3월 5일에 개최된 '국제소통에 대한 Aoyana 심포지엄'에 투고한 논문을 토대로 쓰였다. 논문은 Evanoff의 1996년, 1998년, 1999년, 2000년, 2001년, 2004년, 2006(a)년 2000(b)년에 발표한 논문을 더 구체화하여 요약한 것이다. 이 논문과 약간 다른 견해는 Evanhoff의 2005년과 2007년 논문이다.

개념 이해와 질문

1. 간문화적 윤리학의 문제를 푸는 경험적, 이론적, 규범적 방법론의 접근을 구별하라. 이런 접근은 어떻게 다른가?
2. Evanoff는 여러 가지로 종교, 자연, 역사, 이성에 윤리학의 근거를 두려는 시도는 실패했다고 주장한다. 왜 그런가?
3. 간문화적 윤리학에 대한 개인주의적 접근의 기본 가설은 무엇인가?
4. Evanoff는 문화적 상호의존과 문화적 상대론을 어떻게 구별 짓는가? 윤리학에 대한 각각의 접근을 예로 들어라.
5. 간문화적 윤리학에 대한 소통적 접근은 초기 접근과는 어떻게 다른가?
6. Evanoff는 윤리적 대화가 개인 간, 사회적, 그리고 전 세계적으로 일어날 수 있다고 주장한다. 이러한 수준은 윤리적 주제를 다루는 형태가 어떻게 다른가? 각 단계에서 여러분이 고려했을 윤리적 주제를 반영하는 경험의 예를 제시하라.
7. Evanoff는 다름과 같음의 방식으로 발전하는 간문화적 윤리학에 대한 문제를 제시한다. 특정한 문제가 주어진다면, 다른 문화와 다른 윤리적 전통을 가진 사람은 실제 어떻게 해야 하는가? 이 질문에 대한 당신의 대답은 무엇인가?

Richard Evanoff is Professor in the School of International Politics and Economics, Aoyama Gakuin University, Tokyo, Japan.

09

새로운 관점 : 미래전망

09

새로운 관점 : 미래전망

『문화 간 소통』 14판의 주요목표는 문화 간 소통 학문이 어디서 시작했는지를 돌아보고 지난 40년간 어떻게 발달해왔는지 조사하고자 하는 것이었다. 그 관점이 처음 8장의 구성과 내용을 결정짓게 했다. 앞서 제공된 글들의 회고는 현재 글로벌 시대 소통학문의 성장, 복합성 그리고 간문화소통의 필요성 증대를 명확히 보여 준다. 여기에 기초하여 우리는 소통학문의 미래를 고려하는 것도 중요하다고 느꼈다. 이에 따라 우리는 그 분야의 저명한 학자들에게 문화 간 소통의 지속적인 진화와 성장에 대한 그들의 식견을 제공해 주십사하고 부탁을 드렸다. 그들의 전망은 여기 특별히 쓰인 9장의 글들에 잘 나타나있다.

이 장의 첫 번째 논문, <문화에서 상호문화로 : 세계화 시대의 소통, 적응, 그리고 정체성 변화>는 글로벌화가 인간 상호작용의 많은 부분, 그리고 다양한 부분을 변화시켰고 계속 변화시키고 있다고 지적한다. 이 글의 저자는 "순수한 형태의 문화는 현실이라기보다는 향수를 불러일으키는 개념이 되었다"고 이야기한다. 다른 말로 해석하자면 현대사회에서는 이제 안정감이 아닌 변화가 표준이 되었다는 말이다.

이런 역동적이고 계속적인 변화는 사회유지에는 부식작용을 초래하고 개인에게는 스트레스를 안겨주며 소통을 통한 적응과정이 중요하게 만든다. 이 논문의 저자가 특별히 관심을 둔 것은 "다른 문화적 전통들의 접점"으로부터 야기되는 마찰과 대면했을 때 개인이 느끼는 스트레스이다. 이런 상황에의 성공적 관리와 적응은 한사람의 "문화적" 정체성을 "간문화적" 정체성으로 전환될 수 있도록 해준다. 이 과정은 "스트레스 적응 성장 역동" 모델을 통해 설명되는데 이 모델은 문화적 변화 같은 요인에 의해 야기되는 스트레스에 어떻게 성공적으로 적응하는지를 보여 준다. 이 글은 현재 특히 글로벌화에 의한 역동적 사회변화에 매우 시의적절한 글이라고 할 수 있다. 그는 사회적 진화와 개인적 진화의 필요성을 수반하는 현대사회의 문화적 변화를 이해하고 성공적으로 적응할 수 있는 방법을 제시해 주기 때문이다.

두 번째 논문 <아시아중심주의와 미래 세계화 시대 상호문화의 전망> 역시 시사점이 매우 큰 글로서 문화 간 소통 분야를 광범위하게 다루고 있다. 이 글의 저자들은 문화 간 소통은 "여전히 상대적 유럽 중심주의로부터 고통을 받고있다"고 주장한다. 이런 문제를 극복하기 위해 저자들은 문화적으로 대조적인 다른 문화권들의 문화양식과 소통 사용의 목적들에 대해 살펴볼 것을 제안한다. 그 예로 저자들은 유럽 중심주의와 대조되는 아프리카와 아시아적 관점으로부터의 문화 간 소통 사례를 보여 준다. 이 글의 목적은 문화적 다양성에 근거한 렌즈를 통해 문화 간 소통을 볼 필요성이 있음을 알려주는 것이다. 이를 위해 힌두교, 불교, 유교, 그리고 이슬람교의 예를 효율적으로 사용한다.

우리의 마지막 글은 현대 글로벌 사회에 특히 관련이 큰 뉴미디어를 주제로 한다. 아주 짧은 시간 내 디지털 혁명은 전 세계 사람이 국가적 그리고 문화적 국경을 넘어 소통하고 상호작용하게 만들었다. 그것이 이메일이든 트위터든 스카이프든 또 다른 형식의 미디어이건 이제 다른 문화권의 사람이 전문적, 사회적, 그리고 유희적 목적으로 소통하고 있다. 뉴미디어 형태는 소통 환경을 면 대 면 상호작용의 한계를 훨씬 뛰어넘어 확장시킴으로써 전통적 문화 소통을 진화시키고 있다. 이 논문의 저자는 문화와 뉴미디어는 함께 연결된 것이라고 주장한다. 문화는 뉴미디어의 사회적 사용에 영향을 미치고 뉴미디어는 부수적으로 문화에 변화를 일으킨다. 뉴미디어 혁명으로 인한 변화를 이해하기 위해 소통연구의 새 분야인 문화 간 뉴미디어 연구INMS가 제시되었다. INMS의 목적은 "문화 간 접촉의 새로운 디지털 이론을 구상하고 문화 간 소통의 20세기 이론을 수정하고 확장시키는 것이다." 이 글에서 저자는 INMS의 두 가지 주요 분야인 (1) 뉴미디어와 문화 간 소통 이론과 (2) 문화와 뉴미디어를 개념화한다. 그는 주요 문화 간 소통 이론들이 현재 디지털 시대에 좀 더 잘 적용될 수 있도록 문화 간 소통 이론을 재연구하고 재배열할 것을 요청하며 글을 끝맺고 있다.

문화에서 상호문화로: 세계화 시대의 소통, 적응, 그리고 정체성 변화

Young Yun Kim

하늘이 어두워질 때 별들은 반짝이기 시작한다.

Charles Austin Beard(1874-1948)

우리는 이제 모두가 이주자이다. 우리는 어쩌면 세계적인 문화의 융합, 세계화라고 불리는 관습과 꿈들의 구조적 변화의 극심한 고통 속에 있다고도 말할 수 있다. 세계화가 제공하는 인간의 삶에 있어 모든 것을 아우르는 변화는 더 이상 선택이 아니라 이미 만연하고 강제적인 현실이다.

모든 변화는 스트레스를 유발하며 현재 세계는 긴장 속에 있다고 해도 과언이 아니다. 많은 사람들이 충돌하는 전통과 정체성의 세상에서 진실을 찾으려고 방황하며 변화를 거부하고 옛것을 위해 맞서기도 한다. 오래되고 지겨운 편견과 증오에서부터 좀 더 최근의 폭력적 분노와 테러까지 세계의 구석구석에서 사람들은 빠르게 증가하는 변화를 목격한다. 다양성의 관점에서 상대적으로 시민적 합의가 간단한, 그러면서도 평화롭고 민주적인 많은 국가에서 사회는 좀 더 거대한 시민들의 정체성을 대신하는 다양한 특정 문화적 정체성을 가진 자에게 도전을 받는다. 보기에는 진솔해 보이는 문화적 정체성의 현수막은 자주 사람들을 '우리 대 그들'이라는 공식으로 내몰기도 한다. 이런 정체성 논쟁에서 부족한 것은 다양성과 다문화주의의 주요 이상, 다시 말해 다른 뿌리를 가진 사람들이 함께 공존할 수 있다는 것, 서로에게서 배울 수 있다는 것, 그리고 최소한의 편견이나 환상으로 전통적 집단 경계를 넘어서야 한다는 것들이다.

충돌하는 정체성의 배경에 맞서 이 글은 다른 문화에 대한 접촉 증가를 통해 개인들이 적응해가는 문제를 다룸으로써 일상 뉴스 머릿기사에서는 대부분 감춰진 세계화의 단면을 펼쳐보이고자 한다. 이런 현상의 전면에는 새로운 삶을 찾아 재정착하는 이민자와 난민들로부터 해외취업을 위한 일시적인 체류자, 정부기관 종사자, 평화봉사단 자원봉사자들, 군인들, 교환학생들 등 매년 문화적 경계를 넘어 거주지가 변하는 많은 개인들이 있다. 신체적, 물리적 거리는 더 이상 다른 문화에의 노출의 정도를 조정하지 못한다.

문화적 적응 현상에 대해 기술하고자 하는 저자의 주요 관심은 개인의 정체성을 문화적인 것에서 상호문화적인 것으로 변형시키는 가능성을 강조하는 데 있다. 저자는 또한 상호문화적 소통과 새롭고 변화하는 문화적 환경에 적응하는 광범위한 경험을 통해 개인의 정체성 근원이 점차적으로 그리고 무의식적으로 한 가지 문화의 지평을 넘어서는 과정을 기술하고자 한다. 이런 목적으로 저자는 이 글에서 1980년대 초기 이래 발전되고 다듬어진 소통과 상호문화적응 이론에 근거하여(Kim, 2011) 개인 정체성의 상호 문화적 변형은 이론적 가능성만이 아닌 세계화 시대에 걸맞은 성취 가능한 목표임을 주장하고자 한다.

문화 적응과정

적응은 특히 인간의 경우 자기조직, 자기조정, 통합능력에 깊은 근간을 두는 기본적인 삶의 지속력과 삶의 향상 활동이다(Jantsch, 1980; Kauffman, 1995). 적응을 통해 우리는 학습이 가능하고 새로운 학습을 통해 변화될 수 있다. 이런 기본 적응능력은 인간정신의 유전적 요소이며 우리를 구식적인 것이나 불필요한 속박으로부터 자유로울 수 있게 하거나 문화적 환경의 복잡함을 중재할 수 있도록 하는 상대적 자유를 포함하여 우리가 누리는 모든 것들에 분명히 드러난다. 우리 인간은 "항상 성공적이지 않을지 몰라도 기만적일 정도로 경쟁적인 세상에서 스스로의 발달을 위한 전략가이자 개인이익을 추구하는 합성자들이다"(Slavin & Kriegman, 1992, p.11). 이런 관점에서 본다면 다문화적 적응은 새롭거나 변화하는 문화적 환경에 대한 반응으로서 자기를 재조직하는 자연적 인간 성향의 단면이라고 이해할 수도 있을 것이다.

소통 현상으로서의 적응

Bertalanffy의 보편적 시스템 관점에 근거하여(Bertalanffy, 1956; Ruben, 1972) 저자는 각각의 개인을 소통을 통해 환경과 정보를 교환하고 환경과 함께 진화해가는 "개방 시스템"으로 간주한다. 이런 식으로 개인의 내재적 구조는 전 생애에 걸쳐 변화해가는 것이다. 사람과 환경의 상호작용에서 적응은 소통활동 내에서 그리고 소통활동을 통해서 발생하는 과정이다. 적응적 변화는 주어진 사회문화적 환경에서 메시지 교환을 하는 한 계속 발생한다. 입력 메시지와 출력 메시지는 언어적인 것이나 교통 표지판이나 수학적 상징같이 명백하게 암호화된 상징에만 제한되어 있는 것이 아니다. 메시지는 모든 비행동적인 것뿐 아니라 모든 행동과 사건을 포함하여 의도되지 않고 잠재된 즉흥적이고 비언어적인 메시지 역시 포함한다.

Watzlawick, Beavin, 그리고 Jackson(1967)의 말을 빌리면 "사람은 소통하지 않을 수 없다." 소통은 반드시 필요한 인간의 수단이며 소통 없이는 적응이 일어날 수 없고 적응은 개인이 환경과 상호작용을 유지하는 한 발생한다는 것이다. 따라서 다문화적 적응은 개인이 변화된 문화적 환경과 상대적으로 안정적이고 상호적이며 기능적인 관계를 유지하기 위한 소통과정으로 정의된다. 이 정의의 핵심은 개인의 내재적 조건과 환경의 조건 사이에 전반적인 개인 환경 간의 "일치"를 성취하는 데 있다. 따라서 적응은 "거의 항상 절충적이며 문화의 내재적 구조와 환경의 외재적 압력의 매개체인 활동이다"(Sahlins, 1964, p.136).

문화적응과 문화박탈

이 문화 간 접촉, 소통 그리고 새 문화학습 활동은 문화적응의 습득으로 새 언어와 규범 등의 학습을 포함하는 광범위한 영역에서의 새 문화유형과 실제의 성취를 말한다. 학습의 또 다른 중요한 양상은 절망, 분노뿐 아니라 아름다움, 즐거움, 기쁨을 대하는 새로운 방식을 포함하는 새로운 문화의 미적 그리고 감성적 민감성의 성취도 포함한다.

문화적응은 이문화에 노출됨으로써 무작위적이거나 자동적으로 발생되는 것이 아니다. 새로운 문화 요소는 원래 있던 내재적 조건에 단순히 첨가되는 것이 아니다. 오히려 개인의 성향, 욕구, 흥미에 기초한 자유나 억제 정도에 의거하는 과정이다. 이런 인간의 자기 보호적이고 자아 중심적 원칙은 Chang(2001)의 연구의 예에서 찾아볼 수 있다. 그의 싱가폴 이주민 연구에 의하면 사적인 영역과 가정에서의 문화적응에 비교하여 일과 관련되거나 공공적 표준과 가치에서 더 높은 문화적응도를 볼 수 있었다. 그럼에도 불구하고 시간이 흐르면서 문화적응의 경험은 새로 접한 문화적 환경에 관한 개인의 정보처리능력에 구조적 개선을 가져오는 인지적 복합성의 발달을 가져온다.

새로운 학습이 발생하면서 문화박탈 또는 이전 문화적 요소에서 적어도 어떤 부분에 대한 비학습이 일어난다. 문화박탈은 의도적이거나 고의적인 경우는 드물다. 오히려 자연스러운 현상으로서 개인이 어떤 새로운 것을 획득하거나 이전 습관을 버리는 문화적응 활동에서 일어난다. Burke(1974)가 이야기하듯 "파괴 없이 건설도 없다." 이런 문화적응과 문화박탈의 상호작용은 개인이 거치는 심리적 진화의 기초가 되는데 예를 들어 음악, 음식, 의복의 선택과 같은 겉으로 드러나는 행동처럼 "표면적"인 영역에서의 변화부터 사회적 역할과 관련된 행동과 기본적 가치같이 좀 더 내면적 수준의 변화에 이르기까지를 아우른다고 볼 수 있다.

스트레스-적응-성장

문화적응과 문화박탈이 계속되면서 적응 변화에 관련된 경험은 피할 수 없는 스트레스를 동반하는데, 이는 한편으로는 변화에 대한 저항과 원래 정체성을 유지하는 옛 습관을 지키려는 내재적 욕구에 기인하고 다른 한편으로는 새로운 환경과의 조화를 찾는 변화된 행동의 필요성에서 기인하는 정체성의 갈등에서 비롯된다고 볼 수 있다. 이런 갈등은 본질적으로 문화적응의 필요성과 문화박탈의 저항 사이의 것으로 새로운 문화의 "밀어붙임"과 옛것의 "잡아당김"에서 비롯된다. 그런 갈등역학에 의해 발생된 내재적 불균형은 불확실성, 혼란, 그리고 불안의 강렬한 감정적 "최저치"로 명백하게 나타날 수 있다. 그런 극심한 상황은 우리의 정신적, 행동적 습관에 대한 깨달음과 의문점을 불러일으키는 "위기"의 순간을 가져올 수 있다.

스트레스는 통합적인 전체를 위해 내재적 구조에서 일어나는 끊임없는 변인의 다양성을 멈추려고 안정성을 보존하려는 본능적 인간 욕구의 표현이다. 어떤 사람은 새롭거나 변화된 외적 현실을 향해 마지못해 이타적으로 행동하거나 비판하거나 적대심을 표현하기도 하고 선택적 집중과 부정, 회피, 그리고 철회를 통해 예상되는 불안정의 "고통"을 피하거나 최소화하려는 시도를 할 것이다. 또 어떤 사람은 소외감이나 분리감이 없는 상태인 친근한 "옛 문화" 내에서 존재하는 초기 상태로 퇴행하기도 할 것이다. 그러나 스트레스는 설령 그것이 시련의 형태를 가질지라도 우리 자신을 재생산하는 새로운 가능성을 위해 우리 내면을 깊이 들여다보는 기회를 제공해 준다. 이런 관점에서 볼 때, 스트레스는 복잡한 인간 심리 시스템에 본질적이며 자기조직과 자기갱신을 가능하게 하는 적응과정에 필수적인 요소이다. 시간이 흐름에 따라 그런 내재적 갈등은 개인을 외재적 영향에 민감하게 하고 새로운 습관을 획득하게끔 강요한다. 대부분의 사람에게 내재적 변화는 환경적 변화를 포용하고 고충을 극복하여 안정을 위해 노력할 때 생기며 적응의 행위로 나타난다. 장기간 그리고 축적된 경험과 스트레스 적응 불안정의 성공적인 유지에는 안정적이고 종종 감지할 수 없는 심리적 성장, 다시 말해 개인의 내재적 시스템의 증가된 복잡성이 뒤따른다.

스트레스는 인간정신작용의 자아성찰적인 창조적 기능 덕분에 개인이 문제를 새로이 해결하는 방법을 체득함으로써 극복하게 된다. 스트레스, 적응, 그리고 성장의 개념은 스트레스-적응-성장 역학이라는 세 가지 장기적 경험을 구성하는데 이는 변화하고 있거나 변화된 환경에서 성공기회증가를 목표로 하는 심리적 움직임을 말한다. 이런 개인 진화의 과정에서 개인은 다양한 정도의 "경계모호성 증후군"을 경험한다(Hall, 1976, p.227). 이 증후군은 원래의 문화적 정체성이 그 독특성과 견고함을 잃기 시작하고 확장되어 더 유연한 자아정의가 생겨날 때 나타난다.

스트레스-적응-성장 역학은 순탄하고 꾸준하며 일직선적으로 나타나는 것이 아니라 연속적이고 순환적이며 "뒷걸음을 쳤다가 뛰어오르는" 유형을 취한다. 각각의 스트레스 경험은 "뒷걸음치는 상태" 또는 퇴보상태로 반응이 나타났다가 개인이 스스로를 재조직하고 "앞으로 전진할 수 있는 상태"가 되도록 돕는 적응적 에너지를 활성화시키게 한다. 어떤 부분에 있어서 성장은 항상 발생하는 것이기 때문에 그 적응과정은 통합과 해체, 전진과 퇴보, 그리고 참신함과 원래 것을 확인하는 정도의 병치 유형을 따른다. 이런 시스템 이론적 설명은 Dubo(1965)가 인간적응을 "영원함과 변화 사이의 변증"(p. 2)으로 본 관점과 비슷하다.

스트레스-적응-성장의 변천적 과정은 보다 큰 적응과 성장 방향으로 전반적으로 전진하는 움직임과 함께 새 환경적 도전이 있는 한 계속된다. 이 과정에서 크고 갑작스런 변화는 새롭거나 변화하는 문화적 환경에 노출된 초기 단계에 발생하는 경향이 있다. 그런 과감한 변화는 그 자체가 어려운 과정임을 보여 준다. 긴 시간의 내적 변화를 거쳐 가면서 스트레스와 적응의 변동률은 덜 심각해지고 전반적인 우리 내적 상태의 "고요"를 이끈다.

정체성 변화 : 개별화와 보편화

문화적응과 문화박탈 그리고 스트레스-적

응-성장 역학의 경험으로부터 발생하는 문제들은 이문화적 정체성에 있어 제한이 없으며 적응적이며 변형적인 성향을 지닌다. 이문화적 정체성 발달의 두 가지 주요 요소 중 하나는 전형적 사회적 카테고리의 구성원으로서라기보다 한 개인으로서 분명한 자아 정의와 타인의 정의를 포함하는 개별화이다. 이 능력으로 사람은 스스로와 타인을 분류화된 고정관념이 아닌 독특한 개인적 특성에 기초하여 바라볼 수 있다. 이리하여 개별화는 인지적 차별성과 특수성을 보여 주는 정신적 세계관을 조성한다(Oddou & Mendenhall, 1984). 개별화를 수반하는 것은 가치의 상대적 특성과 인간본성의 보편적 양상에 대한 깨달음에서 비롯된 "새로운 자각"의 공동적 인지의 발달과 함께 발달하는 것이다(Yoshikawa, 1978, p.220).

정체성 변천과정을 거치면서 우리는 우리가 문화적 이방인을 접할 때 그가 속한 집단의 일반성과 고정관념을 넘어 개인적 특성을 보는 경향이 있는 것처럼 우리와 그들 사이의 문화적 차이를 넘어 함께 공유하는 공통된 인간성을 본다. 이 두 가지 밀접한 정체성의 발달과정, 개별화와 보편화는 우리가 지역파벌주의를 극복하고 스스로가 속한 집단에 묶여 그 집단의 이익에 갇혀 있지 않을 수 있는 세계관을 형성하게 해준다.

이문화적 정체성 이론과 유사한 것이 "초자아"와 "세계주의적" 또는 "다문화적" 정체성이다. 이들 개념은 민족이나 문화 같은 전형적 사회적 분류의 경직된 경계보다 덜 이원적이고 더 초맥락적이고 보편화된 관점을 의미한다. 그러나 이문화적 정체성은 이중문화적, 다문화적, 또는 혼합 정체성 같은 특정 문화적 구성요소의 다양한 형태의 첨가를 대표하는 다른 용어로부터 구별된다. 이문화적 정체성은 이런 용어들이 가진 일반적 요소들을 포함하는 동시에 "전체는 부분의 합보다 크다"라는 격언이 표현하듯이 이들 용어들을 넘어서는 개념이다. 이문화적 정체성의 문화적 근원은 우리가 설령 그것을 제거하기를 원한다 할지라도 생명이 끝날 때까지 사라지지 않을 것이다. 이문화적 변천의 과정에서 발생하는 것은 "하나는 잃고 하나는 얻는 식"으로 결국은 무언가 새로운 것이 되는 문화적응과 문화박탈의 과정이다. 이를 공식으로 나타내면 A+B+A'+B'+X라고 할 수 있는데 이때 A'와 B'는 원래의 A와 B인 문화유형에서의 수정을 표시하며 X는 개인의 정체성에서 개별화와 보편화의 추가된 면을 표시한다.

실증적 증거

많은 연구들이 문화적응과 문화박탈, 그리고 점진적 이문화적 변천을 이끄는 이문화적 스트레스와 차후 적응과 성장에 대한 이론을 직, 간접적으로 입증해준다. 그런 실증적 증거는 최근에는 다른 나라들에서도 행해지고 있지만 오랜 세월 동안 대부분 미국에서 연구된 이민자들과 임시 체류자들에 대한 사회과학적 연구들에서 찾을 수 있다(Kim, 2001). 예를 들어 Eaton과 Lasry(1978)는 상향지향의 이민자의 스트레스 레벨이 덜 상향지향적인 이민자들보다 크다고 보고했다. 일본계 미국인과(Marmot & Syme, 1976) 멕시코계 미국인(Miranda & Castro, 1977) 사이의 비교 연구에서는 적응을 더 잘한 이민자이 덜 한 그룹에 비해 초기에 다소 높은 빈도의 불안이나 심리치료의 필요 같은 스트레스 관련 증상을 경험했다. Dasgupta(1983)의 연구에서는 아시아계 인디안 이민자는 원래의 집단 내 관계와 직장세계에서의 성취 사이를 이분화하고 균형을 확보하면서 그들의 전통적 가치인 전체론과 미국 문화 가치인 개인주의 사이의 갈등을 해결할 수 있었다고 지적했다.

일시적 체류자에 관한 연구 데이터도 스트레스, 적응, 그리고 성장 역학 관계의 비슷한 유형을 보여 준다. 예를 들어 Ruben과 Kealey(1979)는 나이지리아의 캐나다인 기술자들에 대한 연구에서 새 환경에서 가장 효율적으로 적응하는 사람은 초기 과도기 동안 강렬한 문화적 충격을 거친 사람이라고 보고했다. 유사하게도 일본에서 미국과 다른 나라에서 온 대학생을 조사한 연구에서도 Milstein(2005)는 일시체류 경험이 "자기효율성" 레벨의 증대를 가져온다고 결론지었다. 스트레스, 적응, 성장 역학 이론을 들어 Milstein은 자기효율성의 증대는 학생이 경험한 도전 레벨과 긍정적 상관관계가 있음을 증명했다. Sherer(2003)의 연구에서도 비슷한 결과가 도출되었다. Shearer는 사례연구 방법으로 몇 년에 걸쳐 호주인 두 명의 이문화적 소통 경험을 연구했다. 그의 심층적 생애사적 분석을 통해 Shearer는 두 주류 호주인이 이민자과 소수인종 사람과 비슷한 이문화적 정체성 증거를 보여 주는 사례를 보고했다.

사례

다문화적 적응과 이문화적 변천에 관한 이론적 근거의 증거는 생애사적 연대기의 직접적 증언에서도 찾을 수 있는데 이것은 사례연구나 수기, 자서전적 이야기, 그리고 에세이에 드러난다. 이런 개인적 이야기는 개별화와 보편화 면에서 앞서 언급한 이문화적 정체성의 이론적 설명을 드러내는 구체적 현실적 증거를 제시한다.

이문화적 정체성 변천에서 개별화와 보편화의 형성에 대한 증거로 추천되는 것은 Muteno Yoshikawa(1978)에 의한 연구이다. 일본과 미국 두 나라 모두에 거주했던 사람으로서 Yoshikawa는 그 자신의 개인적 진화에 대해 이문화적 사람이 된다는 것이 무엇을 의미하는지 핵심을 담은 다음과 같은 글을 썼다.

> 나는 이제 두 문화를 주관적으로 그리고 객관적으로 볼 수 있다. 나는 갈등 없이 두 문화를 왔다갔다 할 수 있다. 무엇이라 명명하기 어려운 그 무엇, 각각의 문화적 인식의 합을 넘어선 그 무엇이 형성되었고 일과 일을 더해서 3이나 그보다 더 큰 수를 얻는 것 같은 "시너지" 개념과 유사한 것이 되었다. 이 추가적인 무엇인가는 문화적으로 구체화할 수 있는 것이 아닌 그 자체로 독특한 무엇이다. 아마도 가치의 상대적 본성과 인간 본성의 보편적 측면에 대한 깨달음에서 비롯된 새로운 속성 또는 새로운 자각의 출현같다. 나는 다른 사람들이 나를 일본인으로 보든 미국인으로 보든 걱정하지 않는다. 나는 나로서 나 자신을 받아들일 수 있다. 나는 인식이나 생각 같은 인지적인 면뿐 아니라 감정이나 태도 같은 감성적인 면과 행동적 영역에서도 그 어느 때보다 더 자유롭다고 느낀다(p.220).

이문화적 개인사에 뿌리를 둔 창조적 통찰

은 2006년 문학에서의 노벨상을 받은 터키의 소설가 Orhan Pamuk의 경우에서도 볼 수 있다. Pamuk(2006)은 그의 글에서 서로 교차하고 얽혀 있는 문화들의 새로운 상징을 잘 표현한 것으로 주목을 받았다. 노벨상 수상 선정 발표 후 국립 공영 라디오와의 인터뷰에서(National Public Radio, 2006년 10월 12일) Pamuk은 그가 이전에 한 말을 상기하게 되었다. "예술이 발달한 서구세계의 주변부에 있는 나라 중 하나의 출신으로, 그리고 중앙에서부터 주변부까지 예술로 세계에 보여줄 무엇인가 새로운 것을 생산한 작가 중 한 사람으로서" Pamuk은 그의 작업에서 이런 이문화적 주제를 재확인하고 그 자신의 정체성의 이문화적 본성에 대해 제안한다.

나의 책, 나의 삶, 그것은 동서양이 사실상 우아하게 합쳐지고 뭔가 새로운 것을 생산한 사실에 대한 증언이다. 그것이야말로 내 모든 삶을 통해 이루고자 노력했던 것이다. 나는 문화적 충돌을 믿지 않는다. 불행하게도 그것은 공상적 생각으로 때로 진실이 된다. 하지만 나는 동과 서가 만난다고 생각한다. 내 모든 작업이 우리는 어떤 충돌도 없이 조화롭고 우아하게 동서양을 합치는 방법들을 찾아야만 하고 인류를 위한 새로운 무엇을 창조해야 한다는 사실에 대한 증언이라고 생각한다.

이문화적 정체성 발달의 또 다른 묘사는 아프리카계 미국인인 경제학자 lenn Loury가 적은 에세이에서 발견된다. Loury(1993)는 정체성은 인종에 의해 더 이상 정의되지 않고 개인적, 인간적 상황에 의해 정의되는 식으로 진화한다고 했는데 그의 정체성 진화 주장과 관련한 다음과 같은 글을 썼다.

나는 더 이상 우리의 공동적 인종차별 경험에 의해 흑인들 사이에 일어난 동지애가 어떤 한 개인의 자기정의의 적절한 기반을 구성한다고 믿지 않는다. 나를 맞서는 가장 중요한 도전과 기회는 나의 인종적 조건이 아니라 나의 인간적 조건으로부터 기인한다. 나는 남편이며 아버지이고 아들이며 선생이자 지식인이며 기독교인이며 시민이다. 이들 역할의 어떤 것도 내 인종과 관련지어진 것이 아니며 인종적 정체성 하나만이 나의 역할 책임에 관련된 문제들을 적절하게 해결할 수 있도록 지침을 제공할 수도 없다고 생각한다. 나의 사회적 조건의 특정 특색들, 외재적으로 주어진 것들은 단지 내 삶의 무대를 설정할 뿐 각본을 제공하지는 않는다. 그 각본은 반드시 내재적으로 발생되어야만 한다. 내 생각에 온전히 인종적 조건에 의존하는 개인적 정체성은 비극적인 것으로 그 사람의 가능성을 떨어뜨린다. 왜냐하면 무엇이 가능하고 무엇이 바람직한지에 대한 이해에 인종에 기인한 관점은 너무 지엽적인 것이기 때문이다.

이문화적 인간성 목표

현대사회의 긴밀하게 짜여진 소통과 교통수단은 다른 문화, 국적, 인종, 종교, 그리고 언어적 집단을 그 어느 때보다 가까이 상호의존과 공동운명의 체계 속으로 끌어들이고 있다. 이런 이문화적 세계에서 순수한 형태로서의 문화는 현실보다는 오히려 과거 향수를 자극하는 개념이 되어 이제 "평상시와 다름없는" 식의 방식은 구태의연한 것이 되고 말았다. 문제에 대한 창의적인 해결책을 찾기 위해 관습적 상상을 넘어설 수 있도록 하기 위해서라도 인간들은 이제 서로의 다양한 차이를 직면하고 유사성을 찾도록 도전받고 있는 것이다.

세계화와 지구화는 이문화적 적응과 이문화적 변천을 만들었다(Kim, 2001). 자국에서나 이국땅에서나 세계의 수많은 사람들은 적어도 어느 정도의 문화적응, 문화박탈, 그리고 스트레스, 적응, 성장 역학의 경험을 하며 도전받고 있다. 확실성과 영원성과 고정되고 통일된 문화적 정체성의 시대에 향수를 느끼는 개인들과 사회적 기관들과 지역사회들과 나라들에게 이런 변화하는 세계적 현실은 불안한 단절과 불안감을 제공한다. 어떤 사람은 이런 현실을 인정하기를 거절할 것이다. 하지만 이들에게는 그것을 저항하고 부정하는 데 생을 써버리는 대가만이 남을 뿐이다. 그런 심리적 자세가 적어도 일시적으로 그 사람이 스스로에 대해서나 속한 집단에 대한 "기분이 나을 수 있도록" 도울 수 있을지는 모르지만 적응에 대한 거부를 일으키는 결과를 초래할 수도 있다.

이문화 적응과 이문화적 정체성 발달의 다이나믹한 특성은 세상을 사는 대안적 방식을 알려준다. 그것은 우리에게 선택을 하도록 만들고 그 결과에 책임을 지도록 하는 일종의 여행이다. 문화적 경계를 성공적으로 건넌 사람들은 적응을 선택하고 그 선택에 의해 변화된 사람들일 가능성이 높다. 이것은 우리에게 우리가 겉으로는 확산된 문화적 요소들을 분리되고 나뉘어진 것이 아닌 뭔가 새롭고 독특한 것, 연합되고 통합된 것으로 포함할 수 있도록 노력할 수 있다는 것을 보여 준다. 이는 정체성의 혼재가 자신의 개인적 그리고 문화적 통합성을 "포기"하는 행위가 아니라 문화적 차이의 창조적 통합과 감사의 행위라는 특별한 종류의 사고방식의 장려에의 가능성을 보여 주는 것이다.

끝으로 이 모든 것은 우리가 어떻게 변화하는 세계적 환경에 관계하고자 하는지 결정하는 데 달려 있다. 적응적 도전을 통한 경험만이 점점 더 상호 연결되어가는 세상에서 하나의 문화 경계를 넘어 생각하고 느끼고 행동할 수 있도록 특별한 우선권과 자유를 제공한다는 Yoshikawa와 Pamuk, 그리고 Loury의 증언을 떠올릴 필요가 있을 것이다.

개념 이해와 질문

1. 글로벌화에 노출됨으로써 개인의 원래 문화적 가치와 행동은 오히려 진화한다는 생각이 저자의 글에 내재되어있다. 이런 실증적 예를 제공하시오.
2. 이 글에 의하면 "글로벌화된 세상에서 기능하기 위해 한 사람의 정체성은 변화과정을 거쳐야만 한다. 여러분 의견에 이것이 필요하다고 생각하는가? 그렇다면 어떻게 성취될 수 있을까?
3. "문화박탈"의 의미에 대해 생각해보시오. 여러분은 대학에 들어온 이래 여러분 정체성의 어떤 부분이 문화박탈을 겪었는가?
4. 고등학교에서 대학생활로의 변화는 새로운 문화에 들어가는 것과 비슷하며 보통 일정 스트레스를 수반한다. 여러분이 스트레스를 겪게 만든 변화와 여러분은 그 변화에 어떻게 적응했는지 설명해보시오. 그 과정에서 소통은 또 어떤 역할을 했는가?
5. 저자의 스트레스–적응–성장 모형이 어떻게 작용하는지 설명하기 위해 여러분 자신의 경험을 적용해보시오.
6. 저자는 "순수한 형태의 문화는 현실보다는 과거 향수를 자극하는 개념이 되어버렸다"고 주장한다. 저자가 의미하는 바는 무엇인가? 여러분은 동의하는가? 그렇다면 그 이유는 무엇인가?
7. 이 글은 글로벌화로 야기된 변화는 "확실성의 시대"에 향수를 가지는 개인, 사회기관, 커뮤니티, 그리고 국가를 동요시킬 것이라고 한다. 글로벌화에 의해 야기된 문화적 변화가 집단과 기관 간 갈등을 야기한 예를 들어보시오. 이런 갈등들이 소통될 수 있는 방법에는 무엇이 있을까?

Young Yun Kim is Professor in the Department of Communication at the University of Oklahoma, Norman, Oklahoma.

아시아중심주의와 미래 세계화 시대 상호문화의 전망

Yoshitaka Mike, Jing Yin

사람은 항상 그들의 근원을 찾고 그 근원으로부터 과거와 현재를 다른 세상과 연결하기도 하고 평가하기도 한다. 사람의 근원에 대한 질문은 결코 과소평가되어서는 안 된다. 그것은 모든 지식과 인간 발달의 기초이기 때문이다. 우리는 어느 방향으로 전진해야 하는지 알기 위해 현재 우리가 어디에 서 있는지를 알아야만 한다. 운명과 방향의 분명성은 그가 어디에 있는지에 대한 지식에 달려 있다고 해도 과언이 아니다(Thiongo, 1997).

아프리카 Kawaida 철학의 선구 이론가 Maulana Karenga(2010)는 다문화주의를 "인간 다양성 존중을 중심으로 하는 생각과 실천"(p.51)으로 정의했으며 네 가지 기본전제가 있다고 했다. (1) 평등하게 유효하고 가치 있는 방식으로서의 사람과 문화에 대한 상호존중, (2) 각자의 권리에 대한 상호존중과 책임에 대한 상호존중 그리고 지역사회와 국제사회에의 공헌, (3) 인간 다양성의 한 가운데에서 공통기반을 찾는 상호헌신, (4) 우리 모두가 염원하고 살 만한 세상을 만들기 위한 공유의 윤리에 대한 상호헌신이 바로 그것이다.

Prosse(1974)에 의하면 언어소통협회(SCA)는 1970년 12월 국제소통위원회를 발족시켰다. 2010년 이 국제소통 분과는 40년이나 되는 그간의 학문적 공헌의 역사를 기록했다. 현존하는 선구적 인류학은 국제소통 학문분야의 발생과 진화와 함께 했다고 해도 과언이 아니다 (Martin, Nakayama & Carbaugh, 2012; Mowlana, 2012; Prosser&Kulich, 2012); Weaver, 2013). 과거 40년간은 비교문화와 상호문화적 소통 연구에 있어 엄청난 성장에 기여한 기간이었다. 그 결과 오늘날 이 분야는 그 이론적 접근과 방법론적 지향 분야에서 엄청난 다양성을 보여 주고 있다(ChenStarosta, 2004; Martin & Nakayama, 2008; Shuter, 2013; Starosta & Chen, 2005).

이 글에서 우리는 Karenga의 다문화주의 이론에 입각해 상호문화소통 학문의 오늘을 평가해보고 아시아중심적 관점에 입각해서 상호문화소통 학문의 내일을 그려보고자 한다. 좀 더 자세히 말해 우리는 Kawaida의 철학과 인식체계에 따라 아시아중심론의 아이디어를 설명하고 상호문화소통 학자 앞에 놓인 네 가지 미래 책무 (1) 소통에 관한 다문화적 의미와 시스템 탐색, (2) 다양한 렌즈를 통한 문화적 유사성과 차이점의 재정의, (3) 정체성, 커뮤니티, 그리고 소통의 민족적 시사점 재구성, (4) 상호문화적 소통의 공공 철학과 정책 형성을 제시하고자 한다. 이 네 가지 연구는 모든 문화중심적 패러다임 내에서 추구될 수 있지만 이 글에서는 아시아중심 관점의 체계 안에서 살펴보고자 한다.

아프리카 Kawaida 철학, 아프리카중심론 그리고 아시아중심론

간단하게 말해 아시아중심론은 아시아 커뮤니티에 대한 이론화와 관련된 문제들을 거론함에 있어 아시아 언어, 종교철학, 역사 등을 그 중심에 두는 것이다. 아시아 사람들과 현상들에 대한 분석의 중심에 아시아 사람들의 생각과 이상을 적극적으로 반영한다는 것이다. 아시아중심론은 우리를 (1) 아시아인 관점에서 아시아를 볼 수 있게 해주고, (2) 아시아인을 분석과 비평의 대상이라기보다는 그들이 처한 현실의 주체자로서 보게 해주며, (3) 아시아인 세계관과 소통방식을 좀 더 잘 이해하고 깊이 존중하게 해준다(Milke, 2013, Yin, 2009). Yoshitaka Milke의 아시아중심 비전은 Karenga의 아프리칸 공동체적 철학 Kwaida에 의해 영향을 받은 Molefi Asante의 아프리카중심론에 기초한다. Kawaida는 스와힐리어로 "전통"을 뜻하는데 Kawaida 철학은 "아프리카인의 생각과 실천의 최고의 종합"으로 정의된다(Karenga, 2006, p.245). Kawaida 철학은 문화를 "자아이해와 지아확신의 기초"라고 추정하고 아프리카인은 "끊임없이 회복하고, 재구성하고 아프리카인이 무엇을 의미하는지, 전체적 의미에서 인간의 의미는 무엇인지 문화로부터 생각해보아야 한다고 제시한다"(Karenga, 2006, p.245). Karenga(1997)에 의하면,

> 아프리카 문화와 진실되게 대화한다는 의미는 무엇보다 단지 참고로서만이 아니라 자원으로 사용하는 것이다. 이는 삶과 세계의 주요이슈에 관해 아프리카 문화 관점에서 질문을 제기하고 그 답을 찾는 의미이다(p.160).

더 나아가 아프리카중심론은 아프리카인은 육체적 노예화와 정신적 식민지화를 통해 아프리카 언어와 문화적 유산으로부터 분리되어왔고, 개인적, 집단적 대리를 빼앗긴 지난 500년간 유럽 중심적 지식관으로 대체되고 소외당해왔다고 추정한다(Asante, 2013; Ngugi, 2009). 아프리카중심론은 이리하여 아프리카인이 그들 자신의 문화와 역사 맥락 내에서 제 위치를 다시 찾고 그들 문화세계의 주체자로서 스스로를 보기를 요구한다. Nhugi(1997)는 식민지적 과거와 인간의 미래애 대해 다음과 같이 자세히 설명한다.

> 식민지주의는 존재의 기본원칙을 왜곡한다. 그것은 식민치하의 사람들과 그들의 자손이 그들 스스로를 스스로에게서 가장 멀리 떨어뜨려 놓는 경험에 익숙하게 만든다. 때때로 그들은 그렇게 멀어진 채로, 스스로의 흥미에 상반되는 지식을 지닌 채 남겨진다. 익숙하고 친숙한 곳에 남아 식민자의 지리, 역사, 문화, 언어와 일치함을 느끼는 것이다. 이런 정신적 왜곡은 우리 자신에 대한 모든 왜곡의 시작점이다(pp.32－33).

아시아중심론은 이런 아프리카 Kawaida 철학과 아프리카중심 패러다임의 기본 교리를 공유한다. 따라서 아시아인 소통에 대한 아시아중심적 연구는 소통에 대한 아시아인의 전제와 실행을 설명하고 해석하며 평가하는 데 있어서 아시아 문화적 전통에 기반을 둔다. 모든 문화는 언어를 소통의 일반적 수단으로 사용하고 문화적 가치와 인식의 상징적 수단으로 사용한다. 한 문화의 문화적 규범, 규칙, 그리고 규제는 그 문화의 종교적, 철학적 기초에 의해 모양을 갖추게 된다. 어떤 문화도 역사 없이 존재하지 않으며 그 역사는 그 문화구성원이 많은 것을 배우고 교훈을 얻게 해주는 근원이다. 모든 문화는 그 집합성과 단결을 유지하게 하는 의식과 예식을 수행한다. 따라서 우리가 아시아인의 소통에 관련된 심리학적 요소들과 소통의 역학을 파악할 때 (1) 아시아 언어의 단어들 자체를 주요개념으로 사용해야 한다. (2) 아시아의 종교적, 철학적 가르침을 행동의 원칙과 윤리의 관례로 이용해야 한다. (3) 아시아의 역사를 맥락으로 사용해야 한다. (4) 시간과 공간 구성, 비언어적 행위, 그리고 감정적 즐거움 등을 분석하는 체계로 아시아 미학을 사용해야 한다(Miike, 2013).

아시아중심론은 아시아중심주의도 아니고 유럽중심주의의 아시아 버전도 아니며 민족중심주의도 아니다. 그 이유는 아시아인이 아닌 사람들에게 아시아 세계관이 유일하고 최고라는 관점을 부여하지 않기 때문이다. 비아시아 문화와의 소통을 아시아중심 관점에서 볼 것을 주장하지도 않는다. 이론과 실제에 있어 아시아중심성을 가지는 것은 다른 문화에 대적하는 것과는 아무 상관이 없다. 우리는 자신의 문화에 뿌리를 두면서 다른 문화에도 개방성을 가질 수 있다. 아프리카중심 패러다임과 아시아중심 패러다임에 있어 중심이 되는 개념은 한 문화의 중심이 다른 문화에 극적으로 반대되는 것으로 잘못 이해되어서는 안 된다는 것이다. 아프리카중심론과 아시아중심론에서 정의된 것처럼 문화적 중심론은 상호간 배타적인 독립체임을 암시하지 않는다(Miike, 2010). 아프리카중심론과 아시아중심론은 우리 스스로의 문화가 우리 문화에 대한 다른 문화적 관점을 완전히 무시하지는 않되, 우리의 이야기에서 우리 문화가 주변이 아닌 중심이 되어야만 한다는 것이다. Karenga(2012)는 “아프리카중심론은 스스로를 고립시키거나 다른 문화 위에 두는 것이 아니며 지배나 파괴없이 다른 여러 중심적 패러다임과 공존하는 것”이라고 요약한다(p.73). Asante(2010)는 계층과 주도권 없는 다문화주의를 이야기하면서 아프리카중심론의 목표와 중요성에 대해 좀 더 자세히 설명하였다.

문화와 관련하여 아프리카중심론의 목적은 지배하는 것이 아니다. 아프리카중심론자들은 어떤 한 인종이나 문화가 다른 인종이나 문화를 지배하는 데 관심을 보이지 않는다. 그들은 각자의 기본 전통을 포기하지 않고 이 지구에서 다양한 사람들이 살아가는 가능성에 열정적 믿음을 표한다. 이것이 왜 아프리카중심적 아이디어가 인간 조화에 필수적인가를 명확히 보여 준다. 아프리카중심적 아이디어는 인간이해에 대해 새롭고 더 나은 관문을 여는 지적 성숙의 가능성을 대표한다. 나는 아프리카중심론을 역사적 자각의 형태로 보는 것에 대해 반대하지 않지만 그보다 더 큰 의미의 태도이자 지향이라

할 수 있다. 중심이 된다는 것은 어딘가에 서 있고 어딘가로부터 오는 것이다. 아프리카중심론은 아프리카인이 민족적 주체가 되는 것이다(p.46).

아시아중심론은 서술적일 뿐 아니라 처방적이다. Kawaida 철학과 같은 맥락으로 아시아중심론은 아시아 사회에서 문화적 보존과 통합을 위한 집단 단결을 강조하고 인간 자유와 번영을 위한 윤리적 비전을 강조하며 스스로를 정의할 수 있는 생각과 스스로 결정할 수 있는 행동을 발현시키기 위해 노력한다. 문화적으로 그것은 아시아인이 그들 문화유산의 긍정적인 요소들을 포용하고 부정적인 것들은 윤리적 이상에 맞추어 변형시키는 것을 도와준다. 상호문화적 관점에서 그것은 아시아인이 "설 자리"를 찾게 하고 국제사회에서 평등과 상호관계의 기본을 제공해준다(Miike, 2012).

소통에 있어 다문화적 의미와 시스템

상호문화적소통은 소통 자체의 다문화적 개념화를 다루지도 않았고 그로부터 얻은 이익도 없었던 것이 사실이다. 만약 우리가 상호문화적으로 소통하기를 원한다면 가장 먼저 상대적 문화조건에서의 코드, 맥락, 그리고 소통의 복잡성을 이해해야만 한다. 유럽 언어가 아닌 다른 언어 대부분이 영어 단어의 "소통"과 정확하게 같은 단어를 가지고 있지 않다는 것은 널리 알려진 사실이다. 이런 면에서 따져보면 "소통"은 비록 비유럽언어에게 외래어로서 알려지긴 했지만 전 세계적으로 통용되는 의미는 가지고 있지 않다. 따라서 우리는 미래 이론과 연구 노력을 위해 네 가지 방향을 제안한다. (1) 가능한 많은 언어들에서 소통 관련 용어들의 어원과 의미에 대한 연구가 필요하다. (2) 문화적 소통실제와 정체성과 커뮤니티에 영향을 미치는 중요성을 설명할 수 있는 연구가 필요하다. (3) 세계관과 소통의 목적 사이의 분리할 수 없는 관계를 보여 주는 연구가 필요하다. (4) 문화적 소통 시스템 전체를 망라하여 시험하는 연구가 필요하다.

Tetsuya Chikushi(2009)는 영어의 expression을 중국어 bioda(表達표달)와 일본어 hyogen(表現표현)과 비교하였다. Expression은 문자 그대로 어떤 것들을 명백하게 밖으로 나타내는 것을 의미하고 Bioda와 hyogen은 은유적으로 어떤 것들을 물리적이고 관찰가능하게 만드는 것을 암시한다. Bioda와 hyogen은 또한 진실이 드러나는 순간 자연적인 자발성을 함축하기도 한다. 이들 중국어와 일본어의 어원적 의미는 함축이나 모호함을 기술적이고 세련된 소통의 중요한 요소로 보는 전통적 아시아관을 반영한다(Clen & Starosta, 2003; mikke, 2012; Yum, 2012).

그러나 이런 소통 민감성에 대한 아시아인의 강조는 아시아인들이 항상 간접적이고 모호한 소통 양식을 쓴다는 것을 의미하는 것은 아니다. 선행연구 결과(Chen, 2010; Miyahara, 1995; Shim, Kim, Martin, 2008) 모두가 아시아인들이 다양한 소통전략을 쓴다고 지적하였다. 다양한 아시아 문화권에서 소통 시스템 전체를 주의 깊게 살펴보면 좀 더 전반적이고 현실적인 아시아에서의 소통의 큰 청사진과 개요가 밝혀질 것이다.

Chu(1988)에 의하면 "중국인은 글을 쓸 때는 거칠고 강한 반면 말할 때는 다정하고 우호적이다"(p.129). 그는 또 중국문화에서는 비평이나 비판은 주로 글을 통해 소통되는 경향이 있다고 했다. Yoshikawa는 일본인들이 honne, 즉 진짜 속마음을 표현하는 몇 가지 방법을 설명하고 일상 메모와 술을 마시며 소통하는 것 nominication의 문화적 중요성에 대해 논하였다. 그는 Miike(2007)가 이론화한 일본인들의 "공격을 수용하는 소통"에 대해 다음과 같이 해명했다.

을의 위치에 있는 사람은 때때로 술기운에 힘을 얻어 직장상사에게 진짜 속마음을 털어놓는다. 그런 상황에서 일반적으로 기대되는 것은 역시 술기운을 얻어 상사가 부하의 속마음을 듣고 그에 대해 해결하겠다고 약속하는 것이다. 상사가 그의 부하에게 약속한 것을 실제로 실행하느냐 아니냐는 사실상 상관없다. 중요한 것은 그의 부하가 속마음 또는 억눌린 감정을 쏟아내고 상사가 그것을 듣는다는 것이다. 술자리에서 표현된 속마음이 개인에 반하여 행해지는 것은 아니지만 그래도 어느 정도의 신중함은 있어야만 한다. 만약 어떤 사람이 수용할 만한 한계를 넘어서면 그의 언어적 또는 행동적 실수가 안 좋은 결과를 초래할 수도 있다(Yoshikawa, 1988, pp.163－164).

Lebra(1987) 또한 일본 문화에서 대화를 대신하는 글의 역할을 정확히 보여 주고 더하여 제3자를 통한 제1화자와 제2화자 간의 소통 같은 "삼인조 소통"을 개념화하였다. 삼인소통은 중재와 회피의 두 가지 형식을 취한다. 회피적 삼자 소통은 A가 B가 들을 수 있는 위치 내에서 C에게 진짜 감정을 이야기하는 것이다. A는 C에게 이야기 하지만 실제로는 B와 소통하는 것이다.

문화적 소통의 근거, 어휘, 그리고 중요성은 종교, 철학, 그리고 영적으로 깊이 얽혀 있다. 소통과 종교적 철학적 기초의 특별한 상관관계는 세계관의 차이에 따라 소통의 목적도 매우 다르게 바라볼 수 있게 만든다. 힌두철학은 소통의 궁극적 목표는 내적자아 Atnan와 절대적 힘Brahman 사이의 관계의 진정한 본질을 깨닫는 것이라고 하고 인간이 자신에 대해 더 알수록 다른 사람과 자연에 대해서도 더 잘 알 수 있으며 그리하여 상호작용을 훨씬 효율적으로 할 수 있는 것이라고 믿는다(Babbili, 2008; Sitaram, 2004). 그러므로 자아지식은 소통의 전부이고 정신적 해방moksa이다. 부처님의 가르침에 따르면 소통의 목적은 정신적 깨달음을 위해 모든 환상적 분열과 자신과 타인사이의 구분을 없애고 정신적 고통의 주원인인 과도한 자아를 제거하는 것이다(Miike, 2012; Yum, 2012). 연민은 자신의 중심에서 벗어나 서로 의존한다는 깨달음에서 비롯되는 것이다. 유교사상은 관계적 소통을 통한 자기수양과 자기추월을 강조한다. 감수성과 타인에 대한 감정은 완전한 인간이 되는 데 중심요소이다(Shuter, 2003; Tu, 2010).

앞에서 말한 논의는 우리에게 모든 문화적 소통체계를 좀 더 포괄적으로 파악하고 평가할 것을 촉구하는데 그 이유는 우리가 이런 소통 관련 추정들을 상호문화소통에 반영하기 때문이다. 만약 우리가 소통의 의미와 목적의 문화적 차이를 이해하지 못한다면 평화공존의 미래를 위해 진정으로 소통하고 다른 사람들과 연결될 수 있는 방법은 결코 없다고 보아야할 것이다.

다양한 렌즈를 통한 문화적 유사점과 문화적 차이의 재정의

전 유엔 차관 Yasushi Akashi(2004)는 "소통은 우리를 단합하게 하는 것과 다르게 만드는 것 간의 섬세한 균형이다"라고 주장했다(p.235). 이 말은 문화 간 소통에 특히 해당되는 말이다. 문화적 유사성과 차이점이 상호문화소통 학문의 부분이라는 것은 놀라운 사실이 아니다(Weaver, 2013). Chen과 Starosta(2003)는 차이와 유사점은 개인 해석에 따라 매우 임의적인 판단일 수 있음을 관찰했다. 그들은 "다른 부분으로 보기 시작하면 이웃도 더 멀리 있는 것으로 느껴지지만 비슷한 부분에서 보면 모든 무수함도 하나의 통합체가 된다"(p.5)는 명언을 남긴 Chung Tzu의 명언을 인용했다. 그들은 성공적인 소통의 열쇠는 "차이점은 유사점 안에 존재함을 이해하고 차이로부터 통합을 추구하는 것"(p.5)이라고 단언했다. 인지된 유사점과 차이점은 임의적이고, 우리는 세계화 시대를 살면서 인간 소통에 영향을 끼치는 문화적 다양성을 감안하기 위해 가능한 많은 "다른 거울"을 사용하고 다양한 입장에서 고려해야만 한다.

그럼에도 불구하고 상호문화소통 분야는 여전히 유럽중심주의에 의해 영향을 받을 것이다. 비록 의도적이지 않기는 하지만 많은 비교문화와 상호문화소통 연구자들은 미국의 유럽계 미국인 문화적 가치와 소통 스타일을 표준처럼 생각하고 그것들을 다른 문화권 특히 동북아시아의 그것들과 비교한다(Miike, 2010). 초기 문화와 소통 연구에 대해 평하면서 Weaver(2013)는 비서구문화권 사람 사이의 소통이나 서구권에 비서구권이 미친 영향에 대해 조사한 연구는 매우 적다"(p.14)고 했다. 이런 유럽중심주의 소통연구의 유산은 현재 비서구권 세계에서의 비교문화와 상호문화 소통연구에 오랫동안 영향을 미쳤다.

몇몇 아시아 국가의 연구자들은 각 문화에 문화적으로 상응하는 소통개념을 찾기 위해 협동 연구를 할 수도 있을 것이다. 전통적 비교문화적 소통연구에서 소통행위에서의 유사점은 축소되거나 간과되거나 하는 경향이 있었다. 비교문화적 연구의 대부분은 미국과 일본, 중국과 프랑스, 한국과 영국 등 다른 문화권 간에 이루어져왔다. 일본과 중국, 한국과 일본처럼 아시아 국가 간 비교는 여전히 드물다(p.65).

예를 들어 아시아 소통 전문가들은 같은 불교교리의 다른 문화적 상징을 중국의 yuan개념과 일본의 en개념, 그리고 한국의 yon(인연)개념으로 맥락화하고 묘사함으로써 비교 조사할 수 있다. 이런 문화적 스타일이 어디서 보급되고 분리되었는지 보기위해 일본의 en-ryo-sasshi소통과 한국의 saryo-nunchi(사려와 눈치) 소통, 그리고 필리핀의 pahiwa-tig-paki-kiramdam 소통을 대조할 수도 있다. 유사하게, 비슷하지만 다른 일본의 hamani(벚꽃구경)와 한국의 꽃놀이를 조사하는 것도 대단히 흥미로울 것이다. 물론 Zhang(2012)이 지적했듯 비교문화적 대조에는 많은 다른 영역들이 있다. (1) 문화적 지속과 변화에 있어 테크놀러지 사용의 영향, (2) 뉴미디어와 정치참여, (3) 집단소통 역학, (4) 종교적 소통 등이 그것이다.

국제관계 분야의 전략가들과 정책가들에게

는 널리 알려진 David Hitchcock(1994)의 조사에 의하면 아시아인과 미국인을 비교할 때 전반적 아시아적 유사점은 관찰이 가능하지만 동북아시아인(중국인, 일본인, 그리고 한국인)과 동남아시아인(필리핀인, 인도네시아인, 말레이시아인, 싱가포르인, 그리고 태국인) 사이의 문화적 가치에는 흥미로운 다른 점이 있었다고 한다. "개인적 가치"의 부문에서 동북아시아인은 "자립"과 "내적 자아만족"을 동남아시아인보다 훨씬 더 중요한 것으로 믿었다. 그러나 동북아시아인은 동남아시아인처럼 "종교적 가르침에 따라야 한다"거나 "부모에 순종한다"라고 생각하지 않았다. 또한 "사회적 가치" 항목에서 동남아시아인은 "개인적 자유"와 "개인권리"를 동북아시아인보다 훨씬 중요하지 않은 것으로 생각했다. 동남아시아인은 동북아시아인보다 다음 항목들을 더 높게 평가했다. (1) 권위에 대한 존중, (2) 질서 있는 사회, (3) 사회의 권리, (4) 새로운 생각에 대한 수용, (5) 의견일치, (6) 공무원의 책임이 바로 그 항목이다. 물론 이는 20년이나 된 예비조사이지만 Hitchcock의 연구는 아시아중심론 학자들에게 이정표가 될 수 있다. 비교문화소통 학자들은 문화적 가치와 소통실제에 있어 아시아 내부의 차이점을 알아보는 아시아중심적 연구를 좀 더 할 필요성이 있는 것이다.

Miike(2010)에 의하면 유럽중심주의 상호문화소통은 다음 면에서 부족하다. (1) 비서구권 지역이나 국가 내 내부 다양성과 복잡성을 보여 주는 것, (2) 이웃하는 비서구권 국가 사이의 상호연결성 설명과 집단적 정체성과 가치의 식별, (3) 비유럽중심주의적 관점에서 유사점과 차이점을 조사하는 것, (4) 세계의 비유럽중심적 비전을 소개하는 것. 이런 문제들이 고려될 필요가 있다. Miike(2010)는 상호문화와 상호문화소통 학문분야의 이론적 수평선을 확대시킬 수 있는 대안적 비유럽중심적 비교 유형 다섯 가지를 다음과 같이 분류했다. (1) 대륙이주 비교(일본과 브라질에서의 일본 문화와 소통), (2) 지역 내 비교(인디안과 스리랑카 문화), (3) 비서구 비교(라틴계와 아시아 문화), (4) 통시적 역사적 비교(식민지화 되기 전의 아프리카와 식민지화된 이후의 아프리카), (5) 함께 공존하는 국내 문화 비교(인디언계 미국인과 하와이 토착문화). 하와이 토착문화의 경우도 현재 상호문화소통 연구에서 드물게 연구되어있는 분야이다. 하와이 출신 소통학자와 아시아 소통학자가 협동하고 비교하는 것을 추천할 수 있다.

Martin과 Nakayama(2010)는 상호문화소통학계가 문화차이에 너무 집중했다는 점을 문제시 했다. 이런 차이 중심 접근법은 문화가 항상 서로 접촉해왔고 서로에게 영향을 미쳐왔다는 사실을 잊게 만든다. 그들은 문화적 유사성과 차이점을 모두 인식하고 문화의 여러 다른 특성들을 고려할 것을 강조했다. 사실상 오늘날 상호문화소통 전문가들은 세계 모든 지역사회에서 문화의 혼합과 복합성에 주목을 기울이도록 도전을 받고 있다.

그럼에도 불구하고 문화가 혼합되고 복합적임을 단지 알려주는 것만으로는 이론적으로 자극이 되거나 실제적으로 유익한 것은 아니다(Astante & Miike, 2012). 문화가 어떻게 혼합되고 복잡하게 되는지 그리고 왜 그런지도 설명할 수 있어야 한다. 다시 말해서 각 문화의 발달에 대한 역사적 관점을 제공할 수 있어야만 한다. 상호문화소통 비평가들이 각 문화의 혼합에 따른 결과를 평가하는 것도 필수적 요소이다. 이제까지는 서구권이 나머지 다른 나라들에 미치는 영향에 대해 면밀히 조사해왔지만 비서구권이 서구권에 미친 영향의 본질과 범위에 대한 연구의 필요성도 주목하지 않을 수 없다.

문화적 유사점과 차이점을 재정의하는 임무는 국제적 접촉과 갈등의 시대에 있어 상호문화소통 학문의 미래에 아주 시급한 문제이다. 상호문화소통 분야는 다국적주의의 변형적 힘과 미래에 대한 전망을 과장해서는 안 되는데 이때 주의할 점은 다음과 같다. (1) 인기있는 문화에만 관심을 두도록 만드는 것, (2) 지리정치학과 국제관계의 현실을 과소평가하는 것, (3) 산업화되고 정보화된 사회에서 엘리트와 젊은이에게만 독점적 관심을 쏟는 것이 주의할 점이다. Mowlana(1994)가 주장하듯 국제소통은 전 세계적 소통이 아니다. Liu(2012)는 "상호연결이 문화적 차이가 근절되고 온 세상이 하나의 지구적 문화로 포함되는 것을 의미하는 것은 아니다. 세계경제와 무수한 문화적 산물의 존재에도 불구하고 사람들은 여전히 자신들이 보는 것 또는 가진 것을 그들의 지역적 믿음, 가치, 그리고 규준으로 해석한다"(p.269)"라고 했는데 정확한 말이다. Asante(2012)는 단도직입적으로 우리는 첫째, 우리가 같지 않더라도 서로를 존중해야 하고 그 다음 공동 미덕과 차이를 넘어선 가능성을 보는 방식으로 상호문화적으로 소통해야 한다고 주장했다. 우리는 "진정한 소통의 바탕을 마련하기 위해서 다름을 존중해야 한다"(p.134).

비교문화 전문가들과 상호문화 전문가들은 그들의 임무는 차이점들이 제거되고 모든 사람들이 "우리와 같은" 추상적 개인으로 받아들여지는 단일어와 단일문화적 세상을 만드는 것이 아니라는 것을 다시 한번 상기해야 한다. 상호문화소통 이론과 실제는 다름에 대한 깊은 존중을 향상시키는 것이다.

정체성, 커뮤니티, 그리고 소통의 윤리적 시사점

정체성은 항상 문화, 소통, 그리고 상호문화적 관계 학문의 중심주제였다. 상호문화소통분야에서 정체성 연구의 최근 이슈는 공유하는 집단적 정체성에 반대되는 다방면의 개인 정체성에 맞춰져 있다. 이런 경향은 개인의 자율성은 모든 "제약을 받는" 사회적 관계로부터의 분리 과정을 통해 성취된다는 가정에 바탕을 둔다(Hsu, 1985; Yin, 2011). 그러므로 사회적 현실에서 떨어져 나와 문화적으로 뿌리를 둔 정체성을 초월하는 역동적이고 유연한 다문화적 정체성은 정체성 발달의 가장 이상적인 단계로 추앙받는다.

인간적 관계망을 통한 지역 커뮤니티의 지속가능성 역시 현대 상호문화소통 학계에서 복합적인 모순을 내재한 문제이다. 우리는 다문화적 개인적 특성, 세계적 이동성, 사회변화, 그리고 물질적 과정에 너무 많은 관심을 두고 있다. 그런 반면 문화와 소통에 있어서 중요한 생태적 이슈들은 드물게 고려해왔다.

Chin(2004)이 강조했듯 이런 정체성 정치, 사회적 분열, 종교적 갈등, 그리고 생태계 황

폐의 위기적 시점에 소통은 "인간 공동성을 위한 도덕적 자아의 실현"(p.69)을 고려해야만 한다. Chin은 "인간적 연결을 향한 근본적 요구로부터 비롯된 소통은 커뮤니티와 사회를 구성하고 유지하고 변형시키는 그 중심에 놓여 있다"(p.69)고 말한다. 세계화가 이 세계를 수축시키고 다른 문화 사람들과 더 빈번하게 접촉하게 하면서 오히려 역설적, 문화적 차이를 부각시키고 공유된 공동적인 정체성에 대한 자각을 고조시킨다. 다음은 문화와 소통 연구자들이 다양성 속의 통합을 달성하고 통합된 국제 커뮤니티를 구축하는 비전으로 이론적 구도화 프로젝트를 행하는 데 필수불가결한 요소이다. (1) 정체성을 개인적 형성뿐 아니라 커뮤니티에 내장된 것으로 볼 것, (2) 커뮤니티를 인간 다양성을 희생하지 않고도 인간 번영을 위한 단결되고 강력한 힘의 근원으로 포용할 것, (3) 독특한 개인성을 무력화 시키지 않고도 양심에 기반한 소통의 윤리를 포함할 것, (4) 인간의 무감각함은 배제하고 인간, 자연 그리고 초자연을 아우르는 우리의 관계망을 확장시킬 것.

Tu(2007)는 문화적 정체성 현안을 피해 갈 수 있는 개인은 없다고 이야기한다. 그 이유는 문화적 정체성은 한 개인을 독특하고 구체적으로 만드는 요소일 뿐 아니라 문화를 정의하고 그 개인을 그가 속한 문화의 다른 구성원과 유대시키는 것이기 때문이다. Tu(2007)에 의하면

> 정체성은 개인적 소속감, 집단을 결합시키는 핵심 가치, 개인과 커뮤니티의 특수성을 수립하려는 의지, 그리고 기관을 정의하는 특성, 직업으로 이해된다. 이렇게 정체성은 광범위하게 인식되는데 어떻게 우리가 "정체성"을 피할 수 있겠는가?(p.63)

아시아적 관점에서 볼 때 문화와 개인은 서로에 반대되는 개념이 아니다. 유교적 전통은 자아를 무한대적인 연결망 관계에 있어서의 중심으로 간주한다(Cjeng, 1998). 문화와 커뮤니티는 개인 정체성을 방해하는 강제력으로 간주되지 않는다. 오히려 문화와 소통은 자기실현을 가능하게 만드는 것이다. 이슬람 철학자이자 역사학자인 Ibn Khaldum은 사회를 assabieh(연대)로 묘사했다. 이슬람에서의 커뮤니티, ummah는 종교적 교리와 결합되어 지리정치적 경계를 뛰어넘어 이슬람의 모든 구성원들을 포함한다는 것이다.

개인의 자연적이고 절대적인 권리를 주장하는 서구의 권리추구 윤리와 대조적으로 아시아의 책임추구 윤리는 커뮤니티의 모든 구성원이 공동선과 모두를 위한 복지를 위해 함께 할 의무가 있다. 유교는 책임 내에서의 권리를 정의한다. 개인과 커뮤니티 모두 자기함양의 의무가 있다. 개인이 자기함양을 가능하게 만드는 사회적 질서에 헌신함으로써 공동체에 대한 의무를 다하도록 강요받는 한편 공동체는 각 개인의 자기함양에 적합한 환경을 확실히 할 책임이 있다. Cheng(1998)은 "책임추구 윤리는 개인과 공동체의 요구가 둘 다 충족되는 개인과 공동체의 완벽한 연합 또는 통합에 대한 비전에서 나온다"(p.148)고 해석한다. 사회적 책임에 대한 이슬람의 교리는 개인과 집단에 서로가 배우고, 선하고 윤리적인 것을 행하도록 인도하는 책임을 지정한다(Mowlana, 1996). Sarvodaya의 간디주의 철학 또한 모두를

아우르는 복지를 위한 책임추구 윤리를 반영한다. 아시아인의 집단선호와 책임추구 윤리는 인간의 개인성과 주체성에 대한 침해로 이해되어서는 안 된다. Tu(2001)는 유교문화에서 개인과 공동체 사이의 호혜성을 다음과 같이 잘 표현했다.

자아는 가족, 마을, 국가, 세계 내에서 뿌리를 견고하게 하고 자란다. 소속감은 자만심이나 이기심을 초월하는 끊임없는 정신적 수양에 입각한다. 중심으로서의 자아와 타인을 위한 자아 사이의 상호작용은 자아가 관계의 중심이 되도록 해준다. 중심으로서 개인적 존엄성은 결코 소외되지 않고 관계로서 배려의 정신은 결코 억압받지 않는다(p.26).

많은 아시아 전통문화의 세계관에서, 우리는 우리 세대 이전의 사람들로부터 제공된 것들의 수혜자일 뿐만 아니라 우리가 현재 살고 있는 세계와 우리가 추구하는 미래를 함께 창조해가는 사람들이다(Cheng, 1987). 소통의 역할은 다른 사람, 정신, 자연과 우리의 연결을 재발견하고 되살리며 우리가 이런 관계망을 확대하는 것을 방해할 수 있는 무심함을 줄이는 것이다. 유교의 tianrenheyi(천인합일)은 삶의 불가분 요소 네 가지를 포함하는 우주론의 확립을 중시한다 (1) 자신, (2) 공동체, (3) 자연, (4) 천상이 그 네 가지 요소이다(Tu, 2010). 이와 유사하게 Tawhid(신, 인간, 자연, 그리고 우주의 일치) 이론은 이슬람의 영원한 지침 원칙으로서 삶의 의미를 제공하고 개인이 우주의 모든 존재 속에서 통일성, 일관성, 그리고 조화를 유지하기 위해 윤리적 실천을 하도록 유도한다(Mowlana, 1996). 힌두의 Sarvadaya 철학 또한 모든 존재에 대한 우리의 채무에 대한 자각과 타인의 고통을 나누는 보편적 베풂의 원칙에 입각한다(Babbilli, 2008). 불교관점에서 Hajime Nakamura(1984)는 "상호 관계적 존재"에 대한 소통의 이상적 기능을 다음과 같이 결론지었다.

소통은 사회적, 생리적, 또는 신체적 영역 등 외부적인 것에 남아 있을 필요 없이 사람들이 서로의 걱정과 기쁨, 그리고 행복을 깨닫고 나누는 깊이에 도달하는 것이 중요하다. 올바로 이해되고 적용되면 소통이야말로 사람과 사물의 실태의 이분법의 해결책이다(pp.151－152).

상호문화소통의 철학과 정책형성

미래를 생각해 볼 때 지금은 문화소통 전문가들이 지역적, 세계적 맥락에서 상호문화소통 철학과 정책을 적극적으로 형성할 시기이다. Chu(1986)가 중국과 타이완에서의 문화적 보존 비교연구에서 제시했듯 문화적 정책은 소통역학, 문화적 지속성, 그리고 사회변화에 중요한 영향을 미친다. 문화연구와 후기모던주의, 후기구성주의, 그리고 후기식민지주의에 큰 영향을 받아 상호문화소통은 해체론적 비판에 집중적으로 몰두하기도 한다. 그런 비판적 탐구는 문화를 공유된 의미의 단일하고 고정된 것으로 보고 좀 더 공평하고 상호적 관계를 위해 맥락적 제약과 패권을 밝히고 제거하는 목적을 드러내어 정치적 중립 수단으로 보는 과거 지식을 문제시한다(Halualani, Mendoza, & Drzewiecka, 2009).

언급할 필요도 없이 이런 관점은 소통과정

에 있어 억압의 메카니즘을 드러내고 우리의 주관이 어떻게 사회정치적 힘에 의해 구성되는지 보여줌으로써 소통을 구성하는 힘에 대한 우리의 이해를 넓혀주기 때문에 매우 중요하다. 이른바 해체주의자들은 전형적으로 소통의 구성력을 배제적이고 부정적인 것으로 또 인간의 주관을 교차하는 담론의 완전체로 추정한다. 그들의 비판에서 이런 소통의 어두운 면은 소통이 우리의 자각을 치유하고 통합하며 도전하고 확장하는 긍정적이고 변형적이며 해방적이라는 밝은 면을 가려버리기도 한다는 것이다. 우리는 우리의 특정한 문화적, 사회적, 역사적 맥락에 의해 영향을 받는 한편 우리의 삶과 미래를 변화시키기 위해 집단적, 개인적 선택을 하려는 의지력도 있다. 만약 우리가 원하는 국제적 공동체와 미래를 건설하려면 소통의 긍정적 가능성을 수반하고 인간의 가능성과 집단행동을 연결시킬 수 있는 공공철학과 정책이 필요할 것이다.

Asanta(2010)가 밝히듯이 소통이론, 특히 상호문화소통에 대한 아이디어들을 확장시키려는 우리의 시도에서 "우리는 진정한 인간이 되고자 하는 노력으로 세계 모든 지역의 문화의 모든 양상을 연구해야만 한다"(p.158). 불공평한 국제사회와 지구의 생태적 위기에서 우리는 현대 서구의 계몽주의적 정신을 넘어서고 세계평화를 위해 일어설 필요가 있고 비폭력과 상호문화적 소통의 도덕적 의무를 강조해야 한다. Tu(1996)는 "사람을 법적체계에 의한 시장경제에서 계산을 따져 이익의 극대화를 추구하는 자기 이익에 동기 부여된 권리만 추구하는 존재"로 보는 관점을 제고하라고 충고한다(p.70). 상호문화소통의 철학과 정책은 자유, 이성, 법, 그리고 권리뿐 아니라 정의, 동정심, 시민성, 그리고 책임감도 향상시켜야만 하고(Tu, 2007) "끝없이 자신과 타인을 이분화하고 목적과 수단을 분리시키는 폭력의 문화 대신 목적과 수단을 영원한 연결로 보아 자신을 타인과 함께 연결해 정의하는 평화의 문화"를 장려해야만 한다는 것은 분명한 사실이다(Tehranian, 1994, p.91).

이런 관점에서 아시아의 축적된 지혜는 세계화 시대 상호문화소통에 있어 좀 더 인간적이고 윤리적 비전 확립에 기여할 수 있는 요소들이 많다. 예를 들어 간디의 Satyagraha 저항은 자기희생이나 고통 같이 세계적으로 공유가 가능한 가치이다. 자기희생과 고통은 사회에서 혜택을 받지 못한 자들, 특히 여성들이 많이 경험하는 것이다(Lakshmi, 2007). Satyagraha는 여성성같이 일반적으로 약한 것으로 인식되던 것을 강함의 근원으로 바꾼 철학과 중재의 형태였다. Satyagraha의 근원이 되는 가정은 여성과 아이들, 그리고 다른 사회의 약자들의 동등한 가능성에 대한 믿음이다. 간디의 "putting the last first" 원칙 또한 세계 여러 곳에서 특권층과 소외층 사이의 상호문화소통을 변화시키는 데 윤리적 시사점을 가지고 있다(Pandikattu, 2001; Singhal, 2010).

지역적 철학과 정책 발전을 위해 상호문화소통 이론가와 현장 전문가들이 지역현황과 문제를 살피고 그 지역주민의 정서에 부응하는 윤리적 이상을 도출하기 위한 목적으로 토착문화를 살피는 것도 의심할 여지없이 꼭 필요한 과제이다. 저자의 연구팀이 지난 여름 베이징에 방문했을 때 우리는 "베이징 정신"이라 불리는 도시의 슬로건에 놀랐다. 멋진 역사적 건축물인 천단공원에 걸린 슬로건에는 다음과 같이 쓰여 있었다. (1) 애국, (2) 창조, (3) 인내, (4) 도덕. 단순히 무작위 단어들의 모음 같아 보이지만 이 단어들은 실제로 베이징 시민들이 직면한 사회문제를 반영한다. (1) 국가로서의 중국과 도시로서의 베이징에서 사유화와 세계화 과정에서 증폭된 가진 자와 가지지 못한 자들 사이의 갭이 커짐으로써 사회적인 연결고리를 잃고 있다는 불안, (2) 중국이 수많은 초국가적 기업들을 위한 부속산지가 되면서 스스로의 기업을 만들 능력을 잃을 수 있다는 우려, (3) 빠른 도시화로 인해 발생한 갈등, 부조화, 그리고 차별과 직면한 도시 사람들의 삶의 어려움, (4) 돈을 위한 투쟁과 만연한 물질주의 그리고 소비주의 속에서의 도덕의 침식이 바로 그것이다. 자금성과 천단공원은 둘 다 베이징의 상징이다. 그러나 흥미롭게도 단지 천단공원만이 도시 슬로건의 무대가 되고 있었다. 자금성이 통치자나 정부의 힘을 상징한다면 천단공원은 국가에 대한 축복을 하늘에 빌고 국민들에게 도덕적 안내를 제공하는 지도자의 의무를 상징한다. 이런 상징의 선택은 베이징 거주자들의 도덕심을 장려하는 시도임이 명백하다.

과거로부터의 문화적 회복과 미래를 위한 문화 구축은 상호문화소통의 지역 철학과 정책의 형성에 매우 중요하다. Kawaida 철학적 관점에서 Karenga(2008)는 문화회복의 세 단계를 다음과 같이 구체화했다. (1) 다시 돌아가 과거를 연구할 것, (2) 새로운 지식과 도덕적 추론으로 재건설할 것, (3) 가능성과 선을 추구하는 방법으로서 훌륭한 모델을 세울 것. 지역 철학과 정책은 정체성과 적응의 두 가지 도전에 대응하고 상호문화소통 대화 역할을 하는 문제에서 공동체를 생각해야만 한다. Tu(2010)에 의하면

> 현존 문화는 정체성과 적응의 두 도전에 대응해야만 한다. 정체성 없이 문화는 그 내적 일관성을 유지할 수 없고 적응 없이 변화하는 환경에 맞출 수 없다. 적응과 정체성의 풍부한 상호작용은 문화재생과 재생산에 필요한 요소이다. 항상 배워가는 문화만이 일관성과 유연성 사이의 섬세한 균형을 유지할 수 있다. 상호문화적 소통은 문화가 다른 문화를 참고로 하여 이익을 얻을 수 있게 한다(p.4).

세계화시대 상호문화소통의 어려움

Larry Samovar와 Richard Porter는 "성공적인 상호문화소통은 인간과 사회가 생존하는 데 가장 중요한 문제이다"(Samovar & Porter, 1976, p.iii)라는 확고한 믿음으로 신기원을 이룬 학술집 『Intercultural Communication: Reader』를 편집했다. 첫 번째 편찬에서 상호문화소통 학문 분야가 아직 제대로 구축되지 못한 것을 인지하고 Samovar와 Porter(1972)는 다음과 같이 썼다. "지금까지 상호문화소통은 소통학자들에 의해 집중적으로 연구된 주제는 아니었다. 사실 우리의 대부분의 발견은 인류학과 사회심리논리학에서 온 것이다"(p.302). 40여 년이 지난 오늘날, 국제소통학회의 상호문화소통 분과는 세계적으로 큰 기관들에 소속된 1,000여 명의 소통전문가들을 가진 가장 큰 분과의 하나이다. 수많은 이론과 실증적 추적

이 소통학문에서 연구되고 있는 것이다(Miike, 2013). 상호문화소통이 독특한 별개의 학문분야이며 충분한 근거가 있는 학문이라는 것은 현대 소통학자들 사이에서 잘 알려진 사실이다. 자격을 갖춘 학문분야는 세계전체에 급속도로 확대된다. 그러나 끝없는 세계화 물결과 문제로 가득한 인간사는 이렇게 발전하는 학문분야가 끊임없이 새로운 질문들에 답을 주고 새로운 문제들을 해결할 것을 요구한다.

James Chesebro(1996)는 82번째 Speech Communication Association(현재의 NCA) 연회의에서 그의 연설 "다양성안의 통일성 : 다문화주의, 죄와 희생, 그리고 새로운 학문적 지침"을 통해 다음과 같이 이야기했다. "다문화주의는 기본 정체성에 대한 물음, 차이에 대한 존중, 최소한의 관리의 의미, 그리고 엄청난 차이가 어떻게 한 시스템에 통합될 수 있는지 등 가장 민감한 현안을 다루고 있다"(p.11). 그는 다문화주의는 역설적으로 기능하여 통일성과 분열을 동시에 만들 것이라고 예견하고 "이런 공동체와 다양성의 이중적 목표는 모순적이긴 하지만 우리의 동시 목표여야만 한다"(p.11)고 했다. Chesebro는 여기서 세계화 시대 상호문화소통의 만만찮은 도전에 대해 언급하고 있다. 세계화는 모든 개인, 그룹, 사회, 국가, 그리고 지역이 힘의 격차가 있는 세계에서의 유사점과 차이점을 절실히 깨닫게 하고 정체성과 공동체 사이의 균형을 찾도록 만든다. Ngugi(1997)가 제시하듯 그런 균형을 위해서 우리 모두는 각자 우리가 누구인지, 우리가 어디서 왔는지 그리고 다른 이와의 관계에서 우리가 어디에 서 있는지에 대해 더 잘 알아야 할 필요가 있다.

Majid Tehranian(1993)은 혼란스럽고 난해한 현재 세계를 특징짓는 다섯 가지 주요 추세를 다음과 같이 설명했다. (1) 세계화, (2) 지역주의, (3) 민족주의, (4) 향토주의, (5) 영성주의가 바로 그것이다. 그에 의하면 이 추세들은 우리의 집단적 선택과 행동에 따라 생산적인 것이 될 수도 있고 파괴적인 것이 될 수도 있다. 그는 공동체적 세계주의, 통합적 지역주의, 민주주의적 온화한 민족주의, 자유민주적 향토주의, 그리고 세계적인 영성주의를 지지했다. 역으로 그는 패권주의적 세계화, 독점적 지역주의, 전체주의적 민족주의, 편협한 향토편애주의, 기독교근본주의적 영성주의는 비난했다. Tehranian은 이런 추세에 대한 완전한 부정은 선택할 수 있는 사안이 아니라고 생각했고 지역 공동체와 국제사회 둘 다 직면하고 있는 난제들에 대한 해결책이 될 수 있다고도 생각하지 않았다. 대신에 그는 국제적, 그리고 상호문화적 소통을 통해 끊임없이 방향수정을 하고 개조해야 한다고 충고한다. 다시 말해 그의 소통론적 관점에서 볼 때 우리는 세계주의, 지역주의, 민족주의, 향토주의, 그리고 영성주의의 다층구조적 상호작용 맥락 속에 살고 있으며 인간의 미래는 우리가 어떻게 이 다섯 가지 추세를 다룰 것인가에 달려 있다는 것이다. 그렇다면 상호문화소통이론과 실제가 다음으로 개척해야 할 일은 그것들을 "획일적이지 않은 조화"를 향해 안내하고 조종하는 것이다.

개념 이해와 질문

1. 저자들은 "유럽중심주의 구조를 뛰어 넘어설" 필요성에 의해 글로벌화가 아시아중심적 관점의 중요성을 증가시켰다고 주장한다. 이는 어떤 의미인가? 여러분은 이에 동의하는가 동의하지 않는가? 그리고 그 이유는 무엇인가?
2. 이 글은 "다면적인 개인 정체성"과 "집합적 정체성"에 대해 설명하고 있다. 각 정체성의 장점과 단점에는 어떤 것이 있는가?
3. 이 글에 의하면 우리의 세계관이 소통목적에 대한 우리의 인식에 영향을 미친다고 한다. 힌두교, 불교 그리고 유교의 예가 주어졌는데 서구사회에서는 어떻게 가치가 소통의 목적에 대한 한 사람의 관점을 구성하는지 설명해보시오.
4. 이 글을 읽고 힌두교, 불교, 유교, 이슬람교가 공통으로 가지고 있는 점을 말해보시오. 그런 공통점이 문화가 서로 이해할 수 있도록 도울 수 있을까?
5. 서구의 "권리의식"과 동양의 "의무의식"을 설명하고 비교하시오. 어떻게 이 두 윤리적 접근법이 미국인과 다른 동양권 사람 사이의 문화 간 소통에서 오해나 갈등을 발생시킬 수 있을까?
6. 힌두교, 불교, 유교, 또는 이슬람교가 다른 세계관을 가진 사람과 면 대 면 상호작용에 영향을 미치는 방식에 대해 생각해보시오.

Yoshitaka Miike is Associate Professor and Chair of the Department of Communication, University of Hawaii, Hilo.
Jing Yin is Associate Professor, Department of Communication, University of Hawaii, Hilo.

뉴미디어 연구의 전망

Robert Shuter

뉴미디어(ICT)는 변형적인 상호문화적 소통이다. 오늘날 다른 문화권의 개인과 집단 사이의 접촉은 인터넷과 SNS, 휴대폰, Skype, 온라인 게임 그리고 블로그 덕분에 기하급수적으로 증가하게 되었다. 전 세계 사람은 지리정치학적 경계, 시간, 또는 공간에 상관없이 타인들과 즉석에서 소통하기 위해 ICT를 활용하고 이리하여 더 이상 면대면 접촉에 제한을 받지 않는다.

학자들은 비교문화적 관점에서의 이런 개혁에도 불구하고 상호문화적 소통과 관련한 뉴미디어의 영향을 주시하지 않았다(Cheong, Martin, & Macfayden, 2012; Shuter, 2011 & 2012). 어쩌면 이같은 주제에 대한 추가적 연구조사는 50년도 더 된 상호문화 소통에 관한 축적된 지식과 20세기 패러다임에 근거한 이론에 도전장을 내미는 것으로 비춰질 가능성도 있다. 저자는 이 글을 통해 ICT와 상호문화적 소통 사이의 상호작용을 다루는 상호문화적 뉴미디어 학문의 연구 안건을 제안하고 정의하며 확정짓고자 한다.

상호문화적 뉴미디어 학문 : 매개변수

상호문화적 뉴미디어 학문은 주로 ICT가 어떻게 같은 문화적 배경을 가지지 않은 사람 사이의 소통에 영향을 미치는지를 연구한다. 이때 문화는 초기 상호문화적 소통연구에서 민족문화와 공동문화로 정의되다가 현대에 와서는 지리정치학적 경계의 내부와 외부를 모두 포함하는 무수히 많은 문화들과 디지털시대 이민과 이주 그리고 시간과 공간의 구조변경에 기인하여 초국가적으로 발달한 혼합문화까지 포함하는 것으로 확장 해석되고 있다(Clother, 2005; Dooly, 2011; McEwan & Sobre-Denton, 2011; Steinkuehler & Williams, 2006).

상호문화적 뉴미디어 학문의 두 번째 관심 분야는 문화가 사회의 안팎에서 어떻게 뉴미디어의 사회적 이용에 영향을 미치는지 그리고 뉴미디어는 어떻게 문화에 영향을 미치는지를 포함하는 문화와 뉴미디어의 관계이다. 상호문화적 뉴미디어 학문의 주요 분야는 뉴미디어와 상호문화적 소통 이론인 이유는 이 학문이 상호문화소통이론을 다듬고 확장할 뿐 아니라 상호문화적 접촉의 새로운 디지털 이론 확립을 시도하기 때문이다. 비록 상호문화적 소통에 미치는 뉴미디어 영향에 대한 데이터는 한정되어 있지만 현존 연구들은 뉴미디어가 상호문화적 조우의 흐름에 중요한 역할을 한다고 주장하고 있다.

뉴미디어와 상호문화소통 이론

이 장에서는 뉴미디어와 관련하여 상호문화소통의 다섯 가지 필수분야와 동반이론들에 관한 중요한 21세기적 추정을 제시한다.

- 상호문화적 대화, 제3문화, 그리고 뉴미디어

상호문화적 대화는 타인의 깊은 이해를 끌어내는 개방성과 공감력을 요구한다(Ganesh & Holms, 2011). 무심한 접촉과는 다르게 상호문화적 대화는 소통자로 하여금 상대방에 대한 완전한 이해를 방해하는 개인적 가치와 성향을 지각하고 있을 것을 요구한다. 상호문화적 대화를 달성하려면 소통자는 차이를 수용하는 데 있어 열린 마음을 가지고 있어야 한다. 이는 Buber(1965), Gadamer(1989), Habermas(1987)의 연구에서 강조되는 원칙이기도 하다. 사실상 상호문화소통 달성을 위한 이론이나 모델, 그리고 전략은 21세기의 면 대 면 패러다임에서 기인되어 그 시절 소통에 관한 연구를 가상의 세계에까지 응용할 수 있는지는 불분명하다.

가상적 상호문화적 대화에 대한 문헌은 한정되어있다. 하지만 그 증거들은 실제사회에서의 대화에 영향을 미치는 많은 요소들에 의해 가상세계의 그것 역시 도전을 받음을 증명한다. Hichang과 Hae-Shin(2008)은 미국과 싱가폴 학생으로 구성된 컴퓨터를 매개체로 한 집단을 연구하여 가상적 상호문화소통도 출신나라와 문화에서 이미 형성된 사회적 네트워크 경계에 의해 제한받음을 발견했다. 이 연구에서 다른 사람과 협동하고 정보를 나누고자 하는 학생의 의지는 그들의 가상 파트너가 그들 그룹 내 구성원인지 그들의 문화적 가치를 공유하는지에 따라 영향을 받는다는 것을 발견했다. 유사하게 Pfeil, Zaphris, 그리고 Ang(2006)은 위키피디아의 협동적 저술 유형 역시 프랑스, 독일, 일본, 그리고 네덜란드 저자들이 자신들이 원래 가지고 있던 문화적 가치가 반영된 것임을 발견해내고 문화적 가치가 협동에도 영향을 미친다는 가설을 증명하였다. 하지만 여전히 질문은 남는다. 가상세계에서 상호문화소통이 가능한가? 가상공간에서의 제3문화에 대한 연구들이 이 질문에 추가적인 정보를 제공한다.

제3문화 개념은 원래 대화는 타인에 대한 공감과 깊은 이해 없이는 이루어질 수 없기 때문에 제3문화를 발달시키는 것이 필요하다고 주장한 Fred Casmir(1978, 1997; Casmir & Asuncion-Lande, 1989)에 의해 발달되었다. Starosta와 Olorunnisola(1998)는 개인이 집중, 통합, 그리고 상호동화의 산물인 제3의 문화를 만들어내기 위해서는 그들의 차이에 대해 의식적으로 인지해야만 하며 평가를 유예할 수 있어야 한다고 덧붙였다. 일단 성취되기만 하면 제3문화는 사람들 간의 상호작용에 이상적인 환경을 제공하는데 이는 상호적으로 수용적이고 지지적이며 협동적이기 때문이다.

제3문화가 물리적 세계에서 창조되기 어려움에도 불구하고 몇몇 연구들은 가상세계에서는 좀 더 활성화될 수 있을 것이라고 제안한다. McEwan과 Sobre-Denton(2011)은 다른 문화권에의 테크놀로지 접근의 용이성은 사회, 경제적 비용의 감소와 함께 가상세계에서 제3문화를 발달시킬 수 있는 가능성을 급격히 증가시킨다고 주장한다. 실제 사회와 달리 가상세계는 적극적으로 활동하는 구성원이 되기 위해 거주지를 떠날 것을 요구받지 않고 사회적 실수로 인한 면전 협박으로 괴롭힘 받지도 않는다는 것이다. 사실상 뉴미디어는 사용자들에게 적당한 사회적 거리를 유지할 수 있는 테크놀로지 도구를 제공한다.

그러나 제3문화를 가상세계에서 구성하기 어렵다는 증거도 있다. Nelson과 Temples(2011)는 국제 교환 프로그램 재학기간 동안 다수의 온라인 커뮤니티에서 소속되고자 하는 대학원생을 연구했다. 학생들은 국제적 가상 세계에서 온라인 관계를 구성하는데 있어 많은 문화적 이슈를 경험했는데 이는 연구자들이 제3문화 구성에 견줄 수 있는 "화해" 과정이 매우 복잡하며 때로는 불가능한 것이라는 결론에 도달하게 했다. 상호문화적 대화나 제3문화가 가상세계에서 실제로 발생하는지에 대해서 연구 데이터가 분명한 결론을 내리지 못하는 반면 여러 연구들이 가상세계에서의 다양한 뉴미디어 테크놀로지 사용은 참가자들의 감정적 친밀감을 증대시킬 수 있고 따라서 대화의 가망성도 늘릴 수 있다고 제시한다. Wang(2012)은 페이스북이 대만과 미국 대학생 사이에서 문화를 넘어서는 우정을 쌓는 데 성공적인 역할을 했음을 발견했다. 그러나 프로젝트를 마친 후 이들 우정을 계속 이어가기 위해서는 또 다른 Web상의 적용이 필요했다. Dooly(2011) 또한 스페인과 미국 예비교사 집단 사이의 온라인상의 문화를 넘어선 관계의 효율성과 깊이는 스카이프, 무들 등의 소통 플랫폼의 수와 속성에 의해 영향을 받았다고 했다.

요약하자면 상호문화적 대화와 제3문화 성립에 대한 가정은 다음과 같다.

1. 가상세상이 아닌 면 대 면 세상에 대한 문헌에서 정의된 대로 상호문화적 대화와 제3문화 구축은 가상 커뮤니티에서도 달성하기 어려울 수 있다. 온라인 연구 문헌에 의하면 대화와 제3문화 구축의 필수요소인 공감과 깊은 이해가 가상세계에서는 순조롭게 성취될 수 없을 수도 있다고 제안한다.

2. 상호문화적 대화와 제3문화 구축은 가상세계와 실제세계에서 전혀 다른 과정에 의해 통제될 수 있다. 선행연구들은 면 대 면 대화와 제3문화 구축에 해로운 익명성과 사회적 거리 조정 같은 요소들이 가상세계에서 긍정적 결과를 생산하도록 도울 수도 있다고 제안한다.

3. 가상세계에서 상호문화적 대화와 제3문화를 달성하려면 다양한 뉴미디어 플랫폼 이용이 필요할 것이다. 선행연구는 온라인과 화상회의를 포함하는 다양한 뉴미디어의 사용이 가상세상에서 상호문화적 대화와 제3문화 기회를 증대시킬 것이라고 제안한다.

4. 가상세계가 아닌 현실에서 상호문화적 대화와 제3문화 구축에 영향을 미치는 외재적 요소들은 가상세계에서의 결과에도 영향을 끼칠 것이다. 고정관념, 성향, 그리고 다른 문화적 가치를 포함한 현실세계에서의 사회적 요소들이 가상세계에서의 상호문화적 대화와 제3문

화에도 영향을 미칠 것이다.

- 문화적응, 상호문화능력, 그리고 뉴미디어

사람들이 어떻게 새 문화에 적응하는지에 대해서는 많은 연구가 있으며 많은 데이터가 대인상호작용과 매스미디어의 영향에 대해 분석하고 있다. Kim(2001)은 당위성 있고 성공적인 민족적 지지에 힘입은 본국문화에서의 긍정적인 소통경험은 다른 문화적응에도 문화적 지식과 기술 그리고 감정적 안정감을 제공하는 근원이 된다는 것을 발견했다. 그에 따르면 문화적응은 미디어 소비 유형의 빈도 등에 영향을 받는다. 다른 연구자들도 원문화에서의 사회적 소통과 미디어가 문화적응에 중요한 역할을 하는 것을 발견했다(Durham, 2004; Khan, 1992; Ramen & Harwood, 2008). 문화적응에 대한 사회적 소통과 미디어의 효과에 대한 많은 연구가 있지만 뉴미디어와 문화적응에 관한 연구는 여전히 부족하다.

뉴미디어 연구는 인터넷과 온라인 커뮤니티가 문화적응을 장려할 수도 있다는 가능성을 제시한다. 예를 들어 Ye(2005)는 중국 학생들로 구성된 민족지지 집단 온라인을 이용하는 중국 유학생들이 문화적응 스트레스를 월등하게 덜 받으며 감정적 지지를 더 경험한다는 것을 발견했다. Jiali(2006)는 온라인 상의 민족그룹과 개인적 네트워크 모두로부터 지지를 받는 중국 학생들이 문화적응에의 관점에서 사회적 어려움을 덜 경험하는 경향이 있는 것을 발견했다. Chen(2010)은 이민국에서 오래 산 이민자일수록 본국의 웹사이트를 덜 방문하고 오히려 그들의 문화적응을 가속화시키는 이민국 사람들과의 온라인소통에 더 적응하는 것을 알아냈다.

놀랍게도 소셜 네트워킹 사이트의 사용이 문화적응에 미치는 영향에 대한 연구는 매우 한정되어 있다. Croucher와 Cronn－Mills(2011)는 프랑스 무슬림인들의 사회적 네트워킹의 사용이 그들의 프랑스 정체성보다 이슬람 정체성을 더 강화시켜 적응과정을 복잡하게 만드는 것을 발견했다. Croucher(2011)은 그의 연구에서 같은 문화 사람들로 구성된 소셜 네트워킹 사용의 증가는 문화적응에 장애로 작용한다는 가설을 세웠다. 그의 소셜 네트워킹에 대한 연구는 문화적응에 있어 온라인 민족적지지 네트워킹의 긍정적 효과에 대한 연구와 대조된다. 아마도 소셜 네트워킹 사이트는 다른 유형의 온라인 민족적 접촉자들로부터 구별되는 민족적 네트워킹을 위한 독특한 포털을 제공하는지도 모른다.

문화적응은 면대면 네트워킹과 온라인 지지 네트워크에 영향을 받을 뿐 아니라 새로운 문화에 필요한 능력과 기술과 문화적 차이에 대한 이해와 개방성으로 측정되는 개인의 상호문화능력에 따라서도 영향을 받는다(Wiseman & Koester, 1993).

인터넷을 매개로 한 이중언어 학습에 대한 연구는 온라인을 이용한 국제적 교환 경험이 언어능력 획득과 상호문화적 능력도 가속화시키는 것을 밝혀냈다. Chun(2011)은 서로의 언어를 배우는 독일과 미국 대학생들 사이의 온라인 접촉이 대상자들의 문화적 깨달음과 상호문화소통 기술을 매우 향상시킴을 발견했다. Belz(2005)는 인터넷을 이용한 독일인과 미국인 사이의 언어 학습은 상호문화적 능력의 중요한 요소인 특정 문화 정보에 관한 질문 능력을 급진적으로 향상시켰다고 보고했다. 스페인과 미국 학생의 이중언어 학습에 블로그가 미치는 영향을 연구하면서 Eloa와 Oakoz(2008)는 새로 획득한 언어로 블로그를 이용하는 것이 양쪽 그룹 모두의 상호문화적 능력을 향상시켰음을 증명했다.

파이널 판타지 같은 가상게임 세계의 인기에도 불구하고 가상세계가 상호문화적 능력에 영향을 미치는가에 대한 연구는 여전히 한정되어 있다. Diehl과 Prins(2008)은 그들의 연구에서 가상게임 사용자들의 현실세계와 가상세계 상호작용을 평가하여 문화 교환 양상을 조사했다. 그 결과 가상게임이 상호문화적 우정, 이중언어 습득, 그리고 다양한 문화와 태도에 대한 개방성을 증진시킴으로써 연구 참여자들의 "상호문화적 문해력"을 향상시킴을 발견하였다. 관련된 다른 연구에서 Ward(2010)는 현실세계에서 적용된 문화적응 전략들이 연구 참여자들이 가상게임 세상에 문화적으로 적응할 때도 적용됨을 발견했다. 이는 이런 유형의 사이버 경험이 문화적응 가능성을 증대시키는 기술을 향상시킬 수 있음을 시사한다.

뉴미디어와 문화적응에 대한 연구는 문화적응과 상호문화 능력에 대한 뉴미디어의 역할에 대한 많은 도발적 추정들을 가능하게 한다.

1. 컴퓨터매개 소통(CMC)은 문화적응과 상호문화능력 향상에 긍정적 역할을 하는 것으로 나타난다.

관련 문헌에 의하면 민족 집단 사이 온라인상의 교환은 중요한 감정적 지지를 제공하고 일반적으로 문화적응에 긍정적인 역할을 한다. 이중언어 습득 훈련과정 동안 온라인에서의 비교문화적 소통 교환은 문화적응 가능성을 향상시킬 수 있는 상호문화능력을 증대시킬 수 있다.

2. 가상게임 세계는 문화적응 가능성을 향상시키고 상호문화역량을 증대시키는 역할을 할 수 있다.

제한되긴 했지만 현존하는 선행연구는 특정 가상게임 참여는 상호문화역량과 성공적 문화적응에 필수적인 상호문화기술을 향상시키는데 도움이 된다고 제시한다. 현존 연구 자료는 또한 가상게임 세상의 참여자들은 현실세계에서 사용되는 문화적응 전략들을 가상세상에서도 적용함을 보여 준다.

3. 소셜미디어는 문화적응과 상호문화역량에 영향을 주는 것으로 보인다. 하지만 그 효과의 유형을 판단하기에는 자료가 너무 부족하다.

페이스북, 트위터 등을 포함하는 소셜미디어는 문화적응과 상호문화역량에의 효과에 있어서는 검증된 것이 없다. 한정된 자료에 따르면 민족적 소셜미디어는 문화적응에 부정적인 영향을 미칠 수도 있다고 하지만 SNS의 비교문화적 사용이 어떻게 문화적응과 상호문화역량에 영향을 주는지는 불분명하다. 소셜네트워킹이 상호문화적 접촉을 증대시키고 이리하여 문화적응 가능성을 증대시키는지 아니면 단지 사용자들이 같은 문화를 공유하는 사람들과만 소통하게 하여 문화적응을 한정시키는지 의문점이 남는다(Shuter, 2011).

4. 뉴미디어, 매스미디어, 그리고 문화적응의 상호작용은 아직 밝혀진 것이 없고 신중한 분석을 요구한다.

뉴미디어의 상호작용적이고 개인적인 속성을 고려할 때 전통적인 대중매체보다 뉴미디어가 문화적응과 상호문화역량에 더 큰 영향을 미칠 수 있을까? 뉴미디어 사용의 빈도가 문화적응과 상호문화역량에 끼치는 미디어의 효율성에 영향을 줄 수 있을까?

5. 모바일 장치들이 문화적응과 상호문화역량에 미치는 영향은 아직 밝혀진 바가 없다. 21세기 어디에나 있는 모바일 장치들의 속성을 고려할 때 이런 새로운 미디어 플랫폼은 연구할 필요성이 있다.

휴대폰, 스마트폰, 그리고 아이패드는 아주 흔하고 유력한 기기이다. 휴대폰은 인터넷 연결보다 좀 더 세계적으로 보편적이고, 더 많은 사람들이 컴퓨터를 매개로 한 소통보다는 문자와 통화를 선호한다(Shuter와 Chattopadyay. 2010; Shutter, 2012). 그러나 문자메시지(SMS)와 휴대폰 통화와 문화적응 그리고 상호문화역량에 관해 발표된 논문은 없다.

6. 뉴미디어가 20세기에 발달되었던 문화적응이론에는 포함되지 않았던 만큼 이들 이론들이 어떻게 사람들이 21세기에 문화적응을 하는지 적절한 설명을 제공하지 못할 수 있다.

문화적응에 대한 주요 이론들을 다시 점검하고 수정하여 이들 이론들이 뉴미디어에 대해 신중하게 다룰 수 있도록 확실히 하는 것이 중요하다. 이에 더하여 개인들이 온라인 커뮤니티와 가상세계에서 어떻게 문화적응을 하는지는 현실세계에서의 문화적응 과정에도 새로운 관점을 제공해줄 것이다.

- 문화정체성과 뉴미디어

사회적 정체성 이론에 따르면 정체성은 사회집단의 멤버십으로부터 유래되며 사회집단의 소통에 영향을 주는 그룹 내 신분인식의 결과이다(Tajfel과 Turner, 1986).

Collier(2002)는 정체성은 내재적, 외재적 요인뿐 아니라 소통에 의해 영향을 받고 공동창조되며 중재된다. 문화적 정체성에 대한 이런 관점은 타인과의 관계에서의 자신의 근원을 보는 20세기 가정에 근거를 둔 것으로 사회정체성은 공간과 시간에 제약받고 사회적 맥락에 따라 다양한 식별이 가능한 사회적 정체성을 생산하는 집단접촉에 기초한다. 그러나 무수한 다른 이들과 가상공간에서 빈번한 접촉이 일어나는 뉴미디어 시대에(Katz와 Aakhus, 2002) 이런 관점이 21세기 문화정체성의 발달과 유지를 설명하는 데 충분할까?

문화정체성과 뉴미디어에 관한 선행연구는 면대면의 실제 커뮤니티에서 수행한 과거 문화정체성 연구에 관한 몇몇 중요한 의문을 일으킨다.

1. 어떻게 문화정체성이 가상커뮤니티에서 구성되는지 분명하지 않다.

문화적 정체성은 선행연구가 제시한 대로 가상세상에서 창조되거나 중재되지 않을 수 있다(Beniger, 1987; Singh, 2010). 가상세계는 때로는 익명성을 가지고 현실 공간과 시간에서 일반적으로 분리되어있는 가짜 커뮤니티라고 볼 수도 있기 때문에 창조와 중재가 선행되어야 하는 친밀감 같은 것은 제한된다.

2. 어떻게 가상세계와 현실세계가 혼합된 문화적 정체성을 만들어내는지 분명하지 않다.

선행연구는 혼합된 문화적 정체성이 현실세계나 가상세계나 나타날 수 있다고 하지만 어떻게 이 과정이 일어나는지는 불분명하다. 인종, 민족성, 그리고 문화가 만연하는 상황에서 어떻게 이 혼합성이 사이버 공간에서 실현될

수 있는가?(Grasmuck, Martin, Shanyang, 2009)

3. 문화적 정체성 유지의 역학은 실제커뮤니티와 비교 가상커뮤니티에서 다를 것이다.

선행연구는 소외된 사람들은 현실세상에서보다 가상세상에서 그들의 정체성을 드러내고 강화할 기회를 좀 더 찾을 수 있다고 제시한다. 사이버 공간은 면대면 상호작용역학으로부터 차별화된 독특하고 유력한 방법으로 힘없는 사람들에게 힘을 줄 수 있다는 것이다(Hu, Leung, 2003; Mehra, Merkel, Bishop, 2004). 하지만 가상세상에서 정체성 보전 역학은 무엇을 의미하며 그것은 실제세상에서의 그것과 어떻게 다른가?

이 글에서는 상호문화적 소통의 다섯 가지 주요부분에 뉴미디어가 미칠 수 있는 가능한 효과를 살펴보았지만 완벽하게 철저한 분석이 가능한 것은 아니다. 아직까지 이 분야에서의 뉴미디어 연구 데이터는 어떤 결론을 도출하기에는 너무 한정적이며 20세기 상호문화적 소통 이론들이 현재 상호문화적 소통을 적절하게 설명할 수 있는지 결정할 수 있는 많은 연구가 이루어져야 한다.

문화와 뉴미디어

문화와 뉴미디어가 결합한 이 시대에는 문화가 뉴미디어의 사회적 이용에 영향을 미칠 뿐 아니라 뉴미디어도 문화를 변화시킨다. 이는 상호문화적 뉴미디어 학문의 중요한 부분이며 앞서 거론했던 뉴미디어와 상호문화적 소통 이론과 달리 많은 연구가 되어온 부분이다.

문화와 뉴미디어의 초기연구는 컴퓨터매개 소통(CMC)에 집중되었고 상호문화소통과 CMC(Ma, 1996), CMC에 있어서 나라별 차이(Yoon, 1996), 전자국제문화의 도래(Ess, 2001 ;Jones, 2001), 교환학생 프로그램과 다문화교실에서의 CMC활용(Meagher & Castanos, 1996; Colomb & Simutis, 1996) 같은 주제를 다루었다. 최근에 들어서 학자들은 휴대전화(Baron & Af Segersted, 2010; Campbell, 2007; Schroeder, 2010), 텍스트메시지(Ling, 2008; Shuter & Chattopadhyay, 2010; Spurgeon & Goggin, 2007), 소셜미디어(Barker & Ota, 2011; Lin, Peng, Kim & LaRose, 2012; ShuChun & marina, 2011), 블로그(Elola & Oskoz, 2008; Karlsson, 2006), 가상세계(Diehl & Prins, 2008; Green & Singleton, 2007; Wang, Walther, & hancock, 2009) 그리고 온라인게임(Chia－I, 2008; Nakamura, 2009; Steinkuehler & Williams, 2006; Ward, 2010)을 포함하는 추가적 뉴미디어의 사회적 이용에 문화가 미치는 영향을 연구하고 있다.

뉴미디어 연구가 21세기에 기하급수적으로 증가하면서 뉴미디어의 사회적 이용에 국가별 다양성도 증대했다. 2005년에서 2011년도까지 뉴미디어 부문에 있어 중요한 두 개의 학술지인 뉴미디어와 사회(NMS)와 컴퓨터매개 소통 저널(JCMC)의 논문분석을 한 결과 293개의 국제적 뉴미디어 논문이 편찬되었고 이중 41개의 연구가 한 국가 이상을 대상으로 연구한 것으로 드러났다. 86%를 차지하는 252개의 논문이 단일국가 연구임을 볼 때 뉴미디어의 사회적 이용에 대한 연구 대부분은 사실상 국제적 연구가 아닌 셈이다.

뉴미디어 연구를 편찬하는 수많은 학술지가 있지만 JCMC와 NMS는 문화와 뉴미디어 분야에 있어 소통연구 트렌드를 보여 주는 훌륭한 자료이다. 양 저널에서의 293개의 국제적 뉴미디어 논문의 분석은 다음의 트렌드를 보여 준다. (1) 대부분의 국제적 논문(195개 : 66%)은 온라인 교환, 웹사이트, 인터넷 같은 컴퓨터 매개 소통의 단일문화연구이다. (2) 국제적으로 수행된 휴대전화 연구는 두 번째로 빈번하게 수행된 연구이며(43개: 15%) 그 다음으로는 소셜네트워킹 사이트(17개: 6%), 온라인게임(15개: 5%), 블로그(13개: 4%), 그리고 이메일과 유투브에 관한 몇몇 연구가 있다. (3) 국제적 뉴미디어 연구의 대다수는(240개: 82%) 뉴미디어의 사회문화적 시사점에 대한 제한적 분석과 함께 뉴미디어나 대중매체이론의 개선을 시도하는 이론 확인 연구이다.

흥미롭게도 JCMC와 NMS에서 보이는 연구 트렌드는 텍스트메시지(Shuter & Chattopadhyay, 2010; Shuter, 2012)와 휴대폰(Shuter & Chattopadhyay, 2012)에 대한 국제적 연구에도 나타난다. 최근에 소통학자들은 세 번째 트렌드로 뉴미디어와 사회 그리고 상호문화소통에 대한 사회문화적 비평을 제시하였다(Cheong, martin, & Macfadyen, 2012).

문화와 뉴미디어의 연구 트렌드로 볼 때 국제적 뉴미디어 학문에 관한 미래 연구는 다양한 길이 열려 있음을 알 수 있다. 사회문화적 관점에서 바라보는 국제적 뉴미디어 연구가 좀 더 강조될 필요가 있다. 뉴미디어 사용의 문화적 유형, 뉴미디어와 사회의 비평적 분석 그리고 뉴미디어의 사회적 사용에의 문화의 영향같은 주제가 포함될 것이다. 사회문화적 관점에서의 뉴미디어 연구는 또한 문화가치와 뉴미디어의 사회적 사용, 공생문화이론과 뉴미디어 행동 그리고 사회문화적 요인들과 뉴미디어의 문화적 선호를 포함하는 뉴미디어소통의 문화적 이론도 발달시키고 개선시키며 확장시킬 필요가 있다.

두 개 이상의 다양한 문화를 포함하는 상호문화적 뉴미디어 연구를 실행하는 것 또한 중요하다. 단일국가 연구가 그 국가내의 뉴미디어 사용유형을 나타내기 때문에 그 또한 중요하지만 다문화 연구 또한 뉴미디어의 사회적 사용에 비교문화적 정보를 창출하기 때문에 매우 중요하다. 컴퓨터 매개 소통에 관한 계속적인 상호문화적 연구에 더하여 문화별로 추가적인 뉴미디어의 사회적 사용, 특히 휴대전화, 텍스트메시지, 소셜네트워크 사이트, 온라인게임 그리고 가상세계에 대해 조사하는 것이 중요하다.

마지막으로 문화와 뉴미디어의 미래 연구는 뉴미디어의 사회적 이용에 대한 상호문화적 이론을 창출하는 것에 초점이 맞추어져야 한다. 대중매체나 뉴미디어 이론 확인 연구를 수행하는 현재 연구 트렌드는 뉴미디어의 사회적 사용에 미치는 사회문화적 영향을 묘사하고 설명하는 문화요소를 고려한 뉴미디어 이론을 형성하고 개선하는 대체물이 될 수 없다.

결론

이 글은 뉴미디어와 상호문화적 소통이론, 그리고 문화와 뉴미디어의 두 분야로 이루어진 새로운 학문분야인 상호문화적 뉴미디어 분야를 개념화하고자 하였다. 뉴미디어와 상호문화소통 이론의 교차점을 살펴보는 것은 20세기의 얼굴을 마주하는 면 대 면 패러다임에 기초한 상호문화소통이론을 개선하고 확대하는 가능성을 가진다. 이 글에서 논의된 현재 사회문화적 뉴미디어 연구의 다섯 가지 주요 상호문화적 이론(ICC)은 재조사되고 재구조화될 필요성이 있으며 그로 인해 디지털 시대에 좀 더 적용 가능한 새롭거나 개선된 이론이 나올 수 있기를 희망한다. 문화와 뉴미디어부분은 문화와 뉴미디어의 상호의존적 관계에 초점을 두는데 뉴미디어의 사회적 사용에 미치는 사회문화적 힘의 영향을 묘사하는 중요한 주제이다. 상호문화적 뉴미디어 학문이야말로 뉴미디어 시대의 상호문화적 소통이해를 확장시켜주며 상호문화소통에서 새로운 후속 개척자역할을 할 것으로 믿는다.

개념 이해와 질문

1. 저자는 뉴미디어 형태의 출현은 문화 간 소통을 변화시킨다고 주장한다. 이 주장을 뒷받침할 수 있는 예를 들어 설명하시오.
2. "제3문화"는 무엇을 의미하는가? 제3문화는 문화 간 소통을 통해 어떻게 형성될 수 있는가?
3. 뉴미디어 형태가 어떻게 문화화 과정을 장려할 수 있는가?
4. 저자는 뉴미디어는 문화에 영향을 미친다고 지적한다. 뉴미디어 (SNS 등) 형식 중 하나를 선택하여 그것이 어떻게 문화적 변화를 초래하는지 예를 들어 설명하시오.
5. 뉴미디어를 이용하여 여러분이 경험한 문화 간 소통의 예를 들어보시오. 어떤 문제를 접했으며 어떻게 그것을 극복할 수 있었는가?

Robert Shuter is Professor of Communication Studies in the Diederich College of Communication, Marquette University, and Director of the Center for Intercultural New Media Research.

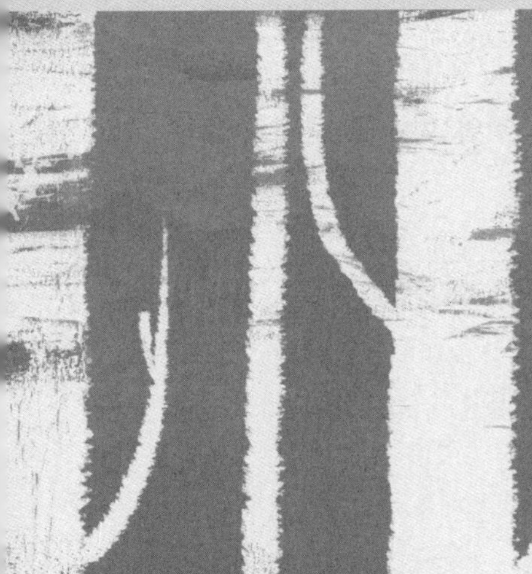

이 QR코드를 스캔하면

『문화 간 소통』의 참고문헌을

열람할 수 있습니다.

찾아보기

ㅈ

저자 소개

Larry A. Samovar

San Diego State University, Emeritus

Richard E. Porter

California State University, Long Beach, Emeritus

Edwin R. McDaniel

Japan-U.S. Communication Association(JUCA)

Carolyn Sexton Roy

San Diego State University

역자 소개

부향숙

전 한양대학교 사범대학 부설 다문화교육연구센터 센터장
현 문화 간 소통 문제 개인 연구소 운영
다문화이해교육, 세계시민교육, 문화 간 소통교육 관련 논문, 프로그램개발과 워크숍 실시
공동 역서로 『다문화교육현안과 전망』, 『영성과 다문화상담통합』, 『비판적 다문화주의』, 『질적연구기법』이 있음

김경혜

이화여자대학교 불어불문학과 학사
School for International Training, USA TESOL 석사
한양대학교 영어교육과학과 박사
전 한양대학교 정책과학대학 정책학과 조교수

심미경

전 한양대학교 사범대학 교육학과 조교수
현 영산대학교 연계전공학부 부교수
저서로 『아동을 위한 세계시민교육』, 『성인학습자를 위한 아동복지론』이 있음

제14판
문화 간 소통
Intercultural Communication A READER, 14th Edition

초판발행 2020년 11월 20일

지은이 Larry A. Samovar · Richard E. Porter ·
Edwin R. McDaniel · Carolyn Sexton Roy
옮긴이 부향숙 · 김경혜 · 심미경
펴낸이 노 현

편 집 강민정
기획/마케팅 노 현
표지디자인 이미연
제 작 고철민 · 조영환

펴낸곳 (주)피와이메이트
서울특별시 금천구 가산디지털2로 53 한라시그마밸리 210호(가산동)
등록 2014. 2. 12. 제2018-000080호
전 화 02)733-6771
f a x 02)736-4818
e-mail pys@pybook.co.kr
homepage www.pybook.co.kr
ISBN 979-11-85754-46-8 93370

정 가 27,000원